AF616920

ACCESO GRATIS ***a la Lectura en la Nube + Formularios online***

Para visualizar el libro electrónico en la nube de lectura envíe junto a su nombre y apellidos una fotografía del código de barras situado en la contraportada del libro y otra del ticket de compra a la dirección:

ebooktirant@tirant.com

En un máximo de 72 horas laborables le enviaremos el código de acceso con sus instrucciones.

La visualización del libro en **NUBE DE LECTURA** excluye los usos bibliotecarios y públicos que puedan poner el archivo electrónico a disposición de una comunidad de lectores. Se permite tan solo un uso individual y privado

FORMULARIOS DE PROCEDIMIENTO ADMINISTRATIVO COMÚN DE LAS ADMINISTRACIONES PÚBLICAS

2º Edición

FORMULARIOS DE PROCEDIMIENTO ADMINISTRATIVO COMÚN DE LAS ADMINISTRACIONES PÚBLICAS

2º Edición

SALVADOR VTE. MARTÍNEZ FERRER

Licenciado en Derecho
Técnico Superior de Administración General
Suficiencia investigadora en Derecho Administrativo y Procesal
Diploma en Estudios Avanzados de Derecho Constitucional

tirant lo blanch
Valencia, 2025

En caso de erratas y actualizaciones, la Editorial Tirant lo Blanch publicará la pertinente corrección en la página web www.tirant.com.

© TIRANT LO BLANCH
EDITA: TIRANT LO BLANCH
C/ Artes Gráficas, 14 - 46010 - Valencia
TELFS.: 96/361 00 48 - 50
FAX: 96/369 41 51
Email:tlb@tirant.com
www.tirant.com
Librería virtual: www.tirant.es
DEPÓSITO LEGAL: V-3899-2024
ISBN: 978-84-1056-308-7
MAQUETA: Tink Factoría de Color

Si tiene alguna queja o sugerencia, envíenos un mail a: *atencioncliente@tirant.com*. En caso de no ser atendida su sugerencia, por favor, lea en *www.tirant.net/index.php/empresa/politicas-de-empresa* nuestro procedimiento de quejas.

Responsabilidad Social Corporativa: http://www.tirant.net/Docs/RSCTirant.pdf

Las leyes se producen en el tiempo
y se aplican en el espacio.
Savigny

El procedimiento administrativo, no es un simple formalismo,
sino una garantía fundamental de la legalidad administrativa
y del estado de derecho
Eduardo García de Enterría

ÍNDICE SISTEMÁTICO

PRIMERA PARTE
LEY 39/2015, DE 1 DE OCTUBRE, DEL PROCEDIMIENTO ADMINISTRATIVO COMÚN DE LAS ADMINISTRACIONES PÚBLICAS

Título Primero
DE LAS PERSONAS INTERESADAS EN EL PROCEDIMIENTO

I. CAPACIDAD DE OBRAR

Título Segundo
DE LA ACTIVIDAD DE LAS ADMINISTRACIONES PÚBLICAS

I. NORMAS GENERALES DE ACTUACIÓN

1. Derechos de acceso a la información

2. Responsabilidad en la tramitación

Título Cuarto
DE LAS DISPOSICIONES GENERALES SOBRE EL PROCEDIMIENTO ADMINISTRATIVO COMÚN

I. GARANTÍAS DEL PROCEDIMIENTO

II. INICIACIÓN DEL PROCEDIMIENTO. CLASES

A) Iniciación de oficio

B) Iniciación a solicitud de persona interesada

2. Medios de ejecución forzosa

VIII. PROCEDIMIENTO SANCIONADOR

1. Tramitación ordinaria

A) Iniciación

B) Instrucción

C) Resolución

2. Tramitación simplificada

A) Iniciación

B) Propuesta de resolución

IX. PROCEDIMIENTO DE RESPONSABILIDAD PATRIMONIAL

I. RESPONSABILIDAD PATRIMONIAL DE LAS ADMINISTRACIONES PÚBLICAS

1. Procedimiento General

A) Iniciación

B) Instrucción

C) Terminación

2. Procedimiento Simplificado

A) Iniciación

B) Instrucción

C) Terminación

II. RECURSOS ADMINISTRATIVOS

1. Recurso de Alzada

A) Interposición del recurso

B) Instrucción del recurso

C) Resolución

2. Recurso potestativo de Reposición

A) Interposición del recurso

B) Instrucción del recurso

C) Resolución

3. Recurso extraordinario de Revisión

A) Interposición del recurso

B) Instrucción del procedimiento

C) Resolución

III. RECLAMACIONES PREVIAS A LA VÍA JUDICIAL

Título Sexto

DE LA INICITIVA LEGISLATIVA Y DE LA POTESTAD PARA DICTAR REGLAMENTOS Y OTRAS DISPOSICIONES

I. POTESTAD REGLAMENTARIA

II. PUBLICIDAD DE LAS NORMAS

SEGUNDA PARTE
LEY 40/2015, DE 1 DE OCTUBRE, DE RÉGIMEN JURÍDICO DEL SECTOR PÚBLICO

I. DE LOS ÓRGANOS DE LAS ADMINISTRACIONES PÚBLICAS, PRINCIPIOS DE ACTUACIÓN Y FUNCIONAMIENTO DEL SECTOR PÚBLICO

II. DE LAS RELACIONES INTERADMINISTRATIVAS

1. Relaciones de cooperación entre Administraciones Públicas

2. Relaciones de colaboración entre Administraciones Públicas

3. Relaciones con la Administración Local

4. Relaciones electrónicas entre Administraciones Públicas

Primera Parte

LEY 39/2015, DE 1 DE OCTUBRE, DEL PROCEDIMIENTO ADMINISTRATIVO COMÚN DE LAS ADMINISTRACIONES PÚBLICAS

Título Primero
DE LAS PERSONAS INTERESADAS EN EL PROCEDIMIENTO

SUMARIO: I. CAPACIDAD DE OBRAR. F001. Escrito de personación para actuar mediante representante. F002. Apoderamiento "apud acta" mediante comparecencia personal. F003. Representación mediante comparecencia electrónica. F004. Aviso de notificación electrónica. F005. Notificación electrónica por comparecencia. F006. Solicitud de inscripción en el registro de apoderamientos. F007. Recibo de presentación en el registro electrónico de apoderamientos F008. Escrito cumplimentando la representación. F009. Inscripción en el Registro Electrónico de Apoderamientos. F010. Emplazamiento a nuevas personas interesadas en el procedimiento. F011. Escrito en contestación a la notificación de personación.

I. CAPACIDAD DE OBRAR

F001. ESCRITO DE PERSONACIÓN PARA ACTUAR MEDIANTE REPRESENTANTE

AL ÓRGANO COMPETENTE

D/Dª. ...., mayor de edad, con de DNI/NIF/NIE núm. ...., actuado en nombre propio o en representación de ...., con domicilio a efectos de notificaciones en ...., del municipio de ...., provincia ......, teléfono ...., y correo electrónico: .... Ante ese órgano administrativo comparezco (código de identificación núm.....) y, con el debido respeto, como mejor proceda en derecho,

EXPONGO

Que, mediante el presente escrito, en el ejercicio de los derechos e intereses legítimos que me asisten en calidad de persona interesada, al amparo de los dispuesto en el artículo 5 de la Ley 39/2015, de 1 de octubre, del Procedimiento Administrativo Común de las Administraciones Públicas, vengo a OTORGAR MI REPRESENTACIÓN a .... (*indicar los datos identificativos de la persona representante y también los datos a efectos de notificaciones*), para que pueda actuar ante ese órgano administrativo en el procedimiento relativo a .... (*identificar el objeto procedimiento*), con el número de expediente ...., iniciado a solicitud de esta parte interesada.

A tal fin, le faculto para que en mi nombre y representación pueda ejercer cuantos derechos y facultades se deriven de mi condición de persona interesada en el referido procedimiento administrativo para formular solicitudes, presentar declaraciones responsables o comunicaciones, interponer recursos, desistir de acciones y renunciar a derechos en nombre de mi persona, cuya representación acredito mediante este escrito de otorgamiento y aceptación de la representación conferida.

Con la firma de este escrito D/Dª. ...., acepta la condición de la representación otorgada y, en su caso, se autoriza para su inscripción en el Registro Electrónico de Apoderamientos de esa Administración Pública incorporando la documentación correspondiente que adjunto se acompaña.

Asimismo, prestamos nuestro consentimiento para que por esa Administración Pública pueda ceder los datos personales para tramitar procedimientos y actuaciones administrativas, en su caso, a otras Administraciones públicas, sin previsión de transferencia a terceros países, de conformidad con lo establecido en la legislación sobre protección de datos personales y garantía de derechos digitales.

Por todo lo expuesto y en su atención, es por lo que,

SOLICITO: Que, habiendo presentado este escrito junto con la documentación que se acompaña, se sirva admitirlo y, en su virtud, tener por realizada la acreditación de la representación otorgada a favor de ...., en el indicado procedimiento administrativo relativo al expediente núm. ....., sobre ...., que se tramita ante esa Administración Pública.

Lugar, fecha y firma electrónica.

La persona interesada/su representante legal

F002. ESCRITO DE APODERAMIENTO "APUD ACTA" MEDIANTE COMPARECENCIA PERSONAL

Asunto:

Procedimiento:

Expediente núm.:

Departamento:

APODERAMIENTO APUD ACTA

DILIGENCIA. Para hacer constar que con esta fecha comparece D/Dª. ......, en calidad de persona interesada en el procedimiento que se tramita en estas dependencias, cuyos datos y demás circunstancias personales obran en el expediente núm. ...., del procedimiento administrativo relativo a...... (*identificar el objeto del procedimiento*), y OTORGA poder con carácter general/específico para que D/Dª ...., mayor de edad, con de DNI. núm. ...., y con domicilio a efectos de notificaciones en ...., teléfono ...., y correo electrónico: ...., pueda actuar en su nombre y representación con las facultades expresadas en el artículo 5 de la Ley 39/2015, de 1 de octubre, del Procedimiento Administrativo Común de las Administraciones Públicas, y le represente en el referido procedimiento administrativo.

Asimismo, presta su consentimiento para que por la Administración Pública pueda ceder los datos personales para tramitar procedimientos y actuaciones administrativas, en su caso, a otras Administraciones públicas, sin previsión de transferencia a terceros países, de conformidad con lo establecido en la legislación sobre protección de datos personales y garantía de los derechos digitales.

La representación otorgada "apud acta" a favor del representante, debidamente bastanteada, se inscribirá en el Registro Electrónico de Apoderamientos de esta Administración, a los efectos previstos en el artículo 6 de la citada Ley del Procedimiento Administrativo Común de las Administraciones Públicas, para que por el órgano competente en su tramitación tenga conocimiento de la condición de la representación otorgada y de los poderes que tiene reconocidos desde este momento, a los efectos oportunos.

El presente documento será digitalizado para su incorporación como copia autenticada en su correspondiente expediente administrativo electrónico, de acuerdo con el artículo 47 del Reglamento de actuación y funcionamiento del sector público por medios electrónicos, aprobado por Real Decreto 203/2021, de 30 de marzo.

Con lo cual se da por finalizado el acto y, en su virtud, se extiende la presente Diligencia de apoderamiento "apud acta" que acredita la representación conferida.

Lugar, fecha, cargo y firma electrónica.

El personal funcionario habilitado

F003. REPRESENTACIÓN MEDIANTE COMPARECENCIA ELECTRÓNICA

AL ÓRGANO COMPETENTE

D/Dª. ...., mayor de edad, con DNI/NIF/NIE núm. ...., actuando en nombre propio o en representación de ...., con domicilio a efectos de notificaciones en ...., del municipio de ...., provincia ...., teléfono ...., y correo electrónico: .... Ante este órgano administrativo comparezco (código de identificación núm. ...) y, con el debido respeto, como mejor proceda en derecho,

EXPONGO

Que mediante el presente escrito en calidad de persona interesada comparezco en la sede electrónica de esa Administración Pública para autorizar la representación por vía telemática que se otorga a favor de D/Dª. .... (*indicar los datos de la persona representante y los datos a efectos de notificaciones*), con el fin de que en mi nombre y representación pueda intervenir y recibir todo tipo de comunicaciones, así como ejercitar las facultades expresadas en el artículo 5.3 de la Ley 39/2015, de 1 de octubre, del Procedimiento Administrativo Común de las Administraciones Públicas, en el procedimiento relativo al expediente núm. ......, que se instruye en el departamento de ...., de acuerdo con la normativa aplicable.

La presente representación se circunscribe específicamente a las actuaciones que se practique en el seno de dicho procedimiento, sin que le confiera al representante otras facultades para intervenir en mi nombre en actos o procedimientos de otra índole. Sin perjuicio de su debida inscripción en el Registro Electrónico de Apoderamiento de esa Administración Pública a los efectos establecidos en el artículo 6 de la Ley 39/2015, de 1 de octubre, del Procedimiento Administrativo Común de las Administraciones Públicas.

Asimismo, el/la otorgante autoriza que sus datos personales sean tratados de manera automatizada a los exclusivos efectos de declaración o comunicación por medios electrónicos o telemáticos, de conformidad con lo establecido en el artículo 11 de la Ley Orgánica 3/2018, de 5 de diciembre, de Protección de Datos Personales y garantía de los derechos digitales.

Con la firma del presente escrito la persona apoderada acepta la representación conferida y responde de la autenticidad de la firma del otorgante, así como del DNI/NIF/NIE de éstos que adjuntan los documentos. No obstante, sólo se acreditará esta representación cuando la Administración actuante lo inste al representante.

Por todo lo expuesto, y en su atención, es por lo que,

SOLICITO: Que admita el presente escrito y, previos los trámites oportunos, tenga a bien, autorizar la representación aquí otorgada para actuar en mi nombre y representación en el referido procedimiento relativo al expediente núm. .... de los tramitados ante esa Administración.

Lugar, fecha y firma electrónica.

La persona poderante/la persona apoderada

F004. AVISO DE NOTIFICACIÓN ELECTRÓNICA

A LA PERSONA INTERESADA

Este email se corresponde con un aviso de una notificación electrónica

Le informamos que dispone de una nueva notificación electrónica como Titular procedente de ...., con DIR3: ...., con los siguientes datos:

- Titular: Don/Doña: .... con DNI/NIF/NIE: *** .... **
- Organismo emisor de la notificación: ....
- Identificador: ....
- Número de registro de salida: ....
- Asunto: ....

La notificación se le envía con acuse de recibo y estará disponible para su acceso siempre que realice la comparecencia antes de las 23:59 del día ....

A partir del momento en que acceda a esta notificación, la notificación se entenderá practicada a todos los efectos.

Puede acceder a esta notificación con certificado digital emitido a su nombre, o con sus claves concertadas, desde el Punto de Acceso General electrónico de esta Administración, accediendo al siguiente enlace: https://www.............es.

Si no accede al contenido de la notificación antes de que transcurra el plazo indicado en este aviso, se entenderá que la misma ha sido rechazada con los efectos previstos en el artículo 41.5 de la Ley 39/2015, de 1 de octubre, del Procedimiento Administrativo Común de las Administraciones Públicas, salvo que de oficio o a instancia del destinatario se compruebe la imposibilidad técnica o material del acceso.

De acuerdo con lo previsto en los artículos 41 y 43 de la Ley 39/2015, la aceptación de la notificación, el rechazo expreso de la notificación o bien la presunción de rechazo por no haber accedido a la notificación durante el periodo de puesta a disposición, dará por efectuado el trámite de notificación y se continuará el procedimiento.

Usted puede recibir esta notificación por distintas vías electrónicas o incluso en papel por vía postal. Si usted accediera al contenido de esta notificación por más de una de estas vías, sepa que los efectos jurídicos, si los hubiera, siempre empiezan a contar desde la fecha en que se produzca su primer acceso.

Por favor, no responda a este correo. Este correo es un correo automatizado solo utilizado para enviar avisos y no está habilitado para la recepción de mensajes.

F005. NOTIFICACIÓN ELECTRÓNICA POR COMPARECENCIA

RESGUARDO DE ACEPTACIÓN

Se certifica que en esta sede electrónica de notificaciones y comunicaciones de ...., comparece el destinatario de la notificación practicada en calidad de titular para ACEPTAR la notificación puesta a disposición en esta sede, con fecha de aceptación: .... (*indicar día y hora*).

Número de Registro.: ....
Identificador: ....
Persona/Entidad titular: ....
DNI/NIF/CIF/NIE: ....
Código de expediente: ....
Departamento de: ....
Asunto: ....
Procedimiento: ....
Fecha de puesta a disposición: ....

La notificación practicada a través de medios electrónicos surte los efectos previstos en el artículo 43 de la Ley 39/2015, de 1 de octubre, del Procedimiento Administrativo Común de las Administraciones Públicas.

Documento firmado digitalmente. Autenticidad verificable mediante Código Seguro de Verificación ...... en la sede electrónica de esta Administración.

F006. SOLICITUD DE INSCRIPCIÓN EN EL REGISTRO ELECTRÓNICO DE APODERAMIENTOS

AL ÓRGANO COMPETENTE

D/Dª ...., mayor de edad, con DNI/NIF/NIE núm. ...., actuando en nombre propio con domicilio a efectos de notificaciones en ...., núm. ...., del municipio de ...., provincia de ...., teléfono ...., y correo electrónico: .... Ante este órgano administrativo comparezco (código de identificación núm ....) y, con el debido respeto, como mejor proceda en derecho,

EXPONGO

Que, mediante el presente escrito vengo a otorgar poder a favor de la persona o personas física/jurídica (*Táchese lo que no proceda*) para que pueda actuar en mi nombre y representación ante cualquier Administración Pública, con el contenido que a continuación se detalla:

1. Identificación de la persona apoderada

DNI/NIE/NIF:		
Nombre:	1.º apellido	2.º apellido
Teléfono:	Correo electrónico:	
Domicilio:		

2. Tipología del poder: tan amplio y bastante como en Derecho sea necesario para actuar en nombre y representación de la persona poderdante para la realización de las siguientes actuaciones (*elegir una opción de los siguientes tipos de poderes*):

a) Poder general para que la persona apoderada pueda actuar en nombre del poderdante en cualquier actuación administrativa y ante cualquier Administración Pública.

b) Poder para que la persona apoderada pueda actuar en nombre de la persona poderdante en cualquier actuación administrativa ante la Administración u Organismo de .... (*indicar el nombre concreto*).

c) Poder para que la persona apoderada pueda actuar en nombre de la persona poderdante en únicamente para la realización los trámites administrativos siguientes: .... (*especificar los trámites concretos a realizar*).

3. Vigencia del poder:

Fecha de inicio: / /	Fecha fin: / /

El plazo máximo de vigencia no podrá superar los cinco años a contar desde la fecha de inscripción. La fecha de inicio consignada tendrá valor siempre que sea posterior a la fecha de inscripción.

4. En caso de aportarse documento notarial: Fecha y número de protocolo.

Se adjunta documento notarial debidamente firmado, en el que constan los datos son los siguientes datos: .... (*indicar en su caso el Código Seguro de Validación CSV*).

Se hace constar que con la firma del presente escrito la persona apoderada acepta la representación conferida.

Por todo lo expuesto, es por lo que,

SOLICITO: Que admita el presente escrito con la documentación que se acompaña y, merito a lo expuesto, tenga a bien inscribir en el Registro Electrónico General de Apoderamientos, la representación conferida para los procedimientos administrativos de esta índole.

Lugar, fecha y firma electrónica.

La persona poderante (interesada) /La persona apoderada (representante)

F007. RECIBO DE PRESENTACIÓN DE INSCRIPCIÓN EN LOS REGISTROS ELECTRÓNICOS DE APODERAMIENTOS

A LA PERSONA INTERESADA

1. Datos de la oficina de registro origen
Oficina de registro número ....
Dirección: ....

2. Datos del Asiento General:
Número de asiento registral: ....
Fecha: ....
Hora: ....
Vía de entrada: Presencial/Electrónica: ....

3. Datos del trámite
Tramite: ....
Procedimiento: ....
Expediente administrativo núm.: ....
Asunto: INSCRIPCIÓN REGISTRO ELECTRÓNICO DE APODERAMIENTOS

4. Datos del interesado declarado en la presentación
DNI/NIF/NIE/CIF: ....
Nombre y apellidos/razón social: ....

5. Datos de contacto
Vía pública: ....
Teléfono: ....
Correo electrónico: ....

6. Documentación anexada
- ....
- .... *(relacionar la documentación que se acompañe)*
- ....

Recibo acreditativo la fecha y hora indicada en este documento, de acuerdo con el artículo 16.3 de la Ley 39/2015, de 1 de octubre, del Procedimiento Administrativo Común de las Administraciones Públicas.

Documento firmado digitalmente. Autenticidad verificable mediante Código Seguro de Verificación .... en la sede electrónica de esta Administración.

F008. ESCRITO CUMPLIMENTANDO LA REPRESENTACIÓN

AL ÓRGANO COMPETENTE

D/Dª. ...., con DNI/NIF/NIE núm. ...., actuando en nombre propio o en representación de .... cuyas circunstancias y datos personales constan en el expediente núm. ...., relativo al procedimiento administrativo relativo a .... (*identificar el objeto del procedimiento*), que se tramita en esa Administración Pública (código de identificación núm. ...), comparezco y, con el debido respeto, como mejor proceda en derecho,

EXPONGO

Que dentro del plazo concedido, mediante el presente escrito vengo a cumplimentar el oficio de fecha ...., notificado a esta parte el día ...., aportando los poderes bastanteados de la representación procesal y administrativa conferida para la realización de actuaciones administrativas y determinadas transacciones electrónicas de la persona interesada en dicho procedimiento. Documento que tiene la condición de acreditación de la representación conferida y que determina la presunción de validez de la capacidad de obrar otorgada, de acuerdo con lo dispuesto en el artículo 5 de la Ley 39/2015, de 1 de octubre, del Procedimiento Administrativo Común de las Administraciones Públicas.

Por todo ello, y en su atención, es por lo que,

SOLICITO: Que, admita el presente escrito y, en mérito de lo expuesto, tenga por presentado documento acreditativo de la representación conferida en el mencionado procedimiento administrativo sobre ...., con el número de expediente ...., que debidamente bastanteada se acompaña a este escrito, y por cumplimentado el trámite requerido entendiéndose con esta representación las actuaciones administrativas que se deriven del indicado procedimiento y de su correspondiente expediente administrativo electrónico de su razón.

Lugar, fecha y firma electrónica.

La persona interesada/su representante legal

F009. INSCRIPCIÓN EN EL REGISTRO ELECTRÓNICO DE APODERAMIENTOS

Concepto:

Asiento número:

Procedimiento:

Departamento:

Destinatario/a:

Acuse de recibo

INSCRIPCIÓN DE APODERAMIENTO

Su solicitud de inscripción de autorización para el apoderamiento ha quedado anotada automáticamente en el Registro Electrónico de Apoderamientos de esta Administración Pública en los siguientes términos:

Datos de la persona o entidad poderdante: .... (*nombre y apellidos para el caso de persona física/denominación o razón social para el caso de persona jurídica y DNI/NIF/NIE/CIF*).

Datos de la persona apoderada: .... (*nombre y apellidos para el caso de persona física/denominación o razón social para el caso de persona jurídica y DNI/NIF/NIE/CIF*).

- Tipología del poder: ...... (*tipo general o específico y contenido*).
- Periodo de vigencia: .... (*máximo de cinco años, sin perjuicio de revocación o prórroga*).

Fecha de otorgamiento: ....

Número de referencia del alta: ....

Fecha de alta en el REA: ....

Lugar, fecha, hora y sello del órgano de Registro General Electrónico del órgano competente. Documento firmado electrónicamente con código seguro de verificación (CSV) núm. ...... de la plataforma de sede electrónica de esta Administración.

COMUNICACIÓN ANEXA DE LA INSCRIPCIÓN

INFORMACIÓN BÁSICA SOBRE PROTECCIÓN DE DATOS PERSONALES

En cumplimiento del Reglamento (UE) 2016/679, del Parlamento y del Consejo, de 27 de abril de 2016, General de Protección de Datos (RGPD) y en consonancia con lo dispuesto en la Ley Orgánica 3/2018, de 5 de diciembre, de Protección de Datos Personales y garantía de los derechos digitales.

Finalidad: la gestión de solicitudes de inscripción de poderes y la acreditación de la representación en los términos de normativa de protección de datos e interoperabilidad de los registros electrónicos generales y particulares de apoderamiento pertenecientes a todas y cada una de las Administraciones públicas (art. 6.2 de la Ley 39/2015, de 1 de octubre, del Procedimiento Administrativo Común de las Administraciones Públicas).

Legitimación: Cumplimiento de una obligación legal.

Destinatarios: persona, órgano o unidad al que se dirigen los documentos registrados.

Derechos: de acceso, rectificación, supresión y el resto de los derechos que pudieran encontrarse en la siguiente página web de esta Administración: https://www..................es

Más información sobre protección de datos en el Punto de Acceso General de la sede electrónica de esta Administración Pública.

F010. EMPLAZAMIENTO A NUEVAS PERSONAS INTERESADAS EN EL PROCEDIMIENTO

Asunto:
Procedimiento:
Expediente núm.:
Departamento:

NOTIFICACIÓN

En relación con las actuaciones practicadas en el procedimiento administrativo relativo al expediente núm. ……, sobre …………………… (*identificar el objeto del procedimiento*), que se instruye en esta Administración Pública, se ha advertido la existencia de personas que como Usted pudieran resultar ser titulares de derechos o interés legítimos y directos, afectados por la resolución del procedimiento administrativo que, en su día, pudiera dictarse.

Por ello, en cumplimiento de lo dispuesto en el artículo 8 de la Ley 39/2015, de 1 de octubre, del Procedimiento Administrativo Común de las Administraciones Públicas, se le comunica la existencia de la tramitación del indicado procedimiento, emplazándole para que pueda comparecer y personarse en el mismo en defensa de sus derechos o intereses legítimos, en el plazo máximo de diez días.

Podrá comparecer personalmente o por medio de representante, en estas oficinas en horario de visitas de 9 a 14 h. de lunes a viernes, o bien mediante el acceso electrónico en el portal de la sede electrónica de esta Administración Pública con la siguiente dirección: https://www……..es, las 24 horas los siete días de la semana.

En su caso, del resultado de dicha comparecencia personal será digitalizado para su incorporación como copia autenticada en su correspondiente expediente administrativo electrónico, de acuerdo con el artículo 47 del Reglamento de actuación y funcionamiento del sector público por medios electrónicos, aprobado por Real Decreto 203/2021, de 30 de marzo.

Lo que participo para su conocimiento y a los efectos oportunos.

Lugar, fecha, cargo y firma electrónica.

Documento firmado electrónicamente. La persona titular del órgano administrativo competente. Autenticidad verificable mediante Código Seguro de Verificación ……. en la sede electrónica de esta Administración.

F011. ESCRITO EN CONSTESTACIÓN A LA COMUNICACIÓN DE PERSONACIÓN

AL ÓRGANO COMPETENTE

D/Dª ...., mayor de edad, con DNI/NIF/NIE núm. ...., actuando en nombre propio o representación de ...., con domicilio a efectos de notificaciones en ...., del municipio de ...., provincia ...., teléfono ...., y correo electrónico: .... Ante ese órgano administrativo (código de identificación núm. .....) comparezco y, con el debido respeto, como mejor proceda en derecho,

EXPONGO

Que con fecha ...., me ha sido comunicado la tramitación del procedimiento administrativo relativo a .... (*identificar el objeto del procedimiento*) que con el número de expediente .... se instruye en ese Departamento administrativo, como titular de derechos o interés legítimos y directos, que pudieran verse afectados por la resolución o decisión que en el mismo se adopte.

Que examinada la documentación que obra en el referido expediente administrativo, en el ejercicio de los derechos e intereses legítimos que me asisten como parte interesada, vengo a manifestar lo siguiente:

a) ....

b) ..... (*exponer razonadamente las argumentaciones*).

c) ....

En acreditación a lo expuesto se aportan los documentos siguientes:

1. ....
2. .... (*relacionar la documentación aportada*).
3. ....

De conformidad con lo previsto en el artículo 4.1.b) de la Ley 39/2015, de 1 de octubre, del Procedimiento Administrativo Común de las Administraciones Públicas, me tengan personado en concepto de persona interesada en dicho procedimiento y expediente administrativo de su razón, a todos los efectos legales que procedan.

Por todo ello, y en su atención, es por lo que,

SOLICITO: Que, admita el presente escrito y, por las razones expuestas, me tenga por personado en concepto de persona interesada en el referido procedimiento administrativo relativo a ...... que con el número de expediente ......, se instruye en ese órgano administrativo competente.

Lugar, fecha y firma electrónica.

La persona interesada/su representante legal

Título Segundo

DE LA ACTIVIDAD DE LAS ADMINISTRACIONES PÚBLICAS

I. NORMAS GENERALES DE ACTUACIÓN

1. Derechos de acceso a la información

F012. SOLICITUD DE INFORMACIÓN SOBRE REQUISITOS DE TRAMITACIÓN

AL ÓRGANO COMPETENTE

D/Dª. ...., mayor edad, con de DNI/NIF/NIE núm. ..., actuando en nombre propio o en representación de ...., con domicilio a efectos de notificaciones en ...., del municipio de.........., provincia ...., teléfono ...., y correo electrónico: ...., Ante ese órgano administrativo (código de identificación núm. ....) comparezco y, con el debido respeto, como mejor proceda en derecho,

EXPONGO

Que en el ejercicio de los derechos que me asisten en calidad de persona interesada con capacidad de obrar, al amparo de lo establecido en el artículo 13.d) de la Ley 39/2015, de 1 de octubre, del Procedimiento Administrativo Común de las Administraciones Públicas, sobre el derecho de acceso a la información pública, archivos y registros, de acuerdo con lo previsto en la Ley 19/2013, de 9 de diciembre, de transparencia, acceso a la información pública y buen gobierno y el resto del ordenamiento jurídico, preciso consultar determinadas cuestiones básicas que considero importantes conocer previamente para realizar determinados negocios jurídicos que tengo el propósito de llevar a cabo. En concreto, sobre las siguientes cuestiones, en el ámbito de sus competencias:

1. ....
2. .... (*especificar la información solicitada*)
3. ....

Se justifica la solicitud formulada en base a que no he podido consultar dicha información en el portal habilitado como Punto de Acceso Electrónico de esa Administración Pública.

Asimismo, declaro bajo mi responsabilidad que dicha información será tratada por esta parte únicamente a los fines para los que ha sido solicitada y con escrupuloso respecto sobre protección de datos personales y garantía de los derechos digitales, conforme a lo establecido en la Ley Orgánica 3/2018, de 5 de diciembre.

Por todo lo expuesto, es por lo que,

SOLICITO: Que tenga por realizada la presente solicitud de autorización para consultar la citada información que consta en esa Administración Pública, así como conocer los requisitos jurídicos y técnicos exigidos para la viabilidad de los proyectos o actuaciones que pretendo emprender con garantías de acierto.

Lugar, fecha y firma electrónica.

La persona interesada/su representante legal

F013. SOLICITUD DE ACCESO A LOS ARCHIVOS Y REGISTROS

AL ÓRGANO COMPETENTE

D/Dª. ...., mayor de edad, con DNI/NIF/NIE núm......., actuando en nombre propio o en representación de ...., con domicilio a efectos de notificaciones en ...., del municipio de............, provincia de............, teléfono ...., y correo electrónico: .... Ante ese órgano administrativo (código de identificación núm .....) comparezco y, con el debido respecto, como mejor proceda en derecho,

EXPONGO

1. Que estoy realizando una investigación científica en el Departamento de .... de la Universidad ...., conforme a la credencial que adjunto se acompaña, sobre el tema relativo a ....(*describir el objeto de la solicitud*), por lo que preciso consultar determinados antecedentes de expedientes que obran en los archivos y registros de esa Administración. Materia objeto de estudio que no está excluida de acceso a los ciudadanos según determina la Ley, en concreto la relacionada con las siguientes cuestiones:

a) ....

b) .... (*especificar las materias objeto de consulta*).

c) ....

Por ello, necesito la autorización previa para poder consultar la referida documentación que consta en los archivos y registros de esa Administración Pública y que corresponden a procedimientos ya terminados. La información obtenida de su estudio garantizará debidamente la intimidad de las personas. A tal fin, me comprometo a dicho trabajo de investigación cumpliendo las disposiciones u ordenes específicas que la autoridad competente señale al respecto, con el fin de llevarlo a cabo de forma que no se vea afectada la eficacia del funcionamiento de los servicios públicos de esa Administración.

2. Que, esta solicitud se insta al amparo de lo dispuesto en el artículo 13.d) de la Ley 39/2015, de 1 de octubre, del Procedimiento Administrativo Común de las Administraciones Públicas, sobre el derecho de acceso a la información pública, archivos y registros, en los términos previstos en la Ley 19/2013, de 9 de diciembre, de transparencia, acceso a la información pública y buen gobierno, y la Ley Orgánica 3/2018, de 5 de diciembre, de Protección de Datos Personales y garantía de los derechos digitales.

Todo ello, en relación con lo establecido en el artículo 2.c) de la Ley de la Ciencia, la Tecnología y la Innovación (según modificación efectuada por la 17/2022, de 5 de septiembre), que entre sus objetivos destaca: "*Impulsar la ciencia abierta al servicio de la sociedad y promover iniciativas orientadas a facilitar el libre acceso a los datos, documentos y resultados generados por la investigación, desarrollar infraestructuras y plataformas abiertas, y fomentar la participación abierta de la sociedad civil en los procesos científicos*".

Por todo lo expuesto y en su atención, es por lo que,

SOLICITO: Que, admita el presente escrito junto con la documentación acreditativa que se acompaña y, en mérito de lo expuesto, tenga a bien autorizar la presente petición individualizada para poder acceder a los archivos y registros de esa Administración sobre la referida documentación administrativa, así como a obtener copias o certificados de los documentos examinados, sobre la base del interés investigador legítimamente acreditado.

Lugar, fecha y firma electrónica.

La persona interesada/su representante legal

F014. RECIBO DE PRESENTACIÓN DE SOLICITUD EN EL REGISTRO ELECTRÓNICO

RECIBO DE PRESENTACIÓN

Registro de entrada núm.: .... Fecha y hora .... Oficina: .....
Resumen: .... *(referenciar el asunto de que se trate).*
Nombre y apellidos o razón social: ....
DNI/NIF/NIE/CIF: .... *(persona interesada).*
DNI/NIF/NIE/CIF: .... *(persona representante).*
Órgano destinatario: ... *(indicar el órgano administrativo al que se envía).*
Documento que aporta:
Nombre del fichero digitalizado: ....
Tipo de documento: ... *(solicitud firmada/documentación aportada)*
Validez: Original/Copia autenticada/Copia simple.
CSV: .... *(Código Seguro de Verificación)*
Huella digital: ....

El presente recibo acredita de la presentación de la documentación presentada en la fecha y hora a indicada, en los términos establecidos en el artículo 16.3 de la Ley 39/2015, de 1 de octubre, del Procedimiento Administrativo Común de las Administraciones Públicas.

Lugar, fecha, hora y sello del órgano de Registro General Electrónico del órgano competente. Documento firmado electrónicamente. Autenticidad verificable mediante código de validación .... de la plataforma .... que gestiona la sede electrónica de esta Administración Pública.

F015. CITACIÓN DE COLABORACIÓN CIUDADANA POR COMPARECENCIA

Asunto:
Procedimiento:
Expediente núm.:
Departamento:

NOTIFICACIÓN A LA PERSONA INTERESADA

En este departamento competente en materia de ……, se está instruyendo la tramitación del procedimiento administrativo relativo al expediente núm. ……, sobre …………. (*identificar el objeto del procedimiento*).

Con el fin de facilitar el esclarecimiento de los hechos en la realización de las actuaciones previas que se están llevando a cabo por razones de interés público, conforme disponen los artículos 18 y 19 de la Ley 39/2015, de 1 de octubre, del Procedimiento Administrativo Común de las Administraciones Públicas, es por lo que en cumplimiento del deber público de colaboración ciudadana, y al amparo de lo previsto en a la Ley ……….(*indicar norma con rango de ley que obligue a la comparecencia requerida*) SE LE CITA PARA QUE COMPAREZCA ante esta oficina pública al objeto de proporcionar determinada información para el esclarecimiento de los hechos que podrían ser relevantes para decisión de las cuestiones plateadas en el expediente administrativo de su razón.

Por ello, y en su atención, se le cita para que comparezca presencialmente o bien a través de medios electrónicos a fin de facilitar la información solicitada, con arreglo a la siguiente:

CITACIÓN

Lugar: ………………………
Fecha: ………………………
Hora: ………………………..
Objeto: ……………………..

En caso de no poder asistir presencialmente el día de la fecha indicada a nuestras dependencias, podrá personarse en la fecha y hora señalada mediante de videoconferencia en el siguiente enlace: https//www………………es, o por teléfono llamando al ………………….. e introducir el siguiente PIN ……

Se le significa que, en el caso de ausencia injustificada a la comparecencia requerida, podrá incurrir en las responsabilidades que hubiere lugar en Derecho.

Finalizada la comparecencia podrá obtener una certificación acreditativa de su realización, para hacerla valer donde convenga.

El resultado de dicha comparecencia será digitalizado para su incorporación como copia autenticada en su correspondiente expediente administrativo electrónico, de acuerdo con el artículo 47 del Reglamento de actuación y funcionamiento del sector público por medios electrónicos, aprobado por Real Decreto 203/2021, de 30 de marzo.

Lugar, fecha, cargo y firma electrónica.

Documento firmado electrónicamente. La persona titular del órgano administrativo competente. Autenticidad verificable mediante Código Seguro de Verificación .... en la sede electrónica de esta Administración.

2. Responsabilidad en la tramitación

F016. ESCRITO DE RECLAMACIÓN EN QUEJA

AL ÓRGANO INMEDIATO SUPERIOR

D/Dª. ...., mayor de edad, con de DNI/NIF/NIE núm. ...., actuando en nombre propio o en representación de........., con domicilio a efectos de notificaciones en ...., del municipio de ...., provincia ...., teléfono ...., y correo electrónico: .... Ante ese órgano administrativo comparezco (código de identificación núm. ...) y, con el debido respeto, como mejor proceda en derecho,

EXPONGO

Que mediante el presente escrito manifiesto mi disconformidad con la tramitación del procedimiento administrativo relativo al expediente núm. ...., sobre .... (*identificar el objeto del procedimiento*) de esa Administración Pública, que se está llevando a cabo en el departamento o servicio de ...., y al amparo del artículo 20 de la Ley 39/2015, de 1 de octubre, del Procedimiento Administrativo Común de las Administraciones Públicas, vengo a formular la siguiente,

RECLAMACIÓN EN QUEJA

Y, en su caso, adopción de responsabilidades, sobre el funcionamiento del referido servicio público en relación con la tramitación del expediente administrativo indicado, en base a los siguientes motivos constatados:

1. Desatención por parte de los empleados públicos de dicho servicio, en el trato recibido para que esta parte pueda ejercer con normalidad sus derechos al impedir el acceso al expediente y la obtención de copia de los documentos contenidos en el procedimiento en cuestión, por lo que el desconocimiento del estado de su tramitación me provoca indefensión.
2. Recalcitrante empecinamiento por impedir que la tramitación del citado procedimiento se realice sin discriminación alguna en la lengua propia y cooficial de esta Comunidad Autónoma elegida desde el inicio del procedimiento por esta parte, de acuerdo con lo previsto en el ordenamiento jurídico.
3. Tardanza sin justificación alguna en la tramitación del expediente que evidentemente afecta a los derechos e intereses legítimos de esta parte.
4. Alteración en el despacho de expedientes, sin guardar el riguroso orden de incoación en asuntos de homogénea naturaleza, y sin justificación alguna.

En definitiva, todo ello ha provocado una auténtica situación de discriminación manifestada por los retrasos injustificados, los obstáculos excesivos, la negación de derechos o el trato menos favorable frente a otros que se encuentran en circunstancias similares, sin justificación objetiva y razonable alguna, que procede remover para evitar que se puedan volver a repetir hechos tan lamentables como los acontecidos.

Por todo ello, y en su atención, es por lo que,

SOLICITO: Que admita el presente escrito y, por las razones expuestas, se tomen las medidas necesarias con el fin de evitar y eliminar esta anómala situación creada en la tramitación del referido procedimiento administrativo y, en consecuencia, se remuevan los obstáculos que impidan, dificulten o retrasen sin dilaciones indebidas el ejercicio pleno de los derechos de esta parte interesada y el respeto a mis intereses legítimos.

Todo ello, sin perjuicio de reservarme las acciones legales oportunas para la reclamación de daños y perjuicios que, en su caso, pudieran derivarse por la demora en la tramitación del procedimiento debido. Así como, en su caso, de la exigencia de responsabilidad disciplinaria en que hubiera podido incurrir el personal al servicio de esa Administración que tuviese a cargo la tramitación del referido expediente, por incumplimiento de alterar el despacho de expedientes y de no dictar resolución expresa dentro del plazo legal establecido, de acuerdo con los artículos 21.6 y 71.2 de la Ley 39/2015, de 1 de octubre, del Procedimiento Administrativo Común de las Administraciones Públicas. Así como por la inobservancia en su actuación del Código de Conducta establecido en el texto refundido del Estatuto Básico del Empleado Público, aprobado por Real Decreto Legislativo 5/2015, de 30 de octubre.

Lugar, fecha y firma electrónica.

La persona interesada/su representante legal

F017. ESCRITO DE SUGERENCIAS

AL ÓRGANO COMPETENTE

D/Dª. ...., mayor de edad, con de DNI/NIF/NIE núm. ...., actuando en nombre propio o en representación de ...., con domicilio a efectos de notificaciones en ...., del municipio de ...., provincia ...., teléfono ...., y correo electrónico: .... Ante ese órgano administrativo comparezco (código de identificación núm....) y, con el debido respeto, como mejor proceda en derecho,

EXPONGO

Que, con el fin de mejorar la calidad de los servicios públicos que se prestan en las dependencias de ...., sobre ....., vengo a formular una serie de propuestas o sugerencias que contribuirían a simplificar, reducir o eliminar trámites, incluso molestias a los ciudadanos en sus relaciones con esa Administración Pública. En concreto las siguientes:

1. ....
2. ...... (*enumerar las propuestas de mejora en la calidad formuladas*).
3. ....

Por todo ello, y en su atención, es por lo que,

SOLICITO: Que admita el presente escrito y, en mérito de lo expuesto, tenga a bien estudiar la posibilidad de implementar las propuestas sugeridas en la materia de .... para la mejora en prestación de los servicios públicos de esa Administración.

Lugar, fecha, firma electrónica.

La persona interesada/su representante legal

F018. ESCRITO DE AGRADECIMIENTO

AL ÓRGANO COMPETENTE

D/Dª ...., mayor de edad, con de DNI/NIF/NIE núm. ...., con domicilio a efectos de notificaciones en ...., del municipio de ...., provincia de........., teléfono ...., y correo electrónico: .... Ante ese órgano administrativo comparezco (código de identificación núm....) y, con el debido respeto, como mejor proceda en derecho,

EXPONGO

Que, mediante el presente escrito, quiero expresar mi satisfacción y agradecimiento hacia el personal del departamento de .... de esa Administración Pública por el buen trabajo realizado para .... (*indicar el objeto del reconocimiento*), que de manera ejemplar han demostrado su excelente profesionalidad en el desempeño de su oficio al servicio de la sociedad.

Todas las gestiones y servicios hechos a plena satisfacción, y se ha de decir que la atención personal, ha sido excelente y eficiente, más allá de lo que se podría esperar. Mil gracias.

Reciban un cordial saludo.

Lugar, fecha y firma.

La persona interesada

F019. COMUNICACIÓN SOBRE EL ESCRITO EN QUEJA O DE SUGERENCIAS

Asunto:

Procedimiento:

Expediente núm.:

Departamento:

NOTIFICACIÓN A LA PERSONA INTERESADA

Se ha recibido en este departamento su escrito de fecha ...., por el que formula reclamación en queja/sugerencia (*táchese lo que no proceda*) y, en su caso, de adopción de posibles responsabilidades por defectos de tramitación en el procedimiento administrativo de referencia.

a) En caso de escrito de queja:

A este respecto, le participo que con esta fecha se ha abierto un expediente informativo, para llevar a cabo las indagaciones y diligencias que se consideren pertinentes, en aras a remover los obstáculos que impiden, dificultan o retrasan el ejercicio pleno de sus derechos e intereses legítimos, así como evitar y eliminar toda anormalidad en la tramitación del referido procedimiento administrativo, en cumplimiento de lo establecido en el artículo 20 de la Ley 39/2015, de 1 de octubre, del Procedimiento Administrativo Común de las Administraciones Públicas.

Igualmente, se ha dado traslado de su escrito a la unidad o servicio directamente afectado, así como del órgano directivo del cual dependa, para obtener la información oportuna sobre la queja formulada y en su caso, elevar la actuaciones a la Inspección General de Servicios de esta Administración.

En nombre del departamento de .... que represento quieroexpresarle en primer lugar, mis disculpas por las molestias que se le hayan podido ocasionar en la prestación de nuestros servicios y, en segundo lugar, agradecerle la oportunidad que nos ha brindado con sus opiniones que, sin duda, redundarán en la mejora continua de la calidad de nuestros servicios públicos en beneficios de todos.

Cordialmente.

b) En caso de escrito de sugerencias:

A este respecto le participo que sus propuestas han sido remitidas al órgano administrativo competente para que, en su caso, se tengan en consideración con el fin se adoptar las medidas oportunas para mejorar la calidad de nuestros servicios públicos al servicio de la ciudadanía.

Muchas gracias por su colaboración que, sin duda, nos ayudará a optimizar la eficacia y la eficiencia de servicios públicos que presta nuestra Administración.

Quedamos a su disposición para cualquier consulta o información adicional que desee realizar.

Reciba un cordial saludo.

Lugar, fecha y firma electrónica.

La persona titular del órgano administrativo competente

F020. CONTESTACIÓN AL ESCRITO DE AGRADECIMIENTO

Asunto:
Procedimiento:
Expediente núm.:
Departamento:

NOTIFICACIÓN A LA PERSONA INTERESADA

Sr/Sra.: ....

Nos es grato comunicarle que se ha recibido su escrito de agradecimiento en la que manifiesta su satisfacción y reconocimiento hacia el personal del servicio de ..... que le atendió en sus gestiones de ......

En nombre de organismo público que represento, quiero dale las gracias por sus palabras que nos animan a continuar con nuestra labor diaria y sobre todo en dar un trato más humano a las personas que atendemos desde nuestros servicios públicos.

Reciba un cordial saludo,

Lugar, fecha, cargo y firma electrónica.

El titular del órgano administrativo competente

F021. INFORMACIÓN SOBRE EL PROCEDIMIENTO INICIADO A SOLICITUD DE PARTE INTERESADA

Asunto:
Procedimiento:
Expediente núm.:
Departamento:

NOTIFICACIÓN A LAS PERSONAS INTERESADAS

En relación con su escrito de fecha ...., en solicitud de la iniciación del procedimiento administrativo sobre .... (*identificar el objeto del procedimiento*), que tuvo entrada el día a .... en el registro electrónico de este Departamento competente para su tramitación.

De acuerdo con lo dispuesto en el artículo 21.4 de la Ley 39/2015, de 1 de octubre, del Procedimiento Administrativo Común de las Administraciones Públicas, se le participa lo siguiente:

1. Con el número de expediente .... se tramitará el procedimiento instado por el procedimiento establecido en .... (*indicar la normativa reguladora del correspondiente procedimiento*).
2. De acuerdo con citada la normativa que le es de aplicación, el plazo máximo establecido para la resolución y notificación del referido procedimiento es de .... meses, a contar desde la fecha de entrada en el registro electrónico este organismo competente para para su tramitación.
3. Dada la naturaleza del procedimiento instado, en caso de silencio administrativo los efectos que producirá la falta de resolución y notificación correspondiente dentro del citado plazo serán estimatorios/desestimatorios (*táchese lo que no proceda*) respecto de su solicitud formulada, en relación con lo previsto el artículo 24 de la precitada Ley 39/2015, sin perjuicio la obligación legal de la Administración de dictar resolución expresa en los términos previstos en el artículo 21.1 de la indicada Ley del Procedimiento Administrativo Común de las Administraciones Públicas, y de lo previsto sobre la posibilidad de suspensión y ampliación del plazo legal del procedimiento en el citado texto legal. De lo que, en su caso, se le dará cumplida información.
4. Que para obtener cualquier información sobre el estado de tramitación de dicho procedimiento deberá dirigirse a este departamento de .... por cualquiera de los medios que precise (teléfono, dirección postal, correo electrónico y otros) que figuran en el membrete de este escrito, pudiendo acceder a dicho expediente administrativo con su clave electrónica a través del Punto General de Acceso de la sede electrónica de esta Administración, en el siguiente enlace: https://www..............es, durante las 24 horas al día los siete días de la semana.

Lugar, fecha, cargo y firma electrónica.

Documento firmado digitalmente. La persona titular del órgano administrativo competente. Autenticidad verificable mediante Código Seguro de Verificación .... en la sede electrónica de esta Administración.

F022. INFORMACIÓN SOBRE EL PROCEDIMIENTO INICIADO DE OFICIO

Asunto:
Procedimiento:
Expediente núm.:
Departamento:

NOTIFICACIÓN A LA PERSONAS INTERESADAS

En relación con las actuaciones previas practicadas por esta Administración Pública, relativas a .... (*señalar el objeto del procedimiento*), se le participa lo siguiente:

1. Con fecha .... se ha incoado de oficio procedimiento administrativo relativo al expediente de referencia sobre .... (*identificar el objeto del procedimiento*).
2. Dicho procedimiento se tramitará de acuerdo con la normativa de .... (*indicar la normativa reguladora del correspondiente procedimiento*) y se instruirá por el Departamento de ...., con la clave o número de expediente ...., que impulsará de oficio todos su trámites.
3. El plazo máximo de duración del indicado procedimiento para resolver y notificar la resolución expresa es de .... meses, a contar desde la fecha del acuerdo de iniciación. El cómputo de dicho plazo quedará automáticamente interrumpido si el procedimiento se paraliza por causas imputables a las personas interesadas en el mismo.
4. Dado la naturaleza del procedimiento incoado el vencimiento del plazo máximo establecido sin que se haya dictado y notificado resolución expresa, se producirán los efectos del silencio administrativo previstos en el artículo 25 de la Ley 39/2015, de 1 de octubre, del Procedimiento Administrativo Común de las Administraciones Públicas, en relación con el artículo... (*expresar la normativa específica que le sea de aplicación*). No obstante, ello no exime a la Administración del cumplimiento de la obligación legal de resolver.
5. El expediente administrativo de referencia se encuentra a disposición de las personas interesadas o sus representantes en ...., en horario de oficinas abiertas al público (de 9 a 14 horas), situadas en ...., donde podrán actuar asistidos de asesor si lo consideran conveniente en defensa de sus derechos e intereses legítimos. De lo que se podrá practicar la oportuna Diligencia para el examen del referido expediente administrativo, extendiéndose la correspondiente certificación de comparecencia que se entregará a solicitud de la persona interesada, conforme determina el artículo 19 de la citada Ley del Procedimiento Administrativo Común de las Administraciones Públicas.

Además, también se puede acceder a dicho expediente a través del Punto de Acceso General de la sede electrónica de esta Administración, en el siguiente enlace: https://www................es, durante las 24 horas al día los siete días de la semana.

Lugar, fecha, cargo y firma electrónica.

Documento firmado electrónicamente. La persona titular del órgano administrativo competente. Autenticidad verificable mediante Código Seguro de Verificación .... en la sede electrónica de esta Administración.

F023. ACUERDO DE SUSPENSIÓN DEL PROCEDIMIENTO

Asunto:
Procedimiento:
Expediente núm.:
Departamento:

En la tramitación del procedimiento administrativo que se instruye en este Departamento, relativo al expediente núm. ...., sobre .... (*identificar el objeto del procedimiento*), se ha advertido la falta del correspondiente informe/dictamen de .... (*táchese lo que no proceda*), cuya opinión en la materia e incorporación al procedimiento resulta preceptiva para formar criterio sobre la resolución que haya de adoptarse, conforme establece la normativa de .... que le es de aplicación para los procedimientos administrativos de esta índole.

Por ello, con esta fecha, se ha solicitado el referido informe/dictamen preceptivo a .... (*indicar el órgano informante*) para que lo emita y remita en el plazo máximo de .... días/meses, con el fin de que se incorpore al expediente administrativo de su razón.

De conformidad con lo establecido en el artículo 22.1.d) de la Ley 39/2015, de 1 de octubre, del Procedimiento Administrativo Común de las Administraciones Públicas, el transcurso del plazo máximo legal para resolver un procedimiento y notificar la resolución, queda suspendido por el tiempo que medie entre la petición y la recepción del informe preceptivo solicitado, por un plazo no superior a tres meses. En el caso de no recibirse el informe en el plazo indicado, proseguirá el procedimiento.

En su virtud,

ACUERDO

SUSPENDER LA TRAMITACIÓN DEL PROCEDIMIENTO relativo al expediente administrativo núm. ...., que se instruye en el servicio de ...., hasta que la recepción e incorporación del informe/dictamen preceptivo cuyo contenido podría resultar determinante para la resolución que haya de adoptarse. Informe/dictamen este que deberá emitirse por .... (*indicar el órgano administrativo informante*).

En ningún caso la suspensión acordada excederá de tres meses, y en el supuesto de no recibirse el informe/dictamen en el plazo solicitado se proseguirán las actuaciones del procedimiento, conforme con lo previsto en el artículo 22.1.d) de la Ley 39/2015, de 1 de octubre, del Procedimiento Administrativo Común de las Administraciones Públicas, sin perjuicio de poder tenerlo en cuenta si es recibido antes de que finalice el procedimiento.

Contra este Acuerdo, que es un acto de trámite, no cabe interponer recurso administrativo alguno, sin perjuicio de poder interponer los recursos que procedan contra la resolución definitiva del procedimiento.

Notifíquese el presente acuerdo a todas las personas interesadas en procedimiento, de conformidad con lo establecido en el artículo 40 de la Ley 39/2015, de 1 de octubre, del Procedimiento Administrativo Común de las Administraciones Públicas.

Lugar, fecha, cargo y firma electrónica.

La persona titular del órgano administrativo compete

F024. ACUERDO DE AMPLIACIÓN DE LOS PLAZOS PARA RESOLVER Y NOTIFICAR

Asunto:

Procedimiento:

Expediente núm.:

Departamento:

VISTAS las actuaciones practicadas en el procedimiento administrativo relativo al expediente de referencia sobre .... (*identificar el objeto del procedimiento*), que se tramita en el departamento de ...., y teniendo en consideración los siguientes,

ANTECEDENTES DE HECHO

PRIMERO. Con fecha ...., se inició el procedimiento de referencia y se comunicó a las partes interesadas en la norma reguladora del correspondiente procedimiento, el plazo máximo para resolver y notificar la resolución expresa, así como los efectos que produciría el silencio administrativo en caso de incumplimiento del plazo legal para resolver y notificar el mismo.

SEGUNDO. Con fecha ...., el órgano instructor del procedimiento ha elevado propuesta razonada a este órgano competente en la que justifica que debido a la dificultad para resolver el procedimiento en los plazos previstos se considera oportuno una ampliación de éstos, estableciendo una determinada como fecha límite para resolución y notificación, con el fin de adoptar una resolución ajustada a derecho.

A los anteriores hechos son de aplicación los siguientes,

FUNDAMENTOS DE DERECHO

PRIMERO. El artículo 23, apartado 1, de la Ley 39/2015, de 1 de octubre, del Procedimiento Administrativo Común de las Administraciones Públicas, establece: "*Excepcionalmente, cuando se hayan agotado los medios personales y materiales disponibles a los que se refiere el apartado 5 del artículo 21, el órgano competente para resolver, a propuesta, en su caso, del órgano instructor o el superior jerárquico del órgano competente para resolver, podrá acordar de manera motivada la ampliación del plazo máximo de resolución y notificación, no pudiendo ser éste superior al establecido para la tramitación del procedimiento*".

De conformidad con la propuesta razonada del órgano instructor del procedimiento administrativo relativo a ...., agotados todos los medios personales y materiales disponibles dado el número de solicitudes presentadas/personas afectadas (*táchese lo que no proceda*) para cumplir con el despacho adecuado de los asuntos en el plazo previsto para ello, hacen que proceda acordar la ampliación del plazo máximo de resolución y notificación, sin que sea esta ampliación de plazo superior al establecido para la tramitación de los procedimientos administrativos de esta índole.

SEGUNDO. Este órgano es competente para la adopción de la presente resolución, de acuerdo con lo establecido en .... (*indicar la normativa específica que le sea de aplicación*).

Vistos los preceptos legales citados y demás de general aplicación,

ACUERDO

AMPLIAR EL PLAZO MÁXIMO para resolver y notificar el procedimiento relativo a los solicitudes formuladas que se tramitan en el departamento de ...., sobre el expediente administrativo núm. ...., por un plazo de .... (*señalar la fecha límite de duración del procedimiento*), dado el cúmulo de solicitudes presentadas y el número de personas que pudieran resultar afectadas en la resolución que se dicte en el procedimiento.

Contra este Acuerdo, que es un acto de trámite, no cabe interponer recurso administrativo alguno, sin perjuicio de poder interponer recursos que procedan contra la resolución definitiva del procedimiento.

Notifíquese la presente resolución a las partes interesadas en procedimiento, de acuerdo con lo establecido en el artículo 40 de la Ley 39/2015, de 1 de octubre, del Procedimiento Administrativo Común de las Administraciones Públicas.

Lugar, fecha, cargo y firma electrónica.

La persona titular del órgano administrativo competente

F025. SOLICITUD DE CERTIFICADO DE UN ACTO PRODUCIDO POR SILENCIO ADMINISTRATIVO

AL ÓRGANO COMPETENTE

D/Dª. ......, mayor de edad, con DNI/NIF/NIE ...., actuando en nombre propio o en representación de ...., cuyas circunstancias y demás datos personales constan en el expediente administrativo número ...., del procedimiento administrativo relativo a .... (*identificar el objeto del procedimiento*). Ante ese órgano administrativo comparezco (código de identificación núm ....) y, con el debido respeto, como mejor proceda en derecho,

EXPONGO

1. Que habiendo transcurrido con creces el plazo máximo legalmente establecido para resolver el procedimiento y notificar la resolución expresa en el procedimiento administrativo relativo al expediente núm. ......, sobre ...., iniciado a solicitud de esta parte interesada, es por lo que de acuerdo con lo dispuesto en la norma reguladora de dicho procedimiento el vencimiento del referido plazo legal legitima a esta parte interesada a entender estimada/desestimada por silencio administrativo (*táchese los que no proceda*) la solicitud en su día presentada ante esa Administración Pública.
2. Importa señalar, que la estimación por silencio administrativo tiene a todos los efectos la consideración de acto administrativo finalizador del procedimiento. Y, que en el caso que deba entenderse desestimada la solicitud el silencio administrativo tiene los solos efectos de permitir a las partes interesadas la interposición del recurso administrativo o contencioso-administrativo que resulte procedente.
3. Que, conforme determina el artículo 24.4 de la Ley 39/2015, de 1 de octubre, del Procedimiento Administrativo Común de las Administraciones Públicas, los actos administrativos producidos por silencio administrativo producen los mismos los efectos desde el vencimiento del plazo máximo en el que debe dictarse y notificarse la resolución expresa sin que la misma se haya expedido y pueden hacerse valer tanto ante la Administración como ante cualquier persona física o jurídica, pública o privada.

Además, la existencia del silencio administrativo producido por la falta de resolución y notificación expresa en el plazo establecido, puede ser acreditada por cualquier medio de prueba, incluido el "certificado administrativo" acreditativo del silencio producido, el cual puede solicitarse ante órgano competente para resolver el procedimiento y que ha de emitirse en el plazo máximo de quince días.

Por ello, en el ejercicio de los derechos e intereses legítimos que me asisten en calidad de parte interesada en dicho procedimiento, es por lo que,

SOLICITO: Que admita en presente escrito con los documentos acreditativos que se acompañan y, en mérito a lo expuesto, se expida el correspondiente Certificado Administrativo del silencio administrativo producido en el procedimiento administrativo relativo al expediente núm. ......, sobre ...., de los tramitados por esa Administración.

Lugar, fecha y firma electrónica.

La persona interesada/su representante legal

F026. EXPEDICIÓN DEL CERTIFICADO SOBRE LOS EFECTOS DEL SILENCIO ADMINISTRATIVO

Asunto:

Procedimiento:

Expediente núm.:

Departamento:

NOTIFICACIÓN

D/Dª........................... en calidad de titular de la secretaría general de ....

CERTIFICO: Que consultados los antecedentes obrantes en esta secretaría a mí cargo, en relación con el escrito presentado por ...., con registro de entrada del día ...., existe informe técnico emitido por ...., del siguiente tenor literal:

"1. Con fecha ...., D/Dª ...., presentó solicitud instando el procedimiento correspondiente a ....

2. Con fecha ...., se le comunicó que la tramitación de dicho procedimiento se instruiría en el servicio de ...., con el número de expediente ...., identificativo del procedimiento iniciado solicitud de la parte interesada. Igualmente, se le informó del plazo máximo establecido para la resolución y notificación del referido procedimiento, así como de los efectos del silencio administrativo.

3. El plazo máximo para dictar y notificar la resolución expresa sobre el procedimiento instado finalizó el día .... Ello, sin perjuicio de poder dictar resolución expresa en los términos establecidos en el artículo 24.3 de la Ley 39/2015, de 1 de octubre, del Procedimiento Administrativo Común de las Administraciones Públicas.

4. De acuerdo con la normativa reguladora que le es de aplicación al referido procedimiento, vencido el plazo máximo de .... sin haberse notificado resolución expresa, legitima a la parte interesada a entender estimada/desestimada por silencio administrativo la solicitud formulada (*táchese los que no proceda*)."

Y para que conste donde proceda, a solicitud de la parte interesada, expido la presente certificación en el lugar y fecha abajo indicada.

El presente certificado, es copia autenticada electrónica que queda incorporada al expediente administrativo de su razón.

Lo que se le notifica en calidad de persona interesada para su conocimiento y a los efectos oportunos.

Lugar, fecha, cargo y firma electrónica.

Documento firmado digitalmente. La persona titular del órgano administrativo competente. Autenticidad verificable mediante Código de Seguro Verificación (CSV).... en sede electrónica de esta Administración Pública.

F027. REQUERIMIENTO DE INFORMACIÓN

Asunto:

Procedimiento:

Expediente núm.:

Departamento:

NOTIFICACIÓN

De conformidad con las competencias atribuidas a este Departamento de ....., por la normativa aplicable en materia de inspección sobre .....(*indicar la normativa de aplicación*) y al amparo de lo previsto 28 de la Ley 39/2015, de 1 de octubre, del Procedimiento Administrativo Común de las Administraciones Públicas, se le requiere para que aporte información necesaria para el desarrollo de las actuaciones que tienen encomendadas los órganos de inspección.

De acuerdo con los antecedentes obrantes en esta Administración, se presentó declaración de ...., ante la Administración Pública de ....., correspondiente a ......(*referenciar el objeto del procedimiento investigado*), por lo que se le requiere la siguiente información:

1. ....

2. .... (*relacionar la documentación requerida*).

3. ....

Para la atención de este requerimiento podrá remitir la información solicitada por medios electrónicos o a través del Punto de Acceso General de la sede electrónica de esta Administración, cuya dirección es https://www.........es.

Ruta de acceso:

- Cuando el acceso se realice con el código de verificación seguro (CSV): Registro Electrónico de documentos de .... /contestar requerimientos o presentar documentación relacionada con notificación recibida de esta Administración.
- Cuando se realice con DNI electrónico, Certificado electrónico válido o Cl@ve PIN:
  a) Registro electrónico de documentos de ....../ todas las gestiones/ Requerimientos y Comunicaciones/ Requerimientos de información/ Efectuar alegaciones y/o aportar documentos o justificantes.
  b) Desde mi área Personal/ Mis expedientes

La presentación deberá realizarse obligatoriamente a través de la sede electrónica de esta Administración Pública, cuando el requerido esté obligado a relacionarse a través de medios electrónicos con las Administraciones públicas, conforme al artículo 14.2 de la Ley 39/2015, de 1 de octubre, del Procedimiento Administrativo Común de las Administraciones Públicas.

En otro caso, también podrá aportar la información solicitada mediante presentación en un Registro Público de cualquier Administración, o por cualquiera de los medios admitidos en la citada Ley del Procedimiento Administrativo Común de las Administraciones Públicas.

Para su mejor identificación, en su escrito de contestación deberá aportar copia de este documento, o en su defecto hacer referencia al número de expediente indicado.

Plazos e incumplimientos

Deberá suministrar la información requerida en el plazo máximo de DIEZ días hábiles contados desde el siguiente al de recepción del presente documento. La desatención total o parcial del presente requerimiento en plazo puede ser constitutiva de infracción administrativa y dar lugar al inicio del correspondiente expediente sancionador.

Recursos y reclamaciones

Contra el presente requerimiento podrá interponerse, recurso de alzada/reposición (*táchese los que no proceda conforme a la normativa de aplicación*), en los términos previstos en la Ley 39/2015, de 1 de octubre, del Procedimiento Administrativo Común de las Administraciones Públicas.

Normas aplicables: ...... (*indicar la normativa específicamente aplicable*).

Lugar, fecha, cargo y firma electrónica.

Documento firmado electrónicamente. La persona titular del órgano administrativo competente. Autenticidad verificable mediante Código Seguro Verificación (CSV).... en sede electrónica de esta Administración Pública.

F028. ESCRITO EN CONTESTACIÓN A LA INFORMACIÓN REQUERIDA

AL ÓRGANO COMPETENTE

D/Dª. ...., mayor de edad, con DNI/NIF/NIE núm. ...., actuando en nombre propio o en representación de ...., cuyos datos y circunstancias personales constan el procedimiento administrativo relativo al expediente núm. ...., sobre ....(*identificar el objeto del procedimiento*). Ante ese órgano administrativo comparezco y, con el debido respeto, como mejor proceda en derecho,

EXPONGO

Que con fecha ......, con el número de expediente de referencia ...., he recibió por correo electrónico una notificación por la que se me requiere información respecto de determinados datos o documentos en relación con el procedimiento administrativo sobre .... y en el marco de las facultades sancionadoras y de inspección que tiene atribuidas ese órgano administrativo.

A este respecto, dentro del plazo concedido, para su conocimiento y a los efectos oportunos, se participa y traslada lo siguiente:

1. ....
2. .... *(contestar a cada una de las cuestiones planteadas en el requerimiento de información y aportar la documentación justificativa).*
3. ....

Se significa, que los citados datos y documentos requeridos ya constaban en poder de la Administración de .... En concreto, fueron presentados en fecha ...., ante el órgano administrativo .... , por lo que de conformidad con los establecido en el art. 28 de la Ley 39/2015, de 1 de octubre, del Procedimiento Administrativo Común de las Administraciones Públicas, no era necesario su requerimiento dado que podría haberse recabado electrónicamente a través de sus redes corporativas o de una consulta a las plataformas electrónicas de datos u otros sistemas electrónicos habilitados al efecto de esa Administración Pública. No obstante, con el fin de colaborar en el buen ejercicio de las competencias de esa Administración esta parte no tiene inconveniente alguno en volver a aportar nuevamente la información requerida.

Lugar, fecha y firma electrónica.

La persona interesada/su representante legal

II. TÉRMINOS Y PLAZOS

F029. RESOLUCIÓN SOBRE LA FORMA DE COMPUTAR LOS PLAZOS

Asunto:
Procedimiento:
Expediente núm.:
Departamento:

VISTA la solicitud /escrito/recurso presentada por D/Dª. ...., con DNI/NIF/NIE núm. .... sobre la resolución adoptada por ...., en fecha ...., en el procedimiento administrativo relativo al expediente núm. ...., sobre .... (*identificar el objeto del procedimiento*), y de conformidad con los siguientes,

ANTECEDENTES DE HECHO

1. La precitada resolución fue notificada a la persona interesada el día ...., según se acredita mediante el certificado del acuse de recibo electrónico que consta en el expediente de su razón (*o en su caso, expedido por el servicio de correos*).
2. Con fecha ...., la persona interesada presentó escrito sobre ...., en el procedimiento administrativo relativo a ...., por el que solicita ..../alegando en su defensa lo que a su derecho convino (*táchese lo que no proceda*).
3. Se han emitido los informes técnicos oportunos y se ha formulado propuesta de resolución.
4. En la tramitación del procedimiento se han observado las prescripciones legales.

A los anteriores hechos son de aplicación los siguientes,

FUNDAMENTOS DE DERECHO

PRIMERO. Concurren en la persona interesada los requisitos relativos a la capacidad y legitimación activa necesarias para la interposición del escrito/recurso/solicitud objeto de esta resolución. Además, consta debidamente acreditada la representación legal del interesado.

SEGUNDO. Según se desprende de los antecedentes fácticos relatados, cabe concluir que dicha solicitud ha sido presentada fuera del plazo establecido en la normativa ...., que le es de aplicación, por lo que debe ser calificada como extemporánea.

En efecto, necesariamente debe de alcanzarse esta conclusión si se tiene en cuenta los términos y los plazos establecidos en el ordenamiento jurídico que, por razones de orden público, obligan a su cumplimiento a las autoridades y al personal al servicio de las Administraciones Públicas competentes para la tramitación de los asuntos, así como a las partes interesadas en los mismos (ex. art. 29 de la Ley 39/2015). Respecto del cómputo de plazos que se regula el artículo 30 de la indicada Ley Procedimiento Administrativo Común de las Administraciones Públicas, establece que cuando los plazos se fijen por meses o años, estos se computarán a partir del día siguiente a aquel en que tenga lugar la notificación o publicación del acto de que se trate, o desde el siguiente a aquel en que se produzca la estimación o desestimación por silencio administrativo. Añadiendo, el plazo concluirá el mismo día en que se produjo la notificación, publicación o silencio administrativo en el mes o el año de vencimiento.

Dicho en otras palabras, el día inicial del cómputo (*dies a quo*) sería el día .... (es decir, el día siguiente a la notificación o publicación del acto) y el día final (*dies ad quem*) el día .... (es decir, el día equivalente al de la notificación o publicación del mes correspondiente). Por ello, en nuestro sistema legal de cómputo de los plazos fijados en meses o años, estos se computan de "fecha a fecha" entendiendo que el plazo vence el día cuyo ordinal coincida con el que sirvió de punto de partida, que es el de la notificación o publicación. En consecuencia, el plazo legal establecido comienza a contarse a partir del día siguiente de la notificación o publicación, siendo la del vencimiento la del día correlativo mensual o anual al de la notificación o publicación.

Conviene recordar, que a efectos del cómputo de los plazos el Registro Electrónico de cada Administración u organismo público se rige por la fecha y hora oficial de la sede electrónica de acceso, lo que permite la presentación de documentos todos los días del año durante 24 horas, por lo que su presentación en un día inhábil se entenderá realizada en la primera hora del primer día hábil siguiente o si el último día del plazo fuera inhábil se entenderá prorrogado al primer día hábil siguiente. Además, téngase en cuenta que, en el caso que los plazos se hubieran señalado días sin especificar que estos fueran naturales, se debe entender que estos son "días hábiles", excluyéndose entonces del cómputo los sábados, los domingos y los declarados festivos, conforme determinan los artículos 30 y 31 de la referida Ley Procedimiento Administrativo Común de las Administraciones Públicas.

TERCERO. Comoquiera que las normas que rigen los plazos procesales son de orden público, es por lo que procede declarar la inadmisibilidad de la solicitud por extemporánea, al constar en el escrito de solicitud el sello del registro de entrada en esta Administración del día ...., dado que en dicha fecha ya había vencido el plazo de presentación legalmente establecido.

Por último, conviene advertir que, por razones de seguridad jurídica, en ningún supuesto pueden ser rehabilitados los plazos o términos ya fenecidos. Razones suficientes éstas que conducen sin más a la inadmisibilidad de la solicitud presentada, ordenando su archivo sin más trámites.

CUARTO. Este órgano es competente para la adopción de la presente resolución, de acuerdo con lo establecido en .... (*indicar la normativa específica que le sea de aplicación*).

Vistos los preceptos legales citados y demás de general aplicación,

RESUELVO

DECLARAR INADMISIBLE por extemporánea la solicitud/escrito/recurso presentada por D./Dª. ...., en nombre y representación de ...., sobre el procedimiento relativo al expediente núm. ...., sobre .... y, como consecuencia derivada, ordenar su archivo sin más trámites.

Contra la presente resolución, que pone fin a la vía administrativa, las personas interesadas podrán interponer recurso contencioso-administrativo ante el Juzgado de lo Contencioso-Administrativo correspondiente, en el plazo de dos meses contados desde el día siguiente al de su notificación o publicación, de conformidad con lo dispuesto en los artículos 8.3 y 46.1 de la Ley 29/1998, de 13 de julio, reguladora de la Jurisdicción Contencioso-Administrativa. Asimismo, con carácter potestativo, podrán interponer recurso de reposición, en el plazo de un mes contado desde el día siguiente al de su notificación o publicación, ante el órgano que ha dictado la resolución, de acuerdo con lo previsto en los artículos 123 y 124 de la Ley 39/2015, de 1 de octubre, del Procedimiento Administrativo Común de las Administraciones Públicas. Todo ello, sin perjuicio de que pueda interponerse cualquier otro recurso que se estime pertinente.

Lugar, fecha, cargo y firma electrónica.

La persona titular del órgano administrativo competente

F030. ESCRITO DE PETICIÓN SOBRE AMPLIACIÓN DE LOS PLAZOS

AL ÓRGANO COMPETENTE

D/Dª. ...., mayor de edad, con DNI/NIF/NIE núm. ...., actuando en nombre o representación de ...., cuyos datos y circunstancias personales constan en el procedimiento administrativo relativo al expediente núm. ......, sobre .... (*identificar el objeto del procedimiento*). Ante ese órgano comparezco (código de identificación núm. ...) y, con el debido respecto, como mejor proceda en derecho,

EXPONGO

1. Que con fecha ...., me ha sido notificado el Acuerdo por el que se pone de manifiesto el referido procedimiento administrativo y se me concede un trámite de audiencia para que en un plazo de diez días pueda formular alegaciones y presentar, en su caso, la documentación que estime conveniente en mi defensa.
2. Dada la complejidad de las cuestiones planteadas en el procedimiento, consistentes en .... (*argumentar los motivos justificativos de la solicitud*). Razones estas que, si se me permite expresarlo, justifican que el plazo establecido en el trámite de audiencia concedido resulte insuficiente para poder hacer uso de la facultad conferida, aportando la documentación acreditativa que esta parte en calidad de parte interesada estima necesaria para la acertada resolución ajustada a derecho del procedimiento administrativo en tramitación.
3. Además, como consecuencia de una incidencia técnica o ciberincidente se ha visto imposibilitado el funcionamiento ordinario o disponibilidad del sistema o aplicación para la tramitación del referido procedimiento, lo que afectado al ejercicio de los derechos de esta parte interesada.
4. Por ello, con el objeto de facilitar el ejercicio de los derechos e intereses legítimos que asisten a las personas interesadas, el artículo 32 de la Ley 39/2015, de 1 de octubre, del Procedimiento Administrativo Común de las Administraciones Públicas, dispone que para procedimientos de esta índole se puedan ampliar de los plazos no vencidos, siempre que no se exceda de la mitad de los mismos, cuando las circunstancias lo aconsejen y con ello no se perjudiquen derechos de terceros, como ocurre en el presente caso.

Por todo ello, y en su atención, es por lo que,

SOLICITO: Que admita en presente escrito y, por las razones expuestas, tenga a bien autorizar una ampliación del plazo por el tiempo máximo permitido en el procedimiento en tramitación relativo al expediente núm......., sobre ...., facilitándose de este modo en el ejercicio de los derechos e intereses legítimos de esta parte interesada.

Lugar, fecha y firma electrónica.

La persona interesada/su representante legal

F031. ACUERDO SOBRE LA AMPLIACIÓN DE PLAZOS

Asunto:

Procedimiento:

Expediente. núm.:

Departamento:

VISTA la solicitud formulada por D/Dª ...., en calidad de parte interesada en el procedimiento administrativo relativo al expediente núm. ...., sobre ....(*identificar el objeto del procedimiento*), y teniendo en consideración los siguientes,

ANTECEDENTES DE HECHO

1. Que con fecha ...., se acordó la iniciación del procedimiento relativo a .... (*identificar el objeto del procedimiento*), cuya tramitación se está llevando a cabo en esta Administración Pública.
2. Que instruido el procedimiento e inmediatamente antes de redactar la correspondiente propuesta de resolución, con fecha ...., se concedió un trámite de audiencia de diez días para que las partes interesadas pudieran alegar lo que estimasen oportuno en su defensa.
3. Durante la tramitación del procedimiento se ha producido una incidencia técnica que ha imposibilitado el funcionamiento ordinario del sistema informático de esta Administración Pública, durante ...... días/un ciberincidente que ha afectado gravemente a los servicios y sistemas utilizados para la tramitación del procedimiento (*táchese los que no proceda*).
4. Que con fecha ...., la persona interesada solicitó una ampliación del plazo concedido para poder alegar y aportar la documentación, por las razones expuestas en el escrito presentado.
5. Dicho escrito se ha producido antes del vencimiento del plazo establecido para dictar y notificar la resolución expresa del procedimiento.
6. El órgano instructor del procedimiento administrativo ha informado favorablemente la petición de prórroga de los plazos solicitada.

A los anteriores hechos son de aplicación los siguientes,

FUNDAMENTOS DE DERECHO

PRIMERO. El artículo 32, apartado1, de la Ley 39/2015, de 1 de octubre, del Procedimiento Administrativo Común de las Administraciones Públicas, establece literalmente que: *"La Administración, salvo precepto en contrario, podrá conceder de oficio o a petición de los interesados, una ampliación de los plazos establecidos, que no exceda de la mitad de los mismos, si las circunstancias lo aconsejan y con ello no se perjudican derechos de terceros. El acuerdo de ampliación deberá ser notificado a los interesados"*.

Conviene advertir, en primer término, que el citado precepto legal se refiere a las actuaciones dentro de un procedimiento en tramitación, pero no al plazo máximo de duración del propio procedimiento administrativo, cuyo régimen se contiene en el artículo 23 de la citada Ley 39/2015.

Por ello, en el caso presente, exige la ley que tanto la decisión como la petición sobre la ampliación debe producirse antes del vencimiento del plazo legalmente establecido para la conclusión del procedimiento y que en ningún caso pueda ser objeto de ampliación un plazo ya vencido.

SEGUNDO. Sentado lo anterior, es potestativo para esta Administración conceder o no, la ampliación del plazo solicitado sin que exceda de la mitad del plazo establecido para la realización del trámite de que se trate, valorando las circunstancias concurrentes y teniendo en cuenta que con dicha demora no se perjudican derechos de terceros. Tampoco, el acceder a dicha petición puede suponer el incumplimiento del plazo legal para dictar y notificar la resolución expresa el procedimiento en cuestión, ni ha sido declarada la urgencia en su tramitación.

TERCERO. En el presente caso, se ha constatado la existencia una incidencia técnica que han imposibilitado el funcionamiento ordinario del sistema o aplicación correspondiente/a consecuencia de un ciberincidente se han visto gravemente afectados los servicios y sistemas utilizados para la tramitación de los procedimientos de esta índole y el ejercicio de los derechos de las personas interesadas previstos en la normativa vigente (*táchese lo que no proceda*), por lo que debido a dichas dificultades sobre la correspondiente aplicación informática no disponible, se considera oportuno ampliar el plazo de la tramitación del procedimiento previsto para el trámite de audiencia concedido, con la finalidad de no causar indefensión.

Razones éstas que, de conformidad con lo dispuesto en el artículo 32 de la precitada del Procedimiento Administrativo Común de las Administraciones Públicas, motivan el presente acuerdo y, por ende, conducen a la estimación de la solicitud formulada en el sentido de autorizar una ampliación del plazo máximo del procedimiento para el cumplimiento del referido trámite por .... días más.

CUARTO. Este órgano administrativo es competente para resolver la presente petición, de conformidad con .... (*indicar la normativa específica que le es de aplicación*).

Por todo lo que antecede, y en su virtud,

ACUERDO

AMPLIAR EL PLAZO DEL TRÁMITE DE AUDIENCIA, por otros .....días más, concedido en el expediente núm. .... relativo al procedimiento administrativo sobre ...., debido a una incidencia técnica que ha imposibilitado en funcionamiento ordinario del sistema o aplicación correspondiente/ciberincidente grave que han afectado a los servicios y sistemas utilizados para la tramitación de los procedimientos administrativos y los derechos de las personas interesadas previstos en la normativa vigente (*táchese lo que no proceda*).

Contra el presente Acuerdo, que es un acto de trámite, no cabe recurso administrativo alguno, sin perjuicio de que las personas interesadas puedan interponer los recursos que procedan contra la resolución definitiva del procedimiento (ex art. 32.3 de la Ley 39/2015).

Notifíquese este acuerdo a las personas interesadas en el expediente administrativo de su razón y publíquese en el portal de internet de la sede electrónica de esta Administración.

Lugar, fecha, cargo y firma electrónica.

La persona titular del órgano administrativo competente

F032. DECLARACIÓN DE URGENCIA EN LA TRAMITACIÓN DE UN PROCEDIMIENTO

Asunto:
Procedimiento:
Expediente núm.:
Departamento:

VISTAS las actuaciones practicadas en el procedimiento administrativo relativo al expediente núm. ……, sobre ………………… (*identificar el objeto del procedimiento*), que se tramita en esta Administración Pública, y de acuerdo con los siguientes,

ANTECEDENTES DE HECHO

1. Que dicho procedimiento con carácter ordinario requiere de determinados trámites cuyos plazos previstos son los siguientes:
   a) ………………………………………………………………………………………
   b) …. (*indicar los plazos de tramitación, resolución, notificación y efectos del silencio*).
   c) ………………………………………………………………………………………
2. Que concurren excepcionales razones de interés público fundamentadas en ………… (*exponer los motivos de justificación*).
   Razones éstas que, en el presente caso, por las necesidades de servicio demandan una urgente resolución, con el fin de que no se frustre el objeto perseguido por el procedimiento administrativo.
3. Se han emitido lo informes técnicos oportunos y se ha formulado propuesta de resolución.

FUNDAMENTOS DE DERECHO

PRIMERO. Con carácter previo, conviene señalar que la posibilidad de poder reducir los plazos establecidos para la elaboración de actos administrativos está prevista en el artículo 33 de la Ley 39/2015, de 1 de octubre, del Procedimiento Administrativo Común de las Administraciones Públicas, que regula la tramitación de urgencia en los siguientes términos: *"1. Cuando razones de interés público lo aconsejen, se podrá acordar, de oficio o a petición del interesado, la aplicación al procedimiento de la tramitación de urgencia, por la cual se reducirán a la mitad los plazos establecidos para el procedimiento ordinario, salvo los relativos a la presentación de solicitudes y recursos. 2. No cabrá recurso alguno contra el acuerdo que declare la aplicación de la tramitación de urgencia al procedimiento, sin perjuicio del procedente contra la resolución que ponga fin al procedimiento"*.

Ello supone una medida excepcional que las normas reguladoras del procedimiento administrativo ponen en manos de la Administración, para aquellos casos en los que justificadamente se aprecie la perentoria necesidad de acortar la tramitación de un procedimiento ordinario concreto, por concurrir en el mismo razones fundadas de especial urgencia que reclama el interés público, con el fin de asegurar la eficacia de la resolución que en su caso se adopte.

SEGUNDO. En el presente procedimiento, de los datos y de la documentación incorporada en el expediente se desprende que resulta estrictamente necesario —para preservar la viabilidad de la resolución que deba adoptarse—, acordar la tramitación urgente del presente procedimiento administrativo.

TERCERO. Este órgano es competente para adoptar la presente resolución, de conformidad con lo establecido en .... (*señalar la normativa específica que le es de aplicación*).

Vistos los preceptos legales citados y demás de general o concordante aplicación,

ACUERDO

DECLARAR LA URGENCIA EN LA TRAMITACIÓN del procedimiento administrativo relativo al expediente núm. ...., sobre ...., que se instruye en esta Administración Pública y, como consecuencia derivada, reducir a su mitad los plazos previstos para el procedimiento ordinario, excepto los relativos a la presentación de solicitudes y recursos, conforme con lo establecido en el artículo 33 de la Ley 39/2015, de 1 de octubre, del Procedimiento Administrativo Común de las Administraciones Públicas.

Contra la presente resolución no cabe interponer recurso administrativo alguno, sin perjuicio de que las personas interesadas puedan interponer los recursos que procedan contra la resolución definitiva del procedimiento.

Notifíquese en forma a las personas interesadas que consten en el expediente administrativo de su razón, y publíquese para general conocimiento en el portal de internet de la sede electrónica de esta Administración.

Lugar, fecha, cargo y firma electrónica.

La persona titular del órgano administrativo competente

F033. ESCRITO DENUNCIANDO LA CADUCIDAD DEL PROCEDIMIENTO

AL ÓRGANO COMPETENTE

D/Dª. ...., mayor de edad, con DNI/NIF/NIE ......, actuando en nombre propio o en representación de ...., cuyas circunstancias y demás datos personales constan en el expediente número ...., que se tramita en el Departamento de ....sobre el procedimiento administrativo relativo a ....(*identificar el objeto del procedimiento*). Ante ese órgano comparezco (código de identificación núm. ......) y, con el debido respeto, como mejor proceda en derecho,

EXPONGO

Que, en el ejercicio de los derechos e intereses legítimos que me asisten en calidad de persona interesada, mediante el presente escrito vengo a DENUNCIAR LA CADUCIDAD DEL PROCEDIMIENTO iniciado de oficio, fundamentada en los siguientes,

MOTIVOS JURÍDICOS

Primero. De conformidad con lo establecido en el artículo 25.1.b) de la Ley 39/2015, de 1 de octubre, del Procedimiento Administrativo Común de las Administraciones Públicas, en los procedimientos en los que la Administración ejercite potestades sancionadoras o, en general, de intervención susceptibles de producir efectos desfavorables o de gravamen, se producirá la caducidad. En estos casos, la resolución que declare la caducidad ordenará el archivo de las actuaciones, con los efectos previstos en el artículo 95 del mismo texto legal. Asimismo, en los supuestos en los que el procedimiento se hubiera paralizado por causa imputable a la persona interesada, se interrumpirá el cómputo del plazo para resolver y notificar la resolución.

A este respecto, es necesario señalar que las normas que rigen los plazos en el procedimiento administrativo son de orden público, en aplicación del principio de seguridad jurídica, y que de acuerdo con el carácter y efectos del instituto de la caducidad a los que se remite el precepto anteriormente citado, ha de entenderse que vencido el plazo legalmente establecido en que debió ser resuelto el procedimiento y notificada la resolución expresa, se produce la caducidad del procedimiento administrativo, y la Administración Pública debe así declararla, ordenando simultáneamente el archivo de las actuaciones practicadas, puesto que la indicada caducidad se produce de manera automática pues de lo contrario se produciría una ampliación del plazo máximo para resolver el procedimiento, no querido por la Ley.

Segundo. Así las cosas, la normativa específicamente aplicable al procedimiento administrativo que nos ocupa, está constituida por ...., y el plazo que tiene la Administración para dictar la resolución expresa y notificarla desde que se inició el procedimiento es de .... meses. Por lo que dicho plazo finalizó en día ......, y de acuerdo con el precitado artículo 25.1.b) en relación con artículo 95 de la Ley 39/2015, de 1 de octubre, del Procedimiento Administrativo Común de las Administraciones Públicas, vencido el plazo legal establecido al efecto, se produce "*ipso iure*" la caducidad del procedimiento administrativo incoado de oficio y la Administración debe necesariamente declarar la caducidad producida, y proceder al archivo de las actuaciones sin más trámites.

Tercero. Resulta evidente que, en el presente caso, ha transcurrido en exceso el plazo de ...... meses reglamentariamente previsto, de modo que por imperativo legal procede declarar la caducidad del referido procedimiento administrativo iniciado de oficio y archivar las actuaciones sin más trámites.

Por todo ello, y en su atención, es por lo que,

SOLICITO: Que admita el presente escrito y, por las razones expuestas, acuerde declarar caducado el procedimiento administrativo relativo al expediente núm. ...., incoado de oficio por esa Administración Pública, ordenando el archivo de las actuaciones sin más trámites.

Lugar, fecha y firma electrónica.

La persona interesada/su representante legal

Título Tercero
DE LOS ACTOS ADMINISTRATIVOS

SUMARIO: I. REQUISITOS DE LOS ACTOS ADMINISTRATIVOS. 1. Producción y contenido. F034. Escrito de alegaciones sobre incompetencia de un órgano administrativo. F035. Escrito de alegaciones por desviación de poder. 2. Motivación. F036. Escrito de alegaciones por falta de motivación. F037. Resolución de un procedimiento selectivo. 3. Forma. F038. Escrito de alegaciones por defectos de forma. F039. Escrito denunciando la existencia de una autorización verbal. F040. Acuerdo de refundición de varios actos administrativos. III. EFICACIA DE LOS ACTOS ADMINISTRATIVOS. 1. Inderogabilidad singular. F041. Escrito de alegaciones sobre la inderogabilidad singular de los reglamentos. 2. Ejecutividad. F042. Resolución ejecutiva. 3. Efectos de los actos. F043. Resolución demorada en su eficacia. F044. Resolución con eficacia retroactiva. F045. Requerimiento con suspensión del procedimiento. 4. Notificación y publicación. F046. Aviso de notificación electrónica de un acto administrativo. F047. Notificación de un acto administrativo mediante anuncio. F048. Publicación de un acto administrativo. F049. Anuncio de indicación de notificaciones y publicaciones. IV. NULIDAD Y ANULABILIDAD. 1. Nulidad de pleno derecho. F050. Escrito solicitando la nulidad de un acto administrativo por lesionar los derechos y libertades susceptibles de amparo constitucional. F051. Escrito solicitando la nulidad de un acto administrativo dictado por órgano manifiestamente incompetente por razón de la materia o del territorio. F052. Escrito solicitando la nulidad de un acto de contenido imposible. F053. Escrito solicitando la nulidad de un acto constitutivo de infracción penal o dictado como consecuencia de ésta. F054. Escrito solicitando la nulidad de un acto dictado prescindiendo total y absolutamente del procedimiento establecido. F055. Escrito solicitando la nulidad de un acto dictado prescindiendo de las normas que contienen las reglas esenciales para la formación de la voluntad de los órganos colegiados. F056. Escrito solicitando la nulidad de un acto contrario al ordenamiento jurídico por el que se adquieren facultades o derechos que carecen de los requisitos esenciales para su adquisición. F057. Escrito solicitando la nulidad de un acto contrario a lo establecido expresamente por una disposición de rango legal. F058. Escrito solicitando la nulidad de una disposición de carácter general. F059. Escrito solicitando la nulidad de una disposición sancionadora o restrictiva de derechos individuales de carácter retroactivo. 2. Anulabilidad de los actos administrativos. F060. Escrito solicitando la anulabilidad de un acto administrativo que incurre en defecto sustantivo del procedimiento. F061. Escrito solicitando la anulabilidad de un acto administrativo que infringe el ordenamiento jurídico por desviación de poder. F062. Escrito solicitando la anulabilidad de un acto administrativo que incurre en infracción por vicio de forma. F063. Escrito solicitando la anulabilidad de un acto administrativo realizado fuera del tiempo establecido para ello. F064. Escrito solicitando la revocación de un acto por transmisibilidad de la invalidez de un acto declarado nulo o anulable. F065. Escrito solicitando la revocación de un acto por transmisibilidad de la invalidez de un acto parcialmente declarado nulo o anulable. F66. Escrito solicitando la conversión de un acto viciado. F67. Escrito solicitando la conservación de actos y trámites no afectados por la invalidez de un acto. F68. Escrito solicitando la convalidación de un acto anulable por vicio de incompetencia. F69. Escrito solicitando la convalidación de un acto anulable por falta de alguna autorización.

I. REQUISITOS DE LOS ACTOS ADMINISTRATIVOS

1. Producción y contenido

F034. ESCRITO DE ALEGACIONES SOBRE INCOMPETENCIA DE UN ÓRGANO ADMINISTRATIVO

AL ÓRGANO COMPETENTE

D/Dª. ...., mayor de edad, con DNI/NIF/NIE ...., actuando en nombre propio o en representación de ...., con domicilio de efectos de notificaciones en .... del municipio de ...., provincia ...., con teléfono núm. ...., y correo electrónico: .... Ante ese órgano administrativo comparezco (código de identificación núm. ...) y, con el debido respecto, como mejor proceda en derecho, **DIGO**:

Que, dentro del plazo del trámite de audiencia concedido en el expediente administrativo núm. ...., sobre el procedimiento relativo a .... (*identificar el objeto del procedimiento*), en el ejercicio de mis derechos e intereses legítimos que me asisten como parte interesada mediante el presente escrito formulo las siguientes,

ALEGACIONES

Primera. Importa subrayar, en primer lugar, que la resolución definitiva que se adopte en dicho procedimiento administrativo, vulnerará el principio de competencia establecido en el artículo 34 de la Ley 39/2015, de 1 de octubre, del Procedimiento Administrativo Común de las Administraciones Públicas, al señalar que: "*Los actos que dicten las Administraciones Públicas, bien de oficio o a instancia del interesado, se producirán por el órgano competente ajustándose a los requisitos y al procedimiento establecido*". En efecto, en nuestro ordenamiento jurídico-administrativo actual de un Estado de Derecho descentralizado, la distribución y el ejercicio de la potestad administrativa para dictar actos válidos y eficaces en derecho se realiza de acuerdo con la Ley en base al principio de la competencia legalmente atribuida a los órganos administrativos, con los criterios definidos por razón de la materia, el territorio y el tiempo (*ratione materiae, ratione loci y ratione temporis*) y a través del cauce necesario para la producción de los actos que es el procedimiento administrativo.

En consecuencia, sólo se puede dictar un acto ajustado al ordenamiento jurídico por aquel órgano de la Administración que tenga atribuida la competencia para ello, y así lo precisa el artículo 8 de la Ley 40/2015, de 1 de octubre, de Régimen Jurídico del Sector público, al establecer que: "*La competencia es irrenunciable y se ejercerá por los órganos administrativos que la tengan atribuida como propia, salvo los casos de delegación o avocación, cuando se efectúen en los términos previstos en ésta u otras leyes*".

Segunda. En el presente caso, resulta evidente que la adopción del acuerdo sin observar los criterios legales establecidos para que ese órgano en ejercicio de su competencia pueda dictar válidamente un acto administrativo que lo autorice, podría incurrir en vicio de incompetencia que afectaría a la entera validez del acto, que carece de competencias por cuanto que .... (*especificar los motivos la incompetencia apreciada y sus normas jurídicas aplicables al caso*).

Ello, supone una grave infracción administrativa que la citada Ley del Procedimiento Administrativo Común de las Administraciones Públicas en su artículo 47.1.b), sanciona con la nulidad de pleno derecho aquellos actos dictados por órgano manifiestamente incompetente por razón de la materia o del territorio.

Por todo ello, y en su atención, es por lo que,

SOLICITO: Que admita el presente escrito y, por las razones expuestas, tenga por presentado escrito de alegaciones en el procedimiento administrativo relativo al expediente núm. …………, sobre ………… Y, previos los trámites legales pertinentes, anule o revise el referido procedimiento administrativo, por carecer de competencias para la resolución del procedimiento y, por consiguiente vulnerar el principio de competencia legalmente establecido, cuyo vicio de incompetencia afecta a la entera validez jurídica del acto que, en su caso, deba adoptarse.

Lugar, fecha y firma electrónica.

La persona interesada/su representante legal

F035. ESCRITO DE ALEGACIONES POR DESVIACIÓN DE PODER

AL ÓRGANO COMPETENTE

D/Dª ...., mayor de edad, con DNI/NIF/NIE ...., actuando en nombre propio o en representación de ...., conforme tengo acreditado en el expediente núm. ...., sobre el procedimiento administrativo relativo a .... (*identificar el objeto del procedimiento*). Ante ese órgano comparezco (código de identificación núm. ...) y, con el debido respeto, como mejor proceda en derecho, **DIGO**:

Que con fecha.............., me ha sido notificado el trámite de audiencia por el que se pone de manifiesto el referido procedimiento administrativo, al amparo de los previsto en el artículo 82.2 de la Ley 39/2015, de 1 de octubre, del Procedimiento Administrativo Común de las Administraciones Públicas, al tiempo que me concede un plazo de quince días para que pueda alegar y presentar los documentos y justificaciones que estime oportunas.

Que, dentro del plazo concedido y en el ejercicio de los derechos e intereses legítimos que me asisten en calidad de persona interesada, mediante el presente escrito formulo las siguientes,

ALEGACIONES

Primera. Para empezar conviene recordar que el artículo 34, apartado 2, de la Ley del Procedimiento Administrativo Común de las Administraciones Públicas, señala que: "*El contenido de los actos se ajustará a lo dispuesto por el ordenamiento jurídico y será determinado y adecuado a los fines de aquéllos*".

A este respecto, el órgano administrativo al que nos dirigimos —como organización dirigida a servir con objetividad a los intereses generales—, está sometido al principio de legalidad, que exige que sus actos se adecúen a los fines que la justifican, y no puede incluso en el ejercicio de sus "*potestades discrecionales*", dejar de tomar en consideración las circunstancias que concurren en el caso (es decir, los antecedentes, los datos, los documentos e informes de los demás órganos administrativos que han intervenido en el procedimiento administrativo en cuestión), dado que la discrecionalidad administrativa no justifica que la Administración Pública pueda prescindir de lo que se derive de los propios documentos y del resultado de las pruebas. Puesto que cuando todo ello apunte hacia la concreción de una determinada alternativa dentro de la discrecionalidad, la Administración no puede elegir la opuesta, salvo que se justifique razonadamente su decisión y resulte conveniente para el interés público, en función de los datos objetivos que constan en el expediente. De lo contrario tal decisión debe considerarse injustificada, caprichosa, arbitraria y viciada por "*desviación de poder*", lo que ocurre cuando se prescinde de las realidades que ofrece el expediente administrativo y no se justifica la decisión adoptada en el interés público querido y perseguido por la ley.

Segunda. Importa subrayar, que el artículo 70.2, último párrafo, de la Ley 29/1998, de 13 de julio, reguladora de la Jurisdicción Contencioso-Administrativa, establece lo siguiente: "*Se entiende por desviación de poder el ejercicio de potestades administrativas para fines distintos de los fijados por el ordenamiento jurídico*". Sin duda, como ha establecido el Tribunal Supremo en reiteradas sentencias, se incurre en este vicio de anulabilidad tanto si la Administración persigue con su actuación un fin privado, ajeno por completo a los intereses generales, o un fin público distinto del previsto en la norma habilitante.

Tercera. En el presente caso, una vez instruido el procedimiento se advierte la posible concurrencia de los elementos necesarios de una posible desviación de poder (la existencia de un acto ajustado a la legalidad pero que en fondo persigue un fin distinto al concreto interés público querido por la ley), dado que resulta patente que con la adopción de la citada resolución, el órgano administrativo acomodaría aparentemente su actuación a la legalidad, pero con una finalidad distinta a la pretendida por la ley.

Cuarta. En definitiva, la resolución que en su día se adopte bajo el disfraz de una supuesta discrecionalidad administrativa incurría en arbitrariedad y desviación de poder y, por ende, ello condicionaría su entera validez por adherencia al fin público perseguido conforme con lo establecido con la ley, por cuanto que .... (*argumentar jurídicamente los motivos de impugnación*). De modo y manera que su adopción podría comportar su anulabilidad por desviación de poder y demás perjuicios de difícil reparación, de acuerdo con lo previsto en la citada Ley del Procedimiento Administrativo Común de las Administraciones Públicas.

Por todo ello y en su atención, es por lo que,

SOLICITO: Que admita este escrito de alegaciones y, por las razones expuestas, se tengan en cuenta las alegaciones formuladas en el procedimiento relativo al expediente núm. ..., sobre ...., evitando así el posible vicio sustantivo de desviación de poder aquí advertido, con el fin de poder adoptar una resolución ajustada y adecuada a la finalidad perseguida por el ordenamiento jurídico en base a los datos objetivos exentos de error, incorporados al expediente de su razón.

Lugar, fecha y firma electrónica.

La persona interesada/su representante legal

2. Motivación

F036. ESCRITO DE ALEGACIONES POR FALTA DE MOTIVACIÓN

AL ÓRGANO COMPETENTE

D/Dª ...., mayor de edad, con DNI/NIF/NIE ......, actuando en nombre propio o en representación de .... (*táchese lo que no proceda*), conforme tengo acreditado en el expediente núm. ...., sobre el procedimiento administrativo relativo a .... (*identificar el objeto del procedimiento*). Ante ese órgano comparezco (código de identificación núm. ...) y, con el debido respeto, como mejor proceda en derecho, **DIGO**:

Que con fecha.............., me ha sido notificado el escrito por el que en trámite de audiencia se pone de manifiesto el referido procedimiento administrativo, al tiempo que me concede un plazo de quince días para que pueda alegar y presentar los documentos y justificaciones que estime oportunas.

Que, dentro del plazo concedido y en el ejercicio de los derechos e intereses legítimos que me asisten en calidad de persona interesada al amparo del artículo 82.2 de la Ley 39/2015, de 1 de octubre, del Procedimiento Administrativo Común de las Administraciones Públicas, mediante el presente escrito formulo las siguientes,

ALEGACIONES

Primera. Que en el presente procedimiento administrativo actualmente en trámite de audiencia, obra un informe administrativo emitido por ...., de fecha ...., carente de toda motivación o razonamiento jurídico que justifique su decisión, despachándose el asunto con un sólo párrafo, en el que literalmente se lee lo siguiente: "*Vista la documentación del expediente y demás circunstancias concurrentes es de informar desfavorablemente la solicitud de referencia. No obstante V.I. resolverá lo más acertado*".

Esta escueta referencia a los hechos y sin fundamentos de derecho expresada en el referido del informe evacuado sin más en la instrucción del procedimiento y cuyo contenido debiera ser determinante para poder formar criterio y garantizar el acierto de la resolución definitiva que, de forma motivada y congruente, deba adoptarse por el órgano competente, resulta inadmisible por falta de concreción del extremo o extremos acerca de los que se solicita su opinión que ha ser motivada (es decir, de una pronunciación razonada sobre los hechos y elementos sustantivos de derecho que fundamentarán la actuación administrativa). Resulta evidente que dicho informe carece de los más elementales requisitos que debe contener la elaboración de cualquier informe mínimamente exigible, que por su propia naturaleza ha de ser necesariamente motivado para hacer públicas las razones de hecho y de derecho en las cuales las mismas se apoya.

Por ello, este requisito de la falta de motivación hace que dicho informe no deba tomarse en consideración en la resolución definitiva que deba adoptarse (ex. art. 35 Ley 39/2015). Motivación que implica fijar en primer término, los hechos de cuya consideración se trate y a incluir tales hechos en el supuesto de la normativa aplicable al caso y, en segundo lugar, a razonar cómo de tal normativa jurídica se desprende la decisión del informe o de la resolución que deba adoptase en concreto en la parte dispositiva del acto administrativo correspondiente.

Segunda. Conviene destacar, además, la obligación de todas Administraciones públicas de motivar los actos administrativos que, en su caso, se separen del criterio seguido en actuaciones precedentes o del dictamen de los órganos consultivos (ex art. 35.1 Ley 39/2015). Ciertamente el precedente administrativo, aunque no es vinculante sobre todo en los actos discrecionales obliga al órgano competente a motivar sus decisiones, como elemento de control de la actuación administrativa y por respeto al derecho de la ciudadanía a obtener un trato análogo y no discriminatorio como la Constitución garantiza.

En definitiva, si no se subsanan los defectos sustantivos señalados antes de que se dicte la correspondiente resolución —que podría afectar a mis derechos e intereses legítimos de manera negativa— me provocará indefensión por omisión de trámites esenciales en el procedimiento administrativo para poder adoptar una resolución ajustada a Derecho, y por desconocimiento de las razones de fondo que le han llevado a dictar tal resolución definitiva en base a un informe infundado en derecho. De modo y manera que, en su caso, podría comportar su nulidad o anulabilidad con los efectos previstos en los artículos 47 y 48 de la citada Ley del Procedimiento Administrativo Común de las Administraciones Públicas.

Por todo ello y en su atención, es por lo que,

SOLICITO: Que admita este escrito de alegaciones y, por las razones expuestas, se acuerde subsanar los defectos sustantivos advertidos, por falta de motivación suficiente, en la tramitación del procedimiento administrativo relativo al expediente núm. ...., con el fin de poder adoptarse una resolución por el órgano competente ajustada a los requisitos y al procedimiento legalmente establecido.

Lugar, fecha y firma electrónica.

La persona interesada/su representante legal

F037. RESOLUCIÓN DE UN PROCEDIMIENTO SELECTIVO

Asunto:
Procedimiento:
Expediente núm.:
Departamento:

VISTO el informe emitido por el servicio de ……… esta Administración, del tenor literal siguiente:

"De conformidad con el artículo ………… (*indicar la normativa de aplicación*), en relación con la convocatoria pública del procedimiento selectivo y de concurrencia competitiva relativo a la contratación de personas para la realización de los trabajos consistentes en ……………… de esta Administración, se emite el siguiente **INFORME:**

ANTECEDENTES DE HECHO

1. Vista la Resolución de fecha …………, de ……………, por la que se convocan ….. plazas para la contratación laboral del programa …….
2. Visto que con fecha ……, se reunió la Comisión de Baremación, para valorar a los candidatos según los criterios de selección establecidos en las bases de la convocatoria, con el resultado final de las actas de selección de las personas candidatas del proceso selectivo.
3. Atendidas estas circunstancias se propone la contratación de las personas trabajadoras relacionadas en el anexo adjunto por un periodo de …. meses y jornada completa, conforme a los datos que se indican.
4. Consta la existencia de crédito suficiente para proceder a la contratación de las personas trabajadoras en el anexo que se acompaña.

A estos hechos son aplicables los siguientes,

FUNDAMENTOS DE DERECHO

PRIMERO. En cuanto al procedimiento se han observado los trámites establecidos en las bases de la convocatoria publicada con fecha ………., del programa ………………, para la contratación de personas en la provisión de los puestos de trabajo indicados en dicha convocatoria. Programa de contratación temporal que ha sido aprobado por el órgano competente, de conformidad con la normativa aplicable.

SEGUNDO. Respecto al órgano competente para resolver el procedimiento selectivo, la Ley …………. (*indicar la normativa aplicable*), de acuerdo con su atribuciones en la materia le corresponde a …………., decidir sobre la cuestión planteada.

CONCLUSIÓN

PRIMERA. A la vista de lo anteriormente expuesto, se informa FAVORABLEMENTE que, previos los trámites que procedan, se pueda llevar a cabo la contratación temporal de las personas seleccionadas que se detallan, conforme a los datos expresados en el anexo de contratación, para realizar las acciones que en el mismo se detallan, de acuerdo con el expediente núm. ...... del programa ...., aprobado por resolución de fecha ......, de .... (*indicar el órgano competente*).

Proceder igualmente a las sustituciones que motivadamente se tengan que realizar durante el período de contratación de acuerdo con las reservas indicadas en las actas del proceso de selección.

SEGUNDA. La contratación laboral temporal está sometida a la condición de incorporar al expediente, con carácter previo, el informe de fiscalización emitido por la intervención general de esta Administración Pública.

Lo que se informa en relación con el asunto de referencia, sin perjuicio de la posibilidad de incorporar al expediente otros informes mejor fundados jurídicamente."

A los anteriores hechos expuestos, son de aplicación los siguientes,

FUNDAMENTOS DE DERECHO

PRIMERO. A los efectos de motivación de la presente resolución, de conformidad con los artículos 35.2 y 88.6 de la Ley 39/2015, de 1 de octubre, del Procedimiento Administrativo Común de la Administraciones Públicas, se ha incorporado la resolución con la bases de la convocatoria para la contratación temporal de personas para la realización de los trabajos consistentes en .... de esta Administración. Asimismo, en el expediente constan las solicitudes presentadas por las personas candidatas a los puestos de trabajo ofertados, la constitución de la Comisión de Baremación y las actas provisionales y definitivas del proceso de selección, cuyo contenido se acepta expresamente a los efectos de motivación de la presente resolución. También consta la propuesta de resolución de fecha ..... fiscalizada favorablemente con fecha ....,

Ha finalizado el plazo de ..... días, del trámite de audiencia concedido después del acta provisional, sin presentarse ninguna alegación por parte de las personas interesadas, por lo que se convierte dicha acta en definitiva y procede la contratación pertinente de acuerdo con las baremaciones realizadas por la comisión de valoración. De modo que en el procedimiento se han observado las prescripciones establecidas por las normas regularas de la convocatoria por razón de la materia.

SEGUNDO. Este órgano administrativo es competente para la adopción de la presente resolución, de acuerdo con lo dispuesto en .... (*especificar la normativa aplicable*).

Por todo lo que antecede, y en su virtud,

RESUELVO

PRIMERO. Proceder a la contratación laboral temporal, de las personas seleccionadas detalladas en el anexo adjunto para la provisión de los puestos de trabajo de ...., convocadas por resolución de ...., conforme a la oferta de empleo vinculada al programa ...., que con el número de expediente .... se ha tramitado en esta Administración.

SEGUNDO. Las personas trabajadoras, en la modalidad contractual de contrato laboral temporal de duración determinada, con contratos vinculados al programa ......, a tiempo completo, según el grupo de cotización y tipo de ocupación, percibirán una retribución total en euros de:

GRUPO COT.	SALARIO €	P. P. EXTRA €	TOTAL MENSUAL €	OCUPACIÓN

TERCERO. Proceder a la tramitación del alta en la Seguridad Social de las personas trabajadoras indicadas en el apartado anterior.

CUARTO. Comunicar la presente Resolución al departamento de nóminas, para su conocimiento y a los efectos oportunos.

CINCO. Proceder a la formalización, por escrito, de los contratos en los términos establecidos en la legislación aplicable.

Contra la presente resolución que es definitiva en vía administrativa, de acuerdo con lo que dispone el artículo 69.3 de la Ley 36/2011, de 10 de octubre, reguladora de la Jurisdicción Social, se puede presentar, durante en el plazo de caducidad de 20 días a contar del día siguiente de su notificación o de efectos del acto, la correspondiente demanda ante el Juzgado de lo Social competente.

La presente resolución se notificará individualmente a las personas interesadas en el procedimiento, y se publicará en la página web de esta Administración para conocimiento general, conforme con lo previsto en los artículos 40 y 45.1.b) de la Ley 39/2015, de 1 de octubre, del Procedimiento Administrativo Común de las Administraciones Públicas.

Lugar, fecha, cargo y firma electrónica.

La persona titular del órgano administrativo competente

ANEXO

Personas trabajadoras seleccionadas para la provisión de puestos de trabajo de contratación laboral temporal de duración determinada, convocados por resolución de fecha ....., del ...., conforme a la oferta de empleo de esta Administración.

(Relacionar los nombres y apellidos de los candidatos seleccionados por orden de puntuación y el lugar de trabajo. Señalar la fecha de inicio del contrato y de finalización)

ACTA DEFINITIVA DEL PROCESO DE SELECCIÓN

Núm. de Expediente:
Oferta de empleo:
Titulación ocupación:
Lugar y fecha:
Hora de inicio y de fin:
Composición de la Comisión de Baremación

– En representación de la Administración:

Presidencia: .... (*nombre, apellidos*)

Secretaria: .... (*nombre y apellidos*)

– En representación de las organizaciones sindicales:

Vocal 1: .... (*nombre y apellidos*)

Vocal 2: .... (*nombre y apellidos*)

Reunida la Comisión de Baremación prevista en la convocatoria del expediente de referencia, en el lugar, la fecha y la hora y con la composición indicados, han sido baremadas las personas preseleccionadas, con los criterios establecidos en las bases de la convocatoria correspondiente del proceso selectivo, con el resultado siguiente:

1. BAREMACIÓN DE LAS PERSONAS PARTICIPANTES:

ORDEN	NOMBRE Y APELLIDOS (DNI)	1	2	3	4	TOTAL	SELECCIONADA
1							
2							
3							
4							RESERVA 1

2. PERSONAS NO BAREMADAS:

ORDEN	NOMBRE Y APELLIDOS (DNI)	CAUSAS
1		
2		

3. OBSERVACIONES E INCIDENCIAS DEL PROCESO:

Los empates se han resuelto según las instrucciones establecidas en las bases de la convocatoria de oferta pública de empleo.

Lo que firman para su constancia las personas integrantes de la Comisión de Baremación.

Presidente/Presidenta	Secretario/Secretaria
Vocal 1	Vocal 2

Las relaciones de datos personales generados a consecuencia de la participación en este procedimiento que sean objeto de publicación, en ningún caso constituyen fuentes de acceso público, se ajustan a la legislación de protección de datos y su única finalidad, de conformidad con lo previsto en el artículo 45 de la Ley 39/2015, de 1 de octubre, del Procedimiento Administrativo Común de las Administraciones Públicas, es la de notificar a cada uno de los aspirantes el contenido del procedimiento selectivo, y no pueden ser reproducidos ni en todo ni en parte, ni tramitados o registrados por ningún sistema de recuperación de información, sin el consentimiento de las mismas personas afectadas.

Documento firmado electrónicamente. Autenticidad verificable mediante Código Seguro Verificación (CSV)…. en sede electrónica de esta Administración Pública.

---

3. Forma

F038. ESCRITO DE ALEGACIONES POR DEFECTOS DE FORMA

AL ÓRGANO COMPETENTE

D/Dª. ...., mayor de edad, con DNI/NIF/NIE núm. ......, actuando en nombre propio o representación de ...., conforme tengo acreditado en el expediente núm. ...., sobre el procedimiento administrativo relativo a .... (*identificar el objeto del procedimiento*). Ante ese órgano comparezco (código de identificación núm. ...) y, con el debido respeto, como mejor proceda en derecho, **DIGO**:

Que con fecha..............., me ha sido notificado el escrito de ese Departamento sobre la realización del trámite de audiencia por el que se pone de manifiesto el referido procedimiento administrativo, al tiempo que me concede un plazo de quince días para que pueda alegar y presentar los documentos y justificaciones que estime oportunas.

Que, dentro del plazo concedido y en el ejercicio de los derechos e intereses legítimos que me asisten en calidad de persona interesada, mediante el presente escrito formulo las siguientes,

ALEGACIONES

1. En el procedimiento administrativo de referencia, actualmente en trámite de audiencia, se echa a faltar la incorporación en el expediente de su razón del preceptivo informe de ...., que exige la normativa aplicable para formar criterio y garantizar el acierto de la decisión final que de forma motivada y congruente se adopte por el órgano competente sobre este procedimiento administrativo. Por lo que la falta del citado informe en el expediente comportará un defecto sustantivo de forma que puede determinar la anulabilidad de la resolución definitiva que se adopte, al carecer de los requisitos formales indispensables para alcanzar su fin o, en su caso, dando lugar a la indefensión de las personas interesadas, conforme con lo previsto en el artículo 48.2 de la Ley 39/2015, de 1 de octubre, del Procedimiento Administrativo Común de las Administraciones Públicas.
2. Además, salta a la vista que la notificación practicada carece de la correspondiente firma electrónica con su Código Seguro de Verificación (CSV) de la autoridad administrativa o personal público habilitado con indicación del cargo público que ocupa, que debe responsabilizarse del acto administrativo que nos ocupa. Ello, además de resultar extravagante para el procedimiento, podría determinar la inexistencia de la notificación practicada como documento oficial en el trámite de audiencia concedido. Puesto que al no existir la misma en el mundo del derecho ante la inexistencia del autor de la misma, podría invalidar el procedimiento por impedir conocer la competencia y responsabilidad del órgano administrativo para llevarla a cabo. Téngase en cuenta que la forma es uno de los requisitos de todo acto jurídico, y que los actos que integran el procedimiento administrativo, cualquiera que sea el sujeto del que procedan, como actos jurídicos, han ajustarse a la forma prevista en normativa que le sea de aplicación.

3. Por último, sin perjuicio de lo anterior —y a los meros efectos dialécticos— en cuanto al fondo del asunto también hay que tener en cuenta en el presente procedimiento que ……… (*potestativamente indicar las razones de fondo alegadas sobre la adopción de resolución que se dicte, en su caso*).

Por todo ello y en su atención, es por lo que,

SOLICITO: Que admita este escrito de alegaciones y, por las razones expuestas, se acuerde subsanar los defectos de forma advertidos en la tramitación del procedimiento administrativo relativo al expediente núm. ……………, con el fin de adoptar por el órgano competente una resolución definitiva ajustada a derecho.

Lugar, fecha, firma electrónica.

La persona interesada/su representante legal

F039. ESCRITO DENUNCIANDO LA EXISTENCIA DE UNA AUTORIZACIÓN VERBAL

AL ÓRGANO COMPETENTE

D/Dª. ...., mayor de edad, con DNI/NIF/NIE ...., actuando en nombre propio o en representación de ...., y domicilio a efectos de notificaciones en ...., del municipio de ...., provincia ...., con teléfono núm. ...., y correo electrónico: .... Ante ese órgano administrativo comparezco (código de identificación núm. ...) y, con el debido respeto, como mejor proceda en derecho, **DIGO**:

Que al amparo de la acción pública prevista en el artículo .... (*indicar la normativa específica que le sea de aplicación*), y en el ejercicio de los derechos e intereses legítimos que me asisten, mediante el presente escrito vengo a formular la siguiente,

DENUNCIA

1. D/Dª. ...., está llevando en el municipio de ...., una serie de actuaciones/actividades consistentes en ...., y me ha comunicado personalmente que las está realizando en virtud de una "autorización verbal" concedida por esa Administración Pública.
2. La normativa aplicable en esta materia preceptúa que para poder realizar actividades de esta índole, se requiere de la previa autorización expresa "no verbal" de esa Administración pública competente, dado que esta implica un control público previo de la actuación que se pretende realizar, para poder establecer las obligaciones y responsabilidades inherentes al lícito ejercicio de dicha actividad.
3. Conviene destacar que, la forma escrita de los actos administrativos, incluso a través de medios electrónicos, como forma adecuada de expresión y constancia prevista en el artículo 36, apartado 1, de la Ley 39/2015, de 1 de octubre, del Procedimiento Administrativo Común de las Administraciones Públicas, es, ante todo, una garantía de seriedad y certeza sobre el contenido del acto o resolución administrativa expresa que para su eficacia resulta exigible, puesto que lo que no existe en el mundo del derecho, luego no puede ser jurídicamente confirmado.
4. Además, en el presente caso, no cabe admitir la existencia de una autorización/licencia verbal (*táchese lo que no proceda*) porque expresamente lo prohíbe la normativa por razón de la materia que le es de aplicación que está constituida por ...., dado que en caso contrario se introduciría un factor de grave inseguridad jurídica para el orden público protegido, teniendo en cuenta, incluso, que una posterior "manifestación" por escrito de la autoridad competente del permiso verbal concedido, no pasaría de ser un elemento puramente testifical que no implica que la autorización expresa hubiera sido concedida, por no haber seguido el procedimiento administrativo legal establecido que se requiere para el lícito ejercicio las actividades de esta índole. No siendo de aplicación lo previsto en el artículo 36, apartado 2, de la citada Ley del Procedimiento Administrativo Común de las Administraciones Públicas para la tramitación de los procedimientos de esta índole sobre el ejercicio de la competencia verbal previamente autorizada.

Por todo ello, y en su atención, es por lo que,

SOLICITO: Que se admita en presente escrito y, por las razones expuestas, se requiera a D/Dª. …………………, para que de manera cautelar paralice/suspenda las actividades/actuaciones (*táchese lo que no proceda*) consistentes en ………..que está llevando a cabo en ……., y solicite la preceptiva autorización administrativa por el procedimiento legalmente establecido. Ello, sin perjuicio de la incoación del correspondiente expediente sancionador para el esclarecimiento de los hechos aquí denunciados y la determinación de las responsabilidades susceptibles de sanción que, en su caso, procedan conforme a derecho.

Lugar, fecha y firma electrónica.

La persona interesada/su representante legal

F040. ACUERDO DE REFUNDICIÓN DE VARIOS ACTOS ADMINISTRATIVOS

Asunto:
Procedimiento:
Expediente núm.:
Departamento:

VISTAS las solicitudes formuladas en el procedimiento administrativo relativo al expediente núm. ...., sobre .... (*identificar el objeto del procedimiento*), y teniendo en consideración los siguientes,

ANTECEDENTES DE HECHO

1. El presente procedimiento se inició por resolución de fecha ....., de esta Administración Pública.
2. Concurren en el procedimiento una serie de personas interesadas en circunstancias de idéntica naturaleza.
3. Se han emitido los informes técnicos oportunos y se ha formulado propuesta de resolución.

FUNDAMENTOS DE DERECHO

PRIMERO. Respecto al procedimiento, en el caso presente, se han observado las prescripciones legalmente establecidas. En efecto, a tenor de lo dispuesto en el artículo .... (*indicar la normativa específica que le sea de aplicación*), cuya tramitación administrativa debe realizarse con arreglo a dicha normativa que le es de aplicación.

Todos estos requisitos y prescripciones se han cumplido en el presente caso. Asimismo, se ha recabado los diferentes informes preceptivos y la documentación del expediente está completa.

SEGUNDO. De conformidad con lo establecido en el artículo 36.3 de la Ley 39/2015, de 1 de octubre, del Procedimiento Administrativo Común de las Administraciones Públicas, es posible refundir en un único acto administrativo, una serie de actos de la misma naturaleza, tales como nombramientos, concesiones o licencias, cuya adopción es competencia de un mismo órgano administrativo. Y, dadas las circunstancias concurrentes en el caso presente, se puede realizar una declaración genérica común respecto a todos ellos, especificando las personas y circunstancias que individualicen los efectos del acto para cada persona interesada en el procedimiento, lo que permite un ahorro de economía, tiempo y esfuerzo de simplificación administrativa al formalizar en una única resolución el contenido de varios actos administrativos, puesto que su motivación es la misma.

TERCERO. En cuanto al fondo del asunto, la presente resolución tiene por objeto el nombramiento/concesión/licencia ....(*táchese lo que no proceda*) conforme con la resolución adoptada por este órganos competente de fecha ...., debidamente publicada.

De acuerdo con el procedimiento establecido se ha emitido propuesta de resolución que este órgano asume en su integridad.

CUARTO. Este órgano administrativo es competente para la adopción de la presente resolución, de conformidad con lo dispuesto en .... (*especificar la normativa aplicable*).

Por todo lo que antecede, y en su virtud,

ACUERDO

REFUNDIR EN UN ACTO ÚNICO el nombramiento/concesión/designación (*táchese los que no proceda*) de las personas que se relacionan a continuación, con sus circunstancias individualizadas:

D/Dª...

D/Dª........... ....

D/Dª. ....

Contra la presente resolución, que pone fin a la vía administrativa, las personas interesadas podrán interponer recurso contencioso-administrativo ante el Juzgado de lo Contencioso-Administrativo correspondiente, en el plazo de dos meses contados desde el día siguiente al de su notificación o publicación, de conformidad con lo dispuesto en los artículos 8.3 y 46.1 de la Ley 29/1998, de 13 de julio, reguladora de la Jurisdicción Contencioso-Administrativa. Asimismo, con carácter potestativo, podrán interponer recurso de reposición, en el plazo de un mes contado desde el día siguiente al de su notificación o publicación, ante el órgano que ha dictado la resolución, de acuerdo con lo previsto en los artículos 123 y 124 de la Ley 39/2015, de 1 de octubre, del Procedimiento Administrativo Común de las Administraciones Públicas. Todo ello, sin perjuicio de que pueda interponerse cualquier otro recurso que se estime pertinente.

Esta resolución se notificará individualmente a las personas interesadas en el procedimiento, para su conocimiento y efectos. Además, se procederá a su integra publicación para conocimiento general, en el diario oficial y en la página web de esta Administración, conforme dispone el artículo 45 de la Ley 39/2015, de 1 de octubre, del Procedimiento Administrativo Común de las Administraciones Públicas.

Las relaciones de datos personales generados a consecuencia de la participación en este procedimiento que sean objeto de publicación, en ningún caso constituyen fuentes de acceso público, se ajustan a la legislación de protección de datos y su única finalidad, de conformidad con lo previsto en el artículo 45 de la Ley 39/2015, de 1 de octubre, del Procedimiento Administrativo Común de las Administraciones Públicas, es la de notificar a cada uno de los aspirantes el contenido del procedimiento, y no pueden ser reproducidos ni en todo ni en parte, ni tramitados o registrados por ningún sistema de recuperación de información, sin el consentimiento de las mismas personas afectadas.

Lugar, fecha, cargo y firma electrónica.

La persona titular del órgano administrativo competente

II. EFICACIA DE LOS ACTOS ADMINISTRATIVOS

1. INDEROGABILIDAD SINGULAR DE LOS REGLAMENTOS

F041. ESCRITO DE ALEGACIONES SOBRE LA INDEROGABILIDAD SINGULAR DE LOS REGLAMENTOS

AL ÓRGANO COMPETENTE

D/Dª. ...., mayor de edad, con de DNI/NIF/NIE. ...., actuando en nombre propio o en representación de ...., con domicilio a efectos de notificaciones en ...., del municipio de ...., provincia de ...., teléfono núm. ...., y correo electrónico: ...., Ante ese órgano comparezco (código de identificación núm. ...) y, con el debido respeto, como mejor proceda en derecho, **DIGO**:

Que en relación con el procedimiento administrativo relativo al expediente núm. ... sobre .... (*identificar el objeto del procedimiento*), de los que se tramitan en el Departamento de ...., y al amparo de los artículos 53.1.e) y 76.1, de la Ley 39/2015, de 1 de octubre, del Procedimiento Administrativo Común de las Administraciones Públicas, en el ejercicio de los derechos o intereses legítimos que me asisten como parte interesada, mediante el presente escrito formulo las siguientes,

ALEGACIONES

1. Que, he tenido conocimiento que en determinados procedimientos que se tramitan en el citado Departamento, al parecer siguiendo órdenes o instrucciones se están adoptando resoluciones singulares que de manera discrecional se apartan de la forma en que se han resuelvo asuntos de análoga naturaleza y de su precedente administrativo, ni se ajustan a lo dispuesto la normativa vigente sobre ...., que le es de aplicación al procedimiento administrativo en tramitación. Por lo que, se advierte que tal forma de actuar podría lesionar el principio de inderogabilidad singular de los reglamentos expresamente reconocido en el artículo 37 de la citada Ley 39/2015, del Procedimiento Administrativo Común de las Administraciones Públicas, que preceptúa que: "*1. Las resoluciones administrativas de carácter particular no podrán vulnerar lo establecido en una disposición de carácter general, aunque aquellas procedan de un órgano de igual o superior jerarquía al que dictó la disposición general. 2. Son nulas de pleno derecho las resoluciones administrativas que vulneren lo establecido en una disposición reglamentaria, así como aquellas que incurran en alguna de las causas recogidas en el artículo 47*".
2. Conviene subrayar, que dicho principio general de derecho administrativo constituye una norma de orden público de obligada observancia por los órganos administrativos, el cual prohíbe a la Administración que mediante un acto administrativo singular pueda dispensar para un caso concreto de la aplicación de los reglamentos o disposiciones administrativas de carácter general aplicables. Puesto que ello, no tiene cobertura legal en nuestro ordenamiento jurídico-administrativo ya que la excepción a la regla general por una vía singular nunca está justificada, vulnerándose los principios jurídicos fundamentales de legalidad y de igualdad y no discriminación.

Sin que queda aducir, a este respecto, de "quien puede lo más puede lo menos", porque aun así el acto continuaría viciado de nulidad de pleno derecho, por vulnerar el principio de competencia legalmente atribuida a los órganos administrativos, dado que la competencia es irrenunciable y debe ser ejercida por los órganos administrativos que la tengan atribuida como propia, salvo los casos previstos expresamente en la ley (ex. art. 8 de la Ley 40/2015).

Por todo ello, y en su atención, es por lo que,

SOLICITO: Que admita el presente escrito y, por las razones expuestas, se resuelva el presente procedimiento administrativo, sin vulnerar el principio de inderogabilidad singular de los reglamentos o disposiciones administrativas de carácter general que le sean de aplicación, ajustando así su contenido a lo dispuesto en el ordenamiento jurídico.

Lugar, fecha y firma electrónica.

La persona interesada/su representación legal

2. Ejecutividad

F042. RESOLUCIÓN EJECUTIVA

Asunto:
Procedimiento:
Expediente núm.:
Departamento:

VISTO el procedimiento administrativo relativo al expediente núm. ...., sobre protección de la legalidad urbanística por la realización de obras sin licencia municipal, emplazadas en .... del término municipal de ...., y teniendo en consideración los siguientes,

ANTECEDENTES DE HECHO

PRIMERO. Con fecha ...., se presentó ante esta Administración Pública un escrito por el que se denunciaban las obras que se estaban llevando a cabo en ...., consistentes en .... (*describir los hechos objeto del procedimiento*).

SEGUNDO. Dicha denuncia fue comunicada el día .... a la administración municipal afectada en solicitud de informe, el cual debía emitirse y remitirse a esta Administración en el plazo de quince días, al amparo de lo dispuesto la legislación reguladora de las bases del régimen local, dado que la presunta infracción podría afectar a competencias atribuidas a esta Administración autonómica.

Transcurrido dicho plazo se emitió informe técnico de inspección urbanística por esta Administración sobre los hechos denunciados, a raíz del cual con fecha .... se requirió expresamente al Ayuntamiento afectado, para que ejerciera las competencias que en materia de disciplina urbanística le atribuye legislación reguladora del régimen local, incoase expediente sancionador por los hechos denunciados y adoptase las medidas previstas en la legislación vigente para el restablecimiento de la legalidad urbanística conculcada. En dicho requerimiento efectuado, se significaba que si transcurrido un mes desde su notificación no se atendiera lo requerido sería esta Administración autonómica la que en sustitución legal de las competencias municipales procedería a adoptar las medidas necesarias para el cumplimiento de la obligación legalmente impuesta a costa y en sustitución de la entidad local, de acuerdo con lo previsto en la legislación reguladora de las bases del régimen local.

TERCERO. Desatendido el citado requerimiento, esta Administración Pública competente el día ...., incoó expediente de restauración de la legalidad urbanística conculcada y ordenó la paralización inmediata de las obras que la entidad mercantil .... como promotora estaba realizando en el término municipal de ...., requiriéndose expresamente a la citada promotora para que en el plazo de dos meses instara la oportuna legalización. Al mismo tiempo, que se acordó la iniciación de procedimiento disciplinario y de restauración de la legalidad urbanística. Lo que se comunicó en forma a tanto a la mercantil interesada como al Ayuntamiento afectado, así como en el Registro de la Propiedad correspondiente se practicó la anotación preventiva sobre la finca la incoación del expediente sobre disciplina urbanística o restauración de la legalidad, a los efectos establecidos en la legislación de ordenación territorial y sobre régimen del suelo aplicable.

CUARTO. La citada paralización de obras se llevó a efecto, materialmente, el día ...., con auxilio de la fuerza pública.

QUINTO. Con fecha ...., se le notificó a la parte interesada la propuesta de resolución, concediéndole un trámite de audiencia por un plazo de quince días para que pudiera formular alegaciones y presentar los documentos y justificaciones que estimase pertinentes ante el instructor del procedimiento, conforme a lo establecido en la legislación vigente.

SEXTO. Durante el plazo de audiencia concedido las personas interesadas han presentado escritos de alegaciones en los que, tras alegar lo que tuvieron por conveniente, terminaban solicitando la inexistencia de la presunta infracción y, en consecuencia, el archivo de las actuaciones.

SÉPTIMO. De las actuaciones practicadas constan probados en el expediente los siguientes hechos:

a) ....

b) .... (*indicar sucintamente los hechos relevantes*)

c) ....

OCTAVO. Las citadas obras fueron sancionadas el día .... con multa solidaria de ...... euros, a las personas responsables de las mismas en el correspondiente expediente sancionador núm. ......, incoado por esta Administración.

NOVENO. Se han emitido los correspondientes informes técnicos y se ha formulado propuesta de resolución.

A los anteriores hechos son de aplicación los siguientes,

FUNDAMENTOS DE DERECHO

PRIMERO. Respecto al procedimiento se ha observado, en el caso presente, las prescripciones establecidas en la legislación aplicable, que está constituida por ...... (*indicar la normativa específica que le sea de aplicación*).

SEGUNDO. En cuanto al fondo del asunto, de las actuaciones practicadas ha quedado probado que las obras ejecutadas sin licencia municipal son constitutivas de una infracción urbanística grave y no son legalizables al ser incompatibles con la ordenación urbanística municipal vigente que afecta a los intereses supramunicipales de la competencia de esta Administración por cuanto que: .... (*argumentar las razones y la valoración de las pruebas practicadas*) .... Asimismo, ha quedado probada la responsabilidad de las personas anteriormente mencionadas en la comisión de la infracción acontecida y en el concepto de participación indicado.

TERCERO. De conformidad con lo establecido en la normativa urbanística de aplicación, en ningún caso podrá la Administración dejar de adoptar las medidas tendentes a reponer los bienes afectados al estado anterior a la producción de la situación ilegal. Las sanciones que se aprecien se impondrán con independencia de dichas medidas.

CUARTO. Este órgano administrativo es competente para la adopción de la presente resolución, conforme con lo establecido en el artículo .... (*indicar la normativa específica que le sea de aplicación*).

Vistos los preceptos legales citados y demás de general o concordante aplicación,

RESUELVO

PRIMERO. Ordenar la demolición de las obras ilegales realizadas en .... no legalizables, objeto del presente expediente de restablecimiento de la legalidad urbanística, que deberá llevarse a cabo, en el improrrogable plazo de un mes, por las personas responsables de la infracción urbanística cometida, con restauración de las cosas al estado original en que se encontraban con anterioridad a la situación ilegal, impidiéndose así de forma definitiva los usos que indebidamente pudieran dar lugar según la ordenación urbanística vigente.

SEGUNDO. Apercibir a las personas responsables que, transcurrido el citado plazo de un mes a contar desde la notificación de la presente resolución inmediatamente ejecutiva, sin que cumplan por sí mismos lo ordenado sobre la realización de las obras y trabajos precisos para la restauración de la legalidad urbanística vulnerada, esta Administración Pública lo hará por ejecución subsidiaria a su costa.

TERCERO. Esta orden de demolición de obras ilegales no legalizables se comunicará a la administración municipal afectada, así como al Registro de la Propiedad correspondiente, con el fin de que en el ámbito de sus respectivas competencias se atengan en el ejercicio de estas, a no permitir la utilización de las construcciones cuya demolición se decreta conforme a lo establecido en la vigente legislación urbanística, de ordenación territorial y de régimen del suelo.

Adviértase, a las personas interesadas, que la presente orden de demolición no exime de la correspondiente sanción administrativa de multa o, en su caso, multas coercitivas, que deberán ser abonada en los plazos establecidos y con apercibimiento de su incremento por vía de apremio. Ni tampoco exime de la responsabilidad frente a terceros, por daños y perjuicios, derivada de los actos de edificación ilegal constitutiva de infracción urbanística grave, conforme determina la legislación aplicable.

Contra la presente resolución, que pone fin a la vía administrativa, las personas interesadas podrán interponer recurso contencioso-administrativo ante el Juzgado de lo Contencioso-Administrativo correspondiente, en el plazo de dos meses contados desde el día siguiente al de su notificación o publicación, de conformidad con lo dispuesto en los artículos 8.3 y 46.1 de la Ley 29/1998, de 13 de julio, reguladora de la Jurisdicción Contencioso-Administrativa. Asimismo, con carácter potestativo, podrán interponer recurso de reposición, en el plazo de un mes contado desde el día siguiente al de su notificación o publicación, ante el órgano que ha dictado la resolución, de acuerdo con lo previsto en los artículos 123 y 124 de la Ley 39/2015, de 1 de octubre, del Procedimiento Administrativo Común de las Administraciones Públicas. Todo ello, sin perjuicio de que pueda interponerse cualquier otro recurso que se estime pertinente.

Lugar, fecha, cargo y firma electrónica.

La persona titular del órgano administrativo competente

3. Efectos de los actos

F043. RESOLUCIÓN DEMORADA EN SU EFICACIA

Asunto:
Procedimiento:
Expediente núm.:
Departamento:

VISTO el procedimiento administrativo relativo al expediente núm. ......, sobre..................... (*identificar el objeto del procedimiento*), remitido por ...., y de acuerdo con los siguientes,

ANTECEDENTES DE HECHO

1. El presente procedimiento administrativo se sometió a información pública mediante acuerdo de ...., y tras el pertinente período de exposición pública, en el que no se presentaron alegaciones, se aprobó provisionalmente en fecha .... por el mismo órgano.
2. La documentación del expediente consta de ....
3. El objeto del expediente consiste en ....
4. Durante la tramitación del procedimiento se han recabado informes de los siguientes departamentos y órganos competentes: ....
5. En el procedimiento administrativo se han emitido los informes técnicos oportunos y se ha formulado propuesta de resolución.

A los anteriores hechos son de aplicación los siguientes,

FUNDAMENTOS DE DERECHO

PRIMERO. La tramitación del procedimiento ha sido correcta, conforme a lo establecido en la legislación aplicable, que está constituida por .... (*indicar la normativa específica que le sea de aplicación*), y la documentación que integra el expediente se considera completa.

SEGUNDO. Del análisis del contenido del expediente administrativo se desprende que el mismo se ajusta a la legalidad aplicable en la materia, y no se observa inconveniente alguno para que proceda la aprobación de éste. No obstante, se aprecia una deficiencia consistente en .... De modo y manera, que comoquiera que el reparo advertido es de alcance limitado y puede subsanarse con una corrección técnica específica consensuada con el órgano administrativo interesado y, en aras a la celeridad, eficacia y eficiencia que debe presidir toda la actividad administrativa, la resolución definitiva del procedimiento puede demorarse en su eficacia a la mera formalización de dicha corrección, al amparo de lo previsto en el artículo 39.2 de la Ley 39/2015, de 1 de octubre, del Procedimiento Administrativo Común de las Administraciones Públicas.

TERCERO. Este órgano es competente para adoptar la presente resolución, de conformidad con lo dispuesto en el artículo .... (*indicar la normativa que les sea de aplicación*).

Vistos los preceptos legales citados y demás de general o concordante aplicación,

RESUELVO

APROBAR DEFINITIVAMENTE el expediente administrativo núm. ...., relativo a procedimiento de ....,, promovido por ...., supeditando su eficacia a la formalización documental de la corrección técnica advertida. Verificado lo anterior se ordenará la inmediata publicación oficial de la aprobación definitiva.

Contra la presente resolución, que pone fin a la vía administrativa, las personas interesadas podrán interponer recurso contencioso-administrativo ante el Juzgado de lo Contencioso-Administrativo correspondiente, en el plazo de dos meses contados desde el día siguiente al de su notificación o publicación, de conformidad con lo dispuesto en los artículos 8.3 y 46.1 de la Ley 29/1998, de 13 de julio, reguladora de la Jurisdicción Contencioso-Administrativa. Asimismo, con carácter potestativo, podrán interponer recurso de reposición, en el plazo de un mes contado desde el día siguiente al de su notificación o publicación, ante el órgano que ha dictado la resolución, de acuerdo con lo previsto en los artículos 123 y 124 de la Ley 39/2015, de 1 de octubre, del Procedimiento Administrativo Común de las Administraciones Públicas. Todo ello, sin perjuicio de que pueda interponerse cualquier otro recurso que se estime pertinente.

Lugar, fecha, cargo y firma electrónica.

La persona titular del órgano administrativo competente

F044. RESOLUCIÓN CON EFICACIA RETROACTIVA

Asunto:

Procedimiento

Expediente núm.:

Departamento:

VISTO el recurso administrativo interpuesto por D/Dª. ...., contra la resolución de ...., de fecha ...., adoptada en el procedimiento administrativo relativo al expediente núm. ...., por la que se denegó la solicitud sobre........... (*identificar el objeto del procedimiento*), y de conformidad con los siguientes,

ANTECEDENTES DE HECHO

1. Por resolución de ...., de fecha ...., se denegó la solicitud formulada por D/Dª. ...., sobre .... Dicha resolución fue notificada a la persona interesada en fecha ....
2. Contra la citada resolución D/Dª. ...., con fecha ...., interpuso recurso administrativo en el que tras alegar lo que estimó conveniente para sus intereses terminaba solicitando un pronunciamiento favorable respecto de sus pretensiones.
3. Constan en el procedimiento administrativo los informe técnicos oportunos, se ha formulado propuesta de resolución, y en su tramitación se han observado las prescripciones legales.

A los anteriores hechos son de aplicación los siguientes,

FUNDAMENTOS DE DERECHO

PRIMERO. El presente recurso administrativo de .... es admisible al haberse interpuesto en tiempo y forma, según determina el artículo ...., de la Ley 39/2015, de 1 de octubre, del Procedimiento Administrativo Común de las Administraciones Públicas. Además, concurren en la persona interesada los requisitos de capacidad y legitimación exigibles, por lo que procede entrar a conocer sobre el fondo de las cuestiones en el mismo planteadas.

SEGUNDO. Argumenta la persona interesada que la resolución recurrida deber ser anulada al haberse omitido en el procedimiento administrativo relativo a ...., el preceptivo informe de .... exigido por la normativa específica que le es de aplicación y, en su lugar, debería dictarse otra resolución con eficacia retroactiva al momento oportuno en la tramitación del expediente.

TERCERO. De los datos y de la documentación con que se cuenta, resulta que ciertamente con anterioridad a la adopción de la resolución definitiva debió recabarse el preceptivo informe de ...., según determina la normativa que le es de aplicación al presente caso, dado que el citado informe resulta determinante para la resolución del procedimiento con plenas garantías jurídicas de acierto. A este respecto, conforme establece el artículo 39.3 de la citada Ley 39/2015, del Procedimiento Administrativo Común de las Administraciones Públicas: "*Excepcionalmente, podrá otorgarse eficacia retroactiva a los actos cuando se dicten* *en sustitución de actos anulados, así como cuando produzcan efectos favorables al interesado, siempre que los supuestos de hecho necesarios existieran ya en la fecha a que se retrotraiga eficacia del acto y ésta no lesione derechos o intereses legítimos de otras personas".*

En efecto, antes de adoptarse la resolución debería haberse interrumpido el plazo de los trámites sucesivos, suspendiendo la tramitación del procedimiento hasta la incorporación en el expediente de su razón del referido informe preceptivo, y notificarlo así a las personas interesadas en el procedimiento conforme determina la ley.

CUARTO. En el presente caso, se advierte que la revocación pura y simple de dicha resolución y su correspondiente depuración del ordenamiento jurídico-administrativo, podría comportar un resultado desfavorable para la parte interesada, puesto que debido al transcurso del tiempo se han producido cambios en la normativa aplicable que en la actualidad impedirían a las personas interesadas obtener un pronunciamiento favorable respecto de su inicial petición legítimamente planteada, que de haber contado con el informe omitido con carácter favorable hubiera podido ser perfectamente autorizada su solicitud en el presente procedimiento.

Todo ello, conduce a la estimación del recurso aquí planteado y, en consecuencia, procede anular la resolución recurrida retrotrayendo las actuaciones al momento inmediatamente anterior a la adopción de la resolución recurrida, para que con interrupción del plazo para resolver se recabe el informe preceptivo omitido en el procedimiento, y una vez obtenido éste se adopte una resolución con eficacia retroactiva ajustada a la legalidad vigente en el momento en que debió resolverse el procedimiento conforme con el ordenamiento jurídico-administrativo si tal omisión no se hubiera producido, subsanándose de este modo la infracción puramente de orden procedimental advertida, y resolviéndose el expediente en el momento oportuno dentro del plazo máximo de duración del correspondiente procedimiento administrativo.

QUINTO. Este órgano es competente para la resolución del presente recurso, conforme con lo establecido en el artículo .... (*indicar la normativa que le sea de aplicación*).

Vistos los preceptos legales citados y demás de general o concordante aplicación,

RESUELVO

ESTIMAR el recurso administrativo interpuesto por D/Dª. ...., contra la resolución de ...., de fecha ...., por la que se denegó la solicitud relativa a .... y, en consecuencia, anular dicha resolución ordenando la retroacción de las actuaciones del procedimiento al momento inmediatamente anterior a la adopción de la resolución recurrida, para que con interrupción del plazo para resolver se recabe el preceptivo informe omitido y, subsanada dicha deficiencia procedimental, se adopte una resolución con eficacia retroactiva ajustada a la legalidad vigente en el momento en que debió resolverse el procedimiento conforme a derecho, si tal infracción procedimental no se hubiera producido.

Contra la presente resolución, que pone fin a la vía administrativa, las personas interesadas podrán interponer recurso contencioso-administrativo ante el Juzgado de lo Contencioso-Administrativo correspondiente, en el plazo de dos meses contados desde el día siguiente al de su notificación o publicación, de conformidad con lo dispuesto en los artículos 8.3 y 46.1 de la Ley 29/1998, de 13 de julio, reguladora de la Jurisdicción Contencioso-Administrativa. Asimismo, con carácter potestativo, podrán interponer recurso de reposición, en el plazo de un mes contado desde el día siguiente al de su notificación o publicación, ante el órgano que ha dictado la resolución, de acuerdo con lo previsto en los artículos 123 y 124 de la Ley 39/2015, de

1 de octubre, del Procedimiento Administrativo Común de las Administraciones Públicas. Todo ello, sin perjuicio de que pueda interponerse cualquier otro recurso que se estime pertinente.

Lugar, fecha, cargo y firma electrónica.

La persona titular del órgano administrativo competente

F045. REQUERIMIENTO CON SUSPENSIÓN DEL PROCEDIMIENTO

Asunto:
Procedimiento:
Expediente núm.:
Departamento:

NOTIFICACIÓN

En este órgano administrativo .... se está instruyendo el procedimiento administrativo relativo al expediente de referencia número .... sobre .... (*identificar el objeto del procedimiento*), a la vista de los datos y de la documentación con que se cuenta se desprende que por ese órgano administrativo al que nos dirigimos, con fecha ...... se adoptó una resolución sobre ......, que a continuación se transcribe: "..."(*transcribir la parte dispositiva de la resolución*).

A este respecto, nuestros servicios jurídicos entienden que el citado acto administrativo, cuyo contenido afecta a la resolución que este órgano competente debe adoptar en el seno del referido expediente en curso de tramitación, podría incurrir en ilegalidad por cuanto que .... (*exponer las consideraciones técnico-jurídicas pertinentes*).

De conformidad con lo dispuesto en el artículo 39.5 de la Ley 39/2015, quedará suspendido el procedimiento para dictar resolución, cuando una Administración Pública deba adoptar, en el ámbito de sus competencias, un acto que necesariamente tenga por base otro dictado por una Administración pública distinta y a aquélla entienda que es ilegal, previo requerimiento expreso cursado al efecto para que se anule o revise el acto presuntamente ilegal.

Por ello y en su atención, es por lo que,

REQUIERO a V.I.: al amparo del artículo 39, apartado 5, de la Ley 39/2015, de 1 de octubre, del Procedimiento Administrativo Común de las Administraciones Públicas para que, en el plazo de un mes a contar desde la recepción del presente escrito, anule o revise citado acto relativo a .... A estos efectos el procedimiento queda suspendido en su tramitación para dictar la resolución correspondiente.

Se significa que transcurrido el plazo concedido sin contestación se entenderá rechazado el mismo, y se procederá a la interposición del correspondiente recurso contencioso-administrativo en los términos establecidos en la Ley 29/1998, de 13 de julio,reguladora de la Jurisdicción Contencioso-Administrativa.

Lugar, fecha, cargo y firma electrónica.

La persona titular del órgano administrativo competente

Documento firmado digitalmente. Autenticidad verificable mediante Código Seguro Verificación (CSV).... en sede electrónica de esta Administración Pública.

4. Notificación y publicación

F046. AVISO DE NOTIFICACIÓN ELECTRÓNICA DE UN ACTO ADMINISTRATIVO

A LA PERSONA INTERESADA

ESTE EMAIL SE CORREPONDE CON UN AVISO DE UNA NOTIFICACIÓN

Le informamos que está disponible una nueva notificación para ...., con los siguientes datos:

- Organismo emisor: ....
- Identificador: ....
- Procedimiento: ....
- Expediente: ....
- Concepto: Notificación Administrativa

Le comunicamos que hasta el día .... tiene a su disposición, en una sola notificación electrónica, el acuerdo por el que se resuelve el expediente relativo a .... (*identificar el objeto del procedimiento*).

Para obtener su notificación sólo tiene que acceder al Punto de Acceso General de la sede electrónica de esta Administración Pública en la siguiente dirección: https:\\www.........es. Entrar en el enlace "Mis notificaciones" e identificarse mediante certificado digital o DNI electrónico, o bien a través de la siguiente clave de acceso:

ANM59YGUKRMW

La utilización de este sistema de notificación tiene plena validez y seguridad jurídica, y no supone vinculación para otras notificaciones.

De acuerdo con lo previsto en los artículos 41 y 43 de la Ley 39/2015, de 1 de octubre, del Procedimiento Administrativo Común de las Administraciones Públicas, la aceptación de la notificación, el rechazo expreso de la notificación o bien la presunción de rechazo por no haber accedido a la notificación durante el periodo de puesta a disposición, dará por efectuado el trámite de notificación y se continuará el procedimiento.

Usted puede recibir esta por distintas vías electrónicas o incluso en papel por vía postal. Si usted accediera al contenido de esta notificación por más de una de estas vías, sepa que los efectos jurídicos, si los hubiera, siempre empiezan a contar desde la fecha en que se produzca su primer acceso.

En el caso de que no disponga de acceso a internet, puede dirigirse con esta carta a cualquier Departamento de esta Administración, al Ayuntamiento de .... o a los Puntos de Información a la ciudadanía ubicados en las Administraciones Públicas, en los que le facilitarán el acceso para la obtención de su notificación de forma gratuita.

Documento firmado digitalmente. Autenticidad verificable mediante Código Seguro Verificación (CSV).... en sede electrónica de esta Administración Pública.

F047. NOTIFICACIÓN DE UN ACTO ADMINISTRATIVO MEDIANTE ANUNCIO

Asunto:
Procedimiento:
Expediente núm.:
Departamento:

ANUNCIO

En virtud de lo dispuesto en el artículo ... de la Ley .... (*indicar la normativa específica que le sea de aplicación*), habiendo resultado infructuosa practicar la notificación en papel y/o en sede electrónica por causas no imputables a esta Administración Pública y realizados los intentos de notificación exigidos por los artículos 42 y 44 de la Ley 39/2015, de 1 de octubre, del Procedimiento Administrativo Común de las Administraciones Públicas, relativo al procedimiento con los números de expedientes ..., sobre ....(*identificar el objeto del procedimiento*), mediante el presente anuncio se cita a las personas interesadas o a sus representantes legales que se relacionan en el anexo, para ser notificados por comparecencia de los actos administrativos derivados de los respectivos procedimientos.

Las personas interesadas o sus representantes legales deberán comparecer en el plazo máximo de quince días naturales/hábiles (*táchese lo que no proceda conforme con la normativa específica aplicable*), contados desde el día siguiente al de la publicación del presente anuncio en el Boletín/Diario Oficial de ......(*táchese lo que no proceda*), en horario de 9 a 14 horas, de lunes a viernes, en las dependencias de esta Administración, situadas en la ...., núm. ...., de ...., al efecto de practicarse las notificaciones pendientes en los referidos expedientes para que puedan conocer el contenido íntegro de los actos adoptados y tener constancia de los mismos.

Asimismo, se les advierte que, transcurrido dicho plazo sin haber comparecido, la notificación se entenderá producida a todos los efectos legales desde el día siguiente al de vencimiento del plazo señalado para comparecer.

ANEXO

(*Añadir la relación de las personas interesadas o representantes citados por comparecencia*)

Las relaciones de datos personales generados a consecuencia de la participación en este procedimiento que sean objeto de publicación, en ningún caso constituyen fuentes de acceso público, se ajustan a la legislación de protección de datos y su única finalidad, de conformidad con lo previsto el artículo 45 de la Ley 39/2015, de 1 de octubre, del Procedimiento Administrativo Común de las Administraciones Públicas, es la de notificar a cada uno de los aspirantes el contenido del procedimiento, y no pueden ser reproducidos ni en todo ni en parte, ni tramitados o registrados por ningún sistema de recuperación de información, sin el consentimiento de los mismos afectados.

Lugar, fecha, cargo y firma electrónica.

Documento firmado digitalmente. La persona titular del órgano administrativo competente, Autenticidad verificable mediante Código Seguro Verificación (CSV).... en sede electrónica de esta Administración Pública.

F048. PUBLICACIÓN DE UN ACTO ADMINISTRATIVO

Asunto:

Procedimiento:

Expediente núm.:

Departamento:

Resolución por la que se da publicidad a los expedientes relativos a .... (*identificar el objeto del procedimiento*), y de acuerdo con los siguientes,

ANTECEDENTES DE HECHO

1. Con fecha ...., se incoaron los referidos expedientes.
2. Con fechas ...., se ha recabado los informes preceptivos.
3. En la tramitación del procedimiento se observado las prescripciones legales.

A los anteriores hechos le son de aplicación los siguientes,

FUNDAMENTOS DE DERECHO

PRIMERO. De acuerdo con lo dispuesto en el artículo 45 de la Ley 39/2015, de 1 de octubre, del Procedimiento Administrativo Común de las Administraciones Públicas, a la vista del elevado número de solicitudes incorporadas en el procedimiento de referencia, razones de interés público y simplificación administrativa aconsejan la publicación de su resolución por medio de anuncio.

SEGUNDO. Conforme con la legislación reguladora del régimen jurídico de esta Administración Pública y del procedimiento de que se trata, las personas interesadas y personadas en el procedimiento deben obtener una respuesta motivada de esta Administración que asegure la transparencia, legalidad y la seguridad jurídica del procedimiento, así como garantizar la protección de sus datos personales y de sus derechos digitales o intereses legítimos en el procedimiento.

TERCERO. El anuncio de la presente resolución se publicará a los efectos de notificación de las personas interesadas en el Boletín/Diario Oficial de ....correspondiente. Sin perjuicio de poder acceder a dicha información desde el portal de internet de esta Administración a través en la siguiente dirección: https://www ....es, para su conocimiento y a los efectos oportunos, de acuerdo con lo previsto el el artículo 39 de la Ley 40/2015. de 1 de octubre, de Régimen Jurídico del Sector Público.

CUARTO. Este órgano administrativo es competente para la adopción de la presente resolución conforme con lo establecido en .... (*indicar la normativa específica que le sea de aplicación*).

Vistos los preceptos legales citados y demás de general o concordante aplicación,

RESUELVO

PUBLICAR EN EL BOLETÍN/DIARIO OFICIAL de .... la resolución relativa a los expedientes administrativos núm. ...., junto con el listado de solicitudes resueltas sobre ....., y su reseña estará disponible en el portal de internet de esta Administración, a través del siguiente enlace: https://www. ....es en la citada publicación oficial se tendrán en cuenta los criterios establecidos en la legislación en materia de protección de dos personales y garantía de los derechos digitales.

La indicada publicación, que agota la vía administrativa, sustituye a la notificación individual de la resolución definitiva adoptada en el presente procedimiento.

Contra la presente resolución, que pone fin a la vía administrativa, las personas interesadas podrán interponer recurso contencioso-administrativo ante el Juzgado de lo Contencioso-Administrativo correspondiente, en el plazo de dos meses contados desde el día siguiente al de su notificación o publicación, de conformidad con lo dispuesto en los artículos 8.3 y 46.1 de la Ley 29/1998, de 13 de julio, reguladora de la Jurisdicción Contencioso-Administrativa. Asimismo, con carácter potestativo, podrán interponer recurso de reposición, en el plazo de un mes contado desde el día siguiente al de su notificación o publicación, ante el órgano que ha dictado la resolución, de acuerdo con lo previsto en los artículos 123 y 124 de la Ley 39/2015, de 1 de octubre, del Procedimiento Administrativo Común de las Administraciones Públicas. Todo ello, sin perjuicio de que pueda interponerse cualquier otro recurso que se estime pertinente.

Lugar, fecha, cargo y firma electrónica.

Documento firmado digitalmente. La persona titular del órgano administrativo competente. Autenticidad verificable mediante Código Seguro Verificación (CSV).... en sede electrónica de esta Administración Pública.

F049. ANUNCIO DE INDICACIÓN DE NOTIFICACIONES Y PUBLICACIONES

Asunto:
Procedimiento:
Expediente núm.:
Departamento:

ANUNCIO POR EL QUE SE PUBLICA UNA RESEÑA DEL CONTENIDO DEL ACTO Y SE INDICA EL LUGAR DONDE LAS PERSONAS INTERESADAS PUEDEN COMPARECER PARA CONOCER EL TEXTO ÍNTEGRO

En el expediente núm. ......, relativo al procedimiento administrativo sobre ....(*identificar el objeto del procedimiento*), tramitado en esta Administración Pública, se ha dictado resolución definitiva por el órgano competente que, en su parte dispositiva, se establece lo siguiente: ".." (*transcribir literalmente la parte dispositiva de la resolución*).

En dicha Resolución se aprecia que la publicación oficial completa del texto íntegro de la misma lesionaría derechos o intereses legítimos de las personas interesadas, al contener hechos que afectan al honor, intimidad personal y familiar, derechos fundamentales éstos garantizados por el artículo 18, apartado 1, de la Constitución Española, que no deberían ser conocidos por parte de terceros.

A tal efecto, conforme dispone el artículo 46 de la Ley 39/2015, de 1 de octubre, del Procedimiento Administrativo Común de las Administraciones Públicas, se publica el presente anuncio en el boletín/diario oficial correspondiente con somera indicación del contenido del acto y del lugar donde las personas interesadas podrán comparecer para conocer el contenido íntegro de la mencionada resolución y constancia de tal conocimiento.

Se significa que las personas interesadas o sus representantes legales podrán comparecer, en el horario de oficinas de esta Administración pública y en el plazo de ...., sin cita previa, a contar desde el día siguiente al de la publicación oficial de este anuncio, a los efectos de acceder para conocer el contenido íntegro del mencionado acto y tener constancia del mimo.

Lugar, fecha, cargo y firma electrónica.

Documento firmado digitalmente. La persona titular del órgano administrativo competente. Autenticidad verificable mediante Código Seguro Verificación (CSV).... en sede electrónica de esta Administración Pública.

III. NULIDAD Y ANULABILIDAD

1. Nulidad de pleno derecho

F050. ESCRITO SOLICITANDO LA NULIDAD DE UN ACTO ADMINISTRATIVO POR LESIONAR LOS DERECHOS Y LIBERTADES SUSCEPTIBLES DE AMPARO CONSTITUCIONAL

AL ÓRGANO COMPETENTE

D/Dª. ...., mayor de edad, con DNI/NIF/NIE núm. ...., actuando en nombre propio o en representación de ...., con domicilio a efectos de notificaciones en .... del municipio de ...., provincia de ...., teléfono núm. ...., y correo electrónico: .... Ante ese órgano administrativo comparezco (código de identificación ...) y, con el debido respeto, como mejor proceda en derecho, **DIGO**:

Que he tenido conocimiento de la resolución adoptada en el procedimiento administrativo relativo al expediente núm. ...., sobre .... (*identificar el objeto del procedimiento*), y en el ejercicio de los derechos e intereses legítimos que me asisten en calidad de persona interesada, y al amparo de lo previsto en el artículo 106.1 de la Ley 39/2015, de 1 de octubre, del Procedimiento Administrativo Común de las Administraciones Públicas, mediante el presente escrito vengo a ejercitar la ACCIÓN DE NULIDAD para que se revise y declare de oficio la nulidad de pleno derecho de la resolución adoptada por encontrar que la misma no es conforme a Derecho, fundamentada en los siguientes,

MOTIVOS JURÍDICOS

PRIMERO. En el artículo 47.1.a) de la Ley 39/2015, de 1 de octubre, del Procedimiento Administrativo Común de las Administraciones Públicas, se establece que son nulos de pleno derecho: *"Los actos que lesionen los derechos y libertades susceptibles de amparo constitucional"*.

La resolución dictada en el citado procedimiento administrativo relativo a .... lesiona determinados derechos e intereses legítimos jurídicamente protegidos con relevancia constitucional, en concreto, los derechos a la igualdad y no discriminación (art. 14 CE) por los siguientes motivos: .... (*argumentar jurídicamente las infracciones cometidas*).

Importa señalar, que Administraciones públicas en el ejercicio de sus respectivas competencias como poder público deben servir con objetividad al interés general y actuar de acuerdo con el principio de imparcialidad, sin que en ningún caso se produzcan diferencias de trato discriminatorias. Es más, téngase en cuenta que según lo previsto en el artículo 77.3 bis de la citada Ley, del Procedimiento Administrativo Común de las Administraciones Públicas: *"Cuando el interesado alegue discriminación y aporte indicios fundados sobre su existencia, corresponderá a la persona a quien se impute la situación discriminatoria la aportación de una justificación objetiva y razonable, suficientemente probada, de las medidas adoptadas y de su proporcionalidad. A los efectos de lo dispuesto en el párrafo anterior, el órgano podrá recabar informe a los organismos públicos competentes en materia de igualdad"*.

La resolución administrativa aquí denunciada vulnera la protección de los citados derechos fundamentales, puesto que con su adopción se ha producido una vulneración del derecho a la igualdad y no discriminación, dado que como reiteradamente ha establecido el Tribunal Constitucional, en sentencias cuya enunciación no se precisa en este momento procedimental: "*cuando ante supuestos idénticos se produce una situación desigual en la aplicación de la Ley sin causa razonable es apreciable la existencia de discriminación*". Y en efecto, esto es lo que ha ocurrido en el presente caso puesto que ...... (*argumentar los hechos discriminatorios acontecidos*).

SEGUNDO. Además, la citada resolución administrativa vulnera el derecho a un procedimiento equitativo con todas las garantías (art. 24 CE), por cuanto que la resolución cuya nulidad se solicita incurre en manifiesta infracción sustantiva al ordenamiento jurídico-administrativo, al no dar una respuesta razonada, motivada y fundada en Derecho que resuelva sobre el fondo de las pretensiones de esta parte debidamente alegadas en el momento procesal oportuno. Asimismo, se ha producido indefensión al haberse omitido trámites esenciales del procedimiento administrativo para poder adoptar una resolución justa con plenas garantías de acierto jurídico. De igual modo, incurre en arbitrariedad al inadmitir —sin causas legalmente acreditadas— de manera irracional, desproporcionada y fundada en un patente error, la legitimación activa de esta parte interesada en dicho procedimiento administrativo.

TERCERO. Las indicadas causas de nulidad absoluta, radical o de pleno derecho aquí denunciadas, están sancionadas como infracciones del tipo más grave y notorio que la Administración Pública pudiera cometer, y tiene efectos jurídicos "*erga omnes*" (cuando un acto administrativo es nulo, lo es para todo el mundo que pueda verse afectado), se produce "*ipso iure*" (directamente por el mismo Derecho, sin necesidad de previa declaración de nulidad), y también conlleva efectos "*ex tunc*" (desde la fecha en que el acto se dictó), que no pueden ser sanadas por convalidación posterior de la Administración ni por prescripción de la acción por límite temporal alguno, puesto que el acto que nace nulo queda así durante todo el tiempo que produzca efectos. Es decir, el acto es siempre nulo.

Esta es la respuesta que da nuestro ordenamiento jurídico-administrativo para las infracciones de esta índole cometidas por la Administración Pública. Y así lo ha sancionado el Tribunal Supremo en reiteradas sentencias, cuya cita resulta aquí ociosa.

Por todo ello y en su atención, es lo por lo que,

SOLICITO: Que admita el presente escrito con la documentación que se acompaña y, por las razones expuestas, previos los trámites oportunos, se declare nula de pleno derecho y se deje sin efecto la resolución adoptada en el procedimiento administrativo relativo al expediente núm. .... sobre ...., por lesionar derechos y libertades susceptibles de amparo constitucional.

Lugar, fecha y firma electrónica.

La persona interesada/su representante legal

F051. ESCRITO SOLICITANDO LA NULIDAD DE UN ACTO ADMINISTRATIVO DICTADO POR ÓRGANO MANIFIESTAMENTE INCOMPETENTE POR RAZÓN DE LA MATERIA O DEL TERRITORIO

AL ÓRGANO COMPETENTE

D/Dª. ...., mayor de edad, con DNI/NIF/NIE núm. ...., actuando en nombre propio o en representación de ...., y domicilio a efectos de notificaciones en .... núm. ...., del municipio de ...., provincia de ...., con teléfono núm. ...., y correo electrónico:............. Ante ese órgano administrativo comparezco (código de identificación ...) y, con el debido respeto, como mejor proceda en derecho, **DIGO**:

Que he tenido conocimiento de la resolución adoptada en el procedimiento administrativo relativo al expediente núm. ...., sobre .... (*identificar el objeto del procedimiento*), y en el ejercicio de los derechos e intereses legítimos que me asisten en calidad de persona interesada, y al amparo de lo previsto en el artículo 106.1 de la Ley 39/2015, de 1 de octubre, del Procedimiento Administrativo Común de las Administraciones Públicas, mediante el presente escrito vengo a ejercitar la ACCIÓN DE NULIDAD para que se revise y declare de oficio la nulidad de pleno derecho de la resolución adoptada por encontrar que la misma no es conforme a Derecho, fundamentada en los siguientes,

MOTIVOS JURÍDICOS

PRIMERO. En el artículo 47.1.b) de la Ley 39/2015, de 1 de octubre, del Procedimiento Administrativo Común de las Administraciones Públicas, se establece que son nulos de pleno derecho: "*Los actos dictados por órgano manifiestamente incompetente por razón de la materia o del territorio*".

Sin ningún esfuerzo dialéctico, puesto que su comprobación salta a la vista, cabe advertir que se ha producido una infracción sustantiva patente y grave que afecta al orden público establecido, por incompetencia manifiesta del órgano que dictó el acto administrativo cuya nulidad radical se solicita. En efecto, según determina la Ley de .... y su Reglamento que la desarrolla, aplicables en el momento de dictar la resolución, el órgano competente por razón de la materia y/o del territorio era ...., y el acto fue dictado por ...., que carecía de competencia para actuar en el presente caso al estar ésta legalmente atribuida a otro órgano diferente (no jerárquicamente dependiente) por la citada normativa habilitante que le era de aplicación, la cual establece el cauce y el órgano administrativo competente cuya competencia es irrenunciable (ex art. 8.1 Ley 40/2015) y que señala el ordenamiento jurídico-administrativo para la adopción de una resolución ajustada a derecho en el presente procedimiento administrativo.

SEGUNDO. La citada causa de nulidad absoluta, radical o de pleno derecho está sancionada como infracción del tipo más grave y notorio que la Administración cometer, y tiene efectos jurídicos "*erga omnes*" (cuando un acto es nulo, lo es para todo el mundo que pueda verse afectado), se produce "*ipso iure*" (directamente por el mismo Derecho, sin necesidad de previa declaración de nulidad) y también conlleva efectos "*ex tunc*" (desde la fecha en que el acto se dictó). La nulidad aquí denunciada no puede ser sanada por convalidación posterior de la Administración ni está sujeta a la prescripción de la acción por límite temporal alguno, puesto que el acto que nace nulo queda así durante todo el tiempo que produzca efectos, dado que el acto es siempre nulo.

Esta es la respuesta que da nuestro ordenamiento jurídico-administrativo para las infracciones de esta índole cometidas por la Administración. Y así lo ha sancionado el Tribunal Supremo en reiteradas sentencias, cuya cita resulta aquí ociosa.

Por todo ello, y en su atención, es por lo que,

SOLICITO: Que admita el presente escrito junto con la documentación que se acompaña y, por las razones expuestas, previos los trámites oportunos, se declare nulo de pleno derecho y se deje sin efecto el citado acto administrativo dictado en el procedimiento administrativo relativo al expediente núm. .... sobre ...., por carecer de competencias el órgano que lo adoptó, y, en su lugar, se dicte otro remitiendo el expediente de su razón al órgano competente por razón de la materia/territorio (*táchese lo que no proceda*) para resolver el presente procedimiento administrativo.

Lugar, fecha y firma electrónica.

La persona interesada/su representante legal

F052. ESCRITO SOLICITANDO LA NULIDAD DE UN ACTO DE CONTENIDO IMPOSIBLE

AL ÓRGANO COMPETENTE

D/Dª. ...., mayor de edad, con DNI/NIF/NIE núm. ...., actuando en nombre propio o en representación de ...., y domicilio a efectos de notificaciones en ...., del municipio de ...., provincia de ...., con teléfono núm. ...., y correo electrónico: .... Ante ese órgano administrativo comparezco (código de identificación núm. ...) y, con el debido respeto, como mejor proceda en derecho, **DIGO**:

Que he tenido conocimiento de la resolución adoptada en el procedimiento administrativo relativo al expediente núm. ...., sobre .... (*identificar el objeto del procedimiento*), y en el ejercicio de los derechos e intereses legítimos que me asisten en calidad de persona interesada, y al amparo de lo previsto en el artículo 106.1 de la Ley 39/2015, de 1 de octubre, del Procedimiento Administrativo Común de las Administraciones Públicas, mediante el presente escrito vengo a ejercitar la ACCIÓN DE NULIDAD para que se revise y declare de oficio la nulidad de pleno derecho de la resolución adoptada por encontrar que la misma no es conforme a Derecho, fundamentada en los siguientes,

MOTIVOS JURÍDICOS

PRIMERO. En el artículo 47.1.c) de la Ley 39/2015, de 1 de octubre, del Procedimiento Administrativo Común de las Administraciones Públicas, se establece que son nulos de pleno derecho: "*Los actos que tengan un contenido imposible*".

Resulta evidente que la citada resolución cuya declaración de nulidad radical se solicita, es inejecutable en sus propios términos, dada la imposibilidad física o material para poder llevar en la práctica lo ordenado/declarado, por las razones siguientes: .... (*argumentar de forma clara y concisa los motivos alegados*).

SEGUNDO. La citada causa de nulidad absoluta o de pleno derecho está sancionada como infracción del tipo más grave y notorio que la Administración comete, y tiene efectos jurídicos "*erga omnes*" (cuando un acto es nulo, lo es para todo el mundo que pueda verse afectado), se produce "*ipso iure*" (directamente por el mismo Derecho, sin necesidad de previa declaración de nulidad), y también conlleva efectos "*ex tunc*" (desde la fecha en que el acto se dictó). La nulidad aquí denunciada no puede ser sanada por convalidación posterior de la Administración ni está sujeta a la prescripción de la acción por límite temporal alguno, puesto que el acto que nace nulo queda así durante todo el tiempo que produzca efectos, dado que el acto es siempre nulo.

Esta es la respuesta que da nuestro ordenamiento jurídico-administrativo para las infracciones de esta índole cometidas por la Administración. Y así lo ha sancionado el Tribunal Supremo en reiteradas sentencias, cuya cita resulta aquí ociosa.

Por todo ello, y en su atención, es por lo que,

SOLICITO: Que admita el presente escrito junto con la documentación que se acompaña y, por las razones expuestas, previos los trámites oportunos, se revise y adopte resolución por la que se declare nulo de pleno derecho y se deje sin efecto el citado acto administrativo adoptado en el procedimiento administrativo relativo al expediente núm. ……… sobre ………, por ser inejecutable dada la imposibilidad material o física de su aplicación o de su cumplimiento, por causas sobrevenidas al objeto del procedimiento.

Lugar, fecha y firma electrónica.

La persona interesada/su representante legal

F053. ESCRITO SOLICITANDO LA NULIDAD DE UN ACTO CONSTITUTIVO DE INFRACCIÓN PENAL O DICTADO COMO CONSECUENCIA DE ÉSTA

AL ÓRGANO COMPETENTE

D/Dª. ...., mayor de edad, con DNI/NIF/NIE núm. ...., actuando en nombre propio o en representación de ...., y domicilio a efectos de notificaciones en ...., del municipio de ...., provincia de ...., teléfono núm. ...., y correo electrónico: .... Ante ese órgano administrativo comparezco (código de identificación núm. ...) y, con el debido respeto, como mejor proceda en derecho, **DIGO**:

Que he tenido conocimiento de la resolución adoptada en el procedimiento administrativo relativo al expediente núm. ...., sobre .... (*identificar el objeto del procedimiento*), y en el ejercicio de los derechos e intereses legítimos que me asisten en calidad de persona interesada, y al amparo de lo previsto en el artículo 106.1 de la Ley 39/2015, de 1 de octubre, del Procedimiento Administrativo Común de las Administraciones Públicas, mediante el presente escrito vengo a ejercitar la ACCIÓN DE NULIDAD para que se revise y declare de oficio la nulidad de pleno derecho de la resolución adoptada por encontrar que la misma no es conforme a Derecho, fundamentada en por los siguientes,

MOTIVOS JURÍDICOS

PRIMERO. En el artículo 47.1.d) de la Ley 39/2015, de 1 de octubre, del Procedimiento Administrativo Común de las Administraciones Públicas, se establece que son nulos de pleno derecho: "*Los actos que sean constitutivos de infracción penal o se dicten como consecuencia de ésta*".

A este respecto, la jurisdicción penal por sentencia firme núm................, dictada por el Tribunal .... (se acompaña copia como Documento núm. 1), establece en su parte dispositiva lo siguiente: "Debemos condenar y condenamos al acusado D/Dª. ...., como autor criminalmente responsable del delito/falta contra ...., ya definido sin la concurrencia de circunstancias modificativas de su responsabilidad criminal, en la adopción de resolución administrativa de fecha ...., adoptada sobre ...., a una pena de.............e inhabilitación especial/absoluta para empleo y cargo público por tiempo de .... y multa de ...., con el apremio de .... días de arresto sustitutorio si no hiciere efectiva dicha multa en término de 5 días y al pago de las costas procesales, incluidas las de la acusación particular dada su relevancia en el caso."

SEGUNDO. Es evidente que, en dicha sentencia firme, se desprende la existencia de la comisión de un ilícito penal por parte D/Dª. ...., como autoridad/agente/personal empleado público responsable (*táchese lo que no proceda*), que en el ejercicio de las facultades propias del cargo, adoptó una resolución injusta cuya declaración de nulidad aquí se solicita. Injusticia clara y manifiesta hasta tal punto cometida que, si en este tema existiera alguna duda razonable, hubiera desparecido el aspecto penal del hecho acaecido, para quedar entonces reducida la cuestión a una mera ilegalidad, del orden que fuere, a depurar en los correspondientes procedimientos administrativos.

En efecto, la adopción de dicha resolución administrativa supone un ataque a la legalidad por su patente contradicción con el ordenamiento jurídico, a la vista del hecho acreditado y asumido por el "*factum*" de la resolución impugnada, de modo flagrante y clamoroso que revela el plus de antijuridicidad que el ilícito penal comporta, puesto que cualquier persona que esté gestionando intereses públicos, aunque no lo sea con conocimientos jurídicos, por los básicos principios de buena administración y ética pública, debe saber dejar al margen su particular interés y actuar con objetividad al dictar un acuerdo o resolución que por razón de su cargo está obligado por ley.

TERCERO. Corresponde a esa Administración o, en su caso, a la Jurisdicción Contencioso-Administrativa declarar la nulidad de dicho acto y de los demás actos viciados que a consecuencia de este se hayan dictado, cuya infracción penal prevista y penada en el artículo .... del Código Penal, ha sido reconocida, probada y así declarada en virtud de sentencia penal firme.

CUARTO. La citada causa de nulidad absoluta o de pleno derecho está sancionada como infracción del tipo más grave y notorio que la Administración comete, y tiene efectos jurídicos "*erga omnes*" (cuando un acto es nulo, lo es para todo el mundo que pueda verse afectado), se produce "*ipso iure*" (directamente por el mismo Derecho, sin necesidad de previa declaración de nulidad), y también conlleva efectos "*ex tunc*" (desde la fecha en que el acto se dictó). La nulidad aquí denunciada no puede ser sanada por convalidación posterior de la Administración ni está sujeta a la prescripción de la acción por límite temporal alguno, puesto que el acto que nace nulo queda así durante todo el tiempo que produzca efectos, dado que el acto es siempre nulo.

Esta es la respuesta que da nuestro ordenamiento jurídico-administrativo para las infracciones de esta índole cometidas por la Administración. Y así lo ha sancionado el Tribunal Supremo en reiteradas sentencias, cuya cita resulta aquí ociosa.

Por todo ello, y en su atención, es por lo que,

SOLICITO: Que admita el presente escrito junto con la documentación que se acompaña y, por las razones expuestas, previos los trámites oportunos, se revise y adopte resolución por la que se declare nulo de pleno derecho y se deje sin efecto el citado acto administrativo en el procedimiento administrativo relativo al expediente núm. .... sobre ...., por ilegalidad manifiesta, en virtud de sentencia penal firme, así como aquellos que a consecuencia y por extensión se hubieran dictado en su ejecución.

Lugar, fecha y firma electrónica.

La persona interesada/su representante legal

F054. ESCRITO SOLICITANDO LA NULIDAD DE UN ACTO DICTADO PRESCINDIENDO TOTAL Y ABSOLUTAMENTE DEL PROCEDIMIENTO ESTABLECIDO

AL ÓRGANO COMPETENTE

D/Dª. ...., mayor de edad, con DNI/NIF/NIE núm. ...., actuando en nombre propio o en representación de ...., y domicilio a efectos de notificaciones en .... del municipio de ...., provincia de ...., teléfono núm. ...., y correo electrónico: .... Ante ese órgano administrativo comparezco (código de identificación núm. ...) y, con el debido respeto, como mejor proceda en derecho, **DIGO**:

Que he tenido conocimiento de la resolución adoptada en el procedimiento administrativo relativo al expediente núm. ...., sobre .... (*identificar el objeto del procedimiento*), y en el ejercicio de los derechos e intereses legítimos que me asisten en calidad de persona interesada, y al amparo de lo previsto en el artículo 106.1 de la Ley 39/2015, de 1 de octubre, del Procedimiento Administrativo Común de las Administraciones Públicas, mediante el presente escrito vengo a ejercitar la ACCIÓN DE NULIDAD para que se revise y declare la nulidad de pleno derecho por encontrar que es misma no es conforme a Derecho, fundamentada en los siguientes,

MOTIVOS JURÍDICOS

PRIMERO. En el artículo 47.1.e) de la Ley 39/2015, de 1 de octubre, del Procedimiento Administrativo Común Administraciones Públicas, se establece que son nulos de pleno derecho: "*Los actos dictados prescindiendo total y absolutamente del procedimiento legalmente establecido o de las normas que contienen las reglas esenciales para la formación de la voluntad de los órganos colegiados*".

A este respecto, es de significar que con fecha ...., se concedió autorización a favor de D. ...., sin haber seguido el procedimiento legal previsto en el artículo ...... (*indicar la normativa de aplicación*), para poder autorizar actividades de esta índole se requiere del informe previo y preceptivo de .... conforme a la normativa que le es de aplicación. En efecto, en el presente caso, al haberse otorgado dicha autorización administrativa se ha prescindido de manera absoluta del procedimiento debido directamente, por lo que incurre en causa de nulidad de pleno derecho.

Este olvido total u omisión absoluta de forma clara, manifiesta y ostensible de los trámites esenciales del procedimiento legalmente establecido, acarrea necesariamente sin más la nulidad radical de la resolución adoptada.

SEGUNDO. La citada causa de nulidad absoluta o de pleno derecho está sancionada como infracción del tipo más grave y notorio que la Administración comete, y tiene efectos jurídicos "*erga omnes*" (cuando un acto es nulo, lo es para todo el mundo que pueda verse afectado), se produce "*ipso iure*" (directamente por el mismo Derecho, sin necesidad de previa declaración de nulidad) y también conlleva efectos "*ex tunc*" (desde la fecha en que el acto se dictó). La nulidad aquí denunciada no puede ser sanada por convalidación posterior de la Administración ni está sujeta a la prescripción de la acción por límite temporal alguno, puesto que el acto que nace nulo queda así durante todo el tiempo que produzca efectos, dado que el acto es siempre nulo.

Esta es la respuesta que da nuestro ordenamiento jurídico-administrativo para las infracciones de esta índole cometidas por la Administración. Y así lo ha sancionado el Tribunal Supremo en reiteradas sentencias, cuya cita resulta aquí ociosa.

Por todo ello, y en su atención, es por lo que,

SOLICITO: Que admita el presente escrito junto con la documentación que se acompaña y, por las razones expuestas, previos los trámites oportunos, se revise y adopte resolución por la que se declare nulo de pleno derecho y se deje sin efecto el citado acto administrativo en el procedimiento administrativo relativo al expediente núm. ……… sobre ………, por haberse prescindido total y absolutamente de trámites sustantivos del procedimiento legalmente establecido.

Lugar, fecha, firma electrónica.

La persona interesada/representante legal

F055. ESCRITO SOLICITANDO LA NULIDAD DE UN ACTO DICTADO PRESCINDIENDO DE LAS NORMAS QUE CONTIENEN LAS REGLAS ESENCIALES PARA LA FORMACIÓN DE LA VOLUNTAD DE LOS ÓRGANOS COLEGIADOS

AL ÓRGANO COMPETENTE

D/Dª. ...., mayor de edad, con DNI/NIF/NIE núm. ...., actuando en nombre propio o en representación de ...., con domicilio a efectos de notificaciones en ...., del municipio de ...., provincia de ...., teléfono núm. ...., y correo electrónico: .... Ante ese órgano administrativo comparezco (código de identificación núm. ...) y, con el debido respeto, como mejor proceda en derecho, **DIGO**:

Que he tenido conocimiento de la resolución adoptada en el procedimiento administrativo relativo al expediente núm. ...., sobre .... (*identificar el objeto del procedimiento*), y en el ejercicio de los derechos e intereses legítimos que me asisten en calidad de persona interesada, y al amparo de lo previsto en el artículo 106.1 de la Ley 39/2015, de 1 de octubre, del Procedimiento Administrativo Común de las Administraciones Públicas, mediante el presente escrito vengo a ejercitar la ACCIÓN DE NULIDAD para que se revise y declare de oficio la nulidad de pleno derecho de la resolución adoptada por encontrar que la misma no es conforme a Derecho, fundamentada en los siguientes,

MOTIVOS JURÍDICOS

PRIMERO. En el artículo 47.1.e) de la Ley 39/2015, de 1 de octubre, del Procedimiento Administrativo Común de las Administraciones Públicas, se establece que son nulos de pleno derecho: "*Los actos dictados prescindiendo total y absolutamente del procedimiento legalmente establecido o de las normas que contienen las reglas esenciales para la formación de la voluntad de los órganos colegiados*".

A este respecto, con fecha ...., por la Comisión de .... de esa Administración, como órgano colegiado se adoptó el acuerdo de ...., sin ajustarse a las reglas sobre constitución del "*quórum*" mínimo exigido que resulta determinante para la formación de la voluntad de la citada Comisión, específicamente establecidas en la reglamentación sobre su organización y funcionamiento, aprobada por ...., que regula la actuación de dicha Comisión, en relación con el artículo 17.2 de la Ley 40/2015, de 1 de octubre, de Régimen Jurídico del Sector Público, sobre el régimen de las "convocatorias y sesiones" de los órganos colegiados.

Debido a la importancia de que se respeten determinadas normas procedimentales de orden público a la hora de que los órganos colegiados tomen sus decisiones conforme a la Ley, el ordenamiento jurídico sanciona con la nulidad radical este tipo de actuaciones, privando de los efectos del acuerdo adoptado si éste no respeta, como en el caso presente, la regla esencial sobre el número mínimo de miembros participantes para que la decisión que se adopte sea válida en Derecho. Dicha circunstancia se acredita a la vista del Acta de la Sesión suscrita por la persona titular de la Secretaría de la Comisión en la que se especifican los asistentes a la reunión celebrada y el contenido del acuerdo adoptado por una minoría del citado órgano colegiado.

SEGUNDO. La citada causa de nulidad absoluta o de pleno derecho está sancionada como infracción del tipo más grave y notorio que la Administración comete, y tiene efectos jurídicos "*erga omnes*" (cuando un acto es nulo, lo es para todo el mundo que pueda verse afectado), se produce "*ipso iure*" (directamente por el mismo Derecho, sin necesidad de previa declaración de nulidad), y también conlleva efectos "*ex tunc*" (desde la fecha en que el acto se dictó). La nulidad aquí denunciada no puede ser sanada por convalidación posterior de la Administración ni está sujeta a la prescripción de la acción por límite temporal alguno, puesto que el acto que nace nulo queda así durante todo el tiempo que produzca efectos, dado que el acto es siempre nulo.

Esta es la respuesta que da nuestro ordenamiento jurídico-administrativo para las infracciones de esta índole cometidas por la Administración. Y así lo ha sancionado el Tribunal Supremo en reiteradas sentencias, cuya cita resulta aquí ociosa.

Por todo ello, y en su atención, es por lo que,

SOLICITO: Que admita el presente escrito junto con la documentación que se acompaña y, por las razones expuestas, previos los trámites oportunos, se revise y dicte resolución por la que se declare nulo de pleno derecho y se deje sin efecto el citado acuerdo adoptado en el procedimiento administrativo relativo al expediente núm. .... sobre ...., al vulnerarse las normas esenciales para la formación de la voluntad de los órganos colegiados, por falta del número mínimo legal de miembros necesario para la adopción de dicho acuerdo.

Lugar, fecha, firma electrónica.

La persona interesada/su representante legal

F056. ESCRITO SOLICITANDO LA NULIDAD DE UN ACTO CONTRARIO AL ORDENAMIENTO JURÍDICO POR EL QUE SE ADQUIEREN FACULTADES O DERECHOS QUE CARECEN DE LOS REQUISITOS ESENCIALES PARA SU ADQUISICIÓN

AL ÓRGANO COMPETENTE

D/Dª. ...., mayor de edad, con DNI/NIF/NIE núm. ...., actuando en nombre propio o en representación de ...., con domicilio a efectos de notificaciones en ...., del municipio de ......, provincia de ...., teléfono núm. ...., y correo electrónico: .... Ante ese órgano administrativo comparezco (código de identificación núm. ...) y, con el debido respeto, como mejor proceda en derecho, **DIGO**:

Que he tenido conocimiento de la autorización otorgada por silencio administrativo positivo en el procedimiento administrativo relativo al expediente núm. ...., sobre .... (*identificar el objeto del procedimiento*), y en el ejercicio de los derechos e intereses legítimos que me asisten en calidad de persona interesada, y al amparo de lo previsto en el artículo 106.1 de la Ley 39/2015, de 1 de octubre, del Procedimiento Administrativo Común de las Administraciones Públicas, mediante el presente escrito vengo a ejercitar la ACCIÓN DE NULIDAD para que se revise y declare su nulidad de pleno derecho de la citada autorización por encontrar que la misma no es conforme a Derecho, fundamentada en los siguientes,

MOTIVOS JURÍDICOS

PRIMERO. En el artículo 47.1.f) de la Ley 39/2015, de 1 de octubre, del Procedimiento Administrativo Común de las Administraciones Públicas, se establece que son nulos de pleno derecho: "*Los actos expresos o presuntos contrarios al ordenamiento jurídico por los que se adquieren facultades o derechos cuando se carezca de los requisitos esenciales para su adquisición*". Así pues, la nulidad radical o absoluta establecida en el citado precepto se reserva para los actos que otorgan derechos faltando los más elementales presupuestos para su adquisición conforme determina la Ley.

En el caso presente, es un claro exponente de ello y de los efectos del silencio administrativo en estricto cumplimiento de la seguridad jurídica, que exige que si la Administración pudiendo y debiendo pronunciarse sobre una solicitud no lo hizo, el interesado no quede inseguro sobre lo que solicitó, pero también del incumplimiento del principio de legalidad, que exige que no se considere concedido aquello que no sea conforme con el ordenamiento jurídico-administrativo, de modo que si a la persona interesada se le concede un derecho será porque le corresponde conforme a la Ley, no porque se beneficie de un incumplimiento por la Administración de su obligación de resolver en tiempo y forma.

Importa subrayar, para evitar dicha tensión entre la seguridad jurídica y la legalidad, que la Ley tipifica como supuesto de nulidad radical el caso de que el acto se dicte en base a la sola inactividad de la Administración siempre que el interesado no reúna los mínimos requisitos para beneficiarse del acto de reconocimiento o concesión del derecho o facultad solicitada.

Lo que ha ocurrido en el presente caso, de manera clara, puesto que de acuerdo con la legislación aplicable está expresamente prohibido llevar a cabo .... (*indicar el derecho o la actividad autorizada por silencio*), sin antes haber seguido el procedimiento legalmente previsto, que reconozca el cumplimiento de los requisitos esenciales para la adquisición de dicho derecho o facultad concedida, previo cumplimiento de los deberes legales exigibles.

SEGUNDO. La citada causa de nulidad absoluta o de pleno derecho está sancionada como infracción del tipo más grave y notorio que la Administración comete, y tiene efecto "*erga omnes*" (cuando un acto es nulo, lo es para todo el mundo que pueda verse afectado), se produce "*ipso iure*" (directamente por el mismo Derecho, sin necesidad de previa declaración de nulidad), y también conlleva efectos "*ex tunc*" (desde la fecha en que el acto se dictó). La nulidad aquí denunciada no puede ser sanada por convalidación posterior de la Administración ni está sujeta a la prescripción de la acción por límite temporal alguno, puesto que el acto que nace nulo queda así durante todo el tiempo que produzca efectos, dado que el acto es siempre nulo.

Esta es la respuesta que da nuestro ordenamiento jurídico-administrativo para las infracciones de esta índole cometidas por la Administración. Y así lo ha sancionado el Tribunal Supremo en reiteradas sentencias, cuya cita resulta aquí ociosa.

Por todo ello, y en su atención, es por lo que,

SOLICITO: Que admita el presente escrito junto con la documentación que se acompaña y, por las razones expuestas, previos los trámites oportunos, se revise se dicte resolución por la que y declare nula de pleno derecho y se deje sin efecto la citada autorización otorgada por silencio administrativo en el procedimiento administrativo relativo al expediente núm. .... sobre ...., por la que se han adquirido facultades o derechos que carecen de los requisitos esenciales para su adquisición, y constituir un acto administrativo presunto contrario al ordenamiento jurídico.

Lugar, fecha y firma electrónica.

La persona interesada/su representante legal

F057. ESCRITO SOLICITANDO LA NULIDAD DE UN ACTO CONTRARIO A LO ESTABLECIDO EXPRESAMENTE POR UNA DISPOSICIÓN DE RANGO LEGAL

AL ÓRGANO COMPENTE

D/Dª. ...., mayor de edad, con DNI/NIF/NIE núm. ...., actuando en nombre propio o en representación de ...., con domicilio a efectos de notificaciones en ...., del municipio de ...., provincia de ...., teléfono núm. ...., y correo electrónico: .... Ante ese órgano administrativo comparezco (código de identificación núm. ...) y, con el debido respeto, como mejor proceda en derecho, **DIGO**:

Que he tenido conocimiento de la resolución adoptada en el procedimiento administrativo relativo al expediente núm. ...., sobre .... (*identificar el objeto del procedimiento*), y en el ejercicio de los derechos e intereses legítimos que me asisten en calidad de persona interesada, y al amparo de lo previsto en el artículo 106.1 de la Ley 39/2015, de 1 de octubre, del Procedimiento Administrativo Común de las Administraciones Públicas, mediante el presente escrito vengo a ejercitar la ACCIÓN DE NULIDAD para que se revise y declare la nulidad de pleno derecho de la resolución adoptada por encontrar que la misma no es conforme a Derecho, fundamentada en los siguientes,

MOTIVOS JURÍDICOS

PRIMERO. En el artículo 47.1.g) de la Ley 39/2015, de 1 de octubre, del Procedimiento Administrativo Común de las Administraciones Públicas, se establece sobre los actos administrativos, que son nulos de pleno derecho: "*Cualquier otro que se establezca expresamente en una disposición con rango Ley*".

A este respecto, la Ley ...... (*indicar la normativa específica que le sea de aplicación*), establece expresamente como causa de nulidad de pleno derecho lo siguiente: .... (*transcribir el precepto infringido*).

Sin duda, en el caso presente, concurre la indicada causa de nulidad consistente en ...., por contravenir la legislación aplicable, como se acredita mediante en los documentos que se acompañan al presente escrito, siguientes:

a) ....

b) .... (*argumentar y relacionar la documentación aportada*).

c) ....

SEGUNDO. La citada causa de nulidad absoluta o de pleno derecho está sancionada como infracción del tipo más grave y notorio que la Administración comete, y tiene efectos jurídicos "*erga omnes*" (cuando un acto es nulo, lo es para todo el mundo que pueda verse afectado), se produce "*ipso iure*" (directamente por el mismo Derecho, sin necesidad de previa declaración de nulidad), y también conlleva efectos "*ex tunc*" (desde la fecha en que el acto se dictó). La nulidad aquí denunciada no puede ser sanada por convalidación posterior de la Administración ni está sujeta a la prescripción de la acción por límite temporal alguno, puesto que el acto que nace nulo queda así durante todo el tiempo que produzca efectos, dado que el acto es siempre nulo.

Esta es la respuesta que da nuestro ordenamiento jurídico-administrativo para las infracciones de esta índole cometidas por la Administración. Y así lo ha sancionado el Tribunal Supremo en reiteradas sentencias, cuya cita resulta aquí ociosa.

Por todo ello, y en su atención, es lo que,

SOLICITO: Que admita el presente escrito junto con la documentación que se acompaña y, por las razones expuestas, previos los trámites oportunos, se revise y dicte resolución por la que se declare nulo de pleno derecho y se deje sin efecto el acto administrativo dictado en el procedimiento administrativo relativo al expediente núm. .... sobre ...., por vulnerar expresamente con sanción de nulidad lo establecido en la Ley ...., que le es de aplicación.

Lugar, fecha y firma electrónica.

La persona interesada/su representante legal

F058. ESCRITO SOLICITANDO LA NULIDAD DE UNA DISPOSICIÓN DE CARÁCTER GENERAL

AL ÓRGANO COMPETENTE

D/Dª. ...., mayor de edad, con DNI/NIF/NIE núm. ...., actuando en nombre propio o en representación de ...., con domicilio a efectos de notificaciones en ...., del municipio de ...., provincia de ...., teléfono núm. ...., y correo electrónico:............ Ante ese órgano administrativo comparezco (código de identificación núm. ...) y, con el debido respeto, como mejor proceda en derecho, **DIGO**:

Que he tenido conocimiento del Acuerdo adoptado en el procedimiento administrativo relativo al expediente núm. ...., sobre .... (*identificar el objeto del procedimiento*), y en el ejercicio de los derechos e intereses legítimos que me asisten en calidad de persona interesada, y al amparo de lo previsto en el artículo 106.1 de la Ley 39/2015, de 1 de octubre, del Procedimiento Administrativo Común de las Administraciones Públicas, mediante el presente escrito vengo a ejercitar la ACCIÓN DE NULIDAD para que se revise y declare la nulidad de pleno derecho del acuerdo adoptado por ...., en fecha ...., sobre el referido procedimiento, por encontrar que el mismo no es conforme a Derecho, fundamentada en los siguientes,

MOTIVOS JURÍDICOS

PRIMERO. El artículo 47.2 de la Ley 39/2015, de 1 de octubre, del Procedimiento Administrativo Común de las Administraciones Públicas, establece que: "*También serán nulas de pleno derecho las disposiciones administrativas que vulneren la Constitución, las leyes u otras disposiciones administrativas de rango superior, las que regulen materias reservadas a la Ley, y las que establezcan la retroactividad de disposiciones sancionadoras no favorables o restrictivas de derechos individuales*".

Conviene advertir, en primer lugar, que los acuerdos y resoluciones adoptados que en materia de instrumentos de planeamiento urbanístico tienen o participan de la naturaleza reglamentaria o de las disposiciones administrativas de carácter general, por lo que les está vetado infringir lo dispuesto en una disposición legal de rango superior.

En concreto, y para el presente caso, en la Ley .... se establece que .... (*indicar la normativa que le sea de aplicación*).

Además, cabe tener en cuenta de conformidad con lo establecido en el artículo 128.3 de la citada del Procedimiento Administrativo Común de las Administraciones Públicas: "*Las disposiciones administrativas se ajustarán al orden de jerarquía de establezcan las leyes. Ninguna disposición administrativa podrá vulnerar los preceptos de otra de rango superior*".

De los propios datos y documentos que constan en el expediente administrativo de su razón se desprende que, el acuerdo adoptado con su normativa publicada incurre en infracción del ordenamiento jurídico por contradecir lo establecido en la normativa específica que le es de aplicación, produciendo graves perjuicios para esta parte interesada por cuanto que .... (*especificar los daños y perjuicios producidos la aplicación el acto ilegal*).

Importa destacar, la superioridad de los intereses públicos establecidos en la citada norma con rango de ley, que deben prevalecer sobre el acuerdo cuya declaración de nulidad se solicita, en aras los principios de jerarquía normativa y legalidad que vinculan positivamente a esa Administración Pública en el ejercicio de sus competencias.

Comoquiera que el indicado acto administrativo participa de la naturaleza de las disposiciones administrativas de carácter general o reglamentario, y que en su desarrollo y ejecución afectará de forma negativa los derechos e intereses legítimos de las personas interesadas al distorsionar y deteriorar manifiestamente los derechos adquiridos, por cuanto que............ (*argumentar de forma clara y concisa los motivos alegados*).

SEGUNDO. La citada causa de nulidad absoluta o de pleno derecho está sancionada como infracción del tipo más grave y notorio que la Administración comete, y tiene efectos jurídicos "*erga omnes*" (cuando un acto es nulo, lo es para todo el mundo que pueda verse afectado), se produce "*ipso iure*" (directamente por el mismo Derecho, sin necesidad de previa declaración de nulidad) y también conlleva efectos "*ex tunc*" (desde la fecha en que el acto se dictó). La nulidad aquí denunciada no puede ser sanada por convalidación posterior de la Administración ni está sujeta a la prescripción de la acción por límite temporal alguno, puesto que el acto que nace nulo queda así durante todo el tiempo que produzca efectos, dado que el acto es siempre nulo.

Esta es la respuesta que da nuestro ordenamiento jurídico-administrativo para las infracciones de esta índole cometidas por la Administración. Y así lo ha sancionado el Tribunal Supremo en reiteradas sentencias, cuya cita resulta aquí ociosa.

Por todo ello, y en su atención, es por lo que,

SOLICITO: Que admita el presente escrito junto con la documentación que se acompaña y, por las razones expuestas, previos los trámites oportunos, se revise y dicte resolución por la que se declare nulo de pleno derecho y se deje sin efecto el Acuerdo adoptado por ...., en el procedimiento administrativo relativo al expediente núm. ......, sobre ...., por vulnerar los preceptos establecidos en la indicada norma con rango de Ley que le es de plena aplicación.

Lugar, fecha y firma electrónica.

La persona interesada/su representante legal

F059. ESCRITO SOLICITANDO LA NULIDAD DE UNA DISPOSICIÓN SANCIONADORA O RESTRICTIVA DE DERECHOS INDIVIDUALES DE CARÁCTER RETROACTIVO

AL ÓRGANO COMPETENTE

D/Dª. ...., mayor de edad, con DNI/NIF/NIE núm. ...., actuando en nombre propio o en representación de ...., con domicilio a efectos de notificaciones en ...., del municipio de ...., provincia de ...., con teléfono núm. ...., y correo electrónico: .... Ante ese órgano administrativo comparezco (código de identificación núm. ...) y, con el debido respeto, como mejor proceda en derecho, **DIGO**:

Que he tenido conocimiento de la resolución adoptada en el procedimiento administrativo relativo al expediente núm. ...., sobre .... (*identificar el objeto del procedimiento*), y en el ejercicio de los derechos e intereses legítimos que me asisten en calidad de persona interesada, y al amparo de lo previsto en el artículo 106.1 de la Ley 39/2015, de 1 de octubre, del Procedimiento Administrativo Común de las Administraciones Públicas, mediante el presente escrito vengo a ejercitar la ACCIÓN DE NULIDAD para que se declare la nulidad de pleno derecho de la citada resolución adoptada, por encontrar que la misma no es conforme a Derecho, fundamentada en los siguientes,

MOTIVOS JURÍDICOS

PRIMERO. El artículo 47.2 de la Ley 39/2015, de 1 de octubre, del Procedimiento Administrativo Común de las Administraciones Públicas, establece, en lo que aquí interesa, que son nulas de pleno derecho: "*las disposiciones administrativas que establezcan la retroactividad de disposiciones sancionadoras no favorables o restrictivas de derechos individuales*".

Importa subrayar, en primer término, que el artículo 26 de la Ley 40/2015, de 1 de octubre, de Régimen Jurídico del Sector Público, sobre la "irretroactividad" de la potestad sancionadora de la Administración, preceptúa: "*1. Serán de aplicación las disposiciones vigentes en el momento de producirse los hechos que constituyan infracción administrativa. 2. Las disposiciones sancionadoras producirán efecto retroactivo en cuando favorezcan al presunto infractor o al infractor, tanto en lo referido a la tipificación de la infracción como a la sanción y a sus plazos de prescripción, incluso respecto de las sanciones pendientes de cumplimiento al entrar en vigor la nueva disposición*".

Téngase en cuenta, que la observancia de este principio jurídico fundamental del procedimiento administrativo sancionador, está garantizada incluso en los artículos 9.3 y 25.1 de la Constitución, de modo y manera que sólo se pueden sancionar infracciones consumadas y respecto de conductas y hechos constitutivos de infracciones administrativas según la legislación vigente en el momento de cometerse la infracción. Por lo que, de acuerdo con nuestro ordenamiento jurídico, las disposiciones sancionadoras o restrictivas de derechos nunca deben aplicarse con efecto retroactivo, salvo cuando favorezcan al presunto infractor o persona interesada.

Además, incluso en nuestro ordenamiento jurídico-administrativo no es posible aceptar que la cobertura legal "*ex post facto*" pueda subsanar el vicio causante de la vulneración del principio de irretroactividad normativa, puesto que jurídicamente una ley no puede prestar cobertura legal con anterioridad a la vigencia de la propia norma con rango de ley, dada la irretroactividad de las disposiciones sancionadoras o restrictivas de derechos individuales.

Ello en aras al principio de seguridad jurídica que es la suma de certeza y legalidad, jerarquía y publicidad normativa, irretroactividad de lo no favorable o interdicción de la arbitrariedad, que protege la confianza jurídica de los ciudadanos, que ajustan su conducta a la legislación vigente, frente a cambios normativos que no sean razonablemente previsibles y carentes de fundamentación, como la Constitución garantiza.

SEGUNDO. Resulta evidente que la mencionada sanción administrativa fue impuesta en virtud una normativa cuya publicación oficial y, por tanto, su entrada en vigor y eficacia jurídica vinculante, se produjo con posterioridad al momento en el que tuvo lugar la infracción administrativa objeto de sanción, por lo que ha ser declarada nula de pleno derecho al haber sido aplicada con carácter desfavorable y retroactivo por la comisión de los hechos sancionados.

TERCERO. La citada causa de nulidad absoluta o de pleno derecho está sancionada como infracción del tipo más grave y notorio que la Administración comete, y tiene efectos jurídicos "*erga omnes*" (cuando un acto es nulo, lo es para todo el mundo que pueda verse afectado), se produce "*ipso iure*" (directamente por el mismo Derecho, sin necesidad de previa declaración de nulidad) y también conlleva efectos "*ex tunc*" (desde la fecha en que el acto se dictó). La nulidad aquí denunciada no puede ser sanada por convalidación posterior de la Administración ni está sujeta a la prescripción de la acción por límite temporal alguno, puesto que el acto que nace nulo queda así durante todo el tiempo que produzca efectos, dado que el acto es siempre nulo.

Esta es la respuesta que da nuestro ordenamiento jurídico-administrativo para las infracciones de esta índole cometidas por la Administración. Y así lo ha sancionado el Tribunal Supremo en reiteradas sentencias, cuya cita resulta aquí ociosa.

Por todo ello, en su atención, es por lo que,

SOLICITO: Que admita el presente escrito junto con la documentación que se acompaña y, por las razones expuestas, previos los trámites oportunos, se revise y dicte resolución por la que se declare nula de pleno derecho y se deje sin efecto la resolución administrativa .... adoptada en el expediente núm. ......, al constituir una infracción sustantiva de procedimiento por sancionar hechos o restringir derechos individuales, con carácter retroactivo anteriores a la entrada en vigor de la normativa legal que le es de aplicación.

Lugar, fecha y firma electrónica.

La persona interesada/su representante legal

2. Anulabilidad de los actos administrativos

F060. ESCRITO SOLICITANDO LA ANULABILIDAD DE UN ACTO ADMINISTRATIVO QUE INCURRE EN DEFECTO SUSTANTIVO DEL PROCEDIMIENTO

AL ÓRGANO COMPETENTE

D/Dª. ...., mayor de edad, con DNI/NIF/NIE núm...................., actuando en nombre propio o en representación de ...., con domicilio a efectos de notificaciones en ...., del municipio de ...., provincia de ...., teléfono núm. ...., y correo electrónico: .... Ante ese órgano administrativo comparezco (código de identificación núm. ...) y, con el debido respeto, como mejor proceda en derecho, **DIGO**:

Que con fecha ...., me ha sido notificada la resolución adoptada en el procedimiento administrativo relativo al expediente núm. ...., sobre .... (*identificar el objeto del procedimiento*), y no encontrando la misma ajustada a derecho, en el ejercicio de la defensa de los derechos e intereses legítimos que me asisten en calidad de persona interesada, mediante el presente escrito interpongo RECURSO ADMINISTRATIVO de .... conforme con lo establecido en la legislación reguladora del procedimiento administrativo común de las Administraciones Públicas, fundamentado en los siguientes,

MOTIVOS JURÍDICOS

PRIMERO. Respecto de la admisibilidad del recurso, cabe señalar que el mismo se interpone dentro del plazo legal establecido por ...... (*indicar la normativa de aplicación*), y se dirige al órgano competente para su conocimiento y resolución. Reuniendo, además los requisitos exigidos para su tramitación.

SEGUNDO. En cuanto al fondo del asunto, en primer lugar, con carácter previo, por ser una cuestión de orden público de cuya resolución depende la procedencia del análisis de las cuestiones de fondo planteadas, conviene hacer constar que la Notificación sobre la existencia del expediente de referencia se ha producido fuera del plazo legalmente establecido de tres/seis meses contados a partir del día ...., de acuerdo con lo dispuesto en la normativa que le es de aplicación por razón de la materia, que señala el plazo de prescripción de los procedimientos de esta índole. En efecto el expediente se inició en fecha ....y no he recibido notificación alguna al respecto hasta el día .... De modo y manera que, han transcurridos con creces los plazos establecidos para practicar la notificación correspondiente, por causas imputables a la inactividad administrativa. Sin duda, en presente procedimiento administrativo ha prescrito por el transcurso del preclusivo plazo legal establecido, por lo que de conformidad con lo previsto en el artículo 21.1 y 29 de la Ley 39/2015, de 1 de octubre, del Procedimiento Administrativo Común de las Administraciones Públicas, ese órgano competente debe reconocer y declarar de oficio la prescripción de la acción al comprobarse que no consta en el mismo la resolución expresa debidamente notificada.

TERCERO. Por último, sin perjuicio de lo anterior —y a los meros efectos dialécticos— en cuanto al fondo del asunto también hay que tener en cuenta en el presente procedimiento que

.... (*indicar las razones de fondo alegadas sobre la adopción de resolución que se dicte, en su caso, para mejor proveer*).

Por todo ello, y en su atención, es por lo que,

SOLICITO: Que admita el presente escrito con la documentación que se acompaña y, por las razones expuestas, previos los trámites oportunos, se dicte resolución por la que se anule y deje sin efectos el acto administrativo dictado en el procedimiento administrativo relativo al expediente núm. ......, por defecto sustantivo del procedimiento, dada la extemporánea notificación practicada y la prescripción de la acción, suponiendo ello la anulación del acto impugnado, sin orden de retroacción.

Lugar, fecha y firma electrónica.

La persona interesada/su representante legal

F061. ESCRITO SOLICITANDO LA ANULABILIDAD DE UN ACTO ADMINISTRATIVO QUE INFRINGE EL ORDENAMIENTO JURÍDICO POR DESVIACIÓN DE PODER

AL ÓRGANO COMPETENTE

D/Dª. ...., mayor de edad, con DNI/NIF/NIE núm. ...., actuando en nombre propio o en representación de ...., con domicilio a efectos de notificaciones en ...., del municipio de ...., provincia de ...., teléfono núm. ...., y correo electrónico: .... Ante ese órgano administrativo comparezco (código de identificación núm. ...) y, con el debido respeto, como mejor proceda en derecho, **DIGO**:

Que con fecha ...., me ha sido notificada la resolución adoptada en el procedimiento administrativo relativo por .... sobre .... (*identificar el objeto del procedimiento*), y no encontrando la misma ajustada a derecho, dentro del plazo concedido, en el ejercicio de la defensa de los derechos e intereses legítimos que me asisten en calidad de persona interesada, mediante el presente escrito interpongo RECURSO ADMINISTRATIVO de .... conforme con lo establecido en la legislación reguladora del procedimiento administrativo común de las Administraciones Públicas, fundamentado en los siguientes,

MOTIVOS JURÍDICOS

PRIMERO. El artículo 48.1 de la Ley 39/2015, de 1 de octubre, del Procedimiento Administrativo Común de las Administraciones Públicas, dispone que: "*Son anulables los actos de la Administración que incurran en cualquier infracción del ordenamiento jurídico, incluso la desviación de poder.*"

Conviene subrayar, en primer lugar, que el órgano administrativo al que nos dirigimos, como organización dirigida a servir con objetividad los intereses generales, está sometido al principio de legalidad que exige que sus actos se adecuen a los fines que la justifican y no puede, incluso en el ejercicio de sus potestades "discrecionales", dejar de tomar en consideración las circunstancias que concurren en el caso. La discrecionalidad administrativa no justifica que la Administración Pública prescinda de lo que se derive de los propios datos y documentos que resulten del expediente, porque cuando todo ello apunte hacia la concreción de una determinada alternativa, la Administración no puede elegir la opuesta, salvo que se justifique razonadamente su decisión por ser la más adecuada y conveniente para el interés público. De lo contrario tal decisión debe considerarse injustificada, caprichosa, arbitraria y viciada por "desviación de poder", lo que ocurre cuando se prescinde de las realidades que ofrece el expediente administrativo y no se justifica ni motiva en la decisión adoptada.

Sin duda, las decisiones de los órganos administrativos deben fundarse en una situación fáctica comprobada, y valorarla a través de los previos informes necesarios para apreciar los hechos determinantes dentro de la racionalidad del fin público que la norma persigue.

Importa señalar, a este respecto, el artículo 70.2, último párrafo, de la Ley 29/1998, de 13 de julio, reguladora de la Jurisdicción Contencioso-Administrativa dispone que: "*Se entiende por desviación de poder el ejercicio de potestades administrativas para fines distintos de los fijados por el ordenamiento jurídico*". En consecuencia, se incurre en este vicio tanto si la

Administración persigue con su actuación un fin privado, ajeno por completo a los intereses generales, o un fin público distinto del previsto en la norma habilitante.

SEGUNDO. En el caso presente, de los datos y documentación con que se cuenta la denegación del reconocimiento del derecho legítimo que asiste a esta parte se ha efectuado incurriendo en arbitrariedad y, por ende, en desviación de poder, el cual condiciona la entera validez del acto administrativo aquí recurrido por "adherencia al fin público" perseguido, de acuerdo con la norma que atribuye el ejercicio de las potestades administrativas para este supuesto concreto.

Concurren aquí los elementos necesarios de la desviación de poder sobre la existencia de un acto que aparentemente se ajusta la legalidad pero en fondo persigue un fin distinto al interés público querido por la ley. Ello, resulta evidente si se examina con detenimiento el fondo del asunto dada existencia hechos o elementos suficientes que demuestran que ese órgano administrativo acomodó aparentemente su actuación amparándose en la legalidad, con finalidad distinta a la pretendida por la ley.

Ciertamente, la resolución administrativa recurrida goza de una presunción de validez y, en principio, parece ajustada a la legalidad intrínseca pero el propósito que subyace en la adopción del acto recurrido resulta viciado al ejercer las potestades públicas para fines y objetivos distintos de los fijados en el ordenamiento jurídico, esquivando el cauce jurídico, ético o moral que está obligada la Administración a seguir en el ejercicio de sus potestades públicas.

En el presente caso, resulta acreditado de los propios informes técnicos y jurídicos, emitidos durante el procedimiento y obrantes en el expediente administrativo de su razón, que son favorables a lo solicitado por esta parte interesada y sin embargo inexplicablemente por el contrario la escueta e incongruente resolución unilateralmente adoptada —aquí recurrida— se aparta de éstos sin motivación jurídica alguna ni la más mínima justificación lógica o racional.

En definitiva, resulta constatable que el acto aquí recurrido está viciado por desviación de poder, por lo que incurre en un defecto sustantivo que debe ser corregido, conforme determina el artículo 48.1 de la Ley 39/2015, de 1 de octubre, del Procedimiento Administrativo Común de las Administraciones Públicas.

Por todo ello, y en su atención, es por lo que,

SOLICITO: Que admita el presente escrito junto con la documentación que se acompaña y, por las razones expuestas, previos los trámites oportunos, se dicte resolución por la que se anule y deje sin efectos la resolución administrativa dictada en el procedimiento administrativo relativo al expediente núm. .... sobre ...., por incurrir en desviación de poder y, en su lugar, se adopte otra resolución ajustada al ordenamiento jurídico.

Lugar, fecha y firma electrónica.

La persona interesada/su representante legal

F062. ESCRITO SOLICITANDO LA ANULABILIDAD DE UN ACTO ADMINISTRATIVO QUE INCURRE EN INFRACCIÓN POR VICIO DE FORMA

AL ÓRGANO COMPETENTE

D/Dª. ...., mayor de edad, con DNI/NIF/NIE núm. ...., actuando en nombre propio o en representación de ...., con domicilio a efectos de notificaciones en ...., del municipio de ...., provincia de ...., teléfono ...., y correo electrónico: .... Ante ese órgano administrativo comparezco (código de identificación núm. ...) y, con el debido respeto, como mejor proceda en derecho, **DIGO**:

Que con fecha ...., me ha sido notificada la resolución adoptada en el procedimiento administrativo relativo al expediente núm. .... sobre .... (*identificar el objeto del procedimiento*), y no encontrando la misma ajustada a derecho, dentro del plazo concedido, en el ejercicio de la defensa de los derechos e intereses legítimos que me asisten en calidad de persona interesada, mediante el presente escrito interpongo RECURSO ADMINISTRATIVO de .... conforme con lo establecido en la legislación reguladora del procedimiento administrativo común de las Administraciones Públicas, fundamentado en los siguientes,

MOTIVOS JURÍDICOS

PRIMERO. El artículo 48.2 de la Ley 39/2015, de 1 de octubre, del Procedimiento Administrativo Común de las Administraciones Públicas, dispone que: "*el defecto de forma sólo determinará la anulabilidad cuando el acto carezca de los requisitos formales indispensables para alcanzar su fin o dé lugar a la indefensión de los interesados*".

En primer lugar, conviene señalar que, en nuestro ordenamiento jurídico-administrativo actual, cuando una Administración Pública va a declarar algo, no lo puede hacer como cualquier sujeto privado, sino que debe seguir un procedimiento. Es lo que se denomina el Procedimiento Administrativo, que no es otra cosa que el camino que han de seguir los órganos administrativos para poder formar criterio y producir actos administrativos válidos y eficaces. Esta exigencia de que la Administración Pública realice los trámites necesarios a través de un procedimiento preestablecido de carácter reglado tiene una doble finalidad concreta: garantizar el ejercicio de los derechos e intereses legítimos de los ciudadanos y del interés público tutelado por la Ley que vincula a la actuación de la Administración, con lo que se asegura de este modo el acierto y la eficacia del acto o resolución administrativa que haya de adoptarse. Por ello, las normas que rigen el procedimiento administrativo son de orden público, dado que el procedimiento es el modo de producción de los actos administrativos que garantiza la seguridad jurídica de los particulares en sus relaciones con las Administraciones públicas. El incumplimiento de dicha obligación legal para la elaboración y la adopción de los actos administrativos determina por sí misma la anulabilidad del acto o resolución dictada por vicio de forma, en los términos previstos por la Ley.

SEGUNDO. En el presente caso, resulta evidente que durante la tramitación del procedimiento legalmente establecido para la adopción de la resolución administrativa —aquí recurrida— se han prescindido de algunos trámites esenciales que suponen una disminución real, efectiva y trascendente de las garantías procedimentales, como son la omisión de determinados los documentos preceptivos e incorporación informes al expediente que no se pueden soslayar. En concreto, los siguientes:

a) ....

b) .... *(describir las deficiencias de carácter formal advertidas).*

c) ....

De ello se desprende que han vulnerado los derechos e intereses legítimos que me asisten como parte interesada, por la anómala tramitación del procedimiento.

Importa subrayar, que dichas infracciones de procedimiento administrativo por su relevante entidad en la elaboración de la resolución recurrida conducen necesariamente a su anulación por defectos sustantivos de tramitación y, de acuerdo con lo establecido en el precitado artículo 47.2 de la citada Ley del Procedimiento Administrativo Común de las Administraciones Públicas, debería retrotraerse el procedimiento al momento inmediatamente anterior en el que se cometió la infracción denunciada, para que, una vez observados los trámites administrativos omitidos, continúe de nuevo el procedimiento hasta dictar una nueva resolución que sustituya la resolución anulada, satisfaciendo así los intereses públicos tutelados por la ley.

TERCERO. Por último, sin perjuicio de lo anterior —y a los meros efectos dialécticos— en cuanto al fondo del asunto también hay que tener en cuenta en el presente procedimiento que .... (*indicar las razones de fondo alegadas sobre la adopción de resolución que se dicte, en su caso, para mejor proveer*).

Por todo ello, y en su atención, es por lo que,

SOLICITO: Que admita el presente escrito junto con la documentación que se acompaña y, por las razones expuestas, previos los trámites oportunos, se dicte resolución por la que se anule y deje sin efectos la resolución dictada en el procedimiento administrativo relativo al expediente núm. ...., por ser contraria a derecho, retrotrayendo las actuaciones del procedimiento al momento inmediatamente anterior al que se cometió la infracción de procedimiento, con el fin de que se realicen los trámites preceptivos que por omisión no tuvieron lugar para la adopción de una resolución ajustada al ordenamiento jurídico.

Lugar, fecha y firma electrónica.

La persona interesada/su representante legal

F063. ESCRITO SOLICITANDO LA ANULABILIDAD DE UN ACTO ADMINISTRATIVO REALIZADO FUERA DEL TIEMPO ESTABLECIDO PARA ELLO

AL ÓRGANO COMPETENTE

D/Dª. ...., mayor de edad, con DNI/NIF/NIE núm. ...., actuando en nombre propio o en representación de ...., con domicilio a efectos de notificaciones en ...., del municipio de ...., provincia de ...., teléfono núm. ...., y correo electrónico: .... Ante ese órgano administrativo comparezco (código de identificación núm. ...) y, con el debido respeto, como mejor proceda en derecho, **DIGO**:

Que con fecha ...., me ha sido notificada la resolución adoptada en el procedimiento administrativo relativo al expediente núm. ...., sobre .... (*identificar el objeto del procedimiento*), y no encontrando la misma ajustada a derecho, en el ejercicio de los derechos e intereses legítimos que me asisten en calidad de persona interesada, dentro del plazo concedido, mediante el presente escrito interpongo RECURSO ADMINISTRATIVO de ...., conforme con lo establecido en la legislación reguladora del procedimiento administrativo común de las Administraciones Públicas, fundamentado en los siguientes,

MOTIVOS JURÍDICOS

PRIMERO. El artículo 48.3 de la Ley 39/2015, de 1 de octubre, del Procedimiento Administrativo Común de las Administraciones Públicas, dispone que: "*La realización de actuaciones administrativas fuera del tiempo establecido para ellas sólo implicará la anulabilidad del acto cuando así lo imponga la naturaleza del término o plazo*".

En primer lugar, resulta necesario advertir conforme a lo dispuesto en el artículo 25.1.b) de la precitada Ley 39/2015, respecto a la falta de resolución expresa en los procedimientos iniciados de oficio, determina que el vencimiento del plazo máximo establecido sin que se haya dictado y notificado resolución expresa no exime a la Administración del cumplimiento de la obligación legal de resolver, produciéndose los siguientes efectos: "*En los procedimientos en que la Administración ejercite potestades sancionadoras o, en general, de intervención, susceptibles de producir efectos desfavorables o de gravamen, se producirá la caducidad. En estos casos, la resolución que declare la caducidad ordenará el archivo de las actuaciones, con los efectos previstos en el artículo 95*", sobre los requisitos y efectos de la caducidad de los procedimientos.

Por su parte, el artículo .... del reglamento de .... (*indicar la normativa específica que le sea de aplicación*), dispone que si no hubiera recaído resolución transcurridos .... meses desde su iniciación, teniendo en cuenta las posibles interrupciones de su cómputo por causas imputables a las personas interesadas o por la suspensión del procedimiento, se iniciará el cómputo del plazo de caducidad establecido en la precitada Ley del Procedimiento Administrativo Común de las Administraciones Públicas.

Importa recordar, que los anteriores preceptos señalados han de interpretarse de acuerdo con el alcance y la naturaleza del instituto jurídico de la caducidad en el procedimiento administrativo, en el sentido que vencido el plazo en que debió ser dictada y notificada la resolución expresa, por causa imputable a la Administración, se produce "*ipso iure*" la caducidad, y la Administración debe proceder al archivo de las actuaciones sin más trámites, pues de lo contrario, se produciría una ampliación del plazo previsto en el procedimiento para resolver y notificar no querido por la Ley.

Las finalidades garantistas que han de presidir todo procedimiento administrativo, hacen que las personas interesadas no deban sufrir las consecuencias del incumplimiento por la Administración Pública del plazo máximo legal establecido para la resolución y notificación del procedimiento incoado, el cual debe estar presidido por el máximo rigor en el cumplimiento de los términos y plazos preestablecidos (ex art. 29 Ley 39/2015), dado que las normas que rigen los plazos en el procedimiento administrativo son de orden público, por aplicación del principio de seguridad jurídica.

SEGUNDO. En el presente caso, resulta evidente que el plazo señalado en la normativa aplicable para dictar y notificar la correspondiente resolución, ha sido excedido con creces por causas sólo imputables a esa Administración actuante, toda vez que el mismo se inicia —como reconoce la propia resolución— el día.............. y finalizó con la resolución sancionadora del día ...., cuya notificación fue practicada el día ...., sobrepasando el plazo legal máximo permitido, sin que las dilaciones en el procedimiento sean imputables al interesado como lo demuestra la falta de justificación por la Administración de la suma al por menor de los días directamente imputables a esta parte interesada, en la demora del cumplimiento del preclusivo plazo legal establecido para dictar la resolución expresa y notificarla.

En definitiva, la consecuencia jurídica del vencimiento del plazo legal establecido para procedimientos de esta índole, no es otra que la automática producción de la caducidad del procedimiento administrativo de su razón, por ministerio de la Ley, y esa Administración Pública no tiene más remedio que así declararlo y, consiguientemente, ordenar al archivo sin más del expediente administrativo incoado, por aplicación de los efectos previstos en el artículo 95 por remisión del artículo 25 de la citada Ley del Procedimiento Administrativo Común de la Administraciones Públicas.

Por todo ello, y en su atención, es por lo que,

SOLICITO: Que admita el presente escrito junto con la documentación que se acompaña y, por las razones expuestas, previos los trámites oportunos, se dicte resolución por la que se anule y deje sin efectos la citada resolución dictada en el procedimiento administrativo relativo al expediente núm. ...., por ser contraria a Derecho al haberse dictado extemporáneamente fuera del término o plazo legalmente señalado para los procedimientos de esta índole, declarando la caducidad del procedimiento y ordenando el archivo de las actuaciones sin más trámites.

Lugar, fecha y firma electrónica.

La persona interesada/su representante legal

F064. ESCRITO SOLICITANDO LA REVOCACIÓN DE UN ACTO POR TRANSMISIBILIDAD DE LA INVALIDEZ DE UN ACTO DECLARADO NULO O ANULABLE

AL ÓRGANO COMPETENTE

D/Dª. ...., mayor de edad, con DNI/NIF/NIE núm. ...., actuando en nombre propio o en representación de ...., con domicilio a efectos de notificaciones en ...., del municipio de ...., provincia de ...., teléfono núm. ...., y correo electrónico: .... Ante ese órgano administrativo comparezco (código de identificación núm. ...) y, con el debido respeto, como mejor proceda en derecho, **DIGO**:

Que con fecha ...., me ha sido notificada la resolución adoptada en el procedimiento administrativo relativo al expediente núm. ...., sobre ...., y no encontrando la misma ajustada a derecho, dentro del plazo concedido, en el ejercicio de la defensa de los derechos e intereses legítimos que me asisten en calidad de persona interesada, mediante el presente escrito interpongo RECURSO ADMINISTRATIVO de ...., conforme con lo establecido en la legislación reguladora del procedimiento administrativo común de las Administraciones Públicas, fundamentado en los siguientes,

MOTIVOS JURÍDICOS

PRIMERO. El artículo 49.1 de la Ley 39/2015, de 1 de octubre, del Procedimiento Administrativo Común de las Administraciones Públicas, sobre la transmisibilidad de los efectos de nulidad o anulabilidad, dispone que: "*La nulidad o anulabilidad de un acto no implicará la de los sucesivos en el procedimiento que sean independientes del primero*".

Importa destacar, que esta primera regla de incomunicación de la invalidez entre los actos que se dicten en un mismo procedimiento significa "*a sensu contrario*" que la invalidez de un acto implicará la de los sucesivos que sean dependientes del primero, como ha manifestado reiteradamente el Tribunal Supremo en sentencias cuya enunciación no se precisa en este momento procedimental.

SEGUNDO. En el presente caso, la resolución administrativa dictada en desarrollo o ejecución del Acuerdo de .... adoptado por .... y declarado nulo/anulado (*táchese lo que no proceda*) en su integridad por resolución de .... devenida firme, está se quiera o no se quiera necesariamente viciada por invalidez por tratarse de un acto administrativo sucesivo y dependiente del primero anulado que necesariamente supedita su validez y eficacia. Resolución administrativa —aquí recurrida— que se encuentra contaminada por la transmisibilidad de los efectos del acuerdo nulo/anulado (*táchese lo que no proceda*) con carácter de firmeza, al estar ambos actos administrativos estrechamente vinculados, dada la invalidación o anulación de éste conlleva por extensión todo lo actuado con posterioridad que traiga causa en el mismo. Es de reconocer que, en el caso presente, existe la inequívoca conexión de causalidad entre el acuerdo nulo/anulado (*táchese lo que no proceda*) y la resolución administrativa dictada en su desarrollo o ejecución. Además, resulta evidente que, la parte viciada de invalidez es de tal importancia que sin ella el acto administrativo no se hubiera dictado.

Por todo ello, y en su atención, es por lo que,

SOLICITO: Que admita el presente escrito junto con la documentación que se acompaña y, por las razones expuestas, previos los trámites oportunos, se dicte resolución por la que anule y deje sin efectos la citada resolución dictada en el procedimiento administrativo relativo al expediente núm. ...., contaminada de invalidez por extensión de los efectos jurídicos de la nulidad o anulabilidad del acuerdo principal y originario del que trae causa.

Lugar, fecha y firma electrónica.

La persona interesada/su representante legal

F065. ESCRITO SOLICITANDO LA REVOCACIÓN DE UN ACTO POR TRANSMISIBILIDAD DE LA INVALIDEZ DE UN ACTO PARCIALMENTE DECLARADO NULO O ANULABLE

AL ÓRGANO COMPETENTE

D/Dª. ...., mayor de edad, con DNI/NIF/NIE núm. ...., actuando en nombre propio o en representación de ...., con domicilio a efectos de notificaciones en ...., del municipio de ...., provincia de ...., teléfono núm. ...., y correo electrónico: .... Ante ese órgano administrativo comparezco (código de identificación núm. ...) y, con el debido respeto, como mejor proceda en derecho, **DIGO**:

Que con fecha ...., me ha sido notificada la resolución adoptada en el procedimiento administrativo relativo al expediente núm. ...., sobre .... (*identificar el objeto del procedimiento*), y no encontrando la misma ajustada a Derecho, dentro del plazo concedido, en el ejercicio de la defensa de los derechos e intereses legítimos que me asisten en calidad de persona interesada, mediante el presente escrito interpongo RECURSO ADMINISTRATIVO de ...., conforme con lo establecido en la legislación reguladora del procedimiento administrativo común de las Administraciones Públicas, fundamentado en los siguientes,

MOTIVOS JURÍDICOS

PRIMERO. El artículo 49.2 de la Ley 39/2015, de 1 de octubre, del Procedimiento Administrativo Común de las Administraciones Públicas, sobre la transmisibilidad de los efectos de nulidad o anulabilidad, dispone que: "*La nulidad o anulabilidad en parte del acto no implicará la de las partes del mismo independientes de aquélla salvo que la parte viciada sea de tal importancia que sin ella el acto administrativo no hubiera sido dictado*".

Conviene señalar, en primer término, que esta segunda regla de la incomunicación de la invalidez entre las distintas partes de un mismo acto administrativo, significa que si un acto administrativo es inválido por omitirse un trámite del procedimiento, lo que hay que subsanar es este trámite y no todo el conjunto del acto administrativo adoptado, en aplicación del viejo principio "*utile per inutile non vitiatur*" (lo útil por lo inútil no debe ser viciado) y del principio de eficacia favorable a la conservación de los actos y trámites administrativos "*favor acti*" (en favor de los actos), manifestado en el artículo 50 de la precitada Ley del Procedimiento Administrativo Común de las Administraciones Públicas. En definitiva, lo que la norma persigue es que, si el acto tiene algún defecto, ese defecto no se transmita en cascada a otros actos, pudiéndose aislar unos actos administrativos de otros contaminados de invalidez.

Sin embargo, esta invalidez parcial de alguno de los elementos del acto administrativo puede, en determinados casos, afectar a la validez y eficacia de los sucesivos actos del procedimiento administrativo que sean dependientes de aquellas partes del primero afectadas por la nulidad o anulabilidad, cuando concurran las circunstancias excepcionalmente previstas en el citado artículo 49.2 de la Ley 39/2015. Y, precisamente esto es lo que ha ocurrido en el caso presente, puesto que la resolución recurrida está viciada por la parte del acto administrativo declarado inválido de la cual depende su validez y eficacia, al contener elementos esenciales que son constitutivos de este último, que de haberse apreciado la resolución administrativa —aquí recurrida— no hubiera sido dictada.

SEGUNDO. Importa resaltar, que dicha conexión de causalidad de la invalidez entre la parte del acto administrativo viciado y la proyección de sus efectos sobre la resolución administrativa recurrida se comprueba a la simple vista de los propios documentos que obran en el expediente administrativo de su razón que evidencian que haya resultado contagiada de manera sustantiva de invalidez.

Por todo ello, y en su atención, es por lo que,

SOLICITO: Que admita el presente escrito junto con la documentación que se acompaña y, por las razones expuestas, previos los trámites oportunos, se dicte resolución por la que se anule y deje sin efectos la citada resolución administrativa dictada en el procedimiento administrativo relativo al expediente núm. …………, por extensión de la transmisibilidad de la invalidez parcial constatada del acuerdo administrativo principal y originario respecto de la resolución administrativa recurrida de la que trae causa.

Lugar, fecha y firma electrónica.

La persona interesada/su representante legal

F066. ESCRITO SOLICITANDO LA CONVERSIÓN DE UN ACTO VICIADO

AL ÓRGANO COMPETENTE

D/Dª. ...., mayor de edad, con DNI/NIF/NIE núm. ...., actuando en nombre propio o en representación de ...., con domicilio a efectos de notificaciones en ...., del municipio de ...., provincia de ...., teléfono núm. ...., y correo electrónico: .... Ante ese órgano administrativo comparezco (código de identificación núm. ...) y, con el debido respeto, como mejor proceda en derecho, **DIGO**:

Que con fecha ...., me ha sido notificada la resolución adoptada en el procedimiento administrativo relativo al expediente núm. ..., sobre .... (*identificar el objeto del procedimiento*), y en el ejercicio de la defensa de los derechos e intereses legítimos que me asisten en calidad de persona interesada, conforme a lo establecido el artículo 50 de la Ley 39/2015, de 1 de octubre, del Procedimiento Administrativo Común de las Administraciones Públicas, mediante el presente escrito, vengo a solicitar la CONVERSIÓN DE LA RESOLUCIÓN ANULADA, fundamentada en los siguientes,

MOTIVOS JURÍDICOS

PRIMERO. El artículo 50 de la Ley 39/2015, de 1 de octubre, del Procedimiento Administrativo Común de las Administraciones Públicas, sobre la conversión de actos viciados, establece que: "*Los actos nulos o anulables que, sin embargo, contengan elementos constitutivos de otro distinto producirán los efectos de éste*".

Importa destacar, con carácter previo que, en virtud del principio general de eficacia de los actos administrativos, por aplicación del principio *favor acti* y por razones de economía procesal, se admite en el procedimiento la conversión de un acto o resolución administrativa viciada en otro válido y distinto si resulta que las partes no viciadas de aquél contuvieran los elementos constitutivos de este último. Por ello, mediante la aplicación de esta técnica jurídico-administrativa de conversión de actos viciados desaparece el acto administrativo inválido y nace por transformación otro válido y distinto.

SEGUNDO. En el caso presente, resulta de aplicación la citada regla de conversión de actos viciados en el procedimiento administrativo en cuestión, puesto que independientemente de que se haya producido la anulación de la referida resolución, existen ciertos actos o trámites de dicho que procedimiento que podrían producir sus efectos en otro acto administrativo distinto como es el de .... (*indicar el acto a transformar en válido y eficaz*), dado que sus elementos constitutivos no están afectados por la invalidez que provocó la citada anulación, como lo prueba el hecho de ...... (*exponer razonadamente los motivos de la argumentación*).

Razones éstas que avalan la aplicación de los principios de eficacia de actos administrativos, economía procesal y simplificación de los procedimientos, evitando de este modo duplicidades administrativas innecesarias.

Por todo ello, y en su atención, es por lo que,

SOLICITO: Que admita el presente escrito junto con la documentación que se acompaña y, por las razones expuestas, previos los trámites oportunos, se dicte resolución por la que se declare la conversión de la citada resolución administrativa anulada en el procedimiento administrativo relativo al expediente núm. ...., en el indicado acto administrativo distinto con los efectos propios de este último, en los términos anteriormente expuestos, facilitando así el ejercicio de los derechos e intereses legítimos de esta parte afectada en el procedimiento.

Lugar, fecha y firma electrónica.

La persona interesada/su representante legal

F067. ESCRITO SOLICITANDO LA CONSERVACIÓN DE ACTOS Y TRÁMITES NO AFECTADOS POR LA INVALIDEZ DE UN ACTO

AL ÓRGANO COMPETENTE

D/Dª. ...., mayor de edad, con DNI/NIF/NIE núm. ...., actuando en nombre propio o en representación de ...., con domicilio a efectos de notificaciones en ...., del municipio de ...., provincia de......, teléfono núm. ...., y correo electrónico: .... Ante ese órgano administrativo comparezco (código de identificación núm. ...) y, con el debido respeto, como mejor proceda en derecho, **DIGO**:

Que con fecha ...., me ha sido notificada la resolución adoptada en el procedimiento administrativo relativo al expediente núm. ...... sobre .... (*identificar el objeto del procedimiento*), y no encontrando la misma ajustada a derecho, en el ejercicio de la defensa de los derechos e intereses legítimos que me asisten en calidad de persona interesada, mediante el presente escrito interpongo RECURSO ADMINISTRATIVO de ...., conforme con lo establecido en la legislación reguladora del procedimiento administrativo común de las Administraciones Públicas, fundamentado en los siguientes,

MOTIVOS JURÍDICOS

PRIMERO. El artículo 51 de la Ley 39/2015, de 1 de octubre, del Procedimiento Administrativo Común de las Administraciones Públicas, sobre la conservación de actos y trámites, establece que: "*El órgano que declare la nulidad o anule las actuaciones dispondrá siempre la conservación de aquellos actos y trámites cuyo contenido se hubiera mantenido igual de no haberse cometido la infracción*".

Conviene advertir, en primer lugar, que esta manifestación del principio general de eficacia de los actos administrativos, por aplicación del principio *favor acti* y por razones de economía procesal, que consagra la incomunicación de invalidez impone la obligación a la Administración Pública de conservar en el procedimiento administrativo de su razón aquellos actos y trámites administrativos cuyo contenido sería el mismo de repetirse las actuaciones para llegar a idéntico resultado, facilitándose así el ejercicio de los derechos e intereses legítimos de las personas interesadas.

SEGUNDO. En el caso presente, anulada la resolución definitiva por un defecto puramente formal en la tramitación del procedimiento administrativo, resulta procedente —por economía procesal— retrotraer las actuaciones hasta el momento inmediatamente anterior en el que se produjo la infracción procedimental, puesto que resultaría improcedente por superfluo —en aras a los principios de celeridad y eficacia administrativa— volver a repetir nuevamente todos aquellos actos y trámites válidos integrantes del procedimiento administrativo de su razón, que, por ser independientes de la causa de anulabilidad, deberían de conservarse, dado que su reproducción desembocaría en idéntico resultado, dilatándose con ello la tramitación del procedimiento, en contra del precepto anteriormente transcrito y de la filosofía de que el Derecho no es un fin en sí mismo, ni los trámites pueden convertirse en ritos sacramentales, toda vez que el culto a la forma ha de ser rendido en cuanto sirve a la protección jurídica, y no con la finalidad de alargar o dilatar innecesariamente en el tiempo el procedimiento administrativo debido, como ha señalado la jurisprudencia del Tribunal Supremo reiteradas en sentencias, cuya enunciación no se precisa en este momento procedimental.

Por todo ello, y en su atención, es por lo que,

SOLICITO: Que admita el presente escrito junto con la documentación que se acompaña y, por las razones expuestas, previos los trámites oportunos, se estime el presente recurso de ...., respecto del procedimiento administrativo anulado relativo al expediente núm. ...., con orden de retroacción y declarando la conservación de aquellos actos y trámites administrativos que por no estar afectados de invalidez continúan siendo válidos en el indicado procedimiento administrativo y prosiga su tramitación hasta su resolución definitiva.

Lugar, fecha y firma electrónica.

La persona interesada/su representante legal

F068. ESCRITO SOLICITANDO LA CONVALIDACIÓN DE UN ACTO ANULABLE POR VICIO DE INCOMPETENCIA

AL ÓRGANO COMPETENTE

D/Dª. ...., mayor de edad, con DNI/NIF/NIE núm. ......, actuando en nombre propio o en representación de ...., con domicilio a efectos de notificaciones en ...., del municipio de ...., provincia de ...., teléfono núm. ...., y correo electrónico: .... Ante ese órgano administrativo comparezco (código de identificación núm. ...) y, con el debido respeto, como mejor proceda en derecho, **DIGO**:

Que con fecha ...., me ha sido notificada la resolución adoptada por .... sobre .... (*identificar el objeto del procedimiento*), y no encontrando la misma ajustada a derecho, dentro del plazo concedido, mediante el presente escrito interpongo RECURSO ADMINISTRATIVO de ...., conforme con lo establecido en la legislación reguladora del procedimiento administrativo común de las Administraciones Públicas, fundamentado en los siguientes,

MOTIVOS JURÍDICOS

PRIMERO. El artículo 52 de la Ley 39/2015, de 1 de octubre, del Procedimiento Administrativo Común de las Administraciones Públicas, sobre la convalidación de actos viciados, establece que: "*1. La Administración podrá convalidar los actos anulables, subsanando los vicios de que adolezcan. 2. El acto de convalidación producirá efecto desde su fecha, salvo lo dispuesto en el artículo 39.3 para la retroactividad de los actos administrativos. 3. Si el vicio consistiera en incompetencia no determinante de nulidad, la convalidación podrá realizarse por el órgano competente cuando sea superior jerárquico del que dictó el acto viciado. 4. Si el vicio consistiese en la falta de alguna autorización, podrá ser convalidado el acto mediante el otorgamiento de la misma por el órgano competente.*"

Con carácter previo, importa destacar, que una de las características de la anulabilidad en el procedimiento administrativo es la posibilidad de que el acto anulable pueda ser convalidado por la Administración Pública competente subsanando los vicios de que adolezca por aplicación del principio *favor acti*, que por razones de economía procesal es una manifestación del principio de eficacia de los actos administrativos. A este respecto, conviene recordar que la convalidación como técnica jurídico-administrativa consiste en dictar un acto administrativo por cuya virtud el órgano competente superior jerárquico ratifica y subsana el contenido a un acto viciado por incompetencia no determinante de nulidad, facilitándose así el ejercicio de los derechos e intereses legítimos de las personas interesadas en el procedimiento.

Pues bien, así las cosas, para que se produzca la convalidación es necesario que la Administración lo acuerde expresamente emitiendo un acto expreso de convalidación, en el ejercicio de la potestad que le atribuye el precitado artículo 52.3 de la citada Ley del Procedimiento Administrativo Común de las Administraciones Públicas.

SEGUNDO. En el presente caso, resulta que el vicio de forma cometido en el procedimiento administrativo por incompetencia del órgano inferior jerárquico para adoptar la resolución recurrida, no es determinante de su nulidad absoluta o de pleno derecho y puede ser perfectamente convalidado por ese órgano competente que es el superior jerárquico del que dictó el acto viciado —al que nos dirigimos—, subsanando de esta manera el defecto de forma advertido, y confirmando o ratificando de este modo el contenido de la resolución adoptada, por ser conforme con el ordenamiento jurídico-administrativo.

Además, comoquiera que en este procedimiento administrativo no existen terceras personas interesadas ni se lesionan derechos o intereses legítimos de otras personas, por lo que ni tan siquiera se requiere del previo trámite la audiencia y vista para llevar a cabo su efectiva convalidación, teniendo en cuenta de con tal convalidación sólo se derivarán efectos favorables para el ejercicio de los derechos e intereses legítimos esta parte afectada.

Por todo ello, y en su atención, es por lo que,

SOLICITO: Que admita el presente escrito junto con la documentación que se acompaña y, por las razones expuestas, previos los trámites oportunos, se dicte resolución administrativa por la que se subsane el defecto de forma advertido y convalide por el órgano competente la resolución administrativa adoptada en el procedimiento sobre ...., ratificando con ello el contenido la resolución adoptada en todos sus extremos.

Lugar, fecha y firma electrónica.

La persona interesada/su representante legal

F069. ESCRITO SOLICITANDO LA CONVALIDACIÓN DE UN ACTO ANULABLE POR FALTA DE ALGUNA AUTORIZACIÓN

AL ÓRGANO COMPETENTE

D/Dª. ...., mayor de edad, con DNI/NIF/NIE núm. ...., actuando en nombre propio o en representación de ...., con domicilio a efectos de notificaciones en ......, del municipio de ...., provincia de ...., teléfono núm. ...., y correo electrónico: .... Ante ese órgano administrativo comparezco (código de identificación núm. ...) y, con el debido respeto, como mejor proceda en derecho, **DIGO**:

Que con fecha ...., me ha sido notificada la resolución adoptada por .... sobre .... (*identificar el objeto del procedimiento*), y no encontrando la misma ajustada a derecho, dentro del plazo concedido, mediante el presente escrito interpongo RECURSO ADMINISTRATIVO de ...., conforme con lo establecido en la legislación reguladora del procedimiento administrativo común de las Administraciones Públicas, fundamentado en los siguientes,

MOTIVOS JURÍDICOS

PRIMERO. El artículo 52 de la Ley 39/2015, de 1 de octubre, del Procedimiento Administrativo Común de las Administraciones Públicas, sobre la convalidación de los actos administrativos, establece: "*1. La Administración podrá convalidar los actos anulables, subsanando los vicios de que adolezcan. 2. El acto de convalidación producirá efecto desde su fecha, salvo lo dispuesto el artículo 39.3 para la retroactividad de los actos administrativos. 3. Si el vicio consistiera en incompetencia no determinante de nulidad, la convalidación podrá realizarse por el órgano competente cuando sea superior jerárquico del que dictó el acto viciado. 4. Si el vicio consistiese en la falta de alguna autorización, podrá ser convalidado el acto mediante el otorgamiento de la misma por el órgano competente*".

Con carácter previo, conviene advertir que una de las características de la anulabilidad en el procedimiento administrativo, es la posibilidad de que el acto anulable sea convalidado por la Administración subsanando los vicios de que adolezca por aplicación del principio *favor acti*, que por razones de economía procesal es una manifestación del principio de eficacia de los actos administrativos. A este respecto, conviene recordar que la convalidación como técnica jurídico-administrativa implica una potestad del órgano administrativo competente en cuya virtud se ratifica y convalida el contenido del acto administrativo viciado por incompetencia no determinante de nulidad o por falta de alguna autorización, por el que se subsanan los defectos puramente formales advertidos de un acto administrativo anterior, facilitando de esta manera el ejercicio de los derechos e intereses legítimos de las personas interesadas en el procedimiento.

Así pues, para que se produzca la convalidación es necesario que la Administración lo acuerde expresamente emitiendo un acto expreso de convalidación, en el ejercicio de la potestad que le atribuye el citado artículo 52.4 de la Ley del Procedimiento Administrativo Común de las Administraciones Públicas.

SEGUNDO. En el presente caso, resulta que tramitada la solicitud por el procedimiento legalmente establecido se ha observado la falta de la previa autorización por ese órgano competente —al que nos dirigimos— para que se pudiera resolverse el procedimiento administrativo, con garantías plenas de acierto. La falta de dicha autorización previa que por error u omisión procedimental no fue recabada, fue determinante de la anulación de las actuaciones, pero ello no significa que no pueda ser perfectamente convalidada la autorización solicitada con la intervención del órgano administrativo competente para su otorgamiento, subsanando de esta modo el defecto de forma advertido, en aplicación de los principios de celeridad, economía y eficacia del procedimiento administrativo que rigen toda actuación administrativa, conforme establece el artículo 3.1 de la Ley 40/2015, de 1 de octubre, de Régimen Jurídico del Sector Público.

Además, comoquiera que en el presente procedimiento administrativo no existen terceras personas interesadas, ni siquiera se requiere del previo trámite la audiencia y vista para su efectiva convalidación, teniendo en cuenta de con tal convalidación sólo se derivarán efectos favorables para el ejercicio de los derechos e intereses legítimos esta parte afectada.

TERCERO. Por último señalar que, en el caso presente, se cumplen los requisitos establecidos en el artículo 39.3 de la citada Ley del Procedimiento Administrativo Común de las Administración Públicas, sobre la retroactividad de los actos administrativos, por lo que en la convalidación interesada debería otorgarse eficacia retroactiva, al producir efectos favorables para esta parte, puesto que con ella no se lesionan derechos o intereses de otras personas y los supuestos de hecho ya existían en la fecha a la que se retrotraiga la convalidación solicitada.

Por todo ello, y en su atención, es por lo que,

SOLICITO: Que admita el presente escrito junto con la documentación que se acompaña y, por las razones expuestas, previos los trámites oportunos, se dicte resolución por la que se convalide por ese órgano competente el citado acto administrativo relativo a ………, mediante el otorgamiento de la autorización correspondiente con efectos retroactivos, subsanando así la infracción por defecto de forma advertida en el procedimiento administrativo de su razón.

Lugar, fecha y firma electrónica.

La persona interesada/su representante legal

Título Cuarto

DE LAS DISPOSICIONES GENERALES SOBRE EL PROCEDIMIENTO ADMINISTRATIVO COMÚN

RESOLUCIONES. 1. Requisitos generales. F130. Apercibimiento previo a la ejecución forzosa. F131. Resolución de ejecución forzosa. F132. Solicitud de autorización judicial de entrada en domicilio. F133. Resolución en ejecución de sentencia. 2. Medios de ejecución forzosa. F134. Certificación de descubierto en el procedimiento de la vía de apremio. F135. Providencia de apremio sobre el patrimonio. F136. Diligencia de embargo de bienes y derechos. F137. Resolución de ejecución subsidiaria. F138. Liquidación provisional de los gastos. F139. Liquidación definitiva de los gastos. F140. Imposición de multa coercitiva. F141. Notificación de ejecución por compulsión sobre las personas. F142. Acta de ejecución subsidiaria.

I. GARANTÍAS DEL PROCEDIMIENTO

F070. SOLICITUD DE INFORMACIÓN Y ACCESO A UN EXPEDIENTE ADMINISTRATIVO

AL ÓRGANO COMPETENTE

D/Dª ...., mayor edad, con de DNI/NIF/NIE núm. ..., actuando en nombre propio o en representación de ...., con domicilio a efectos de notificaciones en ...., del municipio de.........., provincia de ...., teléfono ...., y correo electrónico: ...., Ante ese órgano administrativo comparezco (código de identificación núm. ...) y, con el debido respeto, como mejor proceda en derecho,

EXPONGO

Que en el ejercicio de los derechos e intereses legítimos que me asisten en calidad de persona interesada en el procedimiento administrativo relativo a .... (*identificar el objeto del procedimiento*), que se tramita en esa Administración con el número de expediente ...., al amparo de lo establecido en el artículo 53.1.a) de la Ley 39/2015, de 1 de octubre, del Procedimiento Administrativo Común de las Administraciones Públicas, sobre el derecho a poder acceder y obtener copia de los documentos contenidos en el citado procedimiento, preciso conocer determinadas cuestiones básicas sobre el sentido del silencio administrativo que corresponda, en el caso de que la Administración no dicte ni notifique resolución expresa en plazo. Así como conocer el órgano competente para su instrucción, en su caso, y resolución. Además de aquellos actos de tramite dictados en el procedimiento.

Se justifica la solicitud formulada en base a que no he podido consultar dicha información del portal habilitado como Punto de Acceso Electrónico de esa Administración Pública, de acuerdo con lo establecido en el citado precepto legal y en la Ley 19/2013, de 9 de diciembre, de transparencia, acceso a la información pública y buen gobierno.

Asimismo, declaro bajo mi responsabilidad que dicha información será tratada por esta parte únicamente a los fines para los que ha sido solicitada y con escrupuloso respecto sobre protección de datos personales y garantía de los derechos digitales, conforme a lo dispuesto en la Ley Orgánica 3/2018, de 5 de diciembre.

Por todo lo expuesto, es por lo que,

SOLICITO: Que tenga por presentado este escrito y, en méritos de lo expuesto, en mi condición de persona interesada en el procedimiento, en cumplimiento de una obligación legal, me sea facilitado el acceso a la información solicitada y la obtención de copia de los documentos contenidos en el citado procedimiento administrativo instado con el expediente núm. .... cuya instrucción compete a esa Administración Pública.

Lugar, fecha y firma electrónica.

La persona interesada/se representante legal

F071. ESCRITO SOLICITANDO LA IDENTIFICACIÓN DE LAS AUTORIDADES Y DEL PERSONAL RESPONSABLE DE LA TRAMITACIÓN DE UN PROCEDIMIENTO

AL ÓRGANO COMPETENTE

D/Dº ...., mayor edad, con de DNI/NIF/NIE núm. ..., actuando en nombre propio o en representación de ...., con domicilio a efectos de notificaciones en ...., del municipio de........., de provincia de ...., teléfono ...., y correo electrónico: ...., Ante ese órgano administrativo comparezco (código de identificación núm. ...) y, con el debido respeto, como mejor proceda en derecho,

EXPONGO

Que en el ejercicio de los derechos e intereses legítimos que me asisten en calidad de persona interesada en el procedimiento administrativo relativo a .... (*identificar el objeto del procedimiento*), que se tramita en esa Administración con el número de expediente ...., al amparo de lo establecido en el artículo 53.1.b) de la Ley 39/2015, de 1 de octubre, del Procedimiento Administrativo Común de las Administraciones Públicas, sobre el derecho a poder identificar a las autoridades y al personal al servicios de esa Administración Pública bajo cuya responsabilidad se tramite el citado procedimiento.

Se justifica la solicitud formulada en base a que no he podido consultar dicha información del portal habilitado como Punto de Acceso Electrónico de esa Administración Pública, de acuerdo con lo establecido en el citado precepto legal y en la Ley 19/2013, de 9 de diciembre, de transparencia, acceso a la información pública y buen gobierno.

Asimismo, declaro bajo mi responsabilidad que dicha información será tratada por esta parte únicamente a los fines para los que ha sido solicitada y con escrupuloso respecto sobre protección de datos personales y garantía de los derechos digitales, conforme a lo dispuesto en la Ley Orgánica 3/2018, de 5 de diciembre.

Por todo lo expuesto, es por lo que,

SOLICITO: Que tenga por presentado este escrito y, en méritos de lo expuesto, en mi condición de persona interesada en el procedimiento, en cumplimiento de una obligación legal, me sea facilitada la identificación del las autoridades y del personal al servicio de esa Administración bajo cuya responsabilidad se tramita el procedimiento relativo a ...., con el número de expediente administrativo ......, cuya instrucción compete a esa Administración Pública.

Lugar, fecha y firma electrónica.

La persona interesada/su representante legal

F072. SOLICITUD DE INFORMACIÓN ACERCA DE LOS REQUISITOS TÉCNICOS O JURÍDICOS EXIGIDOS

AL ÓRGANO COMPETENTE

D/Dª ...., mayor edad, con de DNI/NIF/NIE núm. ..., actuando en nombre propio o en representación de ...., con domicilio a efectos de notificaciones en ...., del municipio de........., de la provincia de ...., teléfono ...., y correo electrónico: ...., Ante ese órgano administrativo comparezco (código de identificación núm. ...) y, con el debido respeto, como mejor proceda en derecho,

EXPONGO

Que en el ejercicio de los derechos e intereses legítimos que me asisten en calidad de persona interesada en la presentación y, en su caso, aprobación de un proyecto/actuación/solicitud (*táchese lo que no proceda*) es por lo que al amparo de lo establecido en el artículo 53.1.f) de la Ley 39/2015, de 1 de octubre, del Procedimiento Administrativo Común de las Administraciones Públicas, sobre los derechos de las personas interesadas en los procedimientos administrativos, preciso conocer determinadas cuestiones básicas sobre el estado de tramitación del referido procedimiento, así como obtener información y orientación acerca de los requisitos jurídicos o técnicos exigidos en las vigentes disposiciones legales. En concreto, las siguientes:

1. ....
2. .... *(concretar el objeto de la consulta formulada)*
3. ....

Se justifica la solicitud formulada en base a que no he podido consultar dicha información del portal habilitado como Punto de Acceso Electrónico de la esa Administración Pública, de acuerdo con lo establecido en el citado precepto legal y en la Ley 19/2013, de 9 de diciembre, de transparencia, acceso a la información pública y buen gobierno.

Asimismo, declaro bajo mi responsabilidad que dicha información solicitada será tratada por esta parte únicamente a los fines para los que ha sido solicitada y con escrupuloso respecto sobre protección de datos personales y garantía de los derechos digitales, conforme a lo dispuesto en la Ley Orgánica 3/2018, de 5 de diciembre.

Por todo lo expuesto, es por lo que,

SOLICITO: Que tenga por presentado este escrito y, en méritos de lo expuesto, en mi condición de persona interesada en el procedimiento, en cumplimiento de una obligación legal, se me proporcione la información y orientación precisa sobre los requisitos jurídicos y técnicos exigidos para la tramitación del proyecto/actuación/solicitud que pretendo realizar para ...., y cuya instrucción compete a esa Administración Pública.

Lugar, fecha y firma electrónica.

La persona interesada/su representante legal

II. INICIACIÓN DEL PROCEDIMIENTO. CLASES

F073. ACTUACIONES PREVIAS DE INFORMACIÓN RESERVADA

Asunto:
Procedimiento
Expediente núm.:
Departamento:

NOTIFICACIÓN A LA PERSONA INTERESADA

De conformidad a las facultades otorgadas a este departamento de …., por la normativa en materia …………. (*indicar la normativa de aplicación*) y al amparo de lo previsto 55, apartado 1, de la Ley 39/2015, de 1 de octubre, del procedimiento Administrativo Común de las Administraciones Públicas, con el objeto de esclarecer los hechos sobre ………. (*indicar el objeto del procedimiento investigado*), se le requiere la siguiente información:

- ……………………………………………………………………………
- ……………… (*relacionar la documentación solicitada*).
- ……………………………………………………………………………

Para la atención de este requerimiento podrá remitir la información solicitada por medios electrónicos a través del portal de internet de la sede electrónica de esta Administración, cuya dirección es https://www…………..es

Ruta de acceso:

- Cuando el acceso se realice con el código de verificación seguro (CSV): Registro Electrónico de documentos de …. /contestar requerimientos o presentar documentación relacionada con notificación recibida de esta Administración.
- Cuando se realice con DNI electrónico, Certificado electrónico válido o Cl@ve PIN:
  a) Registro electrónico de documentos de ……/ todas las gestiones/ Requerimientos y Comunicaciones/ Requerimientos de información/ Efectuar alegaciones y/o aportar documentos o justificantes.
  b) Desde mi área Personal/ Mis expedientes.

La presentación deberá realizarse obligatoriamente a través de la sede electrónica de esta Administración Pública, cuando el requerido esté obligado a relacionarse a través de medios electrónicos con las Administraciones Públicas, conforme al artículo 14.2 de la Ley 39/2015, de 1 de octubre, del Procedimiento Administrativo Común de las Administraciones Públicas.

En otro caso, también podrá aportar la información solicitada mediante presentación en un Registro Público de cualquier Administración, o por cualquiera de los medios admitidos en la citada Ley del Procedimiento Administrativo Común de las Administraciones Públicas.

Para su mejor identificación, en su escrito de contestación deberá aportar copia de este documento, o en su defecto hacer referencia al número de expediente indicado.

Plazos e incumplimientos

Deberá suministrar la información requerida en el plazo máximo de DIEZ días hábiles contados desde el siguiente al de recepción del presente documento. La desatención total o parcial del presente requerimiento en plazo puede ser constitutiva de infracción administrativa y dar lugar al inicio del correspondiente expediente sancionador.

Recursos y reclamaciones

Contra el presente requerimiento podrá interponerse, recurso de alzada/reposición (*táchese los que no proceda conforme a la normativa de aplicación*), en los términos previstos en la Ley 39/2015, de 1 de octubre, del Procedimiento Administrativo Común de las Administraciones Públicas.

Normas aplicables: ...... (*indicar la normativa específicamente aplicable*).

Lugar, fecha, cargo y firma electrónica.

Documento firmado digitalmente. La persona titular del órgano administrativo competente. Autenticidad verificable mediante Código de Seguro Verificación (CSV).... en sede electrónica de esta Administración Pública.

F074. ESCRITO EN CONTESTACIÓN A LA INFORMACIÓN REQUERIDA

AL ÓRGANO COMPETENTE

D/Dª. ...., mayor de edad, con DNI/NIF/NIE núm. ......, actuando en nombre propio o en representación de ...., cuyos datos y circunstancias personales constan el procedimiento administrativo relativo al expediente núm. ...., sobre ....(*identificar el objeto del procedimiento*). Ante ese órgano administrativo comparezco (código de identificación núm. ...) y, con el debido respeto, como mejor proceda en derecho, **DIGO**:

Que, con fecha ......, he recibió por correo electrónico una notificación por la que se me requiere información respecto de determinados datos o documentos en relación con ...., necesaria para el desarrollo de las actuaciones de que tiene encomendadas dicho órgano de inspección.

A este respecto, dentro del plazo concedido, se participa lo siguiente:

1. ....
2. ... (*contestar a cada una de las cuestiones planteadas en el requerimiento de información y aportar la documentación justificativa*).
3. ....

Por todo ello y en su atención,

SOLICITO: Que tenga por presentado, en tiempo y forma, el presente escrito junto con la documentación requerida para el esclarecimiento de los hechos objeto de inspección/averiguación/investigación (*táchese los que no proceda*), en el procedimiento relativo al expediente administrativo núm. .... de referencia.

Lugar, fecha y firma electrónica.

La persona interesada/su representante legal

F075. ADOPCIÓN DE MEDIDAS PROVISIONALÍSIMAS

Asunto:

Procedimiento:

Expediente núm.:

Departamento de:

VISTA la solicitud formulada por D/Dª. ...., sobre la adopción de medidas cautelares previas al inicio del procedimiento administrativo relativo a .... (*identificar el objeto del procedimiento*), y teniendo en consideración los siguientes,

ANTECEDENTES DE HECHO

1. Con fecha .... tuvo entrada en esta Administración Pública el escrito formulado por D/Dª. ...., por el que además de solicitar ...., exponía la urgente necesidad de adoptar las medidas oportunas para evitar perjuicios mayores de difícil o imposible reparación.
2. Dada la especial urgencia que reviste la situación creada, los informes técnicos emitidos aconsejan urgentemente adoptar medidas provisionales previas a la iniciación del procedimiento administrativo instado para la protección provisional de los intereses implicados.

A los anteriores hechos son de aplicación los siguientes,

FUNDAMENTOS DE DERECHO

PRIMERO. El artículo 56.2 Ley 39/2015, de 1 de octubre, del Procedimiento Administrativo Común de las Administraciones Públicas, autoriza al órgano competente para iniciar o instruir el procedimiento, de oficio o a instancia de parte, a adoptar de forma motivada, antes de la iniciación de un procedimiento, las medidas provisionales que resulten necesarias y proporcionadas, en casos de urgencia inaplazable para la protección provisional de los intereses implicados.

La adopción previa o anticipada al inicio del procedimiento administrativo de estas medidas de carácter cautelar, para la protección de los intereses puestos en juego, no presupone el resultado de la decisión final que deberá adoptarse conforme al procedimiento establecido con todas las garantías legales.

En todo caso, dichas medidas provisionalísimas deberán ser confirmadas, modificadas o levantadas en el acuerdo de iniciación del procedimiento, teniendo en cuenta que quedarán sin efecto si no se inicia el procedimiento administrativo en el plazo de quince días o cuando el acuerdo de iniciación no contenga un pronunciamiento expreso acerca de las mismas.

SEGUNDO. A la vista de las actuaciones practicadas y teniendo en cuenta la necesidad de adoptar medidas cautelares de manera urgente e inaplazable por los motivos expuestos en dichos informes técnicos, y en virtud de las competencias legalmente atribuidas,

ACUERDO

PRIMERO. Ordenar de manera urgente e inmediata que se lleven a cabo las medidas provisionalísimas, previas al inicio del correspondiente procedimiento, siguientes:

a) ....

b) .... (*señalar las medidas provisionalísimas adoptadas*).

c) ....

SEGUNDO. Ordenar que en el plazo máximo de quince días se acuerde el inicio del procedimiento administrativo relativo a ...., en el que se tomará en consideración el levantamiento, mantenimiento o modificación las medidas cautelares adoptadas.

Contra el presente Acuerdo no cabe recurso administrativo alguno, sin perjuicio de que las personas interesadas puedan interponer el recurso que proceda contra el acuerdo de iniciación del procedimiento, de conformidad con el artículo 56.2 de la Ley 39/2005, de 1 de octubre, del Procedimiento Administrativo Común de las Administraciones Públicas.

Lugar, fecha, cargo y firma electrónica.

La persona titular del órgano administrativo competente

F076. SOLICITUD DE MEDIDAS PROVISIONALES

AL ÓRGANO COMPETENTE

D/Dª. ...., mayor de edad, con DNI/NIF/NIE núm. ...., con domicilio a efectos de notificaciones en ...., del municipio de ...., provincia de ...., teléfono ...., y correo electrónico: .... Ante ese órgano administrativo comparezco (código de identificación núm. ...) y, con el debido respeto, como mejor proceda en derecho, **DIGO**:

Que como persona interesada en el procedimiento administrativo relativo al expediente núm. ...., sobre .... (*identificar el objeto del procedimiento*), que se tramita en ese departamento, y en el ejercicio de los derechos e intereses legítimos que me asisten, vengo a solicitar la ADOPCIÓN DE MEDIDAS PROVISIONALES, en base a los siguientes,

MOTIVOS RAZONADOS

PRIMERO. Los hechos determinantes que justifican la presente solicitud de adopción de medidas provisionales para asegurar la eficacia de la resolución que pudiera recaer en el procedimiento iniciado y garantizar la protección de los intereses implicados, son los siguientes:

a) ....

b) .... (*describir sucintamente los hechos justificativos de la solicitud*).

c) ....

SEGUNDO. A la presente solicitud se acompañan los siguientes documentos acreditativos sobre la veracidad de los hechos constatados:

a) ....

b) .... (*relacionar los documentos aportados para fundamentar la solicitud*).

c) ....

CONSIDERACIONES TÉCNICO-JURÍDICAS

PRIMERA. El artículo 56.1 de la Ley 39/2015, de 1 de octubre, del Procedimiento Administrativo Común de las Administraciones Públicas, establece que: "*Iniciado un procedimiento, el órgano administrativo competente para resolver, podrá adoptar, de oficio o a instancia de parte y de forma motivada, las medidas provisionales que estime oportunas para asegurar la eficacia de la resolución que pudiera recaer, si existiesen elementos de juicio suficientes para ello, de acuerdo con los principios de proporcionalidad, efectividad y menor onerosidad.*"

A respecto conviene señalar, que la finalidad perseguida por la Ley para la adopción de medidas cautelares o provisionales no es otra que la protección de los intereses implicados puestos en juego, evitando que antes de que se dicte una determinada resolución administrativa se produzca un estado de cosas tal que frustre la efectividad de la resolución final que pudiera dictarse en el procedimiento.

SEGUNDA. En el presente caso, existen fundadas razones que aconsejan la necesidad de adoptar las medidas provisionales de .... (*especificar las medidas provisionales solici-*

tadas conforme a la normativa que les sea de aplicación), en el seno del procedimiento administrativo en tramitación relativo a ...., que derivan de la entidad de los perjuicios que se ocasionarían para el interés público del procedimiento por la pérdida o desaparición de su objeto y finalidad, así como de los daños inmediatos que se producirían, en los derechos e intereses legítimos de esta parte, puesto que de no acordarse la adopción de tales medidas provisionales de aseguramiento, dadas las circunstancias concurrentes al caso, resultaría frustrada la ejecución de la resolución definitiva que se adopte, por inviable.

TERCERA. Importa resaltar, que con la adopción de las medidas provisionales solicitadas, no se causan perjuicios de difícil o imposible reparación a los derechos e intereses legítimos de terceros, ni vulneran derechos amparados por las leyes y, en todo caso, las mismas podrán ser levantadas o modificadas durante el curso del procedimiento administrativo, en función de la variación de las circunstancias que han determinado su adopción, y que automáticamente se extinguirán con la resolución administrativa que ponga fin al procedimiento.

Por todo ello, y en su atención, es por lo que,

SOLICITO: Que admita el presente escrito junto con la documentación que se acompaña, y previos los trámites oportunos —en particular la audiencia previa a las personas que pudieran resultar interesadas—, se acuerden adoptar las medidas provisionales solicitadas para asegurar la eficacia de la resolución definitiva que pudiera recaer en el procedimiento administrativo instado.

Lugar, fecha y firma electrónica.

La persona interesada

F077. NOTIFICACIÓN DEL ACUERDO DE ADOPCIÓN DE MEDIDAS PROVISIONALES

Asunto:

Procedimiento:

Expediente núm.:

Departamento:

Esta Administración Pública competente, con fecha ...., ha adoptado la siguiente resolución que a continuación se transcribe:

"VISTA la solicitud formulada por D/Dª. ...., en calidad de persona interesada en el procedimiento administrativo relativo al expediente de referencia, sobre .... (*identificar el objeto del procedimiento*), y de acuerdo con los siguientes,

ANTECEDENTES DE HECHO

1. Con fecha ...., D/Dª. ...., presentó escrito por el que se solicitaba la adopción de determinadas medidas provisionales para asegurar la eficacia de resolución definitiva que se adopte en el referido procedimiento.
2. Con fecha ...., se concedió trámite de audiencia a las demás personas interesadas en el procedimiento, en el que no se presentaron alegaciones.
3. Con fecha ...., se han incorporado al expediente administrativo, los informes técnicos favorables a lo solicitado.

A los anteriores hechos son de aplicación los siguientes,

FUNDAMENTOS DE DERECHO

PRIMERO. De conformidad con lo dispuesto en el artículo 56, apartado 1, de la Ley 39/2015, de 1 de octubre, del Procedimiento Administrativo Común de las Administraciones Públicas, y tomando en consideración los informes técnicos emitidos, que aconsejan que para asegurar la eficacia de la resolución que pudiera recaer en el procedimiento iniciado sobre ......, y de acuerdo con los principios de proporcionalidad, efectividad y menor onerosidad para la protección de los intereses implicados, se adopten una serie de medidas provisionales por cuanto que .... (*resumir las razones que aconsejan su adopción*).

SEGUNDO. De los datos y documentación con que se cuenta y a la vista de las circunstancias concurrentes en el presente procedimiento administrativo, dados los intereses públicos puestos en juego, determinan la conveniencia de adoptar medidas provisionales que aseguren la efectividad de la resolución definitiva que se dicte en el procedimiento, en los términos previstos en la Ley 1/2000, de 7 de enero, de Enjuiciamiento Civil, conforme determina el artículo 56.3, de la precitada Procedimiento Administrativo Común de las Administraciones Públicas.

TERCERO. Las citadas medidas provisionales no causan perjuicio de difícil o imposible reparación a las personas interesadas, ni comportan vulneración de los derechos amparados por las leyes y se han tenido en cuenta para su adopción los principios de proporcionalidad, efectividad y menor onerosidad.

CUARTO. Dichas medidas provisionales o cautelares, podrán ser levantadas o modificadas durante la tramitación del procedimiento, de oficio o a instancia de parte, en virtud de las circunstancias sobrevenidas o que no pudieron ser tenidas en cuenta en el momento de su adopción, y en todo caso se extinguirán con la resolución definitiva del procedimiento, conforme con lo establecido en el anteriormente indicado precepto legal.

QUINTO. Este órgano administrativo es competente para la adopción de la presente resolución, de acuerdo con lo dispuesto en la normativa aplicable.

Vistos los demás preceptos legales y reglamentarios de general y pertinente aplicación,

RESUELVO

ADOPTAR LAS MEDIDAS PROVISIONALES que a continuación se detallan, para asegurar la eficacia de la resolución que pudiera recaer en el presente procedimiento administrativo:

a) ....

b) .... *(señalar las medidas cautelares adoptadas).*

c) ....

Las citadas medidas provisionales, podrán ser alzadas o modificadas durante la tramitación del procedimiento, de oficio o a instancia de parte, en virtud de las circunstancias sobrevenidas o que no pudieron ser tenidas en cuenta en el momento de su adopción, y en todo caso se extinguirán con la resolución definitiva del procedimiento, conforme con lo establecido en el artículo 56 de la Ley 39/2015, de 1 de octubre, del Procedimiento Administrativo Común de las Administraciones Públicas.

Contra esta resolución que no pone fin al procedimiento, podrá interponerse recurso administrativo de alzada/reposición en el plazo de un mes, a contar desde el día siguiente al de su notificación o publicación, sin perjuicio de que las partes interesadas puedan ejercitar, en su caso, cualquier otro recurso que estimen oportuno".

LA PRESENTE NOTIFICACIÓN ES TRANSCRIPCIÓN EXACTA DE LA RESOLUCIÓN ORIGINAL QUE CONSTA EN EL EXPEDIENTE ADMINISTRATIVO ELECTRÓNICO

Lugar, fecha, cargo y firma electrónica.

Documento firmado digitalmente. La persona titular del órgano administrativo competente. Autenticidad verificable mediante Código de Seguro Verificación (CSV)…. en sede electrónica de esta Administración Pública.

F078. ACUERDO DE ACUMULACIÓN DE PROCEDIMIENTOS

Asunto:

Procedimiento:

Expediente núm.:

Departamento:

En este órgano administrativo ...., se encuentran en tramitación el procedimiento administrativo relativo a los expedientes números ...., sobre .... (*identificar el objeto del procedimiento*), que por su naturaleza guardan una identidad sustancial o íntima conexión, y de acuerdo con los siguientes,

ANTECEDENTES DE HECHO

1. Con fecha ...., se inició el procedimiento administrativo relativo a .... (expediente núm. ...).
2. Con fecha ...., se inició el procedimiento administrativo relativo a .... (expediente núm. ...).
3. Con fecha ...., se inició el procedimiento administrativo relativo a .... (expediente núm. ...).
4. Se han emitido los informes técnicos oportunos que aconsejan la acumulación de los presentes expedientes administrativos, por razones de economía procesal.

A los anteriores hechos son de aplicación los siguientes,

FUNDAMENTO DE DERECHO

PRIMERO. Resulta de aplicación a los citados expedientes en tramitación el principio de economía procesal previsto en el artículo 57 de la Ley 39/2005, de 1 de octubre, del Procedimiento Administrativo Común de las Administraciones Públicas, que permite que el órgano administrativo que inicie o tramite un procedimiento, cualquiera que haya sido la forma de su iniciación, pueda disponer su acumulación a otros con los que guarde identidad sustancial o íntima conexión, siempre que sea el mismo órgano quien deba tramitar y resolver el procedimiento.

SEGUNDO. Sin duda, los referidos expedientes administrativos guardan una identidad sustancial o una íntima conexión entre ellos para que puedan acumularse en un mismo procedimiento, por cuanto que ...... (*indicar las razones acreditativas de la identidad o conexión*).

TERCERO. Este órgano administrativo es competente para adoptar la presente resolución conforme con lo establecido en .... (*señalar la normativa específica que le sea de aplicación*).

Vistos los demás preceptos legales y reglamentarios de general y pertinente aplicación,

DISPONGO

ACUMULAR los procedimientos relativos a los expedientes números .... por guardar entre ellos identidad sustancial o íntima conexión, para que se tramiten conjuntamente en un mismo procedimiento administrativo, por motivos de economía procesal.

Contra el presente Acuerdo no cabe recurso administrativo alguno, de conformidad con lo establecido en el artículo 57 de la Ley 39/2005, de 1 de octubre, del Procedimiento Administrativo Común de las Administraciones Públicas. No obstante, este acuerdo se notificará a las personas interesadas en el procedimiento y, en su caso, se publicará en el portal de internet de esta Administración, para su conocimiento y a los efectos oportunos.

Lugar, fecha, cargo y firma electrónica.

Documento firmado digitalmente. La persona titular del órgano administrativo competente. Autenticidad verificable mediante Código de Seguro Verificación (CSV).... en sede electrónica de esta Administración Pública.

A) INICIACIÓN DE OFICIO

F079. ACUERDO DE INICIACIÓN DE OFICIO POR PROPIA INICIATIVA DEL ÓRGANO ADMINISTRATIVO

Asunto:

Procedimiento:

Expediente núm.:

Departamento:

VISTOS los informes previos emitidos respecto de los hechos que motivan la incoación del presente procedimiento administrativo, de conformidad con el artículo 58 y siguientes de la Ley 39/2015, de 1 de octubre, del Procedimiento Administrativo Común de las Administraciones Públicas.

En virtud de las competencias atribuidas a este órgano administrativo,

ACUERDO

PRIMERO. Iniciar de oficio el procedimiento administrativo con el número de expediente de referencia relativo a .... (*describir sucintamente los hechos que motivan la iniciación del procedimiento*).

SEGUNDO. Dicho expediente administrativo se tramitará por el procedimiento legal establecido en .... (*indicar la normativa específica que le sea de aplicación*), cuyo plazo máximo para dictar y notificar la resolución expresa es de .... meses, vencido el plazo máximo de duración del procedimiento sin que se haya dictado y notificado la resolución expresa se producirán los efectos del silencio administrativo, previstos con carácter general para los procedimientos iniciados de oficio en el artículo 25 de la Ley del Procedimiento Administrativo Común de las Administraciones Públicas.

TERCERO. El presente procedimiento administrativo se impulsará de oficio en todos sus trámites por este órgano administrativo competente.

Contra el presente Acuerdo, que es un acto de trámite, no cabe la interposición de recurso administrativo alguno, sin perjuicio de que las personas interesadas, puedan realizar las alegaciones que estimen oportunas, así como recurrir la resolución que ponga fin a este procedimiento administrativo.

Notifíquese la presente resolución a las personas interesadas en el procedimiento, conforme con lo establecido en la Ley 39/2015, de 1 de octubre, del Procedimiento Administrativo Común de las Administraciones Públicas.

Lugar, fecha, cargo y firma electrónica.

La persona titular del órgano administrativo competente

F080. ACUERDO DE INICIACIÓN DE OFICIO COMO CONSECUENCIA DE UNA ORDEN SUPERIOR

Asunto:

Procedimiento:

Expediente núm.:

Departamento:

VISTA la orden cursada por .... (*indicar el órgano superior jerárquico*), de fecha ...., sobre la procedencia de iniciar el procedimiento administrativo relativo a .... (*señalar el tipo de procedimiento*).

De conformidad con lo dispuesto en el artículo 60 de la de la Ley 39/2015, de 1 de octubre, del Procedimiento Administrativo Común de las Administraciones Públicas.

En virtud de las competencias atribuidas a este órgano administrativo,

ACUERDO

PRIMERO. Iniciar de oficio el procedimiento administrativo con el número de expediente de referencia relativo a .... (*describir sucintamente los hechos que motivan la iniciación del procedimiento*).

SEGUNDO. Dicho expediente administrativo se tramitará por el procedimiento legal establecido en .... (*indicar la normativa específica que le sea de aplicación*), cuyo plazo máximo para dictar y notificar la resolución expresa es de .... meses, vencido el plazo máximo de duración del procedimiento sin que se haya dictado y notificado la resolución expresa se producirán los efectos del silencio administrativo, previstos con carácter general para los procedimientos iniciados de oficio en el artículo 25 de la Ley 39/2015, de 1 de octubre, del Procedimiento Administrativo Común de las Administraciones Públicas.

TERCERO. El presente procedimiento administrativo se impulsará de oficio en todos sus trámites por este órgano administrativo competente.

Contra el presente Acuerdo, que es un acto de trámite, no cabe la interposición de recurso alguno, sin perjuicio de que las personas interesadas, puedan realizar las alegaciones que estimen oportunas, así como recurrir la resolución que ponga fin a este procedimiento administrativo.

Notifíquese la presente resolución a las personas interesadas en el procedimiento, conforme con lo establecido en la Ley 39/2015, de 1 de octubre, del Procedimiento Administrativo Común de las Administraciones Públicas.

Lugar, fecha, cargo y firma electrónica.

La persona titular del órgano administrativo competente

F081. ACUERDO DE INICIACIÓN DE OFICIO POR PETICIÓN RAZONADA DE OTROS ÓRGANOS

Asunto:

Procedimiento:

Expediente núm.:

Departamento:

VISTA la petición formulada por el departamento de ...., de fecha ...., sobre la procedencia de iniciar por este órgano competente el procedimiento administrativo relativo a .... (*identificar el objeto del procedimiento*).

Considerando que las razones de la petición propuesta revisten entidad suficiente para la iniciación del procedimiento solicitado, de conformidad con lo dispuesto en el artículo 61 de la Ley 39/2015, de 1 octubre, del Procedimiento Administrativo Común de las Administraciones Públicas.

En virtud de las competencias atribuidas a este órgano administrativo,

ACUERDO

PRIMERO. Iniciar de oficio el procedimiento administrativo con el número de expediente de referencia relativo a .... (*describir sucintamente los hechos que motivan la iniciación del procedimiento*), como consecuencia de la petición razonada formulada por el .... (*señalar el órgano administrativo peticionario del procedimiento*).

SEGUNDO. Dicho expediente administrativo se tramitará conforme con el procedimiento legal establecido en el .... (*indicar la normativa específica que le sea de aplicación*), cuyo plazo máximo para dictar y notificar la resolución expresa es de .... meses, vencido el plazo máximo de duración del procedimiento sin que se haya dictado y notificado la resolución expresa se producirán los efectos del silencio administrativo, previstos con carácter general para los procedimientos iniciados de oficio en el artículo 25 de la Ley del Procedimiento Administrativo Común de las Administraciones Públicas.

TERCERO. El presente procedimiento administrativo se impulsará de oficio en todos sus trámites por este órgano administrativo competente.

Contra este Acuerdo, que es un acto de trámite, no cabe la interposición de recurso alguno, sin perjuicio de que las personas interesadas, puedan realizar las alegaciones que estimen oportunas, así como recurrir la resolución que ponga fin a este procedimiento administrativo.

Notifíquese la presente resolución a las personas interesadas en el procedimiento, conforme con lo establecido en la Ley 39/2015, de 1 de octubre, del Procedimiento Administrativo Común de las Administraciones Públicas.

Lugar, fecha, cargo y firma electrónica.

La persona titular del órgano administrativo competente

F082. ESCRITO DE DENUNCIA SOLICITANDO EL INICIO DE UN PROCEDIMIENTO

AL ÓRGANO COMPETENTE

D/Dª......................., mayor de edad, con de DNI/NIF/NIE núm. ...., con domicilio a efectos de notificaciones en .... del municipio de ...., provincia de ...., con teléfono núm. ...., y correo electrónico:................. Ante ese órgano administrativo comparezco (código de identificación núm. ...) y, con el debido respeto, como mejor proceda en derecho, **DIGO**:

En el ejercicio de los derechos e intereses legítimos que me asisten y en cumplimiento del deber público de colaboración ciudadana, de conformidad con el artículo 62 de la Ley 39/2015, de 1 de octubre, del Procedimiento Administrativo Común, mediante el presente escrito formulo la siguiente,

DENUNCIA

1. ....

2 ... (*describir de forma clara y concisa los hechos que motivan la denuncia*).

3. ....

Los citados hechos fueron realizados en fecha ...., sin que me sea posible facilitar la identificación de los presuntos responsables.

A los anteriores hechos son de aplicación las siguientes,

CONSIDERACIONES TÉCNICO-JURÍDICAS

PRIMERA. Los hechos denunciados podrían constituir una infracción administrativa prevista y tipificada en .... (*concretar la normativa infringida*), cuya existencia obliga a esa Administración competente la adopción de las medidas pertinentes en defensa del interés público tutelado por la Ley.

Los hechos anteriormente descritos se ponen en conocimiento de esa Administración Pública con el objeto de que inicie de oficio el correspondiente procedimiento administrativo sancionador para determinar las responsabilidades a que dieren lugar y sancionar las infracciones administrativas cometidas.

SEGUNDA. A este escrito de denuncia se acompañan los siguientes documentos:

a) ....

b) .... (*indicar los documentos que fundamentan la denuncia*).

c) ....

TERCERA. Comoquiera que los hechos que motivan la presente denuncia comportan un perjuicio en el patrimonio de esa Administración Pública, de acuerdo con lo previsto en el artículo 62.3 de la citada Ley 39/2015, de 1 de octubre, la no iniciación del procedimiento deberá ser motivada y deberá ser notificará a los denunciantes la decisión de si se ha iniciado o no el correspondiente procedimiento para su esclarecimiento y depuración de las responsabilidades que en derecho hubiere lugar.

Por todo ello, y en su atención, es por lo que,

SOLICITO: Que admita el presente escrito de denuncia con la documentación que se acompaña y, por las razones expuestas, se inicie de oficio el correspondiente procedimiento administrativo para el esclarecimiento de los hechos denunciados y la determinación de las posibles responsabilidades administrativas que pudieran corresponder en su caso.

OTROSI DIGO: Que en calidad de denunciante se me notifique la decisión de si se ha iniciado o no el procedimiento administrativo de su razón.

Lugar, fecha y firma electrónica.

La persona denunciante

F083. APERTURA DE EXPEDIENTE INFORMATIVO PREVIO

Asunto:
Procedimiento:
Expediente núm.:
Departamento:

VISTO el escrito de denuncia/petición razonada formulada por .... (*táchese lo que no proceda*), sobre presuntas infracciones administrativas consistentes en .... (*describir los hechos objeto de incoación del procedimiento*), y en base a los siguientes,

ANTECEDENTES DE HECHO

1. Que los referidos hechos de ser ciertos podrían dar lugar al correspondiente procedimiento administrativo sobre .... (*indicar el objeto del procedimiento*), por ser constitutivos de una presunta infracción prevista en .... (*señalar la normativa infringida*).
2. Que con carácter previo a la iniciación del procedimiento para el esclarecimiento de los hechos denunciados y, en su caso, la determinación de las responsabilidades susceptibles de sanción, resulta oportuno abrir un período de información previa con el fin de conocer con mayor exactitud las circunstancias concurrentes del caso y la conveniencia o no de iniciar el procedimiento instado, evitando con ello la iniciación precipitada de un procedimiento administrativo de esta índole con las consecuencias que ello podría acarrear.

FUNDAMENTOS DE DERECHO

PRIMERO. Corresponde la competencia para dictar el presente acuerdo a este órgano administrativo, según lo establecido en .... (*indicar la normativa aplicable*).

SEGUNDO. De conformidad con lo previsto en el artículo 55 de la Ley 39/2015, de 1 de octubre, del Procedimiento Administrativo Común de las Administraciones Públicas, con anterioridad al inicio del procedimiento el órgano competente podrá abrir un período de información o actuaciones previas con el fin de conocer las circunstancias del caso concreto y la conveniencia o no de iniciar el procedimiento.

TERCERO. Dichas actuaciones previas de información reservada para conocer las circunstancias del presente caso, serán realizadas por los órganos de esta Administración que tengan atribuidas funciones de investigación, averiguación e inspección en la materia.

Vistos los preceptos legales citados y demás de general y pertinente aplicación,

ACUERDO

LA APERTURA DE UN EXPEDIENTE INFORMATIVO PREVIO de carácter reservado a la adopción del acuerdo de iniciación de oficio del procedimiento administrativo relativo a ...., con la finalidad de determinar con la mayor precisión posible los hechos y circunstancias susceptibles de motivar la incoación del oportuno procedimiento administrativo de su razón. Dichas actuaciones previas serán realizadas por ......, como órgano administrativo que tiene atribuidas las funciones de investigación, averiguación e inspección en esta materia.

Lugar, fecha, cargo y firma electrónica.

La persona titular del órgano administrativo competente

B) INICIACIÓN A SOLICITUD DE PERSONA INTERESADA

F084. ESCRITO SOLICITANDO LA INICIACIÓN DE UN PROCEDIMIENTO

AL ÓRGANO COMPETENTE

D/Dª. ...., mayor de edad, provisto de DNI/NIF/NIE núm. ...., actuando en nombre propio o en representación de ...., con domicilio a efectos de notificaciones en .... del municipio de ...., provincia de ...., teléfono .... y correo electrónico: .... Ante ese órgano administrativo comparezco (código de identificación núm. ....) y, con el debido respeto, como mejor proceda en derecho, **DIGO**:

Que mediante el presente escrito vengo a solicitar la iniciación del procedimiento sobre .... (*indicar el objeto del procedimiento*), en calidad de persona interesada de conformidad con lo previsto en el artículo 66 de la Ley 39/2015, de 1 de octubre, del Procedimiento Administrativo Común de las Administraciones Públicas, en base a los siguientes,

MOTIVOS RAZONADOS

PRIMERO. Que el reconocimiento del derecho para acceder al ejercicio de la actividad/ facultad de ...., se ajusta la normativa aplicable en la materia, que está constituida por ...., cumpliendo todos los requisitos legales exigidos, por las siguientes razones:

a) ....

b) ... (*describir de manera clara y concisa las razones que justifican la solicitud*).

c) ....

SEGUNDO. A esta solicitud se acompañan los siguientes documentos:

a) ....

b) .... (*señalar los documentos aportados que fundamentan la solicitud*).

c) ....

Por todo ello, y en su atención, es por lo que,

SOLICITO: Que admita el presente escrito con la documentación que se acompaña y, por las razones expuestas, se acuerde iniciar el correspondiente procedimiento administrativo en el que se dicte resolución por la que se autorice el ejercicio de los derechos e intereses legítimos solicitados, de acuerdo con la normativa específica que le es de aplicación.

Lugar, fecha y firma electrónica.

La persona interesada/su representante legal

F085. REQUERIMIENTO PARA SUBSANACIÓN Y MEJORA DE LA SOLICITUD

Asunto:
Procedimiento:
Expediente núm.:
Departamento:

NOTIFICACIÓN A LAS PERSONAS INTERESADAS

Examinada la solicitud presentada por Usted con fecha ...., en .... (*señalar el lugar de la presentación de la solicitud*), por la que solicita .... (*indicar el objeto de la solicitud*), se han observado determinadas deficiencias que impiden la tramitación de correspondiente procedimiento administrativo instado.

De acuerdo con lo previsto en el artículo 68 de la Ley 39/2015, de 1 de octubre, del Procedimiento Administrativo Común de las Administraciones Públicas, si la solicitud de iniciación no reúne los requisitos exigidos por la normativa que le sea de aplicación, se requerirá a la persona interesada para que subsane la falta o acompañe los documentos preceptivos.

Por ello, se le requiere para que en el plazo de DIEZ DÍAS (*téngase en cuenta que son días hábiles siempre que no se diga expresamente que son naturales*), subsane la falta o acompañe los documentos preceptivos siguientes:

1. ....
2. .... (*señalar las deficiencias advertidas*)
3. ....

Advirtiéndole que, de no producirse la subsanación requerida dentro del plazo señalado, previa resolución expresa, se entenderá que ha desistido de su petición o se le podrá declarar decaído en su derecho al trámite correspondiente, respectivamente, y, en consecuencia, se procederá al archivo de su solicitud sin más trámites en los términos previstos en el artículo 21 de la citada Ley 39/2015.

Igualmente, se le comunica que su solicitud ha incurrido en el siguiente error de formulación consistente en .... Por ello, con el fin de garantizar el acierto en la resolución del procedimiento administrativo y para facilitar en el ejercicio de sus derechos e intereses legítimos, se le informa que voluntariamente podría modificar o mejorar su solicitud en los siguientes aspectos: .... (*indicar los extremos de la solicitud que se consideren susceptibles de modificación o mejora*). De lo que, en su caso, se levantará acta sucinta que se incorporará al procedimiento, de conformidad con el artículo 68.3 de la citada Ley del Procedimiento Administrativo Común de las Administraciones Públicas.

Lugar, fecha, cargo y firma electrónica.

Documento firmado digitalmente. La persona titular del órgano administrativo competente. Autenticidad verificable mediante Código de Seguro Verificación (CSV).... en sede electrónica de esta Administración Pública.

F086. ESCRITO EN SUBSANACIÓN DE LA SOLICITUD PRESENTADA

AL ÓRGANO COMPETENTE

D/Dª. ...., mayor de edad, con DNI/NIF/NIE núm. ...., actuando en nombre propio o en representación de ...., cuyos demás datos constan acreditados en el expediente núm. ...., que se tramita en esa Administración Pública sobre el procedimiento administrativo relativo a .... (*identificar el objeto del procedimiento*). Ante ese órgano administrativo comparezco (código de identificación núm. ...) y, con el debido respeto, como mejor proceda en derecho, **DIGO**:

Que, mediante escrito de fecha ...., se me ha requerido para que en el plazo de diez días subsane la falta o acompañe los documentos preceptivos para la tramitación de la solicitud presentada en el procedimiento de referencia.

Que, dentro del plazo concedido, al amparo del artículo 68.1 de la Ley 39/2015, de 1 de octubre, del Procedimiento Administrativo Común de las Administraciones Públicas, en el ejercicio de los derechos e intereses legítimos que me asisten, vengo a cumplimentar la documentación requerida:

1. ....

2. ..... (*relacionar y numerar los documentos que se acompañan*)

3. ....

Por todo ello y en su atención, es por lo que,

SOLICITO: Que admita el presente escrito junto con la documentación de subsanación que se acompaña y, previos los trámites que se estimen pertinentes, tenga por subsanados los defectos advertidos y acuerde continuar con la tramitación del procedimiento administrativo relativo al expediente núm. ...., que se instruye en esa Administración conforme con lo establecido la normativa reguladora que le es de aplicación.

Lugar, fecha y firma electrónica.

La persona interesada/su representante legal

F087. ESCRITO DE MODIFICACIÓN O MEJORA DE LA SOLICITUD

AL ÓRGANO COMPETENTE

D/Dª. ...., mayor de edad, con DNI/NIF/NIE núm. ...., actuando en nombre propio o en representación de ...., cuyos demás datos constan acreditados en el expediente núm. ...., que se tramita en esa Administración sobre el procedimiento administrativo relativo a .... (*identificar el objeto del procedimiento*). Ante ese órgano administrativo comparezco (código de identificación núm. ....) y, con el debido respeto, como mejor proceda en derecho, **DIGO**:

Que, mediante escrito de ese departamento de fecha ...., se me ha comunicado la posibilidad de modificar o mejorar la solicitud presentada en el procedimiento de referencia.

Que, dentro del plazo concedido, al amparo del artículo 68.3 de la Ley 39/2015, de 1 de octubre, del Procedimiento Administrativo Común de las Administraciones Públicas, en el ejercicio de los derechos e intereses legítimos que me asisten, vengo a manifestar la aceptación de la mejora voluntaria de la solicitud formula en fecha ..... en los siguientes términos: .... (*indicar la modificación o mejora voluntarias de la solicitud*).

Por todo ello y en su atención, es por lo que,

SOLICITO: Que admita el presente escrito junto con la documentación que se acompaña y, previos los trámites que se estimen pertinentes, tenga por realizada la modificación o mejora de la solicitud formulada en el procedimiento administrativo instado, en los términos descritos en el presente escrito.

Lugar, fecha, firma electrónica.

La persona interesada/su representante legal

F088. ESCRITO DE DECLARACIÓN RESPONSABLE

AL ÓRGANO COMPETENTE

D/Dª. ...., mayor de edad, provisto de DNI/NIF/NIE núm. ...., actuando en nombre propio o en representación de ...., con domicilio a efectos de notificaciones en .... del municipio de ...., provincia de ...., teléfono .... y correo electrónico: .... Ante ese órgano administrativo comparezco (código de identificación núm. ....) y, con el debido respeto, como mejor proceda en derecho, **DIGO**:

Que en el ejercicio de los derechos e intereses legítimos que me asisten, de conformidad con artículo 69.1 de la Ley 39/2015, de 1 de octubre, del Procedimiento Administrativo Común de las Administraciones Públicas, mediante el presente escrito vengo a manifestar lo siguiente,

DECLARO BAJO MI RESPONSABILIDAD

Que cumplo con los requisitos establecidos en la normativa vigente para acceder al reconocimiento del derecho o facultad o para el ejercicio de la actividad de .... *(indicar la actividad o el derecho o facultad a ejercer, así como del cumplimiento de los requisitos exigidos en la normativa que le sea de aplicación de manera expresa, clara y precisa)*, como se acredita mediante la documentación que dispongo, y que será puesta a disposición de esa Administración cuando le sea requerida.

Asimismo, declaro aceptar las condiciones generales y específicas impuestas por la normativa reguladora en la materia, y me comprometo a mantener el cumplimiento de las obligaciones y los requisitos legales exigidos durante el período de tiempo inherente a dicho reconocimiento del derecho o para el ejercicio de la actividad solicitada, así como a comunicar cualquier variación que se produjera a partir de este momento.

Todo ello, sin perjuicio de las facultades de comprobación, control e inspección que tiene atribuidas esa Administración Pública, y de acuerdo con lo previsto en el artículo 69.3 de la Ley 39/2015, de 1 de octubre, del Procedimiento Administrativo Común de las Administraciones Públicas, es por lo que formulo el presente escrito que permite el reconocimiento o ejercicio de un derecho o, en su caso, el inicio de una actividad desde el día de su presentación en el registro general de esa Administración.

Y para que así conste, firmo la presente declaración responsable.

Lugar, fecha y firma electrónica.

La persona interesada/su representante legal

F089. ESCRITO DE COMUNICACIÓN PREVIA

AL ÓRGANO COMPETENTE

D/Dª. ...., mayor de edad, provisto de DNI/NIF/NIE núm. ...., actuando en nombre propio o en representación de ..... (*táchese los que no proceda*), con domicilio a efectos de notificaciones en .... del municipio de ...., provincia de ...., teléfono .... y correo electrónico: .... Ante ese órgano administrativo comparezco (código de identificación núm. ....) y, con el debido respeto, como mejor proceda en derecho, **DIGO**:

Que en el ejercicio de los derechos e intereses legítimos que me asisten, de conformidad con en el artículo 69.2 de la Ley 39/2015, de 1 de octubre, del Procedimiento Administrativo Común de las Administraciones Públicas, mediante el presente escrito vengo a poner en conocimiento de esta Administración que tenga por efectuada la siguiente,

COMUNICACIÓN PREVIA

Que me comprometo a iniciar/desarrollar/ejercer una actividad de ...., en cumplimiento de los requisitos exigidos .... (*indicar la normativa de aplicación y aceptar sus condiciones generales y específicas*). La formulación de esta comunicación permite el reconocimiento o ejercicio de un derecho o bien del inicio de una actividad desde el día de su presentación en el registro general de esa Administración, de conformidad con lo establecido en el artículo 69.2 de la Ley 39/2015, de 1 de octubre, del Procedimiento Administrativo Común de las Administraciones Públicas y demás normativa que le sea de aplicación en esta materia.

Asimismo, me comprometo a presentar la documentación que en su caso sea requiera para acreditar el cumplimiento de lo expresado en la presente comunicación previa. Todo ello, sin perjuicio de las facultades de comprobación, control e inspección que tiene atribuidas esa Administración Pública conforme con la legislación vigente en esta materia.

Y para que así conste, firmo la presente comunicación previa.

Lugar, fecha y firma electrónica.

La persona interesada/su representante legal

F090. INFORMACIÓN SOBRE EL PROCEDIMIENTO

Asunto:
Procedimiento:
Expediente núm.:
Departamento:

NOTIFICACIÓN A LAS PERSONAS INTERESADAS

En relación con la solicitud/declaración responsable/comunicación previa (*táchese lo que no proceda*), formulada por D/Dª. ...., actuando en nombre propio o en representación de ...., sobre la autorización para .... (*describir el objeto de la petición presentada*), se le participa lo siguiente:

1. La persona interesada cumple los requisitos exigidos en .... (*indicar la normativa específica que le sea de aplicación*).
2. Se han utilizado los modelos de solicitud/declaración responsable/comunicación previa (*táchese lo que no proceda*), normalizados, actualizados y publicados por esta Administración Pública, que ha sido facilitados de forma clara e inequívoca para el ejercicio de los derechos e intereses legítimos de las personas interesadas, siendo admisible su presentación a distancia y por vía electrónica, en los términos establecidos en el artículo 14 de la Ley 39/2015, de 1 de octubre, del Procedimiento Administrativo Común de las Administraciones Públicas.
3. Para el reconocimiento del derecho o facultad o para el ejercicio de la actividad solicitada de ...., debe tramitarse el correspondiente procedimiento administrativo cuyo plazo máximo normativamente establecido para la resolución y notificación del procedimiento solicitado, es de .... (*señalar la duración del procedimiento*), transcurrido dicho plazo se entenderá estimada/desestimada la solicitud (*táchese lo que no proceda*), en virtud de los efectos del silencio administrativo producido, de acuerdo con lo dispuesto en el artículo 24 de la Ley 39/2015, de 1 de octubre, del Procedimiento Administrativo Común de las Administraciones Públicas.
4. Para el ejercicio de los derechos sometidos únicamente al deber de declaración responsable o comunicación, esta Administración no está obligada a dictar resolución expresa y notificarla, de conformidad con lo previsto en el artículo 21 de la Ley 39/2015, de 1 de octubre, del Procedimiento Administrativo Común de las Administraciones Públicas.
5. Las declaraciones responsables y las comunicaciones producen efectos para el reconocimiento o ejercicio del derecho o inicio de la actividad solicitada desde el día de su presentación en el Registro Electrónico General de esta Administración Pública, conforme determina la normativa que le es de aplicación. Ello, sin perjuicio de las facultades de comprobación, control e inspección que tiene atribuidas esta Administración, de acuerdo con lo establecido en el artículo 69 de la citada Ley del Procedimiento Administrativo Común de las Administraciones Públicas.
6. La inexactitud, falsedad u omisión, de carácter esencial, de cualquier dato, manifestación o documento que se acompañe o incorpore a una declaración responsable o a una comunicación previa, determinará la imposibilidad de continuar con el ejercicio del

derecho o actividad efectuada desde el momento en que se tenga constancia de tales hechos, sin perjuicio de las responsabilidades penales, civiles o administrativas a que hubiera lugar.

Asimismo, la resolución de esta Administración Pública que declare tales circunstancias podrá determinar la obligación de las personas interesadas de restituir la situación jurídica al momento previo al reconocimiento o al ejercicio del derecho o al inicio de la actividad correspondiente, así como la imposibilidad de instar un nuevo procedimiento administrativo con el mismo objeto durante el periodo de tiempo que se determine, en los términos establecidos en la normativa que le sea de aplicación.

Lo que se le participa y traslada para su conocimiento y a los efectos oportunos.

Lugar, fecha, cargo y firma electrónica.

Documento firmado digitalmente. La persona titular del órgano administrativo competente. Autenticidad verificable mediante Código de Seguro Verificación (CSV)…. en sede electrónica de esta Administración Pública.

III. ORDENACIÓN DEL PROCEDIMIENTO

1. Expediente Administrativo

F091. MODELO DE FOLIAR EL EXPEDIENTE ADMINISTRATIVO

Asunto:
Procedimiento:
Expediente núm.:
Departamento:

ÍNDICE DE DOCUMENTACIÓN

Sr./Sra. ...., en calidad de responsable de la unidad administrativa de .... (*indicar el órgano competente para la custodia del expediente*).

CERTIFICA: Que la documentación que se relaciona a continuación, debidamente foliada, es copia fiel del expediente administrativo electrónico completo, con su índice numerado de documentos autenticado, que se tramita en este Departamento como expediente relativo a ...., código núm. .... del correspondiente procedimiento administrativo de su razón.

DOCUMENTO	DESCRIPCIÓN	PÁGINAS
0	Índice de documentación autenticado	0
1	Actuaciones previas, requerimientos, documentación complementaria	1-2
2	Acuerdo de incoación del expediente	3-5
3	Notificaciones del inicio del expediente	6-9
4	Medidas provisionales	10-15
5	Alegaciones	16-18
6	Notificaciones trámite de audiencia	19-20
7	Escritos de alegaciones	21-25
8	Notificaciones periodo de prueba	26-30
9	Informes, dictámenes, acuerdos	31-35
10	Propuesta de resolución	36-40
11	Resolución definitiva	41-46
12	Notificaciones de la resolución definitiva	47-48

13	Recursos administrativos interpuestos	48-55
14	Suspensión del procedimiento, notificaciones	56-59
15	Trámite de audiencia, notificaciones	60-75
16	Informe-Propuesta de resolución del recurso	76-85
17	Resolución del recurso	86-88
18	Notificaciones de la resolución del recurso	89-95

Y para que conste, a los efectos oportunos, firmo la presente certificación.

lugar, fecha, cargo y firma electrónica.

La persona titular el órgano administrativo competente

2. Impulso

F092. ORDEN SOBRE ALTERACIÓN DEL TURNO DE DESPACHO DE LOS EXPEDIENTES

Asunto:
Procedimiento:
Expediente núm.:
Departamento:

En este Departamento competente, se encuentra en tramitación el procedimiento administrativo relativo a los expedientes núm. ...., sobre .... (*identificar el objeto del procedimiento*), y teniendo en cuenta los siguientes,

ANTECEDENTES DE HECHO

1. Con fecha ...., se inició el procedimiento relativo a los expedientes núm. ...., sobre ...., en el que existe una pluralidad de personas interesadas en el citado procedimiento administrativo incoado de oficio que por razones de urgencia precisan que se altere el turno del despacho de asunto de homogénea naturaleza.
2. En atención al objeto del procedimiento administrativo y a los plazos establecidos para su finalización, razones de interés público justifican que deba agilizar la instrucción de los citados expedientes, por cuanto que .... (*indicar los motivos para alterar el turno normal de despacho de expedientes*).

A los anteriores hechos son de aplicación los siguientes,

FUNDAMENTO DE DERECHO

PRIMERO. De conformidad con lo establecido en el artículo 71, apartado 2, de la Ley 39/2015, de 1 de octubre, del Procedimiento Administrativo Común de las Administraciones Públicas, en el despacho de los expedientes se debe guardar el orden riguroso de incoación en asuntos de homogénea naturaleza, salvo que por el titular de la unidad administrativa se dé orden motivada en contrario, de la que quede constancia.

SEGUNDO. Dadas las circunstancias que concurren en el presente procedimiento administrativo consistentes en .... (*indicar las causas o motivos de la alteración en el despacho de expedientes*), y de acuerdo con los informes técnicos emitidos que aconsejan por imperiosas razones de interés público dar la máxima prioridad al impulso de oficio de dichos expedientes administrativos en todos sus trámites a través de medios electrónicos, respetando los principios de actuación y funcionamiento del sector público de celeridad, transparencia y publicidad.

TERCERO. Este órgano administrativo es competente para la adopción de la presente resolución motivada, conforme con lo establecido en .... (*señalar la normativa específica que le sea de aplicación*).

Vistos los preceptos legales citados y demás de general o concordante aplicación,

RESUELVO

ORDENAR LA MÁXIMA PRIORIDAD a la instrucción del procedimiento administrativo de los expedientes relativos a ...., sobre ...., dadas las circunstancias de interés público que concurren en el caso, alterando con carácter excepcional el turno normal de despacho de asuntos en este Departamento, con absoluto respeto a los principios de celeridad, transparencia y publicidad administrativa.

Contra la presente resolución no cabe interponer de recurso administrativo alguno, por ser un acto de trámite que no imposibilita la continuación del procedimiento, ni produce indefensión o perjuicio irreparable a derechos o intereses legítimos, conforme con lo establecido en el artículo 112.1 de la Ley 39/2015, de 1 de octubre, del Procedimiento Administrativo Común de las Administraciones Públicas

Notifíquese en forma la presente resolución a las personas interesadas en el procedimiento.

Lugar, fecha, cargo y firma electrónica.

La persona titular del órgano administrativo competente

3. Concentración de trámites

F093. ACUERDO SOBRE LA PRÁCTICA SIMULTÁNEA DE TRÁMITES

Asunto:
Procedimiento:
Expediente núm.:
Departamento:

En este Departamento se encuentra en tramitación el procedimiento administrativo relativo al expediente núm. ...., sobre .... (*identificar el objeto del procedimiento*), y de teniendo en cuenta los siguientes,

ANTECEDENTES DE HECHO

1. Con fecha ...., se inició el procedimiento relativo al expediente núm. ...., sobre .... (*describir el objeto del procedimiento*).
2. La instrucción de dicho procedimiento exige que se someta el expediente administrativo a un periodo de información pública y, además, se recaben los informes exigidos por la normativa sectorial que le es de aplicación en esta materia antes de adoptar la resolución del procedimiento.

A los anteriores hechos son de aplicación los siguientes,

FUNDAMENTOS DE DERECHO

PRIMERO. De acuerdo con el principio de simplificación administrativa para la concentración de trámites el artículo 72, apartado 1, de la Ley 39/2015, de 1 de octubre, del Procedimiento Administrativo Común de las Administraciones Públicas, prevé que se puedan acordar en un solo acto todos los trámites que, por su naturaleza, admitan un impulso simultáneo y no sea obligado su cumplimiento sucesivo. En consecuencia, por economía procesal, con la finalidad de optimizar las tareas administrativas con la celeridad y eficacia que requiere toda actuación administrativa, procede adoptar todas aquellas medidas que eviten dilaciones indebidas en la adopción de la resolución definitiva del procedimiento.

El presente procedimiento administrativo requiere que el expediente se someta a información pública y, además, se recaben distintos informes de determinados órganos competentes de las Administraciones públicas exigidos por la legislación reguladora de sus respectivas competencias, en cuya emisión se admite un impulso simultáneo. Informes estos que deberán ser emitidos y remitidos a este órgano competente en el plazo legal establecido.

SEGUNDO. Este órgano administrativo es competente para adoptar la presente resolución conforme con lo establecido en .... (*indicar la normativa específica de le sea de aplicación*).

Vistos los preceptos legales citados y demás de general o concordante aplicación,

ACUERDO

CONCENTRAR EN UN SOLO ACTO el cumplimiento de todos los trámites que, por su naturaleza, no sean de obligado cumplimiento sucesivo en el procedimiento relativo al expediente núm. ...., sobre ...., para que se realicen simultáneamente los trámites que admiten su impulso simultáneo, siguientes:

a) Someter el expediente a información pública por un periodo de .... (*indicar el plazo en días o meses*), anunciada en el .... y en un diario no oficial de amplia difusión en la localidad de ...., así como en la página web de esta Administración. Durante dicho periodo de información pública, el expediente se encontrará depositado, para su consulta pública, en esta Administración Pública y que podrá ser también consultado por vía electrónica a través del punto de acceso general electrónico del portal de internet de esta Administración.

b) Solicitar los informes de los distintos órganos administrativos competentes exigidos por la normativa aplicable, siguientes: .... (*especificar los órganos informantes y señalar el plazo legal señalado del trámite solicitado*).

Se significa que la falta de emisión y remisión en el plazo de .... de los informes y trámites solicitados, que se realizará a través de medios electrónicos, no interrumpirá la tramitación del presente procedimiento administrativo. Expediente administrativo que les será remitido en soporte informático mediante comunicación electrónica.

Contra este Acuerdo no cabe recurso administrativo alguno, por ser un mero acto de trámite que no determina la imposibilidad de continuar el procedimiento, ni produce indefensión o perjuicio alguno irreparable a derechos e intereses legítimos, conforme establece el artículo 112.1 de la Ley 39/2015, de 1 de octubre, del Procedimiento Administrativo Común de las Administraciones Públicas.

Lugar, fecha, cargo y firma electrónica.

La persona titular del órgano administrativo competente

4. Cumplimiento de trámites

F094. REQUERIMIENTO PARA EL CUMPLIMIENTO DE DETERMINADOS TRÁMITES O REQUISITOS FORMALES

Asunto:
Procedimiento:
Expediente núm.:
Departamento de:

NOTIFICACIÓN A LAS PERSONAS INTERESADAS

En relación con la solicitud formulada en calidad de persona interesada sobre el procedimiento administrativo relativo al expediente núm. .... (*identificar el objeto del procedimiento*), que se tramita en este órgano administrativo competente, se ha observado la falta de los siguientes trámites o requisitos que debe cumplimentar:

1. ....
2. .... (*señalar los trámites o requisitos a cumplimentar o subsanar*).
3. ....

El cumplimiento de dichos trámites o requisitos son necesarios para la adecuada instrucción del procedimiento legal establecido, de conformidad con lo dispuesto en el artículo 73 de la Ley 39/2015, de 1 de octubre, del Procedimiento Administrativo Común de las Administraciones Públicas.

Es por lo que, se le concede un el plazo máximo DIEZ DIAS (*téngase en cuenta que son días hábiles mientras no se especifique que son naturales*), para que cumplimente la documentación requerida subsanando los defectos formales de tramitación anteriormente señalados.

Asimismo, se le comunica que transcurrido el plazo señalado sin cumplir lo requerido podrá declararse "decaído en su derecho al trámite correspondiente". No obstante, se podrá admitir la actuación de las personas interesadas y producirá sus efectos legales, si se produjera antes o dentro del día que se notifique la resolución en la que se tenga por transcurrido el plazo.

Contra este acto no cabe interponer recurso administrativo alguno, por ser un mero acto de trámite, que no determina la imposibilidad de continuar el procedimiento, ni produce indefensión o perjuicio alguno irreparable a derechos e intereses legítimos, conforme establece el artículo 112.1 de la Ley 39/2015, de 1 de octubre, del Procedimiento Administrativo Común de las Administraciones Públicas.

Lugar, fecha, cargo y firma electrónica.

Documento firmado digitalmente. La persona titular del órgano administrativo competente. Autenticidad verificable mediante Código de Seguro Verificación (CSV).... en sede electrónica de esta Administración Pública.

F095. ESCRITO EN SUBSANACIÓN DE LOS DEFECTOS ADVERTIDOS

AL ÓRGANO COMPETENTE

D/Dª. ...., mayor de edad, con DNI/NIF/NIE núm. ...., actuando en nombre propio o en representación de ...., cuyas demás circunstancias identificativas constan acreditadas en esa Administración Pública en el procedimiento administrativo relativo al expediente núm. ......, sobre .... (*identificar el objeto del procedimiento*). Ante ese órgano administrativo comparezco (código de identificación ....) y, con el debido respeto, como mejor proceda en derecho,

EXPONGO

Que por escrito de fecha ...., se me requiere para que aporte determinados documentos en subsanación de los defectos que adolece mi solicitud de ...., concediéndome el plazo de diez días para su subsanación.

Que, dentro del plazo concedido, de conformidad con lo dispuesto en el artículo 73.1 de la Ley 39/2015, de 1 de octubre, del Procedimiento Administrativo Común de las Administraciones Públicas, mediante el presente escrito vengo a cumplimentar la subsanación de los defectos advertidos, acompañando la siguiente documentación:

1. ....
2. .... *(especificar los documentos que se acompañan).*
3. ....

Considero que dicha documentación acreditativa es suficiente para verificar el cumplimiento de los requisitos exigidos en el procedimiento administrativo instado, de acuerdo con lo requerido.

Por todo ello, y en su atención, es por lo que,

SOLICITO: Que admita el presente escrito junto con la documentación que se acompaña para su incorporación al procedimiento administrativo relativo al expediente núm. ......, sobre .... (*identificar el objeto del procedimiento*), y tenga por cumplimentada la documentación requerida.

Lugar, fecha y firma electrónica.

La persona interesada/su representante legal

5. Cuestiones incidentales

F096. ESCRITO PLANTEANDO CUESTIÓN INCIDENTAL

AL ÓRGANO COMPETENTE

D/Dª. ...., mayor de edad, con DNI/NIF/NIE núm. ...., actuando en nombre propio o en representación de ...., con domicilio a efectos de notificaciones en ...., del municipio de ...., provincia de ...., con teléfono núm. ...., y correo electrónico: .... Ante ese órgano administrativo comparezco (código de identificación núm. ....) y, con el debido respeto, como mejor proceda en derecho, **DIGO**:

Que he tenido conocimiento que en esa Administración Pública está en tramitación un procedimiento cuya resolución podría afectarme como titular de derechos o intereses legítimos y directos, por lo que al amparo del artículo 74 de la Ley 39/2015, de 1 de octubre, del Procedimiento Administrativo Común de las Administraciones Públicas, mediante el presente escrito vengo a formular la siguiente,

CUESTIÓN INCIDENTAL

PRIMERO. Que con fecha ...., ha tenido conocimiento de la incoación, a instancia de D/Dª. ...., del procedimiento administrativo sobre .... (*identificar el objeto del procedimiento*), cuya decisión final que se adopte podría afectar a los derechos e intereses legítimos de esta parte por cuanto .... (*justificar el objeto de la solicitud*).

SEGUNDO. Que ostento un interés legítimo y directo sobre el asunto en tramitación, como lo acreditan las siguientes consideraciones, acompañadas de la correspondiente documentación que lo prueba:

1. ....
2. .... (*indicar la documentación acreditativa aportada*).
3. ....

TERCERO. Respecto de la posible admisibilidad de la cuestión incidental, debe tenerse en cuenta lo siguiente:

a) La presente cuestión incidental se plantea en el momento que se está aún sustanciando el procedimiento sin que éste haya concluido, por lo que puede incorporarse al mismo, al amparo de lo artículo 74 de la Ley 39/2015, de 1 de octubre, del Procedimiento Administrativo Común de las Administraciones Públicas.

b) Se plantea por persona titular de derechos e intereses legítimos y directos, que puede resultar afectada por la resolución que se dicte en el procedimiento acuerdo con lo dispuesto en el artículo 8 de la citada Ley del Procedimiento Administrativo Común de las Administraciones públicas.

CUARTO. Dos son las cuestiones incidentales que aquí se plantean:

1. Por una parte, tenerme por personado en las actuaciones del referido procedimiento administrativo, para que se me comuniquen cuantos actos, trámites o resoluciones se

hayan practicado o se practiquen en el procedimiento administrativo en calidad de persona interesada que pudiera resultar afectada por la resolución que se dicte.

2. Por otra parte, se promueve recusación del instructor designado para la tramitación del procedimiento, para que se abstenga de intervenir en la tramitación del expediente núm. ...., dado que concurren los motivos de abstención siguientes ...., señalados en el artículo 23 de la Ley 40/2015, de 1 de octubre, de Régimen del Sector Público.

Por todo ello, y en su atención, es por lo que,

SOLICITO: Que admita el presente escrito junto con la documentación que se acompaña, y por las razones expuestas, se adopte resolución por la que se me tenga por comparecido y personado en el procedimiento administrativo de referencia, y al mismo tiempo tenga por promovida acción de recusación planteada contra el instructor designado para tramitación del presente procedimiento, con suspensión de la tramitación del mismo, conforme determina el artículo 74 de Ley 39/2015, de 1 de octubre, del Procedimiento Administrativo Común de las Administraciones Públicas en relación con el artículo 24 de la Ley 40/2015, de 1 de octubre, de Régimen Jurídico del Sector Público.

OTROSÍ DIGO: Que me sea facilitado el acceso a cuantos documentos, actos, trámites o incidentes, consten o hayan recaído en dicho procedimiento, a efectos de poder ejercer en mi defensa los derechos e intereses legítimos que me asisten como persona interesada que pudiera resultar afectada por la resolución que se dicte en dicho procedimiento administrativo.

Lugar, fecha y firma electrónica.

La persona interesada/su representante legal

F097. RESOLUCIÓN DE LA CUESTIÓN INCIDENTAL

Asunto:
Procedimiento:
Expediente núm.:
Departamento:

VISTO el escrito presentado por D/Dª. ...., por el que plantea una cuestión incidental en el procedimiento administrativo relativo al expediente núm. ...., sobre .... (*identificar el objeto del procedimiento*), y de acuerdo con los siguientes,

ANTECEDENTES DE HECHO

1. Con fecha ...., se inició el procedimiento administrativo de referencia a solicitud de D/Dª. ....
2. En dicho procedimiento se han realizado los siguientes trámites:
   a) ....
   b) .... (*describir las actuaciones practicadas*).
   c) ....
3. Con fecha ...., se presentó escrito de personación por D/D.ª ...., planteando cuestión incidental para que se le tuviera como comparecido y personado en calidad de persona interesada en el procedimiento.
4. Dicho escrito fue trasladado las demás personas interesadas personadas en el procedimiento para que en el plazo de diez días pudieran formular las alegaciones que estimasen pertinentes.
5. Con fecha ...., las personas interesadas evacuaron el trámite concedido, por el que manifestaron que no tenían nada que oponer a la admisibilidad del incidente planteado, siempre que ello no suspendiera el curso del procedimiento en tramitación.
6. En el presente procedimiento administrativo se han recabado los informes oportunos y se ha formulado propuesta de resolución.

A los anteriores hechos son de aplicación los siguientes,

FUNDAMENTOS DE DERECHO

1. De conformidad con lo establecido en el artículo 74 de la Ley 39/2015, de 1 de octubre, del Procedimiento Administrativo Común de las Administraciones Públicas, las cuestiones incidentales que se susciten en el procedimiento, incluso las que se refieran a la nulidad de las actuaciones, no suspenderán la tramitación de este, salvo la recusación, en los términos previstos en el artículo 24 de la Ley 40/2015, de 1 de octubre, de Régimen Jurídico del Sector Público. A este respecto, se consideran incidentales las cuestiones que surgen durante la tramitación de los procedimientos administrativos distintas de su objeto principal, aunque relacionadas con éste o con los presupuestos del procedimiento, que requieren un pronunciamiento sobre decisiones específicas.

2. De acuerdo con el informe técnico emitido al respecto no existe inconveniente alguno para acceder a lo solicitado, al constar acreditado que D/Dª. ...., ostenta un interés legítimo y directo en el procedimiento en tramitación, de conformidad con lo dispuesto en el artículo 8 de la citada Ley del Procedimiento Administrativo Común de las Administraciones Públicas, sobre la aparición de nuevas personas interesadas en los procedimientos en curso de tramitación.
3. Este órgano administrativo es el competente para la tramitación del procedimiento en virtud de lo establecido en .... (*indicar la normativa específica que le sea de aplicación*).

Vistos los preceptos legales citados y demás de general o concordante aplicación,

RESUELVO

ADMITIR el escrito presentado por D/Dª. ...., y tenerlo por personado/a en el procedimiento administrativo relativo al expediente núm. ......, sobre ...., en concepto de nueva persona interesada en el mismo, al cumplirse las previsiones legales necesarias para su admisión en el procedimiento de su razón. Persona interesada a quien se le dará acceso y trámite de audiencia y vista de todas las actuaciones practicadas en el expediente, sin que se suspenda el procedimiento, a los efectos de que pueda formular cuantas alegaciones estime convenientes en defensa de sus derechos e intereses legítimos, que serán tomadas en consideración en la resolución definitiva que se adopte en dicho procedimiento.

(*En el caso de suscitarse la recusación*): SUSPENDER la tramitación del procedimiento hasta que que se resuelva la concurrencia o no de la causa de recusación formulada, en el plazo de tres días.

Contra la presente resolución, que es un acto de trámite, no cabe interponer recurso administrativo alguno, de conformidad con lo establecido en el artículo 112.1 de la Ley 39/2015, de 1 de octubre, del Procedimiento Administrativo Común de las Administraciones Públicas

Notifíquese esta resolución a todas las personas interesadas en el procedimiento.

Lugar, fecha, cargo y firma electrónica.

La persona titular del órgano administrativo competente

IV. INSTRUCCIÓN DEL PROCEDIMIENTO

1. Actos de instrucción

F098. ORDEN DE SERVICIO SOBRE LA INSTRUCCIÓN DEL PROCEDIMIENTO

Asunto:
Procedimiento:
Expediente núm.:
Departamento:

COMUNICACIÓN INTERNA

DE:

A:

Con el objeto de tramitar debidamente el procedimiento administrativo relativo al expediente núm. ...., sobre .... (*identificar el objeto del procedimiento*), iniciado en fecha ...., a solicitud de D/Dª. ...., resulta necesario para la determinación, conocimiento y comprobación de los datos en virtud de los cuales deba dictarse la resolución definitiva, realizar de oficio y a través de medios electrónicos, los siguientes actos de instrucción:

1. Que por el personal técnico del servicio de ..... se compruebe que la documentación esté completa y se cumplan los requisitos exigidos en la normativa que le es de aplicación. En el caso que se compruebe la falta cualquier documento esencial para la tramitación del procedimiento, se requiera su aportación en el plazo de diez días hábiles. Salvo que la persona interesada se acoja al derecho de no presentar documentos que ya se encuentren en poder de las Administraciones Públicas, siempre que haga constar la fecha, el órgano o dependencia al que fueron dirigidos, la identificación del procedimiento en el que obren y que no hayan transcurrido más de cinco años desde la finalización del procedimiento al que correspondan. A este respecto, la persona interesada deberá autorizar expresamente a este órgano actuante a recabar dicha documentación en su nombre, de acuerdo con lo establecido en la legislación reguladora del procedimiento administrativo común.

2. Averiguar para que se personen en el procedimiento instado si existen otras personas titulares de derechos o intereses legítimos y directos que pudieran resultar afectadas por la resolución que se dicte.

3. Concluidos los trámites anteriores, de ser preciso, se convoque una reunión consultiva con las personas interesadas para reducir o solucionar las discrepancias sobre las cuestiones de hecho que se pudieran plantear. Realizándose las pruebas que se estimen oportunas para la adecuada resolución y ofreciéndose alternativas de consenso. Dicha reunión , en su caso, ha de practicarse en la forma que resulte más conveniente para las personas interesadas y sea compatible, en la medida de lo posible, con sus obligaciones laborales o profesionales.

4. Durante la instrucción del presente procedimiento se adoptarán las medidas necesarias para lograr el pleno respeto a los principios de contradicción y de igualdad de las personas interesadas.

5. En el acta que se levante de la citada reunión se traslade junto con las actuaciones practicadas en el procedimiento a informe de los departamentos de ...., afectados en sus competencias, para determinar el acierto legal de la resolución que se haya de adoptar sobre el fondo del asunto.

6. Por el departamento de ...., antes de redactar la propuesta de resolución, se notifique a las personas interesadas para que en trámite de audiencia puedan alegar y presentar los documentos y justificaciones que estimen pertinentes. No obstante, se podrá prescindir de este trámite de audiencia cuando no figuren en el procedimiento ni sean tenidos en cuenta en la resolución otros hechos ni otras alegaciones y pruebas que las aducidas por las personas interesadas.

7. Concluidos los anteriores trámites de instrucción, en su caso, se emita informe por los servicios jurídicos sobre las alegaciones formuladas y su correspondiente estimación o desestimación, para su consideración en la resolución definitiva del procedimiento.

8. Dicho procedimiento administrativo se impulsará de oficio en todos sus trámites, con una duración máxima de ....meses y el régimen del silencio administrativo es ...., conforme determina la legislación vigente en esta materia, que está constituida por .... (*indicar la normativa que le sea de aplicación*). Lo que deberá comunicarse a las personas interesadas de acuerdo con lo previsto en el artículo 21.4, segundo párrafo, de la Ley 39/2015, de 1 de octubre, del Procedimiento Administrativo Común de las Administraciones Públicas.

9. La presente orden de servicio se dicta de conformidad con lo establecido en el artículo 6 de la Ley 40/2015, de 1 de octubre, de Régimen Jurídico del Sector Público, por lo que su incumplimiento no afecta por sí solo a la validez de los actos dictados por los órganos administrativo, sin perjuicio de la responsabilidad disciplinaria en que se pueda incurrir.

Lo que se participa y traslada para su conocimiento y a los efectos oportunos.

Lugar, fecha, cargo y firma electrónica.

La persona titular del órgano competente

F099. CITACIÓN POR LA QUE SE REQUIERE LA INTERVENCIÓN DE LAS PERSONAS INTERESADAS

Asunto:

Procedimiento:

Expediente núm.:

Departamento:

NOTIFICACIÓN A LA PERSONA INTERESADA

En relación con el procedimiento administrativo relativo al expediente núm. ...., sobre ....(*identificar el objeto del procedimiento*), que se tramita en este órgano administrativo, se ha acordado practicar, dentro del período de prueba, un acto de verificación de los hechos acontecidos para confrontarlos con la realidad en el que es necesaria su intervención personal y a tal efecto, de conformidad con lo establecido en la ley .... (*especificar la norma con rango de ley aplicable*), se le emplaza por la presente citación para que COMPAREZCA el próximo día.......... de ...., a las .... horas, en el siguiente lugar: .... , con el objeto de prestar declaración en calidad de persona interesada sobre ...... (*indicar el objeto de la comparecencia requerida*).

A dicho acto podrá actuar asistido de asesor si lo estima conveniente en defensa de sus intereses, aportando la documentación y justificaciones que considere pertinentes. Adviertiéndole que, en el caso, de no comparecer ni alegar causa justificada que lo impida, le deparará el perjuicio a que hubiere lugar en derecho.

Realizado dicho acto podrá extenderse certificado justificativo de su asistencia en cumplimiento de un deber público exigible.

Se le comunica que a dicho acto han sido convocado también las demás personas interesadas en el procedimiento administrativo de referencia, a efectos de asegurar los principios de contradicción y de igualdad, conforme determina el artículo 75.4 de la Ley 39/2015, de 1 de octubre, del Procedimiento Administrativo Común de las Administraciones Públicas.

Lo que se le notifica para su conocimiento y a los efectos oportunos.

Lugar, fecha, cargo y firma electrónica.

Documento firmado digitalmente. La persona titular del órgano administrativo competente. Autenticidad verificable mediante Código de Seguro Verificación (CSV).... en sede electrónica de esta Administración Pública.

2. Alegaciones

F100. ESCRITO DE ALEGACIONES CON ANTERIORIDAD AL TRÁMITE DE AUDIENCIA

AL ÓRGANO COMPETENTE

D/Dª........................., mayor de edad, con de DNI/NIF/NIE núm. ...., actuando en nombre propio o en representación de ...., con domicilio a efectos de notificaciones en ...., del municipio de ...., provincia de ...., con teléfono ...., y correo electrónico: .... Ante ese órgano administrativo comparezco (código de identificación núm. ....) y, con el debido respeto, como mejor proceda en derecho, **DIGO**:

Que en el ejercicio de los derechos e intereses legítimos que me asisten en calidad de persona interesada en el procedimiento administrativo relativo al expediente núm. ...., sobre .... (*identificar el objeto del procedimiento*), mediante el presente escrito vengo a formular las siguientes,

ALEGACIONES

PRIMERO. En fecha ...., se inició el procedimiento administrativo sobre .... que se tramita en ese órgano administrativo, bajo el número de expediente .... (*indicar el objeto del procedimiento*).

SEGUNDO. En el expediente administrativo de su razón se echa en falta documentación, que debería incorporarse para formar criterio con garantías de acierto sobre la resolución definitiva que en el procedimiento se adopte. En concreto, los datos y documentos que a continuación se detallan:

a) ....

b) ...... (*justificar de manera clara y concisa los hechos que motivan las alegaciones*).

c) ....

TERCERO. De conformidad con el artículo 76 de la Ley 39/2015, de 1 de octubre, del Procedimiento Administrativo Común de las Administraciones Públicas, durante la tramitación del procedimiento no rige el principio de preclusión para que las personas interesadas puedan formular alegaciones y aportar documentos u otros elementos de juicio, en cualquier momento anterior al trámite de audiencia, con el objeto de introducir en el procedimiento elementos fácticos o jurídicos que sirvan para fundamentar la resolución definitiva. Dichas alegaciones, documentos y elementos de juicio deben ser tomados en consideración por el órgano competente al redactar la propuesta de resolución.

Además, téngase en cuenta que en la medida que los defectos de tramitación alegados supongan paralización, infracción de los plazos preceptivamente señalados o la omisión de trámites que pueden ser subsanados antes de la resolución definitiva del asunto, podrían, en su caso, dar lugar a la exigencia de responsabilidad disciplinaria, conforme determina el apartado 2 del citado precepto legal.

Por todo ello, y en su atención, es por lo que,

SOLICITO: Que admita el presente escrito de alegaciones con la documentación que se acompaña y, por las razones expuestas, las tenga por efectuadas en el procedimiento administrativo sobre ………, relativo al expediente núm. …., con el fin de que sean tenidas en cuenta por el órgano competente al redactar la correspondiente propuesta de resolución.

OTROSÍ DIGO: Que para el caso de que la Administración no tuviese por ciertos los hechos alegados, se solicita la apertura de un período de prueba, de acuerdo con lo dispuesto en los artículos 77 y 78 de la citada Ley 39/2015, de 1 de octubre.

Lugar, fecha y firma electrónica.

La persona interesada/su representante legal

F101. ESCRITO DE ALEGACIONES POR DEFECTOS DE TRAMITACIÓN

AL ÓRGANO COMPETENTE

D/Dª. ...., mayor de edad, con DNI/NIF/NIE núm. ...., actuando en nombre propio o en representación de ...., cuyas circunstancias personales constan en el procedimiento administrativo relativo al expediente núm. ......, incoado sobre .... (*identificar el objeto del procedimiento*). Ante ese órgano administrativo comparezco (código de identificación núm. ...) y, con el debido respeto, como mejor proceda en derecho, **DIGO**:

Que en el ejercicio de los derechos e intereses legítimos que me asisten en calidad de persona interesada, al amparo del artículo 76, apartado 2, de la Ley 39/2015, de 1 de octubre, del Procedimiento Administrativo Común de las Administraciones Públicas, mediante el presente escrito formulo ESCRITO DE ALEGACIONES POR DEFECTOS DE TRAMITACIÓN fundamentadas en los siguientes,

MOTIVOS JURÍDICOS

PRIMERO. Infracción del artículo 21.2 de la Ley 39/2015, de 1 de octubre, del Procedimiento Administrativo Común de las Administraciones Públicas.

Este precepto fija el plazo máximo de seis meses en el que debe notificarse la resolución expresa. Plazo máximo señalado éste que le es de aplicación al referido procedimiento administrativo, por cuanto que no existe una norma jurídica con rango de Ley o normativa prevista en el derecho de la Unión Europea, específicamente aplicable al presente caso que establezca un plazo mayor.

En efecto, iniciado dicho procedimiento en fecha ...., ha transcurrido con exceso el plazo máximo señalado. La consecuencia jurídica de ello comporta automáticamente los efectos del silencio administrativo previstos en los artículos 24 y 25 del citado texto legal, tanto para los procedimientos iniciados a solicitud de las personas interesadas como para los procedimientos iniciados de oficio, respectivamente.

Téngase en cuenta sobre la importancia de que se respeten los plazos legales establecidos, que incluso en los procedimientos en los que la Administración ejercite potestades sancionadoras o, en general, de intervención, susceptibles de producir efectos desfavorables o de gravamen, la falta de resolución y notificación expresa conlleva la caducidad del procedimiento incoado, y, por tanto, el archivo de las actuaciones, conforme dispone el apartado 3, del artículo 25 de la citada Ley del Procedimiento Administrativo Común de las Administraciones Públicas.

Conviene advertir que las normas que rigen los plazos en el procedimiento administrativo son de orden público, por aplicación del principio de seguridad jurídica. y, en consecuencia, de obligada observancia para las autoridades y personal al servicio de las Administraciones Públicas competentes para su tramitación (ex art. 29 de la Ley 39/2015).

SEGUNDO. Infracción del artículo 71.2 de la Ley 39/2015, de 1 de octubre, del Procedimiento Administrativo Común de las Administraciones Públicas.

Este precepto exige que en el despacho de los expedientes se guarde el orden riguroso de incoación en los asuntos de homogénea naturaleza, salvo que por el titular de la unidad administrativa se dé orden motivada en contrario de la que quede constancia. Añadiéndose que el incumplimiento de ello dará lugar a la exigencia de responsabilidad disciplinaria de la persona infractora y, en su caso, incluso será causa de remoción del puesto de trabajo.

A este respecto, esta parte tiene constancia que, sin la correspondiente orden motivada de alteración del despacho de expedientes, asuntos de idéntica naturaleza al presente, aunque incoados con posterioridad, han sido ya resueltos, en concreto los siguientes: .... (*justificar sucintamente los hechos alegados*).

Además, téngase en cuenta que las personas designadas como órgano de instrucción o, en su caso, titulares de unidades administrativas que tengan atribuida tal función serán los responsables directos de la tramitación del procedimiento y, en especial, del cumplimiento de los plazos establecidos (ex art. 21.6 de la Ley 39/2015) y, en su caso, el resarcimiento de los daños y perjuicios producidos, conforme determina la legislación de procedimiento administrativo.

TERCERO. Infracción del artículo 79 de la Ley 39/2015, de 1 de octubre, del Procedimiento Administrativo Común de las Administraciones Públicas.

Este precepto establece que en la instrucción del procedimiento se solicitarán aquellos informes que sean preceptivos por disposiciones legales, además de los que se juzguen necesarios para resolver. Pues bien, conforme determina el artículo .... (*indicar la normativa específica que le sea de aplicación*), es preceptivo para la resolución de este procedimiento el previo dictamen/informe vinculante/no vinculante de .... (*táchese lo que no proceda*). Dictamen/informe éste que a fecha de hoy todavía ni siquiera ha sido solicitado, por lo que de no subsanarse dicha omisión daría lugar a la nulidad de las actuaciones por constituir una infracción grave y manifiesta al ordenamiento jurídico, conforme determina el artículo 47.1.e) de la precitada Ley del Procedimiento Administrativo Común de las Administraciones Públicas. Lo que acarrearía para esta parte interesada —además de la demora en la tramitación anteriormente denunciada— un procedimiento inútil, con los consiguientes daños y perjuicios económicos que ello comportaría, que esta parte no dudará en reclamar en el correspondiente procedimiento de responsabilidad patrimonial.

CUARTO. El artículo 76.1 de la Ley del Procedimiento Administrativo Común, establece que las personas interesadas pueden cualquier momento del procedimiento anterior al trámite de audiencia, formular alegaciones y aportar documentos u otros elementos de juicio que estimen oportunos. Alegaciones y documentos aportados que necesariamente deberán ser tenidos en cuenta por el órgano competente al redactar la propuesta de resolución.

Por todo ello, y en su atención, es por lo que,

SOLICITO: Que admita el presente escrito de alegaciones con la documentación que se acompaña y, en mérito de lo expuesto, se adopten las medidas pertinentes para subsanar los defectos de tramitación advertidos en el procedimiento de administrativo sobre ...., relativo al expediente núm. ..., con el fin de que sean tenidas en cuenta por el órgano competente al redactar la correspondiente propuesta de resolución.

Lugar, fecha y firma electrónica.

La persona interesada/su representante legal

3. Prueba

F102. APERTURA DEL PERIODO DE PRUEBA

Asunto:
Procedimiento:
Expediente núm.:
Departamento:

NOTIFICACIÓN A LAS PERSONAS INTERESADAS

VISTO el procedimiento administrativo relativo al expediente núm. ...., sobre .... (*identificar el objeto del procedimiento*), que se instruye en este órgano administrativo.

De conformidad con en el artículo 77.2 de la Ley 39/2015, de1 de octubre, del Procedimiento Administrativo Común de las Administraciones Públicas, bajo el principio de oficialidad que rige el procedimiento al existir contradicción sobre los hechos alegados por las personas interesadas y dada la naturaleza del procedimiento sobre la acreditación de los hechos relevantes para la decisión del procedimiento, procede la apertura de un periodo de prueba.

Este órgano administrativo es competente para adoptar la presente resolución, conforme con lo establecido en .... (*indicar la normativa que le sea de aplicación*).

En su virtud,

ACUERDA

LA APERTURA DE UN PERIODO DE PRUEBA por un plazo de .... días (*señalar el plazo máximo, que no debe ser superior a treinta días ni inferior a diez*), a contar desde el día siguiente al de la notificación o publicación de la presente resolución, para que las personas interesadas puedan proponer y practicar las pruebas que estimen pertinentes en defensa de sus derechos e intereses legítimos.

Se significa que este órgano instructor podrá inadmitir o denegar la práctica de aquellas pruebas propuestas que resulten manifiestamente innecesarias o inútiles a estos efectos mediante resolución motivada. De modo y manera, que solo se practicarán aquellas pruebas que sean pertinentes y relevantes para el esclarecimiento de los hechos y con transcendencia para la resolución del procedimiento.

Se comunica que los gastos ocasionados por la realización de las pruebas a petición de las personas interesadas, que implique gastos que no deba soportar esta Administración, deberán ser abonados con anticipación a la práctica de la prueba solicitada a reserva de su liquidación definitiva una vez practicada la prueba, conforme establece el artículo 78.3 de la citada Ley 39/2015, de 1 de octubre y, en todo caso, darán lugar a la aplicación de la vigente Ley de Tasas y Precios Públicos aplicable en esta Administración Pública.

Cuando la valoración de las pruebas practicadas pueda constituir fundamento básico de la decisión que se adopte en el procedimiento, por ser pieza imprescindible para la correcta evaluación de los hechos, se incluirá en la propuesta de resolución.

Contra el presente Acuerdo, que es un acto de trámite, no cabe interponer recurso alguno, sin perjuicio de que las personas interesadas puedan realizar las alegaciones que estimen oportunas, así como recurrir la resolución que ponga fin al procedimiento, de acuerdo con lo establecido el artículo 112.1 de la Ley 39/2015, de 1 de octubre, del Procedimiento Administrativo Común de las Administraciones Públicas.

Lugar, fecha, cargo y firma electrónica.

Documento firmado digitalmente. La persona titular del órgano instructor competente. Autenticidad verificable mediante Código de Seguro Verificación (CSV)…. en sede electrónica de esta Administración Pública.

F103. ESCRITO DE PROPOSICIÓN DE PRUEBA

AL ÓRGANO INSTRUCTOR DEL PROCEDIMIENTO

D/Dª. ...., mayor de edad, con DNI/NIF/NIE núm. ...., actuando en nombre propio o en representación de ...., cuyas circunstancias personales constan acreditadas en el procedimiento administrativo relativo al expediente núm. ......, sobre .... (*identificar el objeto del procedimiento*). Ante ese órgano administrativo comparezco (código de identificación núm. ...) y, con el debido respeto, como mejor proceda en derecho, **DIGO**:

Que con fecha ...., me ha sido notificado el acuerdo del órgano instructor del procedimiento relativo a ...., de fecha .... por el que se acuerda la apertura de un periodo de prueba de ...... días en el referido procedimiento.

Que, dentro del plazo concedido, en el ejercicio de los derechos e intereses legítimos que me asisten en calidad de parte interesada en el procedimiento, mediante el presente escrito vengo a proponer la siguiente,

PRÁCTICA DE PRUEBA

1. **Documental pública**: consistente en que por la Administración de ...., se expida certificación acreditativa sobre los siguientes documentos que obran en sus archivos:
   a) ....
   b) .... *(especificar los documentos interesados)*.
   c) ....
2. **Documental privada**: consistente en reconocimiento legal del documento suscrito entre D/Dª. ...., y D/Dª. ...., que obra en el expediente para que se reconozca su validez. A cuyo efecto se cite a las partes implicadas y para caso de que no reconozcan sus firmas indubitadas se propone el cotejo de letras por un perito oficial.
3. **Pericial**: consistente en que por un perito experto del Colegio de ...., se dictamine sobre veracidad de los hechos alegados por esta parte, que no han sido reconocidos como ciertos por esa Administración.
4. **Inspección ocular**: consistente en que por el órgano instructor del procedimiento examine personalmente la certeza de los hechos alegados objeto de discrepancia.
5. **Testifical**: consistente en la declaración de la lista de testigos que deberán responder las preguntas del interrogatorio que adjunto se acompaña, así como a las que del órgano instructor del procedimiento y los demás interesados puedan realizarles en el momento de la declaración.

Por todo ello, y en su atención, es por lo que,

SOLICITO: Que se admita este escrito con las pruebas propuestas y, por las razones expuestas, se acuerde su efectiva práctica en el procedimiento administrativo de referencia.

Lugar, fecha y firma electrónica.

La persona interesada/su representante legal

F104. ACUERDO SOBRE LA ADMISIÓN DE PRUEBAS

Asunto:

Procedimiento

Expediente núm.:

Departamento:

NOTIFICACIÓN A LAS PERSONAS INTERESADAS

VISTO el procedimiento administrativo relativo el expediente núm. ......, sobre .... (*identificar el objeto del procedimiento*), en fase de instrucción ante este órgano administrativo competente.

De conformidad con lo establecido en los artículos 77 y 78 de la Ley 39/2015, de 1 de octubre, del Procedimiento Administrativo Común de las Administraciones Públicas, y de acuerdo con las competencias atribuidas por .... (*indicar la normativa específica que le sea de aplicación*).

En su virtud,

ACUERDO

1. Practicar la prueba consistente en:

   a) ....

   b) .... *(relacionar las pruebas admitidas).*

   c) ....

Comoquiera que, además, la parte interesada ha alegado discriminación y ha aportado indicios fundados sobre su existencia, corresponderá a la persona a quien se impute la situación discriminatoria la aportación de una justificación objetiva y razonable, suficientemente probada, de las medidas adoptadas y de su proporcionalidad. A estos efectos, se recabará de oficio el informe de los organismos públicos competentes en materia de igualdad (ex. art. 77.3 bis. Ley 39/2015).

2. La prueba se practicará el día ...., del mes de ...., del año ...., a las .... horas, en las oficinas de esta Administración sitas en la ...., de la ciudad de ....

Las personas interesadas o sus representantes podrán nombrar y asistir a la práctica de la prueba indicada acompañados del personal técnico que consideren oportuno, al objeto de que les asesoren sobre la misma.

3. Rechazar la práctica de las pruebas que a continuación se detallan, por ser manifiestamente improcedentes o innecesarias por irrelevantes en el presente procedimiento administrativo:

   a) ....

   b) .... *(indicar los motivos de inadmisión o denegación)*

   c) ....

4. Las pruebas propuestas por las personas interesadas, que impliquen gastos que no deba soportar esta Administración Pública, se exigirá su anticipo a reserva de la liquidación definitiva, una vez practicada la prueba. La liquidación de los gastos se practicará uniendo los comprobantes que acrediten la realidad y cuantía de estos.
5. La apreciación de las pruebas practicadas en su conjunto se sujetará a los criterios establecidos en la Ley 1/2000, de 7 de enero, de Enjuiciamiento Civil, conforme con lo dispuesto en el artículo 77, apartado 1, de la citada Ley 39/2015.

Contra esta resolución, que es un acto de trámite, no cabe recurso administrativo alguno, sin perjuicio de que las personas interesadas puedan realizar las alegaciones que estimen oportunas, así como recurrir la resolución que ponga fin a este procedimiento, conforme con lo establecido en el artículo 121.1 de la Ley 39/2015, de 1 de octubre, del Procedimiento Administrativo Común de las Administraciones Públicas.

Lugar, fecha, cargo y firma electrónica.

Documento firmado digitalmente. La persona titular del órgano instructor competente. Autenticidad verificable mediante Código de Seguro Verificación (CSV).... en sede electrónica de esta Administración Pública.

F105. ACTA DE LA PRÁCTICA DE LA PRUEBA

Asunto:
Procedimiento:
Expediente núm.:
Departamento:

ACTA DE LA PRUEBA PRACTICADA

Día y hora de la práctica de prueba: ....

Lugar: ....

Comparecientes:

Interesados/as: D/Dª. ....

D/Dª. ....

D/Dª. ....

Instructor/a: D/Dª...

Secretario/a: D/Dª...

Reunidos los asistentes en el lugar y hora señalados para proceder a la práctica de la prueba admitida por acuerdo de ...., en el procedimiento administrativo relativo al expediente núm. ...., sobre ....

El examen de las PRUEBAS PRACTICADAS se desarrolla de la forma siguiente:

1. ....

2. .... (*describir en párrafos separados y enumerados las circunstancias objetivas acaecidas en la realización de cada una de las pruebas practicadas para el esclarecimiento de los hechos objeto de controversia*).

3. ....

El presente documento será digitalizado para su incorporación como copia autenticada en su correspondiente expediente administrativo electrónico, de acuerdo con el artículo 47 del Reglamento de actuación y funcionamiento del sector público por medios electrónicos, aprobado por Real Decreto 203/2021, de 30 de marzo.

A las .... horas, del día de la fecha se da por terminada la práctica de la prueba realizada en el procedimiento administrativo de referencia, que en prueba de conformidad firman conmigo las personas comparecientes.

En ...., a .... de ....

Nombre, apellidos y firma de los comparecientes.

Documento firmado digitalmente. La persona titular del órgano instructor competente. Autenticidad verificable mediante Código de Seguro Verificación (CSV).... en sede electrónica de esta Administración Pública.

4. Los informes

F106. PETICIÓN DE INFORME PRECEPTIVO

Asunto:
Procedimiento:
Expediente núm.:
Departamento:

NOTIFICACIÓN AL ORGANO COMPETENTE

En el procedimiento administrativo relativo al expediente núm. .... sobre .... (*identificar el objeto del procedimiento*), iniciado a solicitud de D/Dª. ...., se ha planteado como cuestión básica de la que puede depender el sentido de la resolución que se adopte, conocer la opinión de ese organismo sobre las siguientes cuestiones: .... (*concretar el extremo o extremos acerca de los que solicita el informe*).

Por ello, con el fin de poder formar criterio con garantías de acierto, se solicita a esa Administración Pública competente la emisión del informe preceptivo sobre ...., de acuerdo con lo dispuesto en el artículo ....(*señalar la normativa específica que le sea de aplicación*).

El informe solicitado deberá emitirse a través de medios electrónicos en el plazo máximo de ...., conforme con lo establecido en normativa que le es de aplicación y de acuerdo con en el artículo 80 de la Ley 39/2015, de 1 de octubre del Procedimiento Administrativo Común, en relación con lo dispuesto en el Reglamento de actuación y funcionamiento del sector público por medios electrónicos, aprobado por RD 203/2021, de 30 de marzo.

El expediente administrativo electrónico de su razón se encuentra a su disposición en las oficinas de esta Administración, pudiendo acceder al mismo a través del portal de internet de la sede electrónica en la siguiente dirección: https://www..........es, durante las 24 horas los siete días a la semana.

Se significa, que la emisión de dicho informe preceptivo resulta determinante para la resolución del presente procedimiento, por lo que se le comunica que se ha suspendido durante TRES MESES el plazo máximo legal para resolver el procedimiento. En el caso de no recibirse el informe solicitado en plazo indicado proseguirá la tramitación del procedimiento, según lo dispuesto en el artículo 80.3 de la Ley 39/2015, de 1 de octubre, del Procedimiento Administrativo Común de las Administraciones Públicas.

Lo que se participa y traslada para su conocimiento y a los efectos oportunos,

Lugar, fecha, cargo y firma electrónica.

Documento firmado digitalmente. La persona titular del órgano administrativo competente. Autenticidad verificable mediante Código de Seguro Verificación (CSV).... en sede electrónica de esta Administración Pública.

F107. PETICIÓN DE INFORME FACULTATIVO Y NO VINCULANTE

Asunto:
Procedimiento:
Expediente.:
Departamento:

NOTIFICACIÓN AL ÓRGANO COMPETENTE

En el procedimiento administrativo relativo al expediente núm. ...., sobre .... (*identificar el objeto del procedimiento*), que se tramita en este departamento, se ha planteado como cuestión básica de la que puede depender el sentido de la resolución que haya de dictarse conocer la opinión de ese órgano administrativo competente acerca de .... (*describir el objeto del informe solicitado*).

Resulta evidente que, para poder formar criterio sobre la misma con garantías de acierto, parece absolutamente necesario que se emita informe por ese organismo público en el que exprese su punto de vista respecto de sus competencias que le son propias en esta materia.

Informe sobre los extremos indicados, que deberá emitirse a través de medios electrónicos a esta Administración Pública en el plazo máximo de DIEZ DÍAS de acuerdo con en el artículo 80.2 de la Ley 39/2015, de 1 de octubre del Procedimiento Administrativo Común, en relación con lo dispuesto en el Reglamento de actuación y funcionamiento del sector público por medios electrónicos, aprobado por RD 203/2021, de 30 de marzo.

El expediente administrativo de su razón se encuentra a su disposición en las oficinas de esta Administración, pudiendo acceder al mismo a través del portal de internet de la sede electrónica en la siguiente dirección: https://www.........es.

Se significa, que su falta de emisión en el plazo señalado no interrumpirá la tramitación del referido procedimiento, por lo que podrán proseguirse las actuaciones. El informe emitido fuera de plazo podrá no ser tenido en cuenta al adoptar la correspondiente resolución, conforme con lo establecido en el artículo 80.4 de la Ley 39/2015, de 1 de octubre, del Procedimiento Administrativo Común de las Administraciones Públicas.

Lo que se participa y traslada para su conocimiento y a los efectos oportunos.

Lugar, fecha, cargo y firma electrónica.

Documento firmado digitalmente. La persona titular del órgano administrativo competente. Autenticidad verificable mediante Código de Seguro Verificación (CSV).... en sede electrónica de esta Administración Pública.

F108. EMISIÓN DE INFORMES

Asunto:
Procedimiento:
Expediente núm.:
Departamento:

AL ÓRGANO COMPETENTE

De acuerdo con su escrito de fecha ...., por el que se solicita la opinión de este organismo público, sobre determinadas cuestiones relativas a .... *(identificar el objeto del informe solicitado)*, se emite el siguiente INFORME:

I. ANTECEDENTES

Del examen de los antecedentes administrativos remitidos se desprende:

1. Con fecha ...., tuvo entrada en el Registro Electrónico General/Departamental de esta Administración, la solicitud de informe solicitada por ...., sobre el expediente núm. ...... relativo al procedimiento administrativo de referencia.
2. El expediente administrativo al que se ha tenido acceso a través de medios electrónicos está integrado por los siguientes documentos:
   a) ....
   b) .... *(relacionar la documentación examinada)*.
   c) ....

II. CONSIDERACIONES

PRIMERA. Sobre la procedencia y el carácter de la consulta:

El presente informe tiene carácter preceptivo/facultativo y con eficacia vinculante/no vinculante (*táchese lo que no proceda*), a tenor de lo dispuesto en el artículo .... (*indicar la normativa específica que le sea de aplicación*). En efecto, dicho precepto legal señala que ....

SEGUNDA. Respecto al procedimiento:

En el caso presente, la instrucción del procedimiento ha seguido los cauces previstos en la legislación específica que le es de aplicación, que está constituida por .... (*indicar la normativa específica que le sea de aplicación*). Con arreglo a dicha regulación corresponde a .... (*señalar los órganos administrativos competentes en el procedimiento*).

Todos estos requisitos y prescripciones se han cumplido en el presente caso sometido consulta.

TERCERA. En cuanto al fondo del asunto:

El objeto de la petición de informe tiene por finalidad conocer la opinión de este organismo público respecto de sus competencias en materia de ...., con el fin de proporcionar elementos de juicio necesarios para adoptar una resolución con garantías de acierto. A este respecto, cabe informar lo siguiente:

1. ....

2. .... *(justificar razonadamente los motivos de la decisión).*

3. ....

Por lo que en cumplimiento con lo establecido en el artículo .... *(indicar la normativa específica que le sea de aplicación)*, se estima que procede/no procede formular objeción alguna al respecto *(táchese lo que no proceda)*.

A la vista de lo anteriormente expuesto, se formula la siguiente,

CONCLUSIÓN

INFORMAR FAVORABLEMENTE/DESFAVORABLEMENTE *(táchese lo que no proceda)* respecto de ...., en el procedimiento administrativo relativo al expediente número ...., sobre .... *(indicar el objeto del procedimiento)*, sin perjuicio de la posibilidad de incorporar al expediente otros informes más fundados jurídicamente.

Lugar, fecha, cargo y firma electrónica.

Documento firmado digitalmente. La persona titular del órgano administrativo competente. Autenticidad verificable mediante Código de Seguro Verificación (CSV)....... en sede electrónica de esta Administración Pública.

5. Participación de las personas interesadas

F109. ACUERDO POR EL QUE SE CONCEDE TRÁMITE DE AUDIENCIA

Asunto:
Procedimiento:
Expediente núm.:
Departamento:

NOTIFICACIÓN A LAS PERSONAS INTERESADAS

Instruido el procedimiento administrativo relativo al expediente núm. ...., sobre .... (*identificar el objeto del procedimiento*), de conformidad con lo establecido en el artículo 82 de la Ley 39/2015, de 1 de octubre, del Procedimiento Administrativo Común de las Administraciones Públicas, se acuerda poner de manifiesto el expediente de su razón para que en TRÁMITE DE AUDIENCIA y vista del expediente en el plazo de diez/quince días (*táchese lo que no proceda*) hábiles, contados desde el día siguiente de la recepción de la presente notificación, las personas interesadas o, en su caso, sus representantes, puedan examinarlo, así como formular las alegaciones y presentar los documentos y justificaciones que estimen pertinentes ante este órgano competente para la instrucción del procedimiento. A este respecto, se le participa lo siguiente:

1. El expediente administrativo de referencia se encuentra a disposición de las personas interesadas o sus representantes legales en las dependencias de esta Administración Pública en horario de oficinas abiertas al público (de 9 a 14 horas), situadas en ...., donde podrán actuar asistidos de asesor si lo consideran conveniente en defensa de sus derechos e intereses legítimos. De lo que se podrá practicar la oportuna Diligencia para el examen del referido expediente administrativo, extendiéndose la correspondiente certificación de comparecencia que se entregará a solicitud de la persona interesada, conforme determina el artículo 19 de la citada Ley del Procedimiento Administrativo Común de las Administraciones Públicas.
2. Además, también se puede acceder a dicho expediente a través del portal de internet de la sede electrónica de esta Administración desde la siguiente dirección: https://www...........es, durante las 24 horas al día los siete días de la semana.
3. Asimismo, a la presente notificación se acompaña la relación de los documentos obrantes en el procedimiento, a fin de que las personas interesadas puedan obtener copias de aquellos que estimen convenientes dentro del plazo señalado al efecto en el trámite de audiencia y vista concedido.
4. Durante el periodo del trámite de audiencia se tendrán en cuenta por los responsables públicos las limitaciones previstas en su caso en la Ley 19/2013, de 9 de diciembre, de transparencia, acceso a la información pública y buen gobierno.
5. Este órgano administrativo es competente para la adopción del presente acuerdo, de conformidad con lo dispuesto en .... (*indicar norma específica que le sea de aplicación*).

6. Mediante este documento se notifica a la persona interesada el contenido del presente acuerdo de apertura del trámite de audiencia, según lo previsto en el artículo 40 de la Ley 30/2015, de 1 de octubre, del Procedimiento Administrativo Común de las Administraciones Públicas.

Contra este Acuerdo, que es un acto de trámite, no se puede interponer ningún recurso, sin perjuicio de interponer los recursos que procedan contra la resolución que ponga fin al procedimiento.

Lugar, fecha, cargo y firma electrónica.

Documento firmado digitalmente. La persona titular del órgano administrativo competente. Autenticidad verificable mediante Código de Seguro Verificación (CSV).... en sede electrónica de esta Administración Pública.

F110. DILIGENCIA DE COMPARECENCIA PARA EL EXAMEN DEL EXPEDIENTE

Asunto:
Procedimiento:
Expediente núm.:
Departamento:

DILIGENCIA. Para hacer constar que en el departamento de ...., comparece D/D.ª ...., en nombre propio o en representación de ...., en concepto de persona interesada, asistido de D/D.ª ...., en calidad de asesor personal en defensa del ejercicio de sus derechos e intereses legítimos, para examinar el expediente de referencia que se instruye en el procedimiento administrativo relativo a .... (*identificar el objeto del procedimiento*), actualmente en TRÁMITE DE AUDIENCIA conforme con lo dispuesto en el artículo 82 de la Ley 39/2015, de 1 de octubre, del Procedimiento Administrativo Común de las Administraciones Públicas.

Expediente administrativo núm. ...., que se le facilita y examina.

A la vista del expediente administrativo de referencia, la persona interesada manifiesta lo siguiente: .... (*transcribir sucintamente de forma clara, concisa y objetiva lo manifestado por el interesado*).

El presente documento será digitalizado para su incorporación como copia autenticada en su correspondiente expediente administrativo electrónico, de acuerdo con el artículo 47 del Reglamento de actuación y funcionamiento del sector público por medios electrónicos, aprobado por Real Decreto 203/2021, de 30 de marzo.

Diligencia que se extiende en .... *(lugar y fecha con letras)*.

El órgano instructor del procedimiento	La persona interesada/su representante legal
Firmado y rubricado.	Firma.
Nombre y apellidos	Nombre y apellidos

Documento firmado digitalmente. La persona titular del órgano administrativo competente. Autenticidad verificable mediante Código de Seguro Verificación (CSV).... en sede electrónica de esta Administración Pública.

F111. ESCRITO DE ALEGACIONES AL TRÁMITE DE AUDIENCIA

AL ÓRGANO COMPETENTE

D/Dª. ...., mayor de edad, con DNI/NIF/NIE núm. ...., actuando en nombre propio o en representación de ...., cuyas circunstancias personales constan en el procedimiento administrativo relativo al expediente núm. ......, sobre .... (*identificar el objeto del procedimiento*). Ante ese órgano administrativo comparezco (código de identificación núm. ...) y, con el debido respeto, como mejor proceda en derecho,

EXPONGO

Que con fecha ...., me ha sido notificado el acuerdo por el que se concede un trámite de audiencia de quince días hábiles, para que en el referido procedimiento pueda formular alegaciones y presentar los documentos y justificaciones que estime pertinentes en defensa de mis derechos e intereses legítimos.

Que, dentro del plazo concedido, previo examen al expediente administrativo de su razón, mediante el presente escrito vengo a formular las siguientes,

ALEGACIONES

PRIMERA. Para una mejor comprensión del asunto conviene analizar el iter procesal por el que ha discurrido el presente expediente administrativo, así como el examen puntual y riguroso de las actuaciones habidas en su desarrollo y de los antecedentes o precedentes administrativos de casos análogos o similares resueltos por esa Administración. En concreto, los siguientes:

1. ....
2. ...... *(indicar sucintamente la tramitación del expediente por fechas).*
3. ....

SEGUNDA. A este respecto, para la adecuada resolución del procedimiento cuyo contenido, no es preciso subrayarlo, debe ajustarse a lo dispuesto en el ordenamiento jurídico-administrativo, es por lo que deberían tomarse en consideración los siguientes hechos determinantes:

1. ....
2. .... *(señalar de manera clara y concisa los hechos alegados).*
3. ....

A los anteriores hechos con la documentación que los acreditan son de aplicación las siguientes,

CONSIDERACIONES TÉCNICO-JURÍDICAS

PRIMERA. Ciertamente la delimitación del régimen jurídico aplicable no es una cuestión menor, por ello a la hora de redactar la propuesta de resolución del presente expediente administrativo, debería tenerse en cuenta los siguientes aspectos legales:

1. ....

2. .... *(argumentar jurídicamente las alegaciones formuladas).*

3. ....

SEGUNDA. No hace falta ser adivino para anticipar que negar lo antes expuesto supone no solamente descartar la evidencia jurídica sino también la empírica. En efecto, dichos defectos sustantivos de procedimiento aquí alegados, si no son subsanados podrían acarrear directamente la nulidad o anulabilidad de la resolución que en su día se dicte en el presente procedimiento (ex art. 47 y 48 de la Ley 39/2015), con los consiguientes daños y perjuicios causados a esta parte interesada.

Por todo ello, y en su atención, es por lo que,

SOLICITO: Que admita el presente escrito de alegaciones junto con la documentación que se acompaña y, por las razones expuestas, se redacte la correspondiente propuesta de resolución del procedimiento administrativo relativo al expediente núm. ...., sobre .... (*identificar el objeto del procedimiento*), teniendo en cuenta las alegaciones aquí manifestadas.

Lugar, fecha y firma electrónica.

La persona interesada/su representante legal

F112. ANUNCIO DE LA APERTURA DE UN PERIODO DE INFORMACIÓN PÚBLICA

Asunto:
Procedimiento:
Expediente núm.:
Departamento:

En relación con el procedimiento administrativo relativo a .... (*identificar el objeto del procedimiento*), en fase de instrucción en este órgano administrativo competente.

Dada que la naturaleza del asunto por razón de la materia se requiere someter el expediente a un periodo de información pública, de conformidad con lo previsto en .... (*indicar la normativa específica de aplicación*). Y de acuerdo con lo establecido en el artículo 83 de la Ley 39/2015, de 1 de octubre, del Procedimiento Administrativo Común de la Administraciones Públicas, teniendo en cuenta lo establecido en la Ley 19/2013, de 9 de diciembre, de transparencia, acceso a la información y buen gobierno en la actividad pública, procede someter dicho procedimiento a un periodo de información pública.

ANUNCIO DE INFORMACIÓN PÚBLICA

El procedimiento administrativo relativo a .... (*identificar el objeto del procedimiento*) con el número de expediente ...., se encuentra a disposición de cualquier persona física o jurídica para que pueda examinarlo en el PLAZO DE .... (*señalar el plazo nunca inferior a veinte días hábiles*), contado a partir del día siguiente al de su publicación del presente anuncio en el Boletín/Diario oficial de .... (*táchese lo que no proceda*).

Durante el citado periodo de información pública el expediente electrónico de su razón, se encontrará a su disposición a través del Punto de Acceso General de la sede electrónica de esta Administración con la siguiente dirección: https://www..........es. Donde cualquier persona física o jurídica podrá examinar y formular las alegaciones, sugerencias u observaciones que estimen oportunas respecto del presente procedimiento administrativo sometido a consulta pública.

La comparecencia en este trámite de información pública no otorga, por sí misma, la condición de persona interesada. No obstante, quienes presenten alegaciones u observaciones en este trámite tendrán derecho a obtener de esta Administración Pública una respuesta razonada, que podrá ser común para todas aquellas alegaciones que planteen cuestiones sustancialmente iguales.

Se significa que la incomparecencia en este trámite de información pública no impedirá a las personas interesadas interponer los recursos que estimen pertinentes contra la resolución definitiva del procedimiento.

Lugar, fecha, cargo y firma electrónica.

Documento firmado digitalmente. La persona titular del órgano administrativo competente. Autenticidad verificable mediante Código de Seguro Verificación (CSV).... en sede electrónica de esta Administración Pública.

F113. REMISIÓN DE ANUNCIO PARA INFORMACIÓN PÚBLICA

Asunto:

Procedimiento:

Expediente núm.:

Departamento:

AL ÓRGANO EDITOR RESPONSABLE DE LA PUBLICACIÓN OFICIAL

Adjunto remito por vía electrónica el anuncio por el que se somete a información pública el procedimiento administrativo relativo al expediente núm. ...., sobre........................ (*identificar el objeto del procedimiento*), al objeto de que se proceda a su inserción en ese diario oficial, en cumplimiento de lo establecido en el artículo............ (*indicar la normativa específica que le sea de aplicación*), en relación con el artículo 83, apartado 2,, de la Ley 39/2015, de 1 de octubre, del Procedimiento Administrativo Común de las Administraciones Públicas.

Asimismo, se solicita la remisión electrónica de un ejemplar del anuncio publicado o certificación acreditativa de su publicación oficial, a los efectos de su incorporación en el expediente administrativo de su razón, con el fin de que concluido dicho trámite se pueda continuar el procedimiento hasta su finalización. Ello deberá realizarse a través del portal de acceso de la sede electrónica de esta Administración Pública.

Lo que participo y traslado para su conocimiento y a los efectos oportunos.

Lugar, fecha, cargo y firma electrónica.

La persona titular del órgano administrativo competente

ANUNCIO/EDICTO

De acuerdo con lo previsto en el artículo .... (*indicar la normativa que le sea de aplicación*) en relación con lo dispuesto en el artículo 83 de la Ley 39/2015, de 1 de octubre, del Procedimiento Administrativo Común de las Administraciones Públicas, este órgano administrativo competente, ha resuelto someter a información pública el expediente núm. ....., relativo al procedimiento administrativo sobre ....*(identificar el objeto procedimiento)*, por el plazo de .... (*mínimo 20 días hábiles*), mediante la inserción de anuncio en el correspondiente Diario Oficial, y en la página web de esta Administración Pública.

Durante este plazo se podrá examinar el expediente en horario de oficina en las dependencias de esta Administración sitas en .... y también desde el Punto de Acceso General electrónico de esta Administración a través del portal de internet de esta Administración en el siguiente enlace: https://www.........es, a los efectos de poder formular alegaciones y aportar por escrito a través de medios electrónicos o en papel la documentación que se considere pertinente.

Lo que se hace público para conocimiento general y especialmente a las personas interesadas que pudieran resultar de afectadas por la resolución definitiva que se adopte.

Lugar, fecha, cargo y firma electrónica.

Documento firmado digitalmente. La persona titular del órgano administrativo competente. Autenticidad verificable mediante Código de Seguro Verificación (CSV)…. en sede electrónica de esta Administración Pública.

V. FINALIZACIÓN DEL PROCEDIMIENTO

1. Terminación sobrevenida

F114. RESOLUCIÓN SOBRE IMPOSIBLILIDAD MATERIAL DE CONTINUAR EL PROCEDIMIENTO

Asunto:
Procedimiento:
Expediente núm.:
Departamento:

VISTO el procedimiento administrativo relativo al expediente núm. ...., sobre .... (*identificar el objeto del procedimiento*), promovido a instancias de D/Dª. ...., y de acuerdo con los siguientes,

ANTECEDENTES DE HECHO

1. Con fecha ...., D/Dª. ...., presentó escrito por el que solicitaba lo siguiente: .... *(describir sucintamente el objeto de la solicitud).*
2. Con fecha ...., por ...., se le requirió a la persona interesada para que subsanara la documentación aportada.
3. Con fecha ...., por D/Dª. ...., presentó escrito por el que manifestaba el fallecimiento de su esposo/a el pasado día ...., única persona interesada en el presente expediente administrativo, según se acredita en mediante el certificado de defunción inscrito en el Registro Civil correspondiente.
4. No se tiene constancia de la existencia de personas físicas o jurídicas que sucedan al interesado, inter vivos o mortis causa, en el presente procedimiento de carácter personalísimo.
5. En el procedimiento se han recabado los informes oportunos y se ha formulado propuesta de resolución.

A los anteriores hechos son de aplicación los siguientes,

FUNDAMENTOS DE DERECHO

PRIMERO. De conformidad con lo establecido en el artículo 84, apartado 2, de la Ley 39/2015, de 1 de octubre, del Procedimiento Administrativo Común de las Administraciones Públicas, la finalización del procedimiento puede producirse por la imposibilidad material de poder continuarlo por causas sobrevenidas.

SEGUNDO. El presente procedimiento administrativo tiene por objeto el reconocimiento de un derecho o facultad estrictamente personal e intransferible como es .... (*indicar el objeto de la solicitud*), de modo que el fallecimiento del solicitante como circunstancia sobrevenida durante su tramitación produce necesariamente la imposibilidad material de continuar con el procedimiento instado. En consecuencia, procede adoptar resolución que ponga fin al procedimiento.

TERCERO. Este órgano administrativo es competente para la resolución del procedimiento, de acuerdo con lo dispuesto en .... (*indicar norma específica que le sea de aplicación*).

Por todo lo que antecede, y en su virtud,

RESUELVO

DECLARAR FINALIZADO el presente procedimiento administrativo relativo al expediente núm. ...., sobre ...., por causas sobrevenidas que determinan la imposibilidad material de su continuación.

Contra la presente resolución, que pone fin a la vía administrativa, se podrá interponer recurso potestativo de reposición ante este mismo órgano administrativo en el plazo de un mes, contado desde el día siguiente a la notificación o publicación de la misma, de acuerdo con lo previsto en los artículos 123 y 124 de la Ley 39/2015, de 1 de octubre, del procedimiento administrativo común de las administraciones públicas, o bien en el plazo de dos meses recurso contencioso-administrativo ante el Juzgado de lo contencioso-administrativo correspondiente, de conformidad con lo dispuesto en los artículos 8.3 y 46.1 de la Ley 29/1998, de 13 de julio, reguladora de la Jurisdicción Contencioso-Administrativa. Todo ello, sin perjuicio de que pueda interponerse cualquier otro que se estime pertinente.

Lugar, fecha, cargo y firma electrónica.

La persona titular del órgano administrativo competente

2. TERMINACIÓN CONVENCIONAL

F115. CONVENIO PARA LA FINALIZACIÓN DE UN PROCEDIMIENTO

REUNIDOS

De una parte: el D/Dª. ...., facultado para la formalización y suscripción del presente documento en virtud de las competencias legalmente atribuidas.

De otra parte: D/Dª. ...., mayor de edad, con DNI/NIF/NIE o razón social núm. ...., con domicilio en la ....núm.. .... de la ciudad de ...., actuando en nombre propio/en representación de .... (*táchese lo que no proceda*).

Ambas partes se reconocen recíprocamente capacidad jurídica suficiente y la vigencia de sus facultades para celebrar el presente convenio para la terminación convencional del procedimiento administrativo sobre ...... (*identificar el objeto del procedimiento*), y a tal efecto,

MANIFIESTAN

PRIMERO. Que en el procedimiento administrativo relativo al expediente núm. ...., sobre ...., consta D/Dª. ...., como persona interesada siendo titular de los siguientes bienes y derechos afectados por el procedimiento en tramitación:

a) ....

b) .... (*describir los bienes y derechos objeto de transacción).*

c) ....

Lo que se acredita mediante certificación administrativa que consta en el expediente electrónico.

SEGUNDO. Que es de interés público de adquisición de los citados bienes y derechos para que los mismos pasen a ser de titularidad pública, con el alcance, efectos y régimen jurídico específico previsto en .... (*indicar la normativa que le sea de aplicación*).

TERCERO. Que con fecha ...., D/Dª. ...., manifestó que en tanto no se llegara a un acuerdo o conformidad en el procedimiento indemnizatorio o expropiatorio sobre sus bienes y derechos, no desistiría de su solicitud y de los recursos administrativos y judiciales entablados.

CUARTO. Que en fecha ...., la persona interesada prestó por escrito su conformidad con la propuesta de preacuerdo de convenio para la enajenación de los bienes y derechos de su propiedad anteriormente descritos a favor de esta Administración Pública.

QUINTO. Existe crédito presupuestario suficiente para financiar el precio acordado, según certificado expedido por la intervención de esta Administración.

Por todo lo que antecede, ambas partes están interesadas en la terminación convencional del presente procedimiento administrativo, de acuerdo con las siguientes:

CLÁUSULAS

PRIMERA. Es objeto del presente convenio la adquisición por esta Administración Pública, a título oneroso, de bienes y derechos de D/Dª. ...., sobre ...., para posibilitar .... Así como poner fin a los procedimientos jurisdiccionales y administrativos pendientes de resolución, lo que contribuirá simplificar y a agilizar el funcionamiento de esta Administración, así como evitar demoras o dilaciones indebidas para los intereses públicos en el despacho de los asuntos, en los términos de la concertación de mutuo acuerdo prevista en el artículo 86 de la Ley 39/2015, de 1 de octubre, del Procedimiento Administrativo Común de las Administraciones Públicas, para la finalización del procedimiento.

SEGUNDA. D/Dª. ...., se compromete a transmitir en beneficio de esta Administración Pública, los bienes y derechos, mencionados en el apartado primero anterior de los antecedentes, al precio que más adelante se dirá, en pleno dominio y libres de cargas, gravámenes y arrendatarios y al corriente de gastos.

TERCERA. D/Dª. ...., una vez recibido el total del precio pactado con motivo de la citada enajenación, renunciará a cualesquiera acciones administrativas y contencioso-administrativas o judiciales de cualquier índole que tenga entabladas contra esta Administración por causa del presente procedimiento administrativo. En especial, D/Dª. ...., en el momento de recibir el total del precio pactado, desistirá expresamente de instar la ejecución de la sentencia núm. ...., de ...., de la Sección Primera de la Sala de lo Contencioso-Administrativo del Tribunal Superior de Justicia de ...., recaída en el recurso contencioso-administrativo núm. ...., por la que se reconoce el derecho a la correspondiente indemnización por los daños y perjuicios ocasionados por .... Por su parte esta Administración desistirá del recurso de casación deducido contra la citada sentencia.

CUARTA. D/Dª ...., una vez recibido el total del precio pactado, aceptará expresamente que, con el precio de enajenación percibido por sus bienes y derechos y pagado por la Administración que los adquiere, queda completamente compensada de cualesquiera daños o perjuicios o lesiones patrimoniales que haya podido experimentar y de las que sea responsable esta Administración o cualquier otra Administración Pública a causa del presente procedimiento administrativo y, en consecuencia, renunciará de modo expreso al ejercicio de cualesquiera acciones tendentes a exigir indemnización, por tal motivo, de las Administraciones Públicas.

QUINTA. El precio de adquisición de los citados bienes y derechos, a pagar por esta Administración por los terrenos propiedad de D/Dª .... convenido asciende a la cantidad total de ....euros *(expresar en cifras y letras)*, fijado de conformidad con los informes técnicos obrantes en el expediente y aceptado por las partes.

SEXTA. Esta Administración Pública toma posesión de los referidos bienes y derechos en el presente acto, abonando la cantidad de .... euros, en concepto de anticipo a cuenta sobre el precio pactado, cantidad ésta que D/Dª. .... manifiesta haber recibido, sirviendo este documento como recibo acreditativo de su entrega. La cantidad entregada se deducirá del precio total, de modo que resta por pagar y D/Dª. .... queda pendiente de recibir la cantidad adicional de ....euros. La suma pendiente de pago se hará efectiva en el momento de otorgarse la correspondiente escritura pública; que se efectuará en los tres meses siguientes desde la firma del presente convenio. Durante dicho período esta Administración formalizará la transmisión en escritura pública. Los gastos, impuestos y arbitrios generados por dicha transmisión serán satisfechos por las partes con arreglo a la Ley.

Siendo así que la Administración toma en este acto posesión de los bienes objeto de transmisión y que D/Dª. .... pierde toda capacidad de disposición sobre dichos bienes, como compensación por el aplazamiento del cobro, la suma pendiente de pago devengará el interés legal del dinero desde esta fecha hasta el momento de su liquidación.

SÉPTIMA. D/Dª .... se obliga por este documento de modo irrevocable a otorgar escritura pública a favor de esta Administración Pública; y no podrá rescindir su compromiso adquirido, ni aun devolviendo el importe percibido en concepto de anticipo a cuenta, siendo responsable de los daños y perjuicios en el caso de que impida o demore la formalización de dicha escritura pública o se niegue a recibir el precio convenido o se oponga a la misma o frustre de cualquier otro modo la entrega y transmisión de los bienes y derechos, en pleno dominio y libres de cargas, a esta Administración.

En especial, D/Dª. ...., se obliga a comparecer cuando la Administración le requiera y en el domicilio que se le indique para percibir el resto del precio y elevar a escritura pública lo convenido, lo que hará por sí misma o persona con poder bastante para ello, siempre que el requerimiento se le curse con antelación mínima de diez días.

Asimismo, en su caso, se compromete, antes de elevar a escritura pública el presente documento a inscribir en el Registro de la Propiedad los títulos que aún estén pendientes de ello y a levantar las cargas que pudieran gravar las fincas que se transmiten.

Si llegado el momento de otorgarse la correspondiente escritura pública, no pudiera formalizarse ésta por causa imputable a D/Dª. ...., cesará el devengo de intereses pactados en su favor.

OCTAVA. En el supuesto de que alguna de las estipulaciones del presente convenio no fuese respetada, las partes se reservan las actuaciones legales oportunas para resarcirse de los posibles daños y perjuicios, y para exigir las correspondientes responsabilidades que de dicho incumplimiento pudieran derivarse.

NOVENA. El presente convenio estará vigente hasta que se formalice la transmisión de las referidas fincas en escritura pública, y tiene la consideración de acto finalizador del procedimiento, en virtud de lo establecido en el artículo 86 de la Ley del Procedimiento Administrativo Común de las Administraciones Públicas.

DÉCIMA. Las partes, para la resolución de cualesquiera incidencias que pudieran surgir del presente convenio, se someten expresamente a los Juzgados y Tribunales de la ciudad de ...., renunciando en su caso al fuero que pudiera corresponderle.

Contra el presente convenio finalizador del procedimiento, que pone fin a la vía administrativa, conforme con lo previsto en el artículo 114.1.d) de la Ley 39/2015, de 1 de octubre, del Procedimiento Administrativo Común de las Administraciones Públicas, se podrán interponer los siguientes recursos:

a) Recurso potestativo de reposición ante este mismo órgano administrativo, en el plazo de un mes desde el día siguiente a la firma del presente convenio, de acuerdo con lo previsto en los artículos 123 y 124 de la Ley 39/2015, de 1 de octubre, del Procedimiento Administrativo Común de las Administraciones Públicas,

b) Recurso contencioso-administrativo ante el Juzgado de lo contencioso-administrativo correspondiente, en el plazo de dos meses contados desde el día siguiente a la firma del presente convenio, de conformidad con lo establecido en los artículos 8.3 y 46.1 de la Ley 29/1998, de 13 de julio, reguladora de la Jurisdicción Contencioso-Administrativa.

Teniendo en cuenta que no es posible simultanear el recurso contencioso-administrativo y el potestativo de reposición. Todo ello, sin perjuicio de que se pueda interponer cualquier otro recurso que se estime pertinente.

El presente documento será digitalizado para su incorporación como copia autenticada en su correspondiente expediente administrativo electrónico, de acuerdo con el artículo 47 del Reglamento de actuación y funcionamiento del sector público por medios electrónicos, aprobado por Real Decreto 203/2021, de 30 de marzo.

Y en prueba de conformidad por cuanto antecede, firman los comparecientes el presente convenio, a un solo efecto, en el lugar y fecha indicados.

Lugar, fecha y firma electrónica.

La persona titular del órgano administrativo competente. Cargo, nombre y apellidos	La persona interesada/su representante legal. Nombre y apellidos

Documento firmado digitalmente. La persona titular del órgano administrativo competente. Autenticidad verificable mediante Código de Seguro Verificación (CSV)…. en sede electrónica de esta Administración Pública.

F116. CONTRATO FINALIZADOR DE UN PROCEDIMIENTO

De una parte: el D/Dª. ...., con de DNI/NIF/NIE núm. ...., con domicilio en ...., de ...., actuando en nombre y representación de la empresa pública sociedad mercantil ...., domiciliada en la ...., de ...., constituida por tiempo indefinido mediante escritura otorgada en ...., ante el Notario D/Dª. ...., el día ...., inscrita en el Registro Mercantil de ...., tomo ...., libro ...., sección ...., folio ......, hoja ......, inscripción 1ª. CIF .... Ostenta dicha representación en su calidad de Consejero-Delegado de la referida sociedad, cargo para el que fue reelegido por la Junta General Extraordinaria y Universal de accionistas, celebrada el día ...., según acuerdo que fue elevado a escritura pública autorizada por la notario del municipio de ...., D/Dª. ...., el día ...., protocolo núm. ...., inscrito en el Registro de la Propiedad Mercantil de ...., tomo ...., folio ...., sección..........., hoja ...., inscripción .... La mercantil así representada interviene en su calidad de beneficiaria de la expropiación forzosa, según acuerdo de ....

De otra parte: D/Dª. ...., con de DNI/NIF/NIE núm. ...., mayor de edad y D/Dª. ...., con de DNI núm. ...., mayor de edad, con domicilio en .... del municipio de ...., casados en régimen de sociedad de gananciales.

Ambas partes se denominarán en el presente contrato como comprador y vendedor.

Comparecen también al acto de la firma del presente contrato D/Dª. ...., empleado público de esta Administración, actuando como testigo.

Ambas partes se reconocen recíprocamente capacidad jurídica suficiente y la vigencia de sus facultades para celebrar el presente contrato para la terminación convencional del procedimiento administrativo sobre ...... (*identificar el objeto del procedimiento*), y a tal efecto,

MANIFIESTAN

PRIMERO. Según el artículo .... de los estatutos de la referida empresa pública ...., por el precitado acuerdo de la Junta General Extraordinaria y Universal de accionistas de la sociedad, a D/Dª. ...., en su calidad de Consejero-Delegado, le fueron delegadas expresamente toda y cada una de las facultades de los estatutos sociales, por el plazo de ...., y de forma solidaria e indistinta, entre las que le corresponden "comprar bienes inmuebles..." y "...fijar precios que podrá pagar", así como "realizar cualquier tipo de gestión que se encuentre relacionada con el objeto social de la entidad pública mercantil".

SEGUNDO. Los vendedores son propietarios en pleno dominio de una parcela que corresponde a la siguiente descripción registral:

"Finca rústica en ...., Partida de ...., compuesta por ...., en el término municipal de ....

Linda toda ella, por el Norte, con tierras de ....; por el Oeste, con terrenos de ....; por el Este con ....; y por el Sur terrenos de ....

Según certificación acreditativa del Registro de la Propiedad núm. .... de ...., Finca núm ...., folio ...., Libro .... de ...., Tomo ...., Inscripción ....

Corresponde a la parcela número .... del proyecto de expropiación.

Según la reciente medición que consta en dicho proyecto tiene una superficie de .... metros cuadrados."

Se adjunta al presente contrato de compraventa el plano topográfico descriptivo de la situación y lindes de la finca.

TERCERO. Por acuerdo de ...., de fecha ...., la finca anteriormente mencionada propiedad del vendedor fue incluida en procedimiento de expropiación forzosa en la relación de bienes y derechos afectados, entre los que se incluye dicha finca, todo ello conforme a legislación aplicable. En dicho Acuerdo se designa como beneficiario de la expropiación a la empresa pública ....

CUARTO. Los vendedores declaran que la finca descrita en el antecedente segundo y que está reflejada en el plano que se acompaña al presente contrato corresponde con la parcela afectada por el procedimiento expropiatorio, fue adquirida por compraventa, mediante escritura autorizada por el Notario D/Dª. ...., el día ...., cuya copia autenticada y completa aporta en este acto.

Por todo lo que antecede, ambas partes están interesadas en la firma del presente contrato de compraventa de acuerdo con las siguientes:

ESTIPULACIONES

PRIMERA. D. .... y Dª. ...., venden a la empresa pública sociedad mercantil .... la parcela de su propiedad descrita en el apartado segundo de los Antecedentes expuestos en este documento.

SEGUNDA. Declaran los vendedores que la mencionada parcela de su propiedad está libre de cargas y de gravámenes, no habiendo en ella arrendatarios, ni existiendo terceros a los que corresponda derecho de retracto según la legislación agraria y que la transmite en pleno dominio y en esas condiciones, comprometiéndose a mantenerla así hasta que se formalice en escritura pública la venta del terreno.

Los vendedores declaran asimismo que los títulos descritos en el antecedente cuarto son auténticos y corresponden a la parcela descrita en el antecedente segundo que vende mediante este contrato.

TERCERA. Las partes convienen en establecer el precio total de la compraventa en .... euros (*expresar cifras y letras*), conforme a los precios unitarios por metro cuadrado según su calificación urbanística del suelo.

Ambas partes se manifiestan conformes con las mediciones expresadas en el antecedente segundo respecto a la parcela objeto de compraventa que en él se describe.

CUARTA. En el momento de suscribir este contrato los vendedores reciben en concepto de anticipo sobre el precio pactado la cantidad de .... euros, que le son entregadas por el D/Dª. .... en nombre y representación de la empresa pública ...., mediante talón bancario nominativo (extendido a nombre de D/Dª. ....), sirviendo este documento como recibo y acreditación de su entrega.

La cantidad entregada como anticipo en concepto de arras de .... euros se deducirá del precio total (que es, como se ha dicho, ... euros) hasta completarlo, de modo que resta por pagar y los vendedores quedan pendientes de recibir la cantidad adicional de ....euros.

QUINTA. La suma pendiente de pago .... euros se hará efectiva a los vendedores cuando se eleve esta compraventa a escritura pública y, en cualquier caso, antes del día .... Si para entonces, previo requerimiento de los vendedores a la compradora, no se hubiera efectuado el pago, los vendedores se reservan el derecho a resolver este contrato. A tal fin, a partir de día ...., los vendedores podrán requerir a la sociedad compradora para formalizar la escritura pública de compraventa en el plazo de diez días. Si su requerimiento fuera indebidamente atendido los vendedores quedarán liberados de sus obligaciones y la compraventa resuelta.

SEXTA. Los vendedores declaran conocer que D/Dª. ...., ha de someter el presente acuerdo a ratificación por los órganos colegiados rectores de la empresa pública compradora, reconociéndole facultades para realizar dichas gestiones y comprometiéndose a permitirle su realización dentro de los plazos señalados en la anterior estipulación.

SÉPTIMA. Los vendedores se obligan por este contrato de modo irrevocable a enajenar su propiedad y no podrá rescindir su compromiso, ni aun devolviendo el importe percibido en concepto de señal, siendo responsable por daños y perjuicios ante la compradora en caso de que impida o demore la formalización de la venta o se niegue a recibir el precio convenido o se oponga a otorgar escritura pública o frustre de cualquier otro modo la entrega y transmisión de la parcela, en pleno dominio y libre de cargas, a la sociedad compradora.

En especial, los vendedores se obligan a comparecer cuando la compradora le requiera y en el domicilio que se le indique para percibir el precio aplazado y elevar a escritura pública la compraventa, lo que harán por sí mismos o persona con poder bastante para ello, siempre que el requerimiento se les curse con antelación mínima de diez días.

OCTAVA. Los vendedores podrán tener derecho a una compensación adicional suplementaria del precio pactado si la empresa pública beneficiaria de la expropiación, con motivo del expediente expropiatorio aludido en el antecedente tercero, llegara a fijar justiprecios a pagar por metro cuadrado de terreno que superen los precios unitarios expresados en la estipulación "Tercera" para su respectiva categoría de terrenos. La compensación adicional, en ese supuesto, será por valor de la diferencia en más que represente el justiprecio acordado por la sociedad beneficiaría respecto de terrenos pertenecientes a idéntica categoría de suelo incluidos en el mismo proyecto de expropiación.

La fijación de un justiprecio inferior a la cifra indicada no surtirá efecto alguno modificativo de las condiciones pactadas en este acuerdo. Tampoco se devengará compensación adicional por consecuencia de justiprecios fijados para categorías de suelo distintas a las que integran la parcela objeto de esta venta o para terrenos ajenos al expediente de expropiación mencionado.

En cualquier caso, los vendedores no se podrán beneficiar de la compensación adicional si el justiprecio mayor se produce a consecuencia de petición, sugerencia o reclamación formulada por los propios vendedores, quienes se comprometen a no presentar alegación alguna tendente a aumentar la valoración administrativa de los terrenos por encima del precio pactado en este Acuerdo, que declaran considerar justo y que no impugnarán ni por sí mismos, ni a través de persona interpuesta, desistiendo de las alegaciones que pudieran haber presentado en el período de información pública del expediente administrativo del Proyecto de Expropiación.

La compensación adicional, si llegara a proceder, será pagada a los vendedores después de elevar a escritura pública la presente compraventa y los vendedores se comprometen a otorgar dicha escritura y facilitar la transmisión de propiedad a la compradora aun cuando dicha compensación adicional esté pendiente de pago, siempre que haya recibido el precio pactado en la estipulación "Cuarta", reservándose para momento posterior las acciones para reclamar el reconocimiento y pago del derecho a compensación adicional, si es que ésta, llegado el caso, procediera.

NOVENA. D/Dª. ...., en nombre y representación de la empresa pública ...., acepta la compra de la referida finca, en favor de dicha sociedad, al precio y en las condiciones antes estipuladas. A los solos efectos de que conste en los antecedentes del expediente de expropiación antes mencionado, el precio unitario por metro cuadrado que se ha fijado es lo que resulta de incrementar en un 20% (veinte por cien) el valor de expropiación del suelo previsto inicialmente en dicho expediente expropiatorio.

DÉCIMA. El presente contrato estará vigente hasta que se formalice la transmisión de las referidas fincas en escritura pública, y tiene la consideración de finalizador del procedimiento, de acuerdo con lo establecido en el artículo 86 de la Ley del Procedimiento Administrativo Común de las Administraciones Públicas.

Contra el presente contrato finalizador del procedimiento, que pone fin a la vía administrativa, conforme con lo previsto en el artículo 114.1.d) de la Ley 39/2015, de 1 de octubre, del Procedimiento Administrativo Común de las Administraciones Públicas, se podrán interponer los siguientes recursos:

a) Recurso potestativo de reposición ante este mismo órgano administrativo, en el plazo de un mes desde el día siguiente a la firma del presente convenio, de acuerdo con lo previsto en los artículos 123 y 124 de la Ley 39/2015, de 1 de octubre, del Procedimiento Administrativo Común de las Administraciones Públicas,

b) Recurso contencioso-administrativo ante el Juzgado de lo contencioso-administrativo de correspondiente, en el plazo de dos meses contados desde el día siguiente a la firma del presente convenio, de conformidad con lo establecido en los artículos 8.3 y 46.1 de la Ley 29/1998, de 13 de julio, reguladora de la Jurisdicción Contencioso-Administrativa.

Teniendo en cuenta que no es posible simultanear el recurso contencioso-administrativo y el potestativo de reposición. Todo ello, sin perjuicio de que se pueda interponer cualquier otro recurso que se estime pertinente.

El presente documento será digitalizado para su incorporación como copia autenticada en su correspondiente expediente administrativo electrónico, de acuerdo con el artículo 47 del Reglamento de actuación y funcionamiento del sector público por medios electrónicos, aprobado por Real Decreto 203/2021, de 30 de marzo.

Y en prueba de conformidad por cuanto antecede, firman los comparecientes junto con el testigo el presente contrato finalizador del procedimiento, en el lugar y fecha indicados.

Lugar, fecha y firma electrónica.

La parte compradora	*La parte vendedora*
La persona competente de empresa pública Nombre y apellidos	Nombre y apellidos

El/la testigo
Cargo, nombre y apellidos

Documento firmado digitalmente. Empleado público habilitado. Autenticidad verificable mediante Código de Seguro Verificación (CSV)…. en sede electrónica de esta Administración Pública.

3. Resolución

F117. NOTIFICACIÓN DE ACTUACIONES COMPLEMENTARIAS

Asunto:
Procedimiento:
Expediente núm.:
Departamento:

NOTIFICACIÓN A LAS PERSONAS INTERESADAS

En el procedimiento administrativo relativo al expediente núm........, sobre .... (*identificar el objeto del procedimiento*), que se instruye en este órgano administrativo, se han derivado determinadas cuestiones que requieren actuaciones complementarias indispensables para resolver el procedimiento. En concreto, las siguientes:

1. ....
2. .... (*justificar las actuaciones complementarias a realizar*).
3. ....

Las citadas actuaciones complementarias dimanan de la propia documentación que consta en el procedimiento, deben realizarse antes de dictar la correspondiente resolución por considerar su esclarecimiento indispensable para resolver el procedimiento. Por ello, se ha acordado SUSPENDER EL PROCEDIMIENTO para que el plazo máximo de quince días hábiles se practiquen dichas actuaciones complementarias, conforme con lo establecido en el artículo 87 de la Ley 39/2015, de 1 de octubre, del Procedimiento Administrativo Común de las Administraciones Públicas.

Asimismo, se comunica a las personas interesadas que disponen de un plazo máximo de SIETE DÍAS hábiles para formular las alegaciones que tengan por pertinentes tras la finalización de las actuaciones complementarias acordadas, de acuerdo con lo previsto en citado precepto legal.

El expediente administrativo de su razón se encuentra a su disposición en las oficinas de esta Administración, pudiendo acceder al mismo a través del Punto de Acceso General de la sede electrónica en la siguiente dirección: https://www.........es, de esta Administración Pública.

Se significa que, en todo caso, la resolución del procedimiento administrativo será motivada, respecto de todas y cada una de las cuestiones planteadas, y en ella se expresarán, además, los recursos que procedan, el órgano administrativo o judicial ante el que hubieran de presentarse y el plazo para interponerlos, sin perjuicio de que las personas interesadas puedan ejercitar cualquier otro que, en su caso, estimen procedente (ex art. 40.2 de la Ley 39/2015).

Contra este Acuerdo no cabe recurso administrativo alguno, por ser un acto de trámite que no imposibilita la continuación del procedimiento, ni produce indefensión o perjuicio irreparable a derechos e intereses legítimos, conforme dispone el artículo 112.1 de la precitada Ley del Procedimiento Administrativo Común de las Administraciones Públicas.

Lugar, fecha, cargo y firma electrónica.

Documento firmado digitalmente. El titular del órgano competente. Autenticidad verificable mediante Código de Seguro Verificación (CSV)…. en sede electrónica de esta Administración Pública.

F118. NOTIFICACIÓN DE CUESTIONES INCIDENTALES CONEXAS

Asunto:
Procedimiento:
Expediente núm.:
Departamento:

NOTIFICACIÓN A LAS PERSONAS INTERESADAS

En el procedimiento administrativo relativo al expediente núm. ...., sobre ....(*identificar el objeto del procedimiento*), que se instruye en este órgano administrativo, se han advertido determinadas cuestiones conexas que están entrelazadas o relacionadas con el mismo y que deben ser consideradas en la resolución definitiva que se adopte, puesto que la resolución que ponga fin al procedimiento debe decidir todas las cuestiones planteadas por las partes interesadas y aquellas otras derivadas del mismo, según lo dispuesto en el artículo 88, apartado 1, segundo párrafo, de la Ley 39/2015, de 1 de octubre, del Procedimiento Administrativo Común de las Administraciones Públicas. En lo que aquí interesa, las siguientes:

1. ....
2. .... *(indicar las cuestiones conexas a considerar)*.
3. ....

A la vista que dichas cuestiones conexas de carácter incidental derivadas del procedimiento, no han sido planteadas por las personas interesadas, sino que dimanan de la propia documentación que consta en el expediente, es por lo que antes de que este órgano competente se pronuncie sobre las mismas, debe ponerse de manifiesto a las personas interesadas para que en un plazo de máximo QUINCE DIAS hábiles formulen las alegaciones que estimen pertinentes y aporten, en su caso, los medios de prueba pertinentes.

El expediente administrativo de su razón se encuentra a su disposición en las oficinas de esta Administración, pudiendo acceder al mismo a través del Punto de Acceso General de la sede electrónica desde la siguiente dirección: https://www.........es, de esta Administración Pública.

Se significa que, en todo caso, la resolución del procedimiento administrativo será motivada, y en ella se expresarán, además, los recursos que procedan, el órgano administrativo o judicial ante el que hubieran de presentarse y el plazo para interponerlos, sin perjuicio de que las personas interesadas puedan ejercitar, en su caso, cualquier otro que estimen procedente (ex art. 40.2 de la Ley 39/2015).

Contra este Acuerdo no cabe recurso administrativo alguno, por ser un acto de trámite que no imposibilita la continuación del procedimiento, ni produce indefensión o perjuicio irreparable a derechos e intereses legítimos, conforme dispone el artículo 112.1 de la Ley del Procedimiento Administrativo Común de las Administraciones Públicas.

Lugar, fecha, cargo y firma electrónica.

Documento firmado digitalmente. El titular del órgano competente. Autenticidad verificable mediante Código de Seguro Verificación (CSV).... en sede electrónica de esta Administración Pública.

F119. RESOLUCIÓN DEFINITIVA DEL PROCEDIMIENTO

Asunto:

Procedimiento:

Expediente núm.:

Departamento de:

VISTO el procedimiento administrativo relativo al expediente núm. ...., sobre .... (*identificar el objeto del procedimiento*), iniciado a solicitud formulada por D/Dª. ...., en nombre y representación de ...., y de acuerdo con los siguientes,

ANTECEDENTES DE HECHO

PRIMERO. El día ...., D/Dª. ...., presentó solicitud junto con la documentación en el Registro Electrónico General en esta Administración Pública, sobre .... (*describir el objeto de la solicitud*).

La documentación presentada consta de .... (*especificar la documentación aportada*).

Posteriormente, la persona interesada aportó nueva documentación en subsanación y mejora de la documentación inicial presentada.

SEGUNDO. Por resolución de este órgano administrativo se admitió a trámite la solicitud objeto del expediente, e instruido el procedimiento correspondiente se sometió al pertinente periodo de información pública. A este respecto, se publicaron los anuncios correspondientes y simultáneamente se solicitaron los informes preceptivos.

Durante la citada información pública se presentaron .... escritos de alegaciones, que han sido debidamente informados por los servicios técnicos de esta Administración Pública.

TERCERO. Se ha prescindido del trámite de audiencia previa a la redacción de la propuesta de resolución por no figurar en el procedimiento, ni ser tenidos en cuenta otros hechos ni otras alegaciones y pruebas que las aducidas por las personas interesadas en el procedimiento.

CUARTO. Constan en el expediente administrativo electrónico los informes emitidos por los organismos siguientes: .... (*indicar el nombre los órganos informantes y fecha de su emisión*).

QUINTO. En el procedimiento se han recabado los informes técnicos oportunos y se ha formulado propuesta de resolución.

A los anteriores hechos son de aplicación los siguientes,

FUNDAMENTOS DE DERECHO

PRIMERO. Respecto al procedimiento, en el caso presente, se han observado las prescripciones legales establecidas en la normativa aplicable. Concurren en la persona interesada, por lo demás, los requisitos exigidos en la normativa aplicable relativos la capacidad y legitimación activa necesaria para la tramitación del procedimiento, solicitado en tiempo y forma. Igualmente consta acreditada la representación de D/Dª. ...., inscrita en el registro electrónico de apoderamientos de esta Administración.

SEGUNDO. La solicitud formulada debe resolverse con arreglo de lo dispuesto en la normativa que le es de aplicación, y que está constituida por ....(*indicar la normativa específicamente aplicable*).

Asimismo, se han recabado los diferentes informes preceptivos y la documentación está completa, por lo que procede entrar a conocer sobre las cuestiones de fondo planteadas.

TERCERO. En cuanto al fondo del asunto, con carácter previo hay que señalar que .... (*exponer sucintamente las consideraciones generales sobre el asunto*). En síntesis, el objeto del expediente es ....

De las circunstancias más relevantes de la documentación incorporada al expediente administrativo electrónico, se desprende que .... (*resumir los hechos determinantes para la resolución*).

Por lo que respecta, a las alegaciones formuladas éstas han sido informadas en el sentido de ...., por lo que en congruencia con las mismas, deben ser rechazadas/aceptadas (*táchese lo que no proceda*) de acuerdo con los informes técnicos emitidos al efecto, y a los que nos remitimos en aras a la claridad y concisión de la presente resolución, cuya contestación individualizada se acompaña a esta resolución, lo que constituye una motivación denominada "*In aliunde*" incorporada al contenido de la presente resolución, de acuerdo con lo dispuesto en el artículo 88.6 de la Ley 39/2015, de 1 de octubre, del Procedimiento Administrativo Común de las Administraciones Públicas.

Todo ello, conduce necesariamente a .... (*concretar la decisión final adoptada de manera motivada*).

CUARTO. Este órgano administrativo es competente para la adopción de la presente resolución, conforme con lo establecido en ...... (*indicar la normativa específica de atribución competencias*).

Vistos los preceptos legales citados y demás de general o concordante aplicación,

RESUELVO

ESTIMAR/DESESTIMAR (*táchese lo que no proceda*) las alegaciones presentadas en el procedimiento relativo al expediente núm. ...., sobre ...., de acuerdo con los informes técnicos emitidos al respecto, que se incorporan como anexo en el texto de la presente resolución.

AUTORIZAR/ APROBAR/DENEGAR (*táchese lo que no proceda*) la solicitud formulada por D/Dª. ...., en nombre y representación de ...., en el procedimiento administrativo relativo al expediente electrónico núm. ......, sobre ...., acuerdo con los informes técnicos emitidos al respecto, que se incorporan como anexo en el texto de la presente resolución.

1. Para el caso de que la resolución no agote la vía administrativa:

"Contra la presente resolución, que no pone fin a la vía administrativa, las personas interesadas podrán interponer recurso de alzada ante ...... (*indicar el órgano superior jerárquico*), en el plazo de un mes, a contar desde el día siguiente al de su notificación o publicación, de conformidad con lo establecido en los artículos 121 y 122 de la Ley 39/2015, de 1 de octubre, del Procedimiento Administrativo Común de las Administraciones Públicas, sin perjuicio de que se pueda interponer cualquier otro recurso que se estime pertinente."

2. Para el caso de que la resolución agote la vía administrativa:

"Contra la presente resolución, que pone fin a la vía administrativa, las personas interesadas podrán interponer recurso contencioso-administrativo ante el Juzgado de lo Contencioso-Administrativo correspondiente, en el plazo de dos meses contados desde el día siguiente al de su notificación o publicación, de conformidad con lo dispuesto en los artículos 8.3 y 46.1 de la Ley 29/1998, de 13 de julio, reguladora de la Jurisdicción Contencioso-Administrativa. Asimismo, con carácter potestativo, podrán interponer recurso de reposición, en el plazo de un mes contado desde el día siguiente al de su notificación o publicación, ante el órgano que ha dictado la resolución, de acuerdo con lo previsto en los artículos 123 y 124 de la Ley 39/2015, de 1 de octubre, del Procedimiento Administrativo Común de las Administraciones Públicas. Todo ello, sin perjuicio de que pueda interponerse, en su caso, cualquier otro recurso que se estime pertinente".

Notifíquese la presente resolución a las personas interesadas en el procedimiento administrativo de su razón, de conformidad con lo establecido en artículo 40 de la Ley 39/2015, de 1 de octubre, del Procedimiento Administrativo Común de las Administraciones Públicas.

Lugar, fecha, cargo y firma electrónica.

La persona titular del órgano administrativo competente

F120. RESOLUCIÓN ACLARATORIA

Asunto:
Procedimiento:
Expediente núm.:
Departamento:

VISTA la solicitud de aclaración formulada por D/Dª. .... en nombre y representación de ...., sobre la resolución definitiva de fecha ...., adoptada por .... en el procedimiento administrativo relativo al expediente núm. ..., sobre .... de esta Administración Pública, y de conformidad con los siguientes,

FUNDAMENTOS DE DERECHO

ÚNICO. En el expediente administrativo de referencia la persona interesada ha solicitado aclaración por parte de esta Administración Pública sobre la resolución adoptada en fecha ...., en la que, entre otras cosas, se resolvió lo siguiente: .... (*transcribir literalmente la parte dispositiva de la resolución objeto de aclaración)*. A este propósito, será de significar que de los propios documentos incorporados al expediente administrativo electrónico de su razón se desprende que .... (*indicar sucintamente los motivos por los que se adoptó a la resolución*). En consecuencia, no se advierte incongruencia en dicha resolución por cuanto que .... (*justificar la congruencia de la resolución entre la parte dispositiva y el objeto del procedimiento en cuestión*). De modo y manera que, no se observa en dicha Resolución objeto de aclaración ningún tipo de incongruencia: ni omisiva o "*ex silentio*" por ausencia de evidencias, dado que se han contestado todas las pretensiones sometidas a consideración, ni tampoco incongruencia "*extra petitum*" puesto que la decisión administrativa no ha recaído sobre ningún tema que no estuviese incluido en las pretensiones deducidas por las personas interesadas en el procedimiento, ni tan siquiera se advierte la denominada incongruencia "*per errorem*" toda vez que en dicha resolución no se ha incurrido erróneamente en considerar otras pretensiones absolutamente ajenas al procedimiento administrativo instado, dejando sin respuesta la solicitud de las personas interesadas. Por consiguiente, en la citada resolución no se observa contradicción, silencio, oscuridad o insuficiencia de los preceptos legales aplicables al caso.

(*En su caso*) En el expediente administrativo de referencia la persona interesada ha solicitado aclaración por parte de esta Administración Pública sobre la resolución adoptada en fecha ...., en la que, entre otras cosas, se resolvió lo siguiente: .... *(transcribir literalmente la parte dispositiva de la resolución objeto de aclaración*). A este respecto cabe señalar que, aunque la resolución dictada en el presente procedimiento es ajustada a derecho, ello no es óbice para poder clarificar determinados aspectos que pudieran prestarse a confusión dada la complejidad del asunto plateado. Por ello, en aras a la claridad, transparencia y efectividad de la resolución adoptada, procede aclarar lo siguiente .... *(explicar de forma clara y precisa las cuestiones a clarificar*).

En su virtud, de acuerdo con las competencias legalmente atribuidas,

RESUELVO

QUE PROCEDE/NO PROCEDE realizar aclaración alguna de la resolución de .... sobre ...., dictada por esta Administración Pública en el procedimiento administrativo relativo al expediente núm. ...., por los motivos expuestos, y, como consecuencia derivada, se estima/desestima la petición sobre la aclaración formulada.

Contra la presente resolución no cabe la interposición de recurso administrativo alguno, conforme con lo establecido en el artículo 112.1 de la Ley 39/2015, de 1 de octubre, del Procedimiento Administrativo Común de las Administraciones Públicas.

Notifíquese esta resolución a las personas interesadas en el procedimiento.

Lugar, fecha, cargo y firma electrónica.

La persona titular del órgano administrativo competente

4. Desistimiento y renuncia

F121. DESISTIMIENTO POR LA ADMINISTRACIÓN

Asunto:
Procedimiento
Expediente núm.:
Departamento:

NOTIFICACIÓN A LAS PERSONAS INTERESADAS

VISTO el procedimiento administrativo relativo al expediente de referencia, iniciado de oficio por este órgano administrativo competente para .... (*indicar el objeto del procedimiento*), a la vista de las circunstancias sobrevenidas en su tramitación y de conformidad con los siguientes,

ANTECEDENTES DE HECHO

1. Por resolución de fecha .... se inició de oficio el procedimiento por el acuerdo de este órgano competente, conforme con lo establecido en el artículo 58 de la Ley 39/2015, de 1 de octubre, del Procedimiento Administrativo Común de las Administraciones Públicas.

2. En el seno de procedimiento se ha producido una satisfacción extraprocesal en beneficio de los intereses públicos tutelados por esta Administración por cuanto que .... (*especificar las circunstancias sobrevenidas*).

3. El órgano instructor del expediente ha elevado propuesta de resolución.

FUNDAMENTOS DE DERECHO

PRIMERO. Corresponde la competencia para dictar la presente resolución a este órgano competente, de conformidad con lo dispuesto en .... (*expresar la normativa de aplicación*)

SEGUNDO. De acuerdo con lo establecido en el artículo 93 de la Ley 39/2015, de 1 de octubre, del Procedimiento Administrativo Común de las Administraciones Públicas, en los procedimientos iniciados de oficio, la Administración podrá desistir, motivadamente, en los supuestos y con los requisitos previstos en las leyes.

TERCERO. De los datos y de la documentación con que se cuenta, se desprende que se ha producido una satisfacción extraprocesal por los siguientes motivos: .... (*señalar los motivos de satisfacción extraprocesal*). De modo y manera que, resulta innecesario continuar con el procedimiento incoado dado que en el presente caso se cumplen los requisitos legales establecidos en la normativa específica que le es de aplicación para acordar el desistimiento por esta Administración, declarar finalizado el procedimiento y ordenar el archivo del expediente sin más trámites.

Vistos los preceptos legales y reglamentarios, y demás de general y pertinente aplicación,

RESUELVO

ACORDAR EL DESISTIMIENTO del presente procedimiento administrativo iniciado de oficio relativo al expediente núm. ...., sobre ...., por satisfacción extraprocesal, declarar finalizado el procedimiento y ordenar el archivo del expediente sin más trámites.

Contra la presente resolución, que pone fin a la vía administrativa, se podrá interponer recurso potestativo de reposición ante este mismo órgano administrativo en el plazo de un mes, contado desde el día siguiente a la notificación o publicación de la misma, de acuerdo con lo previsto en los artículos 123 y 124 de la Ley 39/2015, de 1 de octubre, del procedimiento administrativo común de las administraciones públicas, o bien en el plazo de dos meses recurso contencioso-administrativo ante el Juzgado de lo Contencioso Administrativo competente, de conformidad con lo dispuesto en los artículos 8.3 y 46.1 de la Ley 29/1998, de 13 de julio, reguladora de la jurisdicción contencioso-administrativa. Todo ello, sin perjuicio de que se pueda interponer, en su caso, cualquier otro recurso que se estime pertinente.

Notifíquese esta resolución a las personas interesadas en el procedimiento.

Lugar, fecha, cargo y firma electrónica.

La persona titular del órgano administrativo competente

F122. ESCRITO DE DESISTIMIENTO O RENUNCIA DE DERECHOS POR LAS PERSONAS INTERESADAS

AL ÓRGANO COMPETENTE

D/Dª. ...., mayor de edad, con DNI/NIF/NIE núm. ...., actuando en nombre propio o en representación de ...., cuyas circunstancias personales constan en el procedimiento administrativo relativo al expediente núm. ...., sobre .... (*identificar el objeto del procedimiento*). Ante ese órgano administrativo comparezco (código de identificación núm. ...) y, con el debido respeto, como mejor proceda en derecho,

EXPONGO

Que, mediante el presente escrito, de acuerdo con lo establecido en el artículo 94 de la Ley 39/2015, de 1 de octubre, del Procedimiento Administrativo Común de las Administraciones Públicas, vengo a desistir de la solicitud presentada/renunciar a los derechos reconocidos (*táchese lo que no proceda*), en el expediente núm. ..... sobre ...., por motivos cuya exposición no es preceptiva.

Que, comoquiera que dicho desistimiento/renuncia no está prohibido por el ordenamiento jurídico, es por lo que, en su atención,

SOLICITO: Que admita el presente escrito y, en mérito a lo manifestado, tenga a bien aceptar el desistimiento a la solicitud/la renuncia formulada, declarando concluso el referido procedimiento administrativo y ordenando el archivo del expediente administrativo de su razón.

Lugar, fecha y firma electrónica.

La persona interesada/su representante legal

F123. COMUNICACIÓN A TERCERAS PERSONAS INTERESADAS DEL DESISTIMIENTO O RENUNCIA FORMULADA

Asunto:
Procedimiento:
Expediente núm.:
Departamento:

NOTIFICACIÓN

En el procedimiento administrativo relativo al expediente núm. ...., sobre .... (*identificar el objeto del procedimiento*), que se tramita en esta Administración Pública, se ha presentado por D/Dª. ...., escrito por el que desiste de su solicitud/renuncia al derecho reconocido (*táchese lo que no proceda*), sobre ...., cuya copia autenticada electrónica en carpeta se adjunta se acompaña a esta notificación.

De acuerdo con lo previsto en el artículo 94, apartado 4, de la Ley 39/2015, de 1 de octubre, del Procedimiento Administrativo Común de las Administraciones Públicas, como persona interesada en el citado procedimiento, se le concede un plazo de DIEZ DÍAS a contar desde la presente notificación para que, en su caso, inste la continuación del procedimiento. Transcurrido dicho plazo sin que se hubiera hecho uso de la facultad concedida, esta Administración aceptará de plano el desistimiento o la renuncia formulada y declarará concluso el procedimiento administrativo iniciado a solicitud de parte interesada, con el archivo de las actuaciones practicadas, dado que la cuestión suscitada por la incoación del procedimiento no entraña interés general ni resulta conveniente sustanciarla para su definición y esclarecimiento por razones de orden público.

Lugar, fecha, cargo y firma electrónica.

Documento firmado digitalmente. El titular del órgano administrativo competente. Autenticidad verificable mediante Código de Seguro Verificación (CSV).... en sede electrónica de esta Administración Pública.

F124. SOLICITUD DE TERCERAS PERSONAS INTERESADAS EN LA CONTINUACIÓN DEL PROCEDIMIENTO

AL ÓRGANO COMPETENTE

D/Dª. ...., mayor de edad, con DNI/NIF/NIE núm. ......, actuando en nombre propio o en representación de ...., cuyas demás circunstancias personales constan en el procedimiento administrativo relativo al expediente núm. ...., sobre .... (*identificar el objeto del procedimiento*), incoado a solicitud de D/Dª. .... Ante ese órgano administrativo comparezco (código de identificación núm, ...) y, con el debido respeto, como mejor proceda en derecho,

EXPONGO

Que con fecha ...., como persona interesada y personada en el procedimiento, me ha sido notificado el acuerdo del día ...., por el que me da traslado del escrito de D/Dª. ...., en el que desiste de su solicitud/renuncia al derecho (*Táchese los que no proceda*) sobre ....

Que, dentro del plazo concedido, y de conformidad con lo previsto en el artículo 94.4 de la Ley 39/2015, de 1 de octubre, del Procedimiento Administrativo Común de las Administraciones Públicas, en el ejercicio de los derechos e intereses legítimos que me asisten, vengo a instar la continuación del procedimiento administrativo, teniendo en cuenta las consideraciones siguientes: .... (*argumentar los motivos en los que se fundamenta la solicitud*).

Razones fundadas éstas que conducen a limitar los efectos del desistimiento o renuncia formulada y a la prosecución de la tramitación del procedimiento hasta su resolución definitiva.

Por todo ello, y en su atención, es por lo que,

SOLICITO: Que admita el presente escrito junto con la documentación que se acompaña y, por las razones expuestas, sin perjuicio del desistimiento/renuncia formulada por D/Dª. ...., continúe el procedimiento administrativo hasta su resolución definitiva.

Lugar, fecha y firma electrónica.

La persona interesada/su representante legal

F125. RESOLUCIÓN SOBRE ACEPTACIÓN DEL DESISTIMIENTO O RENUNCIA

Asunto:

Procedimiento:

Expediente núm.:

Departamento:

VISTO el escrito presentado por D/Dª. ...., por el que desiste de la solicitud formulada/renuncia al derecho reconocido (*táchese lo que no proceda*) en el procedimiento administrativo relativo al expediente núm. ...., sobre .... (*identificar el objeto del procedimiento*), y de acuerdo con los siguientes,

ANTECEDENTES DE HECHO

1. El presente procedimiento se inició a solicitud de la persona interesada D/Dª. ...., por escrito presentado el día ...., en el Registro Electrónico General de esta Administración.
2. Con fechas ...., se presentaron escritos de personación en el procedimiento por las siguientes personas interesadas .... (*indicar nombre y apellidos, denominación o razón social*).
3. Con fecha........., la persona promotora del expediente administrativo presentó escrito en el que desistía de la petición formulada/renunciada al derecho reconocido de .... por resolución de fecha firmada por .... (*táchese lo que no proceda*).
4. Concedida audiencia a las terceras personas interesadas personadas en el procedimiento, éstas en el ejercicio de sus derechos e intereses legítimos no/han solicitado su continuación hasta su resolución definitiva (*táchese lo que no proceda*).
5. En el procedimiento se han recabado los informes oportunos y se ha formulado propuesta de resolución.

A los anteriores hechos son de aplicación los siguientes,

FUNDAMENTOS DE DERECHO

PRIMERO. Los artículos 84 y 94 de la Ley 39/2015, de 1 de octubre, del Procedimiento Administrativo Común de las Administraciones Públicas, incluyen como modo de finalización del procedimiento, el desistimiento de la solicitud formulada o la renuncia a derechos reconocidos en el procedimiento, cuando ello no esté prohibido por el ordenamiento jurídico.

Conviene subrayar, que este abandono de la pretensión formulada/de los derechos reconocidos a las personas interesadas (*táchese los que no proceda*) debe ser aceptado de plano por la Administración declarando concluso el procedimiento, salvo que habiéndose personado terceras personas interesadas, instasen éstas su continuación en el plazo de diez días desde que fueron notificadas del desistimiento o renuncia presentada. Además, en el caso que la cuestión suscitada por la incoación del procedimiento entrañe interés general o fuera conveniente sustanciarla para su definición y esclarecimiento, la Administración puede limitar los efectos del desistimiento o la renuncia de la persona interesada y seguir el procedimiento.

SEGUNDO. De acuerdo con lo previsto el artículo 21.1 de la citada Ley 39/2015, de 1 de octubre, en el caso de desistimiento de la solicitud o renuncia a sus derechos, la resolución consistirá en la declaración de la circunstancia que concurra, con indicación de los hechos producidos y las normas aplicables.

TERCERO. En el caso presente, se trata de un procedimiento administrativo iniciado a solicitud de la persona interesada D/Dª. ...., en el que consta acreditado la clara e inequívoca declaración de voluntad de desistir de la solicitud formulada/de renunciar a los derechos reconocidos (*táchese lo que no proceda*), lo que determina de manera inmediata su finalización. No obstante, dado el interés manifestado por terceros personados en el procedimiento que han instado su continuación, procede limitar los efectos del desistimiento o renuncia respecto que quien lo ha formulado y proseguir con su tramitación respecto de las demás personas interesadas hasta su resolución definitiva.

CUARTO. Este órgano administrativo es competente para la adopción de la presente resolución, conforme con lo establecido en .... (*indicar la normativa específica que le sea de aplicación*).

Vistos los preceptos legales citados y demás de general o concordante aplicación,

RESUELVO

ACEPTAR EL DESISTIMIENTO/LA RENUNCIA (*táchese los que no proceda*) formulada por D/Dª. ...., sobre ...., mediante escrito presentado con fecha ...... y, como consecuencia derivada, declarar concluso el procedimiento y archivar el expediente sin más trámites.

**(En el caso de una subvención)* Desafectar el crédito en ...... euros, mediante el correspondiente documento contable.

**(Si procede)* Continuar la tramitación iniciada respecto de las demás personas interesadas que personadas en el procedimiento han instado su continuación hasta su resolución definitiva.

Contra la presente resolución, que pone fin a la vía administrativa, se podrá interponer recurso potestativo de reposición ante este mismo órgano administrativo en el plazo de un mes, contado desde el día siguiente a la notificación o publicación de la misma, de acuerdo con lo previsto en los artículos 123 y 124 de la Ley 39/2015, de 1 de octubre, del procedimiento administrativo común de las administraciones públicas, o bien en el plazo de dos meses recurso contencioso-administrativo ante el Juzgado de lo Contencioso Administrativo correspondiente, de conformidad con lo dispuesto en los artículos 8.3 y 46.1 de la Ley 29/1998, de 13 de julio, reguladora de la jurisdicción contencioso-administrativa. Todo ello, sin perjuicio de que se pueda interponer, en su caso, cualquier otro recurso que se estime pertinente.

Notifíquese esta resolución a las personas interesadas en el procedimiento.

Lugar, fecha, cargo y firma electrónica.

La persona titular del órgano administrativo competente

5. Caducidad

F126. NOTIFICACIÓN DE ADVERTENCIA DE CADUCIDAD DEL PROCEDIMIENTO

Asunto:
Procedimiento:
Expediente núm.:
Departamento:

NOTIFICACIÓN

Se le comunica que se encuentra paralizado el procedimiento administrativo relativo al expediente núm. ...., sobre .... (*identificar el objeto del procedimiento*), iniciado a solicitud presentada por usted, y teniendo en cuenta que con fecha ...... se le solicitó expresamente para que aportase la documentación indispensable para continuar con la tramitación del procedimiento y dictar la resolución correspondiente, sin que hasta el día de la fecha se tenga constancia por esta Administración Pública de su cumplimiento, de modo y manera que el citado procedimiento a instancia de parte se encuentre paralizado desde dicha fecha por causa de la inactividad o pasividad imputable a usted y, por consiguiente, incurso en declaración de caducidad.

Por ello, y en su virtud,

SE LE ADVIERTE QUE TRANSCURRIDOS TRES MESES a contar desde el día siguiente al recibo de la presente notificación, sin que aporte la documentación o realice las actuaciones necesarias para reanudar la tramitación se producirá la caducidad del procedimiento administrativo instado, y se acordará el archivo de las actuaciones, sin más trámites, de conformidad con lo establecido en el artículo 95 de la Ley 39/2015, de 1 de octubre, del Procedimiento Administrativo Común de las Administraciones Públicas.

Lugar, fecha, cargo y firma electrónica.

Documento firmado digitalmente. El titular del órgano administrativo competente. Autenticidad verificable mediante Código de Seguro Verificación (CSV).... en sede electrónica de esta Administración Pública.

F127. RESOLUCIÓN DE CADUCIDAD

Asunto:
Procedimiento:
Expediente núm.:
Departamento:

VISTO el procedimiento administrativo relativo al expediente núm. ......, sobre .... (*identificar el objeto del procedimiento*), iniciado a solicitud de D/Dª. ...., y de acuerdo con los siguientes,

ANTECEDENTES DE HECHO

1. El procedimiento de referencia fue iniciado en fecha ...... a solicitud de la persona interesada.
2. Con fecha........, se requirió a la persona interesada para que en el plazo de .... realizará una serie de actuaciones indispensables para dictar resolución. En concreto las siguientes:
   a) ....
   b) .... *(señalar sucintamente las actuaciones requeridas).*
   c) ....
3. Con fecha ...., se le advirtió a la persona interesada que el procedimiento se encontraba paralizado, por causas imputables al mismo, e incurso en declaración de caducidad si en el plazo de tres meses no llevaba a cabo la actividad necesaria para reanudar con su tramitación administrativa.
4. En el procedimiento se han recabado los informes oportunos y se ha formulado propuesta de resolución.

FUNDAMENTOS DE DERECHO

PRIMERO. De acuerdo con lo previsto en el artículo 95 de la Ley 39/2015, de 1 de octubre, del Procedimiento Administrativo Común de las Administraciones Públicas, en el presente caso paralizado el procedimiento administrativo iniciado a instancia de parte, relativo al expediente núm. ...., sobre ...., por causas imputables a la persona interesada, y habiendo transcurrido el plazo de tres meses concedido con la advertencia de declarar la caducidad, sin que dicho procedimiento se haya reanudado a causa de la inactividad constatada para cumplir con lo requerido, se produce *ipso iure* la caducidad de procedimiento y esta administración *ex oficio* debe así declararlo y acordar el archivo de las actuaciones sin más tramites.

SEGUNDO. Importa destacar, que las normas que rigen los plazos en el procedimiento administrativo son de orden público, por aplicación del principio de seguridad jurídica y para evitar su pendencia indefinida al encontrarse paralizado por causas imputables a las personas interesadas. La declaración de caducidad ha de ser declarada de oficio, lo que constituye un modo de finalización del procedimiento, de acuerdo con lo previsto en la Ley 39/2015, de 1 de octubre, del Procedimiento Administrativo Común de las Administraciones Públicas.

TERCERO. Conviene destacar, que en el presente procedimiento no concurren razones de interés público que obliguen a esta Administración Pública a resolver sobre el fondo del asunto. Por lo que procede declarar caducado el procedimiento instado y, como consecuencia derivada, ordenar el archivo de las actuaciones sin más trámites.

CUARTO. Este órgano administrativo es competente para la adopción de la presente resolución, conforme con lo establecido en .... (*indicar la normativa específica que le sea de aplicación*).

Vistos los preceptos legales citados y demás de general o concordante aplicación,

RESUELVO

DECLARAR LA CADUCIDAD del procedimiento administrativo relativo al expediente núm. ...., sobre ...., iniciado a solicitud de D/Dª. .... por causas imputables a la persona interesada y, como consecuencia derivada, ordenar el archivo de las actuaciones sin más trámites.

Esta resolución se notificará a las personas interesadas en el procedimiento con expresión de los recursos que procedan.

Lugar, fecha, cargo y firma electrónica.

La persona titular del órgano administrativo competente

VI. TRAMITACIÓN SIMPLIFICADA DEL PROCEDIMIENTO

F128. ACUERDO DE TRAMITACIÓN SIMPLIFICADA DEL PROCEDIMIENTO

Asunto:
Procedimiento:
Expediente núm.:
Departamento:

VISTO el procedimiento administrativo relativo al expediente núm. ...., sobre .... (*identificar el objeto del procedimiento*), que se tramita en este órgano administrativo competente, y de acuerdo con los siguientes,

ANTECEDENTES DE HECHO

1. Con fecha ...., se inició el presente procedimiento de oficio/a solicitud de la persona interesada (*táchese lo que no proceda*), según consta en el Registro Electrónico General de esta Administración.
2. Que dicho procedimiento ordinario es susceptible de tramitación simplificada dada la falta de complejidad del mismo, y en aras a la economía procesal y eficiencia administrativa aconsejan la continuación del expediente por los trámites simplificados del procedimiento.
3. Se ha emitido los informes técnicos oportunos que consideran que procede la tramitación simplificada del presente procedimiento.

A los anteriores hechos le son de aplicación los siguientes,

FUNDAMENTOS DE DERECHO

PRIMERO. Corresponde a este órgano administrativo la competencia para acordar la tramitación simplificada del presente procedimiento de acuerdo con lo previsto en .... (*expresar la normativa específica que le sea de aplicación*).

SEGUNDO. De conformidad con lo dispuesto en el artículo 96, apartado 6, de Ley 39/2015, de 1 de octubre, del Procedimiento Administrativo Común de las Administraciones Públicas, salvo que reste menos para la tramitación ordinaria, los procedimientos tramitados de manera simplificada deberán ser resueltos en TREINTA DÍAS, a contar desde el siguiente al que se notifique a las personas interesadas el acuerdo de tramitación simplificada del procedimiento. No obstante, si alguna persona interesada manifestase su oposición expresa o en el caso que el procedimiento exigiera la realización de un trámite no previsto para su tramitación simplificada, continuará su tramitación de manera ordinaria.

En su virtud,

ACUERDO

LA TRAMITACIÓN SIMPLIFICADA del procedimiento relativo al expediente administrativo núm. ..., sobre .... (*indicar el procedimiento de que se trate*), por concurrir las circunstancias y los requisitos exigidos en la normativa que le es de aplicación. Procedimiento tramitado de manera simplificada al que le serán de aplicación la reducción de trámites administrativos previstos en el artículo 96.6 de la Ley 39/2015, de 1 de octubre, del Procedimiento Administrativo Común de las Administraciones Públicas.

El presente Acuerdo se notificará a las personas interesadas en el procedimiento indicándoles que en el plazo de CINCO DIAS podrán formular las alegaciones que estimen pertinentes.

Lugar, fecha, cargo y firma electrónica.

La persona titular del órgano administrativo competente

F129. TRÁMITE DE AUDIENCIA EN LA TRAMITACIÓN SIMPLIFICADA

Asunto:
Procedimiento:
Expediente núm.:
Departamento:

NOTIFICACIÓN A LAS PERSONAS INTERESADAS

Instruido el procedimiento administrativo relativo al expediente núm. ..., sobre .... (*identificar el objeto del procedimiento*), que se tramita de manera simplificada en esta Administración y del que resulta lo siguiente:

1. ....
2. ...... (*describir los hechos constatados de carácter desfavorable*).
3. ....

A la vista que la resolución que se adopte en el procedimiento podría ser desfavorable a los intereses de las personas interesadas, es por lo que se le concede un TRÁMITE DE AUDIENCIA para que en el plazo de CINCO DÍAS, contados desde el día siguiente de la recepción de esta notificación, puedan alegar y presentar los documentos y justificaciones que estimen pertinentes, de acuerdo con lo dispuesto en el artículo 96.6.d) de la Ley 39/2015, de 1 de octubre, del Procedimiento Administrativo Común de las Administraciones Públicas.

El expediente administrativo de referencia se encuentra a disposición de las personas interesadas o sus representantes legales en las dependencias de esta Administración Pública, y también puede acceder al mismo a través del portal de internet de la sede electrónica de esta Administración desde la siguiente dirección: https://www...........es, durante las 24 horas al día los siete días de la semana.

Durante el periodo del trámite de audiencia concedido se tendrán en cuenta por los responsables públicos las limitaciones previstas en su caso en la Ley 19/2013, de 9 de diciembre, de transparencia, acceso a la información pública y buen gobierno.

Lo que se participa y traslada para su conocimiento y a los efectos oportunos.

Contra este acto que es de trámite, no cabe interponer recurso alguno, conforme determina el artículo 112.1 de la Ley 39/2015, de 1 de octubre, del Procedimiento Administrativo Común de las Administraciones Públicas.

Lugar, fecha, cargo y firma electrónica.

Documento firmado digitalmente. La persona titular del órgano administrativo competente. Autenticidad verificable mediante Código de Seguro Verificación (CSV).... en sede electrónica de esta Administración Pública.

VII. EJECUCIÓN DE LAS RESOLUCIONES

1. Requisitos generales

F130. APERCIBIMIENTO PREVIO A LA EJECUCIÓN FORZOSA

Asunto:
Procedimiento:
Expediente núm.:
Departamento:

NOTIFICACIÓN A LAS PERSONAS INTERESADAS

El día ......, le fue notificada la resolución de esta Administración de fecha ...., sobre el procedimiento administrativo relativo al expediente núm. ...., relativo a .... (*identificar el objeto del procedimiento*), por la que se le ordenaba la realización material de las siguientes actuaciones:

1. ....
2. .... (*señalar las actuaciones requeridas a la persona interesada*).
3. ....

Para el cumplimiento de los citados actos, se le concedió un plazo máximo de ...... días, término éste que finalizó el día ...., sin que hasta la fecha se hayan realizado los actos ordenados.

De conformidad con lo previsto en el artículo 99 de la Ley 39/2015, de 1 de octubre, del Procedimiento Administrativo Común de las Administraciones Públicas,

ACUERDO

APERCIBIR a D/Dª. ...., para que en caso de no ejecutar en su integridad lo ordenado en la resolución de fecha ......, en el improrrogable plazo de ...... días, a contar desde el día siguiente al recibo de la presente notificación, esta Administración procederá a la ejecución forzosa de la resolución dictada a su costa, con la adopción de las siguientes medidas ejecutivas:

a) ....
b) .... (*indicar los medios de ejecución forzosa*).
c) ....

Contra el presente acto no cabe interponer recurso administrativo alguno, por ser un acto de trámite que no decide sobre el fondo del asunto, ni determina la imposibilidad de continuar el procedimiento, ni produce indefensión o perjuicio irreparable, conforme determina el artículo 112.1 de la Ley 39/2015, de 1 de octubre, del Procedimiento Administrativo Común de las Administraciones Públicas.

Lugar, fecha, cargo y firma electrónica.

Documento firmado digitalmente. La persona titular del órgano administrativo competente. Autenticidad verificable mediante Código de Seguro Verificación (CSV).... en sede electrónica de esta Administración Pública.

F131. RESOLUCIÓN DE EJECUCIÓN FORZOSA

Asunto:

Procedimiento:

Expediente núm.:

Departamento:

VISTO el procedimiento administrativo relativo al expediente núm. ...., sobre .... (*identificar el objeto del procedimiento*), y de acuerdo con los siguientes,

ANTECEDENTES DE HECHO

1. Con fecha ...., esta Administración tuvo conocimiento de la realización de las actuaciones siguientes: .... (*describir los hechos objeto del procedimiento).*
2. Con fecha ...., comprobado mediante informe técnico que tales actuaciones no contaban con la preceptiva autorización que amparase su realización, se apercibió a la persona interesada D/Dª. ...., para que suspendiera de forma inmediata las actividades que se estaban llevando a cabo, al mismo tiempo que se acordó el inicio del oportuno expediente sancionador por presunta infracción .... (*señalar la normativa específica que le sea de aplicación)*, concediéndole un plazo de .... meses para que procediera a la legalización de las mismas, si ello fuera posible.
3. Con fecha ...., en el correspondiente expediente sancionador se impuso al interesado una sanción de multa de .... euros, por infracción administrativa grave consistente en .... En dicho expediente sancionador se concluye que las actividades realizadas no son legalizables.
4. En el procedimiento se han recabado los informes oportunos y se ha formulado propuesta de resolución.

A los anteriores hechos son de aplicación los siguientes,

FUNDAMENTOS DE DERECHO

PRIMERO. En primer lugar, cabe señalar que los actos de las Administraciones públicas sujetos al derecho administrativo son inmediatamente ejecutivos, conforme determina el artículo 98 de la Ley 39/2015, de 1 de octubre, del Procedimiento Administrativo Común de las Administraciones Públicas, salvo en los casos expresamente previstos en la Ley.

A este respecto, la eficacia para la satisfacción del interés público reclama la protección de la legalidad conculcada, con el máximo rigor y hasta sus últimas consecuencias, con el fin de no hacer de mejor derecho al que no cumple la legalidad que a la persona que respeta la misma. De ello deriva la exigencia establecida en la Ley para que en ningún caso se dejen de adoptar las medidas tendentes a reponer los bienes afectados al estado anterior a la producción de la situación ilegal, impidiéndose, además con ello, que el infractor pueda obtener un beneficio económico con la comisión de la infracción, lo que constituye un elemental principio del derecho administrativo sancionador (ex art. 28.2 y 29.2 de la Ley 40/2015, de 1 de octubre, de Régimen Jurídico del Sector Público).

SEGUNDO. En el caso presente, resulta acreditado que las actividades realizadas sin la previa autorización de esta Administración contravienen grave y manifiestamente la legislación aplicable, por lo que procede ordenar a la persona obligada para que si no hace por sí misma las actividades ordenadas de ejecución forzosa, se llevará a cabo la ejecución subsidiaria de lo ordenado a su costa, sin perjuicio de imponer las multas coercitivas que sean suficientes para cumplir lo ordenado, conforme con lo previsto en los artículo 102 y 103 de la Ley 39/2015, de 1 de octubre, del Procedimiento Administrativo Común de las Administraciones Públicas.

TERCERO. Esta Administración es competente para dictar la presente resolución ejecutiva, conforme con lo establecido en .... *(indicar la normativa específica que les sea de aplicación).*

Vistos los preceptos legales citados y demás de general o concordante aplicación,

RESUELVO

PRIMERO. Ordenar a D/Dª. ...., como responsable de la infracción administrativa cometida que, en el improrrogable plazo de un mes, proceda a restauración de la legalidad conculcada e impidiendo definitivamente los usos que han dado lugar por .... *(señalar los actos de ejecución forzosa a realizar).*

SEGUNDO. Advertir a D/Dª. ...., como persona obligada para acatar fielmente lo ordenado, que transcurrido el plazo de un mes a contar desde el día siguiente al recibo de la notificación de la presente resolución, sin que cumpla por sí mismo lo ordenado sobre ...., esta Administración —sin perjuicio del recurso en último término a la ejecución subsidiaria a su costa—, podrá imponerle multas coercitivas, hasta un máximo de .... sucesivas, con la periodicidad mínima mensual y por un importe, cada vez, del .... por ciento del valor de las actuaciones acordadas, hasta que cumpla por sí mismo lo ordenado. Dichas multas coercitivas se impondrán con independencia de las sanciones por las infracciones cometidas con tal carácter y compatibles con ellas, conforme preceptúa el artículo 103 de la Ley 39/2015, de 1 de octubre, del Procedimiento Administrativo Común de las Administraciones Públicas, en relación con el artículo .... *(indicar la normativa específica de aplicación)*

Contra la presente resolución, que pone fin a la vía administrativa, las personas interesadas podrán interponer recurso contencioso-administrativo ante el Juzgado de lo Contencioso-Administrativo correspondiente, en el plazo de dos meses contados desde el día siguiente al de su notificación o publicación, de conformidad con lo dispuesto en los artículos 8.3 y 46.1 de la Ley 29/1998, de 13 de julio, reguladora de la Jurisdicción Contencioso-Administrativa. Asimismo, con carácter potestativo, podrán interponer recurso de reposición, en el plazo de un mes contado desde el día siguiente al de su notificación o publicación, ante el órgano que ha dictado la resolución, de acuerdo con lo previsto en los artículos 123 y 124 de la Ley 39/2015, de 1 de octubre, del Procedimiento Administrativo Común de las Administraciones Públicas. Todo ello, sin perjuicio de que pueda interponerse cualquier otro recurso que se estime pertinente.

Lugar, fecha, cargo y firma electrónica.

La persona titular del órgano administrativo competente

F132. SOLICITUD DE AUTORIZACIÓN JUDICIAL DE ENTRADA EN DOMICILIO

Asunto:

Procedimiento:

Expediente núm.:

Departamento:

AL JUZGADO DE LO CONTENCIOSO-ADMINISTRATIVO

D/Dª. ...., en calidad de ...., en nombre y representación de esta Administración Pública, comparece ante el Juzgado de lo Contencioso-Administrativo que por turno corresponda de los de esta ciudad y, con el debido respeto, como mejor proceda en derecho, **DIGO**:

Que por medio del presente escrito formulo solicitud de AUTORIZACIÓN DE ENTRADA EN DOMICILIO, para proceder al desahucio administrativo con el lanzamiento y desalojo inmediato de los ocupantes de bienes expropiados, al amparo de lo dispuesto en el artículo 100.3 de la Ley 39/2015, de 1 de octubre, del Procedimiento Administrativo Común de las Administraciones Públicas, en relación con el artículo 8.6 de la Ley reguladora de la Jurisdicción Contencioso-Administrativa, y teniendo en consideración los siguientes,

ANTECEDENTES DE HECHO

1. Por resolución de esta Administración Pública competente se aprobó definitivamente, en fecha ...., el Proyecto de Expropiación Forzosa de determinados terrenos ubicados en .... Expropiación ésta tramitada, conforme al procedimiento legal establecido que ha devenido firme en vía administrativa. Dicho acuerdo fue notificado personalmente a las personas afectadas y publicado en el correspondiente Diario Oficial (se acompañan como Documentos núm. ....).
2. Resultando que existen determinados bienes inmuebles expropiados que —pese al pago o depósito legalmente consignado del justiprecio acordado— sus ocupantes no han desalojado voluntariamente los mismos en las fechas requeridas al efecto, por lo que se está produciendo una ocupación indebida y sin título bastante sobre bienes de titularidad de esta Administración expropiante (se acompaña certificación acreditativa de las Actas de ocupación y pago o depósito consignado y los informes de la policía levantados que acreditan la negativa del consentimiento de los afectados al desalojo voluntario de los respectivos bienes expropiados, como Documentos núm......).

A continuación, se indican las fincas expropiadas con sus bienes, derechos y titularidades, sobre las que se solicita autorización judicial para la entrada en domicilio y proceder al lanzamiento de sus ocupantes, por haberse negado los afectados a proceder al desalojo de los bienes expropiados, así como la fecha notificación del previo Apercibimiento realizado para que desalojaran voluntariamente los bienes objeto de la expropiación aprobada: .... (*relacionar los bienes expropiados objeto de desalojo*).

A los anteriores hechos son de aplicación los siguientes,

FUNDAMENTOS DE DERECHO

PRIMERO. Respecto de la legalidad de la previa actuación administrativa

La aprobación definitiva de citado Proyecto de Expropiación Forzosa por el órgano competente en el ejercicio de sus facultades propias para ello, es título ejecutivo suficiente que conlleva la declaración de utilidad pública de las obras y la necesidad de ocupación de los terrenos y edificios correspondientes, a los fines de expropiación o imposición de servidumbres, que se relacionan en el proyecto expropiatorio aprobado. Sin que hasta la fecha se haya dictado resolución administrativa o judicial alguna que suspenda, anule o modifique lo acordado, que legítima expropiación de los bienes y derechos afectados. Por lo que el acto administrativo aprobatorio goza de presunción de legalidad y ejecutividad, de acuerdo con lo establecido en los artículos 38 y 39 de la Ley 39/2015, de 1 de octubre, del Procedimiento Administrativo Común de las Administraciones Públicas, y es título ejecutivo suficiente con arreglo a lo dispuesto en el artículo 98 de la precitada Ley en relación con la normativa específicamente aplicable en materia de expropiación.

Así las cosas, acordada la aprobación definitiva del expediente de expropiación por el procedimiento legalmente establecido, notificada en forma la misma a las personas afectadas, efectuado el pago o depósito del justiprecio acordado y realizado el previo apercibimiento de desalojo, procede que esta Administración competente ocupe las fincas expropiadas, en el ejercicio de sus potestades ejecutivas para realizar las obras y servicios declarados de utilidad pública.

El vigente artículo 54 del Reglamento de Expropiación forzosa determina que: "*Los desahucios y lanzamientos que exija la ocupación de las fincas expropiadas tendrán carácter administrativo*". En consecuencia, estamos ante un procedimiento exclusivamente administrativo y de un marcado carácter sumario, que se encuentra justificado por un previo acto administrativo plenamente válido y eficaz que actúa como medio de ejecución de éste, requiriéndose el auxilio judicial para llevar a cabo lo acordado en el procedimiento de ejecución forzosa que exige la entrada domiciliaria, dada la resistencia constatada de determinadas personas en desalojar voluntariamente los bienes y derechos expropiados.

SEGUNDO. En cuanto a la necesidad de Autorización Judicial

El principio de la inviolabilidad del domicilio consagrado en su artículo 18, apartado 2, de la Constitución, establece que: "*El domicilio es inviolable. Ninguna entrada o registro podrá hacerse en él sin consentimiento del titular o resolución judicial, salvo en caso de flagrante delito*". Por consiguiente, sin el consentimiento de las personas afectadas, para la ejecución de estos actos administrativos es imprescindible obtener la oportuna autorización judicial de entrada en el domicilio o en los restantes lugares que requieran la autorización de su titular, con el fin de proceder al desahucio administrativo acordado mediante el lanzamiento por los propios agentes de esta Administración Pública de quienes ocupan sin título bienes expropiados, respetando el principio de proporcionalidad en los medios empleados y con el debido respecto a la dignidad de las personas afectadas y a sus derechos reconocidos conforme con lo establecido en el artículo 104 de la Ley 39/2015, de 1 de octubre y la Constitución garantiza.

De acuerdo con lo previsto en el artículo 100, apartado 3, de la Ley 39/2015, de 1 de octubre, del Procedimiento Administrativo Común de las Administraciones Públicas, en relación con lo establecido en el artículo 8, apartado 6, de la Ley 29/1998, de 13 de julio, Reguladora de la Jurisdicción Contencioso-Administrativa, por resultar necesario, en el presente caso, entrar en el domicilio de las personas afectadas o en los restantes lugares que requieran la autorización de su titular, las Administraciones Públicas han de obtener el consentimiento de este o, en su defecto, la oportuna autorización judicial.

En atención de lo expuesto, y en su virtud,

SUPLICO AL JUZGADO: Que tenga por presentado este escrito junto con los documentos que se acompañan, lo admita a trámite y conforme a lo solicitado acuerde dictar resolución judicial por la que se autorice la entrada en los domicilios y fincas contenidas en el cuerpo del presente escrito, al amparo de la legislación vigente, para proceder a la ejecución forzosa del acto firme de esta Administración Pública y ocupar los bienes inmuebles expropiados declarados de utilidad pública, mediante el lanzamiento o desalojo de los ocupantes carentes de título alguno para mantener su posesión sobre bienes de titularidad de esta Administración expropiante, respetando el principio de proporcionalidad en los medios empleados y con el debido respecto a la dignidad de las personas afectadas y a sus derechos reconocidos en el ordenamiento jurídico.

Lugar, fecha, cargo y firma electrónica.

La persona titular del órgano administrativo competente

F133. RESOLUCIÓN EN EJECUCIÓN DE SENTENCIA

Asunto:

Procedimiento:

Expediente núm.:

Departamento:

En el recurso contencioso-administrativo número ...., interpuesto ante el Juzgado/ Tribunal .... por D/Dª. ...., contra la Resolución de esta Administración Pública de fecha ...., sobre .... (*indicar el objeto de la resolución*) se ha dictado, con fecha ...., sentencia núm. ...., en cuya parte dispositiva señala el siguiente pronunciamiento:

"Fallamos: Que debemos estimar y estimamos el recurso contencioso-administrativo interpuesto por D/Dª. ...., contra la resolución de ...., por la que ...., anulando y dejando sin efecto dicha Resolución administrativa por ser contraria al ordenamiento jurídico, y reconociendo el derecho del recurrente a obtener una resolución acorde a Derecho o, subsidiariamente y para el supuesto de que ello resultara legalmente imposible, a obtener de dicha Administración la correspondiente indemnización de daños y perjuicios. Todo ello, sin que hacer expresa imposición de las costas procesales".

En su virtud, de conformidad con lo establecido el artículo 17, apartado 2 de la Ley Orgánica 6/1985, de 1 de julio, del Poder Judicial, y el artículo 103 y siguientes de la Ley 29/1998, de 13 de julio, reguladora de la Jurisdicción Contencioso-Administrativa,

RESUELVO

PRIMERO. Ejecutar la sentencia núm. ......, dictada por ...., para que se cumpla en sus propios términos.

SEGUNDO. Instrúyase de oficio por el órgano competente el correspondiente procedimiento sobre el reconocimiento a la persona interesada a obtener una resolución adecuada al ordenamiento jurídico y, en su caso, la indemnización de daños y perjuicios que sea pertinente.

La presente resolución en cumplimiento de sentencia firme se notificará a las personas interesadas y personadas el procedimiento, indicándoles que contra la misma no cabe recurso administrativo alguno.

Lugar, fecha, cargo y firma electrónica.

La persona titular del órgano administrativo competente

2. Medios de ejecución forzosa

F134. CERTIFICACIÓN DE DESCUBIERTO PREVIA AL PROCEDIMIENTO DE APREMIO

Asunto:

Procedimiento:

Expediente núm.:

Departamento:

AL ÓRGANO DE RECAUDACIÓN

Relación certificada de expedientes de liquidación por el concepto de ...., sobre las deudas no satisfechas en el período voluntario de cobranza.

D/Dª. ...., como ...., de ....

CERTIFICO: Que, en los expedientes tramitados por el concepto arriba indicado, a los deudores que a continuación se relacionan, durante el plazo que se les notificó para el ingreso de las deudas contraídas, y que finalizó en la fecha que se indica en cada caso, no han efectuado el ingreso del importe que por cada uno de ellos se expresa seguidamente:

Núm. Orden	Núm. Expte. Fecha Resolución	DNI/NIE o CIF	Apellidos y nombre del deudor Domicilio Localidad	Fecha notificación	Fecha final período de Ingreso Voluntario	Importe	Observaciones
1							
2							
3							
4							

La presente relación comprensiva de .... deudores, importa la cantidad total de .... euros.

Y para que conste a efectos de expedición de las correspondientes Certificaciones de Descubierto para su cobro en vía ejecutiva, expido la presente con el visto bueno y conforme del titular del órgano administrativo competente.

Lugar, fecha, cargo y firma electrónica

La persona funcionario o funcionaria habilitada

Vº. Bº. CONFORME

La persona titular del órgano administrativo competente

F135. PROVIDENCIA DE APREMIO SOBRE EL PATRIMONIO

Asunto:
Procedimiento:
Expediente núm.:
Departamento:

NOTIFICACIÓN

Le hago saber que en el correspondiente título acreditativo del débito se ha dictado por este departamento de Recaudación, la siguiente:

PROVIDENCIA DE APREMIO

1. En relación con el procedimiento administrativo relativo al expediente núm. ..., sobre .... (*identificar el objeto del procedimiento*), y en uso de la facultad que me confiere los artículo 70 y 71 del Reglamento General de Recaudación, aprobado por Real Decreto 935/2005, de 29 de julio, en relación con ...., una vez expedida en fecha .... certificación de descubierto, por la que se acredita que no se ha satisfecho la deuda en el periodo voluntario y el comienzo de devengo de intereses de demora, ORDENO EL INICIO DEL PERIODO EJECUTIVO DEL PROCEDIMIENTO DE APREMIO sobre los bienes y derechos de los deudores D/Dª. ...., D/Dª. ...., D/Dª. ...., con arreglo a los preceptos del citado Reglamento y a la Ley General Tributaria.

Deuda reclamada: ....
Deudor: ....
Número de Certificación: ....
Periodo: ....
Concepto: ....
Importe + recargo: ....

2. De acuerdo con lo previsto en el artículo 98.2 de la Ley 39/2015, de 1 de octubre, del Procedimiento Administrativo Común de las Administraciones Públicas, se les requiere a los citados deudores para que efectúen el pago de la deuda reclamada en la Unidad de Recaudación Ejecutiva, sita en la ...., del municipio de ...., por comparecencia personal o a través del portal de la sede electrónica de esta Administración en el siguiente enlace: https//www.......es, utilizando alguno de los siguientes medios electrónicos:

a) Tarjeta de crédito o débito.

b) Transferencia bancaria.

c) Domiciliación bancaria.

3. De acuerdo con lo establecido en el artículo 62.5 de la Ley 58/2003, de 17 de diciembre, General Tributaria, una vez iniciado el periodo ejecutivo y notificada la providencia de apremio, el pago de la deuda tributaria deberá efectuarse en los siguientes plazos:
   a) Si la notificación de la providencia se realiza entre los días uno y 15 de cada mes, desde la fecha de su recepción hasta el día 20 de dicho mes o, si éste no fuera hábil, hasta el inmediato hábil siguiente.
   b) Si la notificación de la providencia se realiza entre los días 16 y último de cada mes, desde la fecha de su recepción hasta el día cinco del mes siguiente o, si éste no fuera hábil, hasta el inmediato hábil siguiente.
4. Se advierte que, en el caso de no efectuar el ingreso del importe total de la deuda pendiente en dicho plazo, incluido el recargo de apremio reducido del 10%, se procederá al embargo de bienes o a la ejecución de las garantías existentes para el cobro de la deuda con inclusión del recargo de apremio del 20% y de los intereses de demora hasta la fecha de cancelación de la deuda.
5. Puede solicitar el aplazamiento o el fraccionamiento del pago de la deuda en los términos previstos en el artículo 65 de la Ley 58/2003, de 17 de diciembre, General Tributaria.
6. La presente providencia de apremio es título suficiente para iniciar el procedimiento de apremio y tiene la misma fuerza que la sentencia para proceder contra los bienes y derechos de los obligados tributarios, de conformidad con lo establecido en el artículo 167.2 de la Ley General Tributaria.

Contra esta providencia de apremio, podrá interponerse recurso o reclamación económica-administrativa ante ...., en el plazo de un mes, contado a partir del día siguiente a aquel que tenga lugar su notificación o publicación oficial, de conformidad con lo previsto en los artículos 222 a 240 de la Ley 58/2003, de 17 de diciembre, General Tributaria.

Lugar, fecha, cargo y firma electrónica.

Documento firmado digitalmente. La persona titular del órgano administrativo competente. Autenticidad verificable mediante Código de Seguro Verificación (CSV).... en sede electrónica de esta Administración Pública.

F136. DILIGENCIA DE EMBARGO DE BIENES Y DERECHOS

Asunto:
Procedimiento:
Expediente núm.:
Departamento:

DILIGENCIA DE EMBARGO

Tramitándose en este órgano de recaudación competente, el procedimiento de apremio relativo al expediente núm. ......, contra el deudor ...., con DNI/NIF/NIE/CIF núm. ...., por deudas en concepto de ...., que responden al siguiente detalle:

Número de providencia de apremio: ....
Periodo: ....
Régimen: ....
Importe: .... euros.
Recargo de apremio: .... euros.
Costas devengadas: .... euros.
Costas presupuestadas: .... euros.
TOTAL, DÉBITOS: .... euros.

En cumplimiento de la Providencia de Apremio sobre el patrimonio dictada con fecha ...., al haber transcurrido el plazo señalado en la misma, sin haberse realizado el ingreso requerido, al amparo del artículo 75 y siguientes, del Reglamento General de Recaudación, aprobado por Real Decreto 939/2005, de 29 de julio, procede DECLARAR EMBARGO SOBRE LOS BIENES Y DERECHOS pertenecientes al deudor que se describen en la relación adjunta. Los citados bienes quedan afectos en virtud de este embargo a las responsabilidades del deudor en el presente procedimiento administrativo, que al día de la fecha ascienden a la cantidad total antes reseñada.

En su virtud, la práctica de los bienes y derechos embargados se llevará a cado de conformidad con lo dispuesto en los artículos 76 a 115 del Reglamento General de Recaudación (RD 939/2005), incluyendo las costas del procedimiento de apremio y demás gastos que exija y requiera la propia ejecución de lo acordado.

Notifíquese esta Diligencia de Embargo al deudor, en su caso, al cónyuge, a los terceros poseedores y a los acreedores hipotecarios, indicándoles que los bienes y derechos serán tasados a precio de mercado y de acuerdo con los criterios habituales de valoración por este órgano de recaudación competente, a efectos de la posible venta y enajenación en subasta pública de los mismos, en caso de no atender al pago de su deuda, y que servirá para fijar el tipo de salida, de no mediar objeción por parte del apremiado.

No obstante, en caso de discrepancia con la valoración que se efectúe, podrá presentar valoración contradictoria de los bienes y derechos que le han sido trabados en el plazo de 15 días, contados a partir del día siguiente al de la notificación de la valoración inicial realizada por este órgano de recaudación competente.

Si no existiese acuerdo entre las partes, este órgano de recaudación competente solicitará una nueva valoración por perito adecuado, en el plazo de 15 días, según lo previsto en el artículo 135.3 de la Ley 58/2003, de 17 de diciembre, General Tributaria.

Este órgano de recaudación competente acordará la enajenación mediante subasta de los bienes embargados que estime bastantes para cubrir suficientemente el débito perseguido y las costas del procedimiento. La subasta se anunciará en las oficinas de este órgano de recaudación, conforme con lo previsto en el artículo 101 del Reglamento General de Recaudación.

Asimismo, expídase el oportuno mandamiento al Registro de la Propiedad correspondiente para que efectúe anotación preventiva del embargo acordado. Solicítese certificación de cargas que figuren sobre cada finca y llévense a cabo las actuaciones pertinentes y la remisión, en su momento, del expediente administrativo de su razón a ...., para el anuncio de la subasta de los bienes trabados, que podrán ser distribuidos por lotes de acuerdo con su análoga naturaleza.

Finalmente, y a tenor de lo dispuesto en el artículo 98 del Reglamento General de Recaudación, fijado en tipo para la subasta, requiérase al deudor para que facilite los títulos de propiedad de los bienes inmuebles, créditos hipotecarios, derechos reales embargados o cualquier otro tipo de bien o derecho embargado, en el plazo de tres días, en el supuesto de que tenga su residencia en la propia localidad donde tiene ubicadas las oficinas este órgano de recaudación competente, o en quince días si reside fuera. Advirtiéndole que, de no hacerlo así, serán suplidos tales títulos a su costa.

Lugar, fecha, cargo y firma electrónica.

La persona titular del órgano de recaudación competente

Anexo

DESCRIPCIÓN DE LAS FINCAS EMBARGADAS

Deudor: ....

FINCA NÚMERO: 01

Datos de la finca no urbana: ....
Nombre de la finca: ....
Localidad: ....
Provincia: ....
Término: ....
Cultivo: ....
Cabida: ....
Linda norte: ....
Linda sur: ....
Linda este: ....
Linda oeste: ....
Datos del Registro de la Propiedad: ....
Número de Registro: ....
Número de Tomo: ....

Número de Libro: ....
Número de folio: ....
Número de Finca: ....
Descripción ampliada u otros datos de interés:

- ....
- ....

FINCA NÚMERO: 02

Datos de la finca urbana:
Emplazamiento: ....
Localidad: ....
Provincia: ....
Datos Catastrales: ....
Datos del Registro de la Propiedad: ....
Descripción ampliada u otros datos de interés:

-
-

Notifíquese la presente Diligencia de Embargo a todas las personas interesadas en el procedimiento, con expresión de los recursos o reclamaciones económico-administrativas que procedan.

Lugar, fecha, cargo y firma electrónica.

La persona titular del órgano de recaudación competente

F137. RESOLUCIÓN DE EJECUCIÓN SUBSIDIARIA

Asunto:
Procedimiento:
Expediente núm.:
Departamento:

VISTO el procedimiento administrativo relativo al expediente núm. ......, incoado para la protección de la legalidad urbanística sobre .... (*identificar el objeto del procedimiento*), y de acuerdo con los siguientes,

ANTECEDENTES DE HECHO

1. En fecha ...., esta Administración Pública ordenó la paralización de las actividades que se estaban llevando a cabo sin la preceptiva autorización en .... Asimismo, se acordó incoar expediente sancionador por infracción administrativa contra los presuntos responsables. Además, se les requirió para que en el plazo de dos meses procedieran a solicitar las correspondientes autorizaciones con la finalidad de regularizar la anormal situación. Dicha resolución en fecha ...., fue notificada en forma las personas interesadas.
2. En fecha ...., por resolución de esta Administración Pública las referidas actuaciones fueron sancionadas con multa por infracción grave y no legalizable, conforme establece .... (*señalar la normativa específica de aplicable*).
3. Las personas interesadas han presentado recursos administrativos que han sido desestimados por resolución expresa de esta Administración, debidamente notificada en fecha .... (*indicar la fecha de la notificación cursada*).
4. De la documentación incorporada en el expediente resulta probado que los actos sancionados sin autorización administrativa alguna que ampare su realización, son disconformes con la legislación aplicable y manifiestamente ilegales y no legalizables, por lo que en fecha .... se ordenó a los responsables que en el improrrogable plazo de un mes procedieran a la restitución de la legalidad conculcada, bajo apercibimiento de ejecución subsidiaria a su costa.
5. En el procedimiento se han recabado los informes oportunos y se ha formulado propuesta de resolución.

A los anteriores hechos son de aplicación los siguientes,

FUNDAMENTOS DE DERECHO

PRIMERO. En el presente procedimiento administrativo para la protección de la legalidad urbanística del que se deriva la ejecución forzosa que culmina con la presente resolución, se han observado las prescripciones legales establecidas. En efecto, se han cumplido los trámites y requisitos exigidos en la vigente legislación aplicable que está constituida por .... (*indicar la normativa específica que le sea de aplicación*). Además, se dan los requisitos establecidos que legitiman la ejecución subsidiaria de ......, a costa de la persona obligada hacerlo, con el fin de restituir los bienes afectados al estado anterior a la producción de la situación ilegal e impedir definitivamente los usos a que diere lugar. En efecto:

1. Las actividades consistentes en .... realizadas sin licencia ni autorización alguna son ilegales y no legalizables por cuanto que .... *(indicar los motivos de ilegalidad)*. Y los actos de ejecución requeridos por no ser personalísimos pueden ser realizados por sujeto distinto del obligado, mediante la ejecución subsidiaria a su costa, de acuerdo con lo previsto en el artículo 102 de la Ley 39/2015, de 1 de octubre, del Procedimiento Administrativo Común de las Administraciones Públicas.
2. La persona interesada requerida para que procediera a realizar lo ordenado, con apercibimiento de ejecución subsidiaria, no lo ha hecho. En consecuencia, dicho requerimiento expreso ha producido sus efectos desde el momento en que se dictó y notificó, siendo válido e inmediatamente ejecutivo, y lo dispuesto en el mismo es de obligado cumplimiento por sus destinatarios, debiendo asumir, en caso contrario, el coste de las medidas adoptadas para el restablecimiento de la legalidad manifiestamente conculcada conforme determina la ley.

SEGUNDO. En el presente caso, se han cumplido todos los requisitos y trámites previos tendentes para la protección de la legalidad, se ha instruido el correspondiente procedimiento administrativo conforme con lo establecido en la legislación aplicable, se han emitido los informes técnicos competentes y se ha apercibido previamente a la persona responsable para que cumpliera por sí misma lo acordado. Lo que obliga a esta Administración por ejecución subsidiaria a continuar el procedimiento para la restauración la legalidad hasta sus últimas consecuencias.

TERCERO. Importa señalar que, ante la inactividad o pasividad constatada de la persona responsable previamente requerida, esta Administración necesariamente debe intervenir en sustitución y a costa de la persona obligada a ello, por los sus medios propios o a través de las personas que determine para su cumplimiento por sujeto distinto de la persona obligada a ello, pudiendo exigir, en su caso, el importe de los gastos de forma provisional a reserva de su liquidación definitiva conforme determina el artículo 102 de la citada Ley 39/2015. El importe definitivo de los gastos, daños y perjuicios se exigirá una vez ejecutado lo acordado, por el procedimiento recaudatorio en vía ejecutiva, de lo que se dará previa audiencia a la persona interesada.

CUARTO. De acuerdo con lo previsto en el artículo 100.3 de la indicada Ley 39/2015, procede solicitar autorización judicial de entrada en el domicilio y en los restantes lugares cuyo acceso requiera el consentimiento de su titular, para proceder a la ejecución forzosa de lo ordenado. Autorización judicial que se recabará del Juzgado de lo Contencioso Administrativo correspondiente, según lo dispuesto en el artículo 8.6 de la Ley reguladora de la Jurisdicción Contencioso-Administrativa.

QUINTO. Este órgano administrativo es competente para adoptar la presente resolución, conforme con lo establecido en .... *(indicar la normativa específica que le sea de aplicación)*.

Vistos los preceptos legales citados y demás de general o concordante aplicación,

RESUELVO

PRIMERO. Ordenar la ejecución subsidiaria consistente en ...., a costa de D/Dª. ...., a la que se le ha ordenado expresamente que por sí misma procediera a cumplir lo requerido y a lo que no se ha dado cumplimiento, para la restauración de la legalidad urbanística manifiestamente vulnerada.

SEGUNDO. Solicitar autorización judicial para la entrada en el domicilio y en los restantes lugares en los que se requiere la autorización de su titular y no se ha obtenido su consentimiento, con objeto de llevar a cabo la ejecución forzosa acordada, lo que se interesará del Juzgado de lo Contencioso-Administrativo de ...., al que se le remitirán las actuaciones.

TERCERO. Acordar la inscripción de la presente orden de ejecución en el Registro de la Propiedad mediante anotación preventiva que se practicará sobre la finca en la que recaiga el presente expediente, conforme determina legislación de régimen del suelo y demás ordenación territorial y urbanística aplicable.

Contra esta resolución no cabe recurso alguno, por ser un acto administrativo dictado en estricta ejecución de otro válido y ejecutivo, cuya ejecutividad no ha sido suspendida por ninguna resolución administrativa o judicial.

Lugar, fecha, cargo y firma electrónica.

La persona titular del órgano administrativo competente

F138. LIQUIDACIÓN PROVISIONAL DE LOS GASTOS

Asunto:
Procedimiento:
Expediente núm.:
Departamento:

VISTO el procedimiento administrativo relativo al expediente núm. ...., de ejecución subsidiaria sobre.................... (*identificar el objeto del procedimiento*), a costa de ...., y de acuerdo con los siguientes,

ANTECEDENTES DE HECHO

1. Esta Administración Pública, con fecha ...., previo apercibimiento a las personas interesadas acordó disponer la ejecución forzosa subsidiaria de ...., al amparo de lo establecido en el artículo 102 de la Ley 39/2015, de 1 de octubre, del Procedimiento Administrativo Común de las Administraciones Públicas.
2. Con fecha ...., dicha resolución fue notificada a las personas interesadas.
3. Tras el oportuno expediente de contratación con fecha ...., se resolvió la adjudicación de los trabajos materiales de la ejecución subsidiaria a favor de una empresa del ramo.
4. En virtud de la providencia dictada el día ...., por el Juzgado de lo Contencioso-Administrativo de ...., se autorizó a esta Administración para la entrada en los referidos domicilios o lugares autorizados, señalando las fechas en que se debería proceder a la ejecución subsidiaria acordada.
5. Los trabajos materiales de la referida ejecución finalizaron el día ...., según Acta de recepción definitiva emitida al efecto y suscrita por el representante de esta Administración, el técnico director de las obras y la representación de la empresa adjudicataria.
6. Según la documentación obrante en el expediente (certificado de obras, honorarios de redacción del proyecto y factura de trabajos complementarios) el importe de los gastos efectivamente realizados para la ejecución subsidiaria, a reserva de la liquidación definitiva, ascienden a la cantidad total de .... euros. Todo ello, se concreta en las siguientes partidas de gastos ocasionados:
   - Redacción del proyecto: .... euros.
   - Ejecución material: .... euros.
   - Gastos complementarios: .... euros.

A los anteriores hechos son de aplicación los siguientes,

FUNDAMENTOS DE DERECHO

PRIMERO. Finalizado el procedimiento administrativo para el restablecimiento de la legalidad con la ejecución subsidiaria de ...., a costa de .... Resulta necesario que los gastos ocasionados por dicha la ejecución subsidiaria sean resarcidos a esta Administración Pública, puesto que las consecuencias desfavorables de la citada medida de protección de la legalidad, debe ser soportada íntegramente por la persona responsable de la infracción sancionada por ser ella misma quien con su actitud ha creado la situación ilegítima objeto de remoción.

SEGUNDO. La ejecución subsidiaria supone siempre, en último término, la conversión de la obligación que el acto administrativo impone en una deuda pecuniaria, susceptible de ser satisfecha por la vía ejecutiva de apremio sobre el patrimonio, si la persona obligada sigue resistiéndose a esta nueva forma de cumplimiento. A este respecto, el artículo 102.4 de la Ley 39/2015, de 1 de octubre, del Procedimiento Administrativo Común de las Administraciones Públicas, preceptúa que dicho importe podrá liquidarse de forma provisional y realizarse antes de la ejecución, a reserva de la liquidación definitiva.

No obstante, por respeto al principio de contradicción y con el fin de no causar indefensión la persona interesada, es lícito permitir que intervenga en el procedimiento administrativo en que se determine la cuantía de los gastos, daños y perjuicios, ocasionados por la ejecución subsidiaria, concediéndole audiencia previa antes de resolver sobre su liquidación definitiva.

TERCERO. Este órgano administrativo es competente para adoptar la presente resolución, conforme con lo establecido en .... (*indicar la normativa específica que le sea de aplicación*).

Vistos los preceptos legales citados y demás de general o concordante aplicación,

RESUELVO

PRIMERO. Iniciar el procedimiento para determinar la cuantía de los gastos, daños y perjuicios ocasionados por la ejecución subsidiaria ordenada, a costa de la persona obligada a llevarla a efecto.

SEGUNDO. Liquidar provisionalmente los gastos ocasionados en la cantidad total de .... euros, a reserva de la liquidación definitiva.

TERCERO. Conceder un trámite de audiencia previa a ...., para que, en el plazo de DIEZ DÍAS, a partir del día siguiente al de la notificación o publicación de la presente resolución, pueda alegar y presentar los documentos y justificaciones que estime pertinentes en defensa de sus derechos e intereses legítimos.

CUARTO. Transcurrido el plazo de trámite de audiencia conferido, se resolverá sobre la liquidación definitiva de los gastos ocasionados por la referida ejecución subsidiaria acordada y se requerirá a las personas interesadas para que abonen dicho importe y lo hagan efectivo, con apercibimiento para que, en el caso de no ingresar su importe, en período voluntario, se le exigirá por la vía de apremio sobre el patrimonio conforme al procedimiento recaudatorio en vía ejecutiva.

Contra la presente resolución no cabe interponer recurso administrativo alguno.

Lugar, fecha, cargo y firma electrónica.

La persona titular del órgano administrativo competente

F139. LIQUIDACIÓN DEFINITIVA DE LOS GASTOS

Asunto:
Procedimiento:
Expediente núm.:
Departamento:

VISTO el procedimiento administrativo relativo al expediente núm. ...., sobre .... (*identificar el objeto del procedimiento*), para determinar la cuantía de los gastos, daños y perjuicios ocasionados por la ejecución subsidiaria de ...., a costa del infractor obligado ...., y de acuerdo con los siguientes,

ANTECEDENTES DE HECHO

1. En fecha ...., esta Administración Pública dispuso, entre otras cosas, la ejecución subsidiaria de .... Lo que se notificó en forma a las personas interesadas.
2. Tras el oportuno expediente administrativo de contratación con fecha ...., se resolvió la adjudicación de los trabajos materiales de la referida ejecución subsidiaria.
3. Los trabajos materiales de la ejecución subsidiaria finalizaron el día ...., según consta en el Acta incorporada en el expediente administrativo de su razón.
4. De acuerdo con la documentación obrante en el expediente el importe de los gastos efectivamente realizados para la ejecución subsidiaria, a reserva de la liquidación definitiva, ascienden a la cantidad total de .... euros.
5. En fecha ...., por resolución de esta Administración se acordó iniciar el procedimiento para determinar la cuantía de los gastos, daños y perjuicios ocasionados por la ejecución subsidiaria. Así como liquidar provisionalmente los gastos ocasionados en la cantidad total de .... euros, a reserva de la liquidación definitiva. Lo que se notificó en forma a las personas interesadas.
6. En fecha .... se concedió un trámite de audiencia de diez días hábiles, para que las personas interesadas pudieran alegar y presentar los documentos y justificaciones que estimen pertinentes.
7. En fecha ...., D/Dª. ...., presentó alegaciones en las que manifestó lo que estimó oportuno y conveniente en defensa de sus derechos e intereses legítimos.
8. En el procedimiento se han recabado los informes oportunos y se ha formulado propuesta de resolución.

A los anteriores hechos son de aplicación los siguientes,

FUNDAMENTOS DE DERECHO

PRIMERO. Los gastos ocasionados por la ejecución material de los trabajos de ejecución subsidiaria realizada por esta Administración Pública, a costa de la persona obligada para ...., han de ser resarcidos, puesto que las consecuencias desfavorables de la citada medida de ejecución forzosa para el cumplimiento de las obligaciones legales impuestas debe ser soportada íntegramente por la persona responsable obligada a ello, al haber creado la situación ilegítima objeto de remoción.

SEGUNDO. Importa destacar, que la ejecución subsidiaria supone siempre, en último término, la conversión de la obligación que el acto administrativo impone en una deuda pecuniaria, por el importe de los gastos, daños y perjuicios causados, susceptible de ser satisfecha por la vía ejecutiva de apremio sobre el patrimonio, conforme determina el artículo 102.3 de la Ley 39/2015, de 1 de octubre, del Procedimiento Administrativo Común de las Administraciones Públicas, en el caso de que el obligado continúe resistiéndose a esta nueva forma de cumplimiento.

TERCERO. En la tramitación del presente procedimiento se han observado las prescripciones legales, en especial, se ha concedido audiencia a las personas interesadas para no producirles indefensión.

CUARTO. Este órgano administrativo es competente para la adopción de la presente resolución, de conformidad con lo establecido en .... *(indicar la normativa específica que le sea de aplicación).*

Vistos los preceptos legales citados y demás de general o concordante aplicación,

RESUELVO

PRIMERO. Liquidar definitivamente los gastos, daños y perjuicios ocasionados por la ejecución subsidiaria realizada sobre ...., a costa del obligado D/Dª. ...., en la cantidad total de .... euros.

SEGUNDO. Requerir a D/Dª. ...., para que abone dicho importe y lo haga efectivo, con apercibimiento de que en el supuesto que no lo ingresase en el período voluntario que se le indica en la carta de liquidación que se adjunta a la presente resolución, se le exigirá por la vía ejecutiva de apremio sobre el patrimonio, conforme al procedimiento de recaudación ejecutiva:

1. De acuerdo con lo establecido en el artículo 62.5 de la Ley 58/2003, de 17 de diciembre, General Tributaria, una vez iniciado el periodo ejecutivo y notificada la providencia de apremio, el pago de la deuda tributaria deberá efectuarse en los siguientes plazos:
   a) Si la notificación de la providencia se realiza entre los días uno y 15 de cada mes, desde la fecha de su recepción hasta el día 20 de dicho mes o, si éste no fuera hábil, hasta el inmediato hábil siguiente.
   b) Si la notificación de la providencia se realiza entre los días 16 y último de cada mes, desde la fecha de su recepción hasta el día cinco del mes siguiente o, si éste no fuera hábil, hasta el inmediato hábil siguiente.
2. Advirtiéndole que, en el caso de no efectuar el ingreso del importe total de la deuda pendiente en dicho plazo, incluido el recargo de apremio reducido del 10%, se procederá al embargo de bienes o a la ejecución de las garantías existentes para el cobro de la deuda con inclusión del recargo de apremio del 20% y de los intereses de demora hasta la fecha de cancelación de la deuda.
3. Para el ingreso de pago la citada cantidad que debe abonarse en la sede electrónica de esta Administración se efectuará preferentemente realizarse utilizando alguno de

los medios electrónicos señalados en el artículo 98.2 de la Ley 39/2015, de 1 de octubre, del Procedimiento Administrativo Común de las Administraciones Públicas o, en su caso, deberá presentar el impreso (carta de liquidación) que se acompaña ante cualquiera de las entidades bancarias colaboradoras expresadas en el mismo.

Contra la presente resolución, que pone fin a la vía administrativa, las personas interesadas podrán interponer recurso contencioso-administrativo ante el Juzgado de lo Contencioso Administrativo correspondiente, en el plazo de dos meses, contados desde el día siguiente al de su notificación o publicación, de conformidad con lo dispuesto en los artículos 8.3 y 46.1 de la Ley 29/1998, de 13 de julio, reguladora de la Jurisdicción Contencioso-Administrativa. Asimismo, con carácter potestativo, podrán interponer recurso de reposición, en el plazo de un mes desde el día siguiente al de su notificación o publicación, ante el mismo órgano administrativo que ha dictado la resolución, de acuerdo con lo previsto en los artículos 123 y 124 de la Ley 39/2015, de 1 de octubre, del Procedimiento Administrativo Común de las Administraciones Públicas. Todo ello, sin perjuicio de que pueda interponerse cualquier otro recurso que se estime pertinente.

Lugar, fecha, cargo y firma electrónica.

La persona titular del órgano administrativo competente

F140. IMPOSICIÓN DE MULTA COERCITIVA

Asunto:
Procedimiento:
Expediente núm.:
Departamento:

NOTIFICACIÓN

Esta Administración Pública, con fecha ...., adoptó la resolución que a continuación se transcribe:

"VISTO el procedimiento relativo al expediente núm. ...., sobre .... (*identificar el objeto del procedimiento*), y de acuerdo con los siguientes,

ANTECEDENTES DE HECHO

1. Este órgano administrativo, en fecha ...., en cumplimiento de una obligación legal acordó ordenar a D/Dª ...., que en el plazo de dos meses procediera a realizar .... En la misma resolución se le apercibía de que transcurrido el plazo citado de dos meses, a contar desde el día siguiente al de la notificación o publicación de dicha resolución ejecutiva, sin que cumpliera lo ordenado, esta Administración procedería a imponerle multas coercitivas, hasta un máximo de ...... sucesivas, con la periodicidad mínima mensual y por un importe, cada vez, de .... euros, hasta que cumpliese la persona obligada por sí mima lo ordenado. Resolución ésta que fue notificada en fecha ....
2. Con fecha ...., se emitió informe técnico por el que se comprobó que se ha incumplido lo ordenado, puesto que no ha sido voluntariamente llevado a cabo por la persona obligada a ello, habiendo transcurrido con exceso el plazo concedido para su cumplimiento.
3. En el procedimiento se han recabado los informes oportunos y se ha formulado propuesta de resolución.

A los anteriores hechos son de aplicación los siguientes,

FUNDAMENTOS DE DERECHO

PRIMERO. De conformidad con lo dispuesto en .... *(señalar la normativa específica que le sea de aplicación)*, en el supuesto de incumplimiento de los acuerdos y resoluciones ordenando la realización de ...., esta Administración competente puede proceder a la imposición de multas coercitivas hasta un máximo de ...., sucesivas, con periodicidad mínima mensual y por un importe, cada vez, de .... euros. Dichas multas coercitivas se impondrán con independencia de las retributivas de la infracción o infracciones producidas.

SEGUNDO. Acreditado el incumplimiento de lo ordenado en los términos y en los plazos señalados en la resolución dictada, procede la imposición de multas coercitivas con tiempo suficiente para cumplir con la obligación impuesta, que son independientes de las sanciones que puedan imponerse con tal carácter y compatibles con ellas, conforme determina el artículo

103.2 de la Ley 39/2015, de 1 de octubre, del Procedimiento Administrativo Común de las Administraciones Públicas.

TERCERO. Este órgano administrativo es competente para la adopción de la presente resolución, en virtud de lo establecido en .... (*indicar la normativa específica que le sea de aplicación*)

Vistos los preceptos legales citados y demás de general o concordante aplicación,

RESUELVO

1. Imponer una multa coercitiva a D/Dª. ...., por importe de .... euros, sin perjuicio de imponer otras tantas sucesivas hasta ...., con periodicidad mínima mensual, como medio de ejecución forzosa para cumplir con lo dispuesto en la resolución de fecha...................., de esta Administración Pública, por la que se le ordenó la realización de ...., conforme preceptúa la legislación aplicable.
2. Dicha multa coercitiva deberá ser abonada en el plazo un mes, contado a partir del día siguiente a la recepción de la notificación o publicación de la presente resolución, con apercibimiento de que en el supuesto que no lo abonase en el período voluntario, se le exigirá por la vía ejecutiva de apremio sobre el patrimonio, conforme al procedimiento de recaudación ejecutiva.

De acuerdo con lo establecido en el artículo 62.5 de la Ley 58/20023, de 17 de diciembre, General Tributaria, una vez iniciado el periodo ejecutivo y notificada la providencia de apremio, el pago de la deuda tributaria deberá efectuarse en los siguientes plazos:

a) Si la notificación de la providencia se realiza entre los días uno y 15 de cada mes, desde la fecha de su recepción hasta el día 20 de dicho mes o, si éste no fuera hábil, hasta el inmediato hábil siguiente.

b) Si la notificación de la providencia se realiza entre los días 16 y último de cada mes, desde la fecha de su recepción hasta el día cinco del mes siguiente o, si éste no fuera hábil, hasta el inmediato hábil siguiente.

Advirtiéndole que, en el caso de no efectuar el ingreso del importe total de la deuda pendiente en dicho plazo, incluido el recargo de apremio reducido del 10%, se procederá al embargo de bienes o a la ejecución de las garantías existentes para el cobro de la deuda con inclusión del recargo de apremio del 20% y de los intereses de demora hasta la fecha de cancelación de la deuda.

Para el ingreso de la citada cantidad debe efectuarse a través de la sede electrónica de esta Administración, utilizando preferentemente alguno de los medios electrónicos señalados en el artículo 98.2 de la Ley 39/2015, de 1 de octubre, del Procedimiento Administrativo Común de las Administraciones Públicas o, en su caso, presentando el impreso (carta de liquidación) que se acompaña ante cualquiera de las entidades bancarias colaboradoras expresadas en el mismo.

Contra la presente resolución, que pone fin a la vía administrativa, las personas interesadas podrán interponer recurso contencioso-administrativo ante el Juzgado de lo Contencioso-Administrativo correspondiente, en el plazo de dos meses contados desde el día siguiente al de su notificación o publicación, de conformidad con lo dispuesto en los artículos 8.3 y 46.1 de la Ley 29/1998, de 13 de julio, reguladora de la Jurisdicción Contencioso-Administrativa. Asimismo, con carácter potestativo, podrán interponer recurso de reposición, en el plazo de un mes contado desde el día siguiente al de su notificación o publicación, ante el órgano que ha dictado la resolución, de acuerdo con lo previsto en los artículos 123 y 124 de la Ley 39/2015, de 1 de octubre, del Procedimiento Administrativo Común de las Administraciones Públicas. Todo ello, sin perjuicio de que pueda interponerse cualquier otro recurso que se estime pertinente".

LA PRESENTE NOTIFICACIÓN ES TRANSCRIPCIÓN EXACTA DE LA RESOLUCIÓN ORIGINAL QUE CONSTA EN EL EXPEDIENTE ADMINISTRATIVO ELECTRÓNICO.

Lugar, fecha, cargo y firma electrónica.

Documento firmado digitalmente. La persona titular del órgano administrativo competente. Autenticidad verificable mediante Código de Seguro Verificación (CSV).... en sede electrónica de esta Administración Pública.

F141. NOTIFICACIÓN DE EJECUCIÓN POR COMPULSIÓN SOBRE LAS PERSONAS

Asunto:

Procedimiento:

Expediente núm.:

Departamento:

NOTIFICACIÓN

A la vista que tras la terminación del procedimiento administrativo relativo al expediente núm. ...., sobre .... (*identificar el objeto del procedimiento*), existen determinados bienes inmuebles expropiados que —pese al pago o depósito legalmente consignado del justiprecio acordado— sus ocupantes no han desalojado voluntariamente los mismos en las fechas requeridas al efecto. Por lo que se está produciendo una ocupación indebida y sin título bastante sobre bienes de titularidad de esta Administración Pública.

Dado que se han efectuado diversos requerimientos personales para que las personas afectadas desalojasen voluntariamente los respectivos bienes expropiados, y ante su negativa constatada esta Administración competente solicitó la oportuna autorización judicial de entrada en el domicilio o finca indebidamente ocupada.

Con fecha ...., esta Administración ha obtenido la referida autorización judicial, cuya copia se acompaña a la presente notificación, para proceder al desalojo de la vivienda o finca expropiada mediante el lanzamiento personal de sus ocupantes por los agentes de esta Administración auxiliados por la fuerza pública, si ello resulta necesario para llevar a cabo lo acordado.

Este órgano administrativo es competente para adoptar la presente resolución, de conformidad con lo establecido en .... (*indicar la normativa aplicable*)

En su virtud,

RESUELVO

APERCIBIR de D/Dª. ...., para que el plazo máximo de .... días, a contar desde el día siguiente al recibo de la presente notificación personal, se procederá, con el auxilio de la fuerza pública, al lanzamiento forzoso de las personas que todavía se resistan a desalojar los bienes expropiados e indebidamente ocupados, sin perjuicio de las responsabilidades penales exigibles, conforme determina el artículo 59 de la Ley de Expropiación Forzosa en relación con el artículo 104 de la Ley 39/2015, de 1 de octubre, del Procedimiento Administrativo Común de las Administraciones Públicas.

Advertir expresamente a D/Dª. ...., que los gastos ocasionados por el lanzamiento o el depósito de bienes muebles, en su caso, le serán repercutidos íntegramente en el correspondiente procedimiento administrativo por vía de recaudación ejecutiva.

Contra este acto inmediatamente ejecutivo no cabe recurso administrativo alguno.

Lugar, fecha, cargo y firma electrónica.

Documento firmado digitalmente. La persona titular del órgano administrativo competente. Autenticidad verificable mediante Código de Seguro Verificación (CSV)…. en sede electrónica de esta Administración Pública.

F142. ACTA DE EJECUCIÓN SUBSIDIARIA

Asunto:

Procedimiento:

Expediente núm.:

Departamento:

ACTA DE EJECUCIÓN

Personados a las .... horas del día ......, en el domicilio/edificio afectado (*táchese lo que no proceda*) situado en la calle .... núm. .... del municipio de .... de la provincia de ...., D/Dª. .... D/Dª. ...., ambos empleados públicos de esta Administración Pública, actuando en su nombre y representación, por nombramiento expedido el día ...., por ...., y provistos de autorización judicial de entrada en el precitado domicilio/edificio concedida por Juzgado de lo Contencioso-Administrativo de ...., mediante Auto del día ...., para llevar a cabo la ejecución subsidiaria de la Resolución de fecha .... sobre ...., en los términos y el calendario de trabajo que se específica en la solicitud de autorización judicial formulada por esta Administración Pública. Les acompañan con D/Dª. ...., en calidad de técnico-director de los trabajos ordenados y una brigada compuesta por ...... hombres, maquinaria y equipos de seguridad en el trabajo, así como una dotación de la Policía/Fuerzas de Seguridad (*táchese lo que no proceda*), para proceder a la ejecución forzosa decretada y declarada ajustada a Derecho por sentencia judicial firme.

Comparece D/Dª. ...., con DNI/NIF/NIE núm. ...., y domicilio en ...., en calidad de propietario del inmueble afectado. En ese momento se le hizo entrega del Mandamiento-Autorización Judicial de entrada en el domicilio/edificio para proceder a la ejecución forzosa de los trabajos ordenados por la resolución administrativa de fecha .... Dicha persona interesada no opuso resistencia a su ejecución. Recibida y suscrita la correspondiente notificación, que se acompaña a la presente Acta, para llevar a cabo lo ordenado, la persona interesada abre voluntariamente la puerta de acceso al edificio, procediéndose, en ese momento, a la ejecución material de los trabajos ordenados para .... (*indicar el objeto de la ejecución forzosa*).

El día .... siendo las ....horas, se realiza el reconocimiento "in situ" de verificación sobre estado y de terminación los trabajos ordenados dándose por concluida la ejecución forzosa acordada, expidiéndose el certificado final de obras por D/Dª. .... en calidad de técnico-director de estas, que incorpora a la presente Acta.

En su virtud, y en prueba de conformidad se suscribe la presente Acta sobre el fiel cumplimiento de la ejecución subsidiaria acordada.

Lugar, fecha, cargo y firma electrónica.

El personal empleado público del órgano administrativo competente

VIII. PROCEDIMIENTO SANCIONADOR

1. Tramitación ordinaria

A) INICIACIÓN

F143. ESCRITO DE DENUNCIA

AL ÓRGANO COMPETENTE

D/Dª ...., mayor de edad, con DNI/NIF/NIE núm. ...., actuando en nombre propio o en representación de ...., con domicilio a efectos de notificaciones en la .... del municipio de ...., provincia de ...., con teléfono ...., y correo electrónico: .... Ante ese órgano administrativo comparezco (código de identificación núm....) y, con el debido respeto, como mejor proceda en derecho, **DIGO**:

Que, en el ejercicio de los derechos que me asisten y de acuerdo con el deber público de colaboración para facilitar el cumplimiento de las obligaciones legales, mediante el presente escrito, de conformidad con el artículo 62 de la Ley 39/2015, de 1 de octubre, del Procedimiento Administrativo Común de las Administraciones Públicas, vengo a formular la siguiente,

DENUNCIA

PRIMERO. Los hechos que a continuación se detallan se ponen en conocimiento de ese órgano competente, con el objeto de que inicie el correspondiente procedimiento administrativo sancionador para determinar las responsabilidades a que dieren lugar y sancionar las siguientes infracciones administrativas cometidas:

1. ....
2. ...... *(relatar de forma clara y precisa los hechos que motivan la denuncia).*
3. ....

Los citados hechos fueron realizados en fecha ...., sin que me sea posible facilitar la identificación de los presuntos responsables.

SEGUNDO. Los hechos denunciados podrían constituir una infracción administrativa tipificada en .... (*concretar la normativa infringida*), cuya existencia obliga a esa Administración Pública a actuar en defensa del interés público tutelado por la ley.

A este escrito de denuncia se acompañan los siguientes documentos acreditativos que a continuación se relacionan:

a) ....
b) .... *(concretar y numerar los documentos aportados).*
c) ....

Por todo lo expuesto, y en su atención, es por lo que,

SOLICITO: Que admita el presente escrito de denuncia con la documentación que se acompaña y, por las razones expuestas, se acuerde la incoación de oficio el correspondiente procedimiento administrativo sancionador para el esclarecimiento de los hechos denunciados y la determinación de las responsabilidades susceptibles de sanción, en defensa del interés público tutelado por la ley.

OTROSÍ DIGO: Que, comoquiera que los hechos denunciados comportan un perjuicio patrimonial para esa Administración Pública, solicito me comuniquen la iniciación o no del procedimiento sancionador instado, de acuerdo con lo establecido en el artículo 62, apartado 3, de la Ley 39/2015, de 1 de octubre, del Procedimiento Administrativo Común de las Administraciones Públicas.

Lugar, fecha y firma electrónica.

La persona interesada/su representante legal

F144. ACTUACIONES PREVIAS A LA INICIACIÓN

Asunto:
Procedimiento:
Expediente núm.:
Departamento:

AL DEPARTAMENTO COMPETENTE

VISTO el escrito de denuncia/orden superior/petición razonada de .... (*táchese lo que no proceda*), sobre la existencia de determinados hechos que pudieran constituir una infracción administrativa, consistente en .... (*describir el objeto de la infracción*), resulta procedente la realización de actuaciones previas con el objeto de determinar con carácter preliminar si concurren circunstancias que justifiquen la iniciación del procedimiento sancionador, de conformidad con en el artículo .... (*indicar la normativa que le sea de aplicación*).

Por ello, este órgano competente,

ACUERDA

Que por el departamento de ...., de esta Administración Pública como órgano que tiene atribuidas las funciones de investigación, averiguación e inspección en la materia, se practiquen las actuaciones oportunas tendentes a determinar, con la mayor precisión posible, si los hechos denunciados son susceptibles de motivar la iniciación del correspondiente procedimiento sancionador, así como la identificación de la persona o personas que pudieran resultar responsables y las circunstancias relevantes que concurran en unos y otros, de acuerdo con lo previsto en el artículo 55.2 de la Ley 39/2015, de 1 de octubre, del Procedimiento Administrativo Común de las Administraciones Públicas.

Lugar, fecha, cargo y firma electrónica.

La persona titular del órgano administrativo competente

F145. INFORMACIÓN PRELIMINAR

Asunto:
Procedimiento:
Expediente núm.:
Departamento:

AL ÓRGANO COMPETENTE

En cumplimiento de lo solicitado en fecha ...., respecto de la denuncia/orden superior/petición razonada de .... (*táchese lo que no proceda*), sobre .... (*describir el objeto de la infracción administrativa*).

Se informa que de las actuaciones previas realizadas para el esclarecimiento de los hechos denunciados y la determinación de las responsabilidades susceptibles de sanción, se desprende lo siguiente:

1. Que los hechos consisten en .... (*exponer de manera clara y concisa los hechos constatados*).
2. Que los referidos hechos son/no son (*táchese lo que no proceda*) constitutivos de una presunta infracción administrativa en materia de ...., por cuanto que...... (*indicar la tipificación de la infracción administrativa*).
3. Por la realización de los hechos expresados aparecen/no aparecen (*táchese lo que no proceda*) como responsables las siguientes personas en el concepto que se indica a continuación: .... (*identificar a las personas físicas o jurídicas y en concepto imputado por su participación en los hechos*).

Se adjunta documentación acreditativa de las actuaciones practicadas para su incorporación al expediente electrónico correspondiente.

Lo que se participa y traslada para su conocimiento y a los efectos oportunos.

Lugar, fecha, cargo y firma electrónica.

La persona titular del órgano administrativo informante

F146. NOTIFICACIÓN DE ARCHIVO DE ACTUACIONES

Asunto:
Procedimiento:
Expediente núm.:
Departamento:

NOTIFICACIÓN A LA PERSONA DENUNCIANTE

En relación con su escrito de fecha ...., por el que denuncia la existencia de determinados hechos que pudieran constituir una infracción administrativa consistente en .... (*describir el objeto de la denuncia*).

Le participo que de las actuaciones previas efectuadas para el esclarecimiento de los hechos denunciados y, en su caso, la determinación responsabilidades susceptibles de sanción, se desprende la inexistencia de las presuntas infracciones administrativas denunciadas por cuanto que .... (*indicar las razones de manera clara y concisa*).

En consecuencia, este órgano competente para la instrucción del procedimiento,

ACUERDA

No procede iniciar procedimiento sancionador por los referidos hechos y, en consecuencia, se ha ordenado el archivo de las actuaciones practicadas sin más trámites.

Contra la presente resolución, se podrá interponer recurso de alzada ante ...., en el plazo de un mes, contado desde el día siguiente al de su notificación publicación, de acuerdo con lo previsto en los artículos 121 y 122 de la Ley 39/2015, de 1 de octubre, del Procedimiento Administrativo Común de las Administraciones Públicas, sin perjuicio de que pueda interponerse cualquier otro recurso que se estime pertinente.

Lugar, fecha, cargo y firma electrónica.

Documento firmado digitalmente. La persona titular del órgano administrativo competente. Autenticidad verificable mediante Código de Seguro Verificación (CSV).... en sede electrónica de esta Administración Pública.

F147. ESCRITO PARA ACOGERSE AL BENEFICIO DE CLEMENCIA

AL ÓRGANO COMPETENTE

D/Dª. ...., mayor de edad, con de DNI/NIF/NIE núm. ...., actuando en nombre propio o en representación de ...., con domicilio a efectos de notificaciones en .... del municipio de ...., provincia ...., con teléfono ...., y correo electrónico: .... Ante ese órgano administrativo comparezco (código de identificación núm. ...) y, con el debido respeto, como mejor proceda en derecho, **DIGO**:

Que en el ejercicio de los derechos e intereses legítimos que me asisten, mediante el presente escrito vengo a formular DENUNCIA PARA ACOGERME AL PROCEDIMIENTO DE CLEMENCIA de acuerdo con lo previsto en el artículo 62.4 de la Ley 39/2015, de 1 de octubre, del Procedimiento Administrativo Común de las Administraciones Públicas, fundamentada en base a los siguientes,

HECHOS

PRIMERO. Es verdad que los hechos objeto de infracción administrativa que a continuación se detallan sobre los que reconozco mi participación junto con otras personas, podrían ser constitutivos de una infracción grave que puede acarrear un perjuicio patrimonial para esa Administración Pública, pero también es cierto mi arrepentimiento en su comisión, por lo que vengo a colaborar en la investigación facilitando información relevante para el esclarecimiento de tales hechos que fueron realizados en fecha ...., que se ponen en conocimiento de ese órgano administrativo:

1. ....

2. .... *(relatar de forma clara y concisa los hechos denunciados)*.

3. ....

A este respecto, se aportan los siguientes elementos de prueba que permiten iniciar el procedimiento o comprobar la infracción administrativa cometida: .... (*describir y enumerar las pruebas aportadas que sean relevantes para la investigación*).

Por todo lo manifestado solicito de ese órgano competente la aplicación del procedimiento de clemencia por confesar mi participación y proporcionar pruebas que denuncian dichas prácticas fraudulentas en la realización de los hechos denunciados, los cuales que fueron cometidos a causa de .... (*justificar el motivo de la infracción*), con la participación de las siguientes personas, cuya identificación de los presuntos responsables se facilita de manera confidencial de no revelar mi identidad para evitar posibles represalias: .... (*identificar a los demás presuntos responsables*).

(*En su caso*). No es tarea fácil reconocer los errores cometidos que aquí confieso con sincero arrepentimiento, y por los que pido clemencia o indulgencia al aportar elementos de prueba que en estos momentos ese órgano competente no dispone para iniciar el procedimiento o comprobar la infracción denunciada, sin que me sea posible facilitar la identificación de los otros presuntos responsables de la infracción administrativa cometida. No obstante, me comprometo a colaborar plenamente con la investigación de los hechos denunciados, proporcionando todas las pruebas que pudiera disponer hasta el final del procedimiento sancionador instado. Además, de reparar por mi parte el perjuicio causado.

SEGUNDO. Las expresadas manifestaciones de colaboración voluntaria para el esclarecimiento de las infracciones administrativas cometidas, proporcionan un valor significativo de gran relevancia a efectos de la investigación y comprobación de los hechos denunciados, por lo que en cumplimiento de los requisitos establecidos solicito acogerme a los beneficios del procedimiento de clemencia regulado con carácter general en el artículo 62.4 de la Ley 39/2015, de 1 de octubre, del Procedimiento Administrativo Común de las Administraciones Públicas, que establece: "*Cuando el denunciante haya participado en la comisión de una infracción de esta naturaleza y existan otros infractores, el órgano competente para resolver el procedimiento deberá eximir al denunciante del pago de la multa de le corresponda u otro tipo de sanción de carácter no pecuniario, cuando sea el primero en aportar elementos de prueba que permitan iniciar el procedimiento o comprobar la infracción, siempre y cuando en el momento de aportarse aquellos no se disponga de elementos suficientes para ordenar la misma y se repare el perjuicio causado. Asimismo, el órgano competente para resolver deberá reducir el importe de la multa que le correspondería o, en su caso, la sanción de carácter no pecuniario, cuando no se cumpliese alguna de las condiciones anteriores, el denunciante facilite elementos de prueba que aporten valor añadido significativo respecto de aquellos de los que se disponga. En ambos casos será necesario que el denunciante cese en la participación de la infracción y no haya destruido elementos de prueba relacionados con el objeto de la denuncia*".

Todos y cada uno de los requisitos exigidos concurren en mi persona para solicitar los beneficios del procedimiento de clemencia que permite eximirse de sanción o, al menos, su reducción a aquellas personas que colaboren con la Administración en el procedimiento sancionador en cuestión, de acuerdo con lo previsto en el citado precepto legal.

Por todo lo expuesto, y en su atención, es por lo que,

SOLICITO: Que teniendo por presentado este escrito con la documentación que se acompaña, lo admita a trámite y, por las razones expuestas, se tenga a bien acordar el BENEFICIO DE CLEMENCIA para eximir/reducir (*táchese lo que no proceda*) del pago de la multa u otro tipo de sanción no pecuniaria que, en su caso, pudiera corresponderme en el procedimiento administrativo sancionador que se incoe al respecto por colaborar en la investigación al facilitar y aportar información relevante para el esclarecimiento de los hechos denunciados.

OTROSÍ DIGO: Que comoquiera que los hechos denunciados comportan un perjuicio patrimonial para la Administración Pública, solicito me comuniquen la iniciación o no del procedimiento sancionador instado, de acuerdo con lo establecido en el artículo 62.3 de la Ley 39/2015, de 1 de octubre, del Procedimiento Administrativo Común de las Administraciones Públicas. Así como que se mantenga la confidencialidad de esta denuncia para proteger mi identidad de posibles represalias.

Lugar, fecha y firma electrónica.

La persona interesada/su representante legal

F148. ACUERDO DE INICIACIÓN DEL PROCEDIMIENTO SANCIONADOR

Asunto:

Procedimiento:

Expediente núm.:

Departamento:

VISTAS las actuaciones previas llevadas a cabo para la determinación de circunstancias que justifican la iniciación del procedimiento sancionador por infracción administrativa, a consecuencia de la denuncia/petición razonada/orden superior/propia iniciativa (*táchese lo que no proceda*), formulada por........, sobre.................. (*identificar el objeto del procedimiento*), y de las que resultan los siguientes,

ANTECEDENTES DE HECHO

1. Con fecha...................., esta Administración tuvo conocimiento de la existencia de la presunta infracción en materia de................., por la realización de determinados hechos, consistentes en .... (*concretar el supuesto fáctico*).
2. De las actuaciones previas llevadas a cabo para el esclarecimiento de los hechos denunciados y la determinación de las responsabilidades susceptibles de sanción, se desprende lo siguiente:
   a) ....
   b) .... *(exponer sucintamente los hechos constatados).*
   c) ....

A los anteriores hechos son de aplicación los siguientes,

FUNDAMENTOS DE DERECHO

PRIMERO. Los hechos constatados son constitutivos de una presunta infracción administrativa en materia de ...., consistente en ...., prevista en el artículo ...., de la Ley .... Dicha presunta infracción administrativa está calificada como leve/ grave/muy grave (*táchese lo que no proceda*) y sancionada con multa de .... euros, conforme con lo establecido en el artículo ......de citada normativa de aplicación. Todo ello, sin perjuicio de lo que resulte de la instrucción del procedimiento sancionador.

SEGUNDO. De la presunta infracción administrativa cometida aparecen como personas responsables en el concepto que se expresa a continuación las siguientes:

D/Dª. .... en concepto de ....

D/Dª. .... en concepto de ....

D/Dª. .... en concepto de ....

TERCERO. (*En su caso*) Dadas las circunstancias relevantes que concurren en este caso, procede la adopción de las medidas de carácter provisional que a continuación se detallan:

a) ....

b) .... *(indicar las medidas cautelares a adoptar y justificar su adopción).*

c) ....

Estas medidas cautelares resultan necesarias para asegurar la eficacia de la resolución final que pudiera recaer, al existir elementos de juicio para ello, de acuerdo con los principios de proporcionalidad, efectividad y menor onerosidad, previstos en el artículo 64.2.e) de la Ley 39/2015, de 1 de octubre, del Procedimiento Administrativo Común de las Administraciones Públicas.

CUARTO. La infracción cometida lleva aparejada la sanción de multa y se debe calificar como falta leve/grave/muy grave, graduándose la misma y proponiéndose la imposición de una sanción de multa por importe de ..... euros.

QUINTO. Si la persona o personas infractoras reconocen su responsabilidad, se podrá resolver el procedimiento con la imposición de la sanción, aplicándose una REDUCCIÓN del 20/50% (*táchese lo que no proceda*) sobre el importe íntegro de la sanción propuesta, de conformidad con el artículo 85.3 de la Ley 39/2015, de 1 de octubre, del Procedimiento Administrativo Común de las Administraciones Públicas.

Para acogerse a dicha reducción, la persona interesada desiste o renuncia a cualquier acción o recurso en vía administrativa contra la sanción, con excepción de la vía de lo contencioso-administrativo.

SEXTO. El procedimiento seguido ha observado todos los trámites legales y reglamentarios exigidos y los principios informadores de la potestad sancionadora, respetando los derechos del presunto o presuntos responsables, previstos en el artículo 53.2 de la citada Ley 39/2015.

SÉPTIMO. Este órgano administrativo es competente para adoptar la presente resolución en virtud de lo establecido en .... (*indicar la normativa que le sea de aplicación*).

De conformidad con los antecedentes y fundamentos de derecho expuestos,

ACUERDO

PRIMERO. Iniciar el procedimiento sancionador por presunta infracción administrativa en materia de ...., que se instruirá con el número de expediente ...., para determinar las presuntas responsabilidades susceptibles de sanción, imputables a ...., en concepto de .... y demás personas que se deduzcan responsables por los hechos cometidos sobre ...., calificados de graves/muy graves, y tipificados con sanción de multa de .... euros, según determina el artículo .... (*indicar la normativa específica vulnerada*).

SEGUNDO. Ordenar la adopción de las siguientes medidas de carácter provisional hasta la terminación del procedimiento sancionador iniciado: .... (*en su caso, señalar las medidas cautelares a adoptar*).

TERCERO. Designar como instructor del procedimiento sancionador a D/Dª. ....y como secretario a D/Dª ...., personal funcionario de esta Administración Pública, a quienes les será de aplicación el régimen de recusación contenido en el artículo 24 de la Ley 40/2015, de 1 de octubre, de Régimen Jurídico del Sector Público.

CUARTO. En el plazo de quince días hábiles a partir de la notificación del presente acuerdo de iniciación, las personas interesadas podrán formular las oportunas alegaciones, así como aportar o proponer la práctica de pruebas, todo ello debidamente fundado en derecho. En el caso de no efectuar alegaciones dentro del plazo señalado, este acuerdo de iniciación se considerará propuesta de resolución al contener un pronunciamiento preciso acerca de la responsabilidad imputada.

QUINTO. Se significa a la persona o personas inculpadas la posibilidad de poder reconocer voluntariamente su responsabilidad y, en su caso, efectuar el pago voluntario de la multa propuesta, aplicándose una reducción del ...... sobre el importe íntegro de la sanción propuesta, en cuyo caso comportará la finalización del procedimiento, desistiendo o renunciando a cualquier acción o recurso en vía administrativa contra la sanción, sin perjuicio de la posibilidad de acudir a la vía contencioso-administrativa.

El pago de la sanción con importe reducido es de .... euros, debiéndose abonar en el plazo establecido en el apartado anterior y podrá efectuarse a través de la Carta de Pago (liquidación) adjunta, utilizando alguno de los medios electrónicos previstos en el artículo 98.2 de la Ley 39/2015, de 1 de octubre, del Procedimiento Administrativo Común de las Administraciones Públicas.

SEXTO. El presente acuerdo se comunicará al instructor del procedimiento sancionador, con traslado de cuantas actuaciones existan al respecto y se notificará a las personas interesadas en el procedimiento sancionador incoado.

Contra la presente resolución no cabe interponer recurso administrativo alguno, sin perjuicio de que las personas interesadas puedan repetir sus argumentaciones en el recurso que sea procedente contra la resolución que finalice el procedimiento, conforme a lo establecido en el artículo 112.1 de la Ley 39/2015, de 1 de octubre, del Procedimiento Administrativo Común de las Administraciones Públicas.

Lugar, fecha, cargo y firma electrónica

Documento firmado digitalmente. La persona titular del órgano administrativo competente. Autenticidad verificable mediante Código de Seguro Verificación (CSV).... en sede electrónica de esta Administración Pública.

ANEXO

CARTA DE PAGO PROCEDIMIENTO SANCIONADOR

Denunciado: ....
Código pago: ....
Objeto: expediente núm. ....
Cargo: .... Importe sanción: ....
Ejercicio: .... Descuento: ....
N.º Recibo: .... Importe: ....
Detalle de la infracción: ....

Puede realizarse el pago:

a) De forma online: entrando en la web de esta Administración Pública https://www.......es, en la sección de "Pago de tributos y multas". Introduzca los números del código de barras de la notificación y los datos de la tarjeta de crédito con la que vaya a realizar el pago.

b) En los siguientes bancos o entidades colaboradoras: .... utilizando el código de barras de la notificación.

Teléfono de interés: ....

B) INSTRUCCIÓN

F149. PLIEGO DE CARGOS

Asunto:
Procedimiento:
Expediente núm.:
Departamento:

NOTIFICACIÓN A LA PERSONA INTERESADA

PLIEGO DE CARGOS que formula el órgano instructor del expediente sancionador, en virtud del acuerdo de ...., incoado a D/Dª. ...., para la determinación de la responsabilidad administrativa derivada por la comisión de la presunta infracción administrativa, y para el esclarecimiento de los hechos consistentes en:

1. ....
2. ... *(describir sucintamente de los hechos cuya comisión se imputan)*
3. ....

A los anteriores hechos son de aplicación los siguientes,

FUNDAMENTOS DE DERECHO

PRIMERO. De conformidad con lo previsto en el artículo 64.3 de la Ley 39/2015, de 1 de octubre, del Procedimiento Administrativo Común de las Administraciones Públicas, cuando en el momento de dictar el acuerdo de iniciación de un procedimiento sancionador no existan elementos suficientes para la calificación inicial de los hechos que motivan la incoación del procedimiento, la citada calificación podrá realizarse en una fase posterior mediante la elaboración de un pliego de cargos que deberá ser notificado a las personas interesadas.

SEGUNDO. De probarse tales cargos derivados por la comisión de una infracción consistente en ...., D/Dª. .... podría haber incurrido en responsabilidad administrativa, conforme con lo preceptuado el artículo ...... (*indicar la normativa de aplicación*).

TERCERO. Los hechos expuestos podrían ser constitutivos de una infracción administrativa calificada como leve/grave/muy grave (*táchese lo que no proceda*) y pueden dar lugar a la imposición de una sanción de multa de hasta ...... euros, en su caso, responsabilidades accesorias, de acuerdo con lo establecido en el artículo .... (*indicar la normativa de aplicación*).

CUARTO. Si la persona infractora reconoce su responsabilidad, se podrá resolver el procedimiento con la imposición de la sanción de ...... euros, aplicándose una reducción de .... sobre el importe íntegro de la sanción propuesta, mediante la carta de pago (liquidación) que se acompaña, de conformidad con lo dispuesto en el artículo 85.3 de la Ley 39/2015, de 1 de octubre, del Procedimiento Administrativo Común de las Administraciones Públicas. Todo ello, condicionado a que la persona interesada desista o renuncie a cualquier acción o recurso en vía administrativa contra la sanción.

El presente pliego de cargos puede ser contestado por Vd. dentro del plazo de QUINCE DÍAS hábiles contados a partir del siguiente al de la su notificación, plazo en el que podrá formular las alegaciones oportunas, así como aportar o proponer la práctica de pruebas, todo ello debidamente fundado en Derecho.

En el supuesto de no efectuar alegaciones al contenido de este pliego de cargos dentro del plazo señalado, este se considerará propuesta de resolución.

Contra este pliego de cargos, que es un acto de trámite, no cabe interponer ningún recurso administrativo, sin perjuicio de que las personas interesadas puedan repetir las argumentaciones en el recurso que sea procedente contra la resolución que finalice el procedimiento.

Lugar, fecha, cargo y firma electrónica.

La persona titular del órgano instructor del procedimiento

Documento firmado digitalmente. Autenticidad verificable mediante Código de Seguro Verificación (CSV)…. en sede electrónica de esta Administración Pública.

F150. ESCRITO DE ALEGACIONES AL PLIEGO DE CARGOS

AL ÓRGANO COMPETENTE

D/Dª. ...., mayor de edad, con de DNI/NIF/NIE núm. ...., actuando en nombre propio o en representación de ...., con domicilio a efectos de notificaciones en ...., del municipio de ...., provincia.................., y correo electrónico: .... Ante ese órgano administrativo comparezco (código de identificación núm. ...) y, con el debido respeto, como mejor proceda en derecho,

EXPONGO

Que con fecha ...., me ha sido notificado el pliego de cargos/la resolución de fecha ......, de ...., por la que se acuerda la iniciación del procedimiento administrativo sancionador relativo al expediente núm. ...., sobre presunta infracción administrativa consistente en .... (*describir los hechos imputados*).

Que, dentro del plazo concedido, en el ejercicio de defensa de los derechos e intereses legítimos que me asisten, y al amparo del artículo 64.2.f) de la Ley 39/2015, de 1 de octubre, del Procedimiento Administrativo Común de las Administraciones Públicas, mediante el presente escrito vengo a formular las siguientes,

ALEGACIONES

PRIMERA. De la incompetencia manifiesta del órgano para incoar el expediente sancionador

Resulta necesario iniciar las presentes alegaciones haciendo una somera referencia sobre el principio de competencia que rige en ámbito de las Administraciones públicas para el ejercicio de las potestades sancionadoras. Ante todo, conviene destacar, que las competencias administrativas son irrenunciables y deben ser ejercidas precisamente por los órganos administrativos que la tengan atribuidas como propias (ex art. 8.1 de la Ley 40/2015, de 1 de octubre). En el presente caso, la potestad sancionadora corresponde a ...., de acuerdo con lo previsto en el artículo .... (*indicar la normativa aplicable*). Por lo que la competencia arrogada por ese órgano administrativo —al que nos dirigimos— para sancionar las presuntas infracciones administrativas de esta índole, vulnera lo dispuesto en el artículo 25.2 de la Ley 40/2015, de 1 de octubre de Régimen Jurídico del Sector Publico, que dispone: *"El ejercicio de la potestad sancionadora corresponde a los órganos administrativos que la tengan expresamente atribuida, por disposición de rango legal o reglamentario"*. Ello en relación con el artículo 63.1 de la Ley 39/2015, de 1 de octubre, del Procedimiento Administrativo Común de la Administraciones Públicas, que establece: *"Se considerará que un órgano es competente para iniciar el procedimiento cuando así lo determinen las normas reguladoras del mismo"*.

De modo y manera que, por carecer de competencias nos encontramos ante un supuesto de nulidad absoluta o de pleno derecho previsto en el artículo 47.1.b) de la Ley 39/2015, de 1 de octubre, no subsanable, por incompetencia manifiesta por razón de la materia o del territorio (*táchese lo que no proceda*) del órgano administrativo actuante. Lo anteriormente expresado, determina el inmediato archivo del expediente sancionador iniciado sin más trámites.

SEGUNDA. De la prescripción de la infracción

Importa subrayar que, incluso en el supuesto que hubiera podido incurrir en alguna de las infracciones susceptibles de ser objeto de expediente sancionador, los hechos que se me imputan acontecieron hace más de ...., sin haberse interrumpido el cómputo del plazo de prescripción legalmente establecido, como se acredita mediante la documentación que se acompañan a este escrito. Por lo que, de conformidad con lo previsto en el artículo 30.1 de la Ley 40/2015, de 1 de octubre, de Régimen Jurídico del Sector Público: "*Las infracciones y sanciones prescribirán según lo dispuesto en la Leyes que las establezcan. Si éstas no fijan plazos de prescripción, las infracciones muy graves prescribirán a los tres años, las graves a los dos años y las leves a los seis meses; las sanciones impuestas por faltas muy graves prescribirán a los tres años, las impuestas por faltas graves a los dos años y las impuestas por faltas leves al año*". Señalándose a continuación en los apartados 2 y 3, que el plazo de "prescripción de las infracciones administrativas" comenzará a contarse desde el día en que la infracción se hubiera cometido y que el plazo de "prescripción de las sanciones" comenzará a contarse desde el día siguiente a aquel en el que adquiera firmeza la resolución por la que se impone la sanción. Estos plazos son improrrogables, por ser una cuestión de orden público en aplicación del principio de seguridad jurídica, constitucionalmente garantizado (ex art. 9.3 CE).

Además, sobre la obligatoriedad de cumplir los términos y plazos establecidos en las leyes para la tramitación de los asuntos, no se puede soslayar que el cómputo de los mismos obligan tanto a las autoridades y personal al servicio de las Administraciones públicas, como para las personas interesadas en los mismos, conforme determina el artículo 29 de la Ley 39/2015, de 1 de octubre, del Procedimiento Administrativo Común.

En el caso presente, sin duda las presuntas infracciones imputadas han prescrito por el transcurso del tiempo, de modo que se ha extinguido la acción para el ejercicio de la potestad sancionadora por vencimiento del plazo máximo legal establecido para su persecución, por causa de la inactividad administrativa, por lo que los hechos imputados no deben ser objeto de sanción administrativa, so pena de incurrir en nulidad radical, absoluta o de pleno derecho. Puesto que se puede comprobar que según el cómputo del plazo señalado desde el día siguiente al que se produjo la presunta infracción han transcurrido más de .... meses/años, sin haberse practicado en forma la correspondiente notificación de su iniciación/propuesta de resolución a esta parte imputada, y conforme determina la normativa aplicable para el ejercicio de la potestad sancionadora ha prescrito la infracción administrativa imputada.

Todo lo anteriormente expuesto, conduce necesariamente a que por ese órgano administrativo se acuerde la anulación del procedimiento sancionador incoado, con archivo de las actuaciones practicadas sin más tramites.

TERCERA. De la vulneración del principio de reserva de ley formal para la tipificación de las sanciones administrativas

De conformidad con lo establecido en el artículo 25.1 de la Ley 40/2015, de octubre, de Régimen Jurídico del Sector Público, la potestad sancionadora de las Administraciones Públicas se ejercerá cuando haya sido expresamente reconocida por una norma con rango de Ley y siguiendo el procedimiento legal previsto para su ejercicio. Además, no sólo la potestad sancionadora ha de atribuirse expresamente mediante norma de rango formal de Ley, sino que como establecen del artículo 27.1 y 2 del citado texto legal, sobre el principio de tipicidad: "*1. Sólo constituyen infracciones administrativas las vulneraciones previstas como tales infracciones por una Ley, sin perjuicio de lo dispuesto para la Administración Local en el Título XI de la Ley 7/1987, de 2 de abril. Las infracciones se clasificarán por la Ley en leves, graves y muy graves. 2. Únicamente por la comisión de infracciones administrativas podrán imponerse sanciones que, en todo caso, estarán delimitadas por la Ley".*

De lo anteriormente expuesto, es por lo que resulta jurídicamente inadmisible pretender sancionar unos hechos no tipificados en una norma con rango formal de ley, sino con la cobertura de una mera disposición de carácter general o reglamentaria, sin previa apoyatura legal en la que se determinen, al menos, los elementos esenciales de la conducta antijurídica, su naturaleza y la delimitación de su objeto y contenido.

En definitiva, resulta indispensable la reserva de ley formal para el ejercicio de la potestad sancionadora en la que se delimiten los hechos constitutivos de la infracción y concrete la imposición de las correspondientes sanciones administrativas ajustadas a Derecho, por aplicación directa de los principios generales de legalidad y tipicidad de las infracciones y sanciones del derecho administrativo sancionador.

El caso presente, es un claro exponente de ello, por contravenir la legislación aplicable por cuanto que .... *(argumentar jurídicamente los motivos de las infracciones cometidas en el procedimiento)*. Lo que conlleva necesariamente a la anulación del procedimiento administrativo incoado, con el archivo de las actuaciones practicadas sin más tramites.

CUARTA. De la vulneración del principio de irretroactividad de las disposiciones sancionadoras desfavorables al presunto infractor

A respecto, es necesario señalar que en el artículo 26 de la Ley 40/2015, de 1 de octubre, de Régimen Jurídico del Sector Público, se establece que: *"1. Serán de aplicación las disposiciones sancionadoras vigentes en el momento de producirse los hechos que constituyan infracción administrativa. 2. Las disposiciones sancionadoras producirán efecto retroactivo en cuanto favorezcan al presunto infractor o al infractor, tanto en lo referido a la tipificación de la infracción como a la sanción y a sus plazos de prescripción, incluso respecto de las sanciones pendientes de cumplimiento al entrar en vigor la nueva disposición".*

Ello deriva directamente del mandato constitucional previsto en los artículos 9.3 y 25.1 de la CE que garantizan la irretroactividad de las disposiciones sancionadoras no favorables o restrictivas derechos, y que proscribe que nadie puede ser sancionado por acciones u omisiones que en el momento de producirse no constituyeran infracción administrativa, según la legislación vigente en aquel momento. Es de reconocer que, dicha irretroactividad normativa plenamente aplicable al presente caso impide dotar de eficacia retroactiva a la sanción administrativa propuesta, por cuanto que los hechos constitutivos de la presunta infracción no estaban debidamente previstos ni delimitados por la ley en el momento de cometerse la presunta infracción imputada.

En efecto, los hechos imputados se produjeron el día ......, y la normativa que le es de aplicación al presente caso está constituida por ......, cuya entrada en vigor desde su publicación se produjo en fecha posterior al momento de la comisión de la presunta infracción cometida. De modo y manera, que ese órgano administrativo debe así reconocerlo en aplicación de la citada irretroactividad de las disposiciones sancionadoras y, en consecuencia, anular el expediente sancionador incoado ordenando el archivo de las actuaciones sin más trámites.

QUINTA. De la vulneración del principio "non bis in idem" para sancionar un mismo hecho o conducta

Resulta evidente, que, en el caso presente, se da una duplicidad de sanciones, vulnerándose el principio sancionador de *"non bis in idem"* reconocido en el artículo 31 de la Ley 40/2015, de 1 de octubre, de Régimen Jurídico del Sector Público, que sobre la concurrencia de sanciones establece que: "*No podrán sancionarse los hechos que lo hayan sido sancionados penal o administrativamente, en los casos en los que se aprecie identidad del sujeto, hecho y fundamento*". Este principio general de derecho sancionador vincula positivamente a ese órgano administrativo y, en consecuencia, le impide sancionar en más de una ocasión a la misma persona por el mismo hecho y con el mismo fundamento jurídico.

Siendo esto así, comoquiera que los hechos imputados ya han sido objeto de sanción administrativa anterior —como se acredita por los documentos que se acompañan—, resultaría jurídicamente improcedente, por concurrencia de sanciones, el inicio del presente expediente sancionador por los mismos hechos y, mucho más, pretender sancionar administrativamente una conducta que ya ha sido previamente sancionada con idénticos fundamentos.

Por ello, procede la anulación de la resolución de incoación del presente expediente sancionador, por duplicidad de sanciones al lesionar el principio "*non bis in idem*", y ordenar el archivo de las actuaciones practicadas sin más trámites.

SEXTA. De la prejudicialidad penal y la vinculación de sus resoluciones a los órganos administrativos

Resulta necesario en este punto advertir, que existe *litis pendencia* en un procedimiento penal ya iniciado para la averiguación de hechos mismos hechos imputados en el presente expediente sancionador. Este hecho cierto determina necesariamente la suspensión de cualquier actuación administrativa sancionadora, en tanto no se determine la responsabilidad penal dilucidada en cuestión.

En consecuencia, en todo caso, debería suspenderse el presente procedimiento que se encuentra *sub judice* a la espera de la resolución judicial firme, cuyos hechos declarados probados vincularán a ese órgano administrativo respecto del presente procedimiento sancionador incoado, conforme con lo establecido en el artículo 77.4 de la Ley 39/2015, de 1 de octubre, del Procedimiento Administrativo Común de las Administraciones Públicas.

SÉPTIMA. En definitiva, del análisis de los hechos objeto del expediente sancionador incoado, de la veracidad de las alegaciones efectuadas y de la documentación aportada, se desprende claramente la improcedencia de iniciar el presente procedimiento sancionador y, en consecuencia, procede anular la incoación del expediente y ordenar el archivo de las actuaciones sin más más trámites o, en su caso, suspender la tramitación hasta que se pronuncie la jurisdicción penal sobre el esclarecimiento de los presuntos hechos imputados.

Por todo ello, y en su atención, es por lo que,

SOLICITO: Que admita el presente escrito de alegaciones con los documentos que se acompañan, contra la resolución de fecha ...., por la que se acuerda iniciar el procedimiento administrativo sancionador relativo al expediente núm. ...., incoado por infracción administrativa consistente en............ *(identificar el objeto del expediente)* y, por las razones expuestas, se acuerde su revocación, ordenando el archivo de las actuaciones practicadas sin más trámites.

PRIMER OTROSÍ DIGO: Que, en su caso, se suspenda la tramitación del expediente sancionador incoado hasta que resolución penal firme se declaren probados los hechos imputados, de conformidad con lo previsto el artículo 77.4 de la Ley 39/2015, de 1 de octubre, del Procedimiento Administrativo Común de las Administraciones Públicas.

SEGUNDO OTROSÍ DIGO: Que, subsidiariamente, en el supuesto de que no se atiendan ninguna de las peticiones anteriormente formuladas, en virtud del derecho a la presunción de inocencia y de la no existencia de responsabilidad administrativa mientras no se demuestre lo contrario (ex art. 52.2.b. Ley 39/2015), que legalmente me asiste, solicito la apertura de un período de prueba, de acuerdo con artículo 77 de la Ley 39/2015, de 1 de octubre, proponiéndose para tal fin el empleo de los siguientes medios probatorios que se consideran esenciales para el esclarecimiento de los hechos imputados:

a) Documental privada: consistente en la incorporación de ....

b) Documental pública: consistente en la incorporación de ....

c) Pericial: consistente en que por perito competente ....

d) Testifical: consistente en contestar al pliego de preguntas ....

e) Reconocimiento o inspección: consistente en examinar ....

f) Otros medios de prueba: consistentes en ....

En su virtud,

SOLICITO: Que subsidiariamente, tenga a bien declarar la pertinencia de la proposición de prueba interesada, y acuerde lo procedente para su efectiva práctica.

Lugar, fecha, firma electrónica.

La persona interesada/su representante legal

F151. APERTURA DEL PERIODO DE PRUEBA

Asunto:
Procedimiento:
Expediente núm.:
Departamento:

NOTIFICACIÓN A LAS PERSONAS INTERESADAS

En relación con el procedimiento sancionador relativo al expediente núm. ...., y con la finalidad de aportar nuevos datos y documentos para la determinación de los hechos y responsabilidades derivadas de la presunta infracción administrativa consistente en .... (*identificar el objeto del procedimiento*), es por lo que de conformidad con lo establecido en los artículos 77 y 78 de la Ley 39/2015, de 1 de octubre, del Procedimiento Administrativo Común de las Administraciones Públicas, se ACUERDA LA APERTURA DE UN PERIODO DE PRUEBA por un plazo de .... días hábiles, con el fin de que puedan llevarse a cabo las actuaciones que por su relevancia a continuación se declaran pertinentes:

1. ....
2. .... (*señalar la práctica de las pruebas que se admiten*).
3. ....

De igual modo, conforme con lo previsto en el apartado 3 del artículo 77 del precitado texto legal, se rechazan por improcedentes o innecesarias la práctica de las pruebas que por su relación con los hechos no pueden alterar la resolución final a favor del presunto responsable, siguientes:

1. ....
2. ...... (*justificar sucintamente la práctica de las pruebas que se inadmiten*).
3. ....

La práctica de las pruebas admitidas se realizará conforme a las reglas generales previstas en el artículo 77, apartado 1, de la indicada Ley 39/2015, teniendo en cuenta que la prueba documental pública relativa a la emisión de informes de los diferentes órganos administrativos o entidades públicas tendrán la consideración de informes preceptivos para la resolución del procedimiento, así como que los hechos constatados en los mismos harán prueba de éstos salvo que se acredite lo contrario.

La valoración de las pruebas practicadas en su conjunto se sujetará a los criterios establecidos en la Ley 1/2000, de 7 de enero, de Enjuiciamiento Civil. Y en el caso que constituya el fundamento básico de la decisión que se adopte en el procedimiento, por ser pieza imprescindible para la correcta evaluación de los hechos, se incluirá en la propuesta de resolución.

Contra el presente acto administrativo no cabe recurso administrativo alguno, por ser un acto de trámite que no impide la continuación del procedimiento ni produce indefensión, de acuerdo con lo previsto en el artículo 112.1 de la Ley 39/2015, de 1 de octubre, del Procedimiento Administrativo Común de las Administraciones Públicas. Ello, sin perjuicio de que las personas interesadas puedan interponer los recursos que procedan contra la resolución definitiva del procedimiento.

Lugar, fecha, cargo y firma electrónica.

La persona titular del órgano instructor del procedimiento

Documento firmado digitalmente. Autenticidad verificable mediante Código de Seguro Verificación (CSV).... en sede electrónica de esta Administración Pública.

F152. PROPUESTA DE RESOLUCIÓN SOBRE SUSPENSIÓN DEL PROCEDIMIENTO

Asunto:

Procedimiento:

Expediente núm.:

Departamento de:

VISTO el procedimiento sancionador relativo al expediente núm. ......, iniciado contra ...., por presunta infracción administrativa consistente en la realización de .... (*identificar el objeto del procedimiento*), del que resultan los siguientes,

ANTECEDENTES DE HECHO

PRIMERO. Notificada a las personas interesadas la resolución de fecha ...., por la que se inició el referido procedimiento sancionador, se presentaron escrito de alegaciones en los que se pone en conocimiento de esta Administración que, por el Juzgado de Instrucción núm. ...... de ...., se han incoado Diligencias Previas núm........., por presunto delito o falta contra ...., por la comisión de los mismos hechos y personas responsables objeto del presente expediente administrativo sancionador.

SEGUNDO. Con fecha ...., se solicitó a dicho órgano judicial comunicación al respecto sobre las actuaciones adoptadas.

TERCERO. Con fecha ......, se incorporó al expediente sancionador certificación de la secretaría de dicho órgano judicial de lo penal.

CUARTO. De la comunicación judicial recibida y de las actuaciones practicadas en el presente expediente sancionador, se constata la existencia de identidad de sujeto, hecho y fundamento entre la infracción administrativa y la infracción penal que pudiera corresponder.

A los anteriores hechos son de aplicación los siguientes,

FUNDAMENTOS DE DERECHO

PRIMERO. De acuerdo con lo establecido en el artículo el 77, apartado 4, de la Ley 39/2015, de 1 de octubre, del Procedimiento Administrativo Común de las Administraciones Públicas, en los procedimientos de carácter sancionador, los hechos declarados probados por resoluciones judiciales penales firmes vincularán a las Administraciones Públicas respecto de los procedimientos sancionadores que se substancien.

SEGUNDO. De los documentos y datos con que se cuenta, resulta acreditada la existencia de la triple identidad requerida de sujetos, hechos y fundamentos, por la concurrencia de procedimientos sancionadores (administrativo y penal) que podrían comportar una doble sanción por los mismos hechos y con el mismo fundamento. De modo que para no incurrir en concurrencia de sanciones ni vulneración del principio general de derecho sancionador de "*non bis in idem*" previsto en el artículo 31 de la Ley 40/2015, de 1 de octubre, de Régimen Jurídico del Sector Público, procede acordar la suspensión del presente procedimiento sancionador hasta que se dicte la correspondiente resolución firme de la jurisdicción penal.

Por todo lo que antecede, se formula la siguiente,

PROPUESTA DE RESOLUCIÓN

SUSPENDER EL PROCEDIMIENTO relativo al expediente sancionador núm. ...., incoado por presunta infracción administrativa consistente en ...., hasta que por la autoridad judicial se dicte resolución penal firme sobre los hechos objeto del presente procedimiento sancionador.

Esta propuesta de resolución se cursará inmediatamente al órgano competente para resolver el procedimiento, junto con todas las actuaciones que consten en el expediente administrativo electrónico.

Lugar, fecha, cargo y firma electrónica.

La persona titular del órgano instructor del procedimiento

F153. PROPUESTA DE RESOLUCIÓN SOBRE EL FONDO DEL ASUNTO

Asunto:
Procedimiento:
Expediente núm.:
Departamento de:

VISTO el procedimiento sancionador relativo al expediente núm. ......, iniciado contra ...., por presunta infracción administrativa consistente en la realización de .... (*identificar el objeto del procedimiento*), y teniendo en consideración los siguientes,

ANTECEDENTES DE HECHO

PRIMERO. Notificado a las personas interesadas el acuerdo de fecha ...., sobre incoación del expediente sancionador, se formularon escritos de alegaciones en los que tras alegar lo que tuvieron por conveniente, terminaban solicitando la inexistencia de la infracción o responsabilidad presuntamente imputada y, en consecuencia, el archivo de las actuaciones.

SEGUNDO. En síntesis, los presuntos responsables por los hechos objeto del expediente sancionador alegan lo siguiente:

- ....
- .... (*resumir las alegaciones esgrimidas*).
- ....

TERCERO. A la vista de las actuaciones practicadas resultan probados los siguientes hechos: .... (*señalar sucintamente los hechos que se consideran probados y las personas responsables en el concepto que se les imputa*).

A los anteriores hechos son de aplicación los siguientes,

FUNDAMENTOS DE DERECHO

PRIMERO. Los hechos declarados anteriormente probados, son constitutivos de una infracción administrativa grave/muy grave (*táchese lo que no proceda*), prevista en el artículo ......, de la Ley ...., y tipificada con sanción de multa de .... euros, y demás responsabilidades administrativas previstas en la legislación aplicable.

SEGUNDO. De la infracción cometida aparecen como sujetos responsables y en el concepto que a continuación se detalla, los siguientes: .... (*indicar los nombres de los presuntos responsables y la calidad o título de imputado*).

TERCERO. Considerando que, en el caso presente, concurren/no concurren circunstancias modificativas de la responsabilidad administrativa, por cuanto que ...., de acuerdo con lo establecido en el artículo 29, apartado 3, de la Ley 40/2015, de 1 de octubre, de Régimen Jurídico del Sector Público, procede graduar la sanción de multa a imponer en .... euros. Teniendo en cuenta que la sanción propuesta por comisión de la infracción tipificada no resulta más beneficiosa para el infractor que el cumplimiento de las normas infringidas, como exige el apartado 2 del citado precepto legal que, dicho de otro modo, proscribe hacer de mejor derecho al que no cumple la legalidad que a la persona que respeta la misma.

CUARTO. Las responsabilidades administrativas derivadas de este procedimiento sancionador son compatibles con la exigencia al infractor de la reposición de la situación alterada por el mismo a su estado originario, lo que deberá llevarlo a cabo en el plazo de .... Advirtiéndole, que de no cumplir con su obligación aquí ordenada se procederá a la ejecución subsidiaria a su costa por esta Administración, sin perjuicio de la previa imposición de las correspondientes multas coercitivas conforme a la normativa aplicable. Los gastos, daños y perjuicios que acarree el procedimiento de ejecución subsidiaria, se le exigirán por la vía de apremio sobre su patrimonio, de acuerdo con lo dispuesto en el artículo 28, apartado 2, de la Ley 40/2015, de 1 de octubre, de Régimen Jurídico del Sector Público, y en el artículo 102, apartado 3, de la Ley 39/2015, de 1 de octubre, del Procedimiento Administrativo Común de las Administraciones Públicas.

QUINTO. Corresponde a ...., adoptar la resolución definitiva del presente procedimiento sancionador, conforme a lo establecido en el artículo .... (*señalar la normativa específica de aplicación por razón de la materia*).

Por todo lo que antecede, el titular del órgano instructor de procedimiento sancionador que suscribe, formula la siguiente,

PROPUESTA DE RESOLUCIÓN

PRIMERO. Imponer a ...., en concepto de ...., una multa de .... euros, por la comisión de la infracción administrativa objeto del presente expediente sancionador.

SEGUNDO. Ordenar al infractor que lleve a cabo por sí mismo la reposición de la situación alterada a consecuencia de la infracción cometida. Advirtiéndole, que de no llevarse a cabo lo ordenado en el plazo de ...., esta Administración lo ejecutará subsidiariamente a su costa, previa imposición de hasta .... multas coercitivas mensuales por valor cada una de ellas de ...... euros. En su caso, el importe de los gastos, daños y perjuicios producidos por la ejecución subsidiaria se le exigirá por la vía de apremio sobre su patrimonio, conforme determina la Ley

TERCERO. Poner de manifiesto el procedimiento sancionador con el fin de que las personas interesadas puedan obtener copias de los documentos que estimen convenientes, concediéndoles trámite de audiencia por el plazo de DIEZ/QUINCE DÍAS hábiles (*táchese lo que no proceda*) para que puedan formular las alegaciones y presentar los documentos que estimen pertinentes.

Esta propuesta de resolución se notificará a las personas interesadas, junto con una relación de los documentos obrantes en el procedimiento, a los efectos previstos en el artículo 89, apartado 2, de la Ley 39/2015, de 1 de octubre, del Procedimiento Administrativo Común de las Administraciones Públicas.

Lugar, fecha, cargo y firma electrónica.

La persona titular del órgano instructor del procedimiento

F154. TRÁMITE DE AUDIENCIA

Asunto:
Procedimiento:
Expediente núm.:
Departamento:

NOTIFICACIÓN A LAS PERSONAS INTERESADAS

En el procedimiento administrativo relativo al expediente sancionador núm. ...., una vez concluida la instrucción del procedimiento incoado sobre presunta infracción administrativa consistente en .... (*identificar el objeto del procedimiento*), de conformidad con lo establecido en el artículo 89, apartado 2, de la Ley 39/2015, de 1 de octubre, del Procedimiento Administrativo Común de las Administraciones Públicas, adjunto remitimos la propuesta de resolución formulada, indicándole la puesta de manifiesto del procedimiento y concediéndole un TRÁMITE DE AUDIENCIA previa y vista del expediente para que en el plazo de diez/quince días (*táchese lo que no proceda*) contados desde el día siguiente al de su notificación o publicación, pueda formular alegaciones y presentar los documentos e informaciones que estime pertinentes ante este órgano instructor del procedimiento.

Puede acceder y obtener copias de los documentos incorporados al procedimiento de dicho expediente sancionador, bien personalmente o con su representante/asesor en la sede de este organismo (en horario de oficina), o bien a través del Punto de Acceso General de la sede electrónica de esta Administración en el siguiente enlace: "https://www..........es", durante las 24 horas al día los siete días de la semana.

Lugar, fecha, cargo y firma electrónica.

Documento firmado digitalmente. La persona titular de la instrucción del procedimiento sancionador. Autenticidad verificable mediante Código de Seguro Verificación (CSV).... en sede electrónica de esta Administración Pública.

F155. ESCRITO DE ALEGACIONES A LA PROPUESTA DE RESOLUCIÓN

AL ÓRGANO COMPETENTE

D/Dª. ...., mayor de edad, con de DNI/NIF/NIE núm. ...., actuando en nombre o representación de ...., cuyos datos y demás circunstancias personales constan en el procedimiento sancionador relativo al expediente núm. ...., incoado por presunta infracción administrativa consistente en .... (*identificar el objeto del procedimiento*). Ante ese órgano administrativo comparezco (código de identificación núm. ...) y, con el debido respeto, como mejor proceda en derecho, **DIGO**:

Que con fecha ...., me ha sido notificada la propuesta de resolución formulada por el instructor del citado expediente sancionador, por la que se me imputa en calidad de ...., como presunto responsable de la referida infracción administrativa, con propuesta de sanción de .... *(especificar la sanción propuesta)*.

Que, dentro del plazo concedido, en el ejercicio de defensa de los derechos e intereses legítimos que me asisten, y al amparo del artículo 89.2 de la Ley 39/2015, de 1 de octubre, del Procedimiento Administrativo Común de las Administraciones Públicas, mediante el presente escrito vengo a formular escrito de alegaciones contra la citada propuesta sancionadora por no encontrarla ajustada a Derecho, sobre la base de los hechos y consideraciones jurídicas que fundamentan las siguientes,

ALEGACIONES

PRIMERA. Consideraciones previas

En primer lugar, se dan por reproducidas aquí todas y cada una de las alegaciones presentadas en su día .... contra la incoación del mencionado expediente sancionador, a las que nos remitidos por economía procesal, en aras a la claridad y concisión del presente escrito de alegaciones. No obstante, finalizada la instrucción del citado procedimiento sancionador, a la vista de los datos y documentos que integran el expediente sancionador, se evidencian un cúmulo de errores padecidos que determinan la improcedencia de la sanción propuesta, por los motivos jurídicos que a continuación se ponen de manifiesto.

SEGUNDA. Sobre la caducidad del procedimiento sancionador

En primer lugar, por ser una cuestión de orden público de cuya resolución depende entrar en las cuestiones de fondo planteadas, importa señalar que las normas que establecen los términos y plazos en el procedimiento administrativo sancionador son normas de orden público de obligatoria observancia e improrrogables (salvo casos excepcionales previstos en la Ley), en virtud del principio de seguridad jurídica que rige las relaciones de la Administración con la ciudadanía, constitucionalmente reconocido en su artículo 9.3. De modo que, transcurrido el tiempo señalado, para incoar, instruir, dictar y notificar la resolución sancionadora, a causa de la inactividad administrativa, se produce automáticamente con efectos jurídicos *ipso iure* la caducidad del procedimiento sancionador. Lo que constituye un modo de extinción de la responsabilidad administrativa imputada, conforme determina el artículo 25.1.b) de la Ley 39/2015, de 1 de octubre, del Procedimiento Administrativo Común de las Administraciones Públicas, que establece que: "*En los procedimientos en que la Administración ejercite potestades sancionadoras o, en general, de intervención, susceptibles de producir efectos desfavorables o de gravamen, se producirá la caducidad. En estos casos, la resolución que declare la caducidad ordenará el archivo de las actuaciones, con los efectos previstos en el artículo 95".*

La consecuencia jurídica de la inobservancia de los términos y plazos legalmente establecidos para la tramitación de los procedimientos administrativos y su cómputo legal (ex art. 29 y 30 de la Ley 39/2015) obliga a declarar caducado el presente procedimiento sancionador por causas tan solo imputables a esa Administración Pública, puesto que resulta evidente que en el caso presente se ha sobrepasado el plazo máximo legal para dictar y notificar la resolución sancionadora, máxime si se tiene en cuenta que la propuesta de resolución no ha sido notificada a esta parte interesada hasta transcurridos más de........ meses desde el inicio del procedimiento sancionador en cuestión.

Conviene traer a colación, que dada la naturaleza del instituto de la caducidad del procedimiento y la regulación que de la misma hace la Ley 39/2015, de 1 de octubre, del Procedimiento Administrativo Común de las Administraciones Públicas, se obliga por mandato legal, incluso, a que sea apreciada *ex officio* por la Administración actuante y la libera de su obligación genérica de dictar resolución expresa, por lo que cuando la acción para perseguir las infracciones administrativas haya caducado resulta obligado declarar la caducidad del procedimiento, ordenando el archivo de las actuaciones sin más trámites.

En definitiva, para que una sanción administrativa sea válida en derecho es preciso no sólo que los actos realizados estén incluidos en la norma sancionadora, sino que, además, la sanción se imponga siempre dentro del preclusivo del plazo máximo legal señalado para ello. Transcurrido el plazo de caducidad establecido se enerva la acción para poder sancionar por extemporánea, al haberse extinguido la responsabilidad administrativa imputada en dicho procedimiento caducado.

En el presente caso, se comprueba que desde la fecha en que se inició el procedimiento sancionador han transcurrido más de ...... meses/años, conforme determina la normativa aplicable, sin haberse practicado la correspondiente notificación en forma a esta parte interesada, lo que ha producido la caducidad del procedimiento cuyos efectos jurídicos obligan a ese órgano administrativo competente a declarar la caducidad del procedimiento y, consiguientemente, ordenar el archivo del expediente sancionados sin más trámites.

TERCERA. Sobre la vulneración del principio de contradicción y el derecho a la no discriminación

El sometimiento pleno de la Administración al procedimiento legalmente establecido constituye un componente esencial para el ejercicio de la potestad sancionadora, conforme determina el artículo 63.2 de la Ley 39/2015, de 1 de octubre, del Procedimiento Administrativo Común de las Administraciones Públicas, en relación con el artículo 25 de la Ley 40/2015, de 1 de octubre, de Régimen Jurídico del Sector Publico.

En el caso presente, resulta evidente que se ha incurrido en un cúmulo de defectos sustantivos de procedimiento que han provocado una auténtica situación de indefensión legal y material en los derechos e intereses legítimos de esta parte, por no haber tenido la oportunidad de aportar durante el procedimiento las pruebas y documentos que pudieran refutan los hechos imputados.

Es más, resulta necesario añadir y subrayar a este respecto, que existen indicios suficientemente fundados para concluir que durante la instrucción del procedimiento se ha producido una situación discriminatoria protegida en el artículo 77.3 bis de la Ley 39/2015, de 1 de octubre, de lo que aporto pruebas de su existencia, en particular por el siguiente motivo ....

(describir la situación discriminatoria por el trato desigual, desfavorable e injustificado recibido en comparación con otros en situaciones similares, sin justificación objetiva alguna).

En efecto, durante la tramitación del procedimiento se han producido las siguientes infracciones legales, que resultan insubsanables por cuanto que .... *(argumentar jurídicamente los motivos de las infracciones cometidas en el procedimiento).*

Importa destacar, además, la absoluta falta motivación de los hechos imputados en la propuesta de resolución sancionadora, que *inaudita parte* ha tenido lugar en el presente caso, puesto que no existe motivación con la sola exposición de las razones de hecho y de derecho en que se dice apoyar el acto, si estas, a su vez, no se fundan en hechos y pruebas que aparezcan acreditadas en el expediente. Dicha exigencia procedimental de rango constitucional para evitar la indefensión por vulnerar los principios de contradicción, igualdad y no discriminación que todo procedimiento administrativo debe observar y respetar *stricto sensu*, es susceptible de causa de nulidad de pleno derecho prevista en el artículo 47.1.a) de la indicada Ley 39/2015, de 1 de octubre y, como consecuencia derivada, procede declarar la nulidad de pleno derecho de todas las actuaciones practicadas en el procedimiento y ordenar el archivo del expediente sancionador sin más trámites.

CUARTA. Sobre la vulneración de la presunción de inocencia

Será de recordar que, el artículo 53.2.b) de la Ley 39/2015, de 1 de octubre, del Procedimiento Administrativo Común de las Administraciones Públicas, en relación con los procedimientos de naturaleza sancionadora, establece el derecho: *"A la presunción de no existencia de responsabilidad administrativa mientras no se demuestre lo contrario"*. Este precepto de carácter básico deriva del derecho fundamental recogido en el artículo 24.2 de la Constitución como manifestación del *ius puniendi* del Estado en el ámbito de las sanciones administrativas.

En el caso presente, resulta evidente que el órgano instructor del procedimiento, en su afán por esclarecer los hechos e imputar las correspondientes responsabilidades, ha incurrido en un grave error: la falta de pruebas. En efecto, en ningún momento consta, debidamente acreditada, mi participación en la comisión de los hechos imputados, sino que éstos se basan en meras conjeturas, especulaciones y falsos juicios de valor carentes de fundamento. De modo y manera, que la citada presunción legal *iuris tantum* de inocencia (esto es, que admite prueba en contrario) establecida en la ley, ha sido quebrantada por cuanto que para desvirtuar esta presunción legal se precisa la certeza de la culpabilidad obtenida de los hechos probados exentos de error.

Sin duda, en los procedimientos sancionadores la carga de prueba de los hechos constitutivos de cada infracción corresponde ineludiblemente a la Administración Pública actuante *(Incumbit probatio qui dixit, non qui negat)*, porque de lo contrario, el hecho de que los presuntos responsables tengan que probar su inocencia, prefigura una *probativo diabólica* por la inversión de la carga de la prueba en relación con los hechos objeto de sanción administrativa. En definitiva, en un Estado de Derecho, la presunción de inocencia significa que la carga de la prueba pesa exclusivamente sobre quien acusa, de manera que es el acusador quien tiene que probar los hechos y la culpabilidad del acusado y no éste quien ha de probar su inocencia.

QUINTA. Sobre la aplicación del principio "in dubio pro reo"

Resulta necesario advertir que, para el esclarecimiento de los hechos, existen dos versiones: la tesis acusatoria del órgano instructor (que es más una hipótesis) y la antítesis defensiva (basada en el examen imparcial de los hechos probados). Además, conviene destacar que para la valoración objetiva de los hechos determinantes de la infracción, debe tenerse en cuenta que si en la valoración de las pruebas existiera la más mínima sombra de duda razonable sobre la culpabilidad imputada por divergencia entre ellas, como en el presente caso ocurre, le sería plenamente aplicable el principio general *in dubio pro reo*, que —como norma de interpretación de naturaleza procesal— determina que en caso de duda se resuelva el expediente sancionador en el sentido más favorable para el presunto infractor, puesto que en la aplicación del derecho sancionador es menos gravoso eximir a un culpable que condenar a un inocente.

Sin duda, la aplicación de dicho principio general obliga a que la Administración que ejerce la potestad sancionadora deba probar de forma absolutamente suficiente la comisión de la presunta infracción cometida o, en caso contrario, anular el expediente sancionador por insuficiencia probatoria.

En efecto, los datos son lo que son, y no constan en el expediente de su razón hechos bastante evidentes para demostrar mi responsabilidad en los hechos imputados. Por ello, si se analiza con imparcialidad los datos y documentos que constan en el expediente, debe necesariamente alcanzarse la convicción que ante la falta de pruebas concluyentes que acrediten la responsabilidad que se imputa, procede declarar la anulación del expediente sancionador, sin orden de retracción de las actuaciones.

SEXTA. En definitiva, del análisis de la documentación del expediente sancionador se desprende la conclusión de ausencia de antijuridicidad, culpabilidad y responsabilidad en los hechos imputados. De modo y manera, que procede declarar la inexistencia de la responsabilidad administrativa por la presunta infracción cometida y, en consecuencia, anular del presente procedimiento con archivo del expediente sancionador sin más trámites.

Por todo ello, y en su atención, es por lo que,

SOLICITO: Que admita el presente escrito de alegaciones con la documentación que se acompaña y, por las razones expuestas, se dicte resolución definitiva por la que se declare la no existencia de responsabilidad administrativa por los hechos objeto del procedimiento sancionador relativo al expediente núm. ...., sobre la infracción administrativa consistente en .... (*describir el objeto del procedimiento*), por la que se propone la imposición de una multa de .... euros y, como consecuencia derivada, se anule dicho procedimiento administrativo sancionador, con el archivo el expediente sin más trámites.

Lugar, fecha y firma electrónica.

La persona interesada/su representante legal

C) RESOLUCIÓN

F156. ACTUACIONES COMPLEMENTARIAS PREVIAS A LA RESOLUCIÓN

Asunto:
Procedimiento:
Expediente núm.:
Departamento:

ACUERDO

VISTAS las actuaciones practicadas en el procedimiento sancionador relativo al expediente de referencia, incoado por acuerdo de fecha.............., sobre presunta infracción administrativa consistente en......... *(identificar el objeto del procedimiento)*.

De conformidad con lo establecido en el artículo 87 de la Ley 39/2015, de 1 de octubre, del Procedimiento Administrativo Común de las Administraciones Públicas, antes de dictar la resolución, el órgano competente podrá decidir, mediante acuerdo motivado, la realización de las actuaciones complementarias indispensables para resolver el procedimiento, y a la vista del contenido de la propuesta de resolución formulada por el órgano instructor de expediente sancionador, de los escritos de alegaciones presentados por las personas interesadas y del resto de documentos, antecedentes e informes obrantes en el expediente, se desprende la necesidad de acordar la realización de las siguientes actuaciones complementarias para la resolución del expediente sancionador:

- ....
- ...... *(señalar en párrafos separados cada una de las actuaciones complementarias que deben llevarse a cabo, sin considerar los informes que preceden inmediatamente a la resolución final del procedimiento)*.
- ....

La realización de las citadas actuaciones complementarias para el esclarecimiento de los hechos y la determinación de las responsabilidades susceptibles de sanción, deberán practicarse en el plazo máximo de QUINCE DÍAS hábiles, durante el cual quedará suspendido el procedimiento sancionador hasta la terminación de las actuaciones complementarias.

Tras la finalización de las citadas actuaciones complementarias, se notificará el presente Acuerdo a las personas interesadas en el procedimiento, concediéndoles un plazo de SIETE DÍAS hábiles para formular las alegaciones que tengan por pertinentes, de acuerdo con lo dispuesto en el citado precepto legal.

Contra este Acuerdo no cabe interponer recurso alguno, por ser un acto de trámite, conforme determina el artículo 112.1 de la Ley 39/2015, de 1 de octubre, del Procedimiento Administrativo Común de las Administraciones Públicas.

Lugar, fecha, cargo y firma electrónica.

La persona titular del órgano administrativo competente

F157. RESOLUCIÓN DE SUSPENSIÓN DEL PROCEDIMIENTO

Asunto:
Procedimiento:
Expediente núm.:
Departamento de:

VISTAS las actuaciones practicadas en el procedimiento sancionador relativo al expediente de referencia sobre presunta infracción administrativa consistente en................. (*identificar el objeto del procedimiento*), del que resultan los siguientes,

ANTECEDENTES DE HECHO

PRIMERO. Notificada a las personas interesadas la resolución de fecha ...., por la que se inició el referido procedimiento sancionador, se presentaron escrito de alegaciones en los que se pone en conocimiento de esta Administración que, por el Juzgado de Instrucción núm. ...... de ...., se han incoado Diligencias Previas núm........., por presunto delito o falta contra ...., por la comisión de los mismos hechos y personas responsables objeto del presente expediente administrativo sancionador.

SEGUNDO. Con fecha ...., se solicitó a dicho órgano judicial comunicación al respecto sobre las actuaciones adoptadas.

TERCERO. Con fecha ......, se incorporó al expediente sancionador certificación de la secretaría de dicho órgano judicial de lo penal.

CUARTO. De la comunicación judicial recibida y de las actuaciones practicadas en el presente expediente sancionador, se constata la existencia de identidad de sujeto, hecho y fundamento entre la infracción administrativa y la infracción penal que pudiera corresponder.

QUINTO. El instructor del presente expediente sancionador ha formulado propuesta de resolución.

A los anteriores hechos son de aplicación los siguientes,

FUNDAMENTOS DE DERECHO

PRIMERO. De acuerdo con lo establecido en el artículo el 77, apartado 4, de la Ley 39/2015, de 1 de octubre, del Procedimiento Administrativo Común de las Administraciones Públicas, en los procedimientos de carácter sancionador, los hechos declarados probados por resoluciones judiciales penales firmes vincularán a las Administraciones públicas respecto de los procedimientos sancionadores que se substancien.

SEGUNDO. De los documentos y datos con que se cuenta, resulta acreditada la existencia de la triple identidad requerida de sujetos, hechos y fundamentos, por la concurrencia de procedimientos sancionadores (administrativo y penal) que podrían comportarían una doble sanción por los mismos hechos y con el mismo fundamento. Por lo que para no incurrir en concurrencia de sanciones ni vulneración del principio general de derecho sancionador de "*non bis in idem*" previsto en el artículo 31 de la Ley 40/2015, de 1 de octubre, de Régimen Jurídico del Sector

Público, procede acordar la suspensión del presente procedimiento sancionador hasta que se dicte la correspondiente resolución judicial penal.

TERCERO. Este órgano administrativo es competente para la adopción de la presente resolución, de conformidad con lo establecido en el artículo .... (*señalar la normativa específica de aplicación por razón de la materia*).

Por todo lo que antecede, y en su virtud,

RESUELVO

SUSPENDER EL PROCEDIMIENTO relativo al expediente sancionador núm. ...., incoado por presunta infracción administrativa consistente en ...., hasta que por la autoridad judicial se dicte resolución penal firme sobre los hechos objeto del presente procedimiento.

Contra la presente resolución, que es un acto de trámite, no cabe interponer recurso administrativo alguno, conforme con lo dispuesto en el artículo 112.1 de la Ley 39/2015, de 1 de octubre, del Procedimiento Administrativo Común de las Administraciones Públicas.

Lugar, fecha, cargo y firma electrónica.

La persona titular del órgano administrativo competente

(*NOTA: téngase en cuenta, en su caso, que en los procedimientos sancionadores cuando la resolución sea ejecutiva, se podrá suspender cautelarmente, si el interesado manifiesta a la Administración su intención de interponer recurso contencioso-administrativo contra la resolución firme en vía administrativa. Dicha suspensión finalizará en los términos previstos en el art. 90.3, segundo párrafo, de la Ley 39/2015*).

F158. RESOLUCIÓN DEFINITIVA DEL PROCEDIMIENTO SANCIONADOR

Asunto:
Procedimiento:
Expediente núm.:
Departamento:

VISTO el procedimiento sancionador relativo al expediente núm. .... incoado contra.............., por presunta infracción administrativa consistente en........................ (*identificar el objeto del procedimiento*), y de conformidad con los siguientes,

ANTECEDENTES DE HECHO

PRIMERO. Notificada a las personas interesadas la resolución de fecha ...., sobre incoación del expediente sancionador, se presentaron escritos de alegaciones en los que, tras alegar lo que tuvieron por conveniente, terminaban solicitando la inexistencia de la infracción o responsabilidad presuntamente imputada y, en consecuencia, el archivo de las actuaciones.

SEGUNDO. En síntesis, los presuntos responsables sobre los hechos objeto del expediente sancionador alegan lo siguiente: .... (*indicar sucintamente las alegaciones esgrimidas*).

TERCERO. A la vista de las actuaciones/pruebas practicadas resultan probados los siguientes hechos: .... (*señalar de forma clara y concisa cada uno de los hechos que se consideran probados y las personas responsables*).

CUARTO. En la tramitación del presente procedimiento se han realizado las actuaciones pertinentes para el esclarecimiento de los hechos y la determinación de las responsabilidades susceptibles de sanción. Además, se han observado todas las prescripciones legales establecidas, emitidos los correspondientes informes técnicos y se ha formulado propuesta de resolución por el órgano instructor del procedimiento.

A los anteriores hechos son de aplicación los siguientes,

FUNDAMENTOS DE DERECHO

PRIMERO. Los hechos declarados anteriormente probados son constitutivos de una infracción administrativa grave/muy grave (*táchese lo que no proceda*), prevista en el artículo ......, de la Ley ...., y tipificada con sanción de .... euros.

SEGUNDO. De la infracción cometida aparecen como sujetos responsables y en el concepto que a continuación se detalla, los siguientes: .... (*indicar los nombres de los presuntos responsables y la calidad o en concepto de imputado*).

TERCERO. Considerando que, en el caso presente, concurren/no concurren (*táchese lo que no proceda*) circunstancias modificativas de la responsabilidad administrativa, por cuanto que .... Por lo que de acuerdo con lo establecido en el artículo 29, apartado 3, de la Ley 40/2015, de 1 de octubre, de Régimen Jurídico del Sector Público, en relación con la normativa específica de aplicación a este procedimiento sancionador, procede graduar la sanción de multa a imponer en .... euros, teniendo en cuenta la proporcionalidad de la sanción propuesta por comisión de la infracción y que ésta no resulta más beneficiosa para el infractor que el cumplimiento de las normas infringidas, como exige el principio general del derecho administrativo sancionador recogido en el apartado 2, del citado precepto legal, que proscribe hacer de mejor derecho al que no cumple la legalidad que a la persona que respeta la misma.

CUARTO. Las responsabilidades administrativas derivadas de este procedimiento sancionador son compatibles con la exigencia al infractor de la reposición de la situación alterada por el mismo a su estado originario, lo que deberá llevarlo a cabo en el plazo de .... Advirtiéndole, que de no cumplir con su obligación aquí ordenada se procederá a la ejecución subsidiaria a su costa por esta Administración, previa imposición de .... multas coercitivas mensuales en la cuantía cada una de ellas de .... euros, conforme a lo previsto en el artículo 103 de la Ley 39/2015, de 1 de octubre, del Procedimiento Administrativo Común de las Administraciones Públicas y en la normativa específica que le es de aplicación. Además, los gastos, daños y perjuicios causados por la ejecución subsidiaria se le exigirán, en su caso, por la vía de apremio sobre su patrimonio, de conformidad con lo establecido en el artículo 102 de la precitada Ley 39/2015.

QUINTO. Este órgano administrativo es competente para la resolución del presente procedimiento sancionador, conforme con lo establecido en el artículo .... (*señalar la normativa específica de aplicación por razón de la materia*).

Vistos los preceptos legales citados y demás de general o concordante aplicación,

RESUELVO

IMPONER UNA SANCIÓN DE MULTA de .... euros, a ...., en concepto de ...., por la comisión de la infracción administrativa objeto del presente expediente sancionador.

Ordenar a las personas responsables de la infracción cometida que se lleve a cabo por sí mismos la reposición de la situación alterada a su estado originario. Advirtiéndole, que de no realizarse lo ordenado en el plazo de .... meses/días, esta Administración Pública previa la imposición de .... MULTAS COERCITIVAS con una periodicidad mensual en la cantidad de ...., cada una de ellas, ejecutará subsidiariamente a su costa lo ordenado. El resarcimiento del importe de los gastos, daños y perjuicios producidos por la ejecución subsidiaria se exigirá por la vía a apremio sobre su patrimonio.

La presente resolución se notificará a las personas interesadas en el procedimiento, conforme con lo previsto en los artículos 40 y 41 de la Ley 39/2015, de 1 de octubre, del Procedimiento Administrativo Común de las Administraciones Públicas. En especial, a la persona o personas responsables de la infracción cometida, se les indicará, además, la forma y plazos legales para hacer efectiva la sanción impuesta (carta de liquidación). Advirtiéndoles, que de no efectuar el pago de la sanción impuesta en el período voluntario se procederá a su recaudación por vía ejecutiva, incrementada con el recargo de apremio y, en su caso, los correspondientes intereses de demora que procedan, de acuerdo con lo establecido el artículo 70 del Reglamento General de Recaudación, aprobado por Real Decreto 939/2005, de 29 de julio.

Contra la presente resolución, que pone fin a la vía administrativa, las personas interesadas podrán interponer recurso contencioso-administrativo ante el Juzgado de lo Contencioso-Administrativo de la correspondiente, en el plazo de dos meses contados desde el día siguiente a la su notificación o publicación, de conformidad con lo dispuesto en los artículos 8.3 y 46.1

de la Ley 29/1998, de 13 de julio, reguladora de la Jurisdicción Contencioso-Administrativa. Asimismo, con carácter potestativo, podrán interponer recurso de reposición, en el plazo de un mes contado desde el día siguiente al de su notificación o publicación, ante el órgano que ha dictado la resolución, de acuerdo con lo previsto en los artículos 123 y 124 de la Ley 39/2015, de 1 de octubre, del Procedimiento Administrativo Común de las Administraciones Públicas. Todo ello, sin perjuicio de que pueda interponerse cualquier otro recurso que se estime pertinente.

Lugar, fecha, cargo y firma electrónica.

La persona titular del órgano administrativo competente

F159. SOLICITUD DE APLAZAMIENTO Y FRACCIONAMIENTO DE LA SANCIÓN PECUNIARIA

AL ÓRGANO COMPETENTE

D/Dª. ...., mayor de edad, con DNI/NIF/NIE núm. ...., actuando en nombre propio o en representación de ...., con domicilio a efectos de notificaciones en ...., del municipio de ...., provincia ...., teléfono ...., y, correo electrónico .... Ante ese órgano administrativo comparezco (código de identificación núm. ...) y, con el debido respeto, como mejor proceda en derecho,

EXPONGO

Que en calidad de persona interesada con fecha ......, he recibido la notificación de la diligencia de apremio en el procedimiento recaudatorio núm. ......, en concepto de pago de multa del procedimiento administrativo sancionador relativo al expediente núm. ......, sobre .... (*identificar el objeto del procedimiento*), y de conformidad con lo establecido en el artículo 65 de la Ley 58/2003, de 17 de diciembre, General Tributaria, mediante el presente escrito vengo a solicitar el APLAZAMIENTO Y FRACCIONAMIENTO DE LA DEUDA TRIBUTARIA, fundamentado en los siguientes,

MOTIVOS RAZONADOS

Que a la vista de la cuantía de la multa reclamada que asciende a la cantidad total de .... euros, y dadas mis circunstancias personales y laborales sobre mi situación económica actual y las cargas familiares, teniendo en cuenta .... (*especificar las circunstancias personales, familiares y laborales*), es por lo que me veo en la obligación de solicitar un aplazamiento y fraccionamiento del pago de la deuda reclamada en tres/seis mensualidades de .... euros cada una, garantizándose dicho pago en base a mi propia nómina y comprometiéndome a abonar la referida deuda tributaria en los términos y plazos siguientes:

Primer plazo: .... a ingresar .... euros

Segundo plazo: .... a ingresar .... euros

Tercer plazo: .... a ingresar .... euros

Por todo ello, y en su atención, es por lo que,

SOLICITO: Que admita el presente escrito y, por las razones expuestas, tenga a bien acordar un aplazamiento y fraccionamiento del pago de la deuda tributaria sobre el procedimiento de recaudación núm. ......, que asciende a un importe total de .... euros, en concepto de pago de multas de ...., del ejercicio ..., en los términos y plazos indicados, estimando mi propia nómina como garantía suficiente para el fiel cumplimiento del pago de la deuda reclamada, que adjunto se acompaña al presente escrito.

Lugar, fecha y firma electrónica.

La persona interesada/su representante legal

2. Tramitación simplificada

A) INICIACIÓN

F160. ACUERDO DE INICIACIÓN DE LA TRAMITACIÓN SIMPLIFICADA DEL PROCEDIMIENTO

Asunto:

Procedimiento:

Expediente núm.:

Departamento:

VISTAS las actuaciones practicadas para el esclarecimiento de circunstancias que justifican la iniciación del procedimiento sancionador por infracción administrativa, a consecuencia de la denuncia/petición razonada/orden superior/propia iniciativa (*táchese lo que no proceda*), formulada por..............., sobre........... (*identificar el objeto del procedimiento*), y de las que resultan los siguientes,

ANTECEDENTES DE HECHO

1. Con fecha ...., esta Administración tuvo conocimiento de la existencia de la presunta infracción en materia de ...., por la realización de determinados hechos, consistentes en ...... (*describir los hechos objeto del procedimiento*).
2. De las actuaciones previas llevadas a cabo para el esclarecimiento de los hechos denunciados y la determinación de las responsabilidades susceptibles de sanción, se desprende lo siguiente:
   a) ....
   b) ...... (*indicar sucintamente los hechos constatados*).
   c) ....

A los anteriores hechos son de aplicación los siguientes,

FUNDAMENTOS DE DERECHO

PRIMERO. Los hechos constatados son constitutivos de una presunta infracción administrativa en materia de ...., consistente en ...., prevista en el artículo ... de la Ley .... (*indicar la normativa específica de aplicación*). Dicha presunta infracción administrativa CALIFICADA COMO LEVE está sancionada con apercibimiento/multa de .... euros, conforme con lo establecido en el artículo ......de ......, que le es de aplicación. Todo ello, sin perjuicio de lo que resulte de la instrucción del procedimiento sancionador.

SEGUNDO. De la presunta infracción administrativa cometida aparecen como personas responsables, en el concepto que se expresa a continuación las siguientes: D/Dª. .... en concepto de ...., D/Dª. .... en concepto de ...... y D/Dª. .... en concepto de ...., de acuerdo con lo previsto la citada normativa aplicable.

TERCERO. El artículo 96, apartado 5, de la Ley 39/2015, de 1 de octubre, del Procedimiento Administrativo Común de las Administraciones Públicas, establece que: *"5. En los procedimientos de naturaleza sancionadora, se podrá adoptar la tramitación simplificada del procedimiento cuando el* *órgano competente para iniciar el procedimiento considere que, de acuerdo con lo previsto en su normativa reguladora, existen elementos de juicio suficientes para calificar la infracción como leve sin que queda la oposición expresada por parte del interesado prevista en el apartado 2".*

CUARTO. La infracción cometida lleva aparejada la sanción de multa y se debe calificar como falta leve, graduándose la misma y proponiéndose la imposición de una sanción de multa por importe de ..... euros.

QUINTO. Si la persona o personas infractoras reconocen su responsabilidad, se podrá resolver el procedimiento con la imposición de la sanción, aplicándose una REDUCCIÓN del 20/50% (*táchese lo que no proceda*) sobre el importe íntegro de la sanción propuesta, de conformidad con el artículo 85 de la Ley 39/2015, de 1 de octubre, del Procedimiento Administrativo Común de las Administraciones Públicas.

Para acogerse a dicha reducción, la persona interesada desiste o renuncia a cualquier acción o recurso en vía administrativa contra la sanción, con excepción de la vía de lo contencioso-administrativo.

SEXTO. El procedimiento seguido ha observado todos los trámites legales y reglamentarios exigidos, así como se han tenido en cuenta los principios informadores de la potestad sancionadora, con absoluto respeto a los derechos del presunto o presuntos responsables, de acuerdo con lo dispuesto en el artículo 53.2 de la citada Ley 39/2015.

SÉPTIMO. Este órgano administrativo es competente para adoptar la presente resolución, de conformidad con lo establecido en .... (*indicar la normativa que le sea de aplicación*).

Por todo lo que antecede, y en su virtud,

RESUELVO

PRIMERO. Acordar el inicio del procedimiento sancionador simplificado por presunta infracción administrativa en materia de ...., para determinar las presuntas responsabilidades susceptibles de sanción, imputables a ...., en concepto de .... y demás personas que se deduzcan responsables por los hechos cometidos sobre ...., calificados de leves y tipificados con sanción de multa de .... euros, según determina el artículo .... (*indicar la normativa específica vulnerada*).

Se significa, a la persona o personas inculpadas la posibilidad de poder reconocer voluntariamente su responsabilidad y, en su caso, efectuar el pago voluntario de la multa propuesta, con las reducciones legales sobre su importe que resulten procedentes, en los términos o períodos expresamente indicados en la notificación de la presente resolución, en cuyo caso procederá la terminación el procedimiento, sin perjuicio de la posibilidad de interponer los recursos que se estimen pertinentes.

SEGUNDO. Nombrar instructor del procedimiento a D/Dª ...., funcionario/a de esta Administración, a quien será de aplicación el régimen de abstención y recusación contenido en los artículos 23 y 24 de la Ley 40/20215, de 1 de octubre, de Régimen Jurídico del Sector Público.

TERCERO. Notificar a las personas interesadas en el procedimiento administrativo la presente resolución, de conformidad con lo previsto en la Ley 39/2015, de 1 de octubre, del Procedimiento Administrativo Común de las Administraciones Públicas, participándoles lo siguiente:

a) Sobre el contenido de la presente iniciación del procedimiento sancionador podrán aportar, en el plazo de CINCO DÍAS a partir de la recepción de la notificación de la presente resolución, las alegaciones, documentos o informaciones que estimen convenientes.

b) De no efectuar alegaciones en el plazo anteriormente señalado, la presente resolución de iniciación del procedimiento sancionador, se podrá considerar propuesta de resolución al contener un pronunciamiento preciso acerca la responsabilidad imputada.

c) En el caso de que los inculpados reconozcan su responsabilidad y, en su caso, procedan al pago voluntario en el plazo de ....días, se resolverá el procedimiento con la imposición de la sanción propuesta aplicando se una reducción del ...... sobre el importe íntegro, comportando la finalización del procedimiento, desistiendo o renunciando a cualquier acción o recurso en vía administrativa contra la sanción, con excepción de la vía contenciosa-administrativa.

El pago de la sanción con importe reducido se deberá abonar a través de la sede electrónica de esta Administración, utilizando medios electrónicos señalados en el artículo 98.2 de la Ley 39/2015, de 1 de octubre o, en su caso, en cualquiera de las entidades bancarias expresadas en la Carta de Pago (Liquidación) que se adjunta a la presente resolución.

Contra la presente resolución, que es un acto de trámite, no cabe interponer recurso alguno, conforme con lo previsto en el artículo 112.1 de la Ley 39/2015, de 1 de octubre, del Procedimiento Administrativo Común de las Administraciones Públicas, sin perjuicio que las personas interesadas puedan repetir las argumentaciones en el recurso que sea procedente contra la resolución que finalice el procedimiento.

Lugar, fecha, cargo y firma electrónica.

La persona titular del órgano administrativo competente

ANEXO

CARTA DE PAGO PROCEDIMIENTO SANCIONADOR

Denunciado: ....
Código pago: ....
Objeto: expediente núm. ....
Cargo: .... Importe sanción: ....
Ejercicio: .... Descuento: ....
N.º Recibo: .... Importe: ....
Detalle de la infracción: ....

Puede realizarse el pago:

a) De forma online: entrando en la web de esta Administración Pública https://www. ...... es, en la sección de "Pago de tributos y multas". Introduzca los números del código de barras de la notificación y los datos de la tarjeta de crédito con la que vaya a realizar el pago.

b) En los siguientes bancos o entidades colaboradoras: .... utilizando el código de barras de la notificación.

Teléfono de interés: ....

F161. CONVERSIÓN DE LA TRAMITACIÓN SIMPLIFICADA EN ORDINARIA

Asunto:
Procedimiento:
Expediente núm.:
Departamento:

VISTAS las actuaciones practicadas en la tramitación simplificada del procedimiento sancionador en el expediente núm. ...., incoado por infracción administrativa consistente en .... (*identificar el objeto del procedimiento*), y de las que resultan los siguientes,

ANTECEDENTES DE HECHO

1. Con fecha ...., esta Administración tuvo conocimiento de la existencia de la presunta infracción en materia de ...., por la realización de determinados hechos, consistentes en .... (*señalar los hechos objeto de infracción*).

2. Con fecha ...., esta Administración acordó el inicio de la tramitación simplificada para la determinación de las responsabilidades, en principio, calificadas como infracción leve.

3. De las actuaciones practicadas se desprenden indicios que la existencia de una infracción grave o muy grave, por cuanto que .... (*describir las causas que motivan la conversión del procedimiento*).

FUNDAMENTOS DE DERECHO

PRIMERO. Advertida la existencia nuevos indicios determinantes en la fase de instrucción del procedimiento sancionador incoado por la presunta infracción administrativa consistente en ...... (*especificar el objeto de la infracción cometida*). Hechos que pudieran ser objeto de una infracción grave o muy grave que requiere llevar a cabo trámites no previstos en la tramitación simplificada del procedimiento. De modo que procede su tramitación de manera ordinaria, conforme determina el artículo 96, apartado 7, de la Ley 39/2015, de 1 de octubre, del Procedimiento Administrativo Común de las Administraciones Públicas.

SEGUNDO. Teniendo en cuenta que, en el presente caso, el procedimiento simplificado resulta inadecuado debe acordarse que continué tramitándose por el procedimiento ordinario, relativo la apertura de un periodo de prueba para el esclarecimiento de los hechos y, en su caso, determinación de las posibles responsabilidades.

Por todo lo que antecede, y en su virtud,

ACUERDO

LA CONVERSIÓN DEL PROCEDIMIENTO SIMPLIFICADO de referencia para su continuación por los trámites ordinarios del procedimiento administrativo sancionador general, concediendo a las personas presuntamente inculpadas un plazo de .... días, para que en trámite de audiencia puedan formular las alegaciones y presentar los documentos e informaciones que estimen pertinentes, de acuerdo con lo previsto en la Ley 39/2015, de 1 de octubre, del Procedimiento Administrativo Común de las Administraciones Públicas.

Contra el presente Acuerdo no cabe interponer recurso alguno, por ser un acto de trámite, que no determina la imposibilidad de continuar el procedimiento, ni produce indefensión o perjuicio irreparable a derechos o intereses legítimos, conforme con lo previsto en el artículo 112.1 de la Ley 39/2015, de 1 de octubre, del Procedimiento Administrativo Común de las Administraciones Públicas.

Lugar, fecha, cargo y firma electrónica.

La persona titular del órgano instructor del procedimiento

B) PROPUESTA DE RESOLUCIÓN

F162. PROPUESTA DE RESOLUCIÓN DEL PROCEDIMIENTO SIMPLIFICADO

Asunto:
Procedimiento:
Expediente núm.:
Departamento:

VISTAS las actuaciones practicadas en la tramitación simplificada del procedimiento sancionador relativo al expediente núm. ...., incoado por infracción administrativa consistente en ...., sobre .... (*identificar el objeto del procedimiento*), y teniendo en consideración los siguientes,

ANTECEDENTES DE HECHO

PRIMERO. Notificada a las personas interesadas la resolución de fecha ...., sobre la iniciación del presente expediente sancionador, se presentaron escrito de alegaciones en los que tras exponer lo que tuvieron por conveniente terminaban solicitando la inexistencia de la infracción o responsabilidad presuntamente imputada y, en consecuencia, el archivo de las actuaciones del expediente sancionador.

SEGUNDO. En síntesis, los presuntos responsables por los hechos objeto del expediente sancionador alegan lo siguiente: .... (*exponer sucintamente las alegaciones esgrimidas*).

TERCERO. A la vista de las actuaciones practicadas para el esclarecimiento de los hechos y determinación de las responsabilidades susceptibles de sanción, resultan probados los siguientes hechos: .... (*señalar de forma clara y concisa cada uno de los hechos que se consideran probados y las personas responsables*).

CUARTO. No se aprecia que los hechos probados anteriormente relatados puedan ser constitutivos de infracción grave o muy grave sino de carácter leve, por lo que resulta adecuado la tramitación simplificada del procedimiento para infracciones administrativas calificadas como leves, ni se precisa del trámite de audiencia a la propuesta de resolución del procedimiento, por cuanto que no figuran en el procedimiento ni han sido tenidos en cuenta otros hechos ni otras alegaciones y pruebas que las aducidas por las personas interesadas.

A los anteriores hechos son de aplicación los siguientes,

FUNDAMENTOS DE DERECHO

PRIMERO. Los hechos declarados anteriormente probados son constitutivos de una infracción administrativa leve, prevista en el artículo ......, de la Ley ...., y tipificada con sanción de multa de .... euros.

SEGUNDO. De la infracción cometida aparecen como sujetos responsables y en el concepto que a continuación se detalla, los siguientes: .... (*indicar los nombres de los presuntos responsables y la calidad o título de imputado*).

TERCERO. Considerando que, en el caso presente, concurren/no concurren (*táchese lo que no proceda*) circunstancias modificativas de la responsabilidad administrativa, por cuanto que .... De modo que de acuerdo con lo establecido en el artículo 29 de la Ley 40/2015, de 1 de octubre, de Régimen Jurídico del Sector Público, en relación con la normativa específica de aplicación a este procedimiento sancionador procede graduar la sanción en su grado mínimo imponiendo una de multa de .... euros.

CUARTO. Corresponde a ...., adoptar la resolución definitiva del presente expediente sancionador, conforme con lo establecido en el artículo ....(*señalar la normativa específica de aplicación por razón de la materia).*

Por todo lo que antecede, y en su virtud, se formula la siguiente,

PROPUESTA DE RESOLUCIÓN

1. Imponer a D/Dª.........................., en concepto de ...., una multa de ....euros, como responsable de una falta leve de conformidad con el artículo ...... de ...., por la comisión de la infracción objeto del presente expediente sancionador.
2. Sanción de multa de ...... euros, que deberá satisfacer en la forma y plazo legal que indique en la la Carta de Liquidación que se adjunta a la notificación de resolución sancionadora. Advirtiéndole que de no efectuar el pago de la sanción impuesta en el poriodo voluntario se procederá a su recaudación por vía de ejecutiva, incrementada con el recargo de apremio y, en su caso, los correspondientes intereses de demora.

Lugar, fecha, cargo y firma electrónica.

La persona titular de la instrucción del procedimiento

F163. RESOLUCIÓN DEL PROCEDIMIENTO SANCIONADOR SIMPLIFICADO

Asunto:
Procedimiento:
Expediente núm.:
Departamento:

VISTAS las actuaciones practicadas en el procedimiento sancionador simplificado relativo al expediente de referencia, por infracción administrativa consistente en ...., sobre .... (*identificar el objeto del procedimiento*), y teniendo en consideración los siguientes,

ANTECEDENTES DE HECHO

PRIMERO. Notificada a las personas interesadas la resolución de fecha ...., sobre la iniciación del presente expediente sancionador, se presentaron escrito de alegaciones en los que tras alegar lo que tuvieron por conveniente terminaban solicitando la inexistencia de la infracción o responsabilidad presuntamente imputada y, en consecuencia, el archivo de las actuaciones del expediente sancionador.

SEGUNDO. En síntesis, los presuntos responsables por los hechos objeto del expediente sancionador alegan lo siguiente: .... (*exponer sucintamente las alegaciones esgrimidas*).

TERCERO. A la vista de las actuaciones practicadas para el esclarecimiento de los hechos y determinación de las responsabilidades susceptibles de sanción, resultan probados los siguientes hechos: .... (*señalar de forma clara y concisa cada uno de los hechos que se consideran probados y las personas responsables*).

CUARTO. No se aprecia que los hechos probados anteriormente relatados puedan ser constitutivos de infracción grave o muy grave, por lo que resulta adecuado el presente procedimiento simplificado para infracciones administrativas calificadas como leves, ni se precisa del trámite de audiencia a la propuesta de resolución del procedimiento por cuanto que no figuran en el procedimiento ni han sido tenidos en cuenta otros hechos ni otras alegaciones y pruebas que las aducidas por las personas interesadas.

QUINTO. En la tramitación del presente procedimiento se han realizado las actuaciones pertinentes para el esclarecimiento de los hechos y la determinación de las responsabilidades susceptibles de sanción.

SEXTO. Se han observado todas las formalidades legales, emitidos los correspondientes informes técnicos y se ha formulado propuesta de resolución por el órgano instructor del procedimiento.

A los anteriores hechos son de aplicación los siguientes,

FUNDAMENTOS DE DERECHO

PRIMERO. Los hechos declarados anteriormente probados son constitutivos de una infracción administrativa leve, prevista en el artículo ......, de la Ley ...., y tipificada con sanción de multa de .... euros.

SEGUNDO. De la infracción cometida aparecen como sujetos responsables y en el concepto que a continuación se detalla, los siguientes: .... (*indicar los nombres de los presuntos responsables y la calidad o título de imputado*).

TERCERO. Considerando que, en el caso presente, concurren/no concurren (*táchese lo que no proceda*) circunstancias modificativas de la responsabilidad administrativa, por cuanto que .... Por lo que de acuerdo con lo previsto en el artículo 29, apartado 3 de la Ley 40/2015, de 1 de octubre, de Régimen Jurídico del Sector Público, en relación con la normativa específica de aplicación a este procedimiento sancionador procede graduar la sanción de multa a imponer en .... euros.

CUARTO. Este órgano administrativo es competente para adoptar la presente resolución, conforme con lo establecido en el artículo ....(*señalar la normativa específica de aplicación por razón de la materia*), y se adopta antes de que transcurra el plazo previsto en el artículo 96, apartado 6, Ley 39/2015, de 1 de octubre, del Procedimiento Administrativo Común de las Administraciones Públicas.

Vistos los preceptos legales citados y demás de general o concordante aplicación,

RESUELVO

IMPONER UNA SANCIÓN DE MULTA de .... euros, a D/Dª........................., en concepto de ...., por la comisión de la infracción administrativa leve objeto del presente expediente sancionador.

Sanción de multa de ...... euros, que deberá satisfacer en la forma y plazo legal que indique en la Carta de Liquidación que se adjunta a la notificación de esta resolución sancionadora. Advirtiéndole que de no efectuar el pago de la sanción impuesta en el periodo voluntario se procederá a su recaudación por vía de ejecutiva, incrementada con el recargo de apremio y, en su caso, los correspondientes intereses de demora.

Contra la presente resolución, que pone fin a la vía administrativa, las personas interesadas podrán interponer recurso contencioso-administrativo ante el Juzgado de lo Contencioso-Administrativo correspondiente, en el plazo de dos meses contados desde el día siguiente al de su notificación o publicación, de conformidad con lo dispuesto en los artículos 8.3 y 46.1 de la Ley 29/1998, de 13 de julio, reguladora de la Jurisdicción Contencioso-Administrativa. Asimismo, con carácter potestativo, podrán interponer recurso de reposición, en el plazo de un mes contado desde el día siguiente al de su notificación o publicación, ante el órgano que ha dictado la resolución, de acuerdo con lo previsto en los artículos 123 y 124 de la Ley 39/2015, de 1 de octubre, del Procedimiento Administrativo Común de las Administraciones Públicas. Todo ello, sin perjuicio de que pueda interponerse cualquier otro recurso que se estime pertinente.

Lugar, fecha, cargo y firma electrónica.

La persona titular del órgano administrativo competente

ANEXO

CARTA DE PAGO PROCEDIMIENTO SANCIONADOR

Denunciado: ....
Código pago: ....
Objeto: expediente núm. ....
Cargo: .... Importe sanción: ....
Ejercicio: .... Descuento: ....
N.º Recibo: .... Importe: ....
Detalle de la infracción: ....

Puede realizarse el pago:

a) De forma online: entrando en la web de esta Administración Pública https://www. ...... es, en la sección de "Pago de tributos y multas". Introduzca los números del código de barras de la notificación y los datos de la tarjeta de crédito con la que vaya a realizar el pago.

b) En los siguientes bancos o entidades colaboradoras: .... utilizando el código de barras de la notificación.

Teléfono de interés: ....

IX. PROCEDIMIENTO DE RESPONSABILIDAD PATRIMONIAL

I. RESPONSABILIDAD PATRIMONIAL DE LAS ADMINISTRACIONES PÚBLICAS

1. Procedimiento General

A) INICIACIÓN

F164. ACUERDO DE INICIACIÓN DE OFICIO DEL PROCEDIMIENTO

Asunto:
Procedimiento:
Expediente núm.:
Departamento:

VISTAS las actuaciones previas realizadas a consecuencia de orden superior/petición razonada/propia iniciativa (*táchese lo que no proceda*), en el procedimiento de responsabilidad patrimonial sobre .... (*identificar el objeto de la reclamación*), de esta Administración Pública.

Resultado que de las actuaciones practicadas pudieran desprenderse indicios racionales de presunta responsabilidad patrimonial por la producción de lesiones en los bienes y derechos de los particulares afectados por el funcionamiento de los servicios públicos de esta Administración Pública, consistentes en .... (*describir las lesiones reclamadas*).

Considerando que el procedimiento de responsabilidad patrimonial puede iniciarse de oficio o a instancia de la persona interesada mientras que no haya prescrito el derecho a reclamar, según determinan los artículos 65 y 67 de la Ley 39/2015, de 1 de octubre, del Procedimiento Administrativo Común de las Administraciones Públicas, y en cuya tramitación se observarán los principios de responsabilidad patrimonial de las Administraciones públicas previstos en los artículos 32 a 35 de la Ley 40/2015, de 1 de octubre, de Régimen Jurídico del Sector Público.

De conformidad con lo previsto en el artículo 92 de la Ley 39/2015, de 1 de octubre, del Procedimiento Administrativo Común, sobre la competencia para la resolución de los procedimientos de responsabilidad patrimonial y con la normativa aplicable en el ámbito territorial de esta Administración,

ACUERDO

PRIMERO. Iniciar de oficio el procedimiento de responsabilidad patrimonial sobre .... (*describir el objeto del procedimiento*).

SEGUNDO. Nombrar como órgano instructor del citado procedimiento de responsabilidad patrimonial a D/Dª ...., funcionario/a de carrera de esta Administración Pública, que impulsará de oficio la tramitación del mismo en todos sus trámites hasta su resolución definitiva y a quien le será de aplicación el régimen de recusación y abstención previsto en los artículos 23 y 24 de la Ley 40/2015, de 1 de octubre, de Régimen Jurídico del Sector Público.

Contra el presente Acuerdo no cabe interponer recurso alguno, por ser un acto de trámite, de conformidad con lo previsto en artículo 112.1 de la Ley del Procedimiento Administrativo Común de las Administraciones Públicas.

Lugar, fecha, cargo y firma electrónica.

La persona titular del órgano administrativo competente

F165. ESCRITO DE INICIACIÓN POR RECLAMACIÓN DE PERSONA INTERESADA

AL ÓRGANO COMPETENTE

D/Dª. ...., mayor de edad, con DNI/NIF/NIE núm. ...., actuando en nombre o representación de ...., con domicilio a efectos de notificaciones en ...., del municipio de ...., provincia de ...., con teléfono ...., y correo electrónico: .... Ante ese órgano administrativo comparezco (código de identificación núm....) y, con el debido respeto, como mejor proceda en derecho, **DIGO**:

Que, en ejercicio de los derechos e intereses legítimos que me asisten, al amparo del artículo 67 de la Ley 39/2015, de 1 de octubre, del Procedimiento Administrativo Común de las Administraciones Públicas, por medio del presente escrito formulo RECLAMACIÓN DE RESPONSABILIDAD PATRIMONIAL para el resarcimiento de los daños y perjuicios sufridos a consecuencia del funcionamiento de los servicios de esa Administración Pública, sobre la base de los motivos fundamentados en los hechos y consideraciones jurídicas siguientes,

ANTECEDENTES DE HECHO

PRIMERO. Que con fecha ...., por causa imputable a los servicios públicos dependientes de esa Administración se produjeron los siguientes daños, perjuicios y lesiones en los derechos e intereses legítimos de esta parte, que no tiene el deber jurídico de soportar de acuerdo con la Ley:

a) ....

b) .... *(describir con claridad y precisión los hechos determinantes de la lesión).*

c) ....

SEGUNDO. De los anteriores hechos expuestos, resulta evidente la inequívoca relación de causalidad entre las lesiones producidas y el funcionamiento de los servicios públicos de esa Administración Pública, por lo que procede el resarcimiento de los daños y perjuicios causados, conforme determina la Ley.

TERCERO. La evaluación económica para satisfacer por esa Administración Pública se cifra en la cantidad total de .... euros, en concepto de indemnización por las lesiones, daños y perjuicios producidos.

CUARTO. Para la comprobación de los hechos alegados se acompañan los documentos pertinentes que acreditan su veracidad del resultado de los daños o lesiones producidas, y su relación de causalidad entre vinculación de éstas y el funcionamiento del servicio público de esa Administración.

A los anteriores hechos son de aplicación los siguientes,

FUNDAMENTOS JURÍDICOS

PRIMERO. La presente reclamación de responsabilidad patrimonial se formula, en tiempo y forma, antes del transcurso de un año desde que se ha producido el hecho o acto que motiva la reclamación o de manifestarse su efecto lesivo, de conformidad con lo establecido en el artículo 67.1 de la Ley 39/2015, de 1 de octubre, del Procedimiento Administrativo Común de las Administraciones Públicas. Asimismo, concurren en esta parte los requisitos relativos a la capacidad y legitimación activa necesaria para su interposición, de acuerdo con lo dispuesto en los artículos 3 y 4 de la expresada ley. Por lo demás, la presente reclamación reúne todas las formalidades exigidas sobre las solicitudes de iniciación en los procedimientos de responsabilidad patrimonial, y se interpone ante el órgano competente para su conocimiento, de acuerdo con lo dispuesto en el artículo 92 del citado texto legal.

SEGUNDO. Importa destacar, en primer lugar, que la actividad administrativa siempre se desenvuelve en el marco jurídico-público, por impulso o bajo la responsabilidad de una Administración, por lo que siempre está sujeta a la dirección y responsabilidad directa de la Administración Pública. De modo y manera que los particulares tienen derecho a ser indemnizados, en los términos establecidos por la ley, de toda lesión que sufran en cualquiera de sus bienes y derechos, salvo los casos de fuerza mayor, o de daños que el particular tenga el deber jurídico de soportar de acuerdo con la Ley, siempre que la lesión sea consecuencia del funcionamiento normal o anormal de los servicios públicos, conforme establece el artículo 32 de la Ley 40/2015, de 1 de octubre, de Régimen Jurídico del Sector Público y el artículo 106.2 de la Constitución garantiza.

El régimen jurídico de la responsabilidad patrimonial de las Administraciones sitúa el centro de gravedad en el concepto de "*lesión indemnizable*", debiendo de existir una relación causa-efecto entre el servicio público y la lesión o daño imputable a la Administración responsable. Se trata, en definitiva —como ha señalado la jurisprudencia del Tribunal Supremo—, de una responsabilidad civil, extracontractual, directa y objetiva o de resultado con el fin de resarcir el daño patrimonial causado y antijurídicamente soportado, de manera que lo relevante no es el proceder antijurídico de la Administración, sino la antijuridicidad del resultado o lesión producido a consecuencia del funcionamiento de los servicios públicos.

En el caso presente, resulta inequívoca la existencia de nexo causal entre el funcionamiento normal o anormal de los servicios públicos dependientes de esa Administración y el resultado lesivo o dañoso producido en los derechos e intereses legítimos de esta parte, por cuanto que .... *(especificar las lesiones sufridas a consecuencia del funcionamiento de servicios públicos)*, siendo evaluable económicamente e individualizado, conforme determinan los artículos 32 y 34 de la Ley de Régimen Jurídico del Sector Público, para obtener reconocimiento del derecho a la indemnización reclamada.

Por todo ello, y en su atención, es por lo que,

SOLICITO: Que habiendo presentado este escrito con la documentación que se acompaña, lo admita a trámite, tenga por formulada RECLAMACIÓN DE RESPONSABILIDAD PATRIMONIAL y, por las razones expuestas, previos los trámites legales que procedan, se acuerde el resarcimiento de los daños y perjuicios causados con la correspondiente indemnización valorada en la cantidad total de .... euros *(señalar el importe en cifras y letras)*, por las lesiones producidas en los bienes y derechos legítimos de esta parte afectada, a consecuencia del funcionamiento de los servicios públicos esa Administración Pública y que no tengo el deber jurídico de soportar de acuerdo con la Ley.

OTROSÍ DIGO: Que, subsidiariamente, para el caso de no tenerse por cierta la responsabilidad patrimonial imputada a esa Administración Pública, por si ello fuera necesario, al amparo de lo previsto en el artículo 77 de la Ley 39/2015 del Procedimiento Administrativo Común de las Administraciones Públicas, se solicita el RECIBIMIENTO A PRUEBA del presente procedimiento, concretando a continuación los medios probatorios con los que pretendo valerme:

a) Documental Pública: consistente en incorporar al expediente ....

b) Documental Privada: consistente en aportar al expediente ....

c) Prueba pericial: consistente en que por perito competente ....

d) Prueba testifical: consistentes en contestar al pliego de preguntas ....

e) Prueba de reconocimiento: consistente en examinar ....

f) Otros medios de prueba: consistentes en ....

En su virtud,

SOLICITO: Que, en su caso, admita la proposición de prueba interesada y se acuerde su efectiva práctica conforme determina a la ley.

Lugar, fecha y firma electrónica.

La persona interesada/su representante legal

F166. COMUNICACIÓN SOBRE LA TRAMITACIÓN DEL PROCEDIMIENTO

Asunto:
Procedimiento:
Expediente núm.:
Departamento:

NOTIFICACIÓN A PERSONA INTERESADA

En relación con su escrito por el que formula reclamación de daños y perjuicios consistentes en .... (*identificar el objeto de la reclamación*), de acuerdo con lo previsto en el artículo 21.4 de la Ley 39/2015, de 1 de octubre, del Procedimiento Administrativo Común de las Administraciones Públicas, le participamos lo siguiente:

1. Su reclamación por responsabilidad patrimonial tuvo registro de entrada en este órgano administrativo, con fecha ...., núm. ...., competente para su tramitación.

2. El procedimiento sobre dicha reclamación en materia de responsabilidad patrimonial se tramitará con arreglo a la normativa prevista en la Ley 39/2015 del Procedimiento Administrativo Común de las Administraciones Públicas en relación con la Ley 40/2015 de Régimen Jurídico del Sector Público.

3. El plazo máximo para la resolución y notificación del procedimiento instado es de seis meses a contar desde la fecha de entrada de la solicitud presentada, y transcurrido dicho plazo sin que hubiera recaído resolución expresa o, en su caso, no se haya formalizado el acuerdo indemnizatorio, podrá entender desestimada la indemnización solicitada, según determina el artículo 91.3 de la Ley 39/2015, de 1 de octubre, del Procedimiento Administrativo Común de las Administraciones Públicas.

Lo que participo para su conocimiento y a los efectos oportunos.

Lugar, fecha, cargo y firma electrónica.

Documento firmado digitalmente. La persona titular del órgano administrativo competente. Autenticidad verificable mediante Código de Seguro Verificación (CSV)...: en sede electrónica de esta Administración Pública.

F167. OFICIO PARA LA SUBSANACIÓN Y MEJORA DE LA SOLICITUD

Asunto:
Procedimiento:
Expediente núm.:
Departamento:

NOTIFICACIÓN A LA PERSONA INTERESADA

En relación con su solicitud formulada sobre reclamación de responsabilidad patrimonial, relativa a .... (*describir el objeto de la reclamación*), de conformidad con lo establecido en el artículo 68.1 de la Ley 39/2015, de 1 de octubre, del Procedimiento Administrativo Común de las Administraciones Públicas, dado que la solicitud no reúne los requisitos legales exigidos, se le requiere para que —en el plazo máximo de diez días hábiles— subsane las deficiencias apreciadas en la solicitud presentada con la aportación de los siguientes documentos necesarios para poder dar el correspondiente trámite a su solicitud:

1. Acreditación de legitimación activa para formular la reclamación consistente en .... (*indicar los documentos a aportar*).

2. Justificación de la evaluación económica de los daños producidos, acreditados por factura o presupuesto acreditativo.

3. Declaración responsable de no haber interpuesto idéntica reclamación contra otra Administración Pública, en vía judicial o extrajudicial, penal, civil o administrativa.

4. Declaración responsable de no haber sido indemnizado por los mismos hechos por entidad pública o privada.

Advirtiéndole expresamente que, transcurrido el plazo máximo de DIEZ DÍAS concedido, sin dar cumplimiento exacto a lo requerido se le tendrá por desistido de su petición, conforme determina el referido precepto legal, previa resolución dictada al efecto.

Se significa, que el procedimiento se encuentra suspendido en su tramitación hasta el efectivo cumplimiento de lo requerido, de conformidad con el artículo 22.1.a) de Ley 39/2015, de 1 de octubre, del Procedimiento Administrativo Común de las Administraciones Públicas.

Lo que le participo para su conocimiento y a los efectos oportunos.

Lugar, fecha, cargo y firma electrónica.

Documento firmado digitalmente. La persona titular del órgano administrativo competente. Autenticidad verificable mediante Código de Seguro Verificación (CSV).... en sede electrónica de esta Administración Pública.

F168. ACTUACIONES PREVIAS A LA INICIACIÓN

Asunto:
Procedimiento:
Expediente núm.:
Departamento de:

COMUNICACIÓN INTERNA

VISTA la reclamación de responsabilidad patrimonial formulada por D/Dª. ...., consistente en..................... (*identificar el objeto del procedimiento*), resulta procedente realizar un examen previo sobre los presupuestos exigibles para la iniciación del correspondiente procedimiento, con el fin de comprobar si concurren circunstancias que justifiquen tal iniciación, de conformidad con lo previsto en el artículo 67 de la Ley 39/2015, de 1 de octubre, del Procedimiento Administrativo Común de las Administraciones Públicas.

A tal fin se acuerda que por el servicio cuyo funcionamiento se ha producido la presunta lesión indemnizable se emita informe preceptivo en el plazo de DIEZ DIAS, de conformidad con el artículo 81.1 de la citada Ley de Procedimiento Administrativo Común, así como se realicen por el servicio competente las actuaciones previas oportunas tendentes a determinar, con la mayor precisión posible, los hechos susceptibles de motivar la iniciación del procedimiento administrativo de su razón, la individualización de la lesiones producidas, su relación de causalidad con el funcionamiento del servicio público de esta Administración, su posible evaluación económica, el momento en que las lesiones efectivamente se produjeron y demás circunstancias que sean relevantes al caso.

Lugar, fecha, cargo y firma electrónica.

La persona titular del órgano administrativo competente

F169. INFORME-PROPUESTA DE ADMISIBILIDAD

Asunto:
Procedimiento:
Expediente núm.:
Departamento:

AL ÓRGANO COMPETENTE

Del examen de las actuaciones previas practicadas para la comprobación de los presupuestos legales establecidos sobre la procedencia de iniciar el procedimiento de responsabilidad patrimonial solicitado por D/Dª ...., sobre ...... (*identificar el objeto de la reclamación*), y de los antecedentes que constan en este Departamento, se emite el siguiente INFORME:

1. Los hechos susceptibles de generar la responsabilidad patrimonial por los posibles daños y perjuicios imputables a esta Administración Pública, se concretan en lo siguiente: .... (*describir sucintamente con precisión los hechos determinantes de producir los daños y perjuicios individualmente apreciados, indicando expresamente el momento en que se produjo la lesión*).

2. De los anteriores hechos relatados se desprende/no se desprende (*táchese lo que no proceda*) la posible responsabilidad patrimonial imputada a esta Administración, a consecuencia del funcionamiento de sus servicios públicos, por cuanto que: .... (*concretar la relación de causalidad entre el daño y la actividad administrativa del servicio público*).

3. La cuantía de la posible indemnización a satisfacer por la actuación de esta Administración deberá determinarse en seno del correspondiente procedimiento administrativo de responsabilidad patrimonial.

4. El ejercicio del derecho a la reclamación patrimonial por la persona interesada ha prescrito/no ha prescrito (*táchese lo que no proceda*), por el transcurso de un año desde que se produjo el hecho o acto que motiva la indemnización o se manifestó su efecto lesivo.

Por cuanto antecede, se considera que procede ADMITIR/INADMITIR A TRÁMITE (*táchese lo que no proceda*) la solicitud sobre la responsabilidad patrimonial formulada por D/Dª. ...., para la determinación de los daños y perjuicios causados por los servicios públicos de esta Administración.

Lo que participo y traslado para su conocimiento y a los efectos oportunos.

Lugar, fecha, cargo y firma electrónica.

La persona titular del órgano administrativo informante

F170. RESOLUCIÓN DE INADMISIÓN A TRÁMITE

Asunto:

Procedimiento:

Expediente núm.:

Departamento de:

RESOLUCIÓN

VISTA la solicitud formulada por D/Dª. ...., sobre reclamación de responsabilidad patrimonial presuntamente imputable a esta Administración Pública relativa a........... (*identificar el objeto de la reclamación*), y de conformidad con los siguientes,

ANTECEDENTES DE HECHO

PRIMERO. Con fecha ...., fue presentada en el Registro Electrónico General de esta Administración la solicitud formulada por D/Dª ...., sobre reclamación de responsabilidad patrimonial consistente en .... (*describir el objeto de la reclamación*).

SEGUNDO. Con fecha ...., se le requirió al reclamante para que subsanase su solicitud con la aportación de una serie de documentación necesaria para su admisión a trámite.

TERCERO. Con fecha ...., la persona interesada cumplimentó la solicitud con la aportación de la documentación requerida.

CUARTO. Los hechos que motivan la presente reclamación de responsabilidad patrimonial de la Administración son los siguientes: .... (*concretar el objeto de la reclamación*).

QUINTO. De las actuaciones previas practicadas para el esclarecimiento de los hechos objeto de la presente reclamación de responsabilidad patrimonial se desprende de entrada la extemporaneidad de la acción para reclamar y la absoluta falta de causalidad entre los daños supuestamente sufridos imputables al funcionamiento de los servicios públicos de esta Administración, puesto que .... (*justificar las razones concretas que conducen inadmitir a trámite la reclamación*).

A los anteriores hechos son de aplicación los siguientes,

FUNDAMENTOS DE DERECHO

PRIMERO. La presente solicitud de iniciación de un procedimiento administrativo en materia de responsabilidad patrimonial de esta Administración Pública, aunque reúne los requisitos previstos en el artículo 67 de la Ley 39/2015, de 1 de octubre, del Procedimiento Administrativo Común de las Administraciones Públicas, resulta inadmisible por infundada/por extemporánea (*táchese lo que no proceda*).

En efecto, según consta acreditado en el informe técnico emitido por ...., en la fase de actuaciones previas realizadas para verificar los hechos objeto de la reclamación formulada, que la producción de los daños y perjuicios reclamados por la persona interesada se produjeron el día ...., y la reclamación se presentó ante este órgano administrativo competente el día ...., por lo que evidentemente dicha reclamación es extemporánea al haber transcurrido más de un año desde que aconteció el daño susceptible de indemnización reclamado.

Además, de la producción de tales hechos imputados no es responsable esta Administración Pública, por cuanto que como se señaló en el último antecedente de hecho de esta resolución, resulta patente que .... (*expresar los motivos de la inexistencia de relación de causalidad entre el funcionamiento del servicio público y la lesión producida*).

En definitiva, en el caso presente, no se aprecia la concurrencia de daño antijurídico alguno producido a consecuencia del funcionamiento de los servicios públicos dependientes de esta Administración, de acuerdo con lo previsto en los artículos 32 y 34 de la Ley 40/2015, de 1 de octubre, de Régimen Jurídico del Sector Público, sobre los presupuestos sustantivos exigibles para la imputación de responsabilidad patrimonial de las Administraciones Públicas.

Por lo que en aras a los principios de celeridad y eficiencia que rigen toda actividad de la Administración procede inadmitir a trámite la reclamación formulada.

SEGUNDO. Este órgano administrativo es el competente para la adopción de la presente resolución sobre reclamación de responsabilidad patrimonial, de conformidad con lo establecido en .... (*indicar la normativa específica que le sea de aplicación*).

Vistos los preceptos legales citados y demás de general o concordante aplicación,

RESUELVO

INADMITIR A TRÁMITE, por infundada/extemporánea (*táchese lo que no proceda*), la reclamación formulada por D/Dª. ...., sobre la responsabilidad patrimonial imputada a esta Administración Pública para la indemnización de daños y perjuicios consistentes en .... (*señalar el objeto de la reclamación*).

Contra la presente resolución, que pone fin a la vía administrativa, las personas interesadas podrán interponer recurso contencioso-administrativo ante el Juzgado de lo Contencioso-Administrativo correspondiente, en el plazo de dos meses contados desde el día siguiente al de su notificación o publicación, de conformidad con lo dispuesto en los artículos 8.3 y 46.1 de la Ley 29/1998, de 13 de julio, reguladora de la Jurisdicción Contencioso-Administrativa. Asimismo, con carácter potestativo, podrán interponer recurso de reposición, en el plazo de un mes contado desde el día siguiente al de su notificación o publicación, ante el órgano que ha dictado la resolución, de acuerdo con lo previsto en los artículos 123 y 124 de la Ley 39/2015, de 1 de octubre, del Procedimiento Administrativo Común de las Administraciones Públicas. Todo ello, sin perjuicio de que pueda interponerse cualquier otro recurso que se estime pertinente.

Lugar, fecha, cargo y firma electrónica.

La persona titular del órgano administrativo informante

F171. ACUERDO DE INICIACIÓN POR RECLAMACIÓN DE PERSONA INTERESADA

Asunto:

Procedimiento:

Expediente núm.:

Departamento de:

NOTIFICACIÓN

VISTA la solicitud formulada por D/Dª................................, sobre reclamación de responsabilidad patrimonial para el resarcimiento de las lesiones, daños y perjuicios producidos a consecuencia de..................... (*describir el objeto de la reclamación*).

De las actuaciones previas realizadas se desprende que resulta admisible la tramitación del correspondiente procedimiento administrativo de responsabilidad patrimonial para la determinación de los daños y perjuicios reclamados.

De conformidad con lo previsto en el artículo 67 de la Ley 39/2015, de 1 de octubre, del Procedimiento Administrativo Común de las Administraciones Públicas y demás legislación aplicable,

ACUERDO

PRIMERO. Admitir a trámite la reclamación formulada por D/Dª. ...., sobre responsabilidad patrimonial.

SEGUNDO. Nombrar órgano instructor del procedimiento de responsabilidad patrimonial a D/Dª ...., personal funcionario de carrera de esta Administración Pública, que impulsará el procedimiento de oficio en todos sus trámites hasta su resolución definitiva, y a quien le será de aplicación el régimen de recusación y abstención previsto en los artículos 23 y 24 de la Ley 40/2015, de 1 de octubre, de Régimen Jurídico del Sector Público.

Contra el presente Acuerdo, que es un acto de trámite, no cabe interponer recurso administrativo alguno, conforme con lo establecido en el artículo 112.1 de la Ley 39/2015, de 1 de octubre, del Procedimiento Administrativo Común de las Administraciones Públicas.

Lugar, fecha, cargo y firma electrónica.

La persona titular del órgano administrativo competente

B) INSTRUCCIÓN

F172. ACUERDO DE APERTURA DEL PERIODO DE PRUEBA

Asunto:

Procedimiento:

Expediente núm.:

Departamento:

NOTIFICACIÓN A LAS PERSONAS INTERESADAS

VISTO el procedimiento de responsabilidad patrimonial relativo al expediente núm. ...., sobre la reclamación formulada por D/Dª. ...., consistente en .... (*identificar el objeto de la reclamación*), del que resultan los siguientes,

ANTECEDENTES DE HECHO

PRIMERO. Con fecha ...., tuvo entrada en el Registro Electrónico General de esta Administración reclamación formulada D/Dª. ...., sobre responsabilidad patrimonial.

SEGUNDO. Con fecha ...., se acordó su admisión a trámite y, por consiguiente, el inicio del correspondiente procedimiento administrativo de responsabilidad patrimonial.

TERCERO. De la documentación incorporada en el expediente administrativo no han quedado acreditados los siguientes extremos:

a) ....

b) .... (*indicar las actuaciones a practicar en el periodo de prueba para esclarecer las circunstancias determinantes de responsabilidad).*

c) ....

FUNDAMENTOS DE DERECHO

ÚNICO. De conformidad con lo establecido en los artículos 77 y 78 de la Ley 39/2015, de 1 de octubre, del Procedimiento Administrativo Común de las Administraciones Públicas, procede realizar la práctica de las pruebas que se declaran pertinentes para el esclarecimiento de los hechos y determinación de la presunta responsabilidad patrimonial de esta Administración siguientes: .... (*especificar la práctica de las pruebas a realizar en párrafos separados*).

La práctica de la prueba se llevará a cabo en los locales de esta Administración en los días .... (*señalar el lugar, fecha y hora*). Las personas interesadas podrán nombrar personal técnico para que les asistan.

Aquellas pruebas que cuya realización implique gastos que no deba soportar esta Administración, serán sufragadas por aquellas personas que las hubieran solicitado, en los términos legalmente establecidos.

En consecuencia,

ACUERDO

LA APERTURA DE UN PERIODO DE PRUEBA, por un plazo máximo de diez/treinta días (*táchese lo que no proceda*), contados desde el día siguiente a la notificación del presente Acuerdo, para que se incorpore al procedimiento administrativo de su razón la documentación acreditativa sobre los extremos indicados.

Se significa, que la apertura del periodo de prueba acordado no prejuzga el contenido sobre el fondo de la reclamación de responsabilidad patrimonial objeto del presente procedimiento.

Contra el presente Acuerdo, que es un acto de trámite, no cabe interponer recurso administrativo alguno, de conformidad con lo previsto en el artículo 112.1 de la Ley 39/2015, de 1 de octubre, del Procedimiento Administrativo Común de las Administraciones Públicas.

Lugar, fecha, cargo y firma electrónica.

Documento firmado digitalmente. La persona titular del órgano instructor del procedimiento. Autenticidad verificable mediante Código de Seguro Verificación (CSV)…. en sede electrónica de esta Administración Pública.

F173. SOLICITUD DE INFORMES

Asunto:
Procedimiento:
Expediente núm.:
Departamento de:

AL ÓRGANO CORRESPONDIENTE

En el procedimiento de responsabilidad patrimonial relativo al expediente de referencia que se tramita en esta Administración Pública, sobre........... (*identificar el objeto de la reclamación*), para el esclarecimiento de los hechos y determinación de la presunta responsabilidad patrimonial, se ha planteado como cuestión básica de la que puede depender el sentido de la resolución que haya de dictarse, la siguiente: .... (*concretar los extremos objeto de informe*).

Es evidente que para poder dilucidar la responsabilidad de esta Administración sobre la lesión indemnizable reclamada y formar criterio sobre la misma, resulta necesario que por ese servicio cuyo funcionamiento ha ocasionado la presunta lesión indemnizable, se emita informe sobre los extremos indicados.

Por ello, es por lo que se solicita que el plazo máximo de DIEZ DÍAS emita y remita a este órgano administrativo competente, por vía electrónica, el requerido informe sobre la lesión indemnizable objeto de reclamación, de conformidad con lo dispuesto en el artículo 81.1 de la Ley 39/2015, de 1 de octubre, del Procedimiento Administrativo Común de las Administraciones Públicas.

Lugar, fecha, cargo y firma electrónica.

La persona titular del órgano instructor del procedimiento

F174. TRÁMITE DE AUDIENCIA

Asunto:
Procedimiento:
Expediente núm.:
Departamento de:

NOTIFICACIÓN A LA PERSONA INTERESADA

Instruido el procedimiento administrativo relativo al expediente de referencia en la reclamación de responsabilidad patrimonial formulada por Usted, sobre ...... (*identificar el objeto de la reclamación*), y con carácter previo a la redacción de la propuesta de resolución, de conformidad con lo establecido en el artículo 82 de la Ley 39/2015, de 1 de octubre, del Procedimiento Administrativo Común de las Administraciones Públicas, se acuerda la APERTURA DEL TRÁMITE DE AUDIENCIA, concediéndole un plazo de diez /quince días (*táchese lo que no proceda*) a contar desde la recepción de esta notificación, para que pueda alegar y presentar los documentos y justificaciones que estime pertinentes en defensa de sus derechos e intereses legítimos.

Además, también puede acceder a dicho expediente a través de la sede electrónica de esta Administración desde el portal de internet en la siguiente dirección: "https://www......... es", durante las 24 horas al día los siete días de la semana.

A estos efectos, adjunto se acompaña la relación de los documentos obrantes en el procedimiento con el fin de que durante dicho plazo pueda consultar y obtener copia de los que estime convenientes.

Se significa, que para la realización de este trámite de audiencia puede actuar asistido de asesor si lo considera conveniente en defensa de sus intereses. Asimismo, si antes del vencimiento del plazo establecido manifestase su intención de no efectuar alegaciones ni aportar nuevos documentos o justificaciones, se tendrá por realizado este trámite y proseguirá el procedimiento.

(*En el caso de ejecución de contratos*). Comoquiera que los daños y perjuicios causados a terceros dimanan de la ejecución de un contrato, a consecuencia de una orden inmediata y directa de esta Administración o de los vicios del proyecto elaborado por ella misma, es por lo que en calidad de contratista de esta Administración se le notifica cuantas actuaciones se han realizado en el procedimiento, al efecto de que se persone en el mismo, exponga lo que a su derecho convenga y proponga cuantos medios de prueba estime necesarios, de acuerdo con lo previsto en el artículo 82.5 de la citada Ley 39/2015, de 1 de octubre, en relación con lo establecido en la Ley 9/2017, de 8 de noviembre, de Contratos del Sector Público.

Lugar, fecha, cargo y firma electrónica.

Documento firmado digitalmente. La persona titular del órgano instructor del procedimiento. Autenticidad verificable mediante Código de Seguro Verificación (CSV).... en sede electrónica de esta Administración Pública.

F175. ALEGACIONES AL TRÁMITE DE AUDIENCIA

AL ÓRGANO COMPETENTE

D/Dª......................., mayor de edad, con DNI/NIF/NIE núm. ...., actuando en nombre propio o en representación de ...., con domicilio a efectos de notificaciones en ...., del municipio de ...., provincia de ...., con teléfono núm. .... y correo electrónico: .... Ante ese órgano administrativo comparezco (código de identificación núm. ...) y, con el debido respeto, como mejor proceda en derecho, **DIGO**:

Que con fecha ...., he recibido la comunicación sobre la formalización de la propuesta de un acuerdo indemnizatorio, y en el ejercicio de los derechos e intereses legítimos que me asisten en calidad de persona interesada en el procedimiento de responsabilidad patrimonial relativo al expediente núm. ...., sobre .... (*describir el objeto de la reclamación*), al amparo del artículo 82.2 de la Ley 39/2015, de 1 de octubre, del Procedimiento Administrativo Común de las Administraciones Públicas, formulo ESCRITO DE ALEGACIONES fundamentadas en los siguientes,

MOTIVOS JURÍDICOS

PRIMERO. Que, en el citado expediente de responsabilidad patrimonial, instruido por ...., a la vista de la documentación y de la prueba practicada ha quedado plenamente acreditado el nexo o relación causal imputable a esa Administración por los daños y perjuicios causados a consecuencia del funcionamiento de sus servicios públicos (ex. art. 67.2 de la Ley 40/2015).

SEGUNDO. A los anteriores daños cuantitativamente valorados en la cantidad de .... euros, hay que sumar los intereses de demora/lucro cesante (*táchese lo que no proceda*) por los perjuicios causados en el funcionamiento de los servicios públicos de esa Administración, que ascienden a la cantidad de .... euros, como se acredita mediante la documentación que se acompaña, por lo que la cantidad total de la indemnización a satisfacer por responsabilidad patrimonial asciende a la cantidad total de .... euros. Cuantía de indemnización calculada conforme a los criterios establecidos en el artículo 34 de la Ley 40/2015, de 1 de octubre, de Régimen Jurídico del Sector Público, por remisión de los artículos 86.5 y 91.2 de la ley 39/2015, de 1 de octubre, del Procedimiento Administrativo Común de las Administraciones Públicas.

Por todo ello, y en su atención, es por lo que,

SOLICITO: Que admita el presente escrito de alegaciones junto con la documentación acreditativa que se acompaña y, por las razones expuestas, se acuerde indemnizar al reclamante con la cantidad total de .... euros (*señalar en cifras y letras*), en concepto de los daños y perjuicios causados por .... (*describir el objeto de la reclamación patrimonial*).

Lugar, fecha y firma electrónica.

La persona interesada/su representante legal

F176. PROPUESTA DE ACUERDO INDEMNIZATORIO

Asunto:
Procedimiento:
Expediente núm.:
Departamento:

VISTO el procedimiento de responsabilidad patrimonial relativo al expediente de referencia sobre..................... (*identificar el objeto de la reclamación*), y teniendo en consideración los siguientes,

ANTECEDENTES DE HECHO

PRIMERO. Con fecha ...., se acordó iniciar de oficio procedimiento de responsabilidad patrimonial sobre presuntas lesiones indemnizables producidas a consecuencia de .... (*indicar las causas de los presuntos daños y perjuicios*).

SEGUNDO. Con fecha ...., se notificó dicho Acuerdo a la persona interesada D/Dª. ...., concediéndole un plazo de diez/quince días para que pudiese aportar cuantas alegaciones, documentos o información estimase convenientes.

TERCERO. Con fecha ...., la persona interesada alegó lo que estimó oportuno en defensa de sus intereses.

CUARTO. Se han emitido los informes técnicos oportunos y el órgano instructor ha formulado propuesta de acuerdo para la terminación convencional del procedimiento.

A los anteriores hechos son de aplicación los siguientes,

FUNDAMENTOS DE DERECHO

PRIMERO. De conformidad con lo establecido en el artículo 91 de la Ley 39/2015, de 1 de octubre, del Procedimiento Administrativo Común de las Administraciones Públicas, finalizado el trámite de audiencia, el órgano competente resolverá o someterá la propuesta de acuerdo para su formalización por la persona interesada y por el órgano competente para suscribirlo.

SEGUNDO. De acuerdo con los informes técnicos emitidos procede proponer la terminación convencional del presente procedimiento de reclamación patrimonial, fijándose la tasación de las pretensiones indemnizatorias según los criterios establecidos en el artículo 34 de la Ley 40/2015, de 1 de octubre, de Régimen Jurídico del Sector Público, en los siguientes términos:

1. En concepto de daños efectivamente ocasionados la cantidad global de .... euros (*indicar en cifras y letras*).

2. En concepto de perjuicios efectivamente causados por el lucro cesante/intereses de demora la cantidad global de .... euros (*señalar en cifras y letras*).

TERCERO. Este órgano administrativo es competente para adoptar la presente resolución, de conformidad con lo establecido en .... (*expresar la normativa específica que le sea de aplicación*).

Vistos los preceptos legales citados y demás de general o concordante aplicación,

RESUELVO

SOMETER LA PROPUESTA DE ACUERDO INDEMNIZATORIO por el plazo de diez/quince días para la terminación convencional del presente procedimiento de responsabilidad patrimonial, a su formalización por la persona interesada y del órgano administrativo competente para suscribirlo.

Contra la presente resolución, que es un acto de trámite, no cabe interponer recurso administrativo alguno, conforme con lo previsto en el artículo 112.1 de la Ley 39/2015, de 1 de octubre, del Procedimiento Administrativo Común de las Administraciones Públicas.

Lugar, fecha, cargo y firma electrónica.

La persona titular del órgano instructor del procedimiento

F177. PROPUESTA DE RESOLUCIÓN

Asunto:

Procedimiento:

Expediente núm.:

Departamento:

VISTO el procedimiento de responsabilidad patrimonial relativo al expediente de referencia, sobre la reclamación formulada por D/Dª. ...., para la indemnización de daños y perjuicios causados por ...... (*identificar el objeto de la reclamación*), y del que resultan los siguientes,

ANTECEDENTES DE HECHO

PRIMERO. Con fecha ...., se presentó ante esta Administración escrito de reclamación sobre responsabilidad patrimonial, formulado por D/Dª. ...., por el que solicitada una indemnización por los daños y perjuicios ocasionados en sus derechos e intereses legítimos por .... (*describir el objeto de la reclamación*).

SEGUNDO. Con fecha ...., se requirió a la persona interesada para que subsanase la solicitud y aportase la documentación requerida.

TERCERO. Con fecha ...., se acordó su admisión a trámite y, por consiguiente, el inicio del procedimiento administrativo de su razón.

CUARTO. Con fecha ...., se acordó la apertura de un período de prueba.

QUINTO. Con fecha ...., se recabaron los informes preceptivos.

SEXTO. Con fecha ...., se concedió audiencia a la persona interesada poniendo de manifiesto el expediente.

SÉPTIMO. Con fecha ...., se presentó escrito de alegaciones por la persona interesada en el que tras manifestar lo que a su derecho convino, terminaba solicitando un pronunciamiento favorable respecto de sus pretensiones indemnizatorias y, con carácter subsidiario, proponía una terminación convencional del procedimiento fijando los términos definitivos del acuerdo indemnizatorio a que estaría dispuesto a suscribir con esta Administración.

OCTAVO. El procedimiento se ha tramitado de acuerdo con lo previsto en la legislación en materia de responsabilidad patrimonial de las Administraciones Públicas.

A los anteriores hechos le son de aplicación los siguientes,

FUNDAMENTOS DE DERECHO

PRIMERO. En los términos previstos en el artículo 32.1 y siguientes de la Ley 40/2015, de 1 de octubre, de Régimen Jurídico del Sector Público: "*Los particulares tendrán derecho a ser indemnizados por las Administraciones Públicas correspondientes, de toda lesión que sufran en cualquiera de sus bienes y derechos, siempre que la lesión sea consecuencia del funcionamiento normal o anormal de los servicios públicos salvo en los casos de fuerza mayor o de daños que el particular tenga el deber jurídico de soportar de acuerdo con la Ley*". El daño producido debe ser real y efectivo, evaluable económicamente e individualizado en relación con una persona o grupo de personas.

SEGUNDO. En el caso presente, de los datos, documentos e informes incorporados en el expediente y de las pruebas practicadas, se desprende lo siguiente: .... (*motivar las conclusiones determinantes para resolución del procedimiento).*

En definitiva, concurren/no concurren (*táchese lo que no proceda*) las circunstancias legalmente exigibles sobre la indemnización solicitada dada la necesaria relación de causalidad entre el funcionamiento de los servicios públicos de esta Administración y las lesiones o daños reclamados.

TERCERO. *(En su caso)* Comoquiera que la indemnización reclamada es de cuantía igual o superior a 50.000 euros, es preceptivo solicitar el dictamen del Consejo de Estado/Órgano Consultivo de la Comunidad Autónoma (*táchese lo que no proceda*), de conformidad con lo dispuesto en el artículo 81.2 de la Ley 39/2015, de 1 de octubre, del Procedimiento Administrativo Común de las Administraciones Públicas.

Por cuanto antecede, este órgano instructor del procedimiento considera que procede/no procede (*táchese lo que no proceda*) declarar la responsabilidad patrimonial de esta Administración y, en consecuencia, formula la siguiente:

PROPUESTA DE RESOLUCIÓN

ESTIMAR/DESESTIMAR (*táchese lo que no proceda*) la reclamación sobre responsabilidad patrimonial formulada por D/Dª. ...., sobre indemnización de los daños y perjuicios producidos por .... (*indicar el objeto de la reclamación*).

(*En su caso*) Esta propuesta de resolución con una copia completa, autenticada, foliada con índice de los documentos incorporados en el expediente se remitirá al Consejo de Estado/Órgano Consultivo de la Comunidad Autónoma (*táchese lo que no proceda*) en solicitud de dictamen preceptivo por ser la indemnización reclamada igual o superior a 50.000 euros.

Lugar, fecha, cargo y firma electrónica.

La persona titular del órgano instructor del procedimiento

F178. SOLICITUD DE DICTAMEN DEL CONSEJO DE ESTADO U ÓRGANO CONSULTIVO DE LA COMUNIDAD AUTÓNOMA

Asunto:
Procedimiento:
Expediente núm.:
Departamento:

AL CONSEJO DE ESTADO/ÓRGANO CONSULTIVO AUTONÓMICO

De acuerdo con lo dispuesto en el artículo 81.2 de la Ley 39/2015, de 1 de octubre, del Procedimiento Administrativo Común de las Administraciones Públicas, y conforme con lo establecido en el artículo .... (*señalar la normativa específica reguladora del órgano consultivo*), adjunto se acompaña para la emisión de Dictamen preceptivo, el expediente administrativo electrónico completo relativo al procedimiento sobre la reclamación de responsabilidad patrimonial solicitada por D/Dª. ...., ante esta Administración Pública.

Dictamen que deberá emitirse en el plazo de dos meses y pronunciarse sobre la existencia o no de relación de causalidad entre el funcionamiento del servicio público y la lesión producida y, en su caso, sobre la valoración del daño causado y la cuantía y modo de la indemnización de acuerdo con los criterios legales establecidos.

Lugar, fecha, cargo y firma electrónica.

La persona titular órgano administrativo competente

C) TERMINACIÓN

F179. ACUERDO SOBRE TERMINACIÓN CONVENCIONAL DEL PROCEDIMIENTO

Asunto:
Procedimiento:
Expediente núm.:
Departamento:

VISTO el procedimiento de responsabilidad patrimonial relativo al expediente de referencia, sobre la reclamación formulada por D/Dª. ...., relativa a la indemnización de daños y perjuicios producidos por......... (*identificar el objeto de la reclamación*), y teniendo en consideración los siguientes,

ANTECEDENTES DE HECHO

PRIMERO. Con fecha ...., se presentó ante esta Administración escrito de reclamación sobre responsabilidad patrimonial, formulado por D/Dª. ...., por los daños y perjuicios causados a consecuencia de .... (*describir el objeto de la reclamación patrimonial*).

SEGUNDO. Practicadas las actuaciones previas oportunas para el esclarecimiento de los hechos, con fecha ...., se acordó su admisión a trámite y, por consiguiente, el inicio del correspondiente procedimiento administrativo de su razón.

TERCERO. Con fecha ...., se presentó escrito de alegaciones por la persona interesada en el que tras manifestar lo que a su derecho convino y aportar la documentación y justificaciones que tuvo por pertinentes, terminaba solicitando un pronunciamiento favorable respecto de sus pretensiones indemnizatorias.

CUARTO. Con fecha ...., el órgano instructor del expediente formuló propuesta de resolución, informando favorablemente la propuesta de Acuerdo indemnizatorio para la terminación convencional del procedimiento administrativo instado, suscrita por el reclamante y por el órgano administrativo competente.

QUINTO. El Consejo de Estado/Consultivo Autonómico ha dictaminado el presente expediente y el instructor del procedimiento ha formulado propuesta de resolución.

(*Si procede*). En el presente caso no es el preceptivo solicitar el dictamen del Consejo de Estado u órgano consultivo de la Comunidad Autónoma, por razón de la cuantía reclamada, conforme determina el artículo 81.2 de la Ley 39/2015, de 1 de octubre.

A los anteriores hechos son de aplicación los siguientes,

FUNDAMENTO DE DERECHO

PRIMERO. Respecto al procedimiento, la solicitud ha sido presentada en plazo, puesto que conforme se establece el artículo 67.1 de la Ley 39/2015, de 1 de octubre, del Procedimiento Administrativo Común de las Administraciones Públicas, el derecho a reclamar prescribe al año de producido el hecho o acto que motiva la indemnización o de manifestarse su efecto lesivo.

En el caso de daños de carácter físico o psíquico a las personas, el plazo empezará a computarse desde la curación o la determinación del alcance de las secuelas.

En el caso presente, los hechos ocurrieron el día ...., y la reclamación se presentó ante esta Administración el día ...., por lo que debe entenderse formalizada dentro del plazo legal previsto. Además, consta acreditado en el expediente la legitimación activa de D/Dª. ...., para formular la reclamación de responsabilidad patrimonial, cumpliéndose todos los presupuestos formales de admisibilidad. Asimismo, se han recabado los informes preceptivos y el expediente administrativo se considera completo.

SEGUNDO. En cuanto al fondo del asunto, según lo dispuesto en los artículos 32.2 y 34 de la Ley 40/2015, de 1 de octubre, de Régimen Jurídico del Sector Público, el reconocimiento de la responsabilidad patrimonial de la Administración exige acreditar, entre otros requisitos, tanto la existencia de un daño efectivo, evaluable económicamente e individualizado en relación a una persona o grupo de personas, como la concurrencia de los hechos que revelen la existencia del nexo o relación de causalidad entre la acción u omisión de la Administración y el daño causado, siempre que no se tenga el deber jurídico de soportar con arreglo a la Ley.

La presente reclamación de responsabilidad patrimonial formulada por D./D.ª ...., se basa en que el día .... *(indicar sucintamente los hechos determinantes del daño producido).*

De la instrucción del procedimiento ha quedado acreditada la existencia de un daño efectivo, individualizado y evaluado económicamente.

Además, son relevantes los documentos aportados que evidencian la existencia de nexo causal, como así lo reconocen los propios órganos preinformantes. De tal forma que hay que considerar que la causa de las lesiones indemnizables fue a consecuencia de .... *(señalar la irregularidad cometida en el funcionamiento de los servicios públicos).*

TERCERO. De conformidad con lo establecido en el artículo 86.5 de la 39/2015, de 1 de octubre, del Procedimiento Administrativo Común de las Administraciones Públicas, en los casos de procedimientos de responsabilidad patrimonial, el acuerdo alcanzado entre las partes deberá fijar la cuantía y modo de indemnización conforme a los criterios previstos en la Ley. Por lo que se refiere a la valoración del daño producido, se estima que la indemnización debe fijarse en la cantidad total de .... euros, calculada con arreglo a los criterios de valoración establecidos en el artículo 34.2 de la Ley 40/2015, de 1 de octubre, de Régimen Jurídico del Sector Público, según se desprende de la documentación acreditativa que integra el expediente administrativo de su razón. Indemnización que será abonada a la persona interesada mediante transferencia bancaria a la cuenta domiciliada al efecto.

CUARTO. En definitiva, de los datos y de la documentación con que se cuenta procede declarar la responsabilidad patrimonial de esta Administración Pública, al concurrir los requisitos previstos en el artículo 32 y siguientes de la Ley 40/2015, de 1 de octubre, de Régimen Jurídico del Sector Público. Esto es, la existencia de un daño o lesión con las características de efectivo, evaluable económicamente e individualizado, su nexo de relación causal con el servicio público y la ausencia del deber jurídico de soportarlo por la persona interesada-reclamante de responsabilidad patrimonial.

QUINTO. Este órgano administrativo es competente para adoptar el presente acuerdo, de conformidad con lo establecido en .... *(señalar la normativa específica que le sea de aplicación).*

Por todo lo que antecede, conforme con/oído el Consejo de Estado/ Órgano Consultivo Autonómico (*táchese lo que no proceda*).

Vistos los preceptos legales citados y demás de general o concordante aplicación,

ACUERDO

PRIMERO. Finalizar el presente procedimiento de responsabilidad patrimonial de la Administración por terminación convencional de conformidad con el acuerdo indemnizatorio formalizado por la persona interesada y el titular del órgano instructor del procedimiento.

SEGUNDO. Indemnizar a D/Dª ...., en la cantidad global de .... euros (*indicar en cifras y letras*), actualizada con arreglo al Índice de Garantía de la Competitividad (IGC), fijado por el Instituto Nacional de Estadística y los intereses por demora en el pago de la indemnización fijada, los cuales se aplicarán con arreglo a lo establecido en la Ley 47/2003, de 26 de noviembre, General Presupuestaria, o en su caso, a las normas presupuestarias de esta Comunidad Autónoma. Indemnización esta que será abonada mediante transferencia bancaria en el plazo máximo de un mes.

Contra la presente resolución, que pone fin a la vía administrativa, las personas interesadas podrán interponer recurso contencioso-administrativo ante el Juzgado de lo Contencioso-Administrativo correspondiente, en el plazo de dos meses contados desde el día siguiente al de su notificación o publicación, de conformidad con lo dispuesto en los artículos 8.3 y 46.1 de la Ley 29/1998, de 13 de julio, reguladora de la Jurisdicción Contencioso-Administrativa. Asimismo, con carácter potestativo, podrán interponer recurso de reposición, en el plazo de un mes contado desde el día siguiente al de su notificación o publicación, ante el órgano que ha dictado la resolución, de acuerdo con lo previsto en los artículos 123 y 124 de la Ley 39/2015, de 1 de octubre, del Procedimiento Administrativo Común de las Administraciones Públicas. Todo ello, sin perjuicio de que pueda interponerse cualquier otro recurso que se estime pertinente.

Lugar, fecha, cargo y firma electrónica.

La persona titular órgano administrativo competente

F180. RESOLUCIÓN DEFINITIVA DEL PROCEDIMIENTO DE RESPONSABILIDAD PATRIMONIAL

Asunto:

Procedimiento:

Expediente núm.:

Departamento:

VISTO el procedimiento de responsabilidad patrimonial relativo al expediente de referencia sobre la reclamación formulada por D/Dº. ...., relativa a la indemnización de daños y perjuicios producidos por...... (*identificar el objeto de la reclamación*), y de teniendo en consideración los siguientes,

ANTECEDENTES DE HECHO

PRIMERO. Con fecha ...., se presentó ante esta Administración Pública la citada reclamación sobre responsabilidad patrimonial.

SEGUNDO. Con fecha ...., se requirió a la persona interesada para que subsanase la solicitud.

TERCERO. Con fecha ...., se acordó su admisión a trámite y, por consiguiente, el inicio del procedimiento administrativo de su razón.

CUARTO. Con fecha ...., se acordó la apertura de un período de prueba.

QUINTO. Con fecha ...., se recabaron los informes preceptivos.

SEXTO. Con fecha ...., se concedió trámite de audiencia a la persona interesada poniendo de manifiesto el expediente.

SÉPTIMO. Con fecha ...., se presentó escrito de alegaciones por el interesado en el que, tras manifestar lo que a su derecho convino, terminaba solicitando un pronunciamiento favorable respecto de sus pretensiones indemnizatorias.

OCTAVO. Con fecha ...., el órgano instructor del procedimiento formuló propuesta de resolución.

NOVENO. El Consejo de Estado/Consultivo Autonómico ha dictaminado el presente expediente administrativo y por el instructor del expediente se ha formulado propuesta de resolución.

(*Si procede*). En el presente caso no es el preceptivo solicitar el dictamen del Consejo de Estado u órgano consultivo de la Comunidad Autónoma, por razón de la cuantía reclamada, conforme determina el artículo 81.2 de la Ley 39/2015, de 1 de octubre.

A los anteriores hechos son de aplicación los siguientes,

FUNDAMENTOS DE DERECHO

PRIMERO. En los términos previstos en los artículos 32 y siguientes de la Ley 40/2015, de 1 de octubre, de Régimen Jurídico del Sector Público, los particulares tendrán derecho a ser indemnizados por la Administración Pública correspondiente de toda lesión que sufran en sus bienes y derechos, siempre que la lesión sea consecuencia del funcionamiento normal o anormal de los servicios públicos, salvo en los casos de fuerza mayor o de daños que el particular tenga el deber jurídico de soportar de acuerdo con la Ley. A este respecto, el daño tendrá que ser real y efectivo, evaluable económicamente e individualizado en relación con una persona o grupo de personas, siempre que no tenga el deber jurídico de soportarlo de acuerdo con la Ley.

SEGUNDO. En el caso presente, de los antecedentes obrantes en el expediente y de las pruebas practicadas se desprende lo siguiente: .... (*justificar sucintamente las conclusiones determinantes para resolución del procedimiento*).

TERCERO. En definitiva, concurren/no concurren (*táchese lo que no proceda*) las circunstancias legalmente exigibles sobre la indemnización solicitada dada la necesaria relación de causalidad entre el funcionamiento de los servicios de la Administración y los daños alegados.

CUARTO. Este órgano administrativo es competente para adoptar la presente resolución, de conformidad con lo establecido en .... (*indicar la normativa específica que le sea de aplicación*).

Por todo lo que antecede, de acuerdo con/oído el Consejo de Estado/ Órgano Consultivo de la Comunidad Autónoma (*táchese lo que no proceda*).

Vistos los preceptos legales citados y demás de general o concordante aplicación,

RESUELVO

ESTIMAR/DESESTIMAR la reclamación sobre responsabilidad patrimonial formulada por D/Dª. ...., sobre indemnización de los daños y perjuicios producidos a consecuencia de .... (*describir el objeto de la reclamación patrimonial*).

(*En el supuesto de Estimación*): En consecuencia, indemnizar a D/Dª ...., en la cantidad global de .... euros (*indicar en cifras y letras*), actualizada con arreglo al Índice de Garantía de la Competitividad (IGC), fijado por el Instituto Nacional de Estadística y los intereses por demora en el pago de la indemnización fijada, los cuales se aplicarán con arreglo a lo establecido en la Ley 47/2003, de 26 de noviembre, General Presupuestaria, o en su caso, a las normas presupuestarias de esta Comunidad Autónoma. Indemnización esta que será abonada mediante transferencia bancaria en el plazo máximo de un mes.

Contra la presente resolución, que pone fin a la vía administrativa, las personas interesadas podrán interponer recurso contencioso-administrativo ante el Juzgado de lo Contencioso-Administrativo correspondiente, en el plazo de dos meses contados desde el día siguiente al de su notificación o publicación, de conformidad con lo dispuesto en los artículos 8.3 y 46.1 de la Ley 29/1998, de 13 de julio, reguladora de la Jurisdicción Contencioso-Administrativa. Asimismo, con carácter potestativo, podrán interponer recurso de reposición, en el plazo de un mes contado desde el día siguiente al de su notificación o publicación, ante el órgano que ha dictado la resolución, de acuerdo con lo previsto en los artículos 123 y 124 de la Ley 39/2015, de 1 de octubre, del Procedimiento Administrativo Común de las Administraciones Públicas. Todo ello, sin perjuicio de que pueda interponerse cualquier otro recurso que se estime pertinente.

Lugar, fecha, cargo y firma electrónica.

La persona titular órgano administrativo competente

2. Procedimiento Simplificado

A) INICIACIÓN

F181. ACUERDO DE CONVERSIÓN DEL PROCEDIMIENTO GENERAL A SIMPLIFICADO

Asunto:
Procedimiento:
Expediente núm.:
Departamento:

VISTO el procedimiento de responsabilidad patrimonial relativo al expediente de referencia sobre la reclamación formulada por D/Dª. ...., relativa a la indemnización de daños y perjuicios producidos por........... (*identificar el objeto de la reclamación*), y teniendo en cuenta lo siguiente:

1. Resultando que de las actuaciones practicadas en el citado procedimiento y de los documentos e informes que constan en el expediente administrativo de su razón, se desprende la existencia inequívoca de la relación de causalidad entre la lesión y el funcionamiento del servicio público de esta Administración, la valoración del daño y el cálculo de la cuantía de la indemnización, por cuanto que .... (*indicar sucintamente los motivos determinantes de la adopción del acuerdo*).
2. De conformidad con lo previsto en artículo 96, apartado 4, de la Ley 30/2015, de 1 de octubre, del Administrativo Común de las Administraciones Públicas, procede acordar de oficio la suspensión del procedimiento general y la iniciación de un procedimiento simplificado.

Por cuanto antecede, y en su virtud,

ACUERDO

PRIMERO. Suspender la tramitación del procedimiento general de responsabilidad patrimonial relativo al expediente núm. ......, sobre la reclamación formulada por D/Dª. .... por los daños y perjuicios producidos a consecuencia de ....

SEGUNDO. Iniciar un procedimiento simplificado para la resolución de la citada reclamación formulada sobre responsabilidad patrimonial, por considerar la existencia de una inequívoca relación de causalidad entre el funcionamiento del servicio público y la lesión producida.

TERCERO. Notificar el presente Acuerdo a las personas interesadas, con una relación de los documentos obrantes en el procedimiento, a fin de que pueda obtener copia de lo que estimen pertinente, y concediéndole un trámite de audiencia para que en el plazo máximo de CINCO DÍAS puedan formular las alegaciones y presentar los documentos y justificaciones que estime oportunas.

Contra la presente resolución, que es un acto de trámite, no cabe interponer recurso administrativo alguno, conforme con lo previsto en el artículo 112.1 de la Ley 39/2015, de 1 de octubre, del Procedimiento Administrativo Común de las Administraciones Públicas.

Lugar, fecha, cargo y firma electrónica.

La persona titular órgano administrativo competente

B) INSTRUCCIÓN

F182. ALEGACIONES AL TRÁMITE DE AUDIENCIA

AL ÓRGANO COMPETENTE

D/Dª. ...., mayor de edad, con de DNI/NIF/NIE núm. ...., actuando en nombre propio o en representación de ...., con domicilio a efectos de notificaciones en ...., cuyos demás datos personales constan en el procedimiento simplificado de responsabilidad patrimonial relativo al expediente núm. ......, sobre indemnización de daños y perjuicios causados a consecuencia de .... (*describir el objeto de la reclamación*). Ante ese órgano administrativo comparezco (código de identificación núm. ...) y, con el debido respeto, como mejor proceda en derecho, **DIGO**:

Que con fecha ...., he recibido la comunicación sobre la iniciación del procedimiento simplificado y la apertura de un trámite de alegaciones en dicho procedimiento de responsabilidad patrimonial de la Administración y, dentro del plazo concedido, en el ejercicio de los derechos e intereses legítimos que me asisten en calidad de persona interesada, vengo a formular ESCRITO DE ALEGACIONES fundamentadas en los siguientes,

MOTIVOS RAZONADOS

PRIMERO. Que, en el citado procedimiento de responsabilidad patrimonial, a la vista de las actuaciones y pruebas practicadas ha quedado plenamente acreditado el nexo causal imputable a la actuación esa Administración por responsabilidad de los daños y perjuicios, causados a consecuencia del funcionamiento de sus servicios públicos.

SEGUNDO. A los anteriores daños cuantitativamente valorados, hay que sumar los intereses de demora/lucro cesante por los perjuicios ocasionados por el funcionamiento de los servicios públicos de esa Administración, como se acredita mediante la documentación que se acompaña, por lo que la cantidad total de la indemnización a satisfacer por responsabilidad patrimonial asciende a cantidad total de .... euros.

En concreto, la cuantía de la indemnización reclamada desde el día en que se produjo efectivamente la lesión deber ser calculada conforme con los criterios legales establecidos en los siguientes términos:

1. En concepto de daños efectivamente ocasionados la cantidad global de .... euros (*señalar en cifras y letras*).
2. En concepto de perjuicios efectivamente causados por el lucro cesante/intereses de demora por el retraso del pago de la indemnización reclamada, la cantidad global de .... euros (*señalar en cifras y letras*).

   Todo ello, sin perjuicio de su actualización con arreglo al Índice de Garantía de la Competitividad, fijado por el Instituto Nacional de Estadística, y de los intereses que procedan por demora en el pago de la indemnización fijada, conforme con lo establecido en el artículo 34.3 de la Ley 40/2015, de 1 de octubre de Régimen Jurídico del Sector Público.

Por todo ello, y en su atención, es por lo que,

SOLICITO: Que, admita el presente escrito de alegaciones junto con la documentación acreditativa que se acompaña y, por las razones expuestas, se acuerde indemnizar a esta parte reclamante con la cantidad total de .... euros (*indicar en cifras y letras*) incluido el lucro cesante y los intereses de demora, por los daños y perjuicios causados a consecuencia de .... (*describir el objeto de la reclamación patrimonial*).

Lugar, fecha y firma electrónica.

La persona interesada/su representante legal

F183. PROPUESTA DE RESOLUCIÓN

Asunto:

Procedimiento:

Expediente núm.:

Departamento:

VISTO el procedimiento simplificado de responsabilidad patrimonial relativo al expediente núm. ...., sobre la reclamación formulada por D/Dª. ...., por daños y perjuicios producidos a consecuencia de........... (*identificar el objeto de la reclamación*) y teniendo en consideración los siguientes,

ANTECEDENTES DE HECHO

PRIMERO. Con fecha ...., D/Dª. ...., presentó ante esta Administración Pública escrito de reclamación sobre responsabilidad patrimonial.

SEGUNDO. Con fecha ...., se requirió a la persona interesada para que subsanase la solicitud.

TERCERO. Con fecha ...., se acordó su admisión a trámite y, por consiguiente, el inicio del procedimiento administrativo de su razón.

CUARTO. Con fecha ...., se acordó la suspensión del procedimiento general y su conversión a un procedimiento simplificado para la tramitación de la reclamación, concediéndole el preceptivo trámite de audiencia a la persona interesada.

QUINTO. Con fecha ...., se recabó el informe solicitado al servicio cuyo funcionamiento ocasionó la presunta lesión indemnizable.

SEXTO. El procedimiento se ha tramitado de acuerdo con lo dispuesto en la Ley 39/2015, de 1 de octubre, Procedimiento Administrativo Común de las Administraciones Públicas, y de conformidad con los criterios establecidos en la Ley 40/2015, de 1 de octubre de Régimen Jurídico del Sector Público y demás legislación autonómica de aplicación.

A los anteriores hechos son de aplicación los siguientes,

FUNDAMENTOS DE DERECHO

PRIMERO. Respecto al procedimiento, la solicitud ha sido presentada en plazo, puesto que según el artículo 67.1 de la Ley 39/2015, de 1 de octubre, del Procedimiento Administrativo Común de las Administraciones Públicas, el derecho a reclamar prescribe al año de producido el hecho o acto que motiva la indemnización o de manifestarse su efecto lesivo. En el caso de daños de carácter físico o psíquico a las personas, el plazo empezará a computarse desde la curación o la determinación del alcance de las secuelas.

En el caso presente, los hechos ocurrieron el día ...., y la reclamación se presentó ante esta Administración Pública el día ...., por lo que debe entenderse presentada dentro del plazo previsto en el citado precepto.

Además, consta acreditado en el expediente la legitimación activa para formular la reclamación, cumpliéndose todos los presupuestos formales de admisibilidad.

SEGUNDO. La presente reclamación de responsabilidad patrimonial se ha tramitado por el procedimiento simplificado, dada la inequívoca relación de causalidad entre el funcionamiento del servicio público y la lesión producida, conforme con lo previsto en el artículo 96.4 de la Ley 39/2015, de 1 de octubre del Procedimiento Administrativo Común de las Administraciones Públicas.

TERCERO. En cuanto al fondo del asunto, de acuerdo con lo establecido en los artículos 32.2 y 34.1 de la Ley 40/2015, de 1 de octubre, de Régimen Jurídico del Sector Público, el reconocimiento de la responsabilidad patrimonial de la Administración exige acreditar, entre otros requisitos, tanto la existencia de un daño efectivo, evaluable económicamente e individualizado en relación a una persona o grupo de personas, como la concurrencia de los hechos que revelen la existencia del nexo o relación de causalidad entre la acción u omisión de la Administración, y el daño, perjuicio o lesión que pueda sufrir la persona afectada, siempre que no tenga el deber jurídico de soportarlo con arreglo a la Ley.

La presente reclamación de responsabilidad patrimonial de la Administración formulada por D/Dª. ...., se sustancia en que el día.................... (*resumir los hechos determinantes de la lesión*).

De la instrucción del procedimiento ha quedado acreditada la existencia de un daño efectivo, individualizado y evaluado económicamente producido en relación con la persona reclamante que no tiene el deber jurídico de soportar conforme a la ley.

Además, son relevantes los documentos aportados que evidencian la existencia "inequívoca" de nexo causal entre la lesión y el funcionamiento del servicio público, como así lo reconocen los propios órganos preinformantes. De tal forma que hay que considerar que los daños y perjuicios reclamados fueron producidos a causa del funcionamiento del servicio público de ...., por cuanto que .... (*razonar la relación de causalidad producida*).

Igualmente, por lo que se refiere a la valoración del daño producido, se estima la indemnización debe fijarse en la cantidad total de .... euros, de acuerdo con los criterios establecidos en el artículo 34.2 de la Ley 40/2015, de 1 de octubre, de Régimen Jurídico del Sector Público, según queda acreditado en el expediente administrativo con la documentación correspondiente.

En definitiva, procede declarar la responsabilidad patrimonial de esta Administración Pública, al concurrir los requisitos exigidos en el artículo 32 de la citada Ley Régimen Jurídico del Sector Público. Esto es, la existencia de un daño con las características de efectivo, evaluable económicamente e individualizado, su relación de causalidad con el funcionamiento del servicio público y ausencia en el reclamante del deber jurídico de soportarlo.

Por cuanto antecede, el órgano instructor de procedimiento formula la siguiente:

PROPUESTA DE RESOLUCIÓN

ESTIMAR la reclamación de responsabilidad patrimonial formulada por D/Dª. ...., sobre ...., a quién deberá indemnizarse con la cantidad de .... euros (*señalar en cifras y letras*), mediante transferencia bancaria, en el plazo máximo de un mes, para el resarcimiento de la lesiones producidas.

(*Si procede*). La presente propuesta de resolución junto con una copia completa, autenticada, foliada y con índice de los documentos obrantes en el expediente administrativo de su razón, deberá ser remitida al Consejo de Estado/Órgano Consultivo Autonómico (*táchese lo que no proceda*) en solicitud de dictamen preceptivo, de conformidad con lo establecido en el artículo 81 Ley 39/2015, de 1 de octubre, del Procedimiento Administrativo Común de las Administraciones Públicas.

Lugar, fecha, cargo y firma electrónica.

La persona titular órgano instructor del procedimiento

F184. DICTAMEN DEL CONSEJO DE ESTADO U ÓRGANO CONSULTIVO DE LA COMUNIDAD AUTÓNOMA

Asunto:
Procedencia:
Expediente. núm.:
DICTAMEN núm.:

AL ÓRGANO COMPETENTE

El pleno del Consejo de ...., en sesión celebrada el día ...., con asistencia de los señores que al margen se expresan, emitió por unanimidad, el siguiente dictamen:

"El Consejo de ...., en cumplimiento de la comunicación de V.E. de ...., ha examinado el expediente instruido por ...., sobre la reclamación de responsabilidad patrimonial formulada por D/Dª ...., en fecha ...., relativa a .... (*identificar el objeto del procedimiento*), y de conformidad con los siguientes,

I. ANTECEDENTES

De los antecedentes remitidos resulta:

PRIMERO. Por la autoridad competente se ha remitido a este Consejo expediente relativo a la reclamación de daños y perjuicios formulada por D/Dª ...., en fecha ...., sobre .... (*identificar el objeto del procedimiento*), de acuerdo con lo dispuesto en el artículo 81, apartado 2, de la Ley 39/2015, de 1 de octubre, del Procedimiento Administrativo Común de las Administraciones Públicas.

SEGUNDO. El expediente remitido a este Consejo por vía electrónica, para su dictamen preceptivo, se compone de un total de .... folios numerados y va precedido por un índice que relaciona los documentos con .... números de orden.

TERCERO. Con fecha ...., se emitió propuesta de resolución, por el órgano competente para la instrucción del procedimiento sobre la reclamación patrimonial planteada.

Y, en tal estado de tramitación, V.E. dispuso la remisión del expediente para su dictamen por este Consejo.

II. CONSIDERACIONES

PRIMERA. Este Consejo emite su dictamen, con carácter preceptivo, en cumplimiento de lo dispuesto en el artículo 81.2 de la Ley 39/2015, de 1 de octubre, del Procedimiento Administrativo Común de las Administraciones Públicas, que establece que deberá ser consultado, preceptivamente, en los casos de expedientes instruidos por la Administración Pública que versen sobre reclamaciones que, en concepto de indemnización por daños y perjuicios, se formulen a la misma por cuantía igual o superior a 50.000 euros.

SEGUNDA. En la tramitación del procedimiento se han seguido las reglas establecidas en la Ley 39/2015, de 1 de octubre, del Procedimiento Administrativo Común de las Administraciones Públicas.

A este respecto debe indicarse que, de conformidad con lo previsto en el artículo 96.4 del citado texto legal, la Administración Pública consultante acordó, en fecha ...., la iniciación de oficio del procedimiento simplificado de responsabilidad patrimonial, por entender que era inequívoca la relación de causalidad entre el funcionamiento del servicio público y la lesión producida, así como la valoración del daño y el cálculo de la cuantía de la indemnización. Cuantía que el particular había cifrado en .... euros, por importe de la lesión producida a consecuencia de .... *(indicar la causa de la lesión indemnizable).*

Esta circunstancia consta acreditada en el procedimiento mediante certificación del jefe de servicio de.............. (folio núm. ...), a más de la factura pagada de ...., remitida por la parte interesada (folio núm. ...).

Asimismo, figura en el expediente la oportuna notificación a la persona interesada del acuerdo de iniciación del procedimiento simplificado y la propuesta de terminación convencional del procedimiento redactada por el órgano instructor, a fin de que pudiera prestar la conformidad sobre el contenido de la indicada propuesta, según lo dispuesto en el artículo 91.1 de la citada Ley del Procedimiento Administrativo Común de las Administraciones Públicas.

En particular, consta igualmente acreditada la conformidad de la parte interesada con la propuesta de terminación convencional del procedimiento y con la indemnización propuesta, según documento suscrito por el reclamante en fecha ...., al amparo de lo dispuesto en la normativa vigente en materia de responsabilidad patrimonial.

Se observa que, pese a figurar en la instrucción el informe técnico correspondiente y el trámite de audiencia, se echa en falta la incorporación del oportuno informe del Servicio Jurídico de la Administración consultante, a quien le corresponde informar jurídicamente sobre la procedencia legal de las resoluciones de los órganos directivos de dicho Departamento, desarrollando las funciones derivadas de esta competencia en la materia atribuida a ...., por el artículo .... *(indicar la normativa específica que le sea de aplicación).*

Sin embargo, no considerándose relevante en el presente caso la indebida omisión de dicho trámite, que no afecta a las garantías esenciales de defensa de ambas partes del procedimiento, procede dictaminar sobre el fondo del asunto, por razones de economía y celeridad de la actividad administrativa.

Finalmente, debe indicarse que la reclamación de responsabilidad patrimonial planteada ha sido interpuesta dentro del plazo legal establecido en el artículo 67, apartado 1, de la Ley 39/2015, de 1 de octubre, del Procedimiento Administrativo Común de las Administraciones Públicas, al suceder el hecho determinante de la lesión el día ... y presentarse en la misma en fecha .... por la persona interesada, que se halla legitimada para reclamar, al ser el particular que sufrió la lesión en sus bienes y derechos, según lo dispuesto en el artículo 32, apartado 1, de la Ley 40/2015, de 1 de octubre, de Régimen Jurídico del Sector Público.

TERCERA. El análisis de la cuestión de fondo de la reclamación, que culmina con la propuesta de terminación convencional del procedimiento objeto de dictamen, refleja la existencia de los requisitos que dan lugar al nacimiento de la responsabilidad patrimonial que, como ha reiterado este Consejo, viene recogidos en el artículo 106.2 de la Constitución Española, y en particular en el artículo 32 de la indicada Ley de Régimen Jurídico del Sector Público, como el derecho de los particulares a ser indemnizados por las Administraciones públicas correspondientes de toda lesión que sufran en cualquiera de sus bienes y derechos, siempre que la lesión sea consecuencia del funcionamiento normal o anormal de los servicios públicos, salvo en los casos de fuerza mayor o de daños que el particular tenga el deber jurídico de soportar de acuerdo con la ley. El daño alegado ha de ser efectivo, evaluable económicamente e individualizado, con relación a una persona o grupo de personas.

En el supuesto objeto de dictamen, este Consejo considera que resulta plenamente acreditada la relación entre la lesión sufrida por la parte reclamante y el funcionamiento del servicio público que se desenvuelve en un centro dependiente de la Administración consultante, lo que conduce a informar favorablemente la propuesta de resolución y el acuerdo indemnizatorio que culmina el procedimiento en materia de responsabilidad patrimonial objeto de consulta, por ser conformes con el ordenamiento jurídico.

Debe significarse que, en el presente caso, concurren los requisitos previstos en el artículo 96, apartado 4, de la Ley 39/2015, de 1 de octubre, del Procedimiento Administrativo Común de las Administraciones Públicas; debiendo ponerse de relieve que se ha justificado y aparece como inequívoca la relación de causalidad entre la lesión patrimonial y el funcionamiento del servicio público, así como la cuantía del daño sufrido por la parte reclamante.

Es de dictamen formular la siguiente,

III. CONCLUSIÓN

Por cuanto antecede, este Consejo de ……, es del parecer:

Que la propuesta resolución del procedimiento de responsabilidad patrimonial instruido a consecuencia de la reclamación instada por D/Dª. ……………………, se considera ajustada a derecho, por lo que procede el abono a la persona interesada de la cantidad de ………. euros *(señalar en letras y cifras)*, por parte de la Administración Pública de ……".

V.E., no obstante, resolverá lo que estime más acertado.

Lugar, fecha y firma electrónica. Vº.Bº

La Secretaría General La Presidencia

C) TERMINACIÓN

F185. TERMINACIÓN CONVENCIONAL DEL PROCEDIMIENTO SIMPLIFICADO

Asunto:

Procedimiento:

Expediente núm.:

Departamento:

VISTO el procedimiento de responsabilidad patrimonial relativo al expediente núm. ...., sobre reclamación formulada por D/Dª......................, por los daños y perjuicios producidos a consecuencia de .... (*identificar el objeto de la reclamación*), y de conformidad con los siguientes,

ANTECEDENTES DE HECHO

PRIMERO. Con fecha....................., se presentó ante esta Administración escrito de reclamación sobre responsabilidad patrimonial.

SEGUNDO. Practicadas las actuaciones previas oportunas para el esclarecimiento de los hechos, con fecha...................., se acordó su admisión a trámite y, por consiguiente, el inicio del procedimiento administrativo de su razón.

TERCERO. Con fecha........................, se presentó escrito de alegaciones por la persona interesada en el que tras alegar y aportar la documentación que tuvo por conveniente, terminaba solicitando un pronunciamiento favorable respecto de sus pretensiones indemnizatorias.

CUARTO. Con fecha .... se acordó la tramitación de la reclamación por el procedimiento simplificado.

QUINTO. Con fecha........................, el órgano instructor del procedimiento formuló propuesta de resolución, informando favorablemente la propuesta de acuerdo indemnizatorio para la terminación convencional del procedimiento, suscrita por la persona reclamante.

FUNDAMENTO DE DERECHO

PRIMERO. Respecto al procedimiento, según el artículo 67, apartado 1, Ley 39/2015, de 1 de octubre, del Procedimiento Administrativo Común de las Administraciones Públicas: "*Los interesados podrán solicitar el inicio de un procedimiento de responsabilidad patrimonial, cuando no haya trascurrido su derecho a reclamar. El derecho a reclamar prescribirá al año de producido el hecho o el acto que motive la indemnización o se manifieste el efecto lesivo. En caso de daños de carácter físico o psíquico a las personas, el plazo empezará a computarse desde la curación o la determinación del alcance de las secuelas*". En el caso presente, los hechos ocurrieron el día..........., y la reclamación se presentó ante esta Administración el día............, por lo que debe entenderse formalizada dentro del plazo legalmente previsto.

Además, consta acreditado en el expediente la legitimación activa para formular la reclamación, cumpliéndose todos los presupuestos formales de admisibilidad.

Asimismo, se han recabado los informes preceptivos, consta en el expediente administrativo acuerdo indemnizatorio, la documentación se considera completa y se ha formulado propuesta de resolución por el órgano instructor de procedimiento.

SEGUNDO. En cuanto al fondo del asunto, de acuerdo con lo establecido en el artículo 32, apartado 1, de la Ley 40/2015, de 1 de octubre, de Régimen Jurídico del Sector Público, el reconocimiento de la responsabilidad patrimonial de las Administraciones públicas exige acreditar, entre otros requisitos, tanto la existencia de un daño efectivo, evaluable económicamente e individualizado en relación a una persona o grupo de personas, como la concurrencia de los hechos que revelen la existencia del nexo o relación de causalidad entre la acción —u omisión—, de la Administración, y el daño, perjuicio o lesión sea consecuencia del funcionamiento normal o anormal de los servicios públicos, salvo los casos de fuerza mayor o de daños que un particular tenga el deber jurídico de soportar de acuerdo con la Ley.

La presente reclamación de responsabilidad patrimonial formulada por D/D.ª........., expone que el día.................... *(resumir los hechos determinantes de la lesión).*

Además, son relevantes los documentos aportados que evidencian la existencia inequívoca de nexo causal, como así lo reconocen los propios órganos preinformantes. De tal forma que hay que considerar que la causa de los daños producidos fue el funcionamiento del servicio público por............ *(señalar la irregularidad cometida).*

De la instrucción del procedimiento ha quedado acreditada la existencia de un daño efectivo, individualizado y evaluado económicamente, producido en relación con la persona reclamante que no tiene el deber jurídico de soportar conforme a la ley.

Igualmente, por lo que se refiere a la valoración del daño producido, se estima la indemnización debe fijarse en la cantidad total de.............euros, según queda acreditado en el expediente con la documentación correspondiente y la persona interesada ha prestado su conformidad a la misma en el acuerdo de indemnización suscrito al efecto.

TERCERO. En el caso presente, resulta inequívoca la relación de causalidad entre el funcionamiento del servicio público y la lesión producida, así como se ha alcanzado un acuerdo entre la partes respecto de la valoración del daño y el cálculo de la cuantía de la indemnización a satisfacer, que se estima debe fijarse en la cantidad total de .... euros, según queda acreditado en el expediente administrativo con la incorporación de la documentación correspondiente.

CUARTO. Este órgano administrativo es competente para resolver el presente expediente, de conformidad con lo establecido en........................*(señalar la normativa específica que le sea de aplicación).*

Vistos los preceptos legales citados y demás de pertinente aplicación,

RESUELVO

ESTIMAR LA RECLAMACIÓN sobre responsabilidad patrimonial formulada por D/Dª............................., sobre indemnización de daños y perjuicios producidos a consecuencia de ...., a quien deberá indemnizarse con la cantidad total de.............. euros *(señalar en cifras y letras),* mediante transferencia bancaria en el plazo máximo de un mes, conforme con el acuerdo alcanzado para el resarcimiento de la lesiones producidas.

Contra la presente resolución, que pone fin a la vía administrativa, las personas interesadas podrán interponer recurso contencioso-administrativo ante el Juzgado de lo Contencioso-Administrativo correspondiente, en el plazo de dos meses contados desde el día siguiente al de su notificación o publicación, de conformidad con lo dispuesto en los artículos 8.3 y 46.1 de la Ley 29/1998, de 13 de julio, reguladora de la Jurisdicción Contencioso-Administrativa. Asimismo, con carácter potestativo, podrán interponer recurso de reposición, en el plazo de un mes contado desde el día siguiente al de su notificación o publicación, ante el órgano que ha dictado la resolución, de acuerdo con lo previsto en los artículos 123 y 124 de la Ley 39/2015, de 1 de octubre, del Procedimiento Administrativo Común de las Administraciones Públicas. Todo ello, sin perjuicio de que pueda interponerse cualquier otro recurso que se estime pertinente.

Lugar, fecha, cargo y firma electrónica.

El titular del órgano administrativo competente

F186. RESOLUCIÓN DEFINITIVA DEL PROCEDIMIENTO SIMPLIFICADO

Asunto:
Procedimiento:
Expediente núm.:
Departamento:

VISTO el procedimiento de responsabilidad patrimonial relativo al expediente de referencia sobre la reclamación formulada por D/Dª. ...., por daños y perjuicios producidos a consecuencia de .... *(identificar el objeto de la reclamación)*, y teniendo en consideración los siguientes,

ANTECEDENTES DE HECHO

PRIMERO. Con fecha ...., se presentó ante esta Administración Pública el referido escrito de reclamación sobre responsabilidad patrimonial.

SEGUNDO. Practicadas las actuaciones previas oportunas para el esclarecimiento de los hechos, con fecha ...., se acordó su admisión a trámite y, por consiguiente, el inicio del procedimiento administrativo de su razón.

TERCERO. Con fecha ...., se acordó la suspensión del procedimiento general y su conversión a un procedimiento simplificado para la tramitación de la reclamación formulada, concediéndole el preceptivo trámite de audiencia a la persona interesada.

CUARTO. Con fecha ...., se recabó el informe solicitado al servicio cuyo funcionamiento ha ocasionado la presunta lesión indemnizable.

QUINTO. Con fecha ...., se presentó escrito de alegaciones por el interesado en el que, tras alegar y aportar la documentación que tuvo por conveniente, terminaba solicitando un pronunciamiento favorable respecto de sus pretensiones indemnizatorias.

SEXTO. Con fecha ...., el órgano instructor del procedimiento, emitió propuesta de resolución.

SÉPTIMO. (*En su caso*) Con fecha ...... se emitió dictamen por el Consejo de Estado/Órgano Consultivo de esta Comunidad Autónoma.

OCTAVO. En el presente procedimiento simplificado de responsabilidad patrimonial se han observado las prescripciones legales establecidas.

A los anteriores hechos son de aplicación los siguientes,

FUNDAMENTO DE DERECHO

PRIMERO. Respecto al procedimiento, la solicitud ha sido presentada en plazo, puesto que según el artículo 67.1 de la Ley 39/2015, de 1 de octubre, Procedimiento Administrativo Común de las Administraciones Públicas, el derecho a reclamar prescribe al año de producido el hecho o acto que motiva la indemnización o de manifestarse su efecto lesivo. En el caso de daños de carácter físico o psíquico a las personas, el plazo empezará a computarse desde la curación o la determinación del alcance de las secuelas.

En el presente caso, los hechos ocurrieron el día ...., y la reclamación se presentó ante esta Administración Pública el día ...., por lo que debe entenderse presentada dentro del plazo previsto en el citado precepto legal.

Además, consta acreditado en el expediente la legitimación activa para formular la reclamación, cumpliéndose todos los presupuestos formales de admisibilidad.

Asimismo, se han recabado los informes preceptivos, el expediente administrativo se considera completo y se ha formulado propuesta de resolución.

SEGUNDO. En cuanto al fondo del asunto, de conformidad con lo establecido en los artículos 32 y 34 de la Ley 40/2015, de 1 de octubre, de Régimen Jurídico del Sector Público, el reconocimiento de la responsabilidad patrimonial de la Administración exige acreditar, entre otros requisitos, tanto la existencia de un daño efectivo, evaluable económicamente e individualizado en relación a una persona o grupo de personas, como la concurrencia de los hechos que revelen la existencia del nexo o relación de causalidad entre la acción u omisión de la Administración, y el daño, perjuicio o lesión que pueda sufrir la persona afectada, siempre que no tenga el deber jurídico de soportarlo con arreglo a la Ley.

De los datos y documentación con que se cuenta se desprende que la presente reclamación de responsabilidad patrimonial formulada por D/Dª. ....,, se sustancia en que el día .... (*resumir los hechos determinantes de la lesión*).

De la instrucción del procedimiento ha quedado acreditada la existencia de un daño efectivo, individualizado y evaluado económicamente producido en relación con la persona reclamante, que no tiene el deber jurídico de soportar conforme a la ley.

Además, son relevantes los documentos aportados que evidencian la existencia inequívoca de nexo causal entre la lesión y el funcionamiento del servicio público, como así lo reconocen los propios órganos preinformantes. De tal forma que hay que considerar que la causa de los daños producidos fue a consecuencia del funcionamiento del servicio público de ...., por cuanto que .... (*señalar la irregularidad cometida*).

Igualmente, por lo que se refiere a la valoración del daño producido, se estima la indemnización debe fijarse en la cantidad total de ....euros, según queda acreditado en el expediente administrativo con la documentación correspondiente.

En definitiva, procede declarar la responsabilidad patrimonial de esta Administración, al concurrir los requisitos necesarios para ello, previstos en el artículo 32 de precitada la Ley de Régimen Jurídico del Sector Público. Esto es, la existencia de un daño con las características de efectivo, evaluable económicamente e individualizado, su relación de causalidad con el funcionamiento del servicio público y ausencia en el reclamante del deber jurídico de soportarlo.

TERCERO. De acuerdo con lo previsto en el artículo 96.4 de la Ley 39/2015, de 1 de octubre, del Procedimiento Administrativo Común de las Administraciones Públicas, en el presente procedimiento se ha seguido la tramitación simplificada por considerar la existencia de una inequívoca relación de causalidad entre el funcionamiento del servicio público y la lesión, así como la valoración del daño y el cálculo de la indemnización a satisfacer.

CUARTO. Este órgano administrativo es competente para adoptar la presente resolución, conforme con lo dispuesto en .... (*señalar la normativa específica que le sea de aplicación*).

Vistos los preceptos legales citados y demás de general o concordante aplicación,

RESUELVO

ESTIMAR LA RECLAMACIÓN sobre responsabilidad patrimonial formulada por D/ Dª............................, sobre indemnización de daños y perjuicios producidos a consecuencia de ...., a quien deberá indemnizarse con la cantidad total de.............. euros (*señalar en cifras y letras*), por la lesión efectivamente producida, actualizada con arreglo al Índice de Garantía de la Competitividad (IGC), fijado por el Instituto Nacional de Estadística y los intereses por demora en el pago de la indemnización fijada, los cuales se aplicarán con arreglo a lo establecido en la Ley 47/2003, de 26 de noviembre, General Presupuestaria, o en su caso, a las normas presupuestarias de esta Comunidad Autónoma. Indemnización esta que será abonada mediante transferencia bancaria en el plazo máximo de un mes.

Contra la presente resolución, que pone fin a la vía administrativa, las personas interesadas podrán interponer recurso contencioso-administrativo ante el Juzgado de lo Contencioso-Administrativo correspondiente, en el plazo de dos meses contados desde el día siguiente al de su notificación o publicación, de conformidad con lo dispuesto en los artículos 8.3 y 46.1 de la Ley 29/1998, de 13 de julio, reguladora de la Jurisdicción Contencioso-Administrativa. Asimismo, con carácter potestativo, podrán interponer recurso de reposición, en el plazo de un mes contado desde el día siguiente al de su notificación o publicación, ante el órgano que ha dictado la resolución, de acuerdo con lo previsto en los artículos 123 y 124 de la Ley 39/2015, de 1 de octubre, del Procedimiento Administrativo Común de las Administraciones Públicas. Todo ello, sin perjuicio de que pueda interponerse cualquier otro recurso que se estime pertinente.

Lugar, fecha, cargo y firma electrónica.

La persona titular del órgano administrativo competente

F187. RESPONSABILIDAD CONCURRENTE DE LAS ADMINISTRACIONES PÚBLICAS

Asunto:
Procedimiento:
Expediente núm.:
Departamento:

VISTA la consulta formulada por la Administración Pública de..........., sobre la responsabilidad concurrente para la satisfacción de una indemnización de daños y perjuicios derivada de responsabilidad patrimonial a consecuencia de.................... (*describir el objeto de la solicitud*), y teniendo en consideración los siguientes,

ANTECEDENTES DE HECHO

PRIMERO. La Administración Pública de ...., mediante escrito presentado del día ...., solicita la colaboración de esta Administración para el pago a D/Dª. ...., de una indemnización patrimonial reconocida por sentencia judicial firme.

SEGUNDO. La referida sentencia firme se ha dictado en un proceso contencioso-administrativo interpuesto contra.............. formulada directamente ante la citada Administración Pública sobre reclamación de responsabilidad patrimonial.

TERCERO. Esta Administración no ha tenido conocimiento de la citada reclamación de responsabilidad patrimonial formulada por D/Dª. ...., ni del correspondiente recurso contencioso-administrativo contra la denegación de la misma acordada por referida Administración Pública, hasta la presentación del escrito formulado sobre responsabilidad patrimonial concurrente.

CUARTO. En la referida sentencia se estima la reclamación formulada por las personas interesadas ante la Administración Pública de ...., y cuantifica el derecho de indemnización a determinar en ejecución de sentencia.

QUINTO. Con fecha ......, la Administración Pública de ......, presentó escrito de consulta a esta Administración para que el plazo de quince días pudiera exponer cuanto considerada procedente.

SEXTO. Se han emitido en el procedimiento los informes técnicos oportunos y se ha formulado propuesta de resolución.

A los anteriores hechos son de aplicación los siguientes,

FUNDAMENTOS DE DERECHO

PRIMERO. Conviene advertir, en primer término, que el artículo 33, apartado 4, de la Ley 40/2015, de 1 de octubre, de Régimen Jurídico del Sector Público, establece que: "*Cuando se trate de procedimientos en materia de responsabilidad patrimonial, la Administración Pública competente a la que se refiere el apartado anterior, deberá consultar a las restantes Administraciones implicadas para que, en el plazo de quince días, éstas puedan exponer cuanto consideren procedente*".

A este respecto, sobre responsabilidad concurrente de las Administraciones públicas, en citado precepto legal establece lo siguiente: *"1. Cuando de la gestión dimanante de fórmulas conjuntas de actuación entre varias Administraciones públicas se derive responsabilidad en los términos previstos en la presente Ley, las Administraciones responderán de forma solidaria. El instrumento jurídico regulador de la actuación conjunta podrá determinar la distribución de la responsabilidad entre las diferentes Administraciones públicas. 2. En otros supuestos de concurrencia de varias Administraciones en la producción del daño, la responsabilidad se fijará para cada Administración atendiendo a los criterios de competencia, interés público tutelado e intensidad de la intervención. La responsabilidad será solidaria cuando no sea posible dicha determinación".*

Dos son los supuestos de hecho exigidos para que concurra responsabilidad patrimonial entre Administraciones, conforme a los anteriores presupuestos legales: Uno, que el daño se produzca mediante la gestión dimanante de "*formulas conjuntas de actuación*" entre varias Administraciones y la encomienda de gestión, en cuyo caso la responsabilidad es solidaria. El otro, que la lesión se origine mediante la participación directa en la adopción de una o varias decisiones lesivas en un mismo procedimiento, en cuyo caso la imputación de responsabilidad concurrente se ha de fijar en función del "*criterio de competencia, interés público tutelado e intensidad de la intervención*" en la cuota de responsabilidad de cada una de las Administraciones intervinientes en la producción del hecho dañoso. En este caso sólo cuando sea imposible dicha cuantificación se puede provocar la responsabilidad solidaria.

Importa subrayar, que la responsabilidad solidaria de las Administraciones Públicas que intervienen en un procedimiento administrativo de carácter bifásico (como lo es la aprobación definitiva de un planeamiento urbanístico propuesto por una entidad local), no significa ni mucho menos que dichas Administraciones deban satisfacer por mitad las indemnizaciones correspondientes, sino que constituye una garantía jurídica de la persona interesada que puede indistintamente solicitar la indemnización reconocida a cualquiera de las Administraciones que intervienen en el procedimiento conforme con sus respectivas competencias. Es decir, en el caso presente, la Administración Pública de ......, en ejecución de dicha sentencia firme, como administración pública responsable a la que directamente se le ha condenado a la satisfacción de la indemnización debe de acatar lo acordado por el Tribunal y liquidarla de sus correspondientes presupuestos económicos. Sin perjuicio que, con posterioridad, se establezcan, en su caso, las relaciones interinstitucionales entre las Administraciones públicas afectadas formalizando acuerdos de colaboración en los que se cuantifiquen el grado de participación de sus respectivas responsabilidades patrimoniales derivadas del correspondiente procedimiento administrativo bifásico. Estos criterios legales han sido reiterados en diversas sentencias del Tribunal Supremo, a las que nos remitimos, en aras a la claridad y concisión de la presente resolución.

En el presente caso, la responsabilidad patrimonial reclamada se trata de un asunto de estricto interés público local, y a este respecto conviene recordar que en nuestro ordenamiento jurídico la configuración de los entes locales como organizaciones dotadas de atributos y prerrogativas propias de cada Administración territorial para la gestión administrativa sus competencias de servicio público, bajo su propia responsabilidad, de sus propios intereses correspondientes, constituye la clave misma de la autonomía local, sin perjuicio de que su actividad administrativa sea objeto de técnicas o instrumentos de control como lo Constitución garantiza.

En definitiva, en el presente caso, no concurren los presupuestos legalmente establecidos para la imputación de la responsabilidad concurrente de esta Administración en la producción de daño reclamado, puesto que, aunque se esté ante un procedimiento bifásico para la adopción de la decisión final de la aprobación administrativa correspondiente, la intervención de esta Administración en la producción efectiva de la lesión ha sido absolutamente nula, dado que el daño se ha producido a consecuencia de una pura decisión de estricto interés público local de la Administración Pública de ......, adoptada en el marco de sus competencias legalmente atribuidas, que esta Administración no podía lícitamente cuestionar en aras al respeto del principio de autonomía constitucionalmente reconocida. Además, en la referida sentencia firme no se ha declarado expresamente la responsabilidad solidaria ni compartida de esta Administración en la producción del daño ocasionado.

SEGUNDO. Este órgano administrativo es competente para adoptar la presente resolución, de conformidad con lo establecido en ...... *(señalar la normativa específica que le sea de aplicación).*

Vistos los preceptos legales citados y demás de general concordante aplicación,

RESUELVO

INFORMAR DESFAVORABLEMENTE la solicitud formulada sobre responsabilidad concurrente de esta Administración para la satisfacción de la indemnización patrimonial reconocida por sentencia firme en la producción de los daños y perjuicios causados a D/Dª. .... por la decisión adoptada por la Administración Pública de ...., en el ejercicio de sus propias competencias de estricto interés público local.

Contra la presente resolución, no cabe interponer recurso alguno en vía administrativa, sin perjuicio del recurso contencioso-administrativo previo requerimiento expreso a esta Administración para que anule o revoque la misma en el plazo de dos meses contados desde que la Administración requirente hubiera conocido el acto, actuación o inactividad. Dicho requerimiento se entenderá rechazado si, dentro del mes siguiente a su recepción, el requerido no lo contestara. Todo ello, sin perjuicio de los que disponga la legislación de régimen local, conforme con lo establecido en el artículo 44 de la Ley 29/1998, de 13 de julio, reguladora de la Jurisdicción Contencioso-Administrativa.

Lugar, fecha, cargo y firma electrónica.

La persona titular del órgano administrativo competente

II. RESPONSABILIDAD DE LAS AUTORIDADES Y PERSONAL AL SERVICIO DE LAS ADMINISTRACIONES PÚBLICAS

A) INICIACIÓN

F188. ACUERDO DE INICIACIÓN DEL PROCEDIMIENTO

Asunto:
Procedimiento
Expediente núm.:
Departamento:

VISTA la indemnización reconocida a D/Dª. ...., en el procedimiento de responsabilidad patrimonial relativo al expediente de referencia, sobre ...... (*identificar el objeto del procedimiento*), y teniendo en consideración los siguientes,

ANTECEDENTES DE HECHO

1. Por resolución de este órgano administrativo de fecha ...., se estimó la reclamación sobre responsabilidad patrimonial formulada por D/Dª. ...., cuya indemnización fue fijada en la cantidad de .... euros.

2. Con fecha ...., se abonó por transferencia bancaria dicha indemnización a la persona interesada.

3. La indemnización satisfecha lo fue en concepto de los daños y perjuicios sufridos por D/Dª. ...., a consecuencia del funcionamiento del servicio público de .... *(describir el objeto del procedimiento de responsabilidad patrimonial)*.

A los anteriores hechos son de aplicación los siguientes,

FUNDAMENTOS DE DERECHO

PRIMERO. El artículo 36, apartado 2, de la Ley 40/2015, de 1 de octubre, de Régimen Jurídico del Sector Público, sobre exigencia de la responsabilidad patrimonial de las autoridades y personal al servicio de las Administraciones Públicas señala que, la Administración correspondiente, cuando hubiere indemnizado a los lesionados, exigirá de oficio en vía administrativa de sus autoridades y demás personal a su servicio la responsabilidad en que hubieran incurrido por dolo, o culpa o negligencia graves, previa instrucción del procedimiento.

A este respecto, la citada acción de regreso o de repetición para la exigencia de dicha responsabilidad y, en su caso, para su cuantificación, se ponderarán, entre otros, los siguientes criterios: el resultado dañoso producido, el grado de culpabilidad, la responsabilidad profesional del personal al servicio de las Administraciones públicas y su relación con la producción del resultado dañoso.

El procedimiento para la exigencia de responsabilidad patrimonial a las autoridades y personal al servicio de las Administraciones públicas se sustanciará conforme a lo dispuesto en la

Ley 39/2015, de 1 de octubre, del Procedimiento Administrativo Común de las Administraciones Públicas, y se iniciará por acuerdo del órgano competente que se notificará a las personas interesadas ajustándose a trámites establecidos en el artículo 36, apartado 4, de la citada Ley de Régimen Jurídico del Sector Público.

SEGUNDO. De los datos y de la documentación con que se cuenta se desprenden indicios racionales de una presunta responsabilidad del personal al servicio de esta Administración Pública, por cuanto que .... (*señalar las razones que conducen a incoación del expediente por indicios de dolo, culpa o negligencia graves*).

TERCERO. Este órgano administrativo es competente para la adopción del presente acuerdo, de conformidad con lo establecido en .... (*señalar la normativa específica que le sea de aplicación*).

Vistos los preceptos legales citados y demás de general o concordante aplicación,

ACUERDO

PRIMERO. Iniciar el procedimiento para la determinación de responsabilidad patrimonial exigible al personal de esta Administración Pública, sobre la indemnización patrimonial reconocida a favor de D/Dª. ...., por esta Administración a consecuencia de........... (*indicar el objeto del procedimiento*).

SEGUNDO. Solicitar informe al servicio en cuyo funcionamiento se haya ocasionado el daño o lesión indemnizable sobre los siguientes extremos: el resultado dañoso producido, el grado de culpabilidad, la responsabilidad profesional del personal y su relación con la producción del resultado dañoso.

TERCERO. Nombrar órgano instructor del expediente a D/Dª. ...., funcionario/a de carrera de esta Administración, que impulsará el mismo de oficio en todos sus trámites hasta su resolución definitiva, y a quien le será de aplicación el régimen de recusación y abstención previsto en los artículos 23 y 24 de la Ley 40/2015, de 1 de octubre, de Régimen Jurídico del Sector Público.

CUARTO. El presente Acuerdo se notificará a las personas interesadas concediéndoles un plazo de QUINCE DÍAS para que en trámite de alegaciones aporten al procedimiento cuantos documentos, informaciones y justificaciones consideren en su defensa, y soliciten la práctica de las pruebas que estimen convenientes.

Contra el presente Acuerdo, que es un acto de trámite, no cabe interponer recurso administrativo alguno, de conformidad con lo previsto en el artículo 112.1 de la Ley 39/2015, de 1 de octubre, del Procedimiento Administrativo Común de las Administraciones Públicas.

Lugar, fecha, cargo y firma electrónica.

La persona titular del órgano administrativo competente

B) INSTRUCCIÓN

F189. SOLICITUD DE INFORME AL SERVICIO RESPONSABLE

Asunto:
Procedimiento:
Expediente núm.:
Departamento:

AL JEFE DEL SERVICIO COMPETENTE

Con fecha ...., se ha acordado iniciar un expediente administrativo sobre exigencia de la responsabilidad patrimonial en que hubiera podido incurrir el personal de ese servicio de ...., en relación con la indemnización patrimonial reconocida a consecuencia de .... (*identificar el objeto del procedimiento*).

Con el fin de formar criterio con garantías de acierto, se precisa conocer la opinión de ese servicio en cuyo funcionamiento se ha causado resultado dañoso indemnizable. En concreto, sobre los siguientes extremos: el resultado dañoso producido, el grado de culpabilidad, la responsabilidad profesional del personal y su relación con la producción del resultado dañoso. Ello, sin perjuicio de responsabilidad disciplinaria o penal que pudiera derivarse de las posibles infracciones cometidas.

En su atención, es por lo que se solicita que en el plazo de DIEZ DÍAS se emita y remita, por medios electrónicos, a este órgano competente informe pormenorizado sobre el esclarecimiento de los hechos y la determinación de responsabilidades que, en su caso, hubiera podido incurrir personal adscrito a dicho servicio público de esta Administración.

Lugar, fecha, cargo y firma electrónica.

La persona titular del órgano administrativo competente

F190. ESCRITO DE ALEGACIONES Y PROPOSICIÓN DE PRUEBA

AL ÓRGANO COMPETENTE

D/Dª. ...., con de DNI/NIF/NIE núm. ...., actuando en nombre propio o en representación de ...., con domicilio a efectos de notificaciones en ...., del municipio de ...., provincia de................, teléfono ...., correo electrónico: ...., en calidad de empleado público de esta Administración, con NRP ...., adscrito al puesto de trabajo núm. .... Ante ese órgano instructor comparece y, con el debido respeto, como mejor proceda en derecho,

EXPONGO

Que he tenido conocimiento del Acuerdo por el que se inicia procedimiento para la determinación de responsabilidad patrimonial exigible al personal del servicio de ...., que dio origen a la lesión indemnizable por responsabilidad patrimonial a consecuencia de .... (*indicar el objeto de procedimiento*) y, en el ejercicio de los derechos e intereses legítimos que me asisten, vengo a formular ESCRITO DE ALEGACIONES, fundamentadas en los siguientes,

MOTIVOS JURÍDICOS DE EXCULPACIÓN

PRIMERO. En primer lugar, cabe tener en cuenta que para un análisis objetivo de la causa de los daños y perjuicios irrogados a esta Administración, por el funcionamiento del servicio público de ...., es necesario entender la naturaleza los hechos imputados y de nuestra intervención en la producción de ellos mismos. Resulta incuestionable que daño producido a la persona damnificada debe ser resarcido, pero es de reconocer que a la vista de los datos y de la documentación sobre los hechos acaecidos, no se puede deducir que hubiese incurrido en una actuación dolosa o culposa, o propia de la negligencia profesional de carácter grave en el funcionamiento de los servicios públicos prestados por esta Administración, como exige el artículo 36.2 de la ley 40/2015, de 1 de octubre, de Régimen Jurídico del Sector Público, por cuanto que en todo momento con los medios materiales y humanos con los que disponía para la prestación de los servicios requeridos, era absolutamente imposible de prevenir la aparición de determinados efectos no deseados que, por imprevisibles, provocasen lesión indemnizable alguna, dada la vorágine de trabajo y el cúmulo de tareas que pesa sobre este servicio para atender con la debida prontitud y diligencia exigible la realización de las funciones encomendadas, por saturación de tareas.

Y, llegados a este punto, si se me permite decirlo en términos de defensa, habría que tener en cuenta, en el presente caso, la posibilidad de eximir de responsabilidad patrimonial al personal al servicio de esta Administración por falta de dolo, o culpa o negligencia grave en relación con la producción de resultado dañoso, como los acreditan las siguientes consideraciones:

a) ....

b) .... *(justificar la ausencia de dolo, culpa o negligencia graves).*

c) ....

SEGUNDO. Por todo lo anteriormente expuesto, manifiesto mi absoluta disconformidad respecto de la responsabilidad patrimonial que se me imputa, y en el ejercicio de los derechos e intereses legítimos que me asisten, para el supuesto de no tener por ciertos los hechos alegados, solicito, subsidiariamente, el recibimiento a prueba del presente procedimiento administrativo, de conformidad con lo previsto en artículo 77.2 de la Ley 39/2015, de 1 de octubre, del Procedimiento Administrativo Común de las Administraciones Públicas en relación con el artículo 36.4.b) de la Ley 40/12015, de 1 de octubre, de Régimen Jurídico del Sector Público.

Por todo ello, y en su atención, es por lo que,

SOLICITO: Que tenga a bien admitir el presente escrito de alegaciones junto con la documentación que se acompaña y, en mérito de lo expuesto, se acuerde eximir de la responsabilidad patrimonial imputada en el ejercicio de mis funciones al servicio de esta Administración Pública, ordenando el archivo de las actuaciones practicadas sin más trámites.

OTROSÍ DIGO: Que para el caso de no tenerse por ciertas las alegaciones formuladas, subsidiariamente, se acuerde la apertura y práctica de un período de prueba para la verificación real de hechos manifestados. Para ello, se propone la PRÁCTICA DE LA PRUEBA siguiente:

1. *Documental pública*: consistente que, por la Administración, se expida certificación acreditativa sobre los siguientes documentos que obran en sus archivos:

   a) ....

   b) .... *(especificar los documentos interesados).*

   c) ....

2. *Mas documental pública*: consistente en ....
3. *Documental privada*: consistente en ....
4. *Pericial*: consistente en que por un perito experto del Colegio de ...., se dictamine sobre veracidad de los hechos alegados por esta parte, que si no han sido reconocidos como ciertos por esa Administración.
5. *Inspección ocular*: consistente en que por el órgano instructor del procedimiento examine personalmente la certeza de los hechos alegados objeto de discrepancia.
6. *Testifical*: consistente en la declaración de la lista de testigos que deberán responder las preguntas del interrogatorio que adjunto se acompaña, así como a las que del órgano instructor del procedimiento y los demás interesados puedan realizarles en el momento de la declaración.

Por lo que antecede,

SOLICITO: Que se admita este escrito con las pruebas propuestas y, por las razones expuestas, subsidiariamente, se acuerde la práctica de la prueba solicitada.

Lugar, fecha y firma electrónica.

La persona interesada/su representante legal

F191. ACUERDO SOBRE LA PRÁCTICA DE LA PRUEBA

Asunto:

Procedimiento:

Expediente núm.:

Departamento:

VISTO el procedimiento administrativo relativo al expediente de referencia para la determinación de presunta responsabilidad exigible a D/Dª ...., en su condición de personal al servicio de esta Administración Pública, derivada del procedimiento de responsabilidad patrimonial relativo al expediente de esta Administración sobre .... (*identificar el objeto del procedimiento*), y teniendo en cuenta los siguientes,

ANTECEDENTES DE HECHO

1. Con fecha ...., se acordó iniciar procedimiento para determinar la presunta responsabilidad exigible a D/Dª. ...., por su participación en los hechos que ocasionaron la indemnización satisfecha por esta Administración, a consecuencia del servicio público en cuyo funcionamiento se produjo la lesión indemnizable.

2. Con fecha ...., la persona interesada presuntamente responsable presentó escrito de alegaciones en el que manifiesta su absoluta disconformidad con los hechos que se le imputan y, subsidiariamente, solicita el recibimiento a prueba del presente procedimiento.

A los anteriores hechos son de aplicación los siguientes,

FUNDAMENTOS DE DERECHO

PRIMERO. De conformidad con lo establecido en el artículo 36.4.b) de la Ley 40/2015, de 1 de octubre, de Régimen Jurídico del Sector Público, procede la práctica de las pruebas admitidas y cualesquiera otras que el órgano competente estime oportunas durante el plazo de quince días.

SEGUNDO. Según dispone el artículo 77 .1 de la Ley 39/2015, de 1 de octubre, del Procedimiento Administrativo Común de las Administraciones Públicas, los hechos relevantes para la decisión del presente procedimiento podrán acreditarse por cualquier medio de prueba admisible en Derecho, cuya valoración se realizará de acuerdo con lo criterios establecidos en la Ley 1/2000, de 7 de enero, de Enjuiciamiento Civil.

TERCERO. Este órgano instructor del procedimiento es competente para adoptar el presente acuerdo conforme a la normativa que le es de aplicación, y, en su virtud,

ACUERDO

PRIMERO. Declarar pertinentes la práctica de las pruebas siguientes:

a) ....

b) .... (*señalar las pruebas admitidas*).

c) ....

Las actuaciones que se han de practicar para su incorporación al expediente administrativo sobre las pruebas interesadas se recabarán de oficio por este órgano instructor del procedimiento.

SEGUNDO. Rechazar por ser manifiestamente improcedentes o innecesarias la práctica de las pruebas siguientes:

a) ....

b) .... *(señalar las pruebas inadmitidas, por irrelevantes y su justificación).*

c) ....

Contra el presente Acuerdo, que es un acto de trámite, no cabe interponer recurso administrativo alguno, sin perjuicio de interponer los recursos que procedan contra la resolución definitiva del procedimiento.

Lugar, fecha, cargo y firma electrónica.

La persona titular del órgano instructor de procedimiento

F192. TRÁMITE DE AUDIENCIA

Asunto:

Procedimiento:

Expediente núm.:

Departamento:

NOTIFICACIÓN A LA PERSONA INTERESADA

Instruido el expediente relativo a la determinación de responsabilidad patrimonial exigible contra Usted, en su condición de personal al servicio de esta Administración Pública, por presunta responsabilidad patrimonial imputable por los daños y perjuicios causados a esta Administración Pública en relación con............ (*identificar el objeto del procedimiento*), y con carácter previo a la redacción de la correspondiente propuesta de resolución del procedimiento, de conformidad con lo establecido en el artículo 36.4.c) de la Ley 40/2015, de 1 de octubre, de Régimen Jurídico del Sector Público, se pone de manifiesto el procedimiento administrativo instruido en esta Administración, para que en TRÁMITE DE AUDIENCIA y vista del expediente de su razón, durante el plazo de DIEZ DÍAS hábiles a contar desde la recepción de esta notificación, pueda formular las alegaciones y presentar los documentos y justificaciones que estime pertinentes.

Significándole, que podrá acceder y consultar los datos y documentos incorporados a dicho expediente administrativo, a través de la sede electrónica de esta Administración desde el portal de internet en la siguiente dirección: https://www.........es, durante las 24 horas al día los siete días de la semana.

Lugar, fecha, cargo y firma electrónica.

La persona titular del órgano instructor del procedimiento

F193. ESCRITO DE ALEGACIONES

AL ÓRGANO COMPETENTE

D/Dª. ...., con de DNI/NIF/NIE núm. ...., actuando en nombre propio o en representación de ...., con domicilio a efectos de notificaciones en ...., municipio de ...., provincia de ...., teléfono ....y correo electrónico: ...., cuyos demás datos y circunstancias personales y profesionales constan en poder ese órgano administrativo, en calidad de empleado público de esta Administración comparece y, con el debido respeto, como mejor proceda en derecho, **DIGO**:

Que he tenido conocimiento de la puesta de manifiesto del procedimiento administrativo relativo al expediente núm. ...., sobre exigencia de la responsabilidad patrimonial por daños y perjuicios causados a esta Administración Pública a consecuencia de.............. (*describir los hechos objeto del procedimiento*) y, en el ejercicio de los derechos e intereses legítimos que me asisten, dentro del plazo concedido vengo a formular el presente,

ESCRITO DE ALEGACIONES

PRIMERO. Con carácter previo, nos reafirmamos aquí el contenido de las alegaciones formuladas contra la incoación del presente procedimiento administrativo de exigencia de responsabilidad patrimonial de las autoridades y personal al servicio de las Administraciones Públicas, a las que nos remitimos para evitar reiteraciones innecesarias. No obstante, por ser un asunto de orden procedimental, hay que considerar, en primer lugar, que si se examina con imparcialidad las causas y circunstancias que produjeron los hechos objeto del presente expediente, resulta evidente que ha prescrito la acción y caducado el procedimiento por el transcurso del tiempo legalmente establecido para exigir responsabilidades de este tipo, de acuerdo con la normativa que le es de aplicación.

SEGUNDO. Sentado lo anterior, conviene recordar que el fundamento de la acción de regreso o de repetición de la Administración que haya tenido que indemnizar por el daño y perjuicio causado por el funcionamiento de los servicios públicos, se encuentra en la corrección de los abusos de algunos agentes o empleados públicos para evitar que el servicio siga funcionando mal, el funcionario culpable quede impune y el erario gravado innecesariamente. Para ello, debe quedar totalmente esclarecido en el procedimiento tanto el "*grado de participación*" en los hechos presuntamente imputados como el "*carácter grave*" de la conducta realizada. Por ello, exige la Ley —esto no es necesario subrayarlo— que la responsabilidad patrimonial sobre el personal al servicio de la Administración sólo sea exigible cuando se incurra en "*dolo o culpa o negligencia grave*" en su actuación documentalmente acreditada.

TERCERO. Importa esclarecer los hechos sobre los que existen dos versiones: la tesis acusatoria (que es más una hipótesis) y la antítesis defensiva, que demuestra la ausencia de antijuridicidad y culpabilidad en la responsabilidad presuntamente imputada. Resulta incuestionable —como lo corroboran las pruebas practicadas— que en la realización material de los daños y perjuicios irrogados a esta Administración, por el funcionamiento del servicio público de................, hubiese mediado una actuación dolosa o culposa, o propia de la negligencia profesional de carácter grave, por cuanto que en todo momento con los medios materiales y humanos con los que disponía el servicio, era absolutamente imposible de prevenir la aparición de determinados efectos no deseados que, por imprevisibles, provocasen lesión indemnizable alguna, dado el cúmulo de trabajo que pesa sobre este servicio. Error fortuito éste padecido que no podía preverse o que aunque hubiera sido previsto, dicho hecho de carácter aislado, hubiera sido inevitable con los medios con que se contaba y el proceloso procedimiento administrativo para impedir el resultado lesivo producido en cuestión. Lo que justifica la ausencia de la responsabilidad exigida en relación con el desafortunado resultado dañoso producido.

En el caso presente, se actuó con la dedicación al servicio público exigible, cumpliendo las tareas que le corresponden y resolviendo dentro del plazo los procedimientos/expedientes/servicios de su competencia, con la eficacia y eficiencia debida al interés público, conforme exige el Real Decreto Legislativo 5/2015, de 30 de octubre, por el que se aprueba el texto refundido de la Ley del Estatuto Básico del Empleado Público y reconoce la Ley 39/2015, de 1 de octubre, del Procedimiento Administrativo Común de las Administraciones Públicas. De modo y manera que no concurren las circunstancias objetivas sobre exigencia de responsabilidad disciplinaria ni patrimonial, al existir causas justificativas del error padecido de carácter fortuito, ocasional y aislado en el normal funcionamiento del servicio público prestado con la diligencia debida, por saturación de tareas.

CUARTO. En ningún momento quisiera plantear la rigurosidad con la que se ha instruido el expediente, pero se deberían tener en cuenta tanto las circunstancias del momento y como mi situación particular al ser la primera vez que se ha producido un daño o lesión no deseable de esta índole, en las habituales prestaciones de este servicio público dependiente de esta Administración. Además, no se puede soslayar en el presente procedimiento la aplicación al principio general de los actos desfavorables o de gravamen sobre la presunción de inocencia *in dubio pro reo*, por insuficiencia probatoria, puesto que por reducción al absurdo, con los mismos datos se podría igualmente llegar a conclusiones diferentes. Y en cualquier caso, sería de aplicación el principio de mínima intervención en el ejercicio de las potestades administrativas susceptible de producir efectos desfavorables o de gravamen.

QUINTO. Sin duda, el instructor del procedimiento en su afán de esclarecer los hechos e imputar responsabilidades ha incurrido en un grave error: la falta de pruebas. En efecto, de la documentación aportada y de la prueba practicada en el expediente se desprende la total "*ausencia de dolo, culpa o negligencias graves*", en el estricto cumplimiento del cometido de las funciones realizadas como personal al servicio de esta Administración Pública sobre la presunta exigencia de la responsabilidad patrimonial que se me imputa, mediante la referida acción de regreso o de repetición. Incluso, —y si se me permite expresarlo— de que tal participación en los hechos, en todo caso pudiera ser extensible a otras personas de esta Administración, por responsabilidad colectiva.

Dado que el problema de imputación de responsabilidad cuando los intervinientes no son dos o tres, sino todo un colectivo de individuos se escapa a toda precisa determinación. En pocas palabras, cuando la responsabilidad reside en el conjunto de toda la Administración.

Por todo ello, y en su atención, es por lo que,

SOLICITO: Que admita el presente escrito de alegaciones y, por las razones expuestas, se acuerde declarar el sobreseimiento definitivo del procedimiento incoado por ausencia de la responsabilidad patrimonial exigible en la producción del resultado dañoso objeto del expediente de referencia, dada la falta de dolo, o culpa o negligencia graves, en el desarrollo de mis funciones profesionales al servicio de esta Administración Pública y, como consecuencia derivada, se ordene el archivo del expediente sin más trámites.

Lugar, fecha y firma electrónica.

La persona interesada/su representante legal

F194. SUSPENSIÓN DEL PROCEDIMIENTO

Asunto:

Procedimiento:

Expediente núm.:

Departamento:

VISTO el procedimiento de responsabilidad patrimonial relativo al expediente de referencia, tramitado para la determinación de presunta responsabilidad patrimonial exigible a D/Dª. ...., derivada de los daños y perjuicios causados a esta Administración a consecuencia de......... (*identificar el objeto del procedimiento*), en su condición de personal al servicio de esta Administración Pública, y teniendo en consideración los siguientes,

ANTECEDENTES DE HECHO

PRIMERO. Con fecha........., se acordó iniciar procedimiento para determinar la presunta responsabilidad exigible a D/Dª. ...., autoridad o empleado público (*táchese lo que no proceda*) por daños y perjuicios causados a consecuencia del funcionamiento del servicio público de esta Administración competente.

SEGUNDO. Consta en el expediente el informe al servicio en cuyo funcionamiento se ha ocasionado la presunta lesión indemnizable. Así como certificado de la secretaría del Juzgado de Primera Instancia e Instrucción núm. ...., sobre el conocimiento de los mismos hechos objeto del presente procedimiento de exigencia de responsabilidad patrimonial.

TERCERO. Con fecha.................., la persona interesada presentó escrito de alegaciones en el que manifestaba su absoluta disconformidad con los hechos que se le imputan solicitando el sobreseimiento del expediente y, subsidiariamente, solicitaba el recibimiento a prueba del presente procedimiento.

CUARTO. Durante la tramitación del expediente se han realizado las actuaciones y pruebas que el órgano instructor del procedimiento ha considerado convenientes.

QUINTO. Se ha puesto de manifiesto el procedimiento y se ha concedido audiencia previa a la persona interesada que, en el uso de la facultad concedida, alegó lo que tuvo por conveniente en su defensa.

SEXTO. El órgano instructor del procedimiento ha formulado propuesta de resolución.

A los anteriores hechos son de aplicación los siguientes,

FUNDAMENTOS DE DERECHO

PRIMERO. De las actuaciones y pruebas practicadas durante la instrucción del presente expediente ha quedado acreditado en el procedimiento que los hechos determinantes de la responsabilidad patrimonial exigible a D/Dª. ...., en calidad de personal al servicio de esta Administración Pública, pueden ser constitutivos de una conducta presuntamente punible que está en conocimiento de la jurisdicción penal competente para el esclarecimiento de los hechos y determinación de las responsabilidades civiles y penales derivadas de un presunto delito.

SEGUNDO. El artículo 37 de la Ley 40/2015, de 1 de octubre, de Régimen Jurídico del Sector Público, establece que la exigencia de responsabilidad penal del personal al servicio de las Administraciones públicas no suspenderá los procedimientos de reconocimiento de responsabilidad patrimonial que se instruyan, salvo que la determinación de los hechos en el orden jurisdiccional penal sea necesaria para la fijación de la responsabilidad patrimonial.

TERCERO. En el presente caso, dada la gravedad de los hechos es evidente que la determinación de los hechos en el orden judicial penal resulta necesaria para la fijación de la responsabilidad patrimonial presuntamente imputada.

CUARTO. Este órgano administrativo es competente para la adopción de la presente resolución, de conformidad con lo establecido en .... (*indicar la normativa específica que le sea de aplicación*).

Vistos los preceptos legales citados y demás de general o concordante aplicación,

RESUELVO

SUSPENDER EL PROCEDIMIENTO sobre exigencia de responsabilidad patrimonial a D/Dª. ...., derivada de los daños y perjuicios causados a esta Administración mediando dolo, culpa o negligencia grave, en su condición de personal al servicio de esta Administración pública, hasta que recaiga la correspondiente sentencia firme de la jurisdicción penal competente.

Contra la presente resolución, que es un acto de trámite, no cabe interponer recurso administrativo alguno, sin perjuicio de interponer los recursos que procedan contra la resolución definitiva del procedimiento.

Lugar, fecha, cargo y firma electrónica.

La persona titular del órgano administrativo competente

F195. PROPUESTA DE RESOLUCIÓN

Asunto:

Procedimiento

Expediente núm.:

Departamento:

VISTO el procedimiento de responsabilidad patrimonial relativo al expediente de referencia, tramitado para la determinación de presunta responsabilidad exigible a D/Dª. ...., en su condición de personal al servicio de esta Administración Pública, derivada del procedimiento de responsabilidad patrimonial por los daños y perjuicios causados a consecuencia de .... (*identificar el objeto del procedimiento*), y teniendo en consideración los siguientes,

ANTECEDENTES DE HECHO

PRIMERO. Con fecha ...., se acordó iniciar procedimiento para determinar la presunta responsabilidad exigible a D/Dª. ...., por su participación en los hechos que ocasionaron la indemnización patrimonial reconocida por esta Administración, a consecuencia del funcionamiento del servicio público de ....

SEGUNDO. Consta en el expediente el informe del servicio en cuyo funcionamiento se ha ocasionado la lesión indemnizable.

TERCERO. Con fecha ...., la persona interesada presentó escrito de alegaciones en el que manifestaba su absoluta disconformidad con los hechos que se le imputan y, subsidiariamente, solicitaba, en su caso, el recibimiento a prueba del presente procedimiento.

CUARTO. Durante la tramitación del expediente se han realizado las actuaciones y pruebas que el órgano instructor del procedimiento ha considerado convenientes.

QUINTO. Se ha puesto de manifiesto el procedimiento y se ha concedido audiencia previa a la persona interesada que, en el uso de la facultad concedida, alegó lo que tuvo por conveniente en su defensa.

SEXTO. La presente propuesta de resolución se formula dentro del plazo de cinco días, desde la conclusión del trámite de audiencia concedido.

A los anteriores hechos son de aplicación los siguientes,

FUNDAMENTOS DE DERECHO

PRIMERO. De las actuaciones y pruebas practicadas durante la instrucción del presente procedimiento de responsabilidad patrimonial ha quedado acreditado lo siguiente: .... (*señalar sucintamente los hechos declarados probados*).

SEGUNDO. De lo anterior se desprende que D/Dª. ...., en calidad de autoridad o empleado público, actuó/no actuó (*táchese lo que no proceda*) con la profesionalidad y diligencia debida para el desempeño de su función al servicio de esta Administración Pública, de modo que no se aprecia/se aprecia que mediase actuación dolosa o culposa o propia de la negligencia profesional de carácter grave en la producción del resultado dañoso, objeto de exigencia de responsabilidad patrimonial, por lo que procede declarar la existencia/

inexistencia (*táchese lo que no proceda*) de responsabilidad patrimonial en su actuación, de conformidad con lo dispuesto en el artículo 36 de la Ley 40/2015, de 1 de octubre, de Régimen jurídico del Sector Público.

Por todo lo que antecede, el órgano instructor del procedimiento formula la siguiente:

PROPUESTA DE RESOLUCIÓN

Declarar la existencia/inexistencia (*táchese lo que no proceda*) de responsabilidad patrimonial exigible a D/Dª. ...., en su condición de personal al servicio de esta Administración Pública y, (*para el caso de imputación de responsabilidad*) como consecuencia derivada, ordenar que reembolse a esta Administración en concepto de indemnización patrimonial por los daños y perjuicios causados la cantidad total de ...... euros, que serán satisfechos por transferencia bancaria a la cuenta de esta Administración núm. .... Lo que se podrá exigir, en su caso, por vía de apremio sobre el patrimonio. (*Para el caso de exoneración de responsabilidad*) ordenar el sobreseimiento y el archivo del expediente sin más trámites.

Lugar, fecha, cargo y firma electrónica.

El titular del órgano instructor de procedimiento

C) TERMINACIÓN

F196. RESOLUCIÓN DEFINITIVA DEL PROCEDIMIENTO

Asunto:
Procedimiento:
Expediente núm.:
Departamento:

VISTO el procedimiento de responsabilidad patrimonial relativo al expediente de referencia, tramitado para la determinación de presunta responsabilidad exigible a D/Dª. ...., en su condición de personal al servicio de esta Administración Pública, derivada del procedimiento de responsabilidad patrimonial por los daños y perjuicios causados a consecuencia de........... (*identificar el objeto del procedimiento*), y de conformidad con los siguientes,

ANTECEDENTES DE HECHO

PRIMERO. Con fecha........., se acordó iniciar procedimiento para determinar la presunta responsabilidad exigible a D/Dª. ...., por su participación en los hechos que ocasionaron la indemnización patrimonial reconocida por esta Administración, a consecuencia del funcionamiento del servicio público de..............

SEGUNDO. Consta en el expediente el informe al servicio en cuyo funcionamiento se ha ocasionado la lesión indemnizable.

TERCERO. Con fecha................., la persona interesada presentó escrito de alegaciones en el que manifestaba su absoluta disconformidad con los hechos que se le imputan y, subsidiariamente, solicitaba, en su caso, el recibimiento a prueba del presente procedimiento.

CUARTO. Durante la tramitación del expediente se han realizado las actuaciones y pruebas que el órgano instructor del procedimiento ha considerado convenientes.

QUINTO. Se ha puesto de manifiesto el procedimiento y se ha concedido audiencia previa a la persona interesada que, en el uso de la facultad concedida, alegó lo que tuvo por conveniente en su defensa.

SEXTO. El órgano instructor de procedimiento ha formulado, en tiempo y forma, propuesta de resolución.

A los anteriores hechos son de aplicación los siguientes,

FUNDAMENTOS DE DERECHO

PRIMERO. De las actuaciones y pruebas practicadas durante la instrucción del presente procedimiento de responsabilidad patrimonial ha quedado acreditado lo siguiente: .... (*señalar sucintamente los hechos declarados probados*).

SEGUNDO. De lo anterior se desprende que D/Dª. ...., en calidad de autoridad o empleado público, actuó/no actuó (*táchese lo que no proceda*) con la profesionalidad y diligencia debida para el desempeño de su función al servicio de esta Administración Pública, de modo que no se aprecia/se aprecia que mediase actuación dolosa o culposa o propia de la negligencia profesional de carácter grave en la producción del resultado dañoso, objeto de exigencia de responsabilidad patrimonial, por lo que procede declarar la existencia/ inexistencia (*táchese lo que no proceda*) de responsabilidad patrimonial en su actuación, de conformidad con lo dispuesto en el artículo 36 de la Ley 40/2015, de 1 de octubre, de Régimen Jurídico del Sector Público.

TERCERO. Este órgano administrativo es competente para la adopción de la presente resolución, de conformidad con lo establecido en........................ (*indicar la normativa específica que le sea de aplicación*).

Vistos los preceptos legales citado y demás de general o concordante aplicación,

RESUELVO

DECLARAR LA EXISTENCIA/INEXISTENCIA (*táchese lo que no proceda*) de responsabilidad patrimonial exigible a D/Dª. ...., en su condición de personal al servicio de esta Administración Pública, por los daños y perjuicios causados a esta Administración objeto del procedimiento.

*(*Para el caso de imputación de responsabilidad*) y, como consecuencia derivada, ordenar que reembolse a esta Administración en concepto de indemnización patrimonial la cantidad de ...... euros, que serán satisfechos por transferencia bancaria a la cuenta núm. .... , con arreglo a carta de liquidación que se adjunta a la presente resolución. Transcurrido el periodo voluntario para hacer efectivo su abono, éste se podrá exigir, en su caso, por vía de apremio sobre el patrimonio.

*(*Para el caso de exoneración de responsabilidad*) y, como consecuencia derivada, ordenar el sobreseimiento y el archivo del expediente sin más trámites, por no quedar debidamente acreditada la responsabilidad imputada en la producción de daño o lesión indemnizable.

Contra la presente resolución, que pone fin a la vía administrativa, las personas interesadas podrán interponer recurso contencioso-administrativo ante el Juzgado de lo Contencioso-Administrativo correspondiente, en el plazo de dos meses contados desde el día siguiente al de su notificación o publicación, de conformidad con lo dispuesto en los artículos 8.3 y 46.1 de la Ley 29/1998, de 13 de julio, reguladora de la Jurisdicción Contencioso-Administrativa. Asimismo, con carácter potestativo, podrán interponer recurso de reposición, en el plazo de un mes contado desde el día siguiente al de su notificación o publicación, ante el órgano que ha dictado la resolución, de acuerdo con lo previsto en los artículos 123 y 124 de la Ley 39/2015, de 1 de octubre, del Procedimiento Administrativo Común de las Administraciones Públicas. Todo ello, sin perjuicio de que pueda interponerse cualquier otro recurso que se estime pertinente.

Lugar, fecha, cargo y firma electrónica.

La persona titular del órgano administrativo competente

Título Quinto

DE LA REVISIÓN DE LOS ACTOS EN VÍA ADMINISTRATIVA

I. REVISIÓN DE OFICIO

1. Revisión de disposiciones y actos nulos

F197. EJERCICIO DE LA ACCIÓN DE NULIDAD A SOLICITUD DE LA PERSONA INTERESADA

AL ÓRGANO COMPETENTE

D/Dª. ...., mayor de edad, con DNI/NIF/NIE núm. ...., actuando en nombre propio o en representación de ...., con domicilio a efectos de notificaciones en .... del municipio de ...., provincia de ...., teléfono ...., y correo electrónico: .... Ante ese órgano administrativo comparezco (código de identificación núm. ...) y, con el debido respeto, como mejor proceda en derecho, **DIGO**:

Que en el ejercicio de los derechos e intereses legítimos que me asisten en calidad de persona interesada, de conformidad con lo establecido con el artículo 106.1 de la Ley 39/2015, de 1 de octubre, del Procedimiento Administrativo Común de las Administraciones Públicas, mediante el presente escrito vengo a ejercitar la ACCIÓN DE NULIDAD para que se declare de oficio la nulidad de pleno derecho de la resolución adoptada por ...., en fecha ...., en el procedimiento administrativo relativo expediente núm. .... sobre .... (*identificar el objeto del procedimiento*), por encontrar que la citada resolución no es conforme a Derecho, sobre la base de los siguientes,

MOTIVOS JURÍDICOS DE IMPUGNACIÓN

PRIMERO. Con fecha ...., por esa Administración Pública, en el procedimiento relativo a ...., se dictó resolución que agotó la vía administrativa que a continuación literalmente se transcribe: «..................................» (*transcribir la parte dispositiva de la resolución impugnada*) (se adjunta copia de la notificación practicada como Documento núm. Uno).

SEGUNDO. Que la citada resolución administrativa es nula de pleno derecho como lo acreditan las circunstancias siguientes que concurren en el caso presente: .... (*especificar de manera clara y precisa los antecedentes fácticos por los que la resolución adolece de nulidad, aportando la documentación que lo justifique*).

TERCERO. Según se acredita mediante informe pericial aportado, la irregular forma de actuar de esa Administración me ha producido cuantiosos daños y perjuicios económicos, por cuanto que .... (*describir las lesiones producidas en los derechos e intereses legítimos afectados*), perfectamente evaluables que ascienden a la cantidad total de .... euros, y que esta parte no tiene el deber jurídico de soportar de acuerdo con la Ley (se acompaña informe pericial como Documento núm. 2).

CONSIDERACIONES TÉCNICO-JURÍDICAS

PRIMERA. Sobre la admisibilidad del procedimiento

a) De la personalidad y legitimación del solicitante: conforme con lo establecido en los artículos 3, 4 y 106.1 de la Ley 39/2015, de 1 de octubre, del Procedimiento Administrativo

Común de las Administraciones Públicas, ostento legitimación suficiente para formular la presente solicitud de nulidad en el referido procedimiento del que soy titular de un derecho subjetivo o interés legítimo conculcado por el acto cuya nulidad se solicita.

b) De la competencia del órgano para resolver y del procedimiento que ha de seguirse: la competencia para instruir y resolver el presente procedimiento de revisión fundado en causa de nulidad corresponde al titular de esa Administración en su calidad de administración actuante a la que nos dirigimos, de conformidad con lo previsto en el artículo 106 de la referida Ley 39/2015, de 1 de octubre, que reconoce a la Administración la facultad de declarar por ella misma la nulidad de los actos que hayan puesto fin a la vía administrativa o que no hayan sido recurridos en el plazo legalmente establecido, siempre que incurran en alguno de los supuestos de nulidad previstos en el artículo 47.1 de dicho texto legal.

c) Del plazo para formular la petición de nulidad: según el referido artículo 106.1 de la Ley 39/2015, de 1 de octubre, la nulidad de los actos de la Administración podrá declararse "en cualquier momento", aunque hayan transcurrido los plazos para impugnar el acto por la vía de los recursos administrativos, ya que no se da ninguna de las circunstancias previstas en el artículo 106 de dicho texto legal que impidan o limiten el ejercicio de la potestad de revisión de los propios actos firmes.

SEGUNDA. En cuanto al fondo del asunto

La resolución administrativa cuya declaración de nulidad de pleno derecho se solicita ha incurrido en graves y manifiestas infracciones legales, por lo que debe ser revisada y expulsada del ordenamiento jurídico.

En efecto, en el presente caso concurren los motivos de nulidad previstos en el artículo 47.1 de la Ley 39/2015, de 1 de octubre, del Procedimiento Administrativo Común de las Administraciones Públicas, por las siguientes razones (*táchese lo que no proceda*):

1. La resolución impugnada lesiona los derechos y libertades susceptibles de amparo constitucional, previstos en los artículos 14 a 29 de la Constitución, como es el de .... (*señalar las lesiones susceptibles de amparo constitucional*).

2. La resolución impugnada ha sido dictada por órgano manifiestamente incompetente por razón de la materia o del territorio. En efecto, sin ningún género de dudas se evidencia la falta de legitimidad de ese órgano para dictarla, por cuanto que carece de las competencias legalmente atribuidas al respecto, conforme con lo establecido en la normativa específica que le es de aplicación.

3. La resolución impugnada es de contenido imposible, por ser inejecutable en los términos establecidos y, en consecuencia, dicha imposibilidad material invalida el efecto práctico que con la misma se pretende obtener, como lo demuestra el hecho de que .... (*exponer el supuesto fáctico aplicable*).

4. La resolución impugnada es constitutiva de presunta infracción penal, al existir una relación directa entre la infracción penal y la resolución administrativa dictada como lo acredita la sentencia dictada en el procedimiento penal en la que se declara la comisión del delito o falta cometido, que se adjunta como Documento núm. ....

5. La resolución impugnada ha sido adoptada prescindiendo total y absolutamente del procedimiento legalmente previsto para ello, al haberse sustanciado erróneamente mediante un procedimiento distinto al expresamente regulado para el presente caso/en contra de las normas que contienen las reglas esenciales de la voluntad de los órganos colegiados (*táchese los*

que no proceda), como lo acreditan las consideraciones siguientes: .... (*argumentar jurídicamente consideraciones expuestas*).

6. La resolución impugnada concede o reconoce facultades o derechos que carecen de los requisitos esenciales para su adquisición, por ser contrarios al ordenamiento jurídico, al constituir una infracción grave/muy grave a la normativa jurídica que le es de aplicación para el otorgamiento de tales facultades o derechos a D/Dª ......, soslayando mis derechos e intereses legítimos por las razones siguientes: .... (*argumentar jurídicamente las razones manifestadas*).

7. La resolución impugnada está tipificada expresamente de nulidad radical en una disposición con rango de Ley. En efecto, la Ley ...., específicamente aplicable al caso, tipifica como un supuesto de nulidad de pleno derecho la infracción cometida por el acto cuya declaración de nulidad se solicita.

8. La resolución impugnada se basa en una disposición administrativa o reglamentaria nula de pleno derecho, como lo demuestra el hecho perfectamente constatable de que la norma o disposición de carácter general en la que se fundamenta el acto administrativo cuya declaración de nulidad se insta, contraviene de manera grave y manifiesta lo establecido en la Ley formal que le es de aplicación. Disposición administrativa ésta que, por aplicación del principio de jerarquía normativa, no puede vulnerar o derogar lo dispuesto en una norma con rango superior. Esta sanción de nulidad de pleno derecho responde a la posibilidad de poder deducir, en su caso, recurso directo o indirecto frente de las disposiciones de carácter general y la consecuente cuestión de ilegalidad de acuerdo con lo previsto la Ley reguladora de la Jurisdicción Contencioso-Administrativa.

9. La resolución impugnada se fundamenta con carácter retroactivo en una disposición sancionadora no favorable o restrictiva de derechos individuales, dado que fue adoptada en virtud de una normativa posterior al momento en que se produjo la infracción administrativa, conculcado el principio de irretroactividad reconocido en el artículo 26 de la Ley 40/2015, de 1 de octubre, de Régimen Jurídico del Sector Público y como la Constitución garantiza (ex art. 9.3 CE), y establece el artículo 26 de la Ley 40/2015, de 1 de octubre, de Régimen Jurídico del Sector Público.

TERCERO. Respecto a la indemnización de daños y perjuicios

a) El artículo 106.4 de la Ley 39/2015, de 1 de octubre, preceptúa: *"Las Administraciones Públicas, al declarar la nulidad de una disposición o acto, podrán establecer, en la misma resolución, las indemnizaciones que proceda reconocer a los interesados, si se dan las circunstancias previstas en los artículos 32.2 y 34.1 de la Ley de Régimen Jurídico del Sector Público sin perjuicio de que, tratándose de una disposición, subsistan los actos firmes dictados en aplicación de la misma"*. Es de reconocer que no toda anulación de un acto o disposición es susceptible de generar responsabilidad patrimonial, pero también es cierto que de acuerdo con la Ley se reconoce a las personas interesadas y afectadas el derecho a ser indemnizados por toda lesión que sufran en cualquiera de sus bienes o derechos, salvo los casos de fuerza mayor, siempre que la lesión sea consecuencia del funcionamiento de los servicios públicos y no tengan el deber jurídico de soportar la lesión producida.

b) Como se acredita el informe pericial que se aporta resolución administrativa cuya nulidad absoluta se solicita ha producido un resultado lesivo efectivo, evaluable económicamente e individualizado, cuyos perjuicios perfectamente cuantificables no tengo el deber ni la obligación jurídica de soportar. Por lo que procede que se reconozca y acuerde la correspondiente indemnización para el resarcimiento de los daños y perjuicios producidos por esa Administración Pública responsable a la que nos dirigimos.

Por todo ello, y en su atención, es por lo que,

SOLICITO: Que tenga por presentado este escrito, y lo admita junto con la documentación que se acompaña y, previos los trámites oportunos, en especial la audiencia a las personas interesadas en el procedimiento y del previo dictamen favorable del Consejo de Estado u órgano consultivo equivalente de la Comunidad Autónoma, se dicte resolución por la que se revoque y deje sin efecto la resolución adoptada en fecha ...., en el procedimiento administrativo relativo al expediente núm. ...., sobre ......(*indicar el objeto del procedimiento*), por incurrir en nulidad absoluta o de pleno derecho.

PRIMER OTROSÍ DIGO: Que de acuerdo con lo previsto en el artículo 106.4 de la Ley 39/2015, de 1 de octubre, del Procedimiento Administrativo Común de las Administraciones Públicas, en la misma resolución por la que declare el acto nulo solicitado se reconozca a esta parte el derecho a la indemnización de .... euros, por los daños y perjuicios producidos en los términos expuestos en el cuerpo de este escrito.

SEGUNDO OTROSÍ DIGO: Que de conformidad con lo establecido en el artículo 108 de la Ley 39/2015, de 1 de octubre, del Procedimiento Administrativo Común de las Administraciones Públicas, se solicita la suspensión de la ejecución de la citada resolución administrativa cuya declaración de nulidad radical o absoluta se solicita, dados los perjuicios de imposible o difícil reparación que el mismo puede causar en contra de mis derechos o intereses legítimos durante la tramitación del procedimiento revisorio instado.

TERCER OTROSÍ DIGO: Que, en su caso, se proceda a la práctica de los siguientes medios de prueba, para acreditar los hechos y fundamentos expuestos en el presente escrito:

A) Documental Pública: consistente en incorporar ....

B) Documental Privada: consistente en aportar ....

C) Otros medios de prueba: consistentes en ....

En su virtud,

SOLICITO: Que, en su caso, tenga a bien admitir la proposición de prueba interesada, y acuerde lo procedente para su efectiva práctica.

Lugar, fecha y firma electrónica.

La persona interesada/su representante legal

F198. REVISIÓN DE OFICIO A INICIATIVA DE LA PROPIA ADMINISTRACIÓN

Asunto:
Procedimiento:
Expediente núm.:
Departamento:

VISTOS los informes emitidos al respecto de la resolución adoptada por esta Administración en el procedimiento administrativo relativo al expediente núm. …………, sobre ………………… (*identificar el objeto del procedimiento*), y acuerdo con los siguientes,

ANTECEDENTES DE HECHO

1. Con fecha ……………, esta Administración Pública adoptó la siguiente resolución: "……………………………………" (*transcribir literalmente la parte dispositiva*). Dicha resolución definitiva en vía administrativa fue notificada en forma a las personas interesadas en el procedimiento administrativo de su razón.

2. Con fecha …………………, se ha emitido informe del servicio jurídico por el que se pone de manifiesto la posible nulidad radical o de pleno derecho de la citada resolución, por incurrir en causa de nulidad conforme a lo señalado en el apartado …… del artículo 47.1 de la Ley 39/2015, de 1 de octubre, del Procedimiento Administrativo Común de las Administraciones Públicas.

A los anteriores hechos son de aplicación los siguientes,

FUNDAMENTOS DE DERECHO

PRIMERO. De conformidad con lo dispuesto en el artículo 106.1 de la Ley 39/2015, de 1 de octubre: "*Las Administraciones Públicas, en cualquier momento, por iniciativa propia o a solicitud de interesado, y previo dictamen favorable del Consejo de Estado o órgano consultivo equivalente de la Comunidad Autónoma, si lo hubiere, declararán de oficio la nulidad de los actos administrativos que hayan puesto fin a la vía administrativa o que no hayan sido recurridos en plazo, en los supuestos previstos en el artículo 47.1*". El sometimiento pleno de la Administración Pública a la Ley y al Derecho, impuesto por el artículo 103.1 de la Constitución, exige ante la presencia de actos nulos una reacción enérgica para depurar el ordenamiento jurídico. Se trata de una acción imprescriptible, ejercitable en cualquier momento, que constituye un deber de la Administración —y no una mera facultad— de carácter reglado que obliga, sin alternativa, a declarar necesariamente la nulidad del acto viciado para su expulsión del ordenamiento jurídico.

SEGUNDO. De acuerdo con lo previsto en el artículo 108 de la Ley 39/2015, de 1 de octubre, del Procedimiento Administrativo Común de las Administraciones Públicas: "*Iniciado el procedimiento de revisión de oficio al que se refieren los artículos 106 y 107, el órgano competente para declarar la nulidad o lesividad podrá suspender la ejecución del acto, cuando ésta pudiera causar perjuicios de imposible o difícil reparación*". Medida cautelar ésta que, en el caso presente, parece necesario adoptar con el fin de evitar que, en la realidad, se produzcan los efectos del acto que se prevé que va a ser eliminado del ordenamiento jurídico a consecuencia del procedimiento de revisión de oficio, previa audiencia a las personas interesadas.

TERCERO. Este órgano es el competente para resolver sobre la revisión de oficio, en virtud de lo establecido en .... (*indicar la normativa específica que le sea de aplicación*).

Vistos los preceptos legales citados y demás de general o concordante aplicación,

RESUELVO

PRIMERO. Iniciar el procedimiento de revisión de oficio de la resolución de esta Administración adoptada, en fecha ...., en el procedimiento administrativo relativo al expediente núm. ...., sobre .... Este procedimiento revisorio para la declaración de nulidad de la citada resolución deberá concluirse en el plazo máximo de seis meses desde su inicio, transcurrido dicho plazo se producirá la caducidad del mismo. Si el procedimiento se hubiera iniciado a solicitud de persona interesada, se podrá entender la misma desestimada por silencio administrativo, de conformidad con lo previsto en el artículo 106.5 de la Ley 39/2015, de 1 de octubre, del Procedimiento Administrativo Común de las Administraciones Públicas.

SEGUNDO. Conceder audiencia previa a las personas interesadas en el expediente de nulidad incoado para que en el plazo máximo de quince días aleguen lo que estimen oportuno en defensa de sus derechos e intereses legítimos, así como sobre la posible suspensión cautelar de la eficacia de la resolución objeto de revisión.

TERCERO. Recabar el preceptivo dictamen del Consejo de Estado u órgano consultivo equivalente de esta Comunidad Autónoma sobre la cuestión de nulidad planteada, a quien se le remitirá a través de medios electrónicos la copia completa, autenticada, foliada y con índice de documentos del expediente administrativo electrónico cuya nulidad se interesa, una vez practicadas las actuaciones necesarias para su resolución final.

Contra esta resolución, que es un acto de trámite, no cabe recurso administrativo alguno, conforme determina el artículo 112.1 de la Ley 39/2015, de 1 de octubre, del Procedimiento Administrativo Común de las Administraciones Públicas.

Lugar, fecha, cargo y firma electrónica.

La persona titular del órgano administrativo competente

F199. INADMISIÓN A TRÁMITE DE LA SOLICITUD DE DECLARACIÓN DE NULIDAD

Asunto:
Procedimiento:
Expediente núm.:
Departamento:

VISTA la solicitud formulada por D/Dª. ...., por la que insta que se declare nulo de pleno derecho el acto dictado por esta Administración Pública, en fecha ...., sobre .... (*identificar el objeto del procedimiento*), y de acuerdo con los siguientes,

ANTECEDENTES DE HECHO

PRIMERO. Con fecha ...., esta Administración dictó resolución por la que .... Dicha resolución definitiva en vía administrativa fue notificada en forma a las personas interesadas.

SEGUNDO. Con fecha ...., D/Dª. ...., presentó escrito ante este órgano administrativo por el que solicitaba la declaración de nulidad de la citada resolución.

TERCERO. Se han emitido los informes técnicos oportunos, y se ha formulado propuesta de resolución.

A los anteriores hechos son de aplicación los siguientes,

FUNDAMENTOS DE DERECHO

PRIMERO. En síntesis, la persona interesada funda su petición de nulidad para la revisión de oficio en los motivos siguientes: .... (*exponer las razones que fundamenten la nulidad solicitada*).

De acuerdo con lo previsto en el artículo 106.3 de la Ley 39/2015, de 1 de octubre, del Procedimiento Administrativo Común de las Administraciones Públicas: "*El órgano competente para la revisión de oficio podrá acordar motivadamente la inadmisión a trámite de las solicitudes formuladas por los interesados, sin necesidad de recabar dictamen del Consejo de Estado u órgano consultivo de la Comunidad Autónoma, cuando las mismas no se basen en alguna de las causas de nulidad del artículo 47.1 o carezcan manifiestamente de fundamento, así como en el supuesto de que se hubieran desestimado en cuanto al fondo otras solicitudes sustancialmente iguales*".

La solicitud de nulidad formulada contra la precitada resolución de esta Administración Pública, a tenor de lo dispuesto en el artículo 106 en relación con el 47.1 de la citada Ley 39/2015, de 1 de octubre, no puede ser admitida, habida cuenta que se trata de un acto de reproducción de otro firme y consentido. Además, que las actuaciones relatadas no constituyen por sí mismas infracción del ordenamiento jurídico insubsanables, ni pueden encuadrarse dentro de las causas de nulidad de pleno derecho determinadas por la Ley, como lo acreditan las consideraciones siguientes: .... (*argumentar jurídicamente los motivos de inadmisión a trámite*).

De modo y manera que, al no concurrir ninguno de los motivos legales en que se funda la solicitud de nulidad, procede su inadmisión a trámite, sin necesidad de recabar el previo dictamen de ningún órgano consultivo, de acuerdo con lo establecido en la precitada Ley 39/2015, de 1 de octubre.

Importa señalar, además, la existencia de límites a las facultades de revisión de las disposiciones y actos administrativos que no pueden ser ejercidas cuando por prescripción de acciones, por el tiempo transcurrido o por otras circunstancias, su ejercicio resulte contrario a la equidad, a la buena fe, al derecho de los particulares o a las leyes, puesto que la facultad para revisar de oficio los actos y disposiciones de la Administración Pública está limitada en virtud del principio de seguridad jurídica y de respeto a los derechos adquiridos. Y así lo preceptúa el artículo 110 de la Ley 39/2015, de 1 de octubre.

SEGUNDO. Este órgano administrativo es competente para la adopción de la presente resolución, conforme con lo establecido en .... (*indicar la normativa específica que le sea de aplicación*).

Vistos los preceptos legales citados y demás de general o concordante aplicación,

RESUELVO

INADMITIR A TRÁMITE la solicitud de revisión de oficio formulada por D/Dª. ...., para la declaración de nulidad de pleno derecho de la resolución adoptada por esta Administración Pública en fecha ...., el procedimiento administrativo relativo al expediente núm. ...., sobre .... (*indicar el objeto del procedimiento*) por carecer manifiestamente de fundamento.

Contra la presente resolución, que pone fin a la vía administrativa, las personas interesadas podrán interponer recurso contencioso-administrativo ante el Juzgado de lo Contencioso-Administrativo correspondiente, en el plazo de dos meses contados desde el día siguiente al de su notificación o publicación, de conformidad con lo dispuesto en los artículos 8.3 y 46.1 de la Ley 29/1998, de 13 de julio, reguladora de la Jurisdicción Contencioso-Administrativa. Asimismo, con carácter potestativo, podrán interponer recurso de reposición, en el plazo de un mes contado desde el día siguiente al de su notificación o publicación, ante el órgano que ha dictado la resolución, de acuerdo con lo previsto en los artículos 123 y 124 de la Ley 39/2015, de 1 de octubre, del Procedimiento Administrativo Común de las Administraciones Públicas. Todo ello, sin perjuicio de que pueda interponerse cualquier otro recurso que se estime pertinente.

Lugar, fecha, cargo y firma electrónica.

La persona titular del órgano administrativo competente

F200. DICTAMEN DEL CONSEJO DE ESTADO U ÓRGANO CONSULTIVO DE LA COMUNIDAD AUTÓNOMA

Procedencia:
Expediente núm.:
Asunto:
DICTAMEN núm.:

AL ÓRGANO COMPETENTE

El pleno del Consejo de ...., en sesión celebrada el día ...., con asistencia de los señores que al margen se expresan, emitió por unanimidad, el siguiente dictamen:

"El Consejo de ...., en cumplimiento de la comunicación de V.E. de ...., ha examinado el expediente instruido por ...., sobre la revisión de oficio del acto administrativo adoptado por ...., en fecha ...., sobre .... (*identificar el objeto del procedimiento*), y de conformidad con los siguientes,

I. ANTECEDENTES

De los antecedentes remitidos resulta:

PRIMERO. Por la autoridad competente se ha remitido a este Consejo expediente relativo a la revisión de oficio del acto administrativo dictado el día ...., por ...., de acuerdo con lo dispuesto en el artículo 106 de la Ley 39/2015, de 1 de octubre, del Procedimiento Administrativo Común de las Administraciones Públicas.

SEGUNDO. El expediente administrativo electrónico remitido está integrado por ...... documentos numerados y foliados, de los cuales del 1 al ... corresponden al expediente a que puso fin la resolución cuya nulidad se formula, y los restantes al expediente de revisión de oficio objeto de consulta.

TERCERO. Con fecha ...., se emitió propuesta de resolución, por el órgano competente para resolver la cuestión de nulidad planteada.

Y, en tal estado de tramitación, V.E. dispuso la remisión del expediente para su dictamen por este Consejo.

II. CONSIDERACIONES

PRIMERA. Este Consejo emite su dictamen, con carácter preceptivo, en cumplimiento de lo dispuesto en el artículo 106.2 de la Ley 39/2015, de 1 de octubre, del Procedimiento Administrativo Común de las Administraciones Públicas, en relación con la normativa reguladora de este Consejo, puesto que se plantea en el asunto consultado la procedencia de la revisión de oficio por nulidad radical o absoluta de una resolución administrativa.

SEGUNDA. En lo que respecta a la tramitación procedimental, se han observado las prescripciones legalmente establecidas para la revisión de oficio de actos nulos, según las disposiciones generales de procedimiento administrativo contenidas en el Título V de la Ley 39/2015, de 1 de octubre. Asimismo, se ha concedido audiencia previa a las personas interesadas y se han recabado los diferentes informes preceptivos.

TERCERA. En cuanto al fondo del asunto, el expediente remitido tiene como objeto declarar la nulidad del acto administrativo dictado en fecha ...., por ...., al constatarse que en dicho acto concurre la siguiente causa de nulidad de pleno derecho de las previstas en el apartado .... del artículo 47 de la citada Ley 39/2015, de 1 de octubre. A este respecto se ha de señalar lo siguiente: .... (*argumentar jurídicamente las razones que conducen a la conclusión del dictamen*).

En el supuesto que se examina consta/no consta (*táchese lo que no proceda*) acreditada en el expediente la pretendida nulidad, al producirse/no producirse (*táchese lo que no proceda*) una clara y grave trasgresión del ordenamiento jurídico, resultando perfectamente incardinarle/no incardinarle (*táchese lo que no proceda*) en el inciso ...., del artículo 47.1 del precitado texto legal, por hallarnos ante un acto administrativo contrario/ajustado (*táchese lo que no proceda*) al ordenamiento jurídico. Además, resulta procedente/improcedente (*táchese lo que no proceda*) reconocer a las personas afectadas del derecho a ser indemnizados por responsabilidad patrimonial de la Administración Pública actuante, dado que concurren las circunstancias legalmente previstas.

En definitiva, este Consejo de Estado/Consultivo (*táchese lo que no proceda*), a la vista del contenido del expediente administrativo, considera que debe/no debe revisarse la resolución administrativa objeto de consulta.

En mérito de lo expuesto, es de dictamen formular la siguiente,

III. CONCLUSIÓN

Que procede/no procede (*táchese lo que no proceda*) la revisión de oficio de la resolución administrativa sometida a consulta y, en consecuencia, se informa favorablemente/desfavorablemente la declaración de nulidad de pleno derecho de dicha resolución adoptada.

Asimismo, procede/no procede (*táchese lo que no proceda*) reconocer a las personas interesadas la indemnización correspondiente por los daños y perjuicios derivados de la declaración de nulidad."

V.E., no obstante, resolverá lo que estime más acertado.

Lugar, fecha y firma electrónica. V°. B°

La secretaría del Consejo Consultivo La Presidencia

F201. RESOLUCIÓN DEL EXPEDIENTE DE NULIDAD

Asunto:
Procedimiento:
Expediente núm.:
Departamento:

VISTO el procedimiento de revisión de oficio para la declaración de nulidad de pleno derecho de la resolución dictada en fecha ...., en el procedimiento administrativo relativo al expediente núm. ..., sobre .... (*identificar el objeto del procedimiento*), y de acuerdo con los siguientes,

ANTECEDENTES DE HECHO

PRIMERO. Con fecha ...., esta Administración Pública dictó resolución por la que .... Dicha resolución definitiva en vía administrativa fue notificada en forma a las personas interesadas en el procedimiento.

SEGUNDO. Con fecha ...., D/Dª. ...., presentó escrito ante esta Administración por el que solicitaba la declaración de nulidad de la citada resolución.

TERCERO. Admitida a trámite dicha solicitud e instruido el correspondiente procedimiento, con fecha ...., el Consejo de Estado (*u órgano consultivo equivalente de la Comunidad Autónoma*) dictaminó favorablemente la declaración de nulidad sometida a consulta, así como la indemnización de los daños y perjuicios.

CUARTO. En el presente procedimiento se han observado los trámites legales, así como el plazo máximo de seis meses desde su inicio para dictar la presente resolución, de conformidad con lo establecido en el artículo 106.5 de la Ley 39/2015, de 1 de octubre, del Procedimiento Administrativo Común de las Administraciones Públicas.

A los anteriores hechos son de aplicación los siguientes,

FUNDAMENTOS DE DERECHO

PRIMERO. Esta Administración Pública siguiendo el parecer del órgano instructor del procedimiento y de conformidad con el dictamen del Consejo de Estado/Consejo Consultivo, es competente para declarar la nulidad de pleno derecho del acto dictado en fecha ...., sobre el expediente administrativo relativo a ...., de acuerdo con lo dispuesto en el artículo 106 de la Ley 39/2015, de 1 de octubre, del Procedimiento Administrativo Común de las Administraciones Públicas.

SEGUNDO. De las actuaciones practicadas y de los datos que constan en el expediente resulta probado que la resolución administrativa objeto de revisión ha incurrido en causa de nulidad de pleno derecho, prevista en el apartado ......, del artículo 47.1 de la precitada Ley 39/2015, de 1 de octubre, consistente en .... Por lo que procede declarar de nulidad radical o absoluta de dicha resolución impugnada.

TERCERO. De acuerdo con lo previsto en el artículo 106.4 de la referida Ley del Procedimiento Administrativo Común de las Administraciones Públicas, este órgano administrativo competente establece como indemnización por daños y perjuicios que procede reconocer a D/Dª. ...., el derecho a percibir la cuantía de .... euros, que son los efectivamente ocasionados e indemnizables por la responsabilidad derivada del mismo, al darse las circunstancias previstas en los artículos 32.2 y 34.1 de la Ley 40/2015, de 1 de octubre, de Régimen Jurídico del Sector Público.

CUARTO. Este órgano administrativo es competente para adoptar la presente resolución, conforme con lo establecido en .... (*indicar la normativa específica que le sea de aplicación*).

Por todo lo que antecede, y en su virtud, de acuerdo con el Consejo de Estado (u órgano consultivo equivalente de la Comunidad Autónoma),

RESUELVO

DECLARAR LA NULIDAD DE PLENO DERECHO de la resolución dictada por esta Administración Pública, en fecha ...., sobre el expediente administrativo núm. ...., relativo al procedimiento administrativo sobre ....(*indicar el objeto del procedimiento*). Y, como consecuencia derivada, reconocer a D/Dª. ...., el derecho a percibir una indemnización por los daños y perjuicios ocasionados por la adopción de dicha resolución, en la cantidad total de .... euros.

Contra la presente resolución, que pone fin a la vía administrativa, las personas interesadas podrán interponer recurso contencioso-administrativo ante el Juzgado de lo Contencioso-Administrativo correspondiente, en el plazo de dos meses contados desde el día siguiente al de su notificación o publicación, de conformidad con lo dispuesto en los artículos 8.3 y 46.1 de la Ley 29/1998, de 13 de julio, reguladora de la Jurisdicción Contencioso-Administrativa. Asimismo, con carácter potestativo, podrán interponer recurso de reposición, en el plazo de un mes contado desde el día siguiente al de su notificación o publicación, ante el órgano que ha dictado la resolución, de acuerdo con lo previsto en los artículos 123 y 124 de la Ley 39/2015, de 1 de octubre, del Procedimiento Administrativo Común de las Administraciones Públicas. Todo ello, sin perjuicio de que pueda interponerse cualquier otro recurso que se estime pertinente.

Lugar, fecha, cargo y firma electrónica.

La persona titular del órgano administrativo competente

2. Revisión de actos anulables

F202. DECLARACIÓN DE LESIVIDAD DE UN ACTO ANULABLE

Asunto:

Procedimiento:

Expediente núm.:

Departamento:

VISTO el procedimiento administrativo relativo al expediente núm. ...., sobre .... (*identificar el objeto del procedimiento*), iniciado de oficio para la declaración de lesividad del acto administrativo dictado por esta Administración, de fecha ...., y de conformidad con siguientes,

ANTECEDENTES DE HECHO

PRIMERO. Con fecha ...., esta Administración Pública dictó resolución por la que autorizaba .... Dicha resolución definitiva en vía administrativa declarativa de derechos fue notificada en forma a las personas interesadas en el procedimiento.

SEGUNDO. Con fecha ...., se acordó de oficio iniciar el procedimiento de lesividad de la citada resolución al considerar que la misma al dictarse incurrió en infracción del ordenamiento jurídico, en concreto la vulneración de los artículos ....(*enunciar las normas infringidas*).

TERCERO. En la instrucción del procedimiento, se ha realizado el trámite de audiencia previa a las personas interesadas, sin que éstas hayan hecho uso de la facultad concedida/en el que tras alegar lo que tuvieron por conveniente terminaban solicitando un pronunciamiento favorable respecto de su pretensiones (*táchese lo que no proceda*), así como se han recabado los diferentes informes preceptivos, y se ha formulado propuesta de resolución.

A los anteriores hechos son de aplicación los siguientes,

FUNDAMENTOS DE DERECHO

PRIMERO. En el presente procedimiento se han observado los trámites legales, así como el plazo máximo de seis meses desde su inicio para dictar la presente resolución, de acuerdo con lo establecido en el artículo 107.3 de la Ley 39/2015, de 1 de octubre, del Procedimiento Administrativo Común de las Administraciones Públicas.

SEGUNDO. De acuerdo con lo previsto en el artículo 107 de la Ley 39/2015, de 1 de octubre: "*1. Las Administraciones Públicas podrán impugnar ante el orden jurisdiccional contencioso-administrativo los actos favorables para los interesados que sean anulables conforme a lo dispuesto en el artículo 48, previa declaración de lesividad para el interés público. 2. La declaración de lesividad no podrá adoptarse una vez transcurridos cuatro años desde que se dictó el acto administrativo y exigirá la previa audiencia de cuantos aparezcan como interesados en el mismo, en los términos establecidos por el artículo 82*".

De los datos y documentación incorporados al expediente se desprende que el acto declarativo de derechos dictado en fecha ...., por esta Administración Pública a favor de D/Dª......................., sobre el procedimiento administrativo relativo a ...., conculca gravemente el ordenamiento jurídico por razones de interés público, por cuanto que: ....(*argumentar los motivos justificativos de la impugnación del acto lesivo*).

Será de destacar que el pleno sometimiento de la Administración Pública a la ley y al derecho justifica el restablecimiento del ordenamiento jurídico vulnerado por el acto lesivo que se trata de revisar. En efecto, en el caso presente, resulta de interés público depurar del ordenamiento jurídico el citado acto administrativo dictado en el que concurre la causa de anulabilidad anteriormente señalada.

TERCERO. Conviene señalar que el procedimiento de lesividad que conduce a la anulación de un acto administrativo favorable de derechos se desarrolla en dos fases, una administrativa en la que la propia Administración declara lesivo el acto y otra judicial en el que el abogado de la Administración Pública mediante demanda impugna el acto declarado lesivo para el interés público, en los términos previstos en los artículos 43 y 46.5 de la Ley 29/1998, de 13 de julio, reguladora de la Jurisdicción Contencioso-Administrativa, por lo que en el plazo máximo de dos meses a contar desde el día siguiente a la fecha de la declaración de lesividad en vía administrativa, deberá prepararse e interponerse el correspondiente recurso contencioso-administrativo de lesividad.

CUARTO. Este órgano administrativo es competente para adoptar la presente resolución, conforme con lo establecido en el artículo 107 de la Ley 39/2015, de 1 de octubre, del Procedimiento Administrativo Común de las Administraciones Públicas.

Vistos los preceptos legales citados y demás de general o concordante aplicación,

RESUELVO

PRIMERO. Declarar lesiva para el interés público la resolución administrativa de fecha ......, relativa a ...., dictada por esta Administración, en el procedimiento administrativo correspondiente al expediente núm. ...., sobre .... (*indicar el objeto del procedimiento*) por incurrir en infracción del ordenamiento jurídico aplicable.

SEGUNDO. Autorizar al abogado de esta Administración Pública para que interponga contra la referida resolución el correspondiente recurso de lesividad ante la jurisdicción contencioso-administrativa dentro del plazo de dos meses, demandando su anulación.

Esta resolución no es susceptible de recurso administrativo alguno, si bien se notificará a las personas interesadas en el procedimiento a los meros efectos informativos, sin perjuicio de su examen como presupuesto procesal de admisibilidad de la acción en el proceso judicial correspondiente, de conformidad con lo dispuesto en el artículo 107.2 de la Ley 39/2015, de 1 de octubre, del Procedimiento Administrativo Común de las Administraciones Públicas.

Lugar, fecha, cargo y firma electrónica.

La persona titular del órgano administrativo competente

F203. SUSPENSIÓN DE LA EJECUCIÓN DEL ACTO OBJETO DE REVISIÓN DE OFICIO

Asunto:
Procedimiento:
Expediente núm.:
Departamento:

VISTO el procedimiento administrativo relativo al expediente núm. ...., sobre la revisión de oficio de la resolución adoptada por esta Administración Pública en fecha ......, respecto de .... (*identificar el objeto del procedimiento*), y de acuerdo con los siguientes,

ANTECEDENTES DE HECHO

PRIMERO. Con fecha ...., se inició el procedimiento para la revisión de la precitada resolución definitiva por causa de nulidad/lesividad. Asimismo, se acordó conceder audiencia previa a las personas interesadas en el expediente administrativo iniciado, otorgándoles un plazo máximo de quince días para formular alegaciones y presentar los documentos y justificaciones que estimasen pertinentes, así como sobre la posible suspensión de la eficacia de la resolución objeto de revisión.

SEGUNDO. Durante el trámite de audiencia las personas interesadas en el procedimiento no han hecho uso de la facultad concedida/en el que tras alegar lo que tuvieron por conveniente terminaban solicitando un pronunciamiento favorable respecto de su pretensiones (*táchese lo que no proceda*).

TERCERO. Se han emitido los informes técnicos oportunos y se ha formulado propuesta de resolución.

A los anteriores hechos son de aplicación los siguientes,

FUNDAMENTOS DE DERECHO

PRIMERO. De conformidad con lo dispuesto en el artículo 108 de la Ley 39/2015, de 1 de octubre, del Procedimiento Administrativo Común de las Administraciones Públicas: "*Iniciado el procedimiento de revisión de oficio al que se refieren los artículos 106 y 107, el órgano competente para declarar la nulidad o lesividad podrá suspender la ejecución del acto, cuando ésta pudiera causar perjuicios de imposible o difícil reparación*".

En el presente caso, con el fin de evitar los daños y perjuicios de difícil reparación que el mantenimiento de la eficacia del acuerdo objeto de revisión ocasionaría en y para el interés público tutelado, ante la eventual irregularidad que se le imputa al acto administrativo sujeto a revisión, es por lo que la adopción de tal medida cautelar de carácter provisional resulta oportuna para asegurar la protección del interés público y la eficacia del procedimiento revisorio iniciado. Lo que justifica la procedencia de acordar la suspensión de la ejecución de dicho acto administrativo en curso de revisión.

SEGUNDO. Este órgano administrativo es competente para la adopción de la presente resolución, conforme con lo establecido en el artículo 108 de la Ley 39/2015, de 1 de octubre, del Procedimiento Administrativo Común de las Administraciones Públicas.

Por todo lo que antecede, y en su virtud,

RESUELVO

SUSPENDER LA EJECUCIÓN DE LA RESOLUCIÓN adoptada en fecha …………, por esta Administración Pública sobre procedimiento administrativo relativo al expediente núm. ………, objeto de revisión de oficio, por cuanto que el mantenimiento de su eficacia comportaría perjuicios de imposible o difícil reparación para la protección del interés público tutelado.

Contra esta resolución, que es un acto de trámite, no cabe recurso alguno.

Lugar, fecha, cargo y firma electrónica.

La persona titular del órgano administrativo competente

F204. REVOCACIÓN DE ACTOS DE GRAVAMEN O DESFAVORABLES

Asunto:
Procedimiento:
Expediente núm.:
Departamento:

VISTO el escrito de recurso presentado por D/Dª. ...., por el que solicita la revocación del acuerdo adoptado en fecha ...., en el procedimiento administrativo relativo al expediente núm. ......, sobre .... (*identificar el objeto del procedimiento*), y de acuerdo con los siguientes,

ANTECEDENTES DE HECHO

PRIMERO. El referido procedimiento administrativo sancionador fue iniciado por resolución de ...., no recayendo resolución definitiva hasta el día ...., notificada en forma a la persona interesada el día ....

SEGUNDO. De conformidad con lo previsto en la normativa reguladora correspondiente a dicho procedimiento, que está constituida por ...., plazo máximo en el que debe notificarse la resolución expresa es de seis/tres meses (*táchese lo que no proceda*).

TERCERO. Se han emitido los informes técnicos oportunos y se ha formulado propuesta de resolución.

A los anteriores hechos son de aplicación los siguientes,

FUNDAMENTOS DE DERECHO

PRIMERO. En primer lugar, cabe señalar que las normas que rigen los plazos procedimentales son de orden público, por aplicación del principio de seguridad jurídica constitucionalmente reconocido (ex art. 9.3 CE). A este respecto, la regulación básica sobre de la caducidad del procedimiento prevista con en el artículo 25.1.b) de la Ley 39/2015, de 1 de octubre, del Procedimiento Administrativo Común de las Administraciones Públicas, establece que en los procedimientos en los que la Administración ejercite potestades sancionadoras o, en general, de intervención, susceptibles de producir efectos desfavorables o de gravamen, se producirá la caducidad. En estos casos, la resolución que declare la caducidad ordenará el archivo de las actuaciones, con los efectos previstos en el artículo 95 de dicha ley.

De acuerdo con lo previsto en el artículo 109.1 de la citada Ley 39/2015, de 1 de octubre: "*Las Administraciones Públicas podrán revocar, mientras no haya transcurrido el plazo de prescripción, sus actos de gravamen o desfavorables, siempre que tal revocación no constituya dispensa o exención no permitida por las leyes, o sea contraria al principio de igualdad, al interés público o al ordenamiento jurídico*".

SEGUNDO. En el presente caso, se aprecia que en procedimiento relativo a ...., se ha sobrepasado el plazo máximo legal establecido para dictar resolución expresa y notificarla en tiempo y forma, conforme determina la normativa que le es de aplicación, por causas imputables a esta Administración Pública. Ello, sin perjuicio de que pueda iniciarse otro procedimiento por los mismos hechos dado que la caducidad no produce por sí sola la prescripción de las acciones del particular o de la Administración, ya que los procedimientos caducados no interrumpen el plazo de prescripción, según determina el artículo 95.3 de la Ley 39/2015, de 1 de octubre, del Procedimiento Administrativo Común de las Administraciones Públicas.

En definitiva, el citado acto desfavorable o de gravamen adoptado deber ser revocado por defecto sustantivo de procedimiento, teniendo en cuenta que la cuestión suscitada no afecta al interés general y que el ejercicio de dicha facultad de revocación se ajusta a los límites de revisión previstos en el artículo 110 de la Ley 39/2015, de 1 de octubre.

TERCERO. Este órgano administrativo es competente para la adopción de la presente resolución, conforme con lo establecido en .... (*indicar la normativa específica que le sea de aplicación*).

Vistos los preceptos legales citados y demás de general o concordante aplicación,

RESUELVO

ESTIMAR EL RECURSO de .... interpuesto por D/Dª. ...., por defectos sustantivos del procedimiento, anulando la resolución de fecha ...., adoptada en el procedimiento administrativo relativo al expediente núm. ......, sobre ...., y, como consecuencia derivada, ordenar el archivo del expediente. Sin perjuicio de poder iniciar otro nuevo procedimiento de oficio por los mismos hechos, siempre que la acción correspondiente todavía no haya prescrito por el transcurso del tiempo.

Contra la presente resolución, que pone fin a la vía administrativa, las personas interesadas podrán interponer recurso contencioso-administrativo ante el Juzgado de lo Contencioso-Administrativo correspondiente, en el plazo de dos meses contados desde el día siguiente al de su notificación o publicación, de conformidad con lo dispuesto en los artículos 8.3 y 46.1 de la Ley 29/1998, de 13 de julio, reguladora de la Jurisdicción Contencioso-Administrativa. Asimismo, con carácter potestativo, podrán interponer recurso de reposición, en el plazo de un mes contado desde el día siguiente al de su notificación o publicación, ante el órgano que ha dictado la resolución, de acuerdo con lo previsto en los artículos 123 y 124 de la Ley 39/2015, de 1 de octubre, del Procedimiento Administrativo Común de las Administraciones Públicas. Todo ello, sin perjuicio de que pueda interponerse cualquier otro recurso que se estime pertinente.

Lugar, fecha, cargo y firma electrónica.

La persona titular del órgano administrativo competente

3. Rectificación de errores y límites a la revisión

F205. SOLICITUD DE RECTIFICACIÓN DE ERRORES MATERIALES, DE HECHO O ARITMÉTICOS

Asunto:

Procedimiento:

Expediente núm.:

Departamento:

AL ORGANO COMPETENTE

D/Dª. ...., mayor de edad, con DNI/NIF/NIE núm. ...., actuando en nombre propio o en representación de ...., cuyas circunstancias y demás datos constan en el procedimiento administrativo relativo al expediente núm. ...., sobre ....*(identificar el objeto de procedimiento)*. Ante ese órgano administrativo comparezco (código de identificación núm. ....) y, con el debido respeto, como mejor proceda en derecho, **DIGO**:

Que en el ejercicio de los derechos e intereses legítimos que me asisten en calidad de persona interesada, mediante el presente escrito vengo a solicitar la RECTIFICACIÓN DE ERRORES MATERIALES, DE HECHO O ARTIMÉTICOS (*táchese lo que no proceda*) advertidos en la resolución adoptada en fecha ......, en el procedimiento administrativo relativo al expediente núm. ...., sobre .... (*identificar el acto objeto de rectificación*), en base a los siguientes,

ANTECEDENTES DE HECHO

1. Con fecha ...., se adoptó la resolución de ...., por la que .... (*transcribir literalmente la parte dispositiva de la resolución*), que se acompaña a este escrito.
2. De la simple lectura de la mencionada resolución, se desprende que se ha producido un error material, de hecho o aritmético (*táchese los que no proceda*), consistente en .... (*especificar el tipo de error cometido*), puesto que se ha producido un error de transcripción en la parte dispositiva de la resolución cuando en los fundamentos jurídicos se razona en sentido contrario a lo finalmente acordado sobre el acto recurrido.

CONSIDERACIONES TÉCNICO-JURÍDICAS

Primera. De acuerdo con lo previsto en el artículo 109.2 de la Ley 39/2015, de 1 de octubre, del Procedimiento Administrativo Común de las Administraciones Públicas: "*Las Administraciones Públicas podrán, asimismo, rectificar en cualquier momento, de oficio o a instancia de los interesados, los errores materiales, de hecho o aritméticos existentes en sus actos*".

Dicho precepto legal trata en definitiva de eliminar los errores de transcripción o de simple cuenta con el fin de evitar cualquier equívoco en la posible interpretación de la resolución objeto de aclaración, con una pura y simple corrección material de los errores de hecho o aritméticos advertidos, que no implica una revocación del acto en términos jurídicos al no comportar ningún tipo de juicio valorativo ni alteración fundamental del sentido del acto, puesto que el acto materialmente rectificado sigue teniendo el mismo contenido y eficacia después de la rectificación.

Segundo. En el presente caso se aprecian determinados errores materiales, de hecho o aritméticos que procede corregir o subsanar. En efecto, de la lectura de la citada resolución queda patente y claro que se ha producido un error de transcripción de tipo informático consistente en ……… (*especificar el error producido sin calificaciones ni apreciaciones jurídicas*).

Por todo lo expuesto, y en su atención, es por lo que,

SOLICITO: Que habiendo presentado este escrito con los documentos que se acompañan, se sirva admitirlo y, en virtud de lo expuesto, se rectifiquen y subsanen los errores materiales , de hecho o aritméticos, advertidos en la resolución objeto del presente escrito de aclaración.

Lugar, fecha y firma electrónica.

La persona interesada/su representante legal

F206. LÍMITES A LA REVISIÓN DE LOS ACTOS ADMINISTRATIVOS

AL ÓRGANO COMPETENTE

D/Dª. ...., mayor de edad, con DNI/NIF/NIE núm. .... actuando en nombre propio o en representación de ...., cuyos datos y demás circunstancias personales constan en el procedimiento administrativo relativo al expediente núm. ...., sobre .... (*identificar el objeto del procedimiento*), en el que se ha dictado resolución de fecha ...., por la que se revoca y deja sin efecto la resolución adoptada en fecha ..... Ante ese órgano administrativo comparezco (código de identificación núm. ...) y, con el debido respeto, como mejor proceda en derecho, **DIGO**:

Que con fecha .... me ha sido notificada la citada resolución y no encontrándola ajustada a Derecho, en el ejercicio de los derechos e intereses legítimos que me asisten en calidad de persona interesada en el procedimiento, dentro del plazo establecido, vengo a interponer recurso administrativo de .... contra dicha resolución, fundamentado en los siguientes,

MOTIVOS JURÍDICOS DE IMPUGNACIÓN

1. La citada resolución de fecha ...., por la que ...., se ha excedido a los límites señalados en el artículo 110 de la Ley 39/2015, de 1 de octubre, del Procedimiento Administrativo Común de las Administraciones Públicas, que establece taxativamente que las facultades de revisión no podrán ser ejercidas cuando por prescripción de acciones, por el tiempo transcurrido o por otras circunstancias, su ejercicio resulte contrario a la equidad, a la buena fe, al derecho de los particulares o a las leyes. Sin duda, la revocación de actos administrativos es un asunto en extremo delicado, en cuanto que atenta contra las situaciones jurídicas establecidas y derechos adquiridos. Por ello, aquí hay que tener en cuenta la aplicación de vieja máxima romana "*summun ius, summa iniria*" (excesivo derecho, excesiva injusticia), que predica que una exagerada aplicación del derecho puede implicar un daño injusto para las personas afectadas de buena fe. De modo y manera que las facultades de revisión deben ser ejercidas por la Administración con gran ponderación y cautela a la hora de fijar el concreto punto de equilibrio entre los principios jurídicos básicos de legalidad, equidad y seguridad jurídica.
2. En el caso presente, resulta insólito por sorprendente el hecho de que esa Administración Pública después de más de cuatro años conteste ahora a una comunicación previa/declaración responsable formulada para el inicio de una actividad o ejercicio de un derecho, con una resolución ejecutiva por la que *"inaudita parte"* se revoca directamente una autorización para el ejercicio del derecho de ...., en su día adquirido o reconocido desde el día de su presentación conforme determina el artículo 69.3 de la Ley 39/2015, de 1 de octubre.
3. Resulta evidente que con la adopción de la resolución recurrida se han quebrantado principios jurídicos de obligada observancia como el de la protección de la buena fe o de la confianza legítima, e incluso el principio de la seguridad jurídica, que el ordenamiento jurídico-administrativo ampara en el ejercicio de los derechos e intereses legítimos que me asisten por el transcurso del tiempo y de los perjuicios económicos que

ello comporta que debieran, en todo caso, ser resarcidos, al haber permitido durante todo este largo período de tiempo lo que ahora sorpresivamente prohíbe mediante la pura y simple revocación del acto aquí recurrido, más por motivos políticos que jurídicos. Excede de toda lógica jurídica que por esa Administración Pública se haya podido adoptar tal decisión que afecta gravemente a la protección de la confianza legítima, a la buena fe y a los derechos adquiridos por los particulares.

4. Además, que en el presente caso se ha incurrido en un ejercicio abusivo del derecho que la ley no ampara (art. 7.1 del Código Civil), lo que constituye un límite a las facultades de revisión de los actos en vía administrativa . Todo ello, habida cuenta que en Derecho -para la aplicación de las normas- hay un principio que pasa por acomodar el ordenamiento jurídico a la realidad social (art. 3.1 del Código Civil), que predica la necesidad de interpretar las normas en función de los supuestos concretos, ponderando las circunstancias concurrentes y resolviendo los conflictos con la necesaria proporcionalidad y sentido común e incluso, en ocasiones, con una pequeña dosis de sensibilidad social.

Por todo lo expuesto, y en su atención, es por lo que,

SOLICITO: Que teniendo por presentado este escrito, lo admita con la documentación que se acompaña y, por las razones expuestas, se revoque y deje sin efecto la resolución adoptada en fecha ...., por esa Administración, al haberse excedido de las facultades de revisión de los actos en vía administrativa en los límites establecidos en el artículo 110 de la Ley del Procedimiento Administrativo Común de las Administraciones Públicas.

OTROSÍ DIGO: Que en tanto se sustancie el presente recurso, se acuerde suspender la ejecución del acto recurrido conforme con lo dispuesto en el artículo 117 de la Ley 39/2015, de 1 de octubre Procedimiento Administrativo Común de las Administraciones Públicas.

Lugar, fecha y firma electrónica.

La persona interesada/su representante legal

II. RECURSOS ADMINISTRATIVOS

1. Recurso de Alzada

A) INTERPOSICIÓN DEL RECURSO

F207. ESCRITO DE INTERPOSICIÓN DEL RECURSO DE ALZADA

AL ÓRGANO COMPETENTE

D/Dª. ...., mayor de edad, con DNI/NIF/NIE núm. ...., actuando en nombre o representación de ...., con domicilio a efectos de notificaciones en .... núm. ...., del municipio de ...., provincia de ...., teléfono ...., y correo electrónico: .... Ante ese órgano comparezco administrativo (código de identificación núm. ......) y, con el debido respeto, como mejor proceda en derecho, **DIGO**:

Que, dentro del plazo concedido, en el ejercicio de los derechos e intereses legítimos que me asisten en calidad de persona interesada, de conformidad con los artículos 121 y 122 de la Ley 39/2015, de 1 de octubre, del Procedimiento Administrativo Común de las Administraciones Públicas, contra la resolución adoptada en fecha ...., en el procedimiento administrativo relativo al expediente núm. ...., sobre .... (*identificar el acto que se recurre*), mediante el presente escrito interpongo RECURSO DE ALZADA, fundamentado en los siguientes,

ANTECEDENTES DE HECHO

1. Con fecha ...., se adoptó la resolución de ...., por la que .... (*transcribir la parte dispositiva de la resolución recurrida*).
2. Con fecha .... (*describir de manera clara y precisa los antecedentes fácticos*).
3. Con fecha ....., se notificó a esta parte interesada la resolución administrativa recurrida.
4. La documentación acreditativa sobre la veracidad de los hechos expuestos, adjunto se acompaña debidamente foliada y numerada.

A los anteriores hechos acreditados deben tenerse en cuenta las siguientes,

CONSIDERACIONES TÉCNICO-JURÍDICAS

PRIMERA. Respecto de la admisibilidad del recurso

El presente recurso de alzada se interpone dentro del plazo de un mes establecido con carácter general en el artículo 122 de la Ley 39/2015, de 1 de octubre, del Procedimiento Administrativo Común de las Administraciones Públicas. Asimismo, concurren en esta parte los requisitos relativos a la capacidad y legitimación activa necesaria para su interposición conforme a lo dispuesto en los artículos 3 y 4 de la citada ley. Por lo demás, el escrito de recurso alzada cumple las formalidades exigidas en los artículos 115 y 121 de precitada Ley 39/2015, de 1 de octubre, y se interpone ante el órgano administrativo competente para su conocimiento.

SEGUNDA. En cuanto al fondo del asunto

De conformidad con lo establecido en los artículos 112 y 121 de la Ley 39/2015, de 1 de octubre, del Procedimiento Administrativo Común de las Administraciones Públicas, contra las resoluciones y actos de trámite —si estos últimos deciden directa o indirectamente el fondo del asunto, determinan la imposibilidad de continuar el procedimiento, producen indefensión o perjuicio irreparable a derechos e intereses legítimos— que no pongan fin a la vía administrativa, puede interponerse recurso de alzada ante el órgano superior jerárquico del que los dictó, fundamentado en cualquiera de las causas de nulidad o anulabilidad previstas en los artículos 47 y 48 del indicado texto legal.

En síntesis, en los apartados siguientes se examinan cada una de las infracciones al ordenamiento jurídico en las que ha incurrido la resolución aquí recurrida:

1. ....

2. .... (*argumentar jurídicamente los motivos de impugnación*).

3. ....

Importa señalar (*en el caso de que se trate de un recurso de alzada interpuesto contra la desestimación producida por silencio administrativo negativo*) comoquiera que, en el presente caso, el recurso de alzada se interpone contra la desestimación por silencio administrativo de la solicitud formulada en fecha ......, se entenderá estimado el mismo si, llegado el plazo de resolución, ese órgano competente no dictase y notificase la resolución expresa sobre el mismo, y su existencia podrá ser acreditada por cualquier medio admitido en Derecho, incluido en certificado del silencio producido emitido en los términos previstos en el artículo 24.4 de la citada Ley 39/2015, de 1 de octubre.

Por todo ello, y en su atención, es por lo que,

SOLICITO: Que habiendo presentado este escrito con la documentación que se acompaña, lo admita a trámite y, en su virtud, tenga por interpuesto RECURSO DE ALZADA contra la resolución de fecha ...., adoptada por .... en el procedimiento administrativo relativo al expediente núm. ...., sobre ...., y por las razones expuestas, revoque y deje sin efecto la resolución recurrida.

OTROSÍ DIGO: Que, dadas las circunstancias que concurren en este caso anteriormente expresadas, con el fin de evitar perjuicios de difícil o imposible reparación que se pudieran producir para el interés público tutelado y en contra los derechos e intereses legítimos de esta parte afectada, que se producirían con su inmediata ejecución, solicito que en tanto se sustancie el correspondiente procedimiento revisorio, se acuerde la SUSPENSIÓN DE LA EJECUCIÓN de la resolución impugnada, demorando la eficacia inmediata del acto recurrido hasta su resolución definitiva, de conformidad con lo previsto en el artículo 117, de la Ley 39/2015, de 1 de octubre, del Procedimiento Administrativo Común de las Administraciones Públicas.

Lugar, fecha y firma electrónica.

La persona interesada/su representante legal

F208. ESCRITO SOLICITANDO LA SUSPENSIÓN DEL ACTO RECURRIDO EN ALZADA

Asunto:
Procedimiento:
Expediente núm.:
Departamento:

AL ÓRGANO COMPETENTE

D/Dª. ...., mayor de edad, con DNI/NIF/NIE núm. ...., actuando en nombre propio o en representación de ...., domicilio a efectos de notificaciones en ...., del municipio de ...., provincia de ...., teléfono .... y correo electrónico: .... Ante ese órgano administrativo comparezco (código de identificación núm. ....) y, con el debido respeto, como mejor proceda en derecho, **DIGO**:

Que, con fecha .... interpuse recurso de alzada contra la resolución de ...., en el procedimiento administrativo relativo la expediente núm. ......, sobre............ (*indicar el objeto del procedimiento*), y mediante el presente escrito vengo a solicitar la SUPENSIÓN DE LA EJECUCIÓN DEL ACTO IMPUGNADO aún no ejecutado, conforme a lo establecido en el artículo 117 de la Ley 39/2015, de 1 de octubre, del Procedimiento Administrativo Común de las Administraciones Públicas, fundamentada en los siguientes,

MOTIVOS RAZONADOS DE SUSPENSIÓN

Primero. Resulta evidente que, dadas las circunstancias concurrentes en el presente caso, con la inmediata ejecutividad de la resolución recurrida, se ocasionarán los siguientes daños y perjuicios de imposible o difícil reparación:

a) ....

b) ...... (*argumentar los perjuicios irrogados con la ejecución del acto recurrido*).

c) ....

Segundo. En efecto, en el presente caso, concurren los requisitos legales establecidos para que deba acordarse la suspensión del acto recurrido, en cuanto a la naturaleza del daño o perjuicio, la seriedad de los motivos del recurso y la relación del acto con el interés público, conforme determina el artículo 117.2 de la Ley 39/2015, de 1 de octubre. Ello se desprende de los relevantes documentos aportados que evidencian la existencia de los daños y perjuicios de imposible o difícil reparación que la ejecución del acto sujeto a revisión podría ocasionar ante la eventual irregularidad que se le imputa, por lo que la adopción de tal medida provisional resulta necesaria para asegurar la protección del interés público tutelado por la ley y la eficiencia del procedimiento revisorio iniciado.

Además, cabe insistir que con la suspensión del acto recurrido no se derivan los más mínimos perjuicios para el interés público que pudieran lesionarse, puesto que de la ponderación racional del conflicto de intereses en juego —sin que se prejuzgue el fondo del asunto— se desprende que el principio de eficacia de los actos administrativos, no puede menguar las garantías de las personas interesadas en el ejercicio de sus derechos e intereses legítimos, y en el caso presente la apariencia de buen derecho "*fumus boni iuris*" fundamentada en ostensibles y concluyentes causas alegadas en las que pudiera incurrir la resolución recurrida, unida al inminente perjuicio real que causaría su ejecución *"periculum in mora"*, hacen que resulte procedente acordar la paralización de la ejecución del acto recurrido.

Por todo ello, y en su atención, con el fin de evitar los citados perjuicios de imposible o difícil reparación, es por lo que,

SOLICITO: Que teniendo por presentado este escrito, lo admita y, por las razones expuestas, en tanto se sustancie el correspondiente procedimiento del recurso administrativo de alzada interpuesto, se suspenda la ejecución de la resolución adoptada, demorando sus efectos jurídicos hasta la resolución firme en vía administrativa, de acuerdo con lo establecido en el artículo 117 de la Ley 39/2015, de 1 de octubre, del Procedimiento Administrativo Común de las Administraciones Públicas.

Lugar, fecha y firma electrónica.

La persona interesada/su representante legal

F209. RESOLUCIÓN SOBRE LA SUSPENSIÓN SOLICITADA

Asunto:
Procedimiento:
Expediente núm.:
Departamento:

VISTA la solicitud de suspensión formulada en el recurso de alzada interpuesto por D/Dª. ...., en nombre y representación de ...., contra la resolución dictada en el procedimiento relativo al expediente administrativo núm. ...., sobre.................... (*identificar el objeto del procedimiento*), y de teniendo en consideración los siguientes,

ANTECEDENTES DE HECHO

PRIMERO. Contra la resolución dictada por ...., de fecha ...., se ha interpuesto el precitado recurso administrativo de alzada, en el que, entre otras cosas, solicita la suspensión del acto recurrido.

SEGUNDO. Se han emitido los informes técnicos oportunos y se ha formulado propuesta de resolución.

A los anteriores hechos son de aplicación los siguientes,

FUNDAMENTOS DE DERECHO

PRIMERO. Dado que se solicita la suspensión del acto recurrido, se estará a lo dispuesto en el artículo 117 de la Ley 39/2015, de 1 de octubre, del Procedimiento Administrativo Común de las Administraciones Públicas, que regula la suspensión de la ejecución de los actos administrativos como consecuencia de la interposición de un recurso administrativo. A este respecto, cabe señalar que la interposición de cualquier recurso no suspende la ejecución del acto impugnado. No obstante, el órgano competente en resolver el recurso deducido, previa ponderación, suficientemente razonada, entre el perjuicio que causaría al interés público o de terceras personas la suspensión y el ocasionado al recurrente como consecuencia inmediata del acto recurrido, puede suspender, de oficio o a solicitud de la persona interesada, la ejecución del acto impugnado cuando concurran alguna de las circunstancias previstas en el citado precepto legal.

Importa tener en cuenta que la ejecución del acto impugnado se entenderá suspendida si transcurridos treinta días desde que la solicitud de suspensión haya tenido entrada en el registro electrónico de la Administración u organismo competente para decidir sobre la misma, éste no ha dictado y notificado en forma resolución expresa al respecto (ex art. 117.3). Así pues, solicitada la suspensión de la ejecución del acto recurrido, y antes de que transcurra el citado plazo de treinta días hábiles, debe adoptarse la correspondiente resolución sobre la petición de la suspensión solicitada y ello de manera anticipada a la resolución definitiva que resuelva el recurso administrativo interpuesto.

SEGUNDO. El principio de eficacia de las resoluciones o actos dictados por las Administraciones públicas amparados en su presunción de legalidad, da lugar a la regla general de la ejecutividad, que se mantiene, en principio, aunque se interponga cualquier recurso, conforme determinan los artículos 38, 39.1, 98 y 117 de la Ley 39/2015, de 1 de octubre, del Procedimiento Administrativo Común de las Administraciones Públicas, si bien la última de dichas normas permite la suspensión de la ejecución del acto en determinados supuestos expresamente previstos en la ley.

Ahora bien, la armonización de las exigencias de tales principios de actuación administrativa exige ponderar en cada caso concreto, por un lado, en qué medida el interés público o de terceros demanda ya una inmediata ejecución de lo acordado, y por otro, qué tipo de perjuicios irreversibles o de difícil reparación podrían derivarse de aquélla.

En el caso presente, tomando en consideración los tres motivos determinantes de la decisión sobre la solicitud de suspensión formulada establecidos en el artículo 117 de la Ley 39/2015, de 1 de octubre, es decir, la "naturaleza del daño o perjuicio", la seriedad de los "motivos de la impugnación" y la "relación del acto con el interés público", resulta de todo punto evidente que no/si (*táchese lo que no proceda*) concurren los requisitos legales establecidos para que pueda acordarse la suspensión del acto administrativo recurrido por las razones siguientes: .... (*argumentar jurídicamente la decisión a adoptar*).

No obstante, (*si procede, en el supuesto de estimarse la solicitud de suspensión*) al amparo de lo previsto en el apartado 4 del citado artículo 117, con el fin de garantizar la eficacia de la resolución o el acto impugnado y asegurar la protección del interés público o de terceros, procede en el presente caso adoptar las medidas cautelares siguientes: .... (*señalar las medidas cautelares que sean necesarias*)

TERCERO. Este órgano administrativo es competente para resolver el recurso administrativo interpuesto y, por ende, para adoptar la presente resolución, de conformidad con lo dispuesto en el artículo .... (*indicar la normativa específica que le sea de aplicación*).

Vistos los preceptos legales citados y demás de general o concordante aplicación,

RESUELVO

ESTIMAR/DESESTIMAR (*táchese lo que no proceda*) la solicitud de suspensión sobre la ejecución del acto impugnado, formulada por D/Dª. .... en el recurso de alzada interpuesto contra la resolución de fecha ...., dictada en el procedimiento administrativo relativo al expediente de referencia.

*(*Para el caso de estimarse la solicitud*) Adoptar para asegurar la protección de interés público o de terceras personas y de la eficacia de la resolución impugnada, las medidas cautelares siguientes:

a) ....

b) .... *(especificar las medidas cautelares adoptadas)*

c) ....

Contra la presente resolución, que pone fin a la vía administrativa, las personas interesadas podrán interponer recurso contencioso-administrativo ante el Juzgado de lo Contencioso-Administrativo correspondiente, en el plazo de dos meses contados desde el día siguiente al de su notificación o publicación, de conformidad con lo dispuesto en los artículos 8.3 y 46.1 de la

Ley 29/1998, de 13 de julio, reguladora de la Jurisdicción Contencioso-Administrativa. Todo ello, sin perjuicio de que pueda interponerse cualquier otro recurso que se estime pertinente.

Lugar, fecha, cargo y firma electrónica.

La persona titular del órgano administrativo competente

B) *INSTRUCCIÓN DEL RECURSO*

F210. OFICIO RECLAMANDO LA REMISIÓN DEL EXPEDIENTE

Asunto:
Procedimiento:
Expediente núm.:
Departamento:

AL ÓRGANO QUE DICTÓ EL ACTO RECURRIDO

Adjunto se remite por vía electrónica el recurso de alzada interpuesto por D/Dª. …………………, contra la resolución dictada por ese órgano administrativo de fecha …………………, en el procedimiento administrativo relativo al expediente núm. ………, sobre …………………………………… (*identificar el objeto del procedimiento*), para que conformidad con lo dispuesto 121.2 de la Ley 39/2015, de 1 de octubre, del Procedimiento Administrativo Común de las Administraciones Públicas, se emita y remita a este órgano competente, en el plazo de DIEZ DÍAS, junto con el informe emitido al respecto, una copia completa y ordenada del expediente electrónico de su razón, en los términos previstos en el artículo 70.3 de la citada Ley 39/2015, de 1 de octubre.

Lugar, fecha, cargo y firma electrónica.

La persona titular del órgano administrativo competente

F211. OFICIO REMITIENDO EL EXPEDIENTE CON INFORME

Asunto:
Procedimiento:
Expediente núm.:
Departamento:

AL ÓRGANO COMPETENTE

De acuerdo con lo solicitado en su oficio de fecha ...., adjunto remito copia completa y ordenada del expediente administrativo electrónico objeto de recurso de alzada interpuesto por D/Dª. ...., contra la resolución de este órgano de fecha ...., recaída en el procedimiento administrativo relativo al expediente núm. ...., sobre .... (*indicar el objeto del procedimiento*).

Respecto de dicho recurso de alzada se emite el siguiente INFORME:

1. Sobre la admisibilidad del recurso: del análisis de los requisitos formales sobre capacidad, legitimación y plazo de interposición del recurso interpuesto legalmente exigibles, se advierte lo siguiente:

a) ....

b) ...... (*exponer sucintamente las consideraciones apreciadas*).

c) ....

Por lo que el recurso es admisible/inadmisible (*táchese lo que no proceda*).

2. En cuanto al fondo del asunto: sobre las infracciones alegadas con motivo del recurso se pueden sustentar las siguientes conclusiones: .... (*concretar el resultado de informe*).

Por todo ello, este órgano administrativo,

INFORMA FAVORABLE/DESFAVORABLEMENTE la estimación/desestimación del recurso de alzada objeto de este informe (*táchese lo que no proceda*).

Lo que se participa en relación con el asunto de referencia, sin perjuicio de la posibilidad de incorporar al expediente otros informes mejor fundados en derecho.

Lugar, fecha, cargo y firma electrónica.

La persona titular del órgano administrativo que dictó el acto recurrido

F212. SOLICITUD DE INFORMES PREVIOS

Asunto:
Procedimiento:
Expediente núm.:
Departamento:

A LOS DEPARTAMENTOS INTERESADOS

Adjunto remito copia electrónica del recurso de alzada interpuesto por D/Dª ...., contra la resolución adoptada por ...., de fecha ...., en el procedimiento administrativo relativo al expediente núm. ...., sobre .... (*identificar el objeto del procedimiento*), que se acompaña, para que se emita y remita, a través de medios electrónicos, el correspondiente informe comprensivo de las sugerencias que estime convenientes en materia de sus competencias, con el fin de poder formar criterio con garantías de acierto y adoptar la resolución definitiva que en derecho proceda.

Informe de carácter facultativo y no vinculante/preceptivo y vinculante (*táchese lo que no proceda*), que deberá ser emitido en el plazo de DIEZ DÍAS (*excepto que una disposición o el cumplimiento del resto de los plazos del procedimiento permita o exija otro plazo mayor o menor*), conforme con lo previsto en el artículo 80 de la Ley 39/2015, de 1 de octubre, del Procedimiento Administrativo Común de las Administraciones Públicas.

Se significa que, de no emitirse el informe en el plazo señalado, y sin perjuicio de la responsabilidad en que incurra el responsable de la demora, se podrán proseguir las actuaciones salvo cuando se trate de un informe preceptivo, en cuyo caso se podrá suspender el trascurso del plazo máximo legal para resolver el procedimiento en los términos establecidos en el artículo 22.1.d) en relación con lo previsto en el artículo 80.3 ambos de la Ley 39/2015, de 1 de octubre.

El informe emitido fuera de plazo podrá no ser tenido en cuenta al adoptar la correspondiente resolución.

Lugar, fecha, cargo y firma electrónica.

La persona titular del órgano administrativo competente

F213. REMISIÓN DE INFORME SOLICITADO

Asunto:
Procedimiento:
Expediente núm.:
Departamento:

AL ÓRGANO COMPETENTE

De acuerdo con su escrito de fecha ...., por el que solicita la opinión de este departamento sobre el recurso de alzada interpuesto por D/Dª. ...., contra la resolución adoptada en fecha........., en el procedimiento administrativo relativo al expediente núm........ sobre .... (*identificar el objeto del procedimiento*), se emite el siguiente INFORME:

1. Respecto la tramitación del procedimiento: .... (*indicar la normativa específica que le sea de aplicación y, en su caso, las observaciones advertidas*).
2. En cuanto al fondo del asunto planteado: .... (*concretar en párrafos separados las cuestiones a considerar objeto del informe*).

En definitiva, ... (*expresar las conclusiones del informe*).

Por todo lo anterior, es por lo que procede informar FAVORABLE/DESFAVORABLEMENTE la estimación/desestimación del recurso de alzada objeto de este informe. (*También se pueden efectuar recomendaciones o propuestas de actuación que se deriven de lo expuesto e incluso acompañar anexos como documentación complementaria que ha servido de base para redactar el informe*).

Lo que se participa y traslada en relación con el asunto de referencia, sin perjuicio de la posibilidad de incorporar al expediente otros informes mejor fundados en derecho.

Lugar, fecha, cargo y firma electrónica.

La persona titular del órgano administrativo informante

F214. AUDIENCIA A TERCERAS PERSONAS INTERESADAS

Asunto:

Procedimiento:

Expediente núm.:

Departamento:

NOTIFICACIÓN A LAS PERSONAS INTERESADAS

Concluidas las actuaciones practicadas en el procedimiento administrativo relativo al recurso de alzada interpuesto por D/Dª. ...., contra la resolución adoptada por ...., de fecha ...., sobre .... (*identificar el objeto del procedimiento*), de conformidad con lo establecido en el artículo 118 de la Ley 39/2015, de 1 de octubre, del Procedimiento Administrativo Común de las Administraciones Públicas, en TRÁMITE DE AUDIENCIA se pone de manifiesto el expediente de su razón para que en el plazo de DIEZ/QUINCE DÍAS hábiles (*táchese lo que no proceda*), contados desde el día siguiente de la recepción de la presente notificación, las personas interesadas puedan examinarlo, así como formular las alegaciones y presentar los documentos y justificaciones que estimen pertinentes ante este Departamento.

Se puede acceder a dicho expediente administrativo completo a través del portal de la sede electrónica de esta Administración desde el Punto de Acceso General en la siguiente dirección: https://www..........es, durante las 24 horas al día los siete días de la semana, mediante la utilización de clave concertada integrada por la clave de acceso .... (*conocida únicamente por la persona interesada*) o, en su caso, con certificado electrónico o digital de confianza.

También el expediente de referencia se encuentra a disposición de las personas interesadas en ...., en horario de oficinas abiertas al público (de 9 a 14 horas), sitas en ...., donde podrán comparecer presencialmente y actuar asistidos de asesor si lo consideran conveniente en defensa de sus derechos e intereses legítimos. De lo que se practicará la oportuna Diligencia para el examen del referido expediente administrativo, extendiéndose la correspondiente certificación acreditativa de la comparecencia que se entregará a solicitud del interesado, conforme determina el artículo 19 de la citada Ley 39/2015, de 1 de octubre.

Asimismo, a la presente notificación se acompaña la relación de los documentos que constan en el expediente electrónico, a fin de que las personas interesadas puedan obtener copias de aquellos que estimen convenientes dentro del plazo señalado al efecto en el trámite de audiencia y vista concedido.

Contra este acto de trámite no cabe interponer recurso alguno, sin perjuicio de que las personas interesadas puedan recurrir la resolución que ponga fin al procedimiento, de acuerdo con lo previsto en el artículo 112.1 de la indicada Ley 39/2015, de 1 de octubre, del Procedimiento Administrativo Común de las Administraciones Públicas.

Lugar, fecha, cargo y firma electrónica.

Documento firmado digitalmente. La persona titular del órgano administrativo competente. Autenticidad verificable mediante Código de Seguro Verificación (CSV).... en sede electrónica de esta Administración Pública.

F215. ALEGACIONES DE LAS PERSONAS INTERESADAS

AL ÓRGANO COMPETENTE

D/Dª. ...., mayor de edad, con de DNI/NIF/NIE núm. ...., actuando en nombre propio o en representación de ...., con domicilio a efectos de notificaciones en ...., del municipio de ...., provincia de ...., teléfono .... y correo electrónico: .... Ante ese órgano administrativo comparezco (código de identificación núm. ....) y, con el debido respeto, como mejor proceda en derecho, **DIGO**:

Que con fecha ...., he recibido la notificación por la que se traslada el recurso de alzada interpuesto por D/Dª. ...., en el procedimiento administrativo relativo al expediente núm. .... sobre .... (*identificar el objeto del procedimiento*) y dentro del plazo del trámite de audiencia concedido, en el ejercicio de los derechos e intereses legítimos que me asisten en calidad de persona interesada, mediante el presente escrito vengo a formular las siguientes,

ALEGACIONES

Primera. ....

Segunda. .... (*fundamentar jurídicamente los motivos de las alegaciones*).

Tercera. ....

Como acreditación de todo lo expuesto se acompañan al presente escrito los DOCUMENTOS y justificantes siguientes:

1. ....
2. .... (*señalar y enumerar los documentos aportados*).
3. ....

Por todo ello, y en su atención, es por lo que,

SOLICITO: Que admita el presente escrito con la documentación aportada y, por las razones expuestas, tenga en cuenta las alegaciones efectuadas y se dicte resolución definitiva en el procedimiento administrativo relativo al expediente núm...... sobre ...., objeto de recurso de alzada de conformidad con las mismas.

Lugar, fecha y firma electrónica.

La persona interesada/su representante legal

C) RESOLUCIÓN

F216. RESOLUCIÓN DE INADMISIÓN A TRÁMITE DEL RECURSO DE ALZADA

Asunto:

Procedimiento:

Expediente núm.:

Departamento:

VISTO el recurso de alzada interpuesto por D/Dª. ...., en nombre y representación de ...., contra la resolución dictada por ...., de fecha ...., en el procedimiento administrativo relativo al expediente núm. ...., sobre .... (*identificar el objeto del procedimiento*), y de conformidad con los siguientes,

ANTECEDENTES DE HECHO

PRIMERO. Con fecha ...., por resolución de ...., dictada en el expediente administrativo relativo a ...., se denegó la precitada solicitud. Resolución que fue debidamente notificada a la persona interesada el día ...., con expresión de los recursos que contra la misma cabía interponer.

SEGUNDO. Contra dicha resolución, con fecha ...., se interpone recurso de alzada por el interesado el que, tras alegar lo que estimó procedente en su defensa, terminaba solicitando un pronunciamiento favorable respecto de sus pretensiones.

TERCERO. Con fecha ...., se concedió trámite de audiencia a las demás personas interesadas en el procedimiento para que pudieran alegar lo que estimasen oportuno, sin que hasta la fecha hayan hecho uso de la facultada concedida.

CUARTO. Se han emitido los informes técnicos oportunos y se ha formulado propuesta de resolución.

A los anteriores hechos son de aplicación los siguientes,

FUNDAMENTOS DE DERECHO

PRIMERO. Con carácter previo, cabe señalar que el recurso presentado debe ser calificado como de alzada, aun cuando la persona interesada lo haya denominado incorrectamente como de reposición. Si bien la errónea calificación del recurso por parte del recurrente no es obstáculo para su tramitación, siempre que se deduzca su verdadero carácter, como se prevé en el artículo 115.2 de la Ley 39/2015, de 1 de octubre, del Procedimiento Administrativo Común de las Administraciones Públicas.

Concurren en la persona interesada los requisitos relativos a la capacidad y legitimación activa necesaria para la interposición del recurso deducido, así como que consta en el expediente administrativo debidamente acreditada la representación legal del recurrente.

No obstante, debe advertirse que la interposición del presente recurso de alzada se ha producido fuera del plazo de un mes señalado en el artículo 122.1 de la citada Ley 39/2015, de 1 de octubre. De acuerdo con dicho precepto legal "*Transcurrido dicho plazo sin haberse interpuesto el recurso, la resolución será firme a todos los efectos*". En consecuencia, siendo la fecha de notificación de la resolución recurrida del día ...., el cómputo de un mes, comenzó al día siguiente, es decir, el día ...., por lo que el plazo legal para su interposición finalizó el mismo día del mes siguiente al del recibo de la notificación. Por lo que presentado el recurso de alzada el día ...., resulta inadmisible por extemporáneo.

Necesariamente, debe alcanzarse esta conclusión si se tiene en cuenta el sistema legal de cómputo de los plazos, regulado en el artículo 30.4 de la precitada Ley 39/2015, de 1 de octubre, dado que el cómputo natural del plazo de un mes establecido lo es "de fecha a fecha", por lo que "*El plazo concluirá el mismo día en que se produjo la notificación, publicación o silencio administrativo en el mes o en el año de vencimiento*" teniendo en cuenta que si en el mes de vencimiento no hubiera día equivalente a aquel en que comienza el cómputo, se entenderá que el plazo expira el último día de mes o cuando el último día de plazo sea inhábil, se entenderá prorrogado al primer día hábil siguiente. Por consiguiente, el cómputo del plazo por meses o años para la interposición de los recursos ha de hacerse de fecha a fecha, dado que el plazo vence el día correlativo mensual o anual que coincida con el mismo número ordinal al de la notificación o publicación del acto administrativo recurrido.

A este respecto, será de subrayar que el "*haber transcurrido el plazo para la interposición del recurso*", es una de las causas de inadmisión expresamente prevista en el artículo 116.d) de la Ley 39/2015, de 1 de octubre, del Procedimiento Administrativo Común de las Administraciones Públicas.

SEGUNDO. Conviene advertir, que las normas que rigen los plazos en el procedimiento administrativo son de orden público, por aplicación del principio de seguridad jurídica constitucionalmente reconocido (ex art. 9.3 CE) y que de acuerdo con lo previsto en el artículo 29 de la Ley 39/2015, de 1 de octubre, "*Los términos y plazos establecidos en ésta u otras leyes obligan a las autoridades y personal al servicio de las Administraciones Públicas competentes para la tramitación de los asuntos, así como a los interesados en los mismos*". De modo y manera que la resolución recurrida, ha devenido firme y consentida, y procesalmente inatacable, lo que conduce necesariamente a la inadmisibilidad del recurso de alzada interpuesto por haberse presentado fuera del plazo legal establecido, sin que quepa formular otras consideraciones de fondo sobre las cuestiones planteadas por el recurrente, al estar prohibida en nuestro ordenamiento jurídico-administrativo la anulación de un acto firme por vía de resolución de un recurso administrativo extemporáneo. En consecuencia, no cabe más resolución que la de declarar que concurre causa de inadmisión del recurso presentado, conforme determina el artículo 119.1 de la Ley del Procedimiento Administrativo Común de las Administraciones Públicas.

TERCERO. Sin perjuicio de lo anterior, y a efectos meramente dialécticos, importa destacar que aun de haberse interpuesto el recurso en plazo, hubiese sido desestimado, por incumplir los siguientes requisitos legalmente exigibles para poder acceder a lo solicitado: .... (*aunque no es preciso entrar en el fondo del asunto es conveniente "ad cautelam" expresar sucintamente los motivos por los cuales además la resolución impugnada se ajusta a Derecho*).

CUARTO. Este órgano administrativo es competente para resolver el presente recurso de alzada interpuesto, conforme con lo establecido en .... (*indicar la normativa específica que le sea de aplicación*).

Vistos los preceptos legales citados y demás de general o concordante aplicación,

RESUELVO

DECLARAR INADMISIBLE por extemporáneo, el recurso de alzada interpuesto por D/Dº. ...., en nombre y representación de ...., contra la resolución de fecha ...., adoptada en el expediente núm. ......, sobre el procedimiento administrativo relativo a .... (*identificar el objeto del procedimiento*).

*(*Otras causas numerus clausus de inadmisión, en su caso*): Inadmitir a trámite el recurso de alzada por desviación procesal/carecer el recurrente de legitimación/tratarse de un acto no susceptible de recurso/carecer el recurso manifiestamente de fundamento, conforme con lo establecido en el artículo 116 de la Ley 39/2015.

Contra la presente resolución, que pone fin a la vía administrativa, las personas interesadas podrán interponer recurso contencioso-administrativo ante el Juzgado de lo Contencioso-Administrativo correspondiente, en el plazo de dos meses contados desde el día siguiente al de su notificación o publicación, de conformidad con lo dispuesto en los artículos 8.3 y 46.1 de la Ley 29/1998, de 13 de julio, reguladora de la Jurisdicción Contencioso-Administrativa. Todo ello, sin perjuicio de que pueda interponerse cualquier otro recurso que se estime pertinente.

Lugar, fecha, cargo y firma electrónica.

La persona titular del órgano administrativo competente

F217. RESOLUCIÓN DEL RECURSO DE ALZADA POR MOTIVOS DE FORMA

Asunto:

Procedimiento:

Expediente núm.:

Departamento:

VISTO el recurso de alzada interpuesto por D/Dª ...., en nombre y representación de ...., contra la resolución dictada por ...., de fecha ...., en el procedimiento administrativo relativo al expediente núm. ...., sobre .... (*identificar el objeto del procedimiento*), y de conformidad con los siguientes,

ANTECEDENTES DE HECHO

PRIMERO. Con fecha ...., por resolución de ...., dictada en el expediente administrativo relativo a ...., se denegó la precitada solicitud. Resolución que fue debidamente notificada a la persona interesada el día ...., con expresión de los recursos que contra la misma cabía interponer.

SEGUNDO. Contra dicha resolución, con fecha ...., se interpone recurso de alzada por el interesado el que, tras alegar lo que estimó procedente en su defensa, terminaba solicitando un pronunciamiento favorable respecto de sus pretensiones.

TERCERO. Con fecha ...., se concedió trámite de audiencia a las demás personas interesadas en el procedimiento para que pudieran alegar lo que estimasen oportuno, sin que hasta la fecha hayan hecho uso de la facultada concedida.

CUARTO. Se han emitido los informes técnicos oportunos y se ha formulado propuesta de resolución.

A los anteriores hechos son de aplicación los siguientes,

FUNDAMENTOS DE DERECHO

PRIMERO. El presente recurso de alzada es admisible, puesto que se ha interpuesto en tiempo y forma, conforme con lo establecido en los artículos 121 y 122 de la Ley 39/2015, de 1 de octubre, del Procedimiento Administrativo Común de las Administraciones Públicas. Concurren, por lo demás, en la persona interesada los requisitos relativos a la capacidad y legitimación activa necesaria para la interposición del recurso de alzada deducido dentro de plazo, así como que consta en el expediente administrativo debidamente acreditada la representación legal del recurrente, por lo que procede entrar sobre el fondo de las cuestiones planteadas.

SEGUNDO. De acuerdo con lo previsto en el artículo 48.2 de la Ley 39/2015, de 1 de octubre, del Procedimiento Administrativo Común de las Administraciones Públicas: "*el defecto de forma sólo determinará la anulabilidad cuando el acto carezca de los requisitos formales indispensables para alcanzar el fin o dé lugar a indefensión de los interesados*".

De los datos y documentación con que se cuenta se comprueba que no consta en el expediente el informe preceptivo y vinculante de .... (*indicar el órgano administrativo competente*), que como presupuesto procedimental se exige en la normativa de aplicación que está constituida por .... (*especificar la normativa aplicable*), y debe necesariamente recabarse e incorporarse al procedimiento administrativo de su razón con el fin de proporcionar los elementos de juicio necesarios para poder adoptar una resolución con garantías de acierto. En efecto, la omisión del citado informe preceptivo comporta la anulación de la resolución recurrida por incurrir en un defecto sustantivo del procedimiento o vicio de forma que impide resolver sobre el fondo del asunto y, en consecuencia, procede ordenar la retroacción del procedimiento al momento inmediatamente anterior al que se produjo la infracción del procedimiento, conforme determina el artículo 119.2 de la Ley 39/2015, de 1 de octubre.

(*En el caso de desestimación*): Del examen del expediente de su razón se deduce que los defectos de forma alegados carecen de fundamento o entidad suficiente para anular la resolución recurrida por los siguientes motivos: .... Y en consecuencia, procede desestimar el recurso de alzada objeto de la presente resolución.

TERCERO. Este órgano administrativo es competente para resolver el presente recurso de alzada interpuesto, conforme con lo establecido en .... (*indicar la normativa específica que le sea de aplicación*).

Vistos los preceptos legales citados y demás de general o concordante aplicación,

RESUELVO

ESTIMAR/DESESTIMAR el recurso de alzada (*táchese lo que no proceda*) interpuesto por D/Dª. ...., en nombre y representación de ...., contra la resolución de fecha ...., adoptada en el expediente núm. ......, sobre el procedimiento administrativo relativo a .... (*identificar el objeto del procedimiento*).

*(*En el caso de estimación añadir si procede*): ordenando la retroacción de las actuaciones al momento inmediatamente anterior al que se produjo la infracción del procedimiento.

*(*En el caso de desestimación*): Resolución que se confirma en todos sus extremos.

Contra la presente resolución, que pone fin a la vía administrativa, las personas interesadas podrán interponer recurso contencioso-administrativo ante el Juzgado de lo Contencioso-Administrativo correspondiente, en el plazo de dos meses contados desde el día siguiente al de su notificación o publicación, de conformidad con lo dispuesto en los artículos 8.3 y 46.1 de la Ley 29/1998, de 13 de julio, reguladora de la Jurisdicción Contencioso-Administrativa. Todo ello, sin perjuicio de que pueda interponerse cualquier otro recurso que se estime pertinente.

Lugar, fecha, cargo y firma electrónica.

La persona titular del órgano administrativo competente

F218. RESOLUCIÓN DEL RECURSO DE ALZADA POR MOTIVOS DE FONDO

Asunto:
Procedimiento:
Expediente núm.:
Departamento:

VISTO el recurso de alzada interpuesto por D/Dª. ...., en nombre y representación de ...., contra la resolución dictada por ...., de fecha ...., en el procedimiento administrativo relativo al expediente núm. ...., sobre ....(*identificar el objeto del procedimiento*), y de conformidad con los siguientes,

ANTECEDENTES DE HECHO

PRIMERO. Con fecha ...., por resolución de ...., dictada en el expediente administrativo relativo a ...., se denegó la precitada solicitud. Resolución ésta que fue debidamente notificada la persona interesada el día ...., con expresión de los recursos que contra la misma cabía interponer.

SEGUNDO. Contra dicha resolución, con fecha ...., se interpone recurso de alzada por el interesado en el que, tras alegar lo que estimó procedente en su defensa, terminada solicitando un pronunciamiento favorable respecto de sus pretensiones.

TERCERO. Con fecha ...., se concedió trámite de audiencia a los demás persona interesadas en el procedimiento, para que pudieran alegar lo que estimasen oportuno, sin que hasta la fecha hayan hecho uso de la facultada concedida.

CUARTO. Se han emitido los informes técnicos oportunos y se ha formulado propuesta de resolución.

A los anteriores hechos son de aplicación los siguientes,

FUNDAMENTOS DE DERECHO

PRIMERO. El presente recurso de alzada es admisible, puesto que se ha interpuesto en tiempo y forma, conforme con lo establecido en los artículos 121 y 122 de la Ley 39/2015, de 1 de octubre, del Procedimiento Administrativo Común de las Administraciones Públicas. Concurren en la persona interesada, por lo demás, los requisitos relativos a la capacidad y legitimación activa necesarias para la interposición del recurso objeto de la presente resolución. Consta igualmente acreditada, la representación del recurrente.

En la tramitación del recurso se han observado las prescripciones legales y la documentación del expediente administrativo está completa. En consecuencia, procede entrar sobre el fondo de las cuestiones que en el mismo se plantean.

SEGUNDO. Constituye el objeto del recurso la resolución adoptada por ...., en fecha ...., sobre .... (*describir el objeto del procedimiento*).

En síntesis, alega el recurrente que dicha resolución no se ajusta a derecho por los siguientes motivos: .... (*resumir las razones de la impugnación*).

Importa señalar, respecto de cada una de las cuestiones planteadas lo siguiente:

a) ....

b) .... (*fundamentar las consideraciones jurídicas sobre el fondo del asunto*)

c) ....

TERCERO. Este órgano administrativo es competente para la adopción de la presente resolución, conforme con lo dispuesto en .... (*indicar la normativa específica que le sea de aplicación*).

Vistos los preceptos legales citados y demás de general o concordante aplicación,

RESUELVO

ESTIMAR/ESTIMAR PARCIALMENTE/DESESTIMAR (*táchese lo que no proceda*) el recurso de alzada interpuesto por D/Dª ...., en nombre y representación de ...., contra la resolución de fecha ...., adoptada por ...., en el procedimiento administrativo relativo al expediente núm. ...., sobre .... Resolución ésta que se anula y deja sin efecto/confirma en todos sus extremos (*táchese lo que no proceda*).

Contra la presente resolución, que pone fin a la vía administrativa, las personas interesadas podrán interponer recurso contencioso-administrativo ante el Juzgado de lo Contencioso-Administrativo correspondiente, en el plazo de dos meses contados desde el día siguiente al de su notificación o publicación, de conformidad con lo dispuesto en los artículos 8.3 y 46.1 de la Ley 29/1998, de 13 de julio, reguladora de la Jurisdicción Contencioso-Administrativa. Todo ello, sin perjuicio de que pueda interponerse cualquier otro recurso que se estime pertinente.

Lugar, fecha, cargo y firma electrónica.

La persona titular del órgano administrativo competente

2. Recurso potestativo de Reposición

A) INTERPOSICIÓN DEL RECURSO

F219. ESCRITO DE INTERPOSICIÓN DEL RECURSO DE REPOSICIÓN

AL ÓRGANO COMPETENTE

D/Dª. ...., mayor de edad, con de DNI/NIF/NIE núm. ...., actuando en nombre propio o en representación de ...., con domicilio a efectos de notificaciones en ...., del municipio ...., provincia de................., teléfono ...., y correo electrónico: .... Ante ese órgano administrativo comparezco (código de identificación núm. .....) y, con el debido respeto, como mejor proceda en derecho, **DIGO**:

Que en el ejercicio de los derechos e intereses legítimos que me asisten en calidad de persona interesada, de conformidad con los artículos 123 y 124 de la Ley 39/2015, de 1 de octubre, del Procedimiento Administrativo Común de las Administraciones Públicas, contra la resolución adoptada en fecha ...., en procedimiento administrativo relativo al expediente núm. ...., sobre .... (*identificar el acto que se recurre*), mediante el presente escrito interpongo RECURSO DE REPOSICIÓN fundamentado en los siguientes,

ANTECEDENTES DE HECHO

1. Con fecha ...., se adoptó la resolución de ...., por la que ....
2. Con fecha .... (*exponer sucintamente los antecedentes fácticos*)
3. Con fecha ....

La veracidad de los citados hechos se demuestra mediante la documentación acreditativa que debidamente numerada, adjunto se acompaña al presente recurso administrativo.

A los anteriores hechos acreditados deben tenerse en cuenta las siguientes,

CONSIDERACIONES TÉCNICO-JURÍDICAS

Primera. Respecto de la admisibilidad del recurso

El presente recurso de reposición se interpone dentro del plazo de un mes establecido con carácter general en el artículo 124 de la Ley 39/2015, de 1 de octubre, del Procedimiento Administrativo Común de las Administraciones Públicas. Asimismo, concurren en esta parte los requisitos relativos a la capacidad y legitimación activa necesaria para su interposición conforme a lo dispuesto en los artículos 3 y 4 de la citada ley. Por lo demás, el presente recurso de reposición cumple las formalidades exigidas en los artículos 115 y 123 y se interpone ante el mismo órgano administrativo que dictó el acto recurrido.

Segunda. En cuanto al fondo del asunto

De conformidad con lo establecido en los artículos 112 y 123 de la citada Ley 39/2015, de 1 de octubre, contra los actos administrativos que pongan fin a la vía administrativa puede potestativamente interponerse recurso de reposición ante el mismo órgano que los dictó o ser impugnados directamente ante el órgano jurisdiccional contencioso administrativo, fundamentado en cualquiera de las causas de nulidad o anulabilidad previstas en los artículos 47 y 48 de dicha ley.

A este respecto, en los apartados siguientes se examinan cada una de las infracciones al ordenamiento jurídico en las que ha incurrido la resolución recurrida:

1. ....

2. ...... *(argumentar jurídicamente los motivos de impugnación).*

3. ....

En definitiva, del análisis de toda la documentación que consta en el expediente, se desprende que la resolución recurrida no se ajusta al ordenamiento jurídico, por incurrir en graves y manifiestas infracciones o defectos sustantivos a la normativa aplicable, por lo que procede su revocación en todos sus extremos.

Por cuanto antecede, y en su atención, es por lo que,

SOLICITO: Que habiendo presentado este escrito con la documentación que se acompaña, lo admita a trámite y, en su virtud, tenga por interpuesto RECURSO DE REPOSICIÓN contra la resolución de fecha ...., adoptada por .... en el procedimiento administrativo relativo al expediente núm. ...., sobre ...., y por las razones expuestas, revoque y deje sin efecto la resolución recurrida.

OTROSÍ DIGO: Que, dadas las circunstancias que concurren en este caso anteriormente expresadas, con el fin de evitar perjuicios de difícil o imposible reparación que se pudieran producir para el interés público tutelado y en contra los derechos e intereses legitimos de esta parte afectada, que se producirían con su inmediata ejecución, solicito que en tanto se sustancie el correspondiente procedimiento revisorio, se acuerde la SUSPENSIÓN DE LA EJECUCIÓN de la resolución impugnada, demorando la eficacia inmediata del acto recurrido hasta su resolución definitiva, de conformidad con lo previsto en el artículo 117.2 de la Ley 39/2015, de 1 de octubre, del Procedimiento Administrativo Común de las Administraciones Públicas.

Lugar, fecha, cargo y firma electrónica.

La persona interesada/su representante legal

F220. ESCRITO SOLICITANDO LA SUSPENSIÓN DEL ACTO RECURRIDO EN REPOSICIÓN

AL ÓRGANO COMPETENTE

D/Dª. ...., mayor de edad, con de DNI/NIE/NIF núm. ...., actuando en nombre propio o en representación de ...., cuyos datos y demás circunstancias personales constan en el procedimiento administrativo relativo al expediente núm. ...., sobre .... Ante ese órgano administrativo comparezco (código de identificación núm. ....) y, con el debido respeto, como mejor proceda en derecho,

EXPONGO

Que, con fecha .... interpuse recurso de reposición contra la resolución de .... (*identificar el objeto del procedimiento*), y mediante el presente escrito vengo a solicitar la SUPENSIÓN DE LA EJECUCIÓN DEL ACTO IMPUGNADO aún no ejecutado, conforme a lo establecido en el artículo 117 de la Ley 39/2015, de 1 de octubre, del Procedimiento Administrativo Común de las Administraciones Públicas, fundamentada en los siguientes,

MOTIVOS RAZONADOS DE SUSPENSIÓN

Primero. Resulta evidente que, dadas las circunstancias concurrentes en el presente caso, con la inmediata ejecutividad de la resolución recurrida, se ocasionarán los siguientes daños y perjuicios de imposible o difícil reparación:

a) ....

b) ... (*argumentar los perjuicios irrogados con la ejecución del acto recurrido*).

c) ....

Segundo. En efecto, en el presente caso, concurren los requisitos legales establecidos para que deba acordarse la suspensión del acto recurrido, en cuanto a la naturaleza del daño o perjuicio, la seriedad de los motivos del recurso y la relación del acto con el interés público, conforme determina el artículo 117.2 de la Ley 39/2015, de 1 de octubre. Ello se desprende de los relevantes documentos aportados que evidencian la existencia de los daños y perjuicios de imposible o difícil reparación que la ejecución del acto sujeto a revisión podría ocasionar ante la eventual irregularidad que se le imputa, por lo que la adopción de tal medida provisional resulta necesaria para asegurar la protección del interés público tutelado por la ley y la eficiencia del procedimiento revisorio iniciado.

Además, cabe insistir que con la suspensión del acto recurrido no se derivan los más mínimos perjuicios para el interés público que pudieran lesionarse, puesto que de la ponderación racional del conflicto de intereses en juego —sin que se prejuzgue el fondo del asunto— se desprende que el principio de eficacia de los actos administrativos, no puede menguar las garantías de las personas interesadas en el ejercicio de sus derechos e intereses legítimos, y en el caso presente la apariencia de buen derecho "*fumus boni iuris*" fundamentada en ostensibles y concluyentes causas alegadas en las que pudiera incurrir la resolución recurrida, unida al inminente perjuicio real que causaría su ejecución "*periculum in mora*", hacen que resulte procedente acordar la paralización de la ejecución del acto recurrido.

Por todo ello, y en su atención, con el fin de evitar los citados perjuicios de imposible o difícil reparación, es por lo que,

SOLICITO: Que teniendo por presentado este escrito, lo admita, y por las razones expuestas, en tanto se sustancie el correspondiente procedimiento del recurso administrativo de reposición interpuesto, se suspenda la ejecución de la resolución adoptada, demorando sus efectos jurídicos hasta la resolución firme en vía administrativa, de acuerdo con lo establecido en el artículo 117 de la Ley 39/2015, de 1 de octubre, del Procedimiento Administrativo Común de las Administraciones Públicas.

Lugar, fecha y firma electrónica.

La persona interesada/su representante legal

F221. RESOLUCIÓN SOBRE LA SUSPENSIÓN SOLICITADA

Asunto:
Procedimiento:
Expediente núm.:
Departamento:

VISTA la solicitud de suspensión formulada en el recurso potestativo de reposición interpuesto por D/Dª. ...., en nombre y representación de ...., contra la resolución dictada en el procedimiento administrativo relativo al expediente núm. ...., sobre..................... (*identificar el objeto del procedimiento*), y teniendo en consideración los siguientes,

ANTECEDENTES DE HECHO

PRIMERO. Contra la resolución dictada por.........................., de fecha ...., se ha interpuesto con fecha .... recurso administrativo de reposición en el que, entre otras cosas, solicita la suspensión del acto recurrido.

SEGUNDO. Se han emitido los informes técnicos oportunos y se ha formulado propuesta de resolución.

A los anteriores hechos le son de aplicación lo siguientes,

FUNDAMENTOS DE DERECHO

PRIMERO. Dado que se solicita la suspensión del acto recurrido, se estará a lo dispuesto en el artículo 117 de la Ley 39/2015, de 1 de octubre, del Procedimiento Administrativo Común de las Administraciones Públicas, que regula la suspensión de la ejecución de los actos administrativos como consecuencia de la interposición de un recurso administrativo. A este respecto, cabe señalar que la interposición de cualquier recurso no suspende la ejecución del acto impugnado. No obstante, el órgano competente en resolver el recurso deducido, previa ponderación, suficientemente razonada, entre el perjuicio que causaría al interés público o de terceras personas la suspensión y el ocasionado al recurrente como consecuencia inmediata del acto recurrido, puede suspender, de oficio o a solicitud de la persona interesada, la ejecución del acto impugnado cuando concurran alguna de las circunstancias previstas en el citado precepto legal.

Importa tener en cuenta que la ejecución del acto impugnado se entenderá suspendida si transcurridos treinta días desde que la solicitud de suspensión haya tenido entrada en el registro electrónico de la Administración u organismo competente para decidir sobre la misma, éste no ha dictado y notificado en forma resolución expresa al respecto (ex art. 117.3). Así pues, solicitada la suspensión de la ejecución del acto recurrido, y antes de que transcurra el citado plazo de treinta días hábiles, debe adoptarse la correspondiente resolución sobre la petición de la suspensión solicitada y ello de manera anticipada a la resolución definitiva que resuelva el recurso administrativo interpuesto.

SEGUNDO. El principio de eficacia de las resoluciones o actos dictados por las Administraciones públicas amparados en su presunción de legalidad, da lugar a la regla general de la ejecutividad, que se mantiene, en principio, aunque se interponga cualquier recurso, conforme determinan los artículos 38, 39.1, 98 y 117 de la Ley 39/2015, de 1 de octubre, del Procedimiento Administrativo Común de las Administraciones Públicas, si bien la última de dichas normas permite la suspensión de la ejecución del acto en determinados supuestos expresamente previstos en la ley.

Ahora bien, la armonización de las exigencias de tales principios de actuación administrativa exige ponderar en cada caso concreto, por un lado, en qué medida el interés público o de terceros demanda ya una inmediata ejecución de lo acordado, y por otro, qué tipo de perjuicios irreversibles o de difícil reparación podrían derivarse de aquélla.

En el caso presente, tomando en consideración los tres motivos determinantes de la decisión sobre la solicitud de suspensión formulada establecidos en el artículo 117 de la Ley 39/2015, de 1 de octubre, es decir, la "naturaleza del daño o perjuicio", la seriedad de los "motivos de la impugnación" y la "relación del acto con el interés público", resulta de todo punto evidente que no/si (*táchese lo que no proceda*) concurren los requisitos legales establecidos para que pueda acordarse la suspensión del acto administrativo recurrido por las razones siguientes: .... (*argumentar jurídicamente la decisión a adoptar*).

No obstante, (*si procede, en el supuesto de estimarse la solicitud de suspensión*) al amparo de lo previsto en el apartado 4 del citado artículo 117, con el fin de garantizar la eficacia de la resolución o el acto impugnado y asegurar la protección del interés público o de terceros, procede, en el presente caso, adoptar las medidas cautelares siguientes: .... (*señalar las medidas cautelares que sean necesarias*).

TERCERO. Este órgano administrativo es competente para resolver el recurso administrativo interpuesto y, por ende, para adoptar la presente resolución, de conformidad con lo dispuesto en el artículo .... (*indicar la normativa específica que le sea de aplicación*).

Vistos los preceptos legales citados y demás de general o concordante aplicación,

RESUELVO

ESTIMAR/DESESTIMAR LA SOLICITUD DE SUSPENSIÓN (*táchese lo que no proceda*) sobre la ejecución del acto impugnado, formulada por D/Dª. ...., en el recurso de reposición interpuesto contra la resolución de fecha ...., dictada en el procedimiento administrativo relativo al expediente de referencia.

*(*En su caso, de estimarse la solicitud si procede*): Adoptar para asegurar la protección de interés público o de terceras personas y de la eficacia de la resolución impugnada, las medidas cautelares siguientes:

a) ....

b) .... (*especificar las medidas cautelares adoptadas*)

c) ....

Contra la presente resolución, que pone fin a la vía administrativa, las personas interesadas podrán interponer recurso contencioso-administrativo ante el Juzgado de lo Contencioso-Administrativo correspondiente, en el plazo de dos meses contados desde el día siguiente al de su notificación o publicación, de conformidad con lo dispuesto en los artículos 8.3 y 46.1 de la

Ley 29/1998, de 13 de julio, reguladora de la Jurisdicción Contencioso-Administrativa. Todo ello, sin perjuicio de que pueda interponerse cualquier otro recurso que se estime pertinente.

Lugar, fecha, cargo y firma electrónica.

La persona titular del órgano administrativo competente

B) INSTRUCCIÓN DEL RECURSO

F222. SOLICITUD DE INFORMES PREVIOS

Asunto:
Procedimiento:
Expediente núm.:
Departamento:

A LOS DEPARTAMENTOS INTERESADOS

Adjunto se remite copia electrónica del recurso de reposición interpuesto por D/Dª ...., contra la resolución adoptada por ...., de fecha ...., en el procedimiento administrativo relativo al expediente núm. ...., sobre .... (*identificar el objeto del procedimiento*), que se acompaña, para que se emita y remita, a través de medios electrónicos, el correspondiente informe comprensivo de las sugerencias que estime convenientes en materia de sus competencias, con el fin de poder formar criterio con garantías de acierto y adoptar la resolución definitiva que proceda.

Informe de carácter facultativo y no vinculante/preceptivo y vinculante (*táchese lo que no proceda*), que deberá ser emitido en el plazo de DIEZ DÍAS (*excepto que una disposición o el cumplimiento del resto de los plazos del procedimiento permita o exija otro plazo mayor o menor*), conforme con lo previsto en el artículo 80 de la Ley 39/2015, de 1 de octubre, del Procedimiento Administrativo Común de las Administraciones Públicas.

Se significa que, de no emitirse el informe en el plazo señalado, y sin perjuicio de la responsabilidad en que incurra el responsable de la demora, se podrán proseguir las actuaciones salvo cuando se trate de un el informe preceptivo, en cuyo caso se podrá suspender el trascurso del plazo máximo legal para resolver el procedimiento en los términos establecidos en el artículo 22.1.d) en relación con lo previsto en el artículo 80.3 ambos de la Ley 39/2015, de 1 de octubre.

El informe emitido fuera de plazo podrá no ser tenido en cuenta al adoptar la correspondiente resolución.

Lugar, fecha, cargo y firma electrónica.

La persona titular del órgano administrativo competente

F223. REMISIÓN DE INFORME SOLICITADO

Asunto:
Procedimiento:
Expediente núm.:
Departamento:

AL ÓRGANO COMPETENTE PARA RESOLVER EL RECURSO

De acuerdo con su escrito de fecha ...., por el que solicita la opinión de este departamento sobre el recurso de reposición interpuesto por D/Dª. ...., contra la resolución adoptada en fecha........., en el procedimiento administrativo relativo al expediente núm. ...... sobre .... (*identificar el objeto del procedimiento*), se emite el siguiente INFORME:

1. Sobre la tramitación del procedimiento: .... *(indicar la normativa específica que le sea de aplicación y, en su caso, las observaciones advertidas).*
2. En cuanto al fondo del asunto planteado: ...... (*concretar en párrafos separados las cuestiones a considerar objeto del informe).*

En definitiva, ... (*expresar las conclusiones del informe).*

Por todo lo anterior, procede informar FAVORABLE/DESFAVORABLEMENTE la estimación/desestimación del recurso de reposición objeto de este informe. (*También se pueden efectuar recomendaciones o propuestas de actuación que se deriven de lo expuesto e incluso acompañar anexos como documentación complementaria que ha servido de base para redactar el informe).*

Lo que se participa y traslada en relación con el asunto de referencia, sin perjuicio de la posibilidad de incorporar al expediente otros informes mejor fundados en derecho.

Lugar, fecha, cargo y firma electrónica.

La persona titular del órgano administrativo informante

F224. AUDIENCIA A TERCERAS PERSONAS INTERESADAS

Asunto:
Procedimiento:
Expediente núm.:
Departamento:

NOTIFICACIÓN A LAS PERSONAS INTERESADAS

Concluidas las actuaciones practicadas en el procedimiento administrativo relativo al recurso de reposición interpuesto por D/Dª. ...., contra la resolución adoptada por ...., de fecha ...., sobre .... (*identificar el objeto del procedimiento*), de conformidad con lo establecido en el artículo 118 de la Ley 39/2015, de 1 de octubre, del Procedimiento Administrativo Común de las Administraciones Públicas, en TRÁMITE DE AUDIENCIA se pone de manifiesto el expediente de su razón para que en el plazo de DIEZ/QUINCE DÍAS hábiles (*táchese lo que no proceda*), contados desde el día siguiente de la recepción de la presente notificación, las personas interesadas puedan examinarlo, así como formular las alegaciones y presentar los documentos y justificaciones que estimen pertinentes ante este Departamento.

Se puede acceder a dicho expediente administrativo completo a través del portal de la sede electrónica de esta Administración desde el Punto de Acceso General en la siguiente dirección: *"https://......... es"*, durante las 24 horas al día los siete días de la semana, mediante la utilización de clave concertada integrada por la clave de acceso .... (*conocida únicamente por la persona interesada*) o, en su caso, con certificado electrónico o digital de confianza.

También el expediente de referencia se encuentra a disposición de las personas interesadas en ...., en horario de oficinas abiertas al público (de 9 a 14 horas), sitas en ...., donde podrán comparecer presencialmente y actuar asistidos de asesor si lo consideran conveniente en defensa de sus derechos e intereses legítimos. De lo que se practicará la oportuna Diligencia para el examen del referido expediente administrativo, extendiéndose la correspondiente certificación acreditativa de la comparecencia que se entregará a solicitud del interesado, conforme determina el artículo 19 de la citada Ley 39/2015, de 1 de octubre.

Asimismo, a la presente notificación se acompaña la relación de los documentos que constan en el expediente electrónico, a fin de que las personas interesadas puedan obtener copias de aquellos que estimen convenientes dentro del plazo señalado al efecto en el trámite de audiencia y vista concedido.

Contra este acto que es de trámite no cabe interponer recurso alguno, sin perjuicio de que las personas interesadas puedan recurrir la resolución que ponga fin al procedimiento, de acuerdo con lo previsto en el artículo 112.1 de la indicada Ley 39/2015, de 1 de octubre, del Procedimiento Administrativo Común de las Administraciones Públicas.

Lugar, fecha, cargo y firma electrónica.

Documento firmado digitalmente. La persona titular del órgano administrativo competente. Autenticidad verificable mediante Código de Seguro Verificación (CSV).... en sede electrónica de esta Administración Pública.

F225. ALEGACIONES DE LAS PERSONAS INTERESADAS

AL ÓRGANO COMPETENTE

D/Dª. ...., mayor de edad, con de DNI/NIF/NIE núm. ...., actuado en nombre propio o en representación de ...., domicilio a efectos de notificaciones en .... del municipio ...., provincia de ...., teléfono ...., y correo electrónico: .... En el procedimiento administrativo relativo al expediente núm. .... sobre .... (*identificar el objeto del procedimiento*). Ante ese órgano administrativo comparezco (código de identificación núm. ...) y, con el debido respeto, como mejor proceda en derecho, **DIGO**:

Que con fecha ...., he recibido la notificación por la que se traslada el recurso de reposición interpuesto por D/Dª. ...., y dentro del plazo del trámite de audiencia concedido, en el ejercicio de los derechos e intereses legítimos que me asisten en calidad de persona interesada, mediante el presente escrito vengo a formular las siguientes,

ALEGACIONES

Primera. ....

Segunda. .... (*fundamentar jurídicamente los motivos de las alegaciones*).

Tercera. ....

Como acreditación de todo lo expuesto se acompañan al presente escrito los DOCUMENTOS y justificantes siguientes:

1. ....
2. .... (*relacionar y enumerar los documentos aportados*).
3. ....

Por todo ello, y en su atención, es por lo que,

SOLICITO: Que admita el presente escrito junto con la documentación aportada y, por las razones expuestas, tenga en cuenta las alegaciones efectuadas y se dicte resolución definitiva en el procedimiento administrativo relativo al expediente núm..... sobre ...., objeto de recurso de reposición de conformidad con las mismas.

Lugar, fecha y firma electrónica.

La persona interesada/su representante legal

C) RESOLUCIÓN

F226. RESOLUCIÓN DE INADMISIÓN A TRÁMITE DEL RECURSO DE REPOSICIÓN

Asunto:
Procedimiento:
Expediente núm.:
Departamento:

VISTO el recurso potestativo de reposición interpuesto por D/Dª. ...., en nombre propio y representación de ...., contra el acuerdo adoptado por esta Administración sobre .... (*identificar el objeto del procedimiento*), en el procedimiento administrativo relativo al expediente de referencia, y de conformidad con los siguientes,

ANTECEDENTES DE HECHO

PRIMERO. Con fecha ...., por resolución de este órgano administrativo, adoptada en el expediente administrativo relativo a ...., se acordó lo siguiente: "..............................." (*transcribir la parte dispositiva de la resolución*). Resolución ésta que fue debidamente notificada a las personas interesadas en el procedimiento el día ...., con expresión de los recursos que contra la misma cabía interponer.

SEGUNDO. Contra dicha resolución, con fecha ...., por D/Dª. ...., se interpone recurso potestativo de reposición en el que, tras alegar lo que estimó procedente en su defensa, terminada solicitando un pronunciamiento favorable respecto de sus pretensiones.

TERCERO. Con fecha ...., se concedió trámite de audiencia a las demás personas interesadas en el expediente respecto al recurso de revisión formulado, para que pudieran alegar lo que estimasen oportuno, sin que hasta la fecha hayan hecho uso de la facultada concedida.

CUARTO. Se han emitido los informes técnicos oportunos, y se ha formulado propuesta de resolución.

A los anteriores hechos son de aplicación los siguientes,

FUNDAMENTOS DE DERECHO

PRIMERO. Conviene examinar con carácter previo, por ser cuestión de orden público de cuya resolución depende la procedencia del análisis de las cuestiones de fondo planteadas, la relativa a la admisibilidad del recurso de reposición interpuesto. A este respecto, importa señalar que el artículo 123 de la Ley 39/2015, de 1 de octubre, del Procedimiento Administrativo Común de las Administraciones Públicas, regula el régimen jurídico del recurso de reposición en los siguientes términos: "*1. Los actos administrativos que pongan fin a la vía administrativa podrán ser recurridos potestativamente en reposición ante el mismo órgano que los hubiera dictado o ser impugnados ante el orden jurisdiccional contencioso-administrativo. 2. No se podrá interponer recurso contencioso-administrativo hasta que sea resuelto expresamente o se haya producido la desestimación presunta del recurso de reposición interpuesto*". Siendo el plazo de interposición de un mes, si el acto fuera expreso o en el supuesto de ser un acto presunto producido silencio administrativo se podrá interponer dicho recurso en cualquier momento a partir del día siguiente a aquel en que, de acuerdo con su normativa específica, se produzca el acto presunto, según establece el artículo 124 de mismo texto legal.

SEGUNDO. En el caso presente, concurren causas de inadmisión, señaladas en el artículo 116 de la Ley 39/2015, de 1 de octubre, del Procedimiento Administrativo Común de las Administraciones Públicas. En efecto, de los datos y documentos con que se cuenta se desprende que este órgano es incompetente para su conocimiento/carece de legitimación el recurrente/ se trata de un acto no susceptible de recurso/ha transcurrido el plazo para la interposición del recurso/carece el recurso manifiestamente de fundamento (*táchese lo que no proceda*) por cuanto que .... (*argumentar motivadamente las razones jurídicas que conducen a la inadmitir a trámite el recurso*).

Por todo lo que antecede, procede inadmitir a trámite el presente recurso potestativo de reposición, conforme a lo dispuesto en el artículo 119.1 de la indicada Ley 39/2015.

TERCERO. Este órgano administrativo es competente para resolver el presente recurso de reposición, de acuerdo con lo previsto en el artículo .... (*indicar la normativa específica que le sea de aplicación*).

Vistos los preceptos legales citados y demás de general o concordante aplicación,

RESUELVO

INADMITIR A TRÁMITE el recurso de reposición interpuesto por D/Dª. ...., contra la resolución de fecha ...., adoptada por esta Administración Pública en el expediente núm. ..., sobre el procedimiento administrativo relativo a .... (*indicar el objeto de procedimiento*), por desviación procesal/por carecer de legitimación el recurrente/por tratarse de un acto no susceptible de recurso/ por extemporáneo/por carecer el recurso manifiestamente de fundamento (*táchese lo que no proceda*).

Contra la presente resolución, que pone fin a la vía administrativa, las personas interesadas podrán interponer recurso contencioso-administrativo ante el Juzgado de lo Contencioso-Administrativo correspondiente, en el plazo de dos meses contados desde el día siguiente al de su notificación o publicación, de conformidad con lo dispuesto en los artículos 8.3 y 46.1 de la Ley 29/1998, de 13 de julio, reguladora de la Jurisdicción Contencioso-Administrativa. Todo ello, sin perjuicio de que pueda interponerse cualquier otro recurso que se estime pertinente.

Lugar, fecha, cargo y firma electrónica.

La persona titular del órgano administrativo competente

F227. RESOLUCIÓN DEL RECURSO DE REPOSICIÓN POR MOTIVOS DE FORMA

Asunto:

Procedimiento:

Expediente núm.:

Departamento:

VISTO el recurso potestativo de reposición interpuesto por D/Dª. ...., actuando en nombre propio o representación de ...., contra el acuerdo adoptado por esta Administración en el procedimiento administrativo relativo al expediente núm. ....., sobre .... (*identificar el objeto del procedimiento*), y de conformidad con los siguientes,

ANTECEDENTES DE HECHO

PRIMERO. Esta Administración por acuerdo de fecha ...., se aprobó .... Acuerdo éste que fue notificado a las personas interesadas y publicado en el diario oficial de ...., con expresión de los recursos que contra el mismo cabía interponer.

SEGUNDO. Contra dicho Acuerdo, con fecha ...., se interpone recurso potestativo de reposición por el precitado recurrente en el que, tras alegar lo que estimó procedente en su defensa, terminaba solicitando un pronunciamiento favorable respecto de sus pretensiones.

TERCERO. Con fecha ...., se concedió trámite de audiencia a las demás personas interesadas en el procedimiento, para que pudieran alegar lo que estimasen oportuno, sin que hasta la fecha hayan hecho uso de la facultada concedida.

CUARTO. Se han emitido los informes técnicos oportunos y se ha formulado propuesta de resolución.

A los anteriores hechos son de aplicación los siguientes,

FUNDAMENTOS DE DERECHO

PRIMERO. El presente recurso de reposición es admisible, puesto que se ha interpuesto en tiempo y forma, conforme con lo establecido en los artículos 123 y 124 de la Ley 39/2015, de 1 de octubre, del Procedimiento Administrativo Común de las Administraciones Públicas.

Concurren en la persona interesada, por lo demás, los requisitos relativos a la capacidad y legitimación activa necesarias para la interposición del recurso objeto de la presente resolución. Además, consta igualmente acreditada, la representación del recurrente.

En la tramitación del recurso se han observado las prescripciones legales y el expediente se considera completo. En consecuencia, procede entrar sobre el fondo de las cuestiones que en el mismo se plantean.

SEGUNDO. Constituye el objeto del presente recurso de reposición, la resolución adoptada por este órgano administrativo, en fecha ......, por la que se denegó la solicitud sobre .... (*describir el objeto del procedimiento*).

En síntesis, se alega que dicha resolución no se ajusta a derecho por incurrir en defectos sustantivos del procedimiento al carecer de los requisitos formales indispensables para alcanzar su fin o que dan lugar a indefensión, en concreto los siguientes: .... (*resumir los motivos alegados de impugnación).*

A este respecto, examinadas las actuaciones realizadas se ha comprobado (*caso de estimación*) la falta del trámite de ...., lo que constituye una infracción sustantiva de los procedimientos administrativos de esta índole (art. 48.2 de la ley 39/2015), que no es óbice para que con carácter retroactivo una vez subsanado el vicio de forma cometido se pueda proseguir su tramitación hasta la resolución definitiva, de acuerdo con lo dispuesto en el artículo 119, apartado 2, de la Ley 39/2015, de 1 de octubre, del Procedimiento Administrativo Común de las Administraciones Públicas. (*En el caso de desestimación*) que las pretensiones formuladas carecer de fundamento por cuanto .... y, en consecuencia, procede desestimar el recurso de reposición objeto de la presente resolución.

Todo ello conduce necesariamente a la estimación/desestimación del recurso de reposición interpuesto, suponiendo con ello la anulación/confirmación de la resolución recurrida.

TERCERO. Este órgano administrativo es competente para adoptar la presente resolución, conforme con lo establecido en .... (*indicar la normativa específica que le sea de aplicación).*

Vistos los preceptos legales citados y demás de general o concordante aplicación,

RESUELVO

ESTIMAR/DESESTIMAR el recurso de reposición interpuesto por D/Dª. ...., en nombre y representación de ...., contra la resolución de fecha .... adoptada por este órgano administrativo en el expediente núm. ...., sobre el procedimiento administrativo relativo a .... (*En caso de estimación*): anulando la resolución recurrida por defecto sustantivo de procedimiento, con orden de retroacción de las actuaciones del expediente al momento inmediatamente anterior en el que se produjo la infracción del procedimiento. (*En caso de desestimación*): Resolución que se confirma en todos sus extremos.

Contra la presente resolución, que pone fin a la vía administrativa, las personas interesadas podrán interponer recurso contencioso-administrativo ante el Juzgado de lo Contencioso-Administrativo correspondiente, en el plazo de dos meses contados desde el día siguiente al de su notificación o publicación, de conformidad con lo dispuesto en los artículos 8.3 y 46.1 de la Ley 29/1998, de 13 de julio, reguladora de la Jurisdicción Contencioso-Administrativa. Todo ello, sin perjuicio de que pueda interponerse cualquier otro recurso que se estime pertinente.

Lugar, fecha, cargo y firma electrónica.

La persona titular del órgano administrativo competente

F228. RESOLUCIÓN DEL RECURSO DE REPOSICIÓN POR MOTIVOS DE FONDO

Asunto:

Procedimiento:

Expediente núm.:

Departamento:

VISTO el recurso potestativo de reposición interpuesto por D/Dª. ...., en nombre y representación de ...., contra la resolución dictada por esta Administración Pública, de fecha ...., sobre .... (*identificar el objeto del procedimiento*), y de conformidad con los siguientes,

ANTECEDENTES DE HECHO

PRIMERO. Con fecha ...., por resolución de ...., adoptada por este órgano administrativo en el expediente relativo a ...., se denegó la precitada solicitud. Resolución ésta que fue debidamente notificada el día ...., con expresión de los recursos que contra la misma cabía interponer.

SEGUNDO. Contra dicha resolución, con fecha ...., se interpone recurso de reposición en el que, tras alegar lo que estimó procedente en su defensa, terminada solicitando un pronunciamiento favorable respecto de sus pretensiones.

TERCERO. Con fecha ...., se concedió trámite de audiencia a las demás personas interesadas en el procedimiento, para que pudieran alegar lo que estimasen oportuno, sin que hasta la fecha hayan hecho uso de la facultada concedida.

CUARTO. Se han emitido los informes técnicos oportunos y se ha formulado propuesta de resolución.

A los anteriores hechos le son de aplicación los siguientes,

FUNDAMENTOS DE DERECHO

PRIMERO. El presente recurso de reposición es admisible, puesto que se ha interpuesto en tiempo y forma, conforme con lo establecido en los artículos 123 y 124 de la Ley 39/2015, de 1 de octubre, del Procedimiento Administrativo Común de las Administraciones Públicas.

Concurren en persona interesada, por lo demás, los requisitos relativos a la capacidad y legitimación activa necesarias para la interposición del recurso objeto de la presente resolución. Además, consta igualmente acreditada, la representación del recurrente.

En la tramitación del recurso se han observado las prescripciones legales y el expediente se considera completo. En consecuencia, procede entrar sobre el fondo de las cuestiones que en el mismo se plantean.

SEGUNDO. Constituye el objeto del presente recurso potestativo de reposición, la resolución adoptada por este órgano administrativo, en fecha ......, por la que se denegó la solicitud sobre .... (*describir el objeto del procedimiento*).

En síntesis, se alega que dicha resolución no se ajusta a Derecho por los siguientes motivos: .... (*resumir las razones de la impugnación*).

Importa señalar, respecto de cada una de las cuestiones planteadas lo siguiente:

a) ....

b) ...... (*fundamentar jurídicamente las consideraciones sobre el fondo del asunto)*

c) ....

TERCERO. Este órgano administrativo es competente para la adopción de la presente resolución conforme con establecido en .... (*indicar la normativa específica que le sea de aplicación*).

Vistos los preceptos legales citados y demás de concordante o pertinente aplicación,

RESUELVO

ESTIMAR/ESTIMAR PARCIALMENTE/DESESTIMAR (*táchese lo que no proceda*) el recurso potestativo de reposición interpuesto por D/Dª. ...., en nombre y representación de ...., contra la resolución de fecha ...., adoptada por ...., en el procedimiento administrativo relativo al expediente núm. ...., sobre .... Resolución ésta que se anula y deja sin efecto/confirma en todos sus extremos (*táchese lo que no proceda*).

Contra la presente resolución, que pone fin a la vía administrativa, las personas interesadas podrán interponer recurso contencioso-administrativo ante el Juzgado de lo Contencioso-Administrativo correspondiente, en el plazo de dos meses contados desde el día siguiente al de su notificación o publicación, de conformidad con lo dispuesto en los artículos 8.3 y 46.1 de la Ley 29/1998, de 13 de julio, reguladora de la Jurisdicción Contencioso-Administrativa. Todo ello, sin perjuicio de que pueda interponerse cualquier otro recurso que se estime pertinente.

Lugar, fecha, cargo y firma electrónica.

La persona titular del órgano administrativo competente

3. Recurso extraordinario de Revisión

A) INTERPOSICIÓN DEL RECURSO

F229. ESCRITO DE INTERPOSICIÓN DEL RECURSO EXTRAORDINARIO DE REVISIÓN

AL ÓRGANO COMPETENTE

D/Dª. ...., mayor de edad, con de DNI/NIF/NIE núm. ...., actuando en nombre o representación de ...., con domicilio a efectos de notificaciones en ...., del municipio ...., provincia de ...., teléfono ...., y correo electrónico: .... Ante ese órgano administrativo comparezco (código de identificación núm. ....) y, con el debido respeto, como mejor proceda en derecho, **DIGO**:

Que en el ejercicio de los derechos e intereses legítimos que me asisten, de conformidad con los artículos 125 y 126 de la Ley 39/2015, de 1 de octubre, del Procedimiento Administrativo Común de las Administraciones Públicas, mediante el presente escrito interpongo RECURSO EXTRAORDINARIO DE REVISIÓN contra la resolución adoptada en fecha..........., en procedimiento administrativo relativo al expediente núm. ......, sobre .... (*identificar el acto que se recurre*), fundamentado en los siguientes,

ANTECEDENTES DE HECHO

1. Con fecha ......, se adoptó la resolución de ....., por la que ... (*transcribir la parte dispositiva del acto objeto de recurso*).
2. Con fecha .... (*exponer sucintamente los antecedentes fácticos*)
3. Con fecha ....

La veracidad de los citados hechos se comprueba mediante la documentación acreditativa que debidamente numerada, adjunto se acompaña al presente recurso administrativo de revisión.

A los anteriores hechos deben tenerse en cuenta las siguientes,

CONSIDERACIONES TÉCNICO-JURÍDICAS

PRIMERA. Respecto de la admisibilidad del recurso

El recurso extraordinario de revisión se interpone dentro del plazo de tres meses/cuatro años (*táchese lo que no proceda*) establecido con carácter general en el artículo 125.4 de la Ley 39/2015, de 1 de octubre, del Procedimiento Administrativo Común de las Administraciones Públicas. Asimismo, concurren en esta parte los requisitos relativos a la capacidad y legitimación activa necesaria para su interposición conforme a lo dispuesto en los artículos 3 y 4 de la citada ley y consta igualmente acreditada la representación del recurrente. Por lo demás, el escrito de recurso cumple las formalidades exigidas en los artículos 113 y 115 de la precitada ley, y se interpone ante el órgano administrativo competente para su conocimiento.

SEGUNDA. En cuanto al fondo del asunto

De conformidad con lo establecido en el artículo 125.1 de la Ley 39/2015, de 1 de octubre, del Procedimiento Administrativo Común de las Administraciones Públicas contra los actos firmes en vía administrativa podrá interponerse el recurso extraordinario de revisión ante el órgano administrativo que los dictó, que también será el competente para su resolución, cuando concurra algunas de las circunstancias previstas en dicho precepto legal.

En el presente caso, resulta evidente que concurre la circunstancia .... de las causas tasadas en el apartado 1 del artículo 125 de la indicada Ley 39/2015, de 1 de octubre, que preceptúa que cabe interponer este recurso extraordinario de revisión cuando .... (*señalar la causa de la infracción cometida en la resolución recurrida*). Por lo que para el restablecimiento del ordenamiento jurídico-administrativo vulnerado, procede la revisión de carácter extraordinario de la resolución adoptada por ...., en fecha ....., en el procedimiento administrativo relativo al expediente núm. ...., sobre .... (*indicar el acto que se recurre.*)

En efecto, en la citada resolución firme concurren las circunstancias legalmente previstas para su revocación que a continuación se detallan (*táchese lo que no proceda a continuación*):

a) De la mera confrontación de la parte dispositiva de la resolución recurrida con el documento relativo a ...., que obra en el expediente y que sirvió de base para la adopción de la resolución recurrida, se aprecia la existencia de un error de hecho consistente en ...., por cuanto que .... (*argumentar los motivos de impugnación*).

b) La aparición posterior del documento relativo a ...., que es de valor esencial para la resolución del asunto, evidencia el error en que incurrió la resolución recurrida, por cuanto que .... (*argumentar los motivos de impugnación*).

c) En la sentencia judicial firme de ...., dictada en fecha ...., se han declarado falsos los documentos o testimonios esenciales que sirvieron de base para la adopción de la resolución recurrida, por cuanto que .... (*argumentar los motivos de impugnación*).

d) Que por sentencia judicial firme de ...., dictada en fecha ...., se ha declarado probado que la resolución recurrida fue dictada como consecuencia de ...., conducta tipificada como delito contra la Administración Pública.

En definitiva, del análisis de la documentación aportada, se desprende que la resolución recurrida no se ajusta al ordenamiento jurídico-administrativo, por incurrir en graves y manifiestas infracciones a la normativa aplicable, por lo que procede su revocación en todos sus extremos.

Por todo ello, y en su atención, es por lo que,

SOLICITO: Que habiendo presentado este escrito junto con la documentación que se acompaña, lo admita a trámite y, en su virtud, tenga por interpuesto RECURSO EXTRAORDINARIO DE REVISIÓN contra la resolución de ...... adoptada en fecha ...., en el procedimiento administrativo relativo al expediente núm. ...., sobre .... y, por las razones expuestas, se dicte resolución por la que se revoque y deje sin efecto la resolución recurrida.

OTROSÍ DIGO: Que, dadas las circunstancias que concurren en este caso anteriormente expresadas, con el fin de evitar perjuicios de difícil o imposible reparación que se pudieran producir para el interés público tutelado y en contra los derechos e intereses legítimos de esta parte afectada, que se producirían con su inmediata ejecución, solicito que en tanto se sustancie el correspondiente procedimiento revisorio, se acuerde la SUSPENSIÓN DE LA EJECUCIÓN de la resolución impugnada, cuya declaración de nulidad de pleno derecho se solicita, demorando la eficacia inmediata del acto recurrido hasta su resolución definitiva, de conformidad con lo previsto en el artículo 117.2 de la Ley 39/2015, de 1 de octubre, del Procedimiento Administrativo Común de las Administraciones Públicas.

Lugar, fecha y firma electrónica.

La persona interesada/su representante legal

F230. ESCRITO SOLICITANDO LA SUSPENSIÓN DEL ACTO RECURRIDO EN REVISIÓN

AL ÓRGANO COMPETENTE

D/Dª. ...., mayor de edad, con de DNI/NIE/NIF núm. ...., actuando en nombre propio o en representación de ...., cuyos datos y demás circunstancias personales constan en el procedimiento administrativo relativo el expediente núm. ...., sobre .... Ante ese órgano administrativo comparezco (código de identificación núm. ....) y, con el debido respeto, como mejor proceda en derecho, **DIGO**:

Que, con fecha .... interpuse recurso de revisión contra la resolución de .... (*identificar el objeto del procedimiento*), y mediante el presente escrito vengo a solicitar la suspensión de la ejecución del acto impugnado aún no ejecutado, conforme a lo establecido en el artículo 117 de la Ley 39/2015, de 1 de octubre, del Procedimiento Administrativo Común de las Administraciones Públicas, fundamentada en los siguientes,

MOTIVOS RAZONADOS DE SUSPENSIÓN

Primero. Resulta evidente que, dadas las circunstancias concurrentes en el presente caso, con la inmediata ejecutividad de la resolución recurrida, se ocasionarán los siguientes daños y perjuicios de imposible o difícil reparación:

a) ....

b) .... (*argumentar los perjuicios irrogados con la ejecución del acto recurrido).*

c) ....

Segundo. En efecto, en el presente caso, concurren los requisitos legales establecidos para que deba acordarse la suspensión del acto recurrido, en cuanto a la naturaleza del daño o perjuicio, la seriedad de los motivos del recurso y la relación del acto con el interés público, conforme determina el artículo 117.2 de la Ley 39/2015, de 1 de octubre. Ello se desprende de los relevantes documentos aportados que evidencian la existencia de los daños y perjuicios de imposible o difícil reparación que la ejecución del acto sujeto a revisión podría a carrear ante la eventual irregularidad que se le imputa, por lo que la adopción de tal medida provisional resulta necesaria para asegurar la protección del interés público tutelado por la ley y la eficiencia del procedimiento revisorio iniciado.

Además, cabe insistir que con la suspensión del acto recurrido no se derivan los más mínimos perjuicios para el interés público que pudieran lesionarse, puesto que de la ponderación racional del conflicto de intereses en juego —sin que se prejuzgue el fondo del asunto— se desprende que el principio de eficacia de los actos administrativos, no puede menguar las garantías de las personas interesadas en el ejercicio de sus derechos e intereses legítimos, y en el caso presente la apariencia de buen derecho "*fumus boni iuris*" fundamentada en ostensibles y concluyentes causas alegadas en las que pudiera incurrir la resolución recurrida, unida al inminente perjuicio real que causaría su ejecución "*periculum in mora*", hacen que resulte procedente acordar la paralización de la ejecución del acto recurrido.

Por todo ello, y en su atención, con el fin de evitar los citados perjuicios de imposible o difícil reparación, es por lo que,

SOLICITO: Que teniendo por presentado este escrito, lo admita y, por las razones expuestas, en tanto se sustancie el correspondiente procedimiento del recurso extraordinario de revisión de interpuesto, se suspenda la ejecución de la resolución adoptada, demorando sus efectos jurídicos hasta la resolución firme en vía administrativa, de acuerdo con lo establecido en el artículo 117 de la Ley 39/2015, de 1 de octubre, del Procedimiento Administrativo Común de las Administraciones Públicas.

Lugar, fecha y firma electrónica.

La persona interesada/su representante legal

F231. RESOLUCIÓN SOBRE LA SUSPENSIÓN SOLICITADA

Asunto:
Procedimiento:
Expediente núm.:
Departamento:

VISTA la solicitud de suspensión formulada en el recurso extraordinario de revisión interpuesto por D/Dª. ...., en nombre y representación de ...., contra la resolución dictada en el procedimiento relativo al expediente administrativo núm. ...., sobre.................... (*identificar el objeto del procedimiento*), y teniendo en consideración los siguientes,

ANTECEDENTES DE HECHO

PRIMERO. Contra la resolución dictada por ...., de fecha ...., se ha interpuesto el precitado recurso administrativo de revisión, en el que, entre otras cosas, solicita la suspensión del acto recurrido.

SEGUNDO. Se han emitido los informes técnicos oportunos y se ha formulado propuesta de resolución.

A los anteriores hechos son de aplicación los siguientes,

FUNDAMENTOS DE DERECHO

PRIMERO. Dado que se solicita la suspensión del acto recurrido, se estará a lo dispuesto en el artículo 117 de la Ley 39/2015, de 1 de octubre, del Procedimiento Administrativo Común de las Administraciones Públicas, que regula la suspensión de la ejecución de los actos administrativos como consecuencia de la interposición de un recurso administrativo. A este respecto, cabe señalar que la interposición de cualquier recurso no suspende la ejecución del acto impugnado. No obstante, el órgano competente en resolver el recurso deducido, previa ponderación, suficientemente razonada, entre el perjuicio que causaría al interés público o de terceras personas la suspensión y el ocasionado al recurrente como consecuencia inmediata del acto recurrido, puede suspender, de oficio o a solicitud de la persona interesada, la ejecución del acto impugnado cuando concurran alguna de las circunstancias previstas en el citado precepto legal.

Importa tener en cuenta que la ejecución del acto impugnado se entenderá suspendida si transcurridos treinta días desde que la solicitud de suspensión haya tenido entrada en el registro electrónico de la Administración u organismo competente para decidir sobre la misma, éste no ha dictado y notificado en forma resolución expresa al respecto (ex art. 117.3). Así pues, solicitada la suspensión de la ejecución del acto recurrido, y antes de que transcurra el citado plazo de treinta días hábiles, debe adoptarse la correspondiente resolución sobre la petición de la suspensión solicitada y ello de manera anticipada a la resolución definitiva que resuelva el recurso administrativo interpuesto.

SEGUNDO. El principio de eficacia de las resoluciones o actos dictados por las Administraciones públicas amparados en su presunción de legalidad, da lugar a la regla general de la ejecutividad, que se mantiene, en principio, aunque se interponga cualquier recurso, conforme determinan los artículos 38, 39.1, 98 y 117 de la Ley 39/2015, de 1 de octubre, del Procedimiento Administrativo Común de las Administraciones Públicas, si bien la última de dichas normas permite la suspensión de la ejecución del acto en determinados supuestos expresamente previstos en la ley.

Ahora bien, la armonización de las exigencias de tales principios de actuación administrativa exige ponderar en cada caso concreto, por un lado, en qué medida el interés público o de terceros demanda ya una inmediata ejecución de lo acordado, y por otro, qué tipo de perjuicios irreversibles o de difícil reparación podrían derivarse de aquélla.

En el caso presente, tomando en consideración los tres motivos determinantes de la decisión sobre la solicitud de suspensión formulada establecidos en el artículo 117 de la Ley 39/2015, de 1 de octubre, es decir, la "naturaleza del daño o perjuicio", la seriedad de los "motivos de la impugnación" y la "relación del acto con el interés público", resulta de todo punto evidente que no/si (*táchese lo que no proceda*) concurren los requisitos legales establecidos para que pueda acordarse la suspensión del acto administrativo recurrido por las razones siguientes: .... (*argumentar jurídicamente la decisión a adoptar*).

No obstante, (*si procede, en el supuesto de estimarse la solicitud de suspensión*) al amparo de lo previsto en el apartado 4 del citado artículo 117, con el fin de garantizar la eficacia de la resolución o el acto impugnado y asegurar la protección del interés público o de terceros, procede adoptar medidas cautelares siguientes: .... (*señalar las medidas cautelares que sean precisas*).

TERCERO. Este órgano administrativo es competente para resolver el recurso administrativo interpuesto y, por ende, para adoptar la presente resolución, de conformidad con lo dispuesto en el artículo .... (*indicar la normativa específica que le sea de aplicación*).

Vistos los preceptos legales citados y demás de general o concordante aplicación,

RESUELVO

ESTIMAR/DESESTIMAR (*táchese lo que no proceda*) la solicitud de suspensión sobre la ejecución del acto impugnado, formulada por D/Dª. ...., en el recurso extraordinario de revisión interpuesto contra la resolución de fecha ...., dictada en el procedimiento administrativo relativo al expediente de referencia.

*(*Para el caso de estimarse la solicitud si procede)* Adoptar para asegurar la protección de interés público o de terceras personas y de la eficacia de la resolución impugnada, las medidas cautelares siguientes:

a) ....

b) .... (*especificar las medidas cautelares adoptadas*)

c) ....

Contra la presente resolución, que pone fin a la vía administrativa, las personas interesadas podrán interponer recurso contencioso-administrativo ante el Juzgado de lo Contencioso-Administrativo correspondiente, en el plazo de dos meses contados desde el día siguiente al de su notificación o publicación, de conformidad con lo dispuesto en los artículos 8.3 y 46.1 de la

Ley 29/1998, de 13 de julio, reguladora de la Jurisdicción Contencioso-Administrativa. Todo ello, sin perjuicio de que pueda interponerse cualquier otro recurso que se estime pertinente.

Lugar, fecha, cargo y firma electrónica.

La persona titular del órgano administrativo competente

B) INSTRUCCIÓN DEL PROCEDIMIENTO

F232. SOLICITUD DE INFORMES PREVIOS

Asunto:
Procedimiento:
Expediente núm.:
Departamento:

A LOS DEPARTAMENTOS INTERESADOS

Adjunto se remite por vía electrónica el recurso de revisión interpuesto por D/Dª. ...., contra la resolución dictada por este órgano administrativo de fecha ...., en el procedimiento administrativo relativo al expediente núm. ...., sobre .... (*identificar el objeto del procedimiento*), para que conformidad con lo dispuesto en los artículos 79 y 80 de la Ley 39/2015, de 1 de octubre, del Procedimiento Administrativo Común de las Administraciones Públicas, se emita y remita, por vía electrónica, informe en el plazo de DIEZ DÍAS a este órgano competente para la resolución del procedimiento sobre la procedencia o no de admitir a trámite dicho recurso de revisión, antes de proceder a recabar, en su caso, el dictamen del órgano consultivo competente, de acuerdo con lo previsto en el artículo 126.1 de la indicada Ley 39/2015, de 1 de octubre.

Lugar, fecha, cargo y firma electrónica.

La persona titular del órgano administrativo competente

F233. REMISIÓN DE INFORME SOLICITADO

Asunto:
Procedimiento:
Expediente núm.:
Departamento:

AL ÓRGANO COMPETENTE

De acuerdo con su escrito de fecha .... por el que solicita la opinión de este departamento sobre el recurso extraordinario de revisión interpuesto por D/Dª. ...., contra la resolución adoptada en fecha ...., en el procedimiento administrativo relativo al expediente núm. ...... sobre .... (*identificar el objeto del procedimiento*), se emite el siguiente INFORME:

1. Respecto de la tramitación del procedimiento:
   - ....
   - .... (*indicar la normativa específica que le sea de aplicación y, en su caso, las observaciones advertidas*).
   - ....
2. En cuanto al fondo del asunto planteado:
   - ....
   - ...... (*expresar de forma clara y concisa las cuestiones a considerar objeto del informe*).
   - ....

En definitiva, ... (*concretar las conclusiones del informe*).

Por todo lo anterior, es por lo que procede INFORMAR FAVORABLE/DESFAVORABLEMENTE la adminisión/estimación/desestimación del recurso de revisión objeto de este informe. (*También se pueden efectuar recomendaciones o propuestas de actuación que se deriven de lo expuesto e incluso acompañar anexos como documentación complementaria que ha servido de base para redactar el informe*).

Lo que se participa y traslada para su conocimiento y a efectos oportunos, sin perjuicio de poder incorporar al expediente otros informes mejor fundados en derecho.

Lugar, fecha, cargo y firma electrónica.

La persona titular del órgano administrativo informante

F234. AUDIENCIA A TERCERAS PERSONAS INTERESADAS

Asunto:

Procedimiento:

Expediente núm.:

Departamento:

NOTIFICACIÓN A LAS PERSONAS INTERESADAS

Concluidas las actuaciones practicadas en el procedimiento administrativo relativo al recurso de revisión interpuesto por D/Dª...................., contra la resolución adoptada por ...., de fecha ...., sobre .... (*identificar el objeto del procedimiento*), de conformidad con lo establecido en el artículo 118 de la Ley 39/2015, de 1 de octubre, del Procedimiento Administrativo Común de las Administraciones Públicas, en TRÁMITE DE AUDIENCIA se pone de manifiesto el expediente de su razón para que en el plazo de DIEZ/QUINCE DÍAS hábiles (*táchese lo que no proceda*), contados desde el día siguiente de la recepción de la presente notificación, las personas interesadas puedan examinarlo, así como formular las alegaciones y presentar los documentos y justificaciones que estimen pertinentes ante este Departamento.

Se puede acceder a dicho expediente administrativo completo a través del portal de la sede electrónica de esta Administración desde el Punto de Acceso General en la siguiente dirección: "https://www.......... es", durante las 24 horas al día los siete días de la semana, mediante la utilización de clave concertada integrada por la clave de acceso .... (*conocida únicamente por la persona interesada*) o, en su caso, con certificado electrónico o digital de confianza.

También el expediente de referencia se encuentra a disposición de las personas interesadas en ...., en horario de oficinas abiertas al público (de 9 a 14 horas), sitas en ...., donde podrán comparecer presencialmente y actuar asistidos de asesor si lo consideran conveniente en defensa de sus derechos e intereses legítimos. De lo que se practicará la oportuna Diligencia para el examen del referido expediente administrativo, extendiéndose la correspondiente certificación acreditativa de la comparecencia que se entregará a solicitud del interesado, conforme determina el artículo 19 de la citada Ley 39/2015, de 1 de octubre.

Asimismo, a la presente notificación se acompaña la relación de los documentos que constan en el expediente electrónico, a fin de que las personas interesadas puedan obtener copias de aquellos que estimen convenientes dentro del plazo señalado al efecto en el trámite de audiencia y vista concedido.

Contra este acto de trámite no cabe interponer recurso alguno, sin perjuicio de que las personas interesadas puedan recurrir la resolución que ponga fin al procedimiento, de acuerdo con lo previsto en el artículo 112.1 de la indicada Ley 39/2015, de 1 de octubre, del Procedimiento Administrativo Común de las Administraciones Públicas.

Lugar, fecha, cargo y firma electrónica.

Documento firmado digitalmente. La persona titular del órgano administrativo competente. Autenticidad verificable mediante Código de Seguro Verificación (CSV).... en sede electrónica de esta Administración Pública.

F235. ALEGACIONES DE LAS PERSONAS INTERESADAS

AL ÓRGANO COMPETENTE

D/Dª. ...., mayor de edad, con de DNI/NIF/NIE núm. ...., actuando en nombre propio o en representación de ...., con domicilio a efectos de notificaciones en .... del municipio .... provincia de ...., teléfono ...., y correo electrónico: .... En el procedimiento administrativo relativo al expediente núm. .... sobre .... (*identificar el objeto del procedimiento*), comparezco y, con el debido respeto, como mejor proceda en derecho, **DIGO**:

Que con fecha ...., he recibido la notificación por la que se traslada el recurso extraordinario de revisión interpuesto por D/Dª. ...., y dentro del plazo del trámite de audiencia concedido, en el ejercicio de los derechos e intereses legítimos que me asisten en calidad de persona interesada, mediante el presente escrito vengo a formular las siguientes,

ALEGACIONES

Primera. ....

Segunda. .... (*exponer y fundamentar los motivos de las alegaciones*).

Tercera. ....

Como acreditación de todo lo expuesto se acompañan al presente escrito los DOCUMENTOS y justificantes siguientes:

1. ....
2. .... (*relacionar los documentos y justificantes aportados*).
3. ....

Por todo ello, y en su atención, es por lo que,

SOLICITO: Que admita el presente escrito junto con la documentación aportada y, por las razones expuestas, tenga en cuenta las alegaciones efectuadas y se dicte resolución definitiva en el procedimiento administrativo relativo al expediente núm...... sobre ...., objeto de recurso de revisión de conformidad con las mismas.

Lugar, fecha y firma electrónica.

La persona interesada/su representante legal

F236. SOLICITUD DE DICTAMEN DEL CONSEJO DE ESTADO U ÓRGANO CONSULTIVO DE LA COMUNIDAD AUTÓNOMA

Asunto:

Procedimiento:

Expediente núm.:

Departamento:

EXMO. SR. PRESIDENTE DEL ÓRGANO CONSULTIVO

De conformidad con lo dispuesto en el artículo 126.1 de la Ley 39/2015, de 1 de octubre, del Procedimiento Administrativo Común de las Administraciones Públicas, adjunto se remite copia completa, autenticada y ordenada con índice de documentos del expediente electrónico de referencia, relativo al recurso extraordinario de revisión interpuesto por D/Dª. ...., en nombre y representación de ...., contra el acuerdo firme en vía administrativa adoptado por esta Administración, en fecha ...., en el procedimiento administrativo relativo al expediente núm. .... sobre .... (*identificar el objeto del procedimiento*).

A los efectos de que se emita y remita, por vía electrónica, el correspondiente dictamen preceptivo.

Lugar, fecha, cargo y firma electrónica.

La persona titular del órgano administrativo competente

F237. REMISIÓN DE DICTAMEN DEL CONSEJO DE ESTADO U ÓRGANO CONSULTIVO DE LA COMUNIDAD AUTÓNOMA

Procedencia:

Asunto:

Expediente núm.:

Dictamen núm.:

AL TITULAR DEL ÓRGANO COMPETENTE

Tengo el honor de remitir a V.E. el dictamen emitido por el Consejo de Estado/Consultivo de esta Comunidad Autónoma (*táchese lo que no proceda*) en el expediente de referencia, que adjunto se devuelve electrónicamente, recordándole al propio tiempo lo dispuesto en el artículo ...., del Reglamento de este Consejo, aprobado por ...., sobre comunicación a este órgano consultivo de la resolución que se adopte en definitiva.

Lugar, fecha, cargo y firma electrónica.

La persona titular de la secretaría del Consejo Consultivo

DICTAMEN NÚM:

El pleno del Consejo de ...., en sesión celebrada el día ...., con asistencia de los señores que al margen se expresan, emitió por unanimidad, el siguiente dictamen:

"El Consejo de ...., en cumplimiento de la comunicación de V.E. de ...., ha examinado el expediente instruido por ...., sobre la revisión de oficio del acto administrativo adoptado por ...., en fecha ...., sobre .... (*identificar el objeto del procedimiento*), y de conformidad con los siguientes,

I. ANTECEDENTES

De los antecedentes remitidos resulta:

PRIMERO. Por la autoridad competente se ha remitido a este Consejo expediente relativo al recurso extraordinario de revisión sobre el acto administrativo dictado el día ...., por ...., en el procedimiento relativo a .... *(indicar el objeto del procedimiento)*, de acuerdo con lo dispuesto en el artículo 126 de la Ley 39/2015, de 1 de octubre, del Procedimiento Administrativo Común de las Administraciones Públicas.

SEGUNDO. El expediente administrativo remitido vía electrónica está integrado por ...... documentos numerados y foliados, de los cuales del 1 al ... corresponden al expediente administrativo a que puso fin la resolución objeto de recurso de revisión, y los restantes al expediente del recurso extraordinario de revisión objeto de consulta.

TERCERO. Por lo que se refiere a la tramitación en el procedimiento sometido a consulta se han observado las prescripciones legales establecidas en .... *(indicar la normativa*

específica que le sea de aplicación), así el expediente ha sido debidamente instruido .... (*describir las fases del procedimiento al que ha sido sometido el expediente*).

CUARTO. Con fecha ...., se emitió propuesta de resolución, por el órgano competente para la tramitación del recurso de revisión planteado.

Y, en tal estado de tramitación, V.E. dispuso la remisión del expediente para su dictamen por este Consejo de Estado/Órgano Consultivo Autonómico (*táchese lo que no proceda*).

II. CONSIDERACIONES

PRIMERA. Este órgano consultivo emite su dictamen, con carácter preceptivo, en cumplimiento de lo dispuesto en el artículo 126.1 de la Ley 39/2015, de 1 de octubre, del Procedimiento Administrativo Común de las Administraciones Públicas, en relación con la normativa reguladora de este consejo u órgano consultivo que está constituida por .... (*señalar la normativa específica que le sea de aplicación*), puesto que se plantea en el asunto consultado la procedencia de la revisión de un acto firme en vía administrativa.

SEGUNDA. En lo que respecta al procedimiento, se han observado las prescripciones legalmente establecidas para la tramitación de los recursos de revisión, según las disposiciones generales de procedimiento administrativo común contenidas en los artículos 113 a 120 y 126 y 127 de la Ley 39/2015, de 1 de octubre. Asimismo, se ha concedido audiencia previa a las personas interesadas y se han recabado los diferentes informes preceptivos.

TERCERA. En cuanto al fondo del asunto, el expediente sometido a consulta tiene como objeto revisar del acto administrativo firme dictado en fecha ...., por ...., al constatarse que en dicho acto concurre alguna de las circunstancias previstas en el artículo 125.1 de la indicada Ley 39/2015, de 1 de octubre. En concreto, la siguiente: .... (*indicar la causa de revisión que concurre al caso*).

En el supuesto que se examina consta/no consta (*táchese lo que no proceda*) acreditada en el expediente administrativo la pretendida causa de revisión, por cuanto que .... (*argumentar jurídicamente los motivos que conducen a la conclusión del dictamen*).

En definitiva, este consejo u órgano consultivo a la vista del contenido del expediente administrativo, considera que debe revisarse/no revisarse (*táchese lo que no proceda*) la resolución administrativa objeto de consulta.

En mérito de lo expuesto, es de dictamen formular la siguiente,

III. CONCLUSIÓN

Por cuanto queda expuesto, este consejo u órgano consultivo de ..... es del parecer:

Que procede/no procede (*táchese lo que no proceda*) la revisión del acto administrativo firme sometido a consulta."

V.E., no obstante, resolverá lo que estime más acertado.

Lugar, fecha y firma electrónica. V°.B°.

La Secretaría General La Presidencia

C) RESOLUCIÓN

F238. RESOLUCIÓN DE INADMISIÓN A TRÁMITE DEL RECURSO DE REVISIÓN

Asunto:

Procedimiento:

Expediente núm.:

Departamento:

VISTO el recurso extraordinario de revisión interpuesto por D/Dª. ...., en nombre y representación de ...., contra el acuerdo adoptado por esta Administración sobre .... (*identificar el objeto del procedimiento*), en el procedimiento administrativo relativo al expediente de referencia, y de acuerdo con los siguientes,

ANTECEDENTES DE HECHO

PRIMERO. Con fecha ...., por resolución de este órgano administrativo, adoptada en el expediente administrativo relativo a ...., se acordó lo siguiente: "............................." (*transcribir la parte dispositiva de la resolución*). Resolución ésta que fue debidamente notificada a las personas interesadas en el procedimiento el día ...., con expresión de los recursos que contra la misma cabía interponer y en fecha ...... la citada resolución devino firme.

SEGUNDO. Contra dicha resolución, con fecha ...., por D/Dª. ...., se interpone recurso extraordinario de revisión en el que, tras alegar lo que estimó procedente en su defensa, terminada solicitando un pronunciamiento favorable respecto de sus pretensiones.

TERCERO. Con fecha ...., se concedió trámite de audiencia a las demás personas interesadas en el expediente respecto al recurso de revisión formulado, para que pudieran alegar lo que estimasen oportuno, sin que hasta la fecha hayan hecho uso de la facultada concedida.

CUARTO. Se han emitido los informes técnicos oportunos, y se ha formulado propuesta de resolución.

A los anteriores hechos son de aplicación los siguientes,

FUNDAMENTOS DE DERECHO

PRIMERO. Importa ante todo señalar que, conforme dispone el artículo 125.1 de la Ley 39/2015, de 1 de octubre, del Procedimiento Administrativo Común de las Administraciones Públicas, contra los actos firmes en vía administrativa puede interponerse recuso extraordinario de revisión ante el órgano administrativo que los dictó cuando concurra alguna de las siguientes causas taxativamente previstas: "*a) Que al dictarlos se hubiera incurrido en error de hecho, que resulte de los propios documentos incorporados al expediente. b). Que aparezcan documentos de valor esencial para la resolución del asunto que, aunque sean posteriores, evidencien el error de la resolución recurrida. c) Que en la resolución hayan influido esencialmente documentos o testimonios declarados falsos por sentencia judicial firme, anterior o posterior a aquella resolución. d) Que la resolución se hubiera dictado como consecuencia de prevaricación,* *cohecho, violencia, maquinación fraudulenta u otra conducta punible y se haya declarado así en virtud de sentencia judicial firme".*

Del examen en el expediente administrativo de referencia, se comprueba que, en el caso presente, no concurre ninguna de las circunstancias legales señaladas en dicho precepto, para que se pueda admitir a trámite el recurso extraordinario de revisión presentado. En efecto, de la apreciación conjunta de los datos y documentos obrantes en el expediente cabe concluir que no existen razones fundadas en derecho para admitir a trámite el presente recurso de revisión formulado por cuanto que ……… *(argumentar motivadamente las razones jurídicas tanto de forma como de fondo conducen a la decisión final).*

Por todo lo que antecede, procede inadmitir a trámite el presente recurso extraordinario de revisión, sin necesidad de recabar el dictamen del Consejo de Estado/Órgano Consultivo de esta Comunidad Autónoma (*táchese los que no proceda*), de conformidad con establecido en el artículo 126 de la indicada Ley 39/2015, de 1 de octubre.

SEGUNDO. Este órgano administrativo es competente para resolver el presente recurso de revisión, de acuerdo con lo previsto en el artículo ……. (*indicar la normativa específica que le sea de aplicación*), en relación con el artículo 126.1 de la Ley 39/2015, de 1 de octubre, del Procedimiento Administrativo Común de las Administraciones públicas.

Vistos los preceptos legales citados y demás de general o concordante aplicación,

RESUELVO

INADMITIR A TRÁMITE el recurso extraordinario de revisión interpuesto por D/Dª. …………………., contra la resolución de fecha ………., adoptada por esta Administración Pública en el expediente núm. …, sobre el procedimiento administrativo relativo a ……… (*indicar el objeto de procedimiento*), por extemporáneo/por carecer de legitimación el recurrente/por tratarse de un acto no susceptible de recurso/por carecer el recurso manifiestamente de fundamento/por no ser el órgano competente para su conocimiento (*táchese lo que no proceda*).

Contra la presente resolución, que pone fin a la vía administrativa, las personas interesadas podrán interponer recurso contencioso-administrativo ante el Juzgado de lo Contencioso-Administrativo correspondiente, en el plazo de dos meses contados desde el día siguiente al de su notificación o publicación, de conformidad con lo dispuesto en los artículos 8.3 y 46.1 de la Ley 29/1998, de 13 de julio, reguladora de la Jurisdicción Contencioso-Administrativa. Todo ello, sin perjuicio de que pueda interponerse cualquier otro recurso que se estime pertinente.

Lugar, fecha, cargo y firma electrónica.

La persona titular del órgano administrativo competente

F239. RESOLUCIÓN DE ADMISIÓN A TRÁMITE DEL RECURSO DE REVISIÓN

Asunto:
Procedimiento:
Expediente núm.:
Departamento:

VISTO el recurso extraordinario de revisión interpuesto por D/Dª..................., contra la resolución de esta Administración dictada en procedimiento administrativo relativo al expediente núm. ......, sobre .... (*identificar el objeto del procedimiento*), y de acuerdo con los siguientes,

ANTECEDENTES DE HECHO

PRIMERO. Con fecha ...., por resolución de este órgano administrativo, dictada en el expediente administrativo relativo a ...., se acordó lo siguiente: "............................." (*transcribir la parte dispositiva de la resolución*). Resolución ésta fue debidamente notificada a las personas interesadas el día ...., con expresión de los recursos que contra la misma cabía interponer y en fecha ...... la citada resolución devino firme.

SEGUNDO. Contra dicha resolución, con fecha ...., por D/Dª. ...., se interpone recurso extraordinario de revisión en el que, tras alegar lo que estimó procedente en su defensa, terminada solicitando un pronunciamiento favorable respecto de sus pretensiones.

TERCERO. Con fecha ...., se concedió trámite de audiencia a los demás personas interesadas en el procedimiento, para que pudieran alegar lo que estimasen oportuno, sin que hasta la fecha hayan hecho uso de la facultada concedida.

CUARTO. Se han emitido los informes técnicos oportunos y se ha formulado propuesta de resolución.

A los anteriores hechos son de aplicación los siguientes,

FUNDAMENTOS DE DERECHO

PRIMERO. Reúne el presente recurso extraordinario de revisión los requisitos necesarios para que, de acuerdo con el artículo 125 de la Ley 39/2015, de 1 de octubre, del Procedimiento Administrativo Común de las Administraciones Públicas, pueda pronunciarse esta Administración sobre la procedencia del mismo, por cuanto que ha sido interpuesto en tiempo y forma, por persona legitimada y contra un acto devenido firme en vía administrativa.

SEGUNDO. La precitada resolución administrativa objeto de recurso de revisión, fue adoptada en base a los datos incorporados en el expediente administrativo de su razón en el momento de dictarse la resolución. Sin embargo, con posterioridad han aparecido nuevos documentos de valor esencial que pueden evidenciar el error de la resolución recurrida.

Por ello, con el fin de esclarecer los hechos acontecidos con posterioridad a dicha resolución y, en su caso, depurar del ordenamiento jurídico dicho acto administrativo, procede admitir a trámite el presente recurso extraordinario de revisión, solicitando el previo informe preceptivo del Consejo de Estado/órgano consultivo de esta Comunidad Autónoma (*táchese lo que no proceda*), conforme con lo dispuesto en el artículo 126.1 de la indicada Ley 39/2015, de 1 de octubre.

Igualmente, de acuerdo con lo establecido el artículo 117.4 de la Ley 39/2015, iniciado el correspondiente procedimiento por el órgano administrativo competente podrá suspender la ejecución del acto recurrido y adoptar las medidas cautelares que sean necesarias para asegurar la protección del interés público o de terceros y la eficacia de la resolución o el acto impugnado, si existieran elementos de juicio suficientes para ello. Por lo que teniendo en consideración las circunstancias concurrentes al caso presente dado que .... (*justificar la adopción la suspensión de la eficacia de la resolución recurrida*), ponderando el perjuicio que podría causar al interés publico o de terceros la suspensión y el ocasionado al recurrente como consecuencia de la eficacia inmediata del acto recurrido, procede suspender cautelarmente los efectos de la resolución recurrida hasta se sustancie el procedimiento, sin necesidad de prestar caución previa o garantía suficiente para su adopción, puesto que no se aprecian posibles perjuicios derivados de la suspensión de la ejecución de acto impugnado.

TERCERO. Este órgano administrativo es competente para resolver el presente recurso de revisión, conforme con lo establecido en el artículo .... (*indicar la normativa específica que le sea de aplicación*), en relación con el artículo 126 de la Ley 39/2015, de 1 de octubre, del Procedimiento Administrativo Común de las Administraciones Públicas.

Por todo lo que antecede, y en su virtud,

RESUELVO

PRIMERO. Admitir a trámite el recurso extraordinario de revisión interpuesto por D/Dª. ...., contra la resolución adoptada en el procedimiento administrativo relativo al expediente núm. ......, sobre .... (*identificar el objeto del procedimiento*).

SEGUNDO. Suspender cautelarmente la eficacia de la citada resolución recurrida hasta la resolución definitiva del presente recurso de revisión.

TERCERO. Solicitar dictamen al Consejo de Estado/Órgano Consultivo de esta Comunidad Autónoma (*táchese lo que no proceda*).

Contra la presente resolución no cabe interponer recurso administrativo alguno, por ser un acto de trámite, conforme determina el artículo 112 de la Ley 39/2015, de 1 de octubre, del Procedimiento Administrativo Común de las Administraciones Públicas.

Lugar, fecha, cargo y firma electrónica.

La persona titular del órgano administrativo competente

F240. RESOLUCIÓN DEL RECURSO DE REVISIÓN MOTIVOS DE FONDO

Asunto:
Procedimiento:
Expediente núm.:
Departamento:

VISTO el recurso extraordinario de revisión interpuesto por D/Dª. ...., en nombre y representación de ...., contra la resolución dictada por este órgano administrativo, de fecha ...., en el procedimiento administrativo relativo al expediente núm. ......, sobre .... (*identificar el objeto del procedimiento*), y de conformidad con los siguientes,

ANTECEDENTES DE HECHO

PRIMERO. Con fecha ...., por resolución de este órgano administrativo, dictada en el expediente administrativo relativo a ...., se acordó lo siguiente: "............................" (*trascribir la parte dispositiva de la resolución*). Resolución ésta fue debidamente notificada a las personas interesadas el día ...., con expresión de los recursos que contra la misma cabía interponer y en fecha ...... la citada resolución devino firme.

SEGUNDO. Contra la citada resolución, con fecha ...., por D/Dª ...., se interpone recurso de revisión, en el que tras alegar lo que estimó procedente en su defensa terminada solicitando un pronunciamiento favorable respecto de sus pretensiones.

TERCERO. Por resolución de fecha ...., se acordó admitir a trámite el presente recurso de revisión.

CUARTO. Con fecha ...., se concedió trámite de audiencia a los demás personas interesadas en el procedimiento, para que pudieran alegar lo que estimasen oportuno, sin que hasta la fecha hayan hecho uso de la facultada concedida.

QUINTO. El Consejo de Estado/Órgano Consultivo de la Comunidad Autónoma (*táchese lo que no proceda*) ha emitido dictamen núm. ...., de fecha ...., sobre el presente recurso extraordinario de revisión y se ha formulado propuesta de resolución.

A los anteriores hechos son de aplicación los siguientes,

FUNDAMENTOS DE DERECHO

PRIMERO. El presente recurso extraordinario de revisión es admisible, puesto que se ha interpuesto en tiempo y forma, conforme a lo establecido en los artículos 113, 115 y 125 de la Ley 39/2015, de 1 de octubre, del Procedimiento Administrativo Común de las Administraciones Públicas.

Concurren en la persona interesada, por lo demás, los requisitos relativos a la capacidad y legitimación activa necesarias para la interposición del recurso objeto de la presente resolución. Además, consta igualmente acreditada, la representación del recurrente.

En la tramitación del recurso se han observado las prescripciones legales, y se han recabado los diferentes informes preceptivos por lo que el expediente administrativo se considera completo. En consecuencia, procede entrar sobre el fondo de las cuestiones que en el mismo se plantean.

SEGUNDO. Constituye el objeto del presente recurso extraordinario de revisión, la resolución adoptada por esta Administración Pública en fecha ...., recaída en expediente administrativo de referencia. A este respecto, importa señalar el carácter excepcional y tasado del recurso extraordinario de revisión que únicamente puede fundamentarse en alguna de las causas (*numerus clausus*) enunciadas en el artículo 125.1 de la citada Ley 39/2015, de 1 de octubre, y precisamente por su carácter excepcional, dichas causas han de ser interpretadas de manera restrictiva, como ha señalado la propia jurisprudencia y la doctrina legal sobre la interposición de recursos revisión contra los actos firmes en vía administrativa.

En síntesis, alega el recurrente que dicha resolución no se ajusta a Derecho por los siguientes motivos: .... (*describir sucintamente los motivos de impugnación*).

Importa señalar, respecto de cada una de las cuestiones planteadas lo siguiente:

a) ....

b) ...... (*fundamentar jurídicamente los motivos sobre el fondo del asunto*).

c) ....

En efecto, ha quedado de manifiesto la procedencia/no procedencia del presente recurso extraordinario de revisión, lo que conduce a su estimación/desestimación (*táchese lo que no proceda*), por cuanto que .... (*argumentar las razones que conducen a la decisión final*).

TERCERO. Este órgano administrativo es competente para la adopción de la presente resolución de acuerdo previsto en el artículo .... (*indicar la normativa específica que le sea de aplicación*), en relación con el artículo 126 de la Ley 39/2015, de 1 de octubre, del Procedimiento Administrativo Común de las Administraciones Públicas.

Por todo lo que antecede, y en su virtud, oído/conforme con el Consejo de Estado/Órgano Consultivo de la Comunidad Autónoma (*táchese lo que no proceda*),

RESUELVO

ESTIMAR/DESESTIMAR (*táchese lo que no proceda*), el recurso extraordinario de revisión interpuesto por D/Dª. ...., en nombre y representación de ...., contra la resolución de fecha ......, adoptada en el procedimiento relativo al expediente núm. ...., sobre .... Resolución ésta que se anula y deja sin efecto/se confirma en toda su integridad (*táchese lo que no proceda*).

Contra la presente resolución, que pone fin a la vía administrativa, las personas interesadas podrán interponer recurso contencioso-administrativo ante el Juzgado de lo Contencioso-Administrativo correspondiente, en el plazo de dos meses contados desde el día siguiente al de su notificación o publicación, de conformidad con lo dispuesto en los artículos 8.3 y 46.1 de la Ley 29/1998, de 13 de julio, reguladora de la Jurisdicción Contencioso-Administrativa. Todo ello, sin perjuicio de que pueda interponerse cualquier otro recurso que se estime pertinente.

Lugar, fecha, cargo y firma electrónica.

La persona titular del órgano administrativo competente

III. RECLAMACIONES PREVIAS A LA VÍA JUDICIAL

F241. RECLAMACIÓN PREVIA FRENTE A LA INACTIVIDAD DE LA ADMINISTRACIÓN

AL ÓRGANO COMPETENTE

D/Dª. ………………, mayor de edad, con DNI/NIF/NIE núm. ……………, actuando en nombre propio o en representación de ………………, con domicilio a efectos de notificaciones en ……………………, del municipio de ……………, provincia de ………, teléfono ………, y correo electrónico: …………. Ante ese órgano administrativo comparezco (código de identificación núm.…) y, con el debido respecto, como mejor proceda en derecho, **DIGO**:

Que, en el ejercicio de los derechos e intereses legítimos que me asisten en calidad de persona interesada, por medio del presente escrito formulo RECLAMACIÓN FRENTE A LA INACTIVIDAD DE LA ADMINISTRACIÓN para que ejecute sus actos firmes, al amparo de lo establecido en el artículo 29.2 de la Ley reguladora de la Jurisdicción Contencioso-Administrativa, fundamentada en los siguientes,

HECHOS

1. Por resolución de esa Administración Pública de fecha ………, se acordó ordenar a la empresa ………, situada en ……………………, para que procediera a …………………………, en el plazo de ……… días/meses, por cuanto que ………………… (*describir el objeto de la reclamación*), sin que hasta la fecha se haya cumplido lo ordenado.

2. Dicha resolución ha devenido firme y la empresa continúa en su actividad sin acatar lo ordenado. No obstante, aunque se ha sobrepasado el plazo máximo señalado para llevar a cabo lo ordenado, por esa Administración ni siquiera ha efectuado el previo requerimiento de apercibimiento necesario para proceder a la ejecución forzosa de lo acordado, con la adopción de las medidas precisas que impidan definitivamente los usos a los que da lugar dicha actividad.

3. Importa señalar, que la empresa obligada no ha llevado a cabo lo ordenado ante la inactividad de esa Administración para hacer cumplir íntegramente la ejecución material de lo acordado, y de esa forma con su pasiva actitud, hace de mejor derecho a la persona que no cumple la legalidad que a la persona que respeta la misma.

A estos hechos son de aplicación los siguientes,

FUNDAMENTOS JURÍDICOS

Primero. Conforme con lo establecido el artículo 99 de la Ley 39/2015, de 1 de octubre, del Procedimiento Administrativo Común de las Administraciones Públicas, esa Administración Pública, a través de sus órganos competentes puede proceder, previo apercibimiento, a la ejecución forzosa de sus actos administrativos, salvo en los supuestos en que se suspenda la ejecución de acuerdo con la Ley, o cuando la Constitución o la Ley exijan la intervención de un órgano judicial, que no es el caso. Para llevar a cabo dicha ejecución material, respetando el principio de proporcionalidad, puede valerse de los medios de ejecución forzosa previstos en el artículo 100 citado texto legal.

Segundo. Conviene destacar que, de acuerdo con lo previsto en los artículos 25.2, 29.2 y 32.1 de la Ley Reguladora de la Jurisdicción Contencioso-Administrativa, cuando una Administración Pública no ejecute sus actos firmes podrán los afectados solicitar su ejecución, y si ésta no se produce en el plazo de un mes desde tal petición, los solicitantes podrán deducir recurso contencioso-administrativo, que se tramitará por el procedimiento abreviado regulado en el artículo 78 de la expresada LRJCA, demandando al órgano jurisdiccional que condene a la Administración al cumplimiento de sus obligaciones en los concretos términos en que estén establecidas.

Por todo lo expuesto, y en su atención, es por lo que,

SOLICITO: Que habiendo presentado este escrito con la documentación que se acompaña, se sirva admitirlo y, en su virtud, tenga por formulada reclamación previa contra la inactividad administrativa denunciada y, por las razones expuestas, adopte las medidas pertinentes para que se cumpla fielmente lo acordado por resolución firme de fecha ...., por el que se ordenó a la empresa ...., sita en ...., para que en el plazo de un mes procediera a .... (*describir el objeto de la reclamación*), llevando a cabo la ejecución forzosa de lo ordenado.

Se significa que, transcurrido el plazo de un mes desde la fecha de presentación de esta reclamación previa sin que esa Administración Pública atienda a lo requerido, se procederá por esta parte a interponer directamente el correspondiente recurso contencioso-administrativo ante la inactividad constatada de esa Administración para el cumplimiento de una obligación legalmente establecida, conforme determina la ley.

Lugar, fecha y firma electrónica.

La persona interesada/su representante legal

F242. RECLAMACIÓN PREVIA DE DEUDAS A LAS ADMINISTRACIONES PÚBLICAS

AL ÓRGANO COMPETENTE

D/Dª. ...., mayor de edad, con DNI/NIF/NIE núm. ...., actuando en nombre propio o en representación de ...., con domicilio a efectos de notificaciones en ...., del municipio de ...., provincia de ...., teléfono ...., y correo electrónico: .... Ante ese órgano administrativo comparezco (código de identificación núm....) y, con el debido respecto, como mejor proceda en derecho, **DIGO**:

Que, en el ejercicio de los derechos e intereses legítimos que me asisten en calidad de persona interesada, por medio del presente escrito formulo RECLAMACIÓN PREVIA DE DEUDAS PENDIENTES DE PAGO al amparo del artículo 29.1 de la Ley Reguladora de la Jurisdicción Contencioso-Administrativa, en relación con lo establecido en el artículo 198.4 de la Ley 9/2017, de 8 de noviembre, de Contratos del Sector Público, fundamentada en los siguientes,

MOTIVOS DE RECLAMACIÓN

Primero. Que con fecha ...., en calidad de proveedor de esa Administración, presente por registro administrativo correspondiente para su cobro la factura electrónica núm. ......, por importe de .... euros, con vencimiento el día ...., y correspondiente a los albaranes de entrega núm. ...., en concepto de .... (*indicar la entrega y recepción efectiva del material, mercancía o servicio prestado*). Dicha factura cumple los requisitos exigidos en el vigente Real Decreto 1619/2012, de 30 de noviembre, por el que se aprueba el Reglamento por el que se regulan las obligaciones de facturación.

Segundo. Que con fechas ...., se remitieron cartas amistosas recordando que dicha factura vencida y exigible nos constaba como pendiente de pago, indicándoles que los importes adeudados generan automáticamente intereses de demora a partir de la fecha de vencimiento indicada, requiriéndoles para que regularizaran su situación y rogándoles que hiciesen inmediatamente una transferencia bancaria por el importe adeudado, e incluso proponiéndoles un "Plan de Pago" negociable para solucionar esta situación de impago, o en caso contrario se entablarían las acciones legales pertinentes, sin que hasta el momento se hayan atendido nuestras comunicaciones para que esa Administración cumpla con su obligación legal de pago.

Tercero. Sin duda, en el presente caso, desde la recepción de las mercancías o conformidad con la prestación del servicio han transcurrido con creces el plazo máximo de 30 días establecido, para proceder al pago del precio convenido por el suministro o servicio prestado. De modo y manera que, de conformidad con lo establecido en el artículo 198.4 de la Ley 9/2017, de 8 de noviembre, de Contratos del Sector Público, por el incumplimiento de la obligación económica contraída deberán abonarse los correspondientes intereses de demora y la indemnización por los costes de cobro, en los términos previstos en los artículos 7 y 8 de la Ley 3/2004, de 29 de diciembre, por la que se establecen medidas de lucha contra la morosidad en las operaciones comerciales (según redacción dada por la Ley 11/2013, de 26 de julio).

Cuarto. Importa subrayar, que transcurrido el plazo de un mes desde la presentación de ésta reclamación previa de deudas, no se haya efectuado íntegramente el pago requerido se interpondrá el correspondiente recurso contencioso-administrativo en reclamación del pago de las cantidades pendientes más los intereses de demora devengados y la indemnización por los costes de cobro desde la fecha de la correcta presentación de la factura. En el que se solicitará como medida cautelar el abono inmediato de la deuda exigible, de acuerdo con el procedimiento para hacer efectivas las deudas de las Administraciones Públicas previsto en el artículo 199 de la expresada Ley de Contratos del Sector Público, en relación con lo establecido en el artículo 29.1 de la Ley reguladora de la Jurisdicción Contencioso-Administrativa.

Igualmente, transcurrido el plazo anteriormente indicado, sin que esa Administración haya contestado a este escrito haciendo efectivo el abono de la deuda reclamada, se entenderá reconocido el vencimiento del plazo de pago y se deducirá el correspondiente recurso contencioso-administrativo contra la inactividad administrativa, para que el órgano jurisdiccional correspondiente condene a esa Administración al cumplimiento de sus obligaciones económicas en los términos anteriormente descritos.

Quinto. Por último, declaro bajo mi responsabilidad, que son ciertos y comprobables los datos consignados en la presente solicitud de reclamación de deudas pendientes de pago de esa Administración Pública. Además, autorizó la consulta de mis datos de identificación personal a través del servicio competente de verificación de datos de identidad.

Por todo lo expuesto, y en su atención, es por lo que,

SOLICITO: Que habiendo presentado este escrito con la documentación que se acompaña, se sirva admitirlo y, por las razones expuestas, por el órgano responsable de esa Administración Pública se reconozca la obligación de pago de la deuda reclamada en concepto de ......, correspondiente a la factura conformada núm. ...., de fecha ...., que asciende a un importe total de .... euros IVA incluido, de los cuales .... euros corresponden a la base imponible y .... euros al Impuesto de Valor Añadido, a favor del proveedor ...., con CIF núm. ...., procediendo a hacer efectivo su inmediato pago.

Se significa que, en el supuesto de que no se atendiera a esta reclamación en el plazo de un mes o no se efectúe el pago de la deuda reclamada, se procederá a interponer recurso contencioso-administrativo contra la inactividad de esa Administración Pública para el cumplimiento de su obligación de pago más los intereses de demora devengados, la indemnización por los costes de cobro ocasionados y las costas procesales correspondientes, conforme determina la ley.

Lugar, fecha y firma electrónica.

La persona interesada/su representante legal

F243. RECLAMACIÓN PREVIA DEL PAGO DE LOS SALARIOS DE TRAMITACIÓN POR DESPIDO

Al ÓRGANO COMPETENTE

D/Dª. ...., mayor de edad, con DNI/NIF/NIE núm. ...., actuando en nombre propio o en representación de ...., con domicilio a efectos de notificaciones en ...., del municipio de ...., provincia de ...., teléfono ...., y correo electrónico: .... Ante ese órgano administrativo comparezco (código de identificación núm....) comparezco y, con el debido respecto, como mejor proceda en derecho, **DIGO**:

Que, en el ejercicio de los derechos e intereses legítimos que me asisten en calidad de persona interesada, por medio el presente escrito formulo RECLAMACIÓN PREVIA DEL PAGO DE LOS SALARIOS DE TRAMITACIÓN POR DESPIDO al amparo del artículo 69 de la ley 36/2011, de 10 de octubre, reguladora de la Jurisdicción Social, en relación con el artículo 56.2 del texto refundido de la Ley del Estatuto de los Trabajadores, aprobado por Real Decreto Legislativo 2/2015, de 23 de octubre, fundamentada en los siguientes,

MOTIVOS DE RECLAMACIÓN

Primero. Que, por el Juzgado de lo Social de núm. ..... se dictó sentencia núm. ....., de fecha ......, sobre ......, por la que estimando la demanda presentada por D. Dª. ...., se declaraba la nulidad del despido efectuado por improcedente, condenando a la Administración Pública de ......, a que me readmitiera y abonase los salarios de tramitación desde la fecha del despido hasta el día de la notificación de la sentencia. Dicha sentencia devino firme en fecha ......, y con fecha .... he sido readmitido en mi puesto de trabajo.

Segundo. Que, desde la readmisión en mi puesto de trabajo todavía no se me ha abonado el pago de los salarios de tramitación, equivalentes a una cantidad igual a la suma de los salarios dejados de percibir desde la fecha de despido hasta la notificación de la sentencia que ha declarado su improcedencia, los cuales ascienden a una cuantía económica total de ......, ni pagadas las cuotas a la seguridad social correspondientes a dicho salarios, por el periodo de duración desde .... fecha del despido hasta .... fecha de readmisión en el puesto de trabajo.

Tercero. Que, si en el plazo máximo de dos meses, esa Administración no procede al pago de dichos salarios de tramitación devengados cono consecuencia del juicio por despido declarado improcedente, ante la inactividad constatada se solicitará la ejecución forzosa de sentencia firme ante el órgano judicial competente, para obligar a esa Administración a cumplir con su obligación de pago, además de reclamar los posibles intereses legales por retraso en su abono y el pago de las costas procesales que se devenguen en su ejecución.

Por todo lo expuesto y en su atención, es por lo que,

SOLICITO: Que habiendo presentado este escrito con la documentación que se acompaña, se sirva admitirlo, tenga por interpuesta reclamación previa para el reconocimiento del pago de salarios de tramitación dejados de percibir y, por las razones expuestas, se proceda a la aprobación del compromiso de gasto y reconozca la obligación de pago de los salarios de tramitación reclamados en concepto de despido declarado improcedente, por sentencia firme núm. ......, del Juzgado de lo Social núm. ...... de ..... Así como del abono de las cuotas de la seguridad social correspondientes a los salarios de tramitación reclamados, conforme determina la ley.

Lugar, fecha y firma electrónica.

La persona interesada/su representante legal

F244. RECLAMACIÓN PREVIA EN MATERIA DE PRESTACIONES DE SEGURIDAD SOCIAL

Al ÓRGANO COMPETENTE

D/Dº. ...., mayor de edad, con DNI/NIF/NIE núm. ...., actuando en nombre propio o en representación de ...., con domicilio a efectos de notificaciones en ...., del municipio de ...., provincia de ...., teléfono ...., y correo electrónico: .... Ante ese órgano administrativo comparezco (código de identificación núm....) y, con el debido respecto, como mejor proceda en derecho, **DIGO**:

Que, en el ejercicio de los derechos e intereses legítimos que me asisten en calidad de persona interesada, dentro del plazo legal establecido, por medio el presente escrito formulo RECLAMACIÓN PREVIA contra la resolución de fecha ...., adoptada por la Dirección Provincial del Instituto Nacional de la Seguridad Social (INSS), en el procedimiento relativo al expediente núm. .... sobre ...., amparo de los artículo 71 y siguientes de la Ley 36/2011, de 10 de octubre, reguladora de la Jurisdicción Social, fundamentada en los siguientes,

MOTIVOS DE RECLAMACIÓN

Primera. Que con fecha .... presenté escrito por el que solicitaba se me declarará la prestación de ...., por estar en situación de ...., de acuerdo con los informes de técnicos de valoración de .... que constan en ese organismo público.

Segundo. Que con fecha ...., se me notificó la resolución dictada por la Dirección Provincial del Instituto Nacional de la Seguridad Social (INSS), en el procedimiento relativo al expediente núm. .... sobre ...., por la que se denegaba el reconocimiento de la prestación solicitada.

Tercero. Que no estando de acuerdo con la resolución adoptada por el INSS, de conformidad con lo dispuesto en el artículo 72 de la ley 36/2011, de 10 de octubre, reguladora de la Jurisdicción Social, en relación con texto refundido de la Ley General de la Seguridad Social, aprobado por Real Decreto Legislativo 8/2015, de 30 de octubre, es por lo que formulo la presente reclamación previa en base a los hechos y fundamentos jurídicos siguientes:

1. ....
2. .... *(especificar los motivos y concretar las cantidades y conceptos reclamados).*
3. ....

Cuarto. Declaro bajo mi responsabilidad, que son ciertos y comprobables los datos consignados en la presente solicitud de reclamación previa en materia de prestaciones de la Seguridad Social. Además, autorizó la consulta de mis datos de identificación personal a través del correspondiente servicio de verificación de datos de identidad.

Quinto. La presente reclamación previa interrumpe los plazos de prescripción y suspende los de caducidad, reanudándose estos últimos al día siguiente al de la notificación de la resolución o del transcurso del plazo en que debe entenderse desestimada. Asimismo, en caso de desatender la presente reclamación en el plazo de 30 días se formulará la correspondiente demanda ante la jurisdicción de lo social, de acuerdo con lo dispuesto en los artículos 71.6 y 73 de la citada Ley reguladora de la Jurisdicción Social.

Por todo lo expuesto y en su atención, es por lo que,

SOLICITO: Que habiendo presentado este escrito con la documentación que se acompaña, se sirva admitirlo, tenga por interpuesta reclamación previa contra la resolución de ...., adoptada por Dirección Provincial del Instituto Nacional de la Seguridad Social (INSS), en el procedimiento relativo al expediente núm. ......, sobre .... y, por las razones expuestas, se estime mi reclamación y me conceda el reconocimiento de la prestación solicitada, conforme determina la ley.

Lugar, fecha y firma electrónica.

La persona interesada/su representante legal

F245. RECLAMACIÓN PREVIA ANTE EL CONSEJO DE TRANSPARENCIA Y BUEN GOBIERNO

Al ÓRGANO COMPETENTE

D/Dª. ...., mayor de edad, con DNI/NIF/NIE núm. ...., actuando en nombre propio o en representación de ...., con domicilio a efectos de notificaciones en ...., del municipio de ...., provincia de ...., teléfono ...., y correo electrónico: .... Ante ese órgano administrativo comparezco (código de identificación núm....) y, con el debido respecto, como mejor proceda en derecho, **DIGO**:

Que, en el ejercicio de los derechos e intereses legítimos que me asisten en calidad de persona interesada, al amparo del artículo 24 y la disposición adicional 4ª de la Ley 19/2013, de 9 de diciembre, de transparencia, acceso a la información pública y buen gobierno, por medio el presente escrito formulo RECLAMACIÓN PREVIA, con carácter potestativo a su impugnación en vía contencioso-administrativa, contra .... (*indicar el órgano administrativo responsable*), por no haber recibido respuesta a mi solicitud de información/por haber denegado el acceso a la información solicitada/por no haber admitido a trámite mi solicitud (*táchese lo que no proceda*), fundamentada en los siguientes,

MOTIVOS DE RECLAMACIÓN

Primero. Con fecha ......, presente por registro general de entrada de la correspondiente Administración Pública solicitud relativa .... (*explicar los hechos y fundamentos de la reclamación*).

Segundo. Se adjunta a esta reclamación la documentación acreditativa de la solicitud de información/resolución de inadmisión/notificación de la resolución/documentación de la representación, en su caso/alegaciones complementarias/otros documentos (*táchese lo que no proceda*).

Tercero. Declaro bajo mi responsabilidad, que son ciertos y comprobables los datos consignados en la presente solicitud de reclamación en materia de transparencia de la actividad pública y buen gobierno. Además, autorizó la consulta de mis datos de identificación personal a través del servicio de correspondiente verificación de datos de identidad.

Por todo lo anterior, y en su atención es por lo que,

SOLICITO: Que, habiendo presentado esta reclamación con la documentación que se acompaña, tenga a bien admitirla y, previos los trámites oportunos, en aras a la conciliación administrativa previa inste a la Administración correspondiente para que se reconozca el derecho de acceso a la información solicitada/a admitir a trámite la solicitud formulada (*táchese lo que no proceda*) sobre el procedimiento relativo a ...., de los tramitados por el referido el organismo público responsable de su correspondiente procedimiento administrativo del que soy titular de derechos e intereses legítimos.

Lugar, fecha y firma electrónica.

La persona interesada/su representante legal

F246. RECLAMACIÓN ECONÓMICO-ADMINISTRATIVA

AL TRIBUNAL ECONÓMICO-ADMINISTRATIVO

D/Dª. ...., mayor de edad, con DNI/NIF/NIE núm. ...., actuando en nombre propio o en representación de ...., con domicilio a efectos de notificaciones en ...., municipio de ....., provincia de ...., teléfono ...., y correo electrónico: .... Ante ese órgano administrativo comparezco (código de identificación núm. ......) y, con el debido respeto, como mejor proceda en derecho, **DIGO**:

Que, dentro del plazo concedido, en el ejercicio de los derechos e intereses legítimos que me asisten en calidad de persona interesada, por medio del presente escrito interpongo RECLAMACIÓN ECONÓMICO-ADMINISTRATIVA contra la Providencia de Apremio dictada en periodo ejecutivo por la Dependencia Regional de Recaudación en .... (Delegación Especial de ...... de la Agencia Tributaria), en el procedimiento de recaudación relativo al expediente administrativo con el número de código referencia ...., incoado en concepto de "Deuda gestionada por la AEAT en periodo ejecutivo", en procedimiento relativo a .... (*identificar el acto que se recurre*), por encontrar que la citada resolución no es conforme a Derecho, sobre la base de los motivos fundamentados en los hechos y consideraciones jurídicas siguientes,

ANTECEDENTES DE HECHO

1. Con fecha ...., se me notificó la providencia de apremio de ...., adoptada por ...., sobre la liquidación practicada en periodo ejecutivo con clave............... Y fecha de emisión ...., en el procedimiento administrativo relativo al expediente sobre ...., objeto de la presente reclamación económico-administrativa. Por la que ...... *(transcribir la parte dispositiva de la resolución recurrida)*.

2. Que la cuantía de la presente reclamación es de .... euros.

3. Que no consta en el expediente de la Administración actuante la resolución sancionadora debidamente notificada.

4. Que no se ha presentado recurso potestativo de reposición ni reclamación telemática alguna contra la citada resolución.

5. Adjunto se acompaña copia de la documentación que obra en poder de esta parte, debidamente foliada y numerada.

A los anteriores hechos son de aplicación las siguientes,

CONSIDERACIONES TÉCNICO-JURÍDICAS

Primera. Sobre la admisibilidad de la reclamación

La presente reclamación económico-administrativa se interpone dentro del plazo de un mes establecido en el artículo 235.1 de la Ley 58/2003, de 17 de diciembre, General Tributaria. Asimismo, concurren en esta parte los requisitos relativos a la capacidad y legitimación activa necesaria para su interposición de conformidad con lo dispuesto en los artículos

214 y 232 de la expresada ley y consta igualmente acreditada, la representación conferida. Por lo demás, la presente reclamación económico-administrativa cumple las formalidades exigidas en los artículos 2 y 3 del Real Decreto 520/2005, de 13 de mayo, por el que se aprueba el Reglamento general de desarrollo de la Ley General Tributaria, en materia de revisión en vía administrativa, y se dirige al órgano competente para su conocimiento. Reuniendo, además, los requisitos exigidos para su tramitación, de acuerdo con lo establecido en los artículos 234 a 244 de la indicada Ley General Tributaria, en relación con los artículos 48 a 63 del citado Reglamento General en materia de revisión en vía administrativa.

Dada la cuantía de la reclamación el procedimiento que ha de seguirse es el general/abreviado (*táchese lo que no proceda*), de acuerdo con lo previsto en los artículos 52 y siguientes (arts. 64 y 65 para procedimiento abreviado) del mencionado Reglamento General en materia de revisión, aprobado por RD 520/2005, de 13 de mayo.

Por último, se hace constar expresamente que esta parte no ha interpuesto recurso de reposición ni reclamación telemática alguna, conforme determina el artículo 235.3 de la Ley General Tributaria en relación con el artículo 21 del Reglamento en materia de revisión en vía administrativa y la Orden EHA 2784/2009, de 8 de octubre.

No concurre ninguna de las causas de inadmisibilidad previstas en el artículo 239.4 de la Ley 58/2003, de 7 de diciembre, General Tributaria. Por lo que procede entrar a conocer sobre el fondo de las cuestiones planteadas a continuación.

Segunda. En cuanto al fondo del asunto

De conformidad con lo establecido en los artículos 227 y 228 de la Ley 58/2003, de 17 de diciembre, General Tributaria, contra los actos dictados por la Administración tributaria susceptibles de reclamación económica-administrativa, que impongan sanciones, puede interponerse la correspondiente la reclamación ante el órgano económico-administrativo competente para su conocimiento, fundamentada en los motivos de nulidad o anulabilidad previstos en el ordenamiento jurídico y la legislación tributaria aplicable, que a continuación se detallan:

1. Importa señalar, en primer lugar, por ser una cuestión de orden público de cuya resolución depende la procedencia del análisis de las cuestiones de fondo planteadas, que se puede comprobar que en el expediente remitido por la Administración actuante "*no consta la resolución sancionadora expresa debidamente notificada*" a esta parte interesada. Será de recordar, que esta falta de inclusión en el expediente de los documentos en los que la Administración ha fundamentado su decisión sancionadora no constituye un mero defecto formal, sino una falta de justificación de la realización del hecho imponible cuya prueba recae sobre la Administración actuante, lo que constituye un defecto material o sustantivo que debe dar lugar a la anulación del acto impugnado. En particular, esta falta de notificación de la resolución sancionadora expresa impide determinar si se ha producido la firmeza en vía administrativa de la sanción, o cuándo si se ha producido ésta, si la providencia ha sido emitida una vez transcurrido el plazo señalado en la normativa que le es de aplicación.

Respecto de la firmeza en vía administrativa de una resolución, conviene traer a colación lo dispuesto con carácter general en los artículos 122.1 y 124.1 de la Ley 39/2015, de 1 de octubre, del Procedimiento Administrativo Común de las Administraciones públicas, en relación con la normativa …….. que le es de aplicación.

En conclusión, la iniciación de un procedimiento de apremio para el cobro de multas prevista en artículo 167.3 de la Ley General Tributaria, procederá una vez haya adquirido firmeza la sanción en vía administrativa (es decir, cuando contra el acto administrativo que se pretenda ejecutar ya no queda recurso administrativo ordinario). Por lo que mientras esté abierto el plazo para interponer recurso de alzada o reposición (o interpuesto no haya sido resuelto), la multa no adquirirá firmeza en vía administrativa a los efectos de poder iniciar el correspondiente procedimiento de apremio.

2. Sin perjuicio de lo anterior, a los solos efectos dialécticos, y sin renunciar al trámite de puesta de manifiesto del expediente para alegaciones, en su caso, al amparo del artículo 167.3 de la Ley General Tributaria que enumera con carácter taxativo las causas que son *numerus clausus*, las cuales pueden determinar la invalidez de la providencia de apremio. En los apartados siguientes se examinan cada una de las infracciones al ordenamiento jurídico en general, y en materia tributaria en particular, en las que ha incurrido el acto o resolución impugnada:

a) ....

b) .... *(argumentar jurídicamente los motivos de impugnación).*

c) ....

En definitiva, las ALEGACIONES formuladas en la presente reclamación económico-administrativa, sobre la improcedencia de la sanción pueden concretarse en los siguientes extremos: .... *(concretar de manera clara y precisa los motivos de impugnación).*

Todo ello determina que se haya de concluir, conforme a los preceptos citados, declarando la improcedencia del acto de liquidación impugnado.

Tercera. Respecto de la suspensión del acto impugnado

En virtud de lo establecido en el artículo 165 de la Ley 58/2003, de 17 de diciembre, General Tributaria en relación con el artículo 73.2 del Real Decreto 939/2005, de 29 de julio, por el que se aprueba el Reglamento General de Recaudación, sobre suspensión del procedimiento de apremio, la interposición de la presente reclamación económica-administrativa suspende la ejecución del acto impugnado al concurrir las circunstancias previstas en el citado precepto legal, por lo que no es necesario aportar garantías para acordar la suspensión de su ejecutividad.

Por todo ello, y en su atención, es por lo que,

SOLICITO AL TRIBUNAL ECONÓMICO-ADMINISTRATIVO DE ....: Que habiendo presentado este escrito con la documentación que se acompaña, se sirva admitirlo y, en su virtud, tenga por interpuesta RECLAMACIÓN ECONÓMICO-ADMINISTRATIVA contra la Providencia de Apremio dictada en periodo ejecutivo por la Dependencia Regional de Recaudación de ...., en el procedimiento de recaudación relativo al expediente administrativo con número de referencia .... incoado en concepto de "Deuda gestionada por la AEAT en periodo ejecutivo" por sanción de ......, y por las razones expuestas, se dicte resolución por la que se estime la reclamación económico-administrativa formulada por los defectos sustantivos advertidos, y como consecuencia derivada, proceda a la anulación del acto impugnado sin orden de retracción de actuaciones.

OTROSÍ DIGO: Que de conformidad con lo previsto en la normativa aplicable sobre suspensión del procedimiento de apremio y dado que en el presente caso concurren las circunstancias legalmente previstas, solicito se acuerde la SUPENSIÓN DE LA EJECUCIÓN DEL PROCEDIMIENTO del acto impugnado, demorando la eficacia inmediata del acto recurrido hasta la resolución firme en vía económico-administrativa, y con los efectos previstos en el artículo 117.3 de la Ley 39/2015, de 1 de octubre, del Procedimiento Administrativo Común de las Administraciones Públicas, sin necesidad de aportar garantías.

Lugar, fecha y firma electrónica.

La persona interesada/su representante legal

F247. REQUERIMIENTO PREVIO CONTRA LA VÍA DE HECHO

AL ÓRGANO COMPETENTE

D/Dª. ...., mayor de edad, con DNI/NIF/NIE núm. ...., actuando en nombre propio o en representación de ...., con domicilio a efectos de notificaciones en ...., municipio de ...., provincia de ...., teléfono ...., y correo electrónico: .... Ante ese órgano administrativo comparezco (código de identificación núm. ......) y, con el debido respecto, como mejor proceda en derecho, **DIGO**:

Que por empleados o agentes dependientes de esa Administración Pública, se han introducido en la finca de mi propiedad situada en ...., (como se acredita mediante la escritura pública de propiedad que se adjunta), para proceder a realizar trabajos materiales consistentes en .... (*indicar los hechos denunciados*).

Que, mediante el presente escrito, en el ejercicio de los derechos e intereses legítimos que me asisten, de conformidad con lo establecido en nuestro ordenamiento jurídico, vengo a formular el siguiente,

REQUERIMIENTO CONTRA LA VÍA DE HECHO

Primero. La primera noticia que he tenido sobre la realización de tales actuaciones materiales de ocupación dentro de los terrenos de mi propiedad fue por la presencia personal el día .... de empleados o agentes de esa Administración, para proceder a la realización directa de las referidas actuaciones materiales, sin más explicaciones que las verbalmente manifestadas de que cumplían ordenes de la superioridad.

Segundo. De acuerdo con el artículo 105 de la Ley 39/2015, de 1 de octubre, sobre prohibición de acciones posesorias "*a sensu contrario*", le está prohibido a los órganos administrativos iniciar cualquier actuación material de ejecución que limite derechos de los particulares, sin que previamente haya sido adoptada y notificada la resolución que le sirva de fundamento jurídico, autorizando la actuación material concreta, puesto que para ello es requisito "*sine qua non*" la existencia de una previa resolución expresa del órgano administrativo competente que legitime la actuación realizada en materia de su competencia y siguiendo el procedimiento legalmente establecido.

Tercero. La inexistencia de acto administrativo legitimador de dicha actuación material que está llevándose a cabo en terrenos de mi propiedad —sin consentimiento del titular ni cobertura legal alguna que ampare su realización—, comporta la nulidad radical o de pleno derecho de todo lo actuado al constituir un claro supuesto de vía de hecho. Frente al cual se puede solicitar la intervención jurisdiccional, incluida la vía interdictal para retener o recobrar la posesión amenazada o pérdida, de acuerdo con lo previsto el artículo 30 de la Ley reguladora de la Jurisdicción Contencioso-Administrativa.

Por todo ello, y en su atención, es por lo que,

REQUIERO a esa Administración Pública para que al amparo de la legislación vigente ordene la cesación inmediata de la actuación material constitutiva de vía de hecho que por sus empleados o agentes se están llevando a cabo sin mi consentimiento, ni cobertura legal alguna que ampare tales hechos constatados, que dan lugar a la inutilización de una parte de la finca de mi propiedad.

Significándole que si en el plazo máximo de diez días no fuera atendido lo requerido se deducirá directamente recurso contencioso-administrativo para el pleno restablecimiento de mi situación jurídica individualizada, con solicitud de suspensión cautelar de la actuación material impugnada y de la correspondiente indemnización de los daños y perjuicios causados.

Todo ello, sin perjuicio de que pueda alternativamente acudir a la vía judicial civil o penal, en su caso, contra la vía de hecho utilizada por esa Administración, en defensa de mis derechos e intereses legítimos.

Lugar, fecha y firma electrónica.

La persona interesada/su representante legal

Título Sexto

DE LA INICITIVA LEGISLATIVA Y DE LA POTESTAD PARA DICTAR REGLAMENTOS Y OTRAS DISPOSICIONES

SUMARIO: I. POTESTAD REGLAMENTARIA. F248. Propuesta de disposición de carácter general o reglamento. F249. Escrito de alegaciones sobre vulneración del principio de jerarquía normativa. F250. Escrito de alegaciones sobre vulneración del principio de reserva de ley. F251. Escrito de alegaciones sobre vulneración del principio de inderogabilidad singular de los reglamentos. II. PUBLICIDAD DE LAS NORMAS. F252. Escrito de alegaciones sobre publicidad de las normas. F253. Consulta pública en la elaboración de las normas. F254. Ficha del texto normativo sometido a consulta pública.

I. POTESTAD REGLAMENTARIA

F248. PROPUESTA DE DISPOSICIÓN DE CARÁCTER GENERAL O REGLAMENTO

EXPOSICIÓN DE MOTIVOS

El proceso de transformación digital de nuestra Administración Pública en el que estamos inmersos, exige regular la utilización de los servicios públicos para ofrecer cada vez mejores y más eficientes servicios de .... (*describir el ámbito de actuación a regular y los objetivos que la norma persigue por razones de interés general*). A este respecto, la Ley 39/2015, de 1 de octubre, del Procedimiento Administrativo Común de las Administraciones Públicas, que con carácter básico regula el conjunto ordenado de trámites y actuaciones formalmente realizadas, establece el empleo de los sistemas y los medios electrónicos como forma habitual de gestionar los asuntos públicos. Asimismo, reconoce a los ciudadanos la facultad de relacionarse con las Administraciones Públicas para ejercer sus derechos a través de la tramitación electrónica y otorga validez y eficacia de documento original tanto a los documentos como a expedición de copias auténticas de los documentos públicos o privados digitalizados, siempre que quede garantizada su autenticidad, integridad y conservación, así como de la identidad del órgano que ha realizado la copia y de su contenido, cumpliendo los requisitos y garantías exigidos en la leyes.

En este proceso de transformación digital las Administraciones Públicas deben garantizar que, en el ejercicio de sus competencias, tanto en sus relaciones interadministrativas e interorgánicas *(ad intra y ad extra)* se desarrollen a través de medios electrónicos entre sí y sus órganos, organismos públicos y entidades vinculadas o dependientes, así como respecto de las personas interesadas obligadas a ello (ex art. 14.2 de la Ley 39/2015 y art. 3.2 de la Ley 40/2015). De modo que resulta necesario contar con unos servicios electrónicos, que permitan acercar la Administración a los ciudadanos, eliminen las trabas administrativas, y contribuyan a la transparencia y simplificación administrativa con el uso de los servicios digitales fácilmente utilizables , conforme establece el reglamento de actuación y funcionamiento del sector Público, aprobado por Real decreto 203/2021, de 30 de marzo.

En definitiva, la tramitación electrónica de los procedimientos debe constituir la actuación habitual de esta Administración Pública y el uso de los servicios públicos digitales es fundamental para satisfacer el ejercicio de los derechos de las personas interesadas y el cumplimiento de sus obligaciones con la Administración, evitando al máximo las ciberincidencias conforme con los criterios establecidos en el Real Decreto 331/2022, de 3 de mayo, por el que se aprueba el Esquema Nacional de Seguridad. Para ello, es necesario dotarse de un marco normativo adecuado con el objetivo de conseguir que las relaciones a través de medios electrónicos sea fácil, intuitiva, efectiva y segura.

La presente disposición de carácter general, se ajusta a los principios de buena regulación contenidos en el artículo 129 de la Ley 39/2015, de 1 de octubre, del Procedimiento Administrativo Común de las Administraciones Públicas, y cumple con los principios de necesidad, eficacia, proporcionalidad, seguridad jurídica, transparencia y eficiencia, que persigue el interés general de contribuir a la mejora de la gestión administrativa en sus las relaciones con la ciudadanía. Así, se cumple con los principios de necesidad y eficacia, al estar la iniciativa normativa justificada por la necesidad de completar el desarrollo reglamentario en esta materia.

Dando cumplimiento al principio de proporcionalidad jurídica se ha introducido la regulación adecuada e imprescindible para el logro de los objetivos propuestos de interés general, no existiendo ninguna alternativa regulatoria menos restrictiva de derechos, por lo que resulta coherente con el ordenamiento jurídico y permite una gestión más eficiente de los recursos públicos.

A fin de garantizar el principio de seguridad jurídica, la iniciativa normativa se ha elaborado de manera coherente con la normativa de carácter básico que le es de aplicación, con la intención de mantener un marco normativo estable, predecible, integrado y claro, que facilite su conocimiento y comprensión. Asimismo, la presente disposición general se ajusta a lo previsto en la Ley Orgánica 3/2018, de 5 de diciembre, de protección de datos personales y garantía de los derechos digitales.

En aplicación del principio de transparencia, se posibilita el acceso sencillo, universal y actualizado a la normativa en vigor y los documentos propios de su proceso de elaboración, en los términos establecidos en la Ley 19/2013, de 9 de diciembre, de transparencia, acceso a la información y buen gobierno. Del mismo modo durante el procedimiento de elaboración de la norma se ha permitido la participación pública a través del trámite de audiencia e información pública, publicándose el anuncio correspondiente en el Boletín/Diario Oficial, así como en la página web de esta Administración.

A fin de atender al principio de eficiencia, la presente norma jurídica evita cargas administrativas innecesarias o accesorias y racionaliza, en su aplicación, la gestión de los recursos públicos. Asimismo, la norma cumple con los principios de estabilidad presupuestaria y sostenibilidad financiera.

La presente norma se estructura en capítulos, disposiciones adicionales, disposiciones transitorias, una disposición derogatoria, y disposiciones finales.

Contra esta disposición de carácter general no cabe recurso vía administrativa, de conformidad con lo establecido en el artículo 112, apartado 3, de la Ley 39/2015, de 1 de octubre, del Procedimiento Administrativo Común de las Administraciones Públicas, quedando expedita en todo caso la vía jurisdiccional contencioso-administrativa.

En su virtud, al amparo de las competencias conferidas por el artículo .... (*especificar la normativa de aplicación*), previos los informes técnicos y jurídicos pertinentes,

DISPONGO

(*sigue el texto normativo*)

ÍNDICE

CAPÍTULO III. Gestión y coordinación
Artículo 8. Procedimiento de gestión y ejecución
Artículo 9. Coordinación en el marco institucional

CAPÍTULO IV. Evaluación y Seguimiento
Artículo 10. Evaluación, seguimiento y gestión de la calidad

CAPÍTULO V. Simplificación administrativa
Artículo 11. Gestión coordinada de procesos administrativos y organizativos
Artículo 12. Reducción de trámites y cargas administrativas

CAPÍTULO VI. Administración electrónica
Artículo 13. Trabajo en red y transformación digital
Artículo 14. Robotización de los procedimientos
Artículo 15. Uso de la inteligencia artificial
Artículo 16. Plataforma de interoperabilidad

Disposiciones adicionales.
Disposiciones transitorias.
Disposición derogatoria.
Disposiciones finales primera. Desarrollo normativo
Disposición final segunda. Entrada en vigor
Anexos.

Lugar, fecha, cargo y firma electrónica.

La persona titular del órgano competente

F249. ESCRITO DE ALEGACIONES SOBRE VULNERACIÓN DEL PRINCIPIO DE JERARQUÍA NORMATIVA

AL ÓRGANO COMPETENTE

D/Dª ...., mayor de edad, con de DNI/NIF/NIE núm. ......, actuando en nombre propio o en representación de ...., con domicilio a efectos de notificaciones en ...., del municipio ...., provincia de ...., teléfono ...., y correo electrónico: .... Ante ese órgano administrativo comparezco (código de identificación núm. ...) y, con el debido respeto, como mejor proceda en derecho, **DIGO**:

Que con fecha ...., me han notificado el trámite de audiencia en el que se pone de manifiesto el procedimiento administrativo relativo al expediente núm. ...., sobre .... (*identificar el objeto del procedimiento*), para que en el plazo de diez/quince días pueda realizar alegaciones y presentar los documentos y justificaciones que estime pertinentes.

Que en el ejercicio de los derechos e intereses legítimos que me asisten, mediante el presente escrito dentro del plazo concedido, vengo a formular el siguiente,

ESCRITO DE ALEGACIONES

1. Que se está tramitando en fase de instrucción el referido procedimiento administrativo con arreglo a lo establecido en una disposición de carácter general relativa a .... *(indicar la normativa de aplicación).*
2. De acuerdo con lo previsto en el artículo 128.3 de la Ley 39/2015, de 1 de octubre, del Procedimiento Administrativo Común de las Administraciones Públicas: "*Las disposiciones administrativas se ajustarán al orden de jerarquía que establezcan las leyes. Ninguna disposición administrativa podrá vulnerar los preceptos de otra de rango superior*". En este sentido, el artículo 3.1 de la Ley 40/2015, de 1 de octubre, de Régimen Jurídico del Sector Público, establece: "*Las Administraciones Públicas sirven con objetividad los intereses generales y actúan de acuerdo con los principios de eficacia, jerarquía, descentralización, desconcentración y coordinación, con sometimiento pleno a la Constitución, a la Ley y al Derecho*". Así pues, nuestro ordenamiento jurídico-administrativo tiene una estructura piramidal jerárquica. La cúspide de la pirámide se encuentra en la Constitución que garantiza en principio de jerarquía normativa en sus artículos 9.3 y 103.1. En consecuencia, la entera actividad de la Administración Pública debe respetar el principio de jerarquía normativa legalmente establecido.
3. A este respecto, en el artículo 47.2 de la Ley 39/2015, de 1 de octubre, dispone que: "*También serán nulas de pleno derecho las disposiciones administrativas que vulneren la Constitución, las leyes, u otras disposiciones administrativas de rango de superior, las que regulen materias reservadas a la Ley, y las que establezcan la retroactividad de las disposiciones sancionadoras no favorables o restrictivas de derechos individuales*". Por ello, comoquiera que la resolución que se dicte en el presente procedimiento debe ajustarse a lo establecido en .... (*indicar la disposición general de rango superior*), de tal modo que los actos o resoluciones administrativas, como normas de rango inferior, no deben contradecir, modificar o invalidar las normas de rango superior

que le sean de aplicación, dado que como requisito jurídico de su validez ha de mantenerse dentro de los límites tanto formales como sustanciales prestablecidos por respeto al principio de jerarquía normativa, *so pena* de incurrir en infracción grave del ordenamiento jurídico-administrativo, tipificada con sanción de la nulidad absoluta o de pleno derecho. En efecto, en el caso presente, resulta patente que se contraviene, excede y altera lo dispuesto en la citada normativa administrativa de superior rango, por cuanto que .... (*argumentar los motivos justificativos de las alegaciones*).

En definitiva, conforme al orden y la coherencia que garantiza en nuestro sistema legal en la aplicación de las normas, a la hora de dictar la resolución definitiva del presente procedimiento, debería tenerse en cuenta su posible ineficacia jurídica y las responsabilidades administrativas derivadas por su adopción, al vulnerar el principio de jerarquía normativa.

Por todo ello, y en su atención, es por lo que,

SOLICITO: Que tenga por presentado este escrito con la documentación que se acompaña, lo admita a trámite y, por las razones expuestas, se anule de oficio el referido procedimiento administrativo relativo al expediente núm. ...., sobre .... , por contravenir la legislación aplicable al vulnerar el principio de jerarquía normativa y, previos los trámites pertinentes, se tomen en consideración las alegaciones formuladas al adoptar la resolución definitiva en el presente procedimiento administrativo.

Lugar, fecha y firma electrónica.

La persona interesada/su representante legal

F250. ESCRITO DE ALEGACIONES SOBRE VULNERACIÓN DEL PRINCIPIO DE RESERVA DE LEY

AL ÓRGANO COMPETENTE

D/Dª ...., mayor de edad, con de DNI/NIF/NIE núm. ......, actuando en nombre propio o en representación de ...., con domicilio a efectos de notificaciones en ...., del municipio ...., provincia de ...., teléfono ...., y correo electrónico: .... Ante ese órgano administrativo comparezco (código de identificación núm. ...) y, con el debido respeto, como mejor proceda en derecho, **DIGO**:

Que con fecha ...., me han notificado el trámite de audiencia en el que se pone de manifiesto el procedimiento administrativo relativo al expediente núm. ...., sobre .... (*identificar el objeto del procedimiento*), para que en el plazo de diez/quince días pueda realizar alegaciones y presentar los documentos y justificaciones que estime pertinentes.

Que en el ejercicio de los derechos e intereses legítimos que me asisten, mediante el presente escrito dentro del plazo concedido, vengo a formular el siguiente,

ESCRITO DE ALEGACIONES

Primera. Importa señalar, en primer lugar, que la resolución definitiva que se adopte en el referido procedimiento administrativo, sin duda, vulnerará el principio de reserva de ley establecido en el artículo 47.2 de la de la Ley 39/2015, de 1 de octubre, del Procedimiento Administrativo Común de las Administraciones Públicas, que sanciona con nulidad radical, absoluta o de pleno derecho a aquellas disposiciones reglamentarias que sobrepasen su ámbito normativo de desarrollo o colaboración con respecto a la ley y regulen materias reservadas a la Ley. Reserva de ley no solo formal sino también material como se reconoce en el artículo 128.2 de la citada Ley 39/2015 y la Constitución garantiza. Por ello, las disposiciones reglamentarias no pueden tipificar delitos, faltas o infracciones administrativas, ni establecer penas o sanciones, así como tributos, exacciones parafiscales u otras cargas o prestaciones personales o patrimoniales de carácter público, al ser materias de reserva de Ley.

En efecto, la infracción administrativa que aquí se advierte e imputa, en el caso presente, y su correspondiente sanción carece de la necesaria cobertura legal, puesto que el procedimiento en esta materia sólo se encuentra específicamente regulado en una simple norma de carácter reglamentario —adoptada en virtud de una genérica habilitación a la Administración por una ley carente de todo contenido material propio— por lo que se han sobrepasado los límites legales establecidos para el ejercicio de la potestad reglamentaria, como ha señalado el Tribunal Constitucional en reiteradas sentencias, cuya cita en estos momentos resulta ociosa.

Segunda. En el presente caso, resulta evidente se está infringiendo lo previsto en el citado artículo 25.1 de la Ley 40/2015, de 1 de octubre, que respecto del principio de legalidad prescribe que: "*La potestad sancionadora de las Administraciones Públicas se ejercerá cuando haya sido expresamente reconocida por una norma con rango de Ley*". Además, de acuerdo con lo dispuesto en el artículo 27.1 de dicho texto legal: "*Sólo constituyen infracciones administrativas las vulneraciones del ordenamiento jurídico previstas como tales por una Ley*".

Por ello, conforme con lo establecido el artículo 47.2 de la Ley 39/2015, de 1 de octubre, del Procedimiento Administrativo Común de las Administraciones Públicas, incurren en nulidad absoluta o de pleno derecho a aquellas disposiciones reglamentarias que infrinjan el principio de reserva de ley, con efectos "*ex tunc*" (es decir, desde la fecha en que se dictó la disposición) y, como consecuencia derivada, a cuantos actos o resoluciones administrativas de dicten en su virtud.

Por todo ello, y en su atención, es por lo que,

SOLICITO: Que habiendo presentado este escrito con la documentación que se acompaña, lo admita a trámite y, por las razones expuestas, tenga por formuladas en tiempo y forma las presentes alegaciones en el procedimiento administrativo relativo al expediente núm. ......, sobre .... Y, previos los trámites pertinentes, se tomen en consideración las alegaciones formuladas respecto de la posible vulneración del principio de reserva de Ley, al redactar la propuesta la resolución del presente procedimiento.

Lugar, fecha y firma electrónica.

La persona interesada/su representante legal

F251. ESCRITO DE ALEGACIONES SOBRE VULNERACIÓN DEL PRINCIPIO DE INDEROGABILIDAD SINGULAR DE LOS REGLAMENTOS

AL ÓRGANO COMPETENTE

D/Dª. ...., mayor de edad, con DNI/NIF/NIE núm. ...., actuando en nombre propio o en representación de ...., con domicilio a efectos de notificaciones en ...., del municipio ...., provincia de ...., con teléfono ...., y correo electrónico: .... Ante ese órgano administrativo comparezco (código de identificación núm. .....) y, con el debido respeto, como mejor proceda en derecho, **DIGO**:

Que con fecha ...., me han notificado el trámite de audiencia en el que se pone de manifiesto el procedimiento administrativo relativo al expediente núm. ...., sobre .... (*identificar el objeto del procedimiento*), para que en el plazo de diez/quince días pueda realizar alegaciones y presentar los documentos y justificaciones que estime pertinentes.

Que en el ejercicio de los derechos e intereses legítimos que me asisten, mediante el presente escrito dentro del plazo concedido, vengo a formular el siguiente,

ESCRITO DE ALEGACIONES

Primera. Con la adopción de la citada propuesta resolución podría vulnerase el principio de inderogabilidad singular de los reglamentos, que prohíbe a la Administración "dispensar" para un caso concreto de la aplicación de los reglamentos o disposiciones de carácter general, de conformidad con lo establecido en el artículo 37.1 de la Ley 39/2015, de 1 de octubre, del Procedimiento Administrativo Común de las Administraciones Públicas, que expresamente señala: "*Las resoluciones administrativas de carácter particular no podrán vulnerar lo establecido en una disposición de carácter general, aunque aquellas procedan de un órgano igual o superior al que dictó la disposición general*". Principio de inderogabilidad singular de las disposiciones de carácter general o reglamentos que constituye, más que un límite a la potestad reglamentaria de la Administración, una regla de obligado cumplimiento en orden a la aplicación de las normas reglamentarias.

De modo y manera que, con el fin de evitar que se produzcan situaciones injustificadas de favor en beneficio de personas determinadas, la mencionada resolución que, en su caso se adopte, no será válida ni eficaz al no tener cobertura legal en nuestro ordenamiento jurídico-administrativo de conformidad con la normativa aplicable que está constituida por .... Toda vez que la excepción a la regla general por una vía singular nunca está justificada, puesto que al estar la Administración vinculada a la legalidad, está sujeta su íntegra actuación por las normas que ella misma produce, y ajustándose a los requisitos y al procedimiento legalmente establecido.

Segunda. Conviene recordar que la Administración Pública, como organización dirigida a servir con objetividad los intereses generales, está sometida a los principios de legalidad e interdicción de la arbitrariedad, que condicionan y determinan la entera actuación administrativa en la gestión de los asuntos públicos encomendados. Esta vinculación positiva de la Administración a la ley y al derecho exige que el contenido de sus actos se ajusten a lo dispuesto en el ordenamiento jurídico y sea adecuado a los fines que la justifican, conforme determina el artículo 34.2 de la Ley 39/2015, de 1 de octubre, del Procedimiento Administrativo Común de las Administraciones Públicas, puesto que en caso contrario incurriría en desviación de poder.

Así las cosas, no es preciso subrayar que el estricto cumplimiento de la ley no es óbice para que en la aplicación de las normas jurídicas se tenga en cuenta la existencia de un principio general que pasa por acomodar el ordenamiento jurídico a la realidad social (art. 3.1 del Código Civil), que predica la necesidad de interpretar las normas en función de los supuestos concretos, ponderando las circunstancias concurrentes y resolviendo los conflictos con la necesaria proporcionalidad y sentido común, e incluso, en ocasiones, con una pequeña dosis de sensibilidad social. Pero en ningún caso está permitido a la Administración soslayar el principio de inderogabilidad singular de los reglamentos, por ser lesivo y arbitrario para el interés público tutelado por la ley, como se advierte en el presente caso respecto del injustificado trato de favor individualmente dado sobre determinadas personas interesadas en el procedimiento en cuestión.

Tercera. Por último, importa señalar que confome con el artículo 37.2 de la Ley 39/2015, de 1 de octubre, del Procedimiento Administrativo Común de las Administraciones Públicas: *"Son nulas las resoluciones administrativas que vulneren lo establecido en una disposición reglamentaria, así como aquellas que incurran en alguna de las causas recogidas en el artículo 47"*. En efecto, la entera validez y eficacia jurídica de cualquier acto o resolución administrativa está condicionada al cumplimiento del principio de inderogabilidad de los reglamentos, dado que a los actos administrativos le está vetado modificar, suspender o derogar con carácter particular o individual, lo establecido en una disposición reglamentaria. Ello es así, para garantizar la seguridad jurídica, la igualdad ante la ley y coherencia uniforme del ordenamiento jurídico-administrativo.

Por todo ello, y en su atención, es por lo que,

SOLICITO: Que habiendo presentado este escrito con la documentación que se acompaña, lo admita a trámite y, por las razones expuestas, tenga por formuladas en tiempo y forma las presentes alegaciones en el procedimiento administrativo relativo al expediente núm. ......, sobre .... Y, previos los trámites pertinentes, se tomen en consideración las alegaciones formuladas respecto de la posible vulneración del principio de inderogabilidad singular de los reglamentos, al redactar la propuesta la resolución del presente procedimiento.

Lugar, fecha y firma electrónica.

La persona interesada/su representante legal

II. PUBLICIDAD DE LAS NORMAS

F252. ESCRITO DE ALEGACIONES SOBRE VULNERACIÓN DEL PRINCIPIO DE PUBLICIDAD DE LAS NORMAS

AL ÓRGANO COMPETENTE

D/Dª. ...., mayor de edad, con DNI/NIF/NIE núm. ...., actuando en nombre propio o en representación de ...., con domicilio a efectos de notificaciones en ...., del municipio ...., provincia de ...., con teléfono ...., y correo electrónico: .... Ante ese órgano administrativo comparezco (código de identificación núm. .....) y, con el debido respeto, como mejor proceda en derecho, **DIGO**:

Que con fecha ...., me han notificado el trámite de audiencia en el que se pone de manifiesto el procedimiento administrativo relativo al expediente núm. ...., sobre .... (*identificar el objeto del procedimiento*), para que en el plazo de diez/quince días pueda realizar alegaciones y presentar los documentos y justificaciones que estime pertinentes.

Que en el ejercicio de los derechos e intereses legítimos que me asisten, mediante el presente escrito dentro del plazo concedido, vengo a formular el siguiente,

ESCRITO DE ALEGACIONES

1. Conviene señalar, en primer lugar, que el principio general de publicidad normativa está consagrado en el artículo 9.3 de la Constitución, que para las Leyes se recoge en el artículo 2.1 del Código Civil y para los reglamentos o disposiciones administrativas de carácter general se prevé en el artículo 131.1 de la Ley 39/2015, de 1 de octubre, del Procedimiento Administrativo Común de las Administraciones Púbicas, al disponer que: *"Las normas con rango de ley, los reglamentos y disposiciones administrativas de carácter general habrán de publicarse en el diario oficial para que entren en vigor y produzcan efectos jurídicos. Adicionalmente, y de manera facultativa, las Administraciones Públicas podrán establecer otros medios de publicidad complementarios"*. Por consiguiente, para que produzcan efectos jurídicos y, en consecuencia, adquieran la fuerza ejecutiva necesaria de obligada observancia las normas de carácter general han de publicarse preceptivamente en el Diario Oficial que corresponda para conocimiento general. Es decir, dicho precepto legal establece el deber de que la Administración Pública competente tenga que publicar oficialmente toda disposición administrativa que adopte con vocación normativa de carácter general para que la misma entre en vigor y adquiera plena eficacia jurídica.
2. En el presente caso, nos encontramos ante un acto dictado en base a una disposición administrativa general o reglamentaria sin eficacia por falta de la correspondiente publicación oficial. En efecto, el referido procedimiento incoado tiene su cobertura legal en una norma reglamentaria o disposición de carácter general que todavía no ha sido íntegramente publicada en el Boletín/Diario oficial correspondiente (*táchese lo que no proceda*), sino simplemente un extracto o reseña de la misma, por lo que carece de

fuerza jurídica. A este respecto, es necesario insistir y subrayar que el principio de la publicidad de las normas es una cuestión de orden público de inexcusable observancia por las Administraciones Públicas y, su vulneración afecta a su eficacia normativa que está supeditada a su publicación, conforme determina el artículo 39.2 de la Ley 39/2015, de 1 de octubre.

En definitiva, la existencia de dicho defecto sustantivo de procedimiento advertido por la falta de publicación completa y oficial de la citada normativa de carácter general o reglamentario hace que la misma sea ineficaz para amparar o legitimar cualquier acto administrativo que se dicte en su desarrollo o ejecución.

Por todo ello, y en su atención, es por lo que,

SOLICITO: Que habiendo presentado este escrito de alegaciones con su documentación, lo admita, tenga por evacuado el trámite de audiencia concedido y, por las razones expuestas, previos los trámites preceptivos, se dicte resolución por la que se anule el referido procedimiento administrativo relativo al expediente núm. ....sobre ...., dada ineficacia del procedimiento incoado por vulneración del principio general de publicidad de las normas y disposiciones administrativas de carácter general.

Lugar, fecha y firma electrónica.

La persona interesada/su representante legal

F253. CONSULTA PÚBLICA EN LA ELABORACIÓN DE LAS NORMAS

Asunto:
Procedimiento:
Expediente núm.:
Departamento:

ANUNCIO

De acuerdo con lo previsto en el artículo 133, apartado 1, de la Ley 39/2015, de 1 de octubre, del Procedimiento Administrativo Común de las Administraciones Públicas, que establece: "*Con carácter previo a la elaboración del proyecto o anteproyecto de ley o de reglamento, se sustanciará una consulta pública, a través del portal web de la Administración competente en la que se recabará la opinión de los sujetos y de las organizaciones más representativas potencialmente afectados*". Esta Administración Pública, en cumplimiento de dicho precepto legal y en aras estimular la participación de los destinatarios y agentes implicados en el proceso de elaboración normativa e incrementar transparencia y democracia participativa en la materia de ......, somete a consulta pública con carácter previo a la redacción del texto de la iniciativa a la opinión de las personas o entidades afectadas, con el fin de recabar cuantas aportaciones adicionales puedan hacerse al respecto.

La consulta pública previa a la redacción de la futura norma se somete a consideración acerca de los siguientes extremos:

a) Los problemas que se pretenden solucionar con la iniciativa normativa.

b) La necesidad y oportunidad de su aprobación.

c) Los objetivos de la norma.

d) Las posibles alternativas regulatorias y no regulatorias.

El texto del anteproyecto/proyecto sometido a consulta, junto con la Memoria de análisis del impacto normativo y demás la documentación disponible sobre su necesidad y oportunidad, se encuentra publicado en portal de la sede electrónica de esta Administración a través del siguiente enlace: https://sede......es/participaciónpública. Donde hasta el día .... se podrán realizar las aportaciones y emitir sus opiniones o sugerencias al respecto, a través del citado portal de internet de esta Administración Pública.

Lo que se hace público para conocimiento general.

Lugar, fecha, cargo y firma electrónica.

Documento firmado digitalmente. La persona titular del órgano administrativo competente. Autenticidad verificable mediante Código de Seguro Verificación (CSV).... en sede electrónica de esta Administración Pública.

F254. FICHA DEL TEXTO NORMATIVO SOMETIDO A CONSULTA PÚBLICA

Asunto:
Procedimiento:
Expediente núm.:
Departamento:

FICHA NORMATIVA
(título del texto normativo)

a) Problemas que se pretender solucionar con la iniciativa:
- ....
- ...... *(describir el alcance del objeto de regulación)*
- ....

b) La necesidad y oportunidad de su aprobación:
- ....
- .... *(explicar las razones de su elaboración)*
- ....

c) Los objetivos de la norma:
- ....
- .... *(señalar la finalidad perseguida).*
- ....

d) Las posibles soluciones alternativas regulatorias y no regulatorias:
- ....
- .... *(concretar las diferentes alternativas propuestas)*
- ....

e) Evaluación de económica de la iniciativa normativa:
- ....
- ... *(cuantificar la repercusión de los gastos e ingresos sometidos a los principios de estabilidad presupuestaria y sostenibilidad financiera)*
- ....

Segunda Parte

LEY 40/2015, DE 1 DE OCTUBRE, DE RÉGIMEN JURÍDICO DEL SECTOR PÚBLICO

I. DE LOS ÓRGANOS DE LAS ADMINISTRACIONES PÚBLICAS, PRINCIPIOS DE ACTUACIÓN Y FUNCIONAMIENTO DEL SECTOR PÚBLICO

SUMARIO: 1. ÓRGANOS DE LAS ADMINISTRACIONES PÚBLICAS. F255. Creación de un órgano administrativo. F256. Constitución de una sociedad o empresa pública. F0257. Estatutos de una sociedad o empresa pública. 2. COMPETENCIAS ADMINISTRATIVAS. F258. Delegación de competencias. F259. Avocación de competencias. F260. Acuerdo de encomienda de gestión. F261. Delegación de firma. F262. Régimen de suplencia temporal de funciones administrativas. F263. Coordinación de competencias interadministrativas. F264. Comunicaciones entre órganos de una misma Administración. 3. DECISIONES SOBRE COMPETENCIAS. F265. Escrito solicitando la declinación de competencia. F266. Escrito solicitando la inhibición de un asunto. F267. Comunicación sobre el traslado de un asunto al órgano competente. F268. Decisión sobre la resolución del asunto. 4. CONFLICTOS DE ATRIBUCIONES. F269. Requerimiento sobre conflicto positivo de atribuciones. F270. Acuerdo sobre conflicto negativo de atribuciones. 5. INSTRUCCIONES Y ÓRDENES DE SERVICIO. F271. Instrucción del órgano superior. F272. Circular u orden de servicio. 6. ÓRGANOS COLEGIADOS. F273. Constitución de un órgano colegiado. F274. Convocatoria y orden del día. F275. Levantamiento del acta de la sesión. F276. Escrito solicitando que conste en acta un voto particular. F277. Notificación acuerdo del órgano colegiado. 7. ABSTENCIÓN Y RECUSACIÓN. F278. Escrito comunicando que concurre causa de abstención. F279. Resolución sobre la abstención solicitada. F280. Resolución ordenando la abstención. F281. Escrito promoviendo causa de recusación. F282. Escrito dirigido al inmediato superior jerárquico. F283. Resolución sobre la recusación planteada.

I. DE LOS ÓRGANOS DE LAS ADMINISTRACIONES PÚBLICAS, PRINCIPIOS DE ACTUACIÓN Y FUNCIONAMIENTO DEL SECTOR PÚBLICO

1. Órganos de las Administraciones Públicas

F255. CREACIÓN DE UN ÓRGANO ADMINISTRATIVO

EXPOSICIÓN DE MOTIVOS

La necesidad de satisfacer las demandas de simplificación administrativa, con el nivel de calidad en la gestión, eficiencia administrativa y austeridad en el gasto público que en estos momentos la sociedad exige, es un compromiso de esta Administración Pública y, por ello, se requiere de un nuevo enfoque organizativo y funcional que fomente la transparencia, reduzca las cargas y mejore la calidad de la gestión en la prestación de los servicios públicos.

El artículo 5 de la Ley 40/2015, de 1 de octubre, de Régimen Jurídico del Sector Público, establece que corresponde a cada Administración Pública delimitar, en su respectivo ámbito competencial, las unidades administrativas que configuran los órganos administrativos propios de las especialidades derivadas de su organización a las que se les atribuyan funciones que tengan efectos jurídicos frente a terceros, o cuya actuación tenga carácter preceptivo.

Por su parte, la normativa reguladora aplicable a esta Administración Pública en la materia dispone: .... (*describir sucintamente las competencias atribuidas*). A este respecto, las Leyes 39/2015,de 1 de octubre, del Procedimiento Administrativo Común de las Administraciones Públicas, y 40/2015, de 1 de octubre, de Régimen Jurídico del Sector Público, representan un enérgico respaldo a las medidas de simplificación y a la generalización de la Administración electrónica, hasta el punto que constituyen los dos ejes sobre los que se articulan sus principales novedades.

Por ello, y teniendo en consideración que esta Administración, por razón de su competencia, ha de tramitar un elevado número de expedientes relativos a los procedimientos administrativos en materia de ...., y con el fin de conseguir una mayor eficacia en su gestión administrativa, se hace aconsejable la creación de una unidad administrativa, adscrita al departamento de .... que, con la celeridad requerida, agilice la tramitación de los expedientes administrativos de esta índole.

Esta unidad administrativa de..........., actuará con sujeción plena a la normativa aplicable, asimismo garantizará una actuación administrativa adecuada, que se corresponda con los principios de buena administración y de unificación de funciones administrativas, circunstancia que ha de repercutir en una mayor simplificación y eficiencia en la gestión pública.

En el marco de lo establecido en la legislación aplicable que regula las competencias de esta Administración sobre su organización y funcionamiento, y conforme a las atribuciones conferidas por ...., a dicha unidad administrativa se le dotará de los medios profesionales y operativos necesarios para asegurar la objetividad y eficiencia en su actuación, en especial se impulsará al máximo nivel el empleo y aplicación de técnicas y medios electrónicos, informáticos y telemáticos para el desarrollo de su actividad en el ejercicio de sus funciones, coordinada con el Registro electrónico general de esta Administración.

La creación de esta nueva unidad administrativa de .... responde a la necesidad constatada de optimizar la gestión de los asuntos públicos en el ámbito de actuación de esta Administración, y no supone duplicación de otros órganos ya existentes que desarrollen igual función sobre el mismo territorio y población, por lo que no se requiere suprimir o restringir debidamente la competencia de éstos.

En su virtud, de acuerdo con las competencias atribuidas a esta Administración Pública,

DISPONGO

Artículo 1. Creación, integración y jerarquía administrativa

Se crea en la unidad administrativa de ...., adscrita a ...., de esta Administración Pública, a la que le corresponderá la gestión y tramitación de todos los procedimientos administrativos relativos a ...., en el ejercicio de sus competencias.

Artículo 2. Delimitación de funciones y competencias

La unidad administrativa de ...... que se crea actuará de acuerdo con los principios de eficacia, jerarquía y coordinación, respecto de los procedimientos administrativos a los que hace referencia el artículo primero, y con sujeción plena al régimen jurídico de esta Administración.

En su ámbito de actuación desarrollará las siguientes funciones:

a) ....

b) ..... *(exponer en párrafos numerados el ejercicio de las funciones atribuidas).*

c) ....

Artículo 3. De la organización y funcionamiento de la unidad administrativa

Por orden se regulará la composición, organización y régimen de funcionamiento de la unidad administrativa de ......, adscrita al Departamento de ....

Disposición adicional. Dotación de los créditos necesarios para su puesta en marcha y funcionamiento

La aplicación de las previsiones contenidas para la puesta en marcha y funcionamiento de la unidad administrativa creada y la adaptación orgánica de los servicios y unidades operativas que se configuran en él, no deberán originar aumento alguno del gasto público.

Disposición transitoria. Procedimientos administrativos iniciados

No se aplicará a los procedimientos administrativos ya iniciados lo previsto en la presente disposición. Los expedientes que estén en tramitación continuarán tramitándose ante el órgano administrativo de origen hasta su conclusión.

Disposición final. Entrada en vigor

La presente disposición entrará en vigor el día siguiente al de su publicación oficial en ...., sin perjuicio de publicar su reseña en el portal de internet de esta Administración, para general conocimiento.

Lugar, fecha, cargo y firma electrónica.

La persona titular del órgano administrativo competente

F256. CONSTITUCIÓN DE UNA SOCIEDAD O EMPRESA PÚBLICA

EXPOSICIÓN DE MOTIVOS

La promulgación de la Ley ...., ha supuesto el establecimiento de una nueva normativa reguladora con el objeto de impulsar y crear las condiciones favorables para la prestación de los servicios públicos de ...., mediante la habilitación de los instrumentos precisos que garanticen de manera equitativa y sostenible tanto la prestación del servicio público como la activación de la economía en gestión de recursos estratégicos en el ámbito competencial de esta Administración.

El artículo 2, apartado 2, de la Ley 40/2015, de 1 de octubre, de Régimen Jurídico del Sector Público, respecto de los organismos o entidades comprendidos dentro del sector público institucional establece la posibilidad de constituir sociedades mercantiles de capital público vinculadas o dependientes de la Administración Pública a la que estén adscritas, para contribuir eficazmente en la gestión y ejecución de los fines sociales encomendados, como personificación instrumental de los entes públicos. Incluso para tales sociedades o empresas públicas la ley prevé que, en desarrollo de los planes y programas que se aprueben, puedan ser beneficiarias de potestades administrativas y otros medios de ejecución forzosa, en los términos establecidos en la Ley 39/2015, de 1 de octubre, del Procedimiento Administrativo Común de las Administraciones Públicas, y el resto de las normas de derecho administrativo que le sean de aplicación.

Dicha sociedad o empresa pública de carácter mercantil estará sometida en su actuación a los principios de legalidad, eficiencia, estabilidad presupuestaria y sostenibilidad financiera. Así como al principio de transparencia en su gestión y demás requisitos previstos en los artículos 81 a 83 de la Ley 40/2015, de 1 de octubre, de Régimen Jurídico del Sector Público y a las disposiciones generales establecidas en el texto refundido de la Ley de Sociedades de Capital, aprobado por Real Decreto Legislativo 1/2010, de 2 de julio, y sus modificaciones. En particular, lo previsto en el artículo 17 del citado texto refundido sobre "Especialidades de las sociedades unipersonales públicas".

Por ello, resulta necesario para los fines públicos encomendados la constitución una sociedad o empresa pública unipersonal de esta Administración, de carácter mercantil, denominada "...................., S.A.U.", posibilitándola para que pueda directamente llevar a cabo las actuaciones precisas para la planificación, gestión y ejecución de .... *(describir sucintamente el objeto de la sociedad o empresa pública)* ajustada a lo dispuesto en el Real Decreto Legislativo 1/2010, de 2 de julio, por el que se aprueba el texto refundido de la Ley de Sociedades de Capital.

Este órgano administrativo es competente para adoptar la presente resolución, conforme con lo establecido en ....

En su virtud,

DISPONGO

Artículo primero. Constitución

Se aprueba la constitución de una sociedad mercantil con la forma de Anónima, bajo la denominación de "......................S.A.U.", dependiente de ...., y cuyo socio único en el momento de su constitución será esta Administración Pública. Asimismo, se aprueban los Estatutos por los que habrá de regirse, incorporados como Anexo a la presente disposición, en los que se regula la naturaleza y régimen jurídico; el objeto, domicilio y duración; el capital social y el accionariado; los órganos de Gobierno; las atribuciones de la Presidencia y la Gerencia de la Sociedad; el régimen de funcionamiento; los medios económicos, la aplicación de beneficios y vigilancia de la gestión social; la disolución y liquidación de la Sociedad y la jurisdicción de los Juzgados y Tribunales.

Esta empresa pública, tendrá personalidad jurídica propia, plena capacidad de obrar para el cumplimiento de sus fines, patrimonio propio y administración autónoma, y se regirá por las normas de derecho privado aplicables a las sociedades anónimas reguladas en el texto refundido de la Ley de Sociedades de Capital, aprobado por Real Decreto Legislativo 1/2010, de 2 de julio, salvo en materias en que les sea de aplicación, en su caso, la normativa presupuestaria, contable, de control financiero y contratación del sector público.

La empresa pública de carácter mercantil constituida, en ningún caso podrá disponer de facultades que impliquen el ejercicio de Autoridad pública.

Artículo segundo. Sujeción a la Ley de Hacienda Pública, a la Ley de Contratos y a la Ley de Régimen Jurídico del Sector Público

La Sociedad Anónima constituida tendrá la consideración de empresa pública de esta Administración Pública, en los términos previstos en la legislación sobre Hacienda Pública, y adecuará sus actividades al plan de actuación, anual o plurianual, aprobado por ...., sin perjuicio del cumplimiento de lo previsto para empresas públicas en la legislación aplicable.

Asimismo, su actuación en materia de contratación administrativa se ajustará a lo previsto en la Ley 9/2017, de 8 de noviembre, de Contratos del Sector Público, así como a la legislación general presupuestaria.

Igualmente, como entidad integrante del sector público institucional estará sometida en su actuación a la los principios de legalidad, eficiencia, estabilidad presupuestaria y sostenibilidad financiera, así como al principio de transparencia en su gestión. En particular se sujetará en materia de personal, incluso laboral, a las limitaciones previstas en la normativa presupuestaria y en las previsiones anuales de los presupuestos generales, de conformidad con lo dispuesto en el artículo 81 de la Ley 40/2015, de 1 de octubre, de Régimen Jurídico del Sector Público.

Artículo tercero. Objeto social

El objeto social de "...................." será la promoción, planificación, gestión y ejecución de las medidas de .... En particular, tendrá las siguientes competencias:

a) Planificación, gestión y ejecución, por cualquiera de los procedimientos establecidos, con objeto de llevar a cabo actuaciones o programas previstos por esta Administración y/o concertados con las demás Administraciones públicas.

b) La redacción de los planes o proyectos precisos para la ejecución de los programas de actuación que tenga encomendados.

c) La contratación de toda clase de obras, estudios y proyectos necesarios para el cumplimiento de sus fines, de acuerdo con sus planes de actuación y en los términos de los convenios de colaboración que, en su caso, suscriba con otras Administraciones públicas.

d) Cualquiera otra actividad relacionada con las anteriores que fuera necesaria, consecuencia o desarrollo de las mismas y, en particular, la participación en otras empresas nacionales o extranjeras que tengan por objeto programas relacionados con su objeto social, así como suscribir contratos de asistencia técnica y servicios con entidades públicas o sociedades privadas.

Artículo cuarto. Capital social

El capital social fundacional de la Sociedad será de .... euros, representados por .... acciones de .... euros cada una, que estará íntegramente suscrito por esta Administración, y desembolsado en el momento de la constitución en un ....por ciento, aportándose el restante ....por ciento en el plazo máximo de un año a contar desde la constitución de la Sociedad.

Podrá reducirse o aumentarse el capital social de la Sociedad, así como enajenar hasta un cuarenta y nueve por ciento de las acciones de la misma a favor de Entidades y Corporaciones de Derecho Público, Sociedades Estatales, Entidades Oficiales de Crédito, perteneciendo el resto a esta Administración Pública.

DISPOSICIONES FINALES

Primera. Se autoriza a ...., para que en el ámbito de su respectiva competencia, dicte las disposiciones necesarias y adopte los acuerdos pertinentes para la ejecución de lo establecido en la presente disposición, y en especial se autoriza a ...., para el otorgamiento de la correspondiente escritura pública fundacional, con formalización de los Estatutos Sociales de funcionamiento de la sociedad o empresa pública, así como para efectuar la inscripción en los registros públicos correspondientes y, en particular, a través de la intervención general de esta Administración, su inscripción definitiva en el Inventario de Entidades del Sector Público Estatal, Autonómico y Local, en los términos previstos reglamentariamente.

Segunda. El desembolso del...........por ciento de las acciones previsto en el artículo cuarto de la presente disposición se efectuará con cargo a los fondos previstos en el Programa................, Capítulo......... de los Presupuestos de esta Administración Pública para el ejercicio............, a través de su debido ingreso en la cuenta abierta a nombre de la Sociedad, lo que se acreditará mediante el certificado librado por la entidad bancaria que se incorporará a la escritura pública de constitución de la Sociedad en el Registro Mercantil.

Tercera. La presente disposición entrará en vigor el mismo día de su publicación oficial en el .... No obstante, la operaciones sociales darán comienzo en la fecha de otorgamiento de la escritura de constitución, conforme determina el artículo 24 del texto refundido de la Ley de Sociedades de Capital, aprobado por Real Decreto Legislativo 1/2010, de 2 de julio.

Lugar, fecha, cargo y firma electrónica.

La persona titular del órgano administrativo competente

ANEXO

(*Siguen los Estatutos de la sociedad o empresa pública*)

F257. ESTATUTOS DE UNA SOCIEDAD O EMPRESA PÚBLICA

ESTATUTOS DE LA SOCIEDAD MERCANTIL

"..."

Capítulo I

DENOMINACIÓN, OBJETO, DURACIÓN Y DOMICILIO

Artículo 1. Denominación

La Sociedad se denominará "............................", y se regirá por los presentes Estatutos que incorporan la certificación del Registro Mercantil Central y, en lo no previsto en ellos, por las disposiciones legales ordenadoras del régimen jurídico de las sociedades anónimas públicas, reguladas en el Real Decreto Legislativo 1/2010, de 2 de julio, por el que aprueba el texto refundido de las Sociedades de Capital, y por cualesquiera otras disposiciones generales o particulares que resulten de aplicación, en especial, la legislación en materia de estabilidad presupuestaria y sostenibilidad financiera y aquellas normas que se refieran al objeto social.

Artículo 2. Objeto Social

La Sociedad tiene por objeto cualesquiera operaciones relacionadas con las siguientes actividades, en los términos establecidos en el Acuerdo de constitución de fecha ....:

a) ....

b) .... *(Téngase en cuenta que en el art. 117 del Reglamento del Registro Mercantil, aprobado por RD 1784/1996, de 19 de julio, se establece: "1. El objeto social se hará constar en los estatutos determinando las actividades que lo integren. 2. No podrán incluirse en el objeto social los actos jurídicos necesarios para la realización o desarrollo de las actividades indicadas en él. 3. En ningún caso podrá incluirse como parte del objeto social la realización de otras actividades de lícito comercio ni emplearse expresiones genéricas de análogo significado").*

c) ....

El objeto social podrá realizarse por la Sociedad, bien directamente o bien indirectamente.

Si la Ley exigiere la obtención de licencia administrativa, la inscripción en un registro público o cualquier otro requisito para el inicio de alguna de las operaciones que constituyen el objeto social, no podrá la Sociedad iniciar la citada actividad específica hasta que el requisito exigido quede cumplido conforme a la Ley.

Artículo 3. Duración

La Sociedad tiene una duración indefinida.

Artículo 4. Comienzo de operaciones

La Sociedad dará comienzo a sus operaciones el día de la firma de la escritura de constitución.

Artículo 5. Domicilio

Su domicilio social queda fijado en la .... núm. ...., de la ciudad de ...., provincia de .....

El Consejo de Administración de la Sociedad podrá establecer, suprimir o trasladar cuantas sucursales, agencias o delegaciones tenga por conveniente.

El traslado del domicilio social de la Sociedad dentro del mismo término municipal no exige acuerdo de la Junta General, pudiendo ser acordado por el Consejo de Administración.

Capítulo II

CAPITAL SOCIAL Y ACCIONES

Artículo 6. Capital Social

El capital social se fija en la cantidad de .... euros, representado por .... acciones nominativas, totalmente suscritas y desembolsadas, de ..... euros de valor nominal cada una de ellas, numeradas correlativamente del 1 al .... ambos inclusive.

Artículo 7. Representación de las Acciones

Las acciones estarán representadas por medio de títulos, que podrán incorporar una o más acciones de la misma serie, estarán numeradas correlativamente y se extenderán en libros talonarios que contendrán las menciones mínimas exigidas por la Ley. El accionista tendrá derecho a recibir los títulos que le correspondan libres de gastos.

Cada acción confiere a su titular legítimo la condición de socio y atribuye a éste el derecho a participar en el reparto de las ganancias sociales y en el patrimonio resultante de la liquidación, el derecho de suscripción preferente de nuevas acciones u obligaciones convertibles en acciones, el derecho de información, el de asistir y votar en las juntas generales de accionistas, el de impugnar los acuerdos sociales y los demás previstos por la Ley.

La posesión de una acción implica la adhesión a los Estatutos de la Sociedad y la sumisión a los acuerdos legalmente adoptados por el Consejo de Administración y por la Junta General de Accionistas.

Artículo 8. Libro Registro de Acciones

Las acciones figurarán en un libro registro que llevará la Sociedad en el que se inscribirán las sucesivas transferencias de las acciones con expresión del nombre, apellidos, razón o denominación social en su caso, nacionalidad y domicilio de los sucesivos titulares, así como la constitución de derechos reales y otros gravámenes sobre aquéllas.

La Sociedad sólo reputará accionista a quien se halle inscrito en dicho libro. Los Administradores podrán exigir los medios de prueba que estimen convenientes para acreditar la transmisión de las acciones o la regularidad de la cadena de los endosos, previamente a la inscripción de la transmisión en el libro registro.

Cualquier accionista que lo solicite podrá examinar el libro registro de acciones nominativas. La Sociedad sólo podrá rectificar las inscripciones que repute falsas o inexactas, cuando haya notificado a las personas interesadas su intención de proceder en tal sentido y éstas no hayan manifestado su oposición durante los treinta días siguientes a la notificación.

Mientras que no se hayan impreso y entregado los títulos de las acciones nominativas, el accionista tiene derecho a obtener certificación de las inscritas a su nombre.

Artículo 9. Transmisión de Acciones

Mientras no se hayan impreso y entregado los títulos, la transmisión de acciones procederá de acuerdo con las normas sobre la cesión de créditos y demás derechos incorporales.

La Secretaría del Consejo de Administración, una vez que resulte acreditada la transmisión, la inscribirá de inmediato en el libro-registro.

Las acciones nominativas también podrán transmitirse mediante endoso.

Artículo 10. Restricciones a la libre transmisibilidad

El propósito de transmitir las acciones de la Sociedad deberá ser notificado, de forma suficiente, en el domicilio de la Sociedad, al Consejo de Administración, indicando el número e identificación de las acciones ofrecidas, precio de venta por acción, condiciones de pago y demás condiciones de la oferta de compra de acciones que, en su caso, el accionista oferente alegase haber recibido de un tercero, así como los datos personales de este si pretendiese obtener autorización de la administración para la enajenación.

El Consejo de Administración, en el plazo de quince días, contado desde el siguiente a la notificación indicada, lo comunicará a su vez a todos los accionistas, para que los mismos, dentro de un nuevo plazo de quince días, computado desde el siguiente a aquél en que haya finalizado el anterior, comuniquen al Consejo de Administración de la Sociedad su deseo de adquirir las acciones en venta.

En el supuesto de que varios socios hicieren uso de este derecho de adquisición preferente, las acciones en venta se distribuirán por los administradores entre aquéllos, a prorrata de su participación en el capital social, y si, dada la indivisibilidad de éstas, quedaran algunas sin adjudicar, se distribuirán entre los accionistas peticionarios en orden a su participación en la Sociedad, de mayor a menor.

En el plazo de quince días, contados a partir del siguiente a aquél en que expire el concedido a los accionistas para el ejercicio del tanteo, los administradores comunicarán al accionista que pretenda transmitir, el nombre de los que desean adquirirlas.

Transcurrido el último plazo sin que ningún socio haga uso de su derecho de tanteo, podrá la Sociedad adquirir las acciones en la forma establecida para la adquisición derivativa de acciones propias, mediante acuerdo de la Junta General y para ser amortizadas, previa reducción del capital social.

De no optar la Sociedad por la adquisición de las propias acciones, podrá el accionista disponer libremente de las acciones en un plazo de seis meses en las mismas condiciones que las que haya ofrecido y, si no llevara a cabo la enajenación antes de finalizado este plazo, deberá comunicar de nuevo su deseo de transmitir inter vivos las acciones en la misma forma establecida en este artículo.

El precio de adquisición, a falta de acuerdo, será el que corresponda al valor real de la acción, entendiéndose como tal el que determine el auditor de la Sociedad.

Las transmisiones efectuadas sin sujeción a lo dispuesto en el presente artículo no serán válidas frente a la Sociedad, que rechazará la inscripción de la transmisión en el libro registro de acciones nominativas; debiendo la Sociedad, si no autoriza la inscripción de la transmisión en el libro registro de acciones nominativas, presentar al peticionario, cumpliendo los requisitos establecidos en los párrafos anteriores, un adquirente de sus acciones u ofrecerse a adquirirlas ella misma por su valor real en el momento en el que se solicite la inscripción, de acuerdo con lo previsto en la Ley, determinándose dicho valor en la forma establecida en la Ley de Sociedades Anónimas y en estos Estatutos.

Transcurridos dos meses desde que se presentó la solicitud de inscripción sin que la Sociedad haya procedido en la forma anterior, dicha inscripción deberá practicarse.

Las restricciones contenidas en el presente artículo se aplicarán a cualquier acto o contrato, mediante el cual se transmitan las acciones de la entidad o se cambie su titularidad, ya sea por actos "inter vivos", a título gratuito u oneroso, incluidas aportaciones y actos especificativos o determinativos de derechos, tales como liquidaciones de sociedades y todo tipo de comunidades. De igual modo, en los casos de adquisición como consecuencia de un procedimiento judicial o administrativo de ejecución, o en caso de ejecución pignoraticia, se aplicará igual restricción y con las mismas excepciones.

Igualmente, se aplicarán a los mencionados actos, y contratos cuando tengan por objeto cuotas de propiedad o participaciones indivisas, de las acciones, o derechos de suscripción preferente o asignación gratuita.

No obstante, lo dicho anteriormente no se considerará como transmisión de las acciones de la Sociedad la subrogación de una nueva entidad en los derechos y obligaciones de cualquiera de los accionistas, que tenga lugar con motivo de producirse la extinción o disolución de cualquiera de estos últimos.

Artículo 11. Copropiedad y usufructo de Acciones

Los copropietarios de una acción habrán de designar una sola persona para el ejercicio de los derechos de socio y responderán solidariamente frente a la sociedad de cuantas obligaciones se deriven de la condición de accionista.

La misma regla se aplicará a otros supuestos de cotitularidad de derechos sobre acciones.

En el caso de usufructo de acciones, se aplicará la normativa legal. En consecuencia, la cualidad de socio reside en el nudo propietario, pero el usufructuario tendrá derecho en todo caso a los dividendos acordados por la sociedad durante el usufructo. El ejercicio de los demás derechos de socio corresponde al nudo propietario.

Artículo 12. Prenda y embargo de Acciones

En el caso de prenda y embargo de acciones se aplicarán las disposiciones contenidas en la Ley. En consecuencia, corresponde a la persona propietaria de las acciones el ejercicio de los derechos de socio.

Capítulo III
ÓRGANOS DE LA SOCIEDAD

A) Junta General

Artículo 13. Funciones

Corresponde a los accionistas constituidos en Junta General decidir por mayoría en los asuntos que sean competencia de ésta.

Todos los socios, incluso los disidentes y los que no hayan participado en la reunión, quedan sometidos a los acuerdos de la Junta General, sin perjuicio de su derecho de impugnación y separación en los términos fijados por Ley.

Artículo 14. Régimen de sesiones

Las Juntas Generales de Accionistas podrán ser ordinarias o extraordinarias. Es ordinaria la que, previa convocatoria, debe reunirse necesariamente dentro de los seis primeros meses de cada ejercicio para censurar la gestión social, aprobar, en su caso, las cuentas del ejercicio anterior y resolver sobre la aplicación del resultado.

No obstante, la Junta General, aunque haya sido convocada con el carácter de ordinaria, podrá también deliberar y decidir sobre cualquier asunto de su competencia que haya sido incluido en la convocatoria.

Todas las demás Juntas tendrán el carácter de extraordinarias y se celebrarán cuando las convoque el Consejo de Administración, siempre que así lo estime conveniente para los intereses sociales o cuando lo solicite un número de socios titulares de, al menos, un cinco por ciento del capital social, expresando en la solicitud los asuntos a tratar en la Junta. En este caso, la Junta deberá ser convocada para celebrarse dentro de los treinta días siguientes a la fecha en que se hubiese requerido notarialmente a los administradores para convocarla. Los administradores confeccionarán el orden del día, incluyendo necesariamente los asuntos que hubiesen sido objeto de solicitud.

Artículo 15. Convocatoria

Corresponde al Consejo de Administración la convocatoria de la Junta General, tanto Ordinaria como Extraordinaria.

La convocatoria, tanto para las Juntas Generales Ordinarias como para las Extraordinarias, se realizará mediante anuncio publicado en el Boletín Oficial del Registro Mercantil y en uno de los diarios de mayor circulación en la provincia, por lo menos quince días antes de la fecha fijada para la celebración de la Junta.

El anuncio de la convocatoria expresará la fecha de la reunión en primera convocatoria, todos los asuntos que han de tratarse y el derecho de los accionistas de examinar en el domicilio social o por medios electrónicos y, en su caso, de obtener de forma gratuita e inmediata los documentos que han de ser sometidos a la aprobación de la Junta y los informes técnicos establecidos en la Ley, indicando aquellos puntos del orden del día de carácter meramente informativo. Si la convocatoria es para modificar los estatutos, deberá además expresar, con la debida claridad, los extremos que hayan de modificarse.

Podrá, asimismo, hacerse constar la fecha en la que, si procediera, se reunirá la Junta en segunda convocatoria. En todo caso, entre la primera y la segunda convocatoria deberá mediar, por lo menos, un plazo de veinticuatro horas.

Adicionalmente, la convocatoria deberá remitirse, a cada uno de los socios, al domicilio que como suyo figure en el Libro Registro, mediante cualquier medio de comunicación individual escrito o electrónico que asegure la recepción del anuncio.

Lo dispuesto en este artículo quedará sin efecto cuando una disposición legal exija requisitos distintos para Juntas que traten de asuntos determinados, en cuyo caso se deberá observar lo específicamente establecido.

Artículo 16. Junta Universal

No obstante, lo establecido en el artículo anterior, no será necesaria previa convocatoria siempre que, estando presente todo el capital desembolsado, los asistentes acepten por unanimidad la celebración de la Junta, que podrá, en este caso, tratar de cualquier asunto.

Artículo 17. Asistencia y representación

Todas las personas accionistas, incluidas las que no tienen derecho a voto, podrán asistir a las Juntas Generales.

Será requisito esencial para asistir que la persona accionista tenga inscrita la titularidad de sus acciones en el libro registro de acciones de la Sociedad o haber solicitado su inscripción con, al menos, un día de antelación a aquél en que haya de celebrarse la Junta. En su caso, se podrá a asistir a la Junta mediante videoconferencia.

Todo accionista que tenga derecho a asistir podrá hacerse representar en la Junta General por medio de otro socio, o por medio del presidente del Consejo de Administración o de cualquiera de los consejeros.

La representación deberá conferirse por escrito y con carácter especial para cada Junta. La representación es siempre revocable. La asistencia personal a la Junta del representado tendrá valor de revocación.

Los poderes especiales deberán entregarse para su incorporación a la documentación social, salvo si constaren en documento público.

Artículo 18. Quórum

La Junta General quedará válidamente constituida, en primera convocatoria, cuando las personas accionistas presentes o representadas posean, al menos, el setenta y cinco por ciento del capital social con derecho a voto. En segunda convocatoria, será válida la constitución de la Junta General cualquiera que sea el capital concurrente a la misma.

Para que la Junta General, ordinaria o extraordinaria, pueda adoptar válidamente cualquiera de los acuerdos enumerados en los artículos 20 y 29 de los presentes Estatutos, será necesario, en primera convocatoria, la concurrencia de accionistas, presentes o representados, que posean, al menos, el setenta y cinco por ciento del capital suscrito con derecho a voto. En segunda convocatoria será suficiente la concurrencia del cincuenta por ciento de dicho capital.

Artículo 19. Funcionamiento

Las Juntas Generales se celebrarán en la localidad donde la Sociedad tenga su domicilio. Actuarán como presidente/a y secretario/a las personas que lo sean del Consejo de Administración, o, en caso de ausencia de estas, los que ocupen cargos de vicepresidencia por su orden y de vicesecretariado.

Solo se podrá deliberar y votar sobre los asuntos incluidos en la convocatoria, sin perjuicio de que la separación de los administradores pueda ser acordada en cualquier momento por la Junta General.

Corresponde a Presidencia dirigir las deliberaciones, conceder el uso de la palabra y determinar el tiempo de duración de las sucesivas intervenciones.

Antes de entrar en el orden del día se formará la lista de los asistentes, expresando el carácter o representación de cada uno y el número de acciones, propias o ajenas, con que concurran.

Al final de la lista se determinará el número de accionistas presentes o representados, así como el importe del capital del que sean titulares, especificando el que corresponde a los accionistas con derecho de voto.

Los acuerdos se tomarán por mayoría de capital presente o representado, salvo disposición legal o estatutaria en contrario. A tales efectos, cada acción dará derecho a un voto.

Las personas accionistas podrán solicitar por escrito, con anterioridad a la reunión de la Junta, o verbalmente durante la misma, los informes o aclaraciones que estimen precisos acerca de los asuntos comprendidos en el orden del día. Los administradores estarán obligados a proporcionárselos, salvo en los casos en que, a juicio de la Presidencia, la publicidad de los datos solicitados perjudique los intereses sociales.

Esta excepción no procederá cuando la solicitud esté apoyada por accionistas que representen, al menos, la cuarta parte del capital.

Artículo 20. Acuerdos para adoptar por la Junta General que requerirán mayorías especiales

Para la adopción por la Junta General de Accionistas de los acuerdos que, a continuación, se enumeran, se requerirá el voto favorable de al menos, el setenta y cinco por ciento del capital social presente o representado suscrito con derecho de voto:

- Ampliación o reducción de capital y emisión de obligaciones.
- Modificación del objeto social.
- Absorción, fusión, escisión, disolución o transformación de la Sociedad.
- Cualquier otra modificación de los Estatutos Sociales distinta de las anteriormente enumeradas.

Artículo 21. Actas

Todos los acuerdos sociales deberán constar en acta, las cuales se reseñarán en el libro llevado al efecto. El acta podrá ser aprobada por la propia Junta General o, en su defecto, dentro del plazo de quince días por la Presidencia y dos Interventores/as, uno en representación de la mayoría y otro de la minoría. El acta aprobada en cualquiera de estas dos formas tendrá fuerza ejecutiva a partir de la fecha de su aprobación.

Las certificaciones de las actas serán expedidas por la secretaría del Consejo de Administración o, en su caso, por la vicesecretaría, con el visto bueno de la Presidencia o de las personas titulares de las vicepresidencias, en su caso.

La formalización en instrumento público de los acuerdos sociales corresponde a las personas que tengan facultades para certificarlos. También podrá realizarse por cualquiera de los miembros del Consejo de Administración, en caso de delegación expresa.

B) Órganos de Administración

Artículo 22. Consejo de Administración

La Sociedad estará regida y administrada por un Consejo de Administración integrado por .... personas, elegidas por la Junta General de Accionistas en proporción a la participación accionarial en la Sociedad, y del que, además, formarán parte una persona titular de la Secretaría y, en su caso, una Vicesecretaria, elegidos por el propio Consejo de Administración, los cuales asistirán a las sesiones del Consejo con voz, pero sin voto.

El poder de representación corresponde al Consejo de Administración, que lo ejercerá colegiadamente. No obstante, podrá delegar en uno o varios consejeros/as delegados/as las funciones que considere oportunas, salvo las que resulten indelegables según las disposiciones contenidas en la Ley o en estos Estatutos.

Artículo 23. Convocatoria

El Consejo de Administración se reunirá en los días que el mismo acuerde y siempre que lo disponga su Presidencia o lo pidan tres de los consejeros o consejeras, en cuyo caso se convocará la sesión por aquél para reunirse dentro de los quince días siguientes a la petición. La convocatoria se hará siempre por escrito mediante correo electrónico dirigido personalmente a cada consejero o consejera, con una antelación mínima de cinco días a la fecha de la reunión. En su caso, se podrá asistir al Consejo por videoconferencia.

El Consejo de Administración quedará válidamente constituido cuando concurran a la reunión, presentes o representados, la mitad más uno de sus componentes.

La representación para concurrir al Consejo habrá de recaer necesariamente en otro consejero o consejera.

Salvo los acuerdos en que la Ley o los presentes Estatutos exijan mayoría reforzada, éstos se adoptarán por mayoría absoluta de las personas miembros concurrentes al Consejo.

La Presidencia del Consejo de Administración tendrá voto dirimente en los casos de empate.

Artículo 24. Funcionamiento

El Consejo nombrará de su seno una persona titular de la Presidencia y, si lo considera oportuno, uno o varias personas que ocupen las Vicepresidencias.

Asimismo, nombrará libremente a la persona que haya de desempeñar el cargo de titular de la Secretaría y, si lo estima conveniente, la persona que haya de desempeñar el cargo de la Vicesecretaría, los cuales no serán consejeros y asistirán a las reuniones del Consejo con voz y sin voto.

A las sesiones del Consejo podrán ser llamados profesionales, gestores, técnicos o expertos, al objeto de conocer e informar sobre determinados asuntos incluidos en el orden del día.

El Consejo regulará su propio funcionamiento, aceptará la dimisión de las personas consejeras y procederá, en su caso, si se producen vacantes durante el plazo para el que fueron nombrados los administradores, a designar entre los accionistas a las personas que hayan de ocuparlos hasta que se reúna la primera Junta General.

Corresponde la Presidencia dirigir las deliberaciones, conceder el uso de la palabra y determinar el tiempo de duración de las sucesivas intervenciones.

Las discusiones y acuerdos del Consejo se llevarán a un Libro de Actas y serán firmadas por las personas titulares de la Presidencia y la Secretaría o por la Vicepresidencia y la Vicesecretaría, en su caso. Las certificaciones de las actas serán expedidas por la secretaría del Consejo de Administración o, en su caso, por el vicesecretario/a, con el visto bueno de la Presidencia o de la Vicepresidencia.

La formalización en instrumento público corresponderá a la persona titular de la secretaría del Consejo de Administración, así como la vicesecretaría, en su caso. También podrá realizarse por cualquiera de las personas miembros del Consejo de Administración, en caso de delegación expresa.

Artículo 25. Administradores

Para ser nombrado administrador o administradora no se requiere la cualidad de accionista, pudiendo serlo tanto personas físicas como jurídicas; si bien, en este último caso, deberá determinarse la persona física que aquélla designe como representante suyo para el ejercicio del cargo.

La persona administradora deberá desempeñar el cargo con la lealtad debida, y cumplir los deberes impuestos por la leyes y los estatutos con diligencia de un ordenado empresario, teniendo en cuenta la naturaleza y las funciones del cargo.

En el desempeño de sus funciones tiene el deber de exigir y el derecho de recabar de la sociedad la información adecuada y necesaria que le sirva para el cumplimiento de sus obligaciones.

No podrán ser Administradores las personas incapaces según Ley; tampoco las declaradas incompatibles por la legislación sobre altos cargos y demás normativa específica aplicable.

Artículo 26. Duración del cargo

Las personas administradoras ejercerán su cargo durante el plazo de cinco años, pudiendo ser reelegidos, una o más veces, por periodos de igual duración. Vencido el plazo, el nombramiento caducará cuando se haya celebrado la siguiente Junta General o haya transcurrido el término legal para la celebración de la Junta General Ordinaria.

Artículo 27. Gastos generados por la asistencia a las sesiones del Consejo de Administración

Los consejeros y las consejeras, así como la persona titular de la secretaría del Consejo de Administración y de la vicesecretaría en su caso, tendrán derecho a la indemnización oportuna por los gastos de dieta y desplazamiento que origine su asistencia a las sesiones del mismo.

Artículo 28. Facultades y funciones

El Consejo de Administración ostentará el poder de representación de la Sociedad y podrá ejercitar todas y cada una de las facultades que no estén reservadas, por la Ley o los Estatutos, a la Junta General.

Artículo 29. Acuerdos que requerirán mayorías reforzadas

Las siguientes decisiones deberán ser adoptadas mediante el voto favorable de, al menos, el setenta y cinco por ciento del capital social presente o representado suscrito con derecho de voto que concurra al Consejo de Administración en que hayan de adoptarse:

- Propuesta a la Junta General de Accionistas de cualquiera de los acuerdos enumerados en el artículo 20.
- La aprobación del presupuesto anual.
- La constitución, adquisición, enajenación o disolución de sociedades filiales o de cualquier inversión financiera permanente.
- La aprobación de cualesquiera endeudamientos con bancos y otras entidades de crédito, cuyo importe total exceda de ... .euros.
- La aprobación de la captación de fondos públicos.
- Disposición o gravamen de cualesquiera activos de la Sociedad cuyo valor neto contable o precio exceda de .... euros.
- Aprobación de contratos y autorización de convenios u otros negocios jurídicos sobre materias no contempladas en el apartado anterior, cuyo importe total exceda de .... euros.
- Otorgamiento por parte de la Sociedad de cualesquiera garantías a favor de terceros.
- Nombramiento de los miembros del Comité de Auditoría indicado en el artículo 34 de estos Estatutos.
- Nombramiento del director o directora general.
- Delegación permanente de todas o de algunas de las facultades del Consejo de Administración en uno o varias personas consejeras delegadas o en una Comisión Ejecutiva y designación de su titular o titulares.

Artículo 30. Comisiones y delegación de funciones

El Consejo de Administración podrá designar de su seno una Comisión Ejecutiva o una o varias personas consejeras delegadas, determinando, en todo caso, bien la enumeración particularizada de las facultades que se delegan, bien la expresión de que se delegan todas las facultades legal y estatutariamente delegables. Si son varias personas consejeras delegadas, deberá determinar si han de actuar conjuntamente o puedan hacerlo por separado.

La delegación podrá ser temporal o permanente. La delegación permanente y la designación de su titular deberá ser aprobada por la mayoría establecida en el artículo 29 de estos Estatutos.

En ningún caso podrán ser objeto de delegación la rendición de cuentas y la presentación de balances a la Junta General, ni las facultades que ésta conceda al Consejo, salvo que fuese expresamente autorizado por ella, ni tampoco las materias reforzadas que se enumeran en el artículo anterior. Así como la facultades indelegables señaladas en el artículo 249.bis de la Ley 31/2014, de 3 de diciembre, por la que se modifica la Ley de Sociedades de Capital para la mejora del gobierno corporativo.

El Consejo de Administración podrá nombrar un director o directora general, que será el encargado de llevar a cabo las labores de gestión de la Sociedad.

Capítulo IV
EJERCICIO SOCIAL

Artículo 31. Ejercicio

El ejercicio social comenzará el primero de enero y terminará el treinta y uno de diciembre de cada año. Por excepción, el primer ejercicio social comenzará el día de la firma de la escritura de constitución y terminará el treinta y uno de diciembre del mismo año.

Capítulo V
BALANCE Y APLICACIÓN DEL RESULTADO

Artículo 32. Formulación de cuentas

Dentro de los tres primeros meses de cada ejercicio, el Consejo de Administración deberá formular las cuentas anuales, el informe de gestión y la propuesta de aplicación del resultado, para, una vez revisados e informados por los Auditores de Cuentas, ser presentados a la Junta General.

Artículo 33. Aplicación del resultado

La Junta General resolverá sobre la aplicación del resultado de acuerdo con el balance aprobado, distribuyendo dividendos a los accionistas en proporción al capital que hayan desembolsado, con cargo a los beneficios o a reservas de libre disposición, una vez cubierta la reserva legal, determinando las sumas que juzgue oportuno para dotar los fondos de las distintas clases de reservas voluntarias que acuerde, cumpliendo las disposiciones legales en defensa del capital social y respetando los privilegios de que gocen determinado tipo de acciones.

El Consejo de Administración podrá acordar la distribución de cantidades a cuenta de dividendos, con las limitaciones y cumpliendo los requisitos establecidos en la Ley.

Artículo 34. Verificación de cuentas

La Sociedad estará obligada a la realización de una Auditoría financiera al cierre de cada ejercicio anual.

Las cuentas anuales y el informe de gestión deberán ser revisados, en todo caso, por auditores de cuentas.

La propuesta de nombramiento de auditores, seguimiento y presentación de la auditoría anual ante el Consejo de Administración será responsabilidad de un Comité de Auditoría. Dicho Comité de Auditoría estará formado por cuatro personas miembros del Consejo de Administración, nombrados por el propio Consejo, a propuesta cada uno de ellos de cada uno de los socios.

Capítulo VI
DISOLUCIÓN Y LIQUIDACIÓN DE LA SOCIEDAD

Artículo 35. Disolución

La Sociedad se disolverá por acuerdo de la Junta General adoptado en cualquier tiempo, con los requisitos establecidos en la Ley y por las demás causas previstas en la misma.

Cuando la Sociedad deba disolverse por causa legal que exija acuerdo de la Junta General, el Consejo de Administración deberá convocarla en el plazo de dos meses, desde que concurra dicha causa, para que adopte el acuerdo de disolución; procediendo en la forma establecida en la Ley si el acuerdo, cualquiera que fuese su causa, no se lograse. Cuando la disolución deba tener lugar por haberse reducido el patrimonio a una cantidad inferior a la mitad del capital social, aquella podrá evitarse mediante acuerdo de aumento o reducción de capital social o por reconstrucción del patrimonio social en la medida suficiente. Dicha regularización será eficaz siempre que se haga antes de que se decrete la disolución judicial de la Sociedad.

Artículo 36. Liquidación

La Junta General, si acordase la disolución, procederá al nombramiento y determinación de facultades del personal liquidador o liquidadores, conforme al procedimiento establecido en los artículos 371 a 400 del texto refundido de la Ley de Sociedades de Capital, aprobado por Real Decreto Legislativo 1/2010, de 2 de julio, hasta la extinción formal de la sociedad en el Registro Mercantil.

Todos los actos de transformación, fusión o extinción de la Sociedad serán inscritos en el Inventario de Entidades del Sector Público Estatal, Autonómico y Local, conforme con lo dispuesto en el artículo 82.3 de la Ley 40/2015, de 1 de octubre, de Régimen Jurídico del Sector Público.

Capítulo VII
JURISDICCIÓN

Artículo 37. Jurisdicción

La Sociedad estará sometida a las normas comunes sobre competencia y jurisdicción aplicables a las personas de Derecho Privado, sin perjuicio de las responsabilidades que procedan en función de la naturaleza de bienes y derechos que constituyen su patrimonio.

En el supuesto de que existan diversos socios, toda divergencia o cuestión que pueda surgir entre la Sociedad y sus accionistas, o entre éstos como tales y el Consejo de Administración, tanto durante el período de vigencia de la Sociedad, como en el de disolución, las partes, con renuncia de su fuero territorial propio, se someten a la competencia y jurisdicción de los Juzgados y Tribunales correspondientes al domicilio social de la Sociedad mercantil o empresa pública.

2. Competencias administrativas

F258. DELEGACIÓN DE COMPETENCIAS

ORDEN POR LA QUE SE DELEGA EL EJERCICIO DE COMPETENCIAS

La normativa en el ámbito de .... (*indicar la norma jurídica*), está experimentando grandes cambios en los últimos años, que todavía no se han completado. Los cambios organizativos y de funcionamiento introducidos en materia de contratación, gestión financiera y presupuestaria, recursos humanos y suplencia de órganos delegados, aconsejan por razones de eficacia administrativa, una nueva disposición reguladora de delegación de competencias.

El departamento de ….., como responsable de la organización y la coordinación técnica de ……., ha considerado conveniente concretar algunos aspectos organizativos y de funcionamiento para conseguir un mejor aprovechamiento de los recursos humanos y presupuestarios disponibles.

Por ello, resulta aconsejable la delegación de competencias sobre determinadas materias, de manera que desconcentrando las tareas asignadas de este órgano se posibiliten mayores grados de eficacia y eficiencia en la gestión administrativa.

En su virtud, de acuerdo con las competencias atribuidas a este órgano en el artículo……. (*indicar la normativa aplicable*), y al amparo de lo establecido en el artículo 9 de la Ley 40/2015, de 1 de octubre, de Régimen Jurídico del Sector Público.

DISPONGO

Primero. Objeto de la delegación de competencias

En virtud de las atribuciones que la normativa vigente confiere al titular de este órgano administrativo se delegan, las materias de contratación, convenios de colaboración, gestión financiera y presupuestaria y de gestión de personal, en los términos establecidos en la presente orden.

Segundo. Ámbito de la delegación en materia de contratación

Se delegan en los órganos que a continuación se relacionan y en los términos que se expresan, las siguientes competencias:

1. Contratos menores de obra.
   a) Se delega en………, el ejercicio que la normativa vigente atribuye al órgano de contratación en materia de contratos menores de obra cuyo importe sea igual o inferior a ….. euros e imputables exclusivamente al capítulo II del gasto. Esta delegación conllevará la aprobación del gasto con cargo al subprograma presupuestario que corresponda según la unidad destinataria de la obra.
   b) En el resto de los supuestos no contemplados en la letra anterior, se delega en …., el ejercicio que la normativa vigente atribuye al órgano de contratación, incluida la aprobación del gasto.
2. Contratos menores de prestación de servicios y contratos menores de suministros.
   a) Se delega en ….., el ejercicio que la normativa vigente atribuye al órgano de contratación para este tipo de contratos respecto de las unidades adscritas a cada uno

de ellos, incluida la aprobación del gasto, con excepción de los contratos menores de suministros que por su naturaleza sean imputables al Capítulo VI del gasto.

b) En el resto de los supuestos no contemplados en la letra anterior, se delega en ...., el ejercicio que la normativa vigente atribuye al órgano de contratación, incluida la aprobación del gasto.

3. Contratos menores de consultaría o de asistencia.

a) Se delegan en .... el ejercicio de las competencias que la normativa vigente atribuye al órgano de contratación cuyo importe sea igual o superior a .... euros, incluida la aprobación del gasto.

b) En el resto de los supuestos no contemplados en la letra anterior, se delega en ...., el ejercicio que la normativa vigente atribuye al órgano de contratación, incluida la aprobación del gasto.

Tercero. Ámbito de delegación en materia de convenios de colaboración

Se delega en..........., el ejercicio de la competencia para suscribir convenios de colaboración con entidades públicas o privadas, con las excepciones siguientes: .....

Las atribuciones delegadas para la realización de convenios de colaboración se limitan a aquellos convenios cuyo importe no exceda de .... euros.

Cuarto. Ámbito de delegación en materia de gestión financiera y presupuestaria

Se delega en los órganos que a continuación se relacionan y en los términos que se expresan, las siguientes competencias:

1. Gastos de personal.

   Se delega en ....., el ejercicio de las competencias relativas a ....

2. La Gestión presupuestaria de gastos no recogidos en los apartados anteriores y que resultan imputables a los capítulos .....del Presupuesto de ...., se delega en .... La resolución de la aprobación de la liquidación de intereses de demora que aún hubiera lugar, previa solicitud de la persona interesada y previa propuesta presentada por el órgano gestor de los gastos cuyo pago ha incurrido en demora.

3. Pagos. Se delega en ..... la firma de los documentos de gestión contable efectuados en la presente orden a excepción hecha a los relativos a ......

Quinto. Ámbito de delegación en materia de gestión de personal

Las competencias que en materia de gestión personal que corresponden a la persona titular del Departamento de ......, se delegan en los órganos que a continuación se relacionan y en los términos que se expresan, las siguientes competencias:

1. Se delega en ...., las competencias atribuidas por la normativa vigente en materia de horarios de trabajo, concesión de permisos, licencias y vacaciones correspondiente al personal destinado en ......

2. La competencia para realizar las comisiones de servicio con derecho a indemnizaciones previstas en la normativa vigente, a realizar por el personal dependiente de...., corresponderá al titular de ......

3. Se delega en ...., el ejercicio del resto de competencias atribuidas directamente por la normativa vigente en materia de gestión de personal y función pública.

Sexto. Suplencia de los órganos delegados

En caso de vacante, ausencia o enfermedad de las personas titulares de los órganos delegados en la presente orden, las competencias delegadas serán asumidas automáticamente, mientras perdure dicha situación, por su superior jerárquico. En el supuesto de que, a su vez, el superior jerárquico se encuentre en la misma situación, asumirán las competencias los órganos que se a continuación se citan en el siguiente orden establecido:......

Séptimo. Constancia expresa de la delegación

Las resoluciones administrativas que se adopten por delegación indicarán expresamente esta circunstancia y se considerarán dictadas por el órgano delegante, sin que quepa la delegación de competencias delegadas (ex art. 9.4 de la Ley 40/2015).

Octavo. Revocación y avocación de la competencia delegada

La delegación de competencias atribuidas que se efectúa a través de la presente orden podrá ser revocada en cualquier momento por el órgano delegante lo que se publicará el boletín o diario oficial correspondiente según el ámbito territorial de competencia.

Las atribuciones delegadas en la presente orden podrán ser avocadas, en los términos y con los requisitos que establece la normativa aplicable.

Noveno. Derogación

Quedan revocadas y se dejan sin efecto cuantas delegaciones se opongan a lo establecido en la presente orden, en especial la delegación de atribuciones efectuada por ...., sobre delegación de competencias en materia de gestión de personal, contratación, convenios de colaboración y gestión financiera y presupuestaria.

Décimo. Entrada en vigor

La presente orden entrará en vigor a partir del día siguiente al de su publicación oficial en el Boletín Oficial del Estado/Boletín de la Provincia/Diario Oficial correspondiente (*táchese lo que no proceda*). Sin perjuicio de su publicación en la página web de esta Administración.

Lugar, fecha, cargo y firma electrónica.

La persona titular del órgano administrativo competente

F259. AVOCACIÓN DE COMPETENCIAS

Asunto:

Procedimiento:

Expediente núm.:

Departamento:

El artículo 10 de la Ley 40/2015, de 1 de octubre, de Régimen Jurídico del Sector Público, reconoce la posibilidad de que por el órgano administrativo superior o delegante se pueda recabar el conocimiento de uno o varios asuntos cuya resolución corresponda, ordinariamente o por delegación a sus órganos administrativos dependientes, cuando circunstancias de índole técnica, económica, social, jurídica o territorial lo hagan conveniente. Esta avocación o traslación del ejercicio de las competencias debe producirse mediante acuerdo motivado, que deberá notificarse a las personas interesadas en el procedimiento, si los hubiere, con anterioridad o simultáneamente a la resolución final que se dicte.

Las razones que fundamentan la adopción de esta resolución son .... (*indicar los motivos de la decisión adoptada*).

En su virtud,

RESUELVO

AVOCAR para este órgano competente el conocimiento de los asuntos relativos a .... cuya resolución corresponde ordinariamente o por delegación al departamento de ...., de esta Administración, que por razones organizativas de índole técnica resulta conveniente y oportuno, en estos momentos, el traslado del ejercicio de las competencias atribuidas para resolver dichos asuntos públicos, con la eficacia administrativa que requiere la actuación de esta Administración.

Contra esta resolución no cabe recurso alguno, aunque podrá impugnarse en el que, en su caso, se interponga contra la resolución del procedimiento, conforme dispone el artículo 10.2, último párrafo, Ley 40/2015, de 1 de octubre, de Régimen Jurídico del Sector Público.

La presente resolución se notificará a las personas interesadas en los procedimientos de esta índole en tramitación, para su conocimiento y a los efectos oportunos.

Lugar, fecha, cargo y firma electrónica.

La persona titular del órgano administrativo competente

F260. ACUERDO DE ENCOMIENDA DE GESTIÓN

REUNIDOS

De una parte, D/Dª............, actuando en el ejercicio del cargo de ...., en virtud de nombramiento efectuado mediante ...., así como las competencias que tiene atribuidas en virtud de lo establecido en ....

De otra parte, el D/Dª. ...., actuando en nombre y representación de la Administración de ...., facultado para la firma de la presente encomienda de gestión por acuerdo de......................

Ambos intervinientes afirman y se reconocen recíprocamente su suficiente capacidad y vigencia para suscribir el presente acuerdo de Encomienda de Gestión para la realización de actividades de carácter material o técnico, al amparo lo previsto en artículo 11 de la Ley 40/2015, de 1 de octubre, de Régimen Jurídico del Sector Público, y a tal efecto,

EXPONEN

Ambos organismos públicos vienen desde hace años colaborando activamente para mejorar los niveles de calidad, eficiencia administrativa y cercanía en la prestación de los servicios públicos. Este objetivo sólo se consigue mediante en proceso de mejora continua de los sistemas de gestión y optimización de los resultados que de manera coordinada con su actuación se logre alcanzar la excelencia en la gestión de los asuntos públicos encomendados en el ámbito de sus respectivas competencias.

En este contexto para agilizar la actividad administrativa, se viene produciendo en esta materia una fructífera colaboración entre ambas entidades intervinientes pertenecientes a distinta Administración, dado que entre sus competencias están las actividades relativas a ...., que por razones de eficacia al no poseer los medios técnicos idóneos para su desempeño deben se encomendadas. El resultado positivo de esta colaboración interadministrativa para ...., resulta de interés común para ambas partes firmantes del presente Acuerdo y garantiza la necesaria coordinación de manera que ambas instituciones se refuercen y complementen mutuamente, lo que supone dotarlas de un importante valor añadido para los fines públicos perseguidos.

Las partes intervinientes consideran que la fórmula idónea para asegurar la máxima coordinación y la mayor eficacia en la realización de tales actividades de su competencia es encomendar su gestión material o técnica a ...., en los términos previstos en el artículo 11 de la Ley 40/2015, de 1 de octubre, de Régimen Jurídico del Sector Público.

La encomienda de gestión de las actividades de carácter material o técnico de las competencia de ambos órganos administrativos están recogidas en el Anexo I, no suponiendo cesión de titularidad de la competencia, ni de los elementos sustantivos de su ejercicio, siendo responsabilidad de .... (*indicar la entidad encomendante*), dictar cuantos actos o resoluciones de carácter jurídico den soporte o en los que se integre la concreta actividad material objeto de la encomienda, de conformidad con lo previsto en el artículo 11, apartado 2, de la precitada Ley de Régimen Jurídico del Sector Público.

Por todo lo que antecede, ambas partes están interesadas en la firma de la presente encomienda de gestión de acuerdo con las siguientes,

CLÁUSULAS

Primera. Objeto

El presente acuerdo de encomienda de gestión entre .... tiene por objeto la realización de las actividades técnicas o materiales relativas a ...., encomendadas que se especifican en el Anexo I del presente acuerdo.

Segunda. Obligaciones de la encomienda

La entidad u órgano encomendado (*táchese lo que no proceda*) se obliga por el presente acuerdo a cumplir la encomienda de gestión indicada en la cláusula primera y de acuerdo con las instrucciones que señale .... en calidad de órgano encomendante.

Por su parte la entidad u órgano encomendado aportará las instalaciones y el material técnico sobre la organización logística y administrativa necesaria para el desarrollo de las actividades cuya gestión se encomienda.

Tercera. Obligaciones del órgano encomendante

La Administración de .... asume las siguientes obligaciones:

a) ....

b) .... *(describir las obligaciones del órgano encomendante)*.

c) ....

Cuarta. Régimen Jurídico

A La presente encomienda de gestión le es de aplicación la regulación prevista en el artículo 11 de la Ley 40/2015, de 1 de octubre, de Régimen Jurídico del Sector Público, y demás normativa que le sea de aplicación. Por lo que queda excluida del ámbito de aplicación de la Ley 9/2017, de 8 de noviembre, de Contratos del Sector Público, de conformidad con lo dispuesto en los artículos 4 y 6.3 de dicha Ley sobre régimen aplicable a los negocios jurídicos excluidos y, en particular, a las encomiendas de gestión. Ello, sin perjuicio de la aplicabilidad de los principios y criterios contenidos en la citada Ley para resolver las dudas y lagunas que pudieran suscitarse.

Quinta. Comisión de Seguimiento

Para la dirección y seguimiento del presente acuerdo de encomienda de gestión se constituirá una Comisión, compuesta por ....(*indicar la composición de la Comisión*).

Las funciones de esta Comisión serán establecer los criterios generales para el desarrollo de las actuaciones objeto de encomienda, así como realizar la autoevaluación de resultados obtenidos y resolver los problemas de interpretación que se deriven del presente acuerdo, garantizando en todo caso el pleno cumplimiento del principio de no causar un daño significativo a los objetivos medioambientales para la mitigación del cambio climático (principio "do no significant harm-DNSH") de la Unión Europea. Así como la utilización del uso inclusivo del lenguaje no sexista en el desarrollo y ejecución de las actividades encomendadas.

Sexta. Publicidad institucional

La entidad u órgano encomendado deberá incorporar el logotipo de ...., en cuantos materiales se utilicen para la difusión y publicidad de las acciones realizadas en virtud del presente acuerdo de encomienda de gestión, así como el etiquetado climático y digital de acuerdo con previsto para los proyectos financiados con los fondos europeos. Además, de publicar el presente Acuerdo en la sede electrónica de esta Administración encomendante y en los portales de internet de ambas partes intervinientes, de conformidad con lo previsto en la legislación en materia de transparencia, acceso a la información pública y buen gobierno.

Séptima. Régimen Económico

La Administración de ....aportará, para la realización de las actividades previstas en el presente ejercicio la cantidad de ..... euros, con cargo a la aplicación presupuestaria ...., en el marco del programa financiero ...., aprobado por ....

Una vez recibida la aportación, el organismo público perceptor deberá facilitar certificación acreditativa de haber registrado en su contabilidad el ingreso de su importe. Asimismo, deberá presentar una memoria de actividades y una memoria económica con relación de los gastos efectuados y los resultados obtenidos, acompañada de las correspondientes facturas y demás documentación exigida, antes del 30 de diciembre del presente ejercicio y de acuerdo con el presupuesto de gastos que figura en el Anexo II del presente acuerdo.

Octava. Eficacia y duración de la encomienda de gestión

El presente acuerdo de encomienda de gestión surtirá efectos a partir de su publicación en el diario oficial de la Administración encomendante, de conformidad con lo dispuesto en el artículo 11.3 de la Ley 40/2015, de 1 de octubre, de Régimen Jurídico del Sector Público (*salvo en el supuesto de gestión ordinaria de servicios de las CC.AA. por las Diputaciones Provinciales o en caso Cabildos o Consejos insulares, que se regirá la legislación de Régimen Local*), y extenderá su vigencia por un plazo de .... años, prorrogándose automáticamente si no concurre manifestación en contra por alguna de las partes con una antelación mínima de un mes a la fecha de su vencimiento.

Novena. Garantías

Ambas partes intervinientes en el presente acuerdo, en aras a los principios de buena fe, confianza legítima y lealtad institucional, no consideran preciso establecer medidas de garantía para asegurar el objeto de la encomienda.

Décima. Tratamiento de datos de carácter personal

La entidad u órgano encomendado tendrá la consideración de encargado del tratamiento de los datos de carácter personal a los que pudiera tener acceso en ejecución de la presente encomienda de gestión, siéndole de aplicación lo dispuesto en la normativa de protección de datos de carácter personal y garantía de los derechos digitales, de conformidad con lo dispuesto en el artículo 11.2, último párrafo, de la Ley 40/2015, de 1 de octubre, de Régimen Jurídico del Sector Público.

Undécima. Revisión de la encomienda de gestión

La presente encomienda de gestión podrá revisarse en cualquier momento, a propuesta de las partes, para introducir las mejoras o modificaciones que estimen pertinentes.

Duodécima. Resolución de la encomienda

Ambas partes intervinientes podrán resolver la presente encomienda cuando alguna de ellas incumpliese gravemente o de forma reiterada sus obligaciones recogidas en las cláusulas segunda y tercera del presente acuerdo.

Décimo tercera. Derecho aplicable y resolución de conflictos

La prestación y gestión de los servicios objeto encomienda que se recogen en los anexos del presente acuerdo se realizará de conformidad con lo dispuesto en .... (*indicar la normativa que le sea de aplicación*), y en las disposiciones dictadas en su desarrollo, o aquellas que sean de aplicación.

Mediante la firma del presente Acuerdo, las partes se comprometen a resolver de mutuo acuerdo las incidencias que puedan surgir en su cumplimiento.

Las cuestiones litigiosas que surjan entre las partes durante el desarrollo y ejecución del presente acuerdo se someterán a la jurisdicción contencioso-administrativa, conforme con lo previsto en la legislación reguladora de la Jurisdicción Contencioso-Administrativa.

Décimo cuarta. Publicación Oficial

La presente encomienda de gestión se publicará en el boletín/diario oficial de .... (*según la Administración a que pertenezca el órgano encomendante*). Sin perjuicio de su publicación el página web de las Administraciones intervinientes.

Y en prueba de conformidad por cuanto antecede, firman las partes intervinientes, en solo efecto, el presente acuerdo de Encomienda de Gestión, en el lugar y fecha indicados.

Lugar, fecha, cargo y firma electrónica.

Las personas titulares de los órganos administrativos intervinientes

ANEXOS

(Siguen los anexos en los que se especificarán las actividades de carácter material o técnico objeto de la encomienda de gestión y el presupuesto de gastos asignado, sino se han especificado antes en párrafos separados dentro del propio acuerdo).

F261. DELEGACIÓN DE FIRMA

El artículo ......, del reglamento de.........., aprobado por ...., dispone que el otorgamiento de las autorizaciones relativas a ...., corresponde a este órgano administrativo. Descongestionar el cúmulo de expedientes administrativos en tramitación que penden de resolución y notificación expresa en tiempo y forma, exige dotar de mecanismos de mayor celeridad que den respuesta rápida y eficaz a todas las solicitudes que las personas interesadas presenten ante esta Administración Pública en materias de su competencia, a la vista de la duración máxima y el régimen del silencio administrativo establecido para los procedimientos de esta índole, previstos en la normativa de aplicación, lo que aconseja delegar la firma de las resoluciones y actos administrativos que se dicten al respecto en el .... *(indicar el órgano jerárquico inmediatamente inferior delegado)*.

Esta delegación de firma se ajustará al régimen establecido en el artículo 12 de la Ley 40/2015, de 1 de octubre, de Régimen Jurídico del Sector Público, teniendo en cuenta que:

a) No alterará la competencia del órgano delegante y para su validez no será necesaria su publicación.

b) En las resoluciones y actos que se firmen por delegación se hará constar esta circunstancia y la autoridad de procedencia.

c) En cualquier momento la delegación de firma podrá ser revocada por el órgano que la haya conferido.

En su virtud,

RESUELVO

DELEGAR LA FIRMA para las resoluciones administrativas que se adopten en los procedimientos administrativos en materia de autorizaciones relativas a.........., en el titular del Departamento de ...., de esta Administración Pública.

Dicha delegación de firma será utilizada conforme con los sistemas de identificación, firma y verificación con los que cuenta y dispone esta Administración Pública para la simplificación y digitalización de los expedientes administrativos, de conformidad con lo establecido en el Reglamento de actuación y funcionamiento del sector público por medios electrónicos, aprobado por Real Decreto 203/2021, de 30 de marzo.

En las resoluciones y actos que dicho Departamento de .... firme por delegación se hará constar antes de la firma la fórmula de "Por delegación de firma de................ *(indicar la autoridad de procedencia)"*

La presente delegación de firma comenzará su vigencia el próximo día ....

Contra la presente resolución, que es un acto de organización y de funcionamiento interno de esta Administración, no cabe recurso alguno.

Lugar, fecha, cargo y firma electrónica.

La persona titular del órgano administrativo competente

F262. RÉGIMEN DE SUPLENCIA TEMPORAL DE FUNCIONES ADMINISTRATIVAS

RESOLUCIÓN

La aprobación del nuevo Reglamento de organización, régimen jurídico y funcional de esta Administración, se justifica en las modificaciones efectuadas para la mejora de la organización y la estructura básica de la misma. Por su parte, los cambios organizativos que introduce el reglamento aconsejan, por razones de seguridad jurídica y eficacia administrativa, la emisión de una nueva disposición que regule del régimen de suplencia temporal acorde a lo establecido en las vigentes normas de organización y funcionamiento de esta Administración Pública, aprobadas por......... En consecuencia, las competencias atribuidas a los titulares de los órganos se ejercerán por suplencia a través del siguiente régimen:

a) En los casos de ausencia, vacante o enfermedad del titular de este Departamento, será sustituido temporalmente en sus funciones por .... o persona de los órganos directivos que el titular de este Departamento como autoridad superior designe.

b) En los supuestos de vacante, ausencia o enfermedad de la persona titular de un órgano con rango de .... sus competencias serán asumidas automáticamente, mientras perdure dicha situación, y será sustituido temporalmente en sus funciones por el titular del órgano administrativo inmediato superior de quien dependa por razón de la materia de que se trate.

c) En los supuestos de vacante, ausencia o enfermedad del ...., el titular de este departamento designará a quien lo supla temporalmente entre alguno de los titulares de los órganos directivos de esta Administración.

d) En los supuestos en que haya sido declarada la abstención o recusación de algún titular de los órganos de esta Administración, su competencia la ejercerá el órgano administrativo superior de quien dependa.

En ningún caso, el régimen de suplencia acordado alterará la competencia legalmente atribuida, conforme dispone el artículo 13 de la Ley 40/2015, de 1 de octubre, de Régimen Jurídico del Sector Público.

En las resoluciones y actos que se dicten mediante suplencia .... se hará constar antes de la firma la fórmula de "P.S. o por suplencia de... *(indicar la autoridad de procedencia)*".

La presente resolución surtirá efectos desde el mismo día de su publicación oficial en el portal de la sede electrónica de esta Administración.

Contra la presente resolución, que es un acto organización y de funcionamiento interno de esta Administración, no cabe interponer recurso alguno.

Lugar, fecha, cargo y firma electrónica.

La persona titular del órgano administrativo competente

F263. COORDINACIÓN DE COMPETENCIAS INTERADMINISTRATIVAS

Asunto:
Procedimiento:
Expediente núm.:
Departamento:

AL ÓRGANO COMPENTE

En el procedimiento administrativo relativo al expediente núm. ......, sobre ...., que se instruye en este departamento, se ha planteado una cuestión básica que pudiera afectar a las competencias de esta Administración. En concreto, conocer la opinión de esa Administración sobre los siguientes extremos:

a) ....

b) .... (*describir sucintamente las cuestiones objeto de informe*).

c) ....

Por ello, resulta absolutamente necesario que por esa Administración se emita informe sobre el asunto planteado. Informe solicitado que debe ser remitido a través de los medios electrónicos en el plazo de diez días, transcurrido dicho plazo sin que se hubiera emitido se podrán proseguir las actuaciones del citado de procedimiento, teniendo en cuenta que el informe fuera emitido fuera del plazo señalado podrá no ser tenido en cuenta al adoptar la correspondiente resolución (ex art. 80.2 y 4 de la Ley 39/2015, de 1 de octubre).

De conformidad con los principios de cooperación, colaboración y coordinación interadministrativa, establecidos en el artículo 3, apartado 1.k), de la Ley 40/2015, de 1 de octubre, de Régimen Jurídico del Sector Público, es por lo que en su atención,

SOLICITO: Que por esa Administración, a la mayor brevedad posible, se emita y remita por vía electrónica informe respecto las cuestiones planteadas que pudieran afectar a las competencias de esta Administración. Recabado el informe solicitado será tenido en cuenta en la resolución definitiva que se adopte por esta Administración en el ejercicio de sus propias competencias legalmente atribuidas.

Lugar, fecha, cargo y firma electrónica.

La persona titular del órgano administrativo competente

F264. COMUNICACIONES ENTRE ÓRGANOS DE UNA MISMA ADMINISTRACIÓN

Asunto:

Procedimiento:

Expediente núm.:

Departamento:

COMUNICACIÓN INTERNA

DE:

(indicar el órgano remitente)

A:

(identificar el órgano receptor)

Adjunto reenvío por registro departamental electrónico de esta Administración el escrito presentado por D/Dª......................., junto con la documentación que se acompaña, que ha tenido entrada con fecha ...., relativo a ...., por estimar que a la vista de su contenido se trata de un asunto de su competencia, de acuerdo con la normativa de........, aplicable respecto de asuntos de esta índole.

Asimismo, comunico que se ha notificado a la persona interesada del traslado del escrito con la documentación aportada a ese órgano competente para su conocimiento y tramitación oportuna, conforme determina el artículo 14.1 de la Ley 40/2015, de 1 de octubre, de Régimen Jurídico del Sector Público.

Lo que se participa y traslada para su conocimiento y a los efectos oportunos.

Lugar, fecha, cargo y firma electrónica.

La persona titular del órgano administrativo remitente

---

3. Decisiones sobre competencias

F265. ESCRITO SOLICITANDO LA DECLINACIÓN DE LA COMPETENCIA

AL ÓRGANO CORRESPONDIENTE

D/Dª. ...., con DNI/NIF/NIE núm. ...., en nombre propio o en representación de .... cuyos datos personales constan en el expediente núm. ...., del procedimiento administrativo relativo al expediente núm. ...., sobre .... (*describir el objeto del procedimiento*). Ante ese órgano administrativo comparezco (código de identificación núm. .....) y, con el debido respecto, como mejor proceda en derecho,

EXPONGO

Que en el ejercicio de los derechos e intereses legítimos que me asisten en calidad de parte interesada, de conformidad con lo dispuesto en el artículo 14.2 de la Ley 40/2015, de 1 de octubre, de Régimen Jurídico del Sector Público, mediante el presente escrito vengo a solicitar la DECLINACIÓN SOBRE EL CONOCIMIENTO DEL ASUNTO objeto del procedimiento administrativo relativo a............., que jurídicamente fundamento en base a los siguientes,

MOTIVOS JURÍDICOS

Primero. Las razones que motivan la incoación del citado procedimiento administrativo lo son de acuerdo con las disposiciones legales aplicables en esta materia sobre...... (*indicar la normativa específica que le sea de aplicación*).

A este respecto, el artículo ...., del Reglamento de....., aprobado por ...., atribuye la competencia para conocer sobre el referido asunto al departamento de ......, competente por razón de la materia.

En consecuencia, en ningún caso corresponde al organismo público al que nos dirigimos la competencia para la resolución del referido procedimiento administrativo, dado que .... (*argumentar los motivos por los que se formula la solicitud*).

Segundo. El artículo 14.2 de la Ley 40/2015, de 1 de octubre, de Régimen Jurídico del Sector Público, establece que las personas interesadas que sean parte en el procedimiento pueden dirigirse al órgano administrativo que se encuentre conociendo en asunto para que decline su competencia y remita las actuaciones al órgano competente.

Tercero. Asimismo, el artículo 8.1 de la precitada Ley de Régimen Jurídico del Sector Público, determina que la competencia es irrenunciable y se ejercerá precisamente por los órganos administrativos que la tengan atribuida como propia, salvo los casos de delegación o avocación, cuando se efectúen en los términos previstos en la legislación aplicable, lo que evidentemente no ocurre en el presente caso por las razones expuestas.

Por ello, y en su atención, es por lo que,

SOLICITO: Que admita el presente escrito con los documentos que se acompañan y, previos los trámites pertinentes, tenga a bien declinar la competencia respecto del procedimiento administrativo relativo al expediente núm. .... sobre .... y, como consecuencia derivada, remita las actuaciones practicadas al órgano administrativo de.........., por ser el competente para su conocimiento y resolución conforme al procedimiento administrativo legalmente establecido.

Lugar, fecha, cargo y firma electrónica.

La persona interesada/su representante legal

F266. ESCRITO SOLICITANDO LA INHIBICIÓN DE UN ASUNTO

AL ÓRGANO COMPETENTE

D/Dª. ...., con DNI/NIF/NIE núm. ...., en nombre propio o en representación de ...., cuyos datos personales constan en el expediente núm. ...., del procedimiento administrativo relativo a .... Ante ese órgano administrativo comparezco (código de identificación núm. ...) y, con el debido respecto, como mejor proceda en derecho,

EXPONGO

Que en el ejercicio de los derechos e intereses legítimos que me asisten en calidad de parte interesada, de conformidad con lo dispuesto en el artículo 14 de la Ley 40/2015, de 1 de octubre, de Régimen Jurídico del Sector Público, mediante el presente escrito vengo a solicitar que se requiera al titular del departamento de.........., LA INHIBIBICIÓN SOBRE EL CONOCIMIENTO DEL ASUNTO objeto del procedimiento administrativo con el número de expediente ......, incoado por dicho órgano administrativo, fundamentado en los siguientes,

MOTIVOS JURÍDICOS

Primero. Las razones que motivan la incoación del citado procedimiento lo son en base a las disposiciones legales aplicables en esta materia sobre ...... (*indicar la normativa específica que le sea de aplicación*).

El artículo ...., del Reglamentario de ....aprobado por ...., atribuye la competencia para la resolución definitiva del referido asunto al órgano al que nos dirigimos.

En consecuencia, en ningún caso en estos momentos corresponde al departamento de .... el conocimiento del asunto de referencia por incompetencia sobre la materia.

Segundo. De conformidad con lo dispuesto en el art. 14.2, párrafo 2, de la Ley 40/2015, de 1 de octubre, de Régimen Jurídico del Sector Público, las personas interesadas que sean parte en el procedimiento pueden dirigirse al órgano administrativo que estimen competente para que requiera de inhibición al que está conociendo del asunto.

Tercero. Asimismo, el artículo 8.1 de la precitada Ley de Régimen Jurídico del Sector Público, establece que la competencia es irrenunciable y se ejercerá precisamente por los órganos administrativos que la tengan atribuida como propia, salvo los casos de delegación o avocación, cuando se efectúen en los términos previstos en la legislación aplicable, lo que evidentemente no ocurre en el presente caso por las razones expuestas.

Por todo ello, y en atención, es por lo que,

SOLICITO: Que admita el presente escrito con la documentación que se acompaña y, previos los trámites pertinentes, tenga a bien requerir al departamento de ..... que está conociendo el asunto sobre el procedimiento administrativo de referencia para que se inhiba del conocimiento del mismo y le remita las actuaciones practicadas por ser el órgano al que nos dirigimos el competente para su conocimiento y resolución del procedimiento administrativo en cuestión.

Lugar, fecha y firma.

La persona interesada/su representante legal

F267. COMUNICACIÓN SOBRE EL TRASLADO DEL ASUNTO AL ÓRGANO COMPETENTE

Asunto:
Procedimiento:
Expediente núm.:
Departamento:

NOTIFICACIÓN A LAS PERSONAS INTERESADAS

Atendiendo a su solicitud de fecha……, relativa a la incoación del procedimiento sobre ……., con el número de expediente de referencia, se le comunica que la competencia para la tramitación de su solicitud corresponde al departamento de …….., en virtud de las competencias atribuidas en………. (*indicar la normativa específica que le sea de aplicación*).

De conformidad con la normativa establecida para la tramitación de procedimientos administrativos de esta índole, el plazo máximo para la resolución y notificación del procedimiento es de ………meses, desde que su solicitud haya sido recibida por el órgano competente, transcurrido dicho plazo se entenderá estimada/desestimada (*táchese lo que no proceda*) su solicitud por silencio administrativo.

De modo que en cumplimiento de lo dispuesto en el artículo 14, apartado 1, de la Ley 40/2015, de 1 de octubre, de Régimen Jurídico del Sector Público, con esta fecha se han remitido directamente por vía electrónica las actuaciones practicadas junto con su solicitud y la documentación que la acompaña a dicho órgano administrativo, a fin de que se le dé la tramitación oportuna, teniéndole a Vd. como personado y comparecido en el procedimiento en calidad de persona interesada.

Lo que le participo y traslado para su conocimiento y a los efectos oportunos.

Lugar, fecha, cargo y firma electrónica.

Documento firmado digitalmente. La persona titular del órgano administrativo competente. Autenticidad verificable mediante Código de Seguro Verificación (CSV)…. en sede electrónica de esta Administración Pública.

F268. DECISIÓN SOBRE LA RESOLUCIÓN DEL ASUNTO

Asunto:

Procedimiento:

Expediente núm.:

Departamento:

VISTA la solicitud formulada por D/Dª. ...., sobre la competencia para resolver el procedimiento administrativo relativo a......, con el expediente núm. ...., y teniendo en consideración los siguientes,

ANTECEDENTES DE HECHO

1. Con fecha ...., D/Dª ..... presentó escrito por que solicitaba a este órgano que recabase el conocimiento sobre el asunto relativo un procedimiento administrativo cuyo plazo todavía no ha finalizado, con el número de expediente de referencia, instruido por ...., para.......... por razones de incompetencia para su resolución.
2. Con fecha ...., se trasladó copia del citado escrito para que el plazo de diez días, procediera a informar sobre las razones que ha tenido para conocer del asunto.
3. Con fecha........, el referido órgano administrativo emitió informe al respecto.
4. Se han emitido los correspondientes informes técnicos y se ha formulado propuesta de resolución.

FUNDAMENTOS DE DERECHO

PRIMERO. De acuerdo con el informe emitido por ...., aun cuando a tenor de las normas legales citadas corresponde al titular del departamento de .... el conocimiento y resolución del procedimiento a que el mismo se refiere. Lo cierto es que por acuerdo de esta Administración de fecha ...., por razones de reorganización y funcionamiento para la optimización de las tareas públicas desempeñadas, se delegaron/avocaron (*táchese los que no proceda*) las competencias respecto de la tramitación y resolución de los procedimientos administrativos de esta índole en el citado órgano administrativo (ex art. 8 y 9 de la Ley 40/2015, de 1 de octubre, de Régimen Jurídico del Sector Público), por plazo no expirado y sin que se haya dictado ningún acto posterior dejando sin efecto lo acordado sobre la delegación/avocación conferida. Lo que se publicó en el portal de internet de esta Administración, para general conocimiento.

SEGUNDO. El artículo 14 de la Ley 40/2015, de 1 de octubre, de Régimen Jurídico del Sector Público, regula del procedimiento administrativo relativo a las decisiones sobre competencia y conflictos de atribuciones (positivos o negativos) entre órganos de una misma Administración, planteados a instancia de parte por las personas interesadas.

TERCERO. Este órgano administrativo es competente para adoptar la presente resolución definitiva, conforme establece .... (*indicar la normativa específica que le sea de aplicación*).

Vistos los preceptos legales citados y demás de general y concordante aplicación,

RESUELVO

ESTIMAR/DESESTIMAR la solicitud formulada por D/Dª ...., sobre declaración de incompetencia para el conocimiento y resolución del procedimiento administrativo relativo al expediente núm. ...., sobre ...., que se instruye en esta Administración.

Contra esta resolución, que es un acto de trámite, no cabe interponer recurso administrativo alguno, de conformidad con lo establecido en el art. 112.1 de la Ley 39/2015, de 1 de octubre, del Procedimiento Administrativo Común de las Administraciones Públicas, sin perjuicio de interponer los recursos que procedan contra la resolución definitiva del procedimiento.

Lugar, fecha, cargo y firma electrónica.

La persona titular del órgano administrativo competente

---

4. Conflictos de atribuciones

F269. REQUERIMIENTO SOBRE CONFLICTO DE ATRIBUCIONES

Asunto:
Procedimiento:
Expediente núm.:
Departamento:

NOTIFICACIÓN AL ÓRGANO REQUERIDO

En este departamento de ...., se ha tenido conocimiento de que ante ese órgano de .... se está instruyendo el procedimiento administrativo relativo al expediente núm. ...., sobre .... (*identificar el objeto del procedimiento*).

Estimando que dicho órgano administrativo carece de competencias para conocer del asunto de referencia conforme a la normativa aplicable, se solicitó asesoramiento de los servicios jurídicos de esta Administración, que emitió el informe/dictamen que se adjunta a este escrito por vía electrónica.

De conformidad con el informe/dictamen emitido, existen razones fundadas para proceder a la formulación el presente REQUERIMIENTO DE INHIBICIÓN, con el fin de que se abstenga de conocer sobre el expresado procedimiento en tramitación, suspenda el mismo y remita al departamento de ...., todas las actuaciones practicadas que integren el expediente administrativo digitalizado y completo de su razón en el plazo de DIEZ DÍAS, por ser el órgano competente para su conocimiento y tramitación.

En el supuesto que no atienda lo requerido y mantenga las competencias sobre el asunto, deberá elevar las actuaciones a .... (*órgano superior jerárquico común*) para que resuelva lo que estime oportuno respecto del conflicto de atribuciones planteado, dado que en el caso presente concurren los requisitos enunciados en el artículo 14, apartado 3, de la Ley 40/2015, de 1 de octubre, de Régimen Jurídico del Sector Público, en relación con lo dispuesto en el Reglamento de ...., aprobado por......., sobre resolución de conflictos de atribuciones entre distintos departamentos no relacionados jerárquicamente de esta Administración Pública, y respecto a asuntos sobre los que no haya finalizado el procedimiento administrativo de que se trate.

Lugar, fecha, cargo y firma electrónica.

Documento firmado digitalmente. La persona titular del órgano administrativo competente. Autenticidad verificable mediante Código de Seguro Verificación (CSV).... en sede electrónica de esta Administración Pública.

F270. ACUERDO SOBRE CONFLICTO DE ATRIBUCIONES

Asunto:
Procedimiento:
Expediente núm.:
Departamento:

AL ÓRGANO REQUERIDO

En este departamento de ....se ha presentado una solicitud formulada por D/Dª...........sobre .... A raíz de la cual se incoó el correspondiente procedimiento administrativo con el número de expediente ...., en cuyo procedimiento en curso a la vista de las actuaciones practicadas se estima que no corresponde a ese órgano administrativo el conocimiento ni la resolución del asunto planteado sino al departamento de ...., por ser el órgano administrativo competente para la tramitación del correspondiente procedimiento, de conformidad con el artículo 14 de la Ley 40/2015, de 1 de octubre, de Régimen Jurídico del Sector Público y demás normativa aplicable.

Por cuanto antecede, y en su virtud,

ACUERDO

Que con esta fecha que se remitan, por vía electrónica, las actuaciones que se están llevando a cabo, sobre .... (*identificar el objeto del procedimiento*), al departamento de .... por ser el órgano administrativo competente para su conocimiento y resolución.

Se significa que el incumplimiento de este Acuerdo, sobre resolución del conflicto negativo de atribuciones planteado, por desobediencia de lo ordenado podrá dar lugar a responsabilidad disciplinaria, conforme con lo previsto en el Real Decreto Legislativo 5/2015, de 30 de octubre, por el que se aprueba el texto refundido de la Ley del Estatuto Básico del Empleado Público.

Igualmente, con esta fecha se ha comunicado a las personas interesadas en el procedimiento las actuaciones practicadas en el expediente administrativo de referencia, a los efectos que en trámite de audiencia puedan alegar lo que estimen conveniente en defensa de sus derechos e intereses legítimos.

Lugar, fecha, cargo y firma electrónica.

La persona titular órgano superior jerárquico competente

5. Instrucciones y órdenes de servicio

F271. INSTRUCCIÓN DEL ÓRGANO SUPERIOR

EXPOSICIÓN DE MOTIVOS

Austeridad, racionalización, rigor y control del gasto público, son los criterios que presiden la gestión económica de toda Administración Pública y cuyo reflejo tiene lugar en los presupuestos generales de esta Administración. La plasmación de estos criterios obliga a adoptar medidas de procedimiento y gestión del gasto que impidan desviaciones entre previsión y liquidación del presupuesto. Por ello, nuestro sistema presupuestario tiene como centro de gravedad el equilibrio y la estabilidad presupuestaria, como se reconoce en la Ley Orgánica 2/2012, de 27 de abril, de Estabilidad Presupuestaria y Sostenibilidad Financiera.

Además, para hacer frente a la actual crisis energética y reforzar la sostenibilidad económica en el ámbito de esta Administración se exige la adopción de una serie de medidas específicas de fomento del ahorro y gestión energética sostenible.

Al logro de este objetivo la presente instrucción se encamina a reducir los gastos corrientes de esta Administración, con el propósito de dotar a la misma de una nueva cultura presupuestaria sostenible que optimice la eficiencia en la gestión de los recursos públicos.

En suma, esta instrucción persigue, a través de la fijación de criterios orientadores y medidas concretas, reducir el gasto público, mejorar la imagen institucional de la Administración y fomentar la conciencia del uso racional sostenible de los recursos públicos por parte del personal de la Administración.

La principal novedad que presenta respecto a otras medidas de ahorro adoptadas anteriormente radica en extender su aplicación a la totalidad de órganos que integran esta Administración territorial, sus organismos autónomos, sociedades y empresas públicas dependientes.

En virtud de cuanto antecede, conforme con el artículo 6 de la Ley 40/2015, de 1 de octubre, de Régimen Jurídico del Sector Público, en relación con el reglamento orgánico y funcional de esta Administración Pública, procede dictar la siguiente:

INSTRUCCIÓN

Las medidas de ahorro contenidas en la presente instrucción son de aplicación directa a todos los centros directivos y unidades administrativas de esta Administración y sus organismos autónomos, sociedades y empresas públicas dependientes, tanto en sus servicios centrales como periféricos o territoriales.

1. Gastos de funcionamiento asociados a inmuebles

Racionalización de la utilización de inmuebles, gastos en climatización, electricidad, arrendamientos, obras de reforma, y gastos de mantenimiento y conservación se adecuarán a las siguientes directrices de actuación:

a) La temperatura del aire en los recintos calefactados no será superior a 19ºC.

b) La temperatura del aire en los recintos refrigerados no será inferior a 27ºC.

c) Las puertas de acceso a los edificios y locales deberán contar con brazo de cierre automático para evitar pérdidas de energía al exterior.

d) El alumbrado interior de los edificios públicos deberá mantenerse apagado desde las 22 horas siempre que a la referida hora se encuentren desocupados.

e) Se priorizará la implementación de las energías renovables y demás medidas de eficiencia energética sostenible.

2. Gastos en comunicaciones telefónicas

A fin de abaratar los costes de las llamadas telefónicas se tendrán en cuenta las siguientes normas sobre control del gasto: .... (*exponer en párrafos separados y enumerados*).

3. Gastos en comunicaciones postales y envío de documentación

En las comunicaciones internas se potenciará al máximo el uso del correo electrónico (en lugar de impresos y/o burofaxes o llamadas telefónicas) y en las externas sobre el envío de documentación y los servicios de mensajería se tendrán en cuenta los siguientes criterios para la reducción del gasto: .... (*exponer en párrafos separados y enumerados*).

4. Gastos en material de oficina y publicaciones

Las suscripciones y publicaciones de diarios o revistas de información general y adquisiciones de libros, material impreso, de escritorio y oficia deberán estar siempre plenamente justificadas, limitándose a lo estrictamente necesario conforme a las siguientes reglas: .... (*exponer en párrafos separados y enumerados*).

Los impresos que por su volumen o características deban ser contratados con empresas del sector, deberán diseñarse de forma que se optimice tanto el uso del soporte como de la maquinaria que vaya a emplearse, a fin de abaratar los costes.

5. Gastos en reprografía

El responsable de cada máquina fotocopiadora, nombrado por su correspondiente centro directivo, garantizará el control selectivo de las fotocopias realizadas, que serán exclusivamente las relacionadas con el trabajo propio de cada dependencia. Las fotocopias se realizarán a doble cara siempre que ello sea posible y en papel reciclado, utilizando la función de Imprimir en escala de grises (blanco y negro) y en modo de ahorro de tinta/tóner. En aquellos casos en los que se detecte un uso excesivo se comunicará al responsable de la unidad correspondiente para que justifique el grado de utilización.

6. Gastos en compra de bienes corrientes y de servicios

Para la adquisición de bienes de equipo, suministros o servicios de mantenimiento y conservación, se realizarán concursos públicos a fin de obtener precios más reducidos y compras centralizadas, en función de la relación precio-calidad y priorizando el concepto de proximidad o cercanía.

7. Gastos en servicios externos

La contratación de servicios externos con empresas se limitará al máximo, aplicando los siguientes criterios: .... (*exponer en párrafos separados y enumerados*).

8. Gastos en representación institucional

Los altos cargos reducirán al máximo los gastos de representación que deban realizar justificadamente en el ejercicio de sus funciones.

9. Gastos en material inventariable

La adquisición de material inventariable se realizará a través del sistema de bienes de adquisición centralizada siempre que ello sea posible. En aquellos casos en que esté prevista la adquisición de un número de unidades significativo, se acumularán peticiones a fin de que las empresas mejoren los precios de catálogo.

10. Indemnizaciones por razón del servicio

Con el fin de adecuar el gasto en dietas y transporte derivado de órdenes de comisiones de servicio por viajes del personal del departamento a los créditos disponibles en el presente ejercicio, las comisiones de servicio con derecho a indemnización han de estar en todo caso absolutamente justificadas y limitarse a las estrictamente indispensables. Cada centro directivo deberá llevar un control riguroso de la necesidad de las indemnizaciones por razón de servicio y gratificaciones por servicios extraordinarios que se autoricen. Asimismo, se reducirán en un .... los gastos por desplazamiento y asistencia a los Consejos de Administración de las empresas públicas de esta Administración y, en todo caso, se potenciará la máximo las reuniones por videoconferencia.

11. Procedimientos de contratación

A fin de unificar criterios en los procedimientos de contratación, se constituirá una Mesa de Contratación con carácter permanente, para los servicios centrales y en aquellos organismos autónomos cuyo volumen de contratación lo haga posible, que analizará la eficacia de los procesos de adjudicación para la consecución de condiciones más ventajosas de ahorro en costes para esta Administración, con estricta sujeción a los procedimientos de contratación previstos en la Ley 9/2017, de 8 de noviembre, de Contratos del Sector Público.

12. Gastos de publicaciones

Sólo podrán editarse aquellas publicaciones que se encuentren incluidas en el programa editorial, que cada semestre se apruebe por el titular del Departamento competente. Para la selección de la imprenta que deberá hacerse cargo de la edición, en aquellos casos en que no sea preciso acudir al concurso público, se pedirán al menos tres presupuestos al mayor número posible de empresas siempre que su volumen no supere establecido en el art. 122.3 para los contratos menores, de la precitada Ley Contratos del Sector Público.

13. Control y seguimiento de gastos

1. El seguimiento de las medidas recogidas en esta instrucción se realizará a través del Departamento de .... para el seguimiento del control económico-financiero permanente de los gastos de esta Administración.

2. Corresponderá a la secretaría del departamento de...... realizar los informes sobre la ejecución del plan de seguimiento, proponiendo en su caso las medidas oportunas a los efectos de mejorar el cumplimiento de las medidas adoptadas de reducción de gastos y ahorro energético, exponiendo los resultados obtenidos.

3. La oficina presupuestaria procederá a determinar los indicadores cuantitativos del ritmo de ejecución presupuestaria, así como los niveles que supongan un ritmo de ejecución del gasto superior al que correspondería en función del crédito disponible y del período transcurrido.

4. La oficina presupuestaria, con carácter mensual, informará a los centros directivos acerca de la evolución de los indicadores de las ratios de seguimiento de ejecución presupuestaria de los gastos.

5. La Dirección General u órgano competente en materia de administración financiera de cada organismo adscrito al departamento de .... facilitará trimestralmente información sobre la ejecución de la reducción de los gastos y ahorro energético, indicando las medidas adoptadas y la reducción de costes efectivamente realizados.

Disposición final primera. Desarrollo de la instrucción

Por la Dirección General de .... y los organismos públicos adscritos a este departamento, se podrán dictar las órdenes de servicio precisas para la adecuación de la presente Instrucción a las peculiaridades administrativas y gestoras de las diferentes unidades.

Disposición final segunda. Publicación

La presente instrucción de fomento del ahorro del gasto público y gestión energética sostenible, para general conocimiento y difusión, se publicará en el portal de internet de esta Administración, de acuerdo con lo previsto en la Ley 19/2013, de 19 de diciembre, de transparencia, acceso a la información pública y buen gobierno.

Lugar, fecha, cargo y firma electrónica.

La persona titular del órgano administrativo competente

F272. CIRCULAR U ORDEN DE SERVICIO

A LOS DEPARTAMENTOS CORRESPONDIENTES

El artículo .... de .... *(indicar la normativa aplicable)*, otorga a este órgano administrativo competencias en materia de sistemas de información, sobre planificación, coordinación, autorización y control de las tecnologías de la información y las comunicaciones, con excepción de las que sean ejercidas por ...., en el ámbito de sus competencias.

En virtud de las competencias conferidas, y con el fin de mejorar los sistemas de control para optimizar la eficiencia administrativa, así como de evitar posibles disfunciones de gestión que afecten a la planificación y coordinación de proyectos normativos y otros actos administrativos promovidos por los departamentos y servicios de esta Administración, cuando tengan algún tipo de repercusión en el de los sistemas de información y aplicaciones informáticas que este órgano competente administra y gestiona, de conformidad con lo establecido en el artículo 6 de la Ley 40/2015, de 1 de octubre, de Régimen Jurídico del Sector Público, se dicta la siguiente,

CIRCULAR

Con carácter previo a la aprobación o modificación de cualquier normativa reguladora de un procedimiento administrativo competencia de esta Administración, se deberá expedir un informe del servicio, área, dirección o secretarías generales proponentes sobre que su contenido no afecta a ninguno de los programas informáticos que se gestionan en esta Administración y, por tanto, no hace falta introducir modificaciones en los referidos instrumentos informáticos, así como que ello no genera la implantación de un nuevo programa informático.

En caso positivo, el informe deberá especificar a qué programas afecta y posteriormente se deberá obtener de este órgano competente el preceptivo informe en el que explicite si los plazos establecidos en la disposición son viables en relación con las modificaciones a operar en las nuevas aplicaciones informáticas.

Todo ello con el fin de asegurar la regulación, la coordinación y la planificación de las consecuencias informáticas derivadas de la entrada en vigor de las normas o actos que esta Administración adopte en el ejercicio de sus competencias.

Hágase circular esta orden de servicio entre el personal adscrito a los servicios y unidades administrativas a quien va dirigida, para su conocimiento y a los efectos oportunos.

Lugar, fecha, cargo y firma electrónica.

La persona titular del órgano administrativo competente

6. Órganos colegiados

F273. CONSTITUCIÓN DE UN ÓRGANO COLEGIADO

EXPOSICIÓN DE MOTIVOS

La normativa reguladora de la organización, funcionamiento y régimen jurídico de esta Administración Pública, aprobada por ...., en su artículo ...., establece la existencia de una Comisión para ...., como órgano colegiado en materia de ...., especificando asimismo que su composición, funciones y régimen de funcionamiento se establecerá mediante orden del órgano competente.

El régimen de funcionamiento de la Comisión de ...., se ajustará a las normas contenidas en los artículos 15 y siguientes de la Ley 40/2015, de 1 de octubre, de Régimen Jurídico del Sector Público, sin perjuicio de las peculiaridades organizativas de esta Administración y de la normativa que le sea de aplicación.

Por todo ello, al amparo de lo dispuesto en el artículo ...., de organización, funcionamiento y régimen jurídico de esta Administración Pública, procede la creación y regulación de la Comisión de................., adscrita en .... *(indicar el órgano administrativo del que dependa el órgano colegiado).*

En su virtud,

DISPONGO

Primero. Objeto

Mediante esta orden se crea la Comisión para .... como órgano colegiado de carácter asesor y consultivo en materia de ...., así como la regulación de su composición, funciones y régimen de funcionamiento, de acuerdo con lo dispuesto en el artículo ....del .... La citada Comisión estará adscrita a ...., a través de ....

Segundo. Composición de la Comisión

1. La Comisión para .... funcionará en Pleno y en Comisión Informativa.
2. El Pleno estará integrado por los siguientes miembros:
   a) Persona titular de la Presidencia: ....
   b) Persona titular de la Vicepresidencia primera: ....
   c) Persona titular de la Vicepresidencia segunda: ....
   d) Personas vocales propuesta de los órganos respectivos: ....
   e) Persona titular de la Secretaría: ...., designada por ....
3. La Comisión Informativa, que ejercerá las funciones que le delegue el Pleno, estará constituida por los siguientes miembros:
   a) Persona titular de la Vicepresidencia: ....
   b) Personas vocales: .... designados por el Pleno, a propuesta de la persona que ocupe la Presidencia.

c) Persona titular de la Secretaría: ....

Tercero. Funciones

La Comisión para .... desarrollará, entre otras que se le encomienden, las siguientes funciones:

a) Determinar las líneas comunes de actuación que orientan la actividad relativa a los asuntos públicos encomendados a esta Administración, para que se pueda confeccionar una radiografía detallada de la realidad que facilite la toma de decisiones estratégicas que competen a esta Administración, así como la evolución y repercusión de los proyectos y programas implementados.

b) Supervisar y coordinar la citada actividad que desarrollan los servicios o las unidades de los departamentos de ...., de sus centros directivos y organismos autónomos.

c) Potenciar el intercambio de información de que disponen los mencionados servicios o unidades, a través de la interconexión de sus bases de datos, o mediante cualesquiera otros medios existentes e impulsando las acciones concretas que mejoren la calidad de actuación pública hacia los ciudadanos a los que va dirigida.

d) Participar en el diseño de estrategias y en el establecimiento de los criterios institucionales de carácter general a que deberán sujetarse las campañas de publicidad.

e) Diseñar y proponer un programa formativo dirigido al personal destinado en los servicios y unidades administrativas del Departamento.

f) Informar y proponer los proyectos normativos que afecten de forma directa a la actividad dentro de esta Administración.

g) Informar y proponer proyectos de colaboración con otros departamentos y Administraciones públicas en esta materia.

h) Proponer y, en su caso, informar las medidas y recursos que permitan realizar una adecuada política departamental y cualquier otra que en esta materia le encomiende la Presidencia.

Cuarto. Funcionamiento

1. El Pleno se reunirá, previa convocatoria de la Presidencia, a iniciativa propia o a propuesta de la Comisión Informativa, cuantas veces lo requiera el ejercicio de sus funciones. El Pleno celebrará, como mínimo, una sesión ordinaria al .... y podrá reunirse con carácter extraordinario cuantas veces lo acuerde su Presidencia.

2. La Comisión Informativa se reunirá cuando la Presidencia lo estime conveniente, cuando las necesidades de los programas de actuación así lo aconsejen y, al menos, con carácter mensual/trimestral/semestral, para la ejecución, impulso y seguimiento de las funciones que le estén encomendadas.

Quinto. Régimen jurídico

El régimen jurídico de funcionamiento de la Comisión para .... se ajustará a lo dispuesto en la sección 3ª subsección 1ª, capítulo II del título Preliminar de la Ley 40/2015, de 1 de octubre, de Régimen Jurídico del Sector Público, sin perjuicio de la normativa de desarrollo aplicable.

Sexto. Entrada en vigor

La presente orden entrará en vigor el día siguiente al de su publicación en el boletín/diario oficial de........(*especificar la Administración Pública en la que se integre el órgano colegiado*), sin perjuicio de publicarse adicionalmente en el portal de internet de la sede electrónica de esta Administración, y por otros medios de difusión que garanticen su conocimiento general.

Lugar, fecha, cargo y firma electrónica.

La persona titular del órgano administrativo competente

F274. CONVOCATORIA Y ORDEN DEL DÍA

A LAS PERSONAS MIEMBROS DEL ÓRGANO COLEGIADO

La Presidencia de esta Comisión de ...., en ejercicio de las atribuciones que le confiere el artículo .... de sus normas de organización y funcionamiento, aprobadas por..................., ha convocado sesión ordinaria que se celebrará en sede de la entidad situada en la calle ...., en primera convocatoria, el día ...., a las .... horas, y si no hubiera quórum de constitución, en segunda convocatoria, una hora después de la primera, según dispone las citadas normas de funcionamiento de este órgano colegiado, para conocer y adoptar los acuerdos que procedan, según al siguiente:

ORDEN DEL DÍA

Primero. Lectura y aprobación del Acta de la sesión anterior, si procede.

Segundo. Adopción de acuerdos relativos a:

1. ....
2. .... *(concretar los asuntos a tratar en la reunión).*
3. ....

Tercero. Asuntos de trámite.

Cuarto. Despacho extraordinario.

Quinto. Ruegos y preguntas.

A partir de esta fecha, tiene Vd. a su disposición a través del portal de internet de la sede electrónica de esta Comisión en el siguiente enlace: https://........... es, la documentación relacionada con los asuntos enumerados, con sus correspondientes ficheros digitalizados para su conocimiento y, en su caso, poder utilizarlos en la sesión, que integran los asuntos del Orden del Día.

En el caso de no poder asistir personalmente a la reunión convocada podrá otorgar en su representación a la persona que considere oportuna, suscribiendo su autorización correspondiente, que será entregada en la Secretaría antes del inicio de la sesión. También, en su caso, podrá asistir a distancia mediante videoconferencia a través del enlace de invitación a la reunión que se le ha facilitado por correo electrónico.

Lugar, fecha, cargo y firma electrónica.

La persona titular de la secretaría del órgano colegiado

F275. LEVANTAMIENTO DEL ACTA DE LA SESIÓN

ACTA NÚM. ...., DE LA SESIÓN ORDINARIA

En ...., a ....de ...., siendo las ..... horas ..., se constituyó .... (*nombre el órgano colegiado*), en el domicilio de la misma con el objeto de celebrar sesión ordinaria, con la asistencia de personas miembros de esta Comisión que se relacionan al margen.

Presidencia: D/Dª. ....

Vocales: *Excusan su asistencia*

D/Dª. .... D/Dª. ....

D/Dª. .... D/Dª. ....

D/Dª. .... D/Dª. ....

D/Dª. ....

D/Dª. ....

Secretaría:

D/Dª. ....

DESARROLLO DE LA REUNIÓN

Como cuestión previa al estudio y consideración de los asuntos del Orden del Día, la Presidencia de la Comisión estimó conveniente y oportuno manifestar lo siguiente: .... (*resumir de forma clara y sucinta las consideraciones previas)*.

Se inició la reunión con la lectura del Acta de la sesión anterior, que fue aprobada por unanimidad, con la siguiente rectificación propuesta por D/Dª........................

Seguidamente trataron los asuntos incluidos en el Orden del Día, respecto de los que se adoptaron los siguientes acuerdos que se consignan, con los siguientes puntos principales de deliberación:

1. Adopción de Acuerdos:

a) La Presidencia hizo una exposición razonada sobre el asunto relativo a .... que sometía a la aprobación.

Concedida la palabra a D/Dª. ...., cuestionó su aprobación si no se incluían las siguientes modificaciones: ....

Hicieron uso de la palabra los Sres. .... en defensa de la aprobación de lo manifestado por la Presidencia y en apoyo de las enmiendas los Sres. ....

Después de amplia deliberación, con .... votos a favor, ...en contra y .... abstenciones, se aprobó por mayoría de votos a favor el acuerdo sometido a consideración.

b) Respecto del asunto relativo a............., se aprobó por unanimidad.

c) En cuanto al asunto relativo a ...., se acordó dejarlo sobre la mesa posponiendo su consideración hasta la próxima reunión, para recabar mayor información al respecto.

2. Asuntos de trámite: No se trató ninguno.

3. Despacho extraordinario: No hubo asuntos extraordinarios que tratar.

4. Ruegos y preguntas:

D/Dª. ...., señaló su preocupación sobre..............., y solicitó encarecidamente que se adopten las medidas pertinentes al respecto. Igualmente, preguntó sobre el seguimiento de las actuaciones practicadas en virtud del Acuerdo adoptado sobre ....

A lo que le contestó la Presidencia manifestando lo siguiente: ....

Y sin más asuntos que tratar, la Presidencia levantó la sesión, siendo las........... horas del día al comienzo señalado, extendiéndose la presente Acta de todo lo tratado en ella, que como persona titular de la secretaría certifico.

Lugar, fecha, cargo y firma electrónica. Vº. Bº.

La persona titular de la Secretaría La Presidencia

F276. ESCRITO SOLICITANDO QUE CONSTE EN ACTA UN VOTO PARTICULAR

A LA SECRETARIA DEL ÓRGANO COLEGIADO

En el ejercicio de la facultad que me reconoce el artículo 17.6 de la Ley 40/2015, de 1 de octubre, de Régimen Jurídico del Sector Público, y demás normativa que sea de aplicación, y con el pleno respeto a la opinión mayoritaria de ....(*nombre del órgano colegiado*).

Solicito se haga constar en el Acta mi "Voto particular" para manifestar mi discrepancia con el acuerdo adoptado por mayoría de este órgano colegiado sobre ......, fundamentado en las siguientes consideraciones:

1. En la sesión ordinaria celebrada en el día de hoy, por....... (*nombre del órgano colegiado*), se adoptó con el voto en contra del que suscribe, el siguiente acuerdo: "............." *(transcribir literalmente el acuerdo)*.
2. Tres son los factores concurrentes en el presente caso, que determinan —a juicio del firmante de este Voto particular— un pronunciamiento discrepante con el citado Acuerdo adoptado por la mayoría de los miembros, a saber:

   a) ....

   b) ...... *(concretar de manera clara y sucinta los motivos de discrepancia)*.

   c) ....

Por lo expuesto, entiendo que el precitado Acuerdo adoptado por la mayoría se aparta del criterio seguido en casos análogos o similares de precedente administrativo sin justificación alguna. Ello, sin duda, producirá efectos gravemente perjudiciales tanto para gestión de los intereses públicos encomendados a este órgano, como en la responsabilidad jurídica que pudiera derivarse del mismo, respecto a la cual quedo exento conforme determina la Ley de Régimen Jurídico del Sector Público.

Y para que conste mi discrepancia, suscribo el presente voto particular en contra del acuerdo adoptado respecto de ...... (*indicar el asunto en cuestión de que se trate*).

Lugar, fecha y firma electrónica.

La persona miembro discrepante del órgano colegiado

F277. NOTIFICACIÓN ACUERDO DEL ÓRGANO COLEGIADO

A LA PERSONA TITULAR DE UN INTERÉS LEGÍTIMO

En relación con escrito por el que solicita notificación del Acuerdo adoptado por el .... *(indicar el nombre del órgano colegiado)* sobre el asunto relativo a .... *(especificar el asunto de que se trate)*, y de conformidad con lo establecido en el artículo 17.7 de la Ley 40/2015, de 1 de octubre, de Régimen Jurídico del Sector Público, y de acuerdo con las funciones conferidas a este órgano colegiado, se emite la siguiente,

CERTIFICACIÓN

Que en la sesión celebrada el día … por el órgano colegiado ...., se adoptó el siguiente Acuerdo que es copia auténtica de su original y que a continuación literalmente se transcribe:

- ....
- .... *(transcribir el texto íntegro del acuerdo).*
- ....

Y para así que conste, a petición de la persona interesada y surta efectos donde proceda, expido la presente certificación con el visto bueno de la Presidencia, en .... (*indicar el lugar de la sede del órgano colegiado y, en su defecto, donde esté ubicada la Presidencia*).

Lugar, fecha, cargo y firma electrónica. V°. B°.

La persona titular la Secretaría La Presidencia

7. Abstención y recusación

F278. ESCRITO COMUNICANDO QUE CONCURRE CAUSA DE ABSTENCIÓN

Asunto:
Procedimiento:
Expediente núm.:
Departamento:

AL ÓRGANO SUPERIOR INMEDIATO

D/Dª................, mayor de edad, con DNI/NIF/NIE núm. ....., actuando en nombre propio como empleado público al servicio de esta Administración, adscrito al departamento de ...., con domicilio a efectos de notificaciones en ...., teléfono .... y correo electrónico: .... Ante V.I. comparece y, con el debido respeto, como mejor proceda en derecho,

EXPONGO

1. Que mediante el presente escrito vengo a comunicar que en el procedimiento administrativo que se instruye con el número de expediente ...., sobre ...., se ha personado como persona interesada D/Dª. ...., en quien concurren circunstancias que me obligan abstenerme de intervenir en el citado procedimiento, por las razones señaladas en el artículo 23.2 de la Ley 40/2015, de 1 de octubre, de Régimen Jurídico del Sector Público. En concreto, concurre el siguiente motivo de abstención: .... (*señalar de manera clara y concisa la causa o causas de abstención*).

2. Considero que, en el caso presente, existen motivos suficientes para que me abstenga de intervenir en el referido procedimiento administrativo, conforme con lo previsto en el artículo 23.2, letra .... de la citada Ley de Régimen Jurídico del Sector Público, en relación con el artículo 53.5 del Real Decreto Legislativo 5/2015, de 30 de octubre, por el que se aprueba el texto refundido de la Ley del Estatuto Básico del Empleado Público, así como el artículo 64 de la Ley 8/2017, de 8 de noviembre, de Contratos del Sector Público, y demás normativa aplicable, dado que mi participación en dicho procedimiento podría ensombrecer la imparcialidad exigida en el buen desempeño de las funciones públicas encomendadas a esta Administración —que toda actividad administrativa requiere— sobre la objetividad, neutralidad, imparcialidad, ejemplaridad y transparencia, para la producción de los actos administrativos que deban adoptarse.

En consecuencia, en el presente caso con el fin de evitar el riesgo de un posible conflicto de intereses personales y/o profesionales, entiendo que concurren motivos suficientes por lo que debería abstenerme de intervenir en el referido procedimiento.

Por todo ello y en su atención,

SOLICITO: Que admita el presente escrito y, por los motivos expuestos, resuelva lo procedente sobre los motivos de abstención expuestos en relación con mi intervención en el referido procedimiento administrativo en cuestión.

Lo que se comunica en cumplimiento de lo dispuesto en el artículo 23, apartado 1, de la Ley 40/2015, de 1 de octubre, de Régimen Jurídico del Sector Público, para que resuelva lo procedente.

Lugar, fecha, cargo y firma electrónica.

La persona interesada al servicio de la Administración

F279. RESOLUCIÓN SOBRE LA ABSTENCIÓN SOLICITADA

Asunto:
Procedimiento:
Expediente núm.:
Departamento:

VISTA la comunicación efectuada por D/Dª.................., empleado público de esta Administración, por la que pone en conocimiento de este órgano competente que concurre el motivo de abstención previsto en la letra .... de los enunciados en el apartado 2, de artículo 23 de la Ley 40/2015, de 1 de octubre, de Régimen Jurídico del Sector Público, en relación con su intervención en el procedimiento sobre el expediente administrativo de referencia.

Considerando que concurre causa justificada para abstenerse en la intervención del referido procedimiento administrativo.

Considerando que este órgano es competente para la adopción de la presente resolución sobre la abstención solicitada, de acuerdo con lo establecido en la normativa de aplicación.

RESUELVO

1. Aceptar el motivo de abstención manifestado por D/Dª ...., para intervenir en el procedimiento administrativo relativo al expediente núm. ......, sobre .... (*identificar el objeto del procedimiento*).
2. Designar a D/Dª.............., en sustitución del anterior, a los solos efectos de participar en el citado procedimiento administrativo incoado al efecto con el número del expediente de referencia.

Notifíquese la presente resolución a las personas interesadas en el expediente de su razón, indicando expresamente que contra la presente resolución no cabe recurso alguno.

Lugar, fecha, cargo y firma electrónica.

La persona titular del órgano administrativo superior jerárquico competente

F280. RESOLUCIÓN ORDENANDO LA ABSTENCIÓN

Asunto:

Procedimiento:

Expediente núm.:

Departamento:

En este departamento se está tramitando el procedimiento administrativo relativo al expediente núm. ...., sobre .... (*identificar el objeto del procedimiento*), iniciado a solicitud de D/Dª. ...., y de conformidad con los siguientes,

ANTECEDENTES DE HECHO

1. En fecha ...., se inició el procedimiento administrativo con el número de expediente de referencia.
2. De los datos y de la documentación con que se cuenta de advierte que en D\Dª. ...., empleado público de esta Administración concurren causas objetivas que obligan a que deba abstenerse de intervenir en el procedimiento en cuestión.
3. Se han recabado los informes técnicos necesarios para la adopción de la presente resolución y se ha formulado propuesta de resolución.

FUNDAMENTOS DE DERECHO

1. De acuerdo con los informes técnicos emitidos se desprende que, en el presente caso, concurren circunstancias para que D/Dª. .... se abstenga de intervenir en el procedimiento relativo al expediente núm......., sobre .... En concreto, la siguiente: .... (*indicar la causa de abstención de las tasadas en el art. 23.2 de la Ley 40/2015, de 1 de octubre, de Régimen Jurídico del Sector Público*).
2. Asimismo, el artículo 53, apartado 5, del Real Decreto Legislativo 5/2015, de 30 de octubre, por el que se aprueba el texto refundido de la Ley del Estatuto Básico del Empleado Público, expresamente señala que las personas al servicio de la Administración: "*Se abstendrán en aquellos asuntos en los que tengan un interés personal, así como de toda actividad privada o interés que pueda suponer un riesgo de plantear conflictos de intereses con su puesto público*".
3. Por su parte, el artículo 64 de la Ley 9/1017, de 8 de noviembre, de Contratos, sobre la lucha contra la corrupción y prevención de los conflictos de intereses, establece que se tomen las medidas adecuadas con el fin de evitar cualquier distorsión de la competencia, garantizar la transparencia en el procedimiento y asegurar la igualdad de trato a todos los candidatos y licitadores.
4. Este órgano administrativo es competente para la adopción de la presente resolución, conforme con lo establecido en el artículo 24 de la Ley de Régimen Jurídico del Sector Público y demás la normativa aplicable.

En su virtud,

RESUELVO

PRIMERO. Que en el procedimiento administrativo relativo al expediente núm. ......, sobre ...., concurre causa de abstención en D/Dª........., como personal al servicio de esta Administración, que impide que pueda intervenir en dicho procedimiento administrativo, conforme con lo previsto en el artículo 23, apartado 2, letra ..., de la Ley 40/2015, de 1 de octubre, de Régimen Jurídico del Sector Público.

SEGUNDO. En consecuencia con lo anterior, ordeno que se abstenga de intervenir en el referido procedimiento administrativo, y nombrar en su sustitución a D/Dª............, titular de la jefatura de la unidad administrativa de ...., la instrucción del procedimiento incoado sobre el expediente en cuestión.

TERCERO. Se significa que el incumplimiento de lo ordenado podrá dar lugar a responsabilidad disciplinaria/administrativa/judicial, de acuerdo con lo establecido en el artículo 23, apartado 5, de la Ley 40/2015, de 1 de octubre, de Régimen Jurídico del Sector Público, en relación con los artículos 93 a 99 del Real Decreto Legislativo 5/2015, de 30 de octubre, por el que se aprueba el texto refundido de la Ley del Estatuto Básico del Empleado Público y demás normativa que le sea de aplicación.

Notifíquese la presente resolución a las personas interesadas en el expediente de su razón, indicando expresamente que contra la presente resolución, que es un acto de trámite, no cabe recurso alguno, sin perjuicio de interponer el recurso que proceda contra el acto que ponga fin al procedimiento.

Lugar, fecha, cargo y firma electrónica.

La persona titular del órgano administrativo superior jerárquico competente

F281. ESCRITO PROMOVIENDO CAUSA DE RECUSACIÓN

AL ÓRGANO INSTRUCTOR DEL EXPEDIENTE

D/Dª. ...., con DNI/NIF/NIE núm. ...., actuando en nombre propio o en representación de ..... cuyas circunstancias personales constan en el expediente administrativo núm. ...., que se tramita en .... sobre el procedimiento relativo a .... (*identificar el objeto del procedimiento*), y que se está instruyendo bajo la responsabilidad del empleado público D/Dª. .... Ante ese órgano administrativo comparezco y, con el debido respeto, como mejor proceda en derecho,

EXPONGO

Que en el ejercicio de la defensa de mis derechos e intereses legítimos, y al amparo del artículo 24.1 de la Ley 40/2015, de 1 de octubre, de Régimen Jurídico del Sector Público en relación con el artículo 74 de la Ley 39/2015, del Procedimiento Administrativo Común de las Administraciones Públicas, mediante el presente escrito como cuestión incidental en el referido procedimiento vengo a PROMOVER RECUSACIÓN contra D/Dª. ...., fundamentada en los siguientes:

MOTIVOS RAZONADOS

a) ....

b) ... (*describir los hechos y motivos justificativos de la recusación planteada*).

c) ....

Sin duda, en el presente caso, concurren motivos fundados para que D/Dª. ......, se abstenga de intervenir en el procedimiento, conforme con lo previsto en el artículo 23.2, letra ... de la Ley 40/2015, de 1 de octubre, de Régimen Jurídico del Sector Público. Resulta evidente que dichas circunstancias personales podrían influir negativamente en el ejercicio de mis derechos e intereses legítimos puestos de manifiesto en el referido procedimiento administrativo y, por ende, en la resolución definitiva que deba adoptarse.

En el caso de no aceptarse la recusación planteada, dada la existencia de una situación de conflictos de intereses o causa de abstención en el citado procedimiento, esta parte interpondrá, con independencia de los recursos administrativos que procedan, la correspondiente querella ante la Jurisdicción Penal para depurar las responsabilidades que, en su caso, hubiera lugar.

Por todo ello, y en su atención, es por lo que,

SOLICITO: Que admita el presente escrito junto con la documentación que se acompaña y, por las razones expuestas, tenga a bien apreciar la concurrencia de la causa de recusación formulada contra D/Dª. ...., para que se abstenga de intervenir en el procedimiento administrativo relativo al expediente que se tramita en esa Administración con el número ...., sobre ...., y así lo manifieste a su inmediato superior jerárquico, al día siguiente de recibir este escrito de recusación, conforme determina el artículo 24.3 de la Ley 40/2015, de 1 de octubre, de Régimen Jurídico del Sector Público.

OTROSÍ DIGO: Que de conformidad con lo establecido en los artículos 22.2.b) y 74 de la Ley 39/2015, de 1 de octubre, del Procedimiento Administrativo Común de las Administraciones Públicas, se acuerde la suspensión de la tramitación del referido procedimiento hasta que se resuelva lo procedente sobre la recusación planteada.

Lugar, fecha y firma electrónica.

La persona interesada/su representante legal

F282. ESCRITO DIRIGIDO AL INMEDIATO SUPERIOR JERÁRQUICO

Asunto:
Procedimiento:
Expediente núm.:
Departamento:

AL ÓRGANO SUPERIOR JERÁRQUICO

En relación con el escrito formulado por D/Dª..........., recibido con fecha de ayer, por el que plantea la recusación del que suscribe, como instructor del procedimiento relativo al expediente administrativo núm. .... *(identificar el objeto del procedimiento)*, se participa lo siguiente:

Dicha recusación se basa en .... (*exponer en síntesis los motivos alegados*) sobre el procedimiento administrativo incoado al respecto.

Es de informar a V.I. que se encuentra/no se encuentra incurso en ninguna situación que pueda calificarse de conflicto de intereses o causa de abstención y, por tanto, concurre/no concurre en mi persona (*táchese lo que no proceda*) la circunstancia de abstención alegada, por los siguientes motivos:

a) ....

b) .... (*explicar las causas fundadas o infundadas de recusación planteada*).

c) ....

Lo que comunico a V.I., en cumplimiento de lo establecido en el artículo 24.3 de la Ley 40/2015, de 1 de octubre, de Régimen Jurídico del Sector Público, para que previos informes y comprobaciones que considere oportunos resuelva lo que estime procedente.

Lugar, fecha, cargo y firma electrónica.

La persona recusada al servicio de la Administración

F283. RESOLUCIÓN SOBRE LA RECUSACIÓN PLANTEADA

Asunto:

Procedimiento:

Expediente núm.:

Departamento:

VISTO el escrito presentado por D/Dª. ...., por el que se promueve la recusación de D/Dª ...., como instructor/a del procedimiento administrativo relativo al expediente núm. ... .(*identificar el objeto del procedimiento*), que se tramita en ...., y teniendo en consideración los siguientes,

ANTECEDENTES DE HECHO

1. Con fecha ...., D/Dª..............., en calidad de persona interesada en el procedimiento administrativo de referencia formuló recusación contra el instructor/a del expediente de su razón, por considerar que concurría causa de abstención para intervenir en el mismo, según lo previsto en la letra ... del artículo 23.2 de la Ley 40/2015, de 1 de octubre, de Régimen Jurídico del Sector Público.

2. Con fecha ...., D/Dª ......, trasladó a este órgano competente el escrito de recusación junto con su informe en el que se manifestaba los motivos por los que, a su juicio, la recusación planteada era infundada.

3. Se han realizado las comprobaciones oportunas, para verificar la exactitud del informe del recusado y se ha formulado propuesta de resolución.

A los anteriores hechos son de aplicación los siguientes,

FUNDAMENTOS DE DERECHO

ÚNICO. El artículo 24 de la Ley 40/2015, de 1 de octubre, del Procedimiento Administrativo Común de las Administraciones Públicas, establece que: *"1. En los casos previstos en el artículo anterior, podrá promoverse recusación por los interesados en cualquier momento de la tramitación del procedimiento. 2. la recusación se plateará por escrito en el que se expresará la causa o causas en que se funda".*

No es preciso subrayar que se da aquí una obligación legal, dirigida a las autoridades y al personal empleado público para que se abstengan de conocer sobre los procedimientos administrativos en tramitación en los que su imparcialidad e independencia puede verse comprometida, siempre y cuando concurran determinadas circunstancias previstas legalmente que pueden poner en peligro la rectitud de su actuación. Ello, no es más que una cautela legal para preservar el principio de imparcialidad que rige la prestación del servicio público en sus relaciones con los ciudadanos, conforme establecen los principios éticos y de conducta en el ejercicio de los deberes inherentes al cargo de las personas al servicio de las Administraciones públicas, reconocidos en los artículos 52 a 54 del Real Decreto Legislativo 5/2015, de 30 de octubre, por el que se aprueba el texto refundido de la Ley del Estatuto Básico del Empleado

Público, así como el artículo 64, de la Ley 9/2017, de 8 de noviembre, de Contratos del Sector Público, y que el artículo 103.3 de la Constitución garantiza.

Conviene recordar, que la Administración Pública tiene el deber de actuar siempre de manera que sus actuaciones —tanto por la forma como por el fondo—, puedan provocar confianza jurídica en las personas interesadas, cuyos derechos e intereses legítimos se encuentran tutelados por la ley y, en todo caso, garantizando la transparencia en el procedimiento y la igualdad de trato entre todas las personas interesadas en el mismo.

En el caso presente, aunque no ha quedado/ha quedado (*táchese lo que no proceda*) acreditado en el expediente la veracidad de lo informado por la persona recusada respecto de no hallarse incurso en ninguno de los motivos de abstención o conflicto de intereses enunciados en la ley y, que no basta, además, con alegar la causa de abstención para que esta pueda ser aceptada de plano. (*En caso de estimación*): Lo cierto es que con el fin de eliminar cualquier sombra de incertidumbre sobre la objetividad e imparcialidad del procedimiento en curso de tramitación y, por ende, de la resolución definitiva que pueda adoptarse, resulta conveniente acceder a la recusación planteada.

Por todo lo expuesto y en su atención,

RESUELVO

PRIMERO. Aceptar/rechazar la recusación (*táchese lo que no proceda*), promovida por D/Dª. ...., en el procedimiento administrativo relativo al expediente núm. ......, sobre ....(*identificar el objeto del procedimiento*).

SEGUNDO. (*En su caso*) Designar a D/Dª ...., persona al servicio de esta Administración, para que en sustitución prosiga con la instrucción del procedimiento administrativo relativo al expediente de referencia hasta su debida resolución definitiva.

Contra esta resolución no cabe recurso alguno, sin perjuicio de la posibilidad de alegar la recusación planteada al interponer el recurso que proceda contra la resolución que ponga fin al procedimiento, conforme con lo dispuesto en el artículo 24.5 de la Ley 40/2015, de 1 de octubre, de Régimen Jurídico del Sector Público.

Lugar, fecha, cargo y firma electrónica.

La persona titular del órgano administrativo superior jerárquico

II. DE LAS RELACIONES INTERADMINISTRATIVAS

SUMARIO: 1. RELACIONES DE COOPERACIÓN ENTRE ADMINISTRACIONES PÚBLICAS. F284. Conferencia de Presidentes. F285. Escrito convocando una Conferencia Sectorial. F286. Reglamento de organización y funcionamiento de una Conferencia Sectorial. F287. Acuerdo de Conferencia Sectorial. F288. Acuerdo de aprobación de un Plan Conjunto. F289. Acta de la sesión de una Conferencia Multisectorial. F290. Recomendación de una Conferencia Sectorial. F291. Convenio de cooperación entre Administraciones. F292. Creación de una Comisión Bilateral de Cooperación. F293. Creación de una Comisión Territorial de Coordinación. 2. RELACIONES DE COLABORACIÓN ENTRE ADMINISTRACIONES PÚBLICAS. F294. Convenio interadministrativo de colaboración. F295. Convenio para la creación de un Consorcio. F296. Estatutos de un Consorcio de entidades públicas. 3. RELACIONES CON LA ADMINISTRACIÓN LOCAL. F297. Convenio interadministrativo para la delegación de competencias. F298. Encomienda de gestión ordinaria de servicios. F299. Acuerdo de creación de una Mancomunidad de municipios. F300. Solicitud de información sobre la actividad municipal. F301. Supervisión de la actividad de una entidad local. F302. Comunicación de un acto o acuerdo a la Administración autonómica. F303. Requerimiento para la anulación de un acto o acuerdo municipal. F304. Requerimiento para el cumplimiento de una obligación legal. F305. Resolución de conflictos entre dos entidades locales. 4. RELACIONES ELECTRÓNICAS ENTRE ADMINISTRACIONES PÚBLICAS. F306. Convenio marco para la prestación mutua de sistemas, soluciones y servicios digitales. F307. Convenio marco para la transferencia y reutilización de tecnología entre Administraciones. F308. Protocolo de adhesión al convenio marco de Administración electrónica. F309. Comunicación previa para la transmisión de datos entre Administraciones. F310. Consulta de datos que obran en poder de otras Administraciones.

II. DE LAS RELACIONES INTERADMINISTRATIVAS

1. Relaciones de cooperación entre Administraciones Públicas

F284. CONFERENCIA DE PRESIDENTES

CONVOCATORIA

Sin duda, la tarea prioritaria de los poderes públicos en las ciudades en crisis es la de crear las condiciones favorables para el desarrollo económico en el ámbito local, mediante la habilitación de los instrumentos precisos para atraer nuevas actividades o para retener y reforzar las existentes. Con semejante empeño se han puesto en marcha reformas estructurales que compatibilicen la recuperación económica y la mejora de la cohesión social y territorial, promoviendo políticas activas que preparen al país para afrontar los nuevos retos. Para ello, las Administraciones públicas deben impulsar medidas que garanticen tanto la mejora de calidad de vida como la eficiencia en la gestión de los recursos públicos. Con este propósito es necesario aunar esfuerzos para lograr con éxito la necesaria recuperación, transformación, modernización e internacionalización de nuestros sectores productivos.

Consciente de afrontar las grandes transformaciones en las que estamos inmersos, esta Presidencia del Gobierno se compromete a reforzar la cooperación multilateral en materia de ………………, y mejorar la coordinación de actuaciones entre el Gobierno de la Nación y los respectivos Gobiernos de las Comunidades Autónomas. Por ello, es por lo que se convoca Conferencia de Presidentes y Presidentas, como órgano de cooperación y espacio de dialogo para la toma de decisiones conjuntas que, por lealtad institucional y solidaridad territorial, faciliten el ejercicio eficaz y eficiente de las competencias de las Administraciones públicas dentro de nuestro sistema constitucional.

Al amparo del artículo 146 de la Ley 40/2015, de 1 de octubre, de Régimen Jurídico del Sector Público, y de acuerdo con el Reglamento de la Conferencia de Presidentes, publicado por la Orden TER/257/2022, de 29 de marzo, es por lo que he decidido convocar a la Conferencia, para la deliberación de dichos asuntos de interés común y, en su caso, adopción acuerdos y recomendaciones como compromisos políticos entre el Gobierno de la Nación y las Comunidades Autónomas. Conferencia, que estará asistida para la preparación de sus reuniones por un Comité preparatorio del que formaran parte un Ministro/a del Gobierno, que lo presidirá y un Consejero/a de cada Comunidad Autónoma, incluidas las ciudades autónomas de Ceuta y Melilla.

A estos efectos, con el fin de facilitar las relaciones y como soporte electrónico de espacio colaborativo de encuentro y de trabajo e intercambio de datos, se utilizará la Plataforma Digital de Colaboración entre Administraciones Públicas "Cooper@", creada y regulada por Orden PJC/385/2024, de 30 de abril.

La Conferencia de Presidentes y Presidentas tendrá lugar el próximo día ……, las …. horas con arreglo al Orden del Día fijado por el Comité preparatorio que se adjunta, y se reunirá en una de las salas habilitadas de la sede del Senado (cámara Alta de las Cortes Generales de representación territorial), y también por videoconferencia telemática para aquellos presidentes y presidentas que no pudieran asistir personalmente, con el fin analizar la evolución de .... , intercambiar puntos de vista e impulsar de común acuerdo líneas estratégicas de actuaciones conjuntas de carácter prioritario a adoptar para la satisfacción del interés general en beneficio y prosperidad de nuestra sociedad.

Lugar, fecha, cargo y firma electrónica.

La Presidencia del Gobierno

ANEXO

(Se adjunta Orden del Día de los asuntos a tratar en Conferencia de Presidentes y Presidentas)

F285. ESCRITO CONVOCANDO UNA CONFERENCIA SECTORIAL

CONVOCATORIA

El Ministerio de ...., a la vista de la problemática surgida en el sector productivo de .... (*identificar el ámbito sectorial de la actividad*), a consecuencia de .... ha considerado oportuno convocar a todos los órganos de gobierno de las distintas comunidades autónomas en Conferencia Sectorial, con el fin de asegurar la necesaria cooperación entre las Administraciones públicas en sus actuaciones para la transformación y modernización del tejido productivo de este sector estrechamente vinculado a ...., Así como intercambiar puntos de vista, examinar conjuntamente los problemas del sector, y adoptar de común acuerdo de manera voluntaria las medidas necesarias para ejercer sus respectivas competencias, conforme con los principios de cooperación, colaboración y coordinación, recogidos en la Ley de Régimen Jurídico del Sector Público y la Constitución garantiza.

La Conferencia Sectorial tendrá lugar el día........., en la sede central del Ministerio de ...., con arreglo al Orden del Día que se acompaña a este escrito junto con la documentación precisa para la preparación de la Conferencia, en la que para facilitar las relaciones y como soporte electrónico de espacio colaborativo de encuentro y de trabajo e intercambio de datos, se utilizará la Plataforma Digital de Colaboración entre Administraciones Públicas "Cooper@", creada y regulada por Orden PJC/385/2024, de 30 de abril. Asimismo, se ajustará a los criterios de funcionamiento previstos en el Real Decreto 440/2024, de 30 de abril.

Conferencia Sectorial que se inscribirá en el Registro Electrónico estatal de Órganos e Instrumentos de Cooperación, de conformidad con lo establecido en el artículo 147.2 y la disposición adicional séptima de la Ley 40/2015, de 1 de octubre, de Régimen Jurídico del Sector Público.

Lugar, fecha, cargo y firma electrónica.

La persona titular del Ministerio

ANEXO

ORDEN DEL DÍA DE LA REUNIÓN DE LA CONFERENCIA SECTORIAL

1. Constitución de la Conferencia Sectorial.
2. Aprobación del acuerdo de institucionalización.
3. Redacción del reglamento de organización y funcionamiento interno.
4. Invitación permanente a la Asociación Española de Municipios y Provincias.
5. Creación de comisiones y grupos de trabajo para la preparación, estudio y desarrollo de las cuestiones concretas propias del ámbito material objeto de la conferencia sectorial.
6. Realización de planes y programas conjuntos.
7. Ruegos y preguntas.

F286. REGLAMENTO DE ORGANIZACIÓN Y FUNCIONAMIENTO DE UNA CONFERENCIA SECTORIAL

En el marco del acuerdo de institucionalización de la Conferencia Sectorial para ...... (*identificar el sector de la actividad*), se acordó la aprobación del reglamento interno de la Conferencia, cumpliendo los requisitos establecidos en el Real Decreto 440/2024, de 30 de abril, sobre criterios de funcionamiento de las Conferencias Sectoriales, a la vista de la propuesta elevada por la comisión de coordinación, el Pleno de la Conferencia, en su reunión de ...., ha adoptado el siguiente Reglamento de organización y funcionamiento:

Capítulo I

ESTRUCTURA Y COMPOSICIÓN

Artículo 1. Órganos

La Conferencia Sectorial se estructura en los siguientes órganos:

a) La Conferencia en Pleno.

b) La Comisión de Coordinación interdepartamental.

c) Los Grupos de Trabajo que, dentro de la Comisión, se constituyan para la preparación de determinados trabajos.

Artículo 2. Composición

1. La Conferencia Sectorial en pleno tiene la composición que se determina en el acuerdo de institucionalización de la Conferencia Sectorial para ...., aprobado en su reunión de fecha ...., para actuar sobre dicho sector concreto de la actividad pública.

2. El personal miembro de la Conferencia Sectorial no podrán delegar su representación en las reuniones del Pleno. Excepcionalmente, cuando por parte de una Comunidad Autónoma sea imposible la asistencia a una reunión de la Conferencia de alguna persona miembro, éste podrá ser sustituido por otra persona consejera o consejero comunicándose la sustitución al Presidente/a.

3. El personal miembro de la Conferencia podrán estar acompañados del representante en la Comisión de Coordinación, salvo si en una reunión del Pleno se decidiera por unanimidad lo contrario.

Artículo 3. Asistentes

1. A las reuniones del Pleno de la Conferencia asistirá la consejera o el consejero competente para asuntos de .... de cada Comunidad Autónoma.

2. A propuesta de los miembros de la Conferencia, corresponde a la persona titular de la Presidencia convocar la asistencia, a las reuniones del Pleno, de altos cargos de las Administraciones públicas o de personas expertas que, en función de los temas a tratar, se considere que pueden contribuir al mejor cumplimiento de las funciones que tiene encomendadas la Conferencia.

Capítulo II

FUNCIONES

Artículo 4. Funciones y técnicas de cooperación de la Conferencia Sectorial

1. Dentro del ámbito material y funcional determinado para la mejora del ejercicio de las competencias de cada Administración Pública, la Conferencia desarrollará sus cometidos utilizando primordialmente las técnicas de cooperación previstas en el artículo 144 de la Ley

40/2015, de 1 de octubre, de Régimen Jurídico del Sector Público, para el ejercicio de las funciones siguientes:

a) Informar sobre los anteproyectos de leyes y proyectos de reglamentos cuando afecten de manera directa a su ámbito ámbito competencial o cuando así esté previsto en la normativa sectorial aplicable.

b) Establecer planes específicos de cooperación entre las Administraciones públicas, procurando la supresión de duplicidades, y la consecución de una mejor eficiencia de los servicios públicos.

c) Intercambiar información sobre las actuaciones programadas por las distintas Administraciones públicas, en el ejercicio de sus competencias, y que puedan afectas a las otras Administraciones.

d) Establecer mecanismos de intercambio de información, especialmente de contenido estadístico.

e) Acordar la organización interna de la Conferencia Sectorial y de su método de trabajo.

f) Fijar los criterios objetivos que sirvan de base para la distribución territorial de los créditos presupuestarios, así como su distribución al comienzo del ejercicio, de acuerdo con la Ley General Presupuestaria.

2. Asimismo, es función de la Conferencia aprobar su método de trabajo, así como el estudio, propuesta e impulso de aquellas otras iniciativas e instrumentos de cooperación que contribuyan a perfeccionar la participación de las Comunidades Autónomas en los asuntos relacionados con el objeto de la Conferencia.

Artículo 5. Garantía de la participación de las Comunidades Autónomas

1. La Conferencia garantizará la aplicación de los procedimientos y fórmulas establecidas para la participación de las Comunidades Autónomas en los asuntos objeto de la Conferencia:

a) Recabando periódica o puntualmente, los datos y documentos sobre dicha aplicación, que serán puestos a disposición de los miembros de la Conferencia.

b) Analizando y evaluando, tanto desde una perspectiva general como en casos concretos, el grado de aplicación de los procedimientos y fórmulas de participación y el resultado alcanzado.

c) Formulando propuestas y recomendaciones para la efectividad de la aplicación de los procedimientos y fórmulas de participación.

d) Prestando la asistencia técnica precisa para resolver los problemas prácticos de la aplicación de los procedimientos y fórmulas de participación y para optimizar, completar y perfeccionar su contenido.

2. En aquellos casos en que la Conferencia, ante la imposibilidad de hacerlo en una Conferencia Sectorial o inexistencia de ésta, asuma la participación efectiva de las Comunidades Autónomas en una materia o asunto determinado, aplicará los procedimientos y fórmulas de participación establecidos, en particular el procedimiento determinado en el Acuerdo de la Conferencia Sectorial de .... (*identificar el ámbito sectorial de la actividad*).

Capítulo III
RÉGIMEN DE FUNCIONAMIENTO

Artículo 6. Periodicidad y lugar de las reuniones

1. El Pleno de la Conferencia Sectorial se reunirá, como mínimo, una vez al año.

A iniciativa de la persona titular de la Presidencia o de una tercera parte de sus miembros, mujeres o hombres, el Pleno se reunirá además en todas aquellas ocasiones en que se considere necesario para el cumplimiento de sus funciones.

2. Las reuniones de la Conferencia tendrán lugar en la sede del Ministerio de .... o, a instancia de uno de sus miembros, en el lugar que se determine en la convocatoria.

Artículo 7. Convocatoria

1. La convocatoria de las reuniones de la Conferencia se efectuará por la Presidencia por medios electrónicos, con la antelación suficiente y, en todo caso, de siete días.

2. A la convocatoria se acompañará la propuesta de orden del día junto con la documentación necesaria que haga referencia a los asuntos relacionados en dicha propuesta.

3. Aun cuando no se hubiesen cumplido los anteriores requisitos de convocatoria, se considerará válidamente reunida la Conferencia cuando se hallen reunidos todos sus miembros y así lo acuerden por unanimidad.

4. La convocatoria de la reunión se efectuará por medios electrónicos a través de la Plataforma Digital de Colaboración entre Administraciones Públicas "Cooper@".

Artículo 8. Orden del día

1. El orden del día provisional de las reuniones de la Conferencia Sectorial será fijado por la Presidencia y aprobado definitivamente al inicio de cada sesión, en el que deberá especificarse el carácter consultivo, decisorio o de coordinación de cada uno de los asuntos a tratar.

Su determinación tendrá en cuenta la propuesta cursada con la convocatoria y preparada previamente por la Comisión de Coordinación, así como aquellos asuntos que, tras la convocatoria y antes de la reunión, sean propuestos por cualquier miembro de la Conferencia.

2. No podrá ser objeto de deliberación o acuerdo ningún asunto que no figure incluido en el orden del día, salvo que sea declarada la urgencia del asunto por acuerdo unánime de las personas miembros del Pleno presentes. Los asuntos así incluidos quedarán sujetos a lo establecido sobre adopción de acuerdos.

3. Salvo que se acuerde lo contrario por todos sus miembros, los asuntos serán tratados por el orden que figure en el orden del día y no podrán ser examinados otros asuntos que no figuren el el mismo.

Artículo 9. Quórum constitución de la Conferencia

Para la válida constitución de la Conferencia Sectorial, a efectos de celebración de sesión, se requerirá la presencia, junto con la representación de la Administración General del Estado, de al menos, ... de sus miembros presencialmente o, en su caso, por videoconferencia, utilizando la Plataforma Digital de Colaboración entre Administraciones "Cooper@", entendiéndose los acuerdos y recomendaciones adoptados en el lugar donde esté la presidencia de la Conferencia Sectorial.

Artículo 10. Acuerdos y recomendaciones de la Conferencia

1. Los acuerdosy recomendaciones de la Conferencia Sectorial serán adoptados por asentimiento de las personas miembros presentes y, en su defecto, por el voto favorable de la Administración General del Estado y de la mayoría de las Comunidades Autónomas.

2. Los acuerdos y recomendaciones surtirán efectos a partir de su adopción por la Conferencia, para aquellos de Comunidades Autónomas que hayan expresado su voto favorable.

La firma de los acuerdos y de las recomendaciones podrá producirse en la propia reunión de la Conferencia en la que son adoptados o en un momento posterior.

3. Aquellas Comunidades Autónomas que no hubiesen expresado su voto favorable a un acuerdo o recomendación, podrán adherirse con posterioridad. En este caso, el acuerdo o recomendación surtirá efectos a partir de su firma, salvo que se establezca otra cosa.

4. Los acuerdos y las recomendaciones de la Conferencia se inscribirán en el Registro de Órganos e Instrumentos de Cooperación de cada Administración Pública que los haya suscrito.

5. Los acuerdos de la Conferencia serán publicados en el Boletín Oficial del Estado y en el Diario Oficial de las Comunidades Autónomas que los hayan suscrito con expresión, en ambos casos, de las Administraciones suscribientes de los mismos. Lo que se comunicará, en su caso, al Senado para su conocimiento.

Artículo 11. Acta de las sesiones

1. Por la Secretaría se levantará acta de cada reunión de la Conferencia Sectorial, que, tras su aprobación en la reunión posterior, será visada por la Presidencia en la fecha de su aprobación. Igualmente, le corresponderá a la secretaría la expedición de la certificaciones de las decisiones adoptadas.

2. El acta contendrá los siguientes extremos:

a) Indicación de personas miembros de la Conferencia asistentes.

b) El orden del día de la reunión.

c) Circunstancias de lugar y tiempo en que la reunión se haya celebrado.

d) Los puntos principales de las deliberaciones.

e) El contenido de la adopción de acuerdos y recomendaciones, especificando el procedimiento seguido, el carácter decisorio, de coordinación o consultivo de la decisión adoptada.

3. En el acta se reflejará el sentido del voto de cada participante, así como los votos particulares que, en su caso , se hubieran formulado. Además, de especificar las Administraciones públicas para las que resulte vinculante en cada caso las decisiones adoptadas.

Cualquier miembro de la Conferencia tiene derecho a solicitar la trascripción íntegra de su intervención o propuesta, siempre que aporte en el acto, o en el plazo que señale la Presidencia, el texto que se corresponda fielmente con su intervención, haciéndose así constar en el acta o uniéndose copia auténtica de la misma.

Artículo 12. La Comisión de Coordinación

1. La Comisión de Coordinación de la Conferencia Sectorial para ...., que actuará con criterios homogéneos y cuya Presidencia recaerá en la persona titular de la Secretaría de la Conferencia, está compuesta por una persona miembro del Gabinete del Secretariado de Estado de ...., una persona miembro del Gabinete del Secretariado de Estado competente para las Administraciones Territoriales y por una persona representante de las Comunidades Autónomas y de las ciudades de Ceuta y Melilla, preferentemente con categoría de Directora o director general o equivalente, designado por el respectivo miembro de la Conferencia.

Asimismo, forma parte de la Comisión la consejera o el consejero de la Comunidad Autónoma para los asuntos objeto de la Conferencia.

Una persona funcionaria de .... actuará como secretario/a de la Comisión con voz, pero sin voto.

2. La Comisión de Coordinación podrá decidir sobre la asistencia a sus reuniones de responsables de las diferentes Administraciones o personas expertas que se considere que pueden contribuir al mejor cumplimiento de las funciones que tiene encomendadas la Comisión.

3. La Comisión de Coordinación prepara los trabajos de la Conferencia, en especial el orden del día de las reuniones y ejecuta las tareas que ésta le confíe.

4. La Comisión de Coordinación celebrará tantas reuniones como sean necesarias para llevar a cabo las funciones que tiene encomendadas.

Salvo que se decida otra cosa, las reuniones se celebrarán en la sede del Ministerio de …

5. La convocatoria de las reuniones de la Comisión de Coordinación se efectuará por la Presidencia, a su instancia o de cinco de sus miembros, con una antelación mínima de siete días.

6. El orden del día de la Comisión de Coordinación se aprobará al inicio de cada sesión sobre la base de una propuesta determinada como sigue:

a) Los asuntos relacionados por Presidencia o por cinco de sus miembros, mujeres o hombres, al instar la celebración de la reunión de la Comisión.

b) Los asuntos que cualquier miembro de la Comisión proponga al inicio de la reunión con carácter previo a la aprobación del orden del día.

7. Las reuniones de la Comisión de Coordinación requerirán el mismo quórum de constitución que las del Pleno de la Conferencia.

Artículo 13. Grupos de trabajo

En la Comisión de Coordinación podrán constituirse Grupos de trabajo con la misión de realizar determinadas tareas relacionadas con la preparación, estudio y propuesta de asuntos propios de la Conferencia Sectorial.

Los Grupos de trabajo, cuya composición determinará en los distintos casos la Comisión de Coordinación, pueden integrarse con personal técnico experto de las respectivas Administraciones o personas que por su especial cualificación sean designadas al efecto.

Artículo 14. Secretaría de la Conferencia

1. La Secretaría de la Conferencia corresponde a la .... designado por la Presidencia de la Conferencia Sectorial.

Realizará las funciones de apoyo administrativo a la Conferencia, a la Comisión de Coordinación y, en su caso, a los Grupos de Trabajo, así como la custodia y archivo de la documentación de los órganos de la Conferencia Sectorial, y demás funciones establecidas en el artículo 150 de la Ley 40/2015, de 1 de octubre, de Régimen Jurídico del Sector Público.

2. La persona titular de la Dirección General de.................. ejercerá las funciones de la Secretaría de la Conferencia, asistiendo a sus reuniones con voz y sin voto, así como las de la Presidencia de la Comisión de Coordinación.

Corresponde a la Secretaría de la Conferencia, a petición de cualquiera de sus miembros, emitir certificación sobre los acuerdos adoptados en las reuniones del Pleno. En las certificaciones de acuerdos adoptados emitidas con anterioridad a la aprobación del Acta de la sesión se hará constar expresamente tal circunstancia.

El acta y la expedición de certificaciones de las decisiones adoptadas en cada sesión, se elaborarán conforme a los requisitos establecidos en el artículo 2 del Real Decreto 440/2024, de 30 de abril, sobre criterios de funcionamiento de las Conferencias Sectoriales, y en la Orden PJC/385/2024, de 30 de abril, por la que se crea y regula la Plataforma Digital de Colaboración entre Administraciones Públicas "Cooper@".

Artículo 15. Planificación, información al público y seguimiento de actuaciones

1. La necesaria planificación de la actividad de la Conferencia Sectorial se hará pública con la periodicidad que disponga al aprobar su método de trabajo y a través del portal de internet designado por Acuerdo de la Conferencia Sectorial o en su defecto del portal de internet de Ministerio a cuya persona titular corresponda la presidencia de la Conferencia.

2. Se consideran integrados en dicha planificación tanto los planes específicos de cooperación entre comunidades autónomas como los planes conjuntos, de carácter multilateral, entre la Administración General del Estado y los de las Comunidades Autónomas, adoptados por la Conferencia Sectorial, así como las previsiones aprobadas al tal efecto por la Conferencia Sectorial, recogiendo entre otros, los objetivos políticos plurianuales. los indicadores de resultados, y mecanismos transparentes de seguimiento y evaluación.

3. Para facilitar las relaciones y como soporte electrónico de espacio colaborativo de encuentro y de trabajo e intercambio de datos, se utilizará la Plataforma Digital de Colaboración entre Administraciones Públicas "Cooper@", creada y regulada por Orden PJC/385/2024, de 30 de abril.

Disposición adicional

Las referencias en el presente Reglamento a las Comunidades Autónomas comprenden a las ciudades autónomas de Ceuta y Melilla en cuanto integrantes de la Conferencia Sectorial.

Disposición final

El presente Reglamento entrará en vigor una vez que haya sido aprobado por el Pleno de la Conferencia Sectorial, para lo cual se requerirá que sea adoptado, junto con la representación de la Administración del Estado, por al menos .... de sus miembros. Y será inscrito en el Registro Electrónico estatal de Órganos de Instrumentos de Cooperación. El mismo procedimiento se seguirá para su modificación o revisión.

Lugar, fecha, cargo y firma electrónica. V°. B°.

La secretaría de la Conferencia Sectorial La Presidencia

F287. ACUERDO DE CONFERENCIA SECTORIAL

EXPOSICIÓN DE MOTIVOS

La Conferencia Sectorial para ....(*identificar el sector de la actividad*), constituida el día.............., en la que participan las Consejerías de .... de las Comunidades Autónomas y los Ministerios de ...., así como representantes expertos del mundo científico y profesional, en virtud de su reglamento interno creó una Comisión de Coordinación, que desde el comienzo de sus trabajos en el mes de ...., ha venido realizando una labor constante tanto en Pleno como a través de los grupos de trabajo, en la elaboración de unos criterios, basados en un riguroso análisis económico-financiero del tejido productivo del sector, que sirvan de hoja de ruta para la consecución de los objetivos estratégicos planteados en la Conferencia Sectorial.

En las sucesivas reuniones celebradas desde su constitución, y fruto del debate surgido en su seno, la Comisión de Coordinación ha venido suscribiendo, por unanimidad, distintas propuestas de acuerdos y recomendaciones para reforzar la cooperación interadministrativa y mejorar la coordinación entre las Comunidades Autónomas, con las bases de un desarrollo sostenido y sostenible del sector productivo de .... (*identificar el ámbito material de la actividad*), y con la necesaria coherencia de la actuación del conjunto de las Administraciones públicas en el ejercicio de sus competencias esta materia, que a continuación se detallan,

PROPUESTAS DE ACUERDO

Las propuestas de acuerdo pueden sintetizarse en los siguientes apartados:

1. Se define el significado y alcance de la materia objeto de la Conferencia sectorial como .... y se establecen los objetivos prioritarios que se llevarán a cabo a través de cuatro líneas de actuación:
   - Colaboración interna y externa, basada en la transparencia, la coherencia de las actuaciones interadministrativas y su continuidad en el tiempo.
   - Modernización del tejido productivo, con la creación de una oficina de proyectos tractores, equipos de trabajo y participación abierta en red.
   - Adopción de una gobernanza eficiente para la recuperación, transformación y resiliencia del sector.
   - Definición de protocolos, dinámicas de trabajo, indicadores y mediciones sobre el desarrollo innovador y sostenible del sector.
2. Se diseña un modelo de estrategia capaz de dar fluidez a la adaptación del tejido productivo ante los retos actuales para su transformación, modernización e internacionalización y hacia su sostenibilidad plena, que tiene carácter voluntario, es homogéneo a nivel estatal, y es neutral dado el carácter interinstitucional en la composición de la Comisión Territorial de Coordinación.
3. Se establecen criterios de competitividad y de innovación para la creación de un sector consistente y resiliente, que afronte su transformación ante las amenazas de disrupción crecientes en estos tiempos de constantes cambios. Criterios de responsabilidad social y colectiva que abarcan aspectos tanto cualitativos como cuantitativos. El componente

cuantitativo introduce un elemento de equilibrio en función del desarrollo del sector, mientras que el componente cualitativo se basa en una valoración ponderada de la actividad sectorial y contempla: objetivos de la actividad, organización, desarrollo, seguimiento y evaluación para el logro de los fines de interés común de recuperación, transformación y resiliencia del sector.

4. Se plantea una hoja de ruta basada en la lealtad y solidaridad interinstitucional, en el compromiso de actuación en el ejercicio de las respectivas competencias al servicio del interés general, en la asistencia recíproca en el intercambio de información veraz que se precisa para el desarrollo, la ordenación y la promoción de la actividad objeto de la Conferencia Sectorial, así como en la permanente cooperación activa necesaria en esta materia.
5. Se propone la creación del Observatorio Permanente, el periscopio de la Conferencia Sectorial, como grupo de trabajo para la preparación, estudio y desarrollo de las cuestiones concretas propias de la Conferencia Sectorial, como máximo órgano consultivo y asesor en materia de…………………. *(identificar el ámbito material y territorial del sector productivo de la actividad)*, cuyo fin propio será el de evaluar la realidad en el desarrollo del sector de esta actividad desde una perspectiva global, para que desde el análisis y rigor científico se pueda confeccionar una radiografía detallada de la realidad, que facilite la toma de decisiones estratégicas. En este órgano colegiado estarán representados la totalidad de agentes —públicos y privados— implicados en esta materia, junto con personal experto de reconocida competencia nacional e internacional quienes asesorarán con rectitud las cuestiones que se sometan a su consideración. Su creación está justificada a la vista de la complejidad intrínseca por la que atraviesa el sector que convierten a este órgano en un instrumento particularmente idóneo para seguir el pulso de la evolución de las actividades sectoriales y proponer las alternativas más adecuadas para mejora de la competitividad equilibrada y sostenible de este sector. En general, las funciones que tendrá encomendadas son:
   a) La recopilación y producción de información veraz sobre el sector.
   b) La identificación de los objetivos y acciones estratégicas en el marco territorial.
   c) El análisis de la evolución previsible del sector en su contexto social y económico.
   d) El seguimiento de las políticas desarrolladas por las Administraciones públicas con incidencia sobre el sector.
   e) El diseño de propuestas e iniciativas de actuación concretas y dinamizadoras para impulsar el desarrollo sostenible sector.
   f) Ofrecer un marco que posibilite la participación y la colaboración de todas las organizaciones y agentes sociales que conforman el sector.

El Observatorio se integrará en el seno de esta Conferencia sectorial como espacio de diálogo, participación y colaboración de todas las Administraciones públicas, instituciones y agentes sociales implicados en este sector, en relación con temas que les afecten. Su composición, organización y régimen de funcionamiento se aprobará por acuerdo de la Conferencia Sectorial. Asimismo, para facilitar las relaciones y como soporte electrónico de espacio colaborativo de encuentro y de trabajo e intercambio de datos, se utilizará la Plataforma Digital de Colaboración entre Administraciones Públicas "Cooper@", creada y regulada por Orden PJC/385/2024, de 30 de abril.

En su virtud, la Conferencia sectorial previa deliberación, en uso de las facultades que le confiere su acuerdo de institucionalización y reglamento de organización y funcionamiento interno, conforme con los acuerdos propuestos por la Comisión de Coordinación,

ACUERDA

PRIMERO. Aprobar las propuestas de acuerdo presentadas por la Comisión de Coordinación de esta Conferencia Sectorial, incorporadas al texto del presente Acuerdo.

SEGUNDO. El presente Acuerdo de Conferencia Sectorial surtirá efectos de obligado cumplimiento para aquellas Administraciones públicas que hayan formulado su voto en sentido favorable a su adopción.

TERCERO. Aquellas Comunidades Autónomas que no hubiesen expresado su voto favorable al acuerdo adoptado, podrán adherirse con posterioridad. En este caso, surtirá efectos a partir de su suscripción.

CUARTO. La planificación, información al público y el seguimiento de las actuaciones del Acuerdo adoptado, se realizará a través del portal de internet designado por acuerdo de la Conferencia Sectorial o en su defecto del portal de internet del Ministerio a cuya persona titular corresponda la Presidencia de la Conferencia Sectorial.

QUINTO. El presente acuerdo de Conferencia sectorial se inscribirá en el Registro Electrónico estatal de Órganos e Instrumentos de Cooperación, y se publicará en el Boletín Oficial del Estado y en los Diarios Oficiales de las Comunidades Autónomas respectivas que lo suscriban, para su difusión y conocimiento general.

Lugar, fecha, cargo y firma electrónica. V°. B°.

La Secretaría de la Conferencia Sectorial La Presidencia

(Nota: Téngase en cuenta que según lo previsto en el artículo 151.2.a) de la Ley 40/2015, de 1 de octubre, de Régimen Jurídico del Sector Público, en el caso de que Administración General del Estado ejerza "funciones de coordinación" de acuerdo con el orden constitucional de distribución de competencias del ámbito material respectivo, el Acuerdo que se adopte en la Conferencia Sectorial, y en el que se incluirán los votos particulares que se hayan formulado, será de obligado cumplimiento para todas las Administraciones Públicas, integrantes de la Conferencia Sectorial, con independencia del sentido del voto, siendo exigible conforme a lo establecido en la Ley 29/1998, de 13 de julio, reguladora de la Jurisdicción Contencioso-Administrativa. Acuerdo que deberá ser certificado en acta, con los requisitos exigidos en el artículo 2 del Real Decreto 440/2024, de 30 de abril, sobre criterios de funcionamiento de las Conferencias Sectoriales).

F288. ACUERDO DE APROBACIÓN DE UN PLAN CONJUNTO

PARTE EXPOSITIVA

La Conferencia Sectorial constituida para afrontar los graves problemas que padece el sector productivo de .... (*identificar el ámbito material y territorial de la actividad*), acordó la iniciativa de la realización de un conjunto de actuaciones comunes, con el fin de adoptar medidas de impulso tecnológico e innovador en este sector de la actividad productiva en la que ostentan competencias concurrentes la Administración General del Estado y las Administraciones Públicas de las Comunidades Autónomas. Así como evitar solapamientos y duplicidades, con el fin de optimizar la prestación de los servicios públicos para la satisfacción del interés general en beneficio común de la ciudadanía.

Culminados los trabajos elaborados en cumplimiento de dicho Acuerdo por el grupo de personas expertas en la materia objeto de la conferencia sectorial designadas al efecto, y tomando en consideración que el contenido de los trabajos realizados se ajusta al siguiente contenido acordado:

1. Objetivos de interés común a cumplir.
2. Actuaciones a desarrollar por cada Administración.
3. Aportaciones de medios personales y materiales de cada Administración.
4. Compromisos de aportación de recursos financieros.
5. Duración del plan o programa conjunto de actuaciones.
6. Mecanismos de seguimiento, evaluación y modificación.

La Conferencia Sectorial, conforme con su reglamento de organización y funcionamiento, en virtud de lo establecido en el artículo 151 de la Ley 40/2015, de 1 de octubre, de Régimen Jurídico del Sector Público, y de acuerdo con lo previsto el Real Decreto 440/2024, de 30 de abril, sobre criterios de funcionamiento de las Conferencias Sectoriales,

ACUERDA

PRIMERO. Aprobación del plan conjunto de actuaciones

Se aprueba el Plan conjunto de actuaciones para ....(*identificar el sector de la actividad)*, que se acompaña al presente Acuerdo, elaborado por el grupo de personas expertas en la materia designadas al efecto, así como su seguimiento y evaluación multilateral de su puesta en práctica.

SEGUNDO. Vinculación del plan conjunto aprobado

El Plan conjunto de actuaciones tendrá eficacia vinculante para Aministraciones públicas participantes que lo suscriban, pudiendo ser completado mediante acuerdos y convenios con cada una de ellas, que concreten aquellos extremos que deban ser especificados de forma bilateral.

TERCERO. Objetivos de interés común

Las Administraciones firmantes se comprometen a desarrollar las siguientes actuaciones conjuntas: .... *(describir sucintamente las actuaciones para llevar a cabo).*

CUARTO. Medios personales y materiales de cada Administración

Las Administraciones se comprometen a aportar los siguientes medios personales y materiales para el logro de sus objetivos comunes: .... *(indicar medios que se aportan).*

QUINTO. Aportaciones de recursos financieros de cada Administración

1. Las Administraciones se comprometen a realizar las siguientes aportaciones económicas y financieras: .... *(numerar las aportaciones financieras comprometidas por los firmantes para los gastos de ejecución del plan).*

2. Las aportaciones de anualidades futuras estarán condicionadas a la existencia de crédito en los correspondientes presupuestos.

3. En el supuesto que los compromisos económicos superen los 600.000 euros, se remitirá electrónicamente el presente acuerdo al Tribunal de Cuentas u órgano externo de fiscalización de la Comunidad Autónoma que corresponda, conforme con lo dispuesto en el artículo 53 de la Ley 40/2015, de 1 de octubre, de Régimen Jurídico del Sector Público.

SEXTO. Seguimiento, vigilancia y control del Plan conjunto de actuaciones

La coordinación y cooperación se efectuará a través de los mecanismos establecidos en ...., así como de los específicos que se hayan previstos en el presente Plan de actuaciones conjuntas y demás convenios celebrados entre las Administraciones públicas firmantes. A tal efecto, se crea una Comisión Multilateral de Seguimiento como mecanismo idóneo para el seguimiento, evaluación y modificación sobre su desarrollo en la práctica. Para facilitar las relaciones y como soporte electrónico de espacio colaborativo de encuentro y de trabajo e intercambio de datos, se utilizará la Plataforma Digital de Colaboración entre Administraciones Públicas "Cooper@", creada y regulada por Orden PJC/385/2024, de 30 de abril.

SÉPTIMO. Desarrollo sostenible

Las partes en el ejercicio de sus respectivas competencias y para llevar a cabo las actuaciones a desarrollar en el marco del Plan conjunto aprobado, se comprometen a respetar los principios de economía circular y evitar impactos negativos significativos en el medio ambiente (*do no significant harm*) conforme con los criterios establecidos por la Unión Europea.

OCTAVO. Publicación oficial

El presente Acuerdo junto con el contenido del Plan de actuaciones conjuntamente aprobado, se publicará en el Boletín Oficial del Estado y se inscribirá en el Registro Electrónico estatal de Órganos e Instrumentos de Cooperación, conforme con lo exigido en el artículo 151 y la disposición adicional 7ª de la Ley 40/2015, de 1 de octubre, del Régimen Jurídico del Sector Público. Asimismo, se publicará a través del portal de internet del Ministerio a cuya persona titular corresponda la Presidencia de la Conferencia Sectorial, de acuerdo con lo dispuesto el el Real Decreto 440/2024, de 30 de abril, sobre criterios de funcionamiento de las Conferencias Sectoriales.

Lugar, fecha, cargo y firma electrónica. Vº. Bº.

La secretaría de la Conferencia Sectorial La Presidencia

F289. ACTA DE LA SESIÓN DE UNA CONFERENCIA MULTISECTORIAL

ACTA DE LA SESIÓN

En ......, con fecha de ...... reunida la Conferencia Multisectorial sobre ...., en la que han participado las Administraciones públicas de ...., en representación de sus respectivas conferencias sectoriales específicas, para tratar el Orden el Día adoptado a propuesta conjunta la Presidencia de cada una de las Conferencias Sectoriales, por considerar que determinados asuntos afectan directamente a materias compartidas en sus respectivos ámbitos sectoriales, y cuyo orden del día se remitió en fecha .... junto con la documentación correspondiente a los miembros de cada Conferencia Sectorial, acompañado a su Convocatoria, según lo previsto en el Real Decreto 440/2024, de 30 de abril, sobre funcionamiento de las Conferencias Sectoriales.

En la sesión de esta Conferencia Multisectorial sobre ...., se han adoptado determinadas normas comunes de actuación en relación con la planificación por objetivos, mecanismos de transparencia y método de trabajo que se vayan a desarrollar en cada Conferencia Sectorial en su ámbito respectivo, que se incorporan como anexos a la presente Acta, comprometiéndose a la realización de un Plan Conjunto de actuaciones para la consecución de los objetivos comunes, que tienen la naturaleza de Acuerdo de Conferencia Sectorial, de carácter vinculante para las Administraciones públicas de ...., que han votado a favor, sin que se hayan formulado votos particulares.

De conformidad con lo dispuesto en el artículo 151.2 de la Ley 40/2015, de 1 de octubre, de Régimen Jurídico del Sector Público, en relación con lo establecido en artículo 3 del citado Real Decreto 440/2024, de 30 de abril. Esta Conferencia Multisectorial sobre ...., de acuerdo con los informes elaborados por las respectivas comisiones sectoriales y los grupos de trabajo técnico constituidos al efecto, ha decidido aprobar por unanimidad/con los votos particulares de ...., en el sentido de .... (*táchese lo que no proceda*), y llevar a cabo de acuerdo con lo previsto en la legislación presupuesta el siguiente,

PLAN CONJUNTO DE ACTUACIONES

PRIMERO. Objetivos de interés común a cumplir: ....

SEGUNDO. Actuaciones para desarrollar por cada Administración: ....

TERCERO. Aportaciones de medios personales y materiales de cada Administración: ....

CUARTO. Compromisos de aportación de recursos financieros: ....

QUINTO. Duración del plan conjunto de actuaciones: ....

SEXTO. Mecanismos de seguimiento, evaluación y modificación: ....

SÉPTIMO. Desarrollo sostenible: ....

OCTAVO. Lenguaje no sexista: ....

NOVENO. Entrada en vigor y publicación: ....

La Conferencia Multisectorial sobre ...., acuerda por unanimidad que el presente Plan Conjunto de actuaciones de cooperación, que con la naturaleza de Acuerdo de Conferencia Sectorial, se entenderá adoptado de manera individual por cada una de las conferencias sectoriales, previo su sometimiento a la consideración sucesiva de cada una de las conferencias sectoriales participantes, cuyo régimen jurídico será el que resulte de la aplicación la normativa correspondiente para la adopción de decisiones de cada Conferencia Sectorial sobre la formalización de compromisos jurídicos concretos y exigibles.

De igual modo, se acuerda de conformidad con los principios establecidos en el artículo 3 de la Ley 40/2015, de 1 de octubre, la necesaria planificación del Plan Conjunto de actuaciones aprobado por la Conferencia Multisectorial, recogiendo entre otros, los objetivos políticos plurianuales, los indicadores de resultados, así como los mecanismos transparentes de seguimiento y evaluación. A tal efecto, se hará pública con la periodicidad que disponga su método de trabajo de acuerdo con lo previsto en el artículo 148.2.e) de la Ley 40/2015, de 1 de octubre, a través del portal de internet designado por Acuerdo de la Conferencia Sectorial o, en su caso, del portal del Ministerio a cuya persona titular corresponda la presidencia de la Conferencia Multisectorial. Además, el presente acuerdo se inscribirá en el Registro electrónico estatal de los órganos e instrumentos de cooperación, conforme con lo establecido en el artículo 145.3 y la disposición adicional 7ª de la Ley 40/2015, de 1 de octubre, de Régimen Jurídico del Sector Público.

La presente Acta será sometida a aprobación de los miembros de cada Conferencia Sectorial de acuerdo con el procedimiento habitual o, en su defecto, de acuerdo con el procedimiento electrónico previsto en el artículo 18.2 de la Ley 40/2015, de 1 de octubre, a través de Cooper@ la Plataforma Digital de Colaboración entre las Administraciones Públicas, creada y regulada en la Orden PJC/385/2024, de 30 de abril.

Y para que conste, se expide la presente Acta de la sesión conjunta celebrada por la Conferencia Multisectorial de …………, de conformidad con lo establecido en el artículo 2 del Real Decreto 440/2024, de 30 de abril, sobre criterios de funcionamiento de las Conferencias Sectoriales.

Lugar, fecha, cargo y firma electrónica.

Las personas titulares de las secretarías de las Conferencias Sectoriales participantes

ANEXO

(Describir la planificación por objetivos, los indicadores de resultados, los mecanismos de transparencia, la organización interna y su método del trabajo a que se vaya a desarrollar en el marco de la Conferencia Multisectorial en los ámbitos sectoriales afectados).

F290. RECOMENDACIÓN DE UNA CONFERENCIA SECTORIAL

EXPOSICIÓN DE MOTIVOS

La Conferencia Sectorial para ...., en su reunión de ...., acordó por unanimidad aprobar el Reglamento de organización y funcionamiento de la Conferencia Sectorial para ...., siguiendo los criterios establecidos en el Real Decreto 440/2024, de 30 de abril, sobre funcionamiento de las Conferencias Sectoriales. Reglamento de organización y funcionamiento que fue publicado oficialmente en fecha .... e inscrito en el Registro Electrónico estatal de Órganos e Instrumentos de Cooperación de la Secretaría de Estado de Administraciones Públicas, conforme con lo establecido en el artículo 145.3 y la disposición adicional 7ª de la Ley 40/2015, de 1 de octubre, de Régimen Jurídico del Sector Público.

De acuerdo con el procedimiento establecido en el seno de esta Conferencia Sectorial se han formado Grupos de trabajo técnico para compartir experiencias y buenas prácticas, así como para la realización de proyectos en colaboración, en función de las necesidades de cooperación en las materias objeto de la Conferencia o, incluso, para expresar su opinión en asuntos sometidos a consulta.

En este contexto, a raíz de .... resulta fundamental impulsar la necesaria coherencia y coordinación entre las Administraciones que permita proponer líneas de acción en materia de .... (*describir los objetivos propuestos y justificar las razones que sustentan la recomendación*). Todo ello con el fin de articular la hoja de ruta que en este sector productivo moderno y equilibrado, impulse su crecimiento y lo haga más sostenible, inclusivo y justo.

Con este propósito, de acuerdo con lo dispuesto en el artículo 151.2.b) de la ley 40/2015, de 1 de octubre de Régimen Jurídico del Sector Público, a la vista de las conclusiones del grupo de trabajo del personal experto en la materia, de los acuerdos adoptados y las sinergias que estos han generado en el desarrollo del sector justifican que en la reunión de la Conferencia Sectorial de .... celebrada el día .... Ha decidido acordar por unanimidad/con los votos particulares de ...., en el sentido de .... (*táchese lo que no proceda),* orientar las actuaciones sectoriales en esta materia de conformidad con las siguientes,

RECOMENDACIONES

1. PRIMERA RECOMENDACIÓN: ....
2. SEGUNDA RECOMENDACIÓN: .... (*describir cada recomendación especifica*).
3. TERCERA RECOMENDACIÓN: ....

Las presentes recomendaciones de carácter consultivo como decisión de la Conferencia Sectorial tienen efectos vinculantes para las partes firmantes y, por tanto, conllevan compromiso jurídicos concretos y exigibles, teniendo en cuenta las consideraciones siguientes:

Primero. Compromisos

Las Administraciones públicas miembros de la Conferencia Sectorial asumen los compromisos de orientar su actuación en la materia objeto de Conferencia Sectorial, de conformidad con lo previsto en las recomendaciones acordadas, salvo quienes hayan votado en contra mientras no decidan suscribirlas con posterioridad. Si algún miembro en sus actuaciones se aparta de dichas recomendaciones, deberá motivarlo e incorporar dicha justificación en el correspondiente expediente.

Segundo. Mecanismos de evaluación y seguimiento

Las partes intervinientes se comprometen a publicar informes trimestrales con indicadores de resultados sobre el cumplimiento de los objetivos propuestos en las presentes recomendaciones de actuación pública. Lo que se realizará a través de Cooper@ la Plataforma Digital de Colaboración entre las Administraciones Públicas, creada y regulada en la Orden PJC/385/2024, de 30 de abril, al amparo de dispuesto en el artículo 142.c) y la disposición adicional trigésima de la Ley 40/2015, de 1 de octubre, de Régimen Jurídico del Sector Público.

Tercero. Duración

Las presentes recomendaciones estarán vigentes desde el día de su suscripción hasta su modificación o acuerdo contrario adoptado por la Conferencia Sectorial.

Cuarto. Beneficios en el cumplimiento de las recomendaciones

La consecución de los objetivos propuestos en las presentes recomendaciones redundará en beneficio de la ciudadanía y de las empresas en sus relaciones con la Administración, reduciendo las cargas administrativas y favoreciendo la agilización de los procedimientos, en aras a la necesaria racionalización y simplificación administrativa en el ámbito material objeto de la Conferencia Sectorial. Así como su efectiva implementación en el sector público se tendrá en cuenta en el reparto de fondos y ayudas económicas para su financiación.

Quinta. Suscripción sucesiva de las partes

Las Administraciones intervinientes en cualquier momento podrá adherirse posteriormente y suscribir las presentes recomendaciones, en los términos establecidos de común acuerdo.

Sexta. Publicación

Las recomendaciones adoptadas serán publicadas a través del portal de internet designado por acuerdo de la Conferencia Sectorial, sin perjuicio de su publicación en Registro electrónico de órganos e instrumentos de cooperación de cada Administración participante.

Novena. Acta y certificación

Las presentes recomendaciones serán certificadas en el Acta de sesión correspondiente, que será redactada conforme con los requisitos exigidos en el artículo 2 del Real Decreto 440/2024, de 30 de abril, sobre criterios de funcionamiento de las Conferencias Sectoriales.

Lugar, fecha, cargo y firma electrónica. V°. B°.

La secretaría de la Conferencia Sectorial La Presidencia

F291. CONVENIO DE COOPERACIÓN ENTRE ADMINISTRACIONES

REUNIDOS

De una parte, D/Dª. ...., actuando en el ejercicio de su cargo como ...., en virtud de nombramiento de ....

De otra parte, D/Dª ...., actuando en el ejercicio de su cargo como ...., en virtud de nombramiento de ....

INTERVIENEN

Las partes intervinientes se reconocen mutuamente la capacidad necesaria para celebrar el presente convenio de cooperación en nombre de sus respectivas Administraciones y, en consecuencia,

EXPONEN

Las Administraciones públicas de ...., ostentan competencias concurrentes en materia de.................., y conscientes de estrechar sus relaciones mutuas para optimizar la eficiencia de la gestión pública, facilitar la utilización conjunta de medios y servicios públicos, contribuir a la realización de actividades de utilidad pública e interés social de ...., y especialmente cumplir con la legislación de estabilidad presupuestaria y sostenibilidad financiera.

En el ejercicio de sus respectivas competencias, pretenden la consecución de las condiciones idóneas para garantizar recíprocamente la cooperación y asistencia activa en las políticas que se desarrollen en el ámbito del sector productivo de ...., lo que constituye un círculo de intereses comunes puestos de manifiesto que ha determinado la celebración del presente convenio.

Respecto del procedimiento administrativo, en el presente caso se han observado los preceptivos trámites legales establecidos para la suscripción de convenios en el artículo 50 de la Ley 40/2015, de 1 de octubre, de Régimen Jurídico del Sector Público, así como se han tenido en cuenta las técnicas de cooperación previstas en artículo 144 del citado texto legal.

Ambas partes están interesadas en la firma del presente convenio de cooperación, y por ello formalizan en presente convenio de acuerdo con las siguientes,

CLÁUSULAS

PRIMERA. Objeto del convenio y ámbito de aplicación

Es el objeto del presente convenio prestar la cooperación y la asistencia activa necesaria para la gestión y prestación de ...., para el logro de los siguientes fines: .... (*describir sucintamente los objetivos del convenio*).

SEGUNDA. Actuaciones comprometidas a realizar

Ambas Administraciones asumen en el ejercicio de sus competencias respectivas los siguientes compromisos perseguidos:....................................... (*indicar las actividades a realizar por cada sujeto para su cumplimiento, indicando, en su caso, la titularidad de los resultados obtenidos*).Se incorpora como anexo a este convenio una Memoria justificativa sobre la necesidad y oportunidad de la suscripción del presente convenio.

TERCERA. Obligaciones y compromisos económicos

Las aportaciones financieras para el cumplimiento de las obligaciones asumidas por cada una de las partes estarán en función de la existencia de crédito presupuestario y la intervención del gasto para cada una de las actuaciones objeto de convenio de cooperación que se realicen en esta materia. Los fondos comprometidos se ajustarán a los dispuesto en la legislación presupuestaria.

En el supuesto que los compromisos económicos superen los 600.000 euros, se remitirá electrónicamente el presente convenio al Tribunal de Cuentas u órgano externo de fiscalización de la Comunidad Autónoma que corresponda, conforme con lo dispuesto en el artículo 53 de la Ley 40/2015, de 1 de octubre, de Régimen Jurídico del Sector Público.

CUARTA. Mecanismos de seguimiento, vigilancia y control de la ejecución

Sin perjuicio de la estrecha colaboración interna y externa, y del manteniendo reuniones periódicas entre las partes firmantes, dada la naturaleza del presente convenio de cooperación no se considera necesario establecer una organización común específica para su adecuada gestión, seguimiento y control, siendo responsabilidad de las partes intervinientes el estricto cumplimiento del presente convenio y de los compromisos adquiridos.

QUINTA. Información, transparencia y consulta recíproca

Con el fin de garantizar el ejercicio de los compromisos asumidos en el presente convenio de cooperación, las partes tomarán cuantas medidas sean necesarias para permitir una fluida información periódica de las actividades desarrolladas sobre la ejecución de las políticas emprendidas en sus respectivos ámbitos competenciales, en especial a través de los medios electrónicos, informáticos y telemáticos puestos a disposición. Para facilitar las relaciones y como soporte electrónico de espacio colaborativo de encuentro y de trabajo e intercambio de datos, se utilizará la Plataforma Digital de Colaboración entre Administraciones Públicas "Cooper@", creada y regulada por Orden PJC/385/2024, de 30 de abril.

SEXTA. Eficacia y plazo de vigencia del convenio de cooperación

El presente convenio se perfeccionará desde el día de su firma, y desplegará su eficacia cuando conste inscrito en el Registro Electrónico estatal de Órganos e Instrumentos de Cooperación, de acuerdo con lo previsto en el artículo 145.3 y la disposición adicional 7ª de la Ley 40/2015, de 1 de octubre, de Régimen Jurídico del Sector Público. Extenderá su vigencia por un plazo de cuatro años. En cualquier momento antes de la finalización del plazo previsto los firmantes del convenio podrán acordar unánimemente su prórroga por un periodo de hasta cuatro años adicionales o su extinción.

SÉPTIMA. Régimen de modificación del convenio de cooperación

Cualquier modificación del presente convenio requerirá acuerdo unánime de los firmantes y ajustarse el mismo procedimiento previsto para su elaboración.

OCTAVA. Incumplimiento del convenio y resolución de conflictos

Mediante la firma del presente convenio de cooperación, las partes se comprometen a resolver de mutuo acuerdo las incidencias que pudieran surgir en su cumplimiento. Sin perjuicio de aplicar, en su caso, las indemnizaciones que procedan por incumplimiento que serán exigibles conforme con lo dispuesto en la Ley reguladora de la Jurisdicción Contencioso-Administrativa.

NOVENA. Desarrollo sostenible

En la ejecución del convenio y de manera individual para cada actuación a realizar, las Administraciones Públicas firmantes se comprometen a respetar los principios de economía circular y evitar impactos negativos significativos en el medio ambiente (*do no significant harm*), conforme con los criterios definidos por la Unión Europea.

DÉCIMA. Publicación Oficial

El presente convenio de cooperación se publicará en los diarios oficiales de ……………… Y, en su caso, se comunicará al Senado para su conocimiento y a los efectos oportunos.

Y en prueba de conformidad de cuanto antecede, las partes suscriben el convenio y a un solo un solo efecto, en el lugar y fecha indicados.

Lugar, fecha, cargo y firma electrónica.

Las personas titulares de los órganos administrativos intervinientes

ANEXO

MEMORIA

(Incluir la memoria justificativa que analice la necesidad y oportunidad del convenio, su impacto económico, el carácter no contractual de la actividad en cuestión, su sostenibilidad financiera, así como el cumplimiento de lo previsto en el artículo 50.1 de la Ley 40/2015, de 1 de octubre, de Régimen Jurídico del Sector Público).

F292. CREACIÓN DE UNA COMISIÓN BILATERAL DE COOPERACIÓN

En el marco del acuerdo de la Conferencia Sectorial celebrada el .... para .... (*identificar el sector de la actividad*), se dispuso con carácter potestativo la creación de una Comisión Bilateral de Cooperación para el asesoramiento y, en su caso, adopción de acuerdos que tengan por objeto coordinar y mejorar la realización de actuaciones conjuntas en materia de ...., entre las respectivas Administraciones en el ámbito de sus competencias compartidas.

En su virtud, al amparo de lo establecido en el artículo 153 de la Ley 40/2015, de 1 de octubre, de Régimen Jurídico del Sector Público,

REUNIDOS

De una parte, D/Dª.........................., Ministra/o de .... y de otra parte, D/Dª..........................., Consejera/o de .... de la Comunidad Autónoma de ...., actuando en el ejercicio del cargo en virtud de nombramientos de ...., conforme a la representación legal conferida, adoptan el siguiente,

ACUERDO

1. Se acuerda la constitución de una Comisión Bilateral de Cooperación que ejercerá funciones de consulta y adopción de acuerdos en el seguimiento de las actuaciones conjuntas en materia de ...., en el marco del acuerdo de cooperación suscrito entre ambas Administraciones Públicas en fecha .... La Comisión se reunirá, al menos, una vez al trimestre y, en su caso, cuando una de las partes lo solicite.
2. Dicha la Comisión Bilateral que se crea estará formada por los siguientes miembros:

   Presidentes: La directora o el director general de .... del Ministerio de .... y la directora o el director general de .... de la Comunidad Autónoma de ....

   Vocales: Dos representantes de la Secretaría de Estado de .... y dos representantes de la Consejería de ...., actuando uno de ellos de secretario, en turnos rotativos de seis meses.

   Asimismo, podrán designarse suplentes de los miembros de la Comisión cuando sus titulares no puedan asistir, y a sus reuniones podrán convocarse, de común acuerdo entre las partes, representantes de los Ayuntamientos afectados y aquellos técnicos que la comisión bilateral de seguimiento juzgue conveniente, según los temas a tratar.
3. Las funciones de la Comisión Bilateral de Cooperación serán las siguientes:
   a) Conocer las disponibilidades presupuestarias de ambas partes y de los compromisos adquiridos por cada una de ellas para la financiación del citado acuerdo de cooperación y efectuar el seguimiento correspondiente, así como proponer a los órganos competentes la programación anual correspondiente.
   b) Analizar la viabilidad los proyectos y llevar a cabo las tareas técnicas.

c) Interpretar, en caso de duda, el contenido de las actuaciones y, en consecuencia, proponer las decisiones oportunas acerca de las variaciones o cambios aconsejables en la ejecución de cada uno de los proyectos.

d) El seguimiento de los planes específicos de actuaciones proponiendo a las respectivas Administraciones públicas las variaciones que se consideren necesarias. A tal efecto, el órgano competente de la Comunidad Autónoma informará trimestralmente a los miembros de la Comisión de la evolución de los proyectos y de las actuaciones en ejecución, así como la calidad de la gestión administrativa llevada a cabo.

e) Intercambiar información para garantizar el flujo fluido de información entre ambas Administraciones, facilitando el acceso a datos y recursos necesarios para la adecuada tomar de decisiones y ejecución de actuaciones conjuntas.

f) Resolución de conflictos de competencias de forma negociada y amistosa, evitando recurrir directamente a las instancias judiciales o al Tribunal Constitucional.

4. Para el desarrollo de su actividad, la Comisión Bilateral de Cooperación podrá crear Grupos de trabajo y podrá convocar y adoptar acuerdos por videoconferencia o por medios electrónicos. Para facilitar las relaciones y como soporte electrónico de espacio colaborativo de encuentro y de trabajo e intercambio de datos, se utilizará la Plataforma Digital de Colaboración entre Administraciones Públicas "Cooper@", creada y regulada por Orden PJC/385/2024, de 30 de abril.

5. Las decisiones adoptadas por al Comisión Bilateral de Cooperación revestirán la forma de Acuerdos, que certificados en acta, y serán de obligado cumplimiento, cuando así se prevea expresamente, para las dos Administraciones que los suscriban y en ese caso serán exigibles de acuerdo con lo dispuesto en la Ley reguladora de la Jurisdicción Contencioso-Administrativa.

6. Esta Comisión Bilateral se inscribirá en el Registro Electrónico estatal de Órganos e Instrumentos de Cooperación, conforme con lo establecido en el artículo 145.3 y en la disposición adicional 7ª de la Ley 40/2015, de 1 de octubre, de Régimen Jurídico del Sector Público.

Y en prueba de conformidad de cuanto antecede, las partes suscriben el convenio y a un solo un solo efecto, en el lugar y fecha indicados.

Lugar, fecha, cargo y firma electrónica.

Las personas titulares de los órganos administrativos intervinientes

F293. CREACIÓN DE UNA COMISIÓN TERRITORIAL DE COORDINACIÓN

En el marco de la Conferencia Sectorial de ...., celebrada en ...., se dispuso la creación de una Comisión Territorial de Coordinación, de composición multilateral, entre Administraciones cuyos territorios fueran coincidentes o limítrofes, para mejorar la prestación de servicios, prevenir duplicidades y mejorar la eficiencia y calidad de los servicios públicos.

En su virtud, al amparo de lo establecido en el artículo 154 de la Ley 40/2015, de 1 de octubre, de Régimen Jurídico del Sector Público,

REUNIDOS

De una parte, El D/Dª ...., Ministro/a de................. y de otra parte, D/Dª ...., Consejero/a de................. de la Comunidad Autónoma de ...., y de otra parte los Alcaldes/as de los municipios de ...., actuando en el ejercicio del cargo en virtud de nombramientos de ...., conforme a la representación legal conferida, adoptan el siguiente,

ACUERDO

1. Se acuerda la constitución de una Comisión Territorial de Coordinación como órgano para el impulsar y coordinar la elaboración, desarrollo y evaluación de la prestación de los servicios públicos en materia de .... con .... Esta Comisión se reunirá, al menos, una vez al trimestre y, en su caso, cuando una de las partes lo solicite.
2. La Comisión Territorial de Coordinación que se crea estará formada por los siguientes miembros:

   Presidentes: La directora o el director general de .... del Ministerio de .... y la directora o el director general de .... de la Comunidad Autónoma de ....

   Vocales: Dos representantes de la Secretaría de Estado de .... y dos representantes de la Consejería de ...., actuando uno de ellos de secretario, en turnos rotativos de seis meses. Así como los representantes de los municipios afectados.

   Asimismo, podrán designarse suplentes de los miembros de la Comisión cuando sus titulares no puedan asistir, y a sus reuniones podrán convocarse, de común acuerdo entre las partes, el personal técnico que juzguen convenientes, según los temas a tratar.
3. Las funciones de la Comisión de Territorial de Coordinación serán las siguientes:
   a) Establecer las directrices de coordinación de las distintas actuaciones para ...., conforme con las disponibilidades presupuestarias de ambas partes y de los compromisos adquiridos por cada una de ellas para la financiación de las actuaciones a realizar.

   b) Impulsar el desarrollo de las actuaciones a realizar para la mejora la coordinación en la prestación de los servicios, asegurar que las acciones se alineen y no se dupliquen, resolver posibles conflictos de competencias, facilitar el intercambio de información, así como optimizar la eficiencia y calidad de los de los servicios públicos.

c) Facilitar el flujo de información entre las Administraciones, proponiendo el acceso a datos y recursos necesarios para la toma de decisiones y la gestión de las actuaciones conjuntas.

d) Evaluar el seguimiento de las actuaciones a realizar. A tal efecto, el órgano competente de la Comunidad Autónoma informará trimestralmente a los miembros de la Comisión Territorial de Coordinación sobre la evolución de los proyectos y de las actuaciones en ejecución, así como el cumplimiento de los acuerdos y compromisos alcanzados entre las Administraciones.

e) Resolver los conflictos de competencias de forma dialogada, fomentando una solución amistosa, evitando recurrir directamente a las instancias judiciales o al Tribunal Constitucional.

4. La Comisión Territorial de Coordinación para su mejor organización aprobará un reglamento interno de funcionamiento. El régimen de las convocatorias y la secretaría será el previsto en los artículos 149 y 150 de la Ley 40/2015, de 1 de octubre de 2015, de Régimen Jurídico del Sector Público, salvo la regla prevista sobre quién debe ejercer las funciones de la secretaria, que se designará según su reglamento interno de funcionamiento.

   Para facilitar las relaciones y como soporte electrónico de espacio colaborativo de encuentro y de trabajo e intercambio de datos, se utilizará la Plataforma Digital de Colaboración entre Administraciones Públicas "Coope@", creada por Orden PJC/385/2024, de 30 de abril..

5. Las decisiones adoptadas revestirán la forma de Acuerdos, que serán certificados en acta y serán de obligado cumplimiento para las Administraciones que los suscriban y exigibles conforme a lo establecido en la Ley reguladora de la Jurisdicción Contencioso-Administrativa.

6. Esta Comisión Territorial de Coordinación se inscribirá en el Registro Electrónico Estatal de Órganos e Instrumentos de Cooperación, conforme con lo establecido en el artículo 145.3 y en la disposición adicional 7ª de la Ley 40/2015, de 1 de octubre, del Régimen Jurídico del Sector Público. Asimismo, se publicará a través del portal de internet del designado por la Conferencia Sectorial, de acuerdo con lo dispuesto en el Real Decreto 440/2024, de 30 de abril, sobre criterios de funcionamiento de las Conferencias Sectoriales.

Y en prueba de conformidad firman las partes interesadas en el lugar y fecha señalados.

Lugar, fecha, cargo y firma electrónica.

Los titulares de los órganos administrativos intervinientes

2. Relaciones de colaboración entre Administraciones Públicas

F294. CONVENIO INTERADMINISTRATIVO DE COLABORACIÓN

REUNIDOS

De una parte, D/Dª ...., Ministro/a de ...., actuando en el ejercicio de su cargo de acuerdo con las facultades que le otorga la actual legislación sobre régimen de suscripción de convenios de colaboración.

De otra parte, D/Dª ...., Consejero/a de .... de la Comunidad Autónoma de......., actuando en el ejercicio de su cargo en virtud de nombramiento de ...., de acuerdo con las facultades otorgadas para la suscripción de convenios de esta índole.

Respecto del procedimiento administrativo, en el presente convenio se han observado los preceptivos los trámites legales establecidos para la suscripción de convenios en el artículo 50 de la Ley 40/2015, de 1 de octubre, de Régimen Jurídico del Sector Público.

Ambas partes intervinientes afirman y reconocen recíprocamente capacidad suficiente en virtud de sus respectivas facultades jurídicas vigentes para celebrar el presente convenio de colaboración interadministrativa y al efecto,

EXPONEN

El Consejo de Ministros/as del día .... acordó las líneas estratégicas para optimizar la eficiencia en la gestión en materia de .... y, entre otras medidas, la elaboración de un Plan de actuación .... para el período .... La realización de este plan específico incluye, como factor instrumental, la financiación de las actuaciones precisas para llevar a cabo sus objetivos. A este respecto se aprobaron las medidas de financiación de las referidas actuaciones, cuyo gasto público estatal derivado de su aplicación no deberá exceder de .... millones de euros.

La Administración de la Comunidad Autónoma de ...., manifiesta que los objetivos prioritarios en materia de ...., en su ámbito territorial son los siguientes: .... *(describir sucintamente los ejes del ámbito de actuación material).*

El presente convenio de colaboración sirve de instrumento para que ambas Administraciones públicas puedan coordinar esfuerzos, optimizar recursos, mejorar la eficacia administrativa y asegurar una mayor efectividad en la prestación de servicios públicos a la ciudadanía.

En concreto, al amparo de los artículos 141 y 142 de la Ley 40/2015, de 1 de octubre, de Régimen Jurídico del Sector Público, sirva de marco de cooperación para facilitar y suministrar la información que precisen sobre la actividad administrativa que desarrollen en el ejercicio de sus propias competencias o que sea necesaria para que la ciudadanía pueda acceder de forma integral a la prestación de los servicios, así como disponer de los datos, documentos actualizados, completos y permanentes que se requieran para el ejercicio de sus respectivas competencias.

Ambas partes están interesadas en la formalización del presente convenio de colaboración interadministrativa con sujeción las siguientes,

CLÁUSULAS

PRIMERA. Objeto, vigencia y contenido del convenio

El presente convenio de colaboración tiene como objeto realizar las actuaciones públicas en materia de.................... durante los cuatro años siguientes a la firma del presente convenio, para el logro de los objetivos prioritarios en él definidos, sin perjuicio de que se pueda prorrogar su vigencia por cuatro años más si así lo acuerdan las partes firmantes.

Las actuaciones objeto del presente convenio interadministrativo son, en principio, las establecidas en la Memoria justificativa que se acompaña en el Anexo I, con las prioridades territoriales descritas en el Anexo II. Los objetivos iniciales así definidos podrán verse modificados a lo largo de la vigencia del Convenio, en los siguientes supuestos:

a) Por modificaciones significativas en los parámetros de cálculo del coste en valor actual de las actuaciones con cargo a los Presupuestos Generales del Estado, o por variaciones al alza o a la baja de las disponibilidades presupuestarias estatales.

b) Por modificaciones derivadas del grado de cumplimiento de los programas de actuación previstos, según los mecanismos de reajuste establecidos en la cláusula cuarta del presente convenio.

c) Por reajustes internos en los objetivos de la propia Comunidad Autónoma entre distintas figuras, sin superar nunca el importe total del coste estatal en valor actual asignado a la misma.

d) Por las revisiones o modificaciones que, en su caso, pudieran producirse en aplicación de la cláusula octava.

SEGUNDA. Actuaciones a cargo de la Comunidad Autónoma

La Comunidad Autónoma de ......, se compromete a la realización de las actuaciones establecidas en la Memoria y el Plan de actuaciones incluida en los Anexos del presente convenio, sin perjuicio de las eventuales modificaciones, en cuanto a objetivos, previstos en la cláusula primera, o por variaciones de las disponibilidades presupuestarias autonómicas.

TERCERA. Actuaciones a cargo de la Administración General del Estado

A la vista de las actuaciones a realizar por la Comunidad Autónoma, el Ministerio de........... se compromete a aportar ayudas económicas directas en la cantidad de .... millones de euros, sin perjuicio de lo establecido en las cláusulas de este convenio.

CUARTA. Seguimiento, control y supervisión del convenio de colaboración

1. Obligaciones de información por parte de la Comunidad Autónoma: con carácter trimestral, la Comunidad Autónoma remitirá al Ministerio de .... información sobre la evolución de las actividades concertadas, así como sobre:

a) El reconocimiento de derechos a la obtención de las ayudas concedidas a cargo de los presupuestos del Ministerio..............................

b) La justificación de los pagos de dichas ayudas económicas por figuras, planes y programas anuales de actuación.

La Comunidad Autónoma deberá remitir con carácter semestral, información sobre el desarrollo de las actuaciones concertadas objeto del presente convenio y, en particular, sobre el cumplimiento de las condiciones y plazos de las actuaciones programadas con financiación estatal.

Para facilitar las relaciones y como soporte electrónico de espacio colaborativo de encuentro y de trabajo e intercambio de datos, se utilizará la Plataforma Digital de Colaboración entre Administraciones Públicas "Cooper@", creada y regulada por Orden PJC/385/2024, de 30 de abril.

2. Obligaciones de información por parte del Ministerio de..................: con carácter anual, dentro del último trimestre de cada año, el Ministerio informará a la Comunidad Autónoma sobre las eventuales modificaciones en los parámetros económicos financieros y presupuestarios que puedan incidir en el cálculo del coste en valor actual de las ayudas económicas estatales.

3. Respecto de la información pública, ambas partes se comprometen a colaborar activamente para potenciar la máxima difusión de información acerca de las medidas concertadas y de los fondos públicos de financiación. En concreto a través de sus respectivas sedes electrónicas implantadas de acuerdo lo dispuesto en la Ley 40/2015, de 1 de octubre, de Régimen Jurídico del Sector Público,y en sus portales de internet conforme con lo previsto en la Reglamento de actuación y funcionamiento del sector público por medios electrónicos, aprobado por RD 203/2021, de 30 de marzo. Así como en la Ley 19/2013, de 9 de diciembre, de transparencia, acceso a la información pública y buen gobierno.

QUINTA. Comisión bilateral de seguimiento

En principio, no se considera necesario crear un órgano concreto o establecer una organización específica para la gestión, vigilancia y control del presente convenio, dado que las actuaciones concertadas se ejecutarán por la Administración autonómica y se sufragarán en la parte correspondiente con fondos estatales en función del grado de cumplimiento de los objetivos perseguidos.

SEXTA. Financiación de las actuaciones concertadas

Las actuaciones concertadas se financiarán según su grado de ejecución acreditado y de acuerdo con los compromisos económicos asumidos por cada una de las partes.

En el supuesto que los compromisos económicos superen los 600.000 euros, se remitirá electrónicamente el presente convenio al Tribunal de Cuentas u órgano externo de fiscalización de la Comunidad Autónoma que corresponda, conforme con lo dispuesto en el artículo 53 de la Ley 40/2015, de 1 de octubre, de Régimen Jurídico del Sector Público.

SÉPTIMA. Efectividad y duración del presente convenio

El presente convenio de colaboración será efectivo desde la fecha de su firma, supeditado a lo dispuesto en la cláusula úndécima, y extenderá su vigencia por un plazo máximo de cuatro años, prorrogándose por acuerdo unánime de los partes, antes de su vencimiento, por un periodo de hasta cuatro años adicionales o acordar su extinción, conforme con lo establecido en el artículo 49.h) de la Ley 40/2015, de 1 de octubre, de Régimen Jurídico del Sector Público.

OCTAVA. Revisión del convenio

Tanto la Administración General del Estado como la Administración de la Comunidad Autónoma de ......, podrán proponer la revisión de este convenio en cualquier momento para introducir las modificaciones o mejoras que estimen pertinentes.

NOVENA. Resolución del convenio

El incumplimiento grave o reiterado de las cláusulas del presente convenio por cualquiera de las partes firmantes podrá dar lugar a la resolución del mismo, previo requerimiento cursado con una antelación mínima de un mes.

DÉCIMA. Desarrollo sostenible

En la ejecución del convenio y de manera individual para cada actuación a realizar, las Administraciones públicas firmantes se comprometen a respetar los principios de economía circular y evitar impactos negativos significativos en el medio ambiente (*do no significant harm*), conforme con los criterios definidos por la Unión Europea.

UNDÉCIMA. Efectividad del convenio

La plena efectividad del presente convenio se producirá a partir de la ratificación del mismo por acuerdo del Gobierno de la Comunidad Autónoma de..........., y será eficaz una vez inscrito en el Registro Electrónico estatal de Órganos e Instrumentos de Cooperación, de acuerdo con lo previsto en el artículo 145.3 y en la disposición adicional 7ª de la Ley 40/2015, de 1 de octubre, de Régimen Jurídico del Sector Público. Asimismo, será publicado en el Boletín Oficial del Estado, sin perjuicio de su publicación facultativa en el diario/boletín oficial de la comunidad autónoma o de la provincia, en su caso. Además, será remitido al Senado para su conocimiento, conforme con lo dispuesto en el artículo 50.2.e) de la indicada Ley 40/2015.

CLÁUSULAS FINALES

PRIMERA. Las obligaciones económicas para ambas Administraciones públicas, derivadas del presente convenio de colaboración, serán efectivas una vez cumplidos requisitos exigidos en la vigente legislación general presupuestaria.

SEGUNDA. Las aportaciones de anualidades futuras estarán condicionadas a la existencia de crédito en los correspondientes presupuestos y sostenibilidad financiera.

Y en prueba de conformidad de cuanto antecede, las partes suscriben el convenio y a un solo efecto, en el lugar y fecha indicados.

Lugar, fecha, cargo y firma electrónica.

Las personas titulares de los órganos administrativos intervinientes

ANEXO I
MEMORIA

(Incluir la memoria justificativa que analice la necesidad y oportunidad del convenio, su impacto económico, el carácter no contractual de la actividad en cuestión, su sostenibilidad financiera, conforme con lo exigido en el artículo 50.1 de la Ley 40/2015, de 1 de octubre, de Régimen Jurídico del Sector Público).

ANEXO II
PLAN DE ACTUACIONES

(Aquí se desarrollará y concretará el cronograma de las actuaciones a realizar, cuantificación de los objetivos, su coste unitario y su calendario de actuaciones o distribución por programas de actuación, sin perjuicio de los posibles ajustes que pudieran producirse como consecuencia de la cláusula cuarta de este convenio de colaboración).

F295. CONVENIO PARA LA CREACIÓN DE UN CONSORCIO

REUNIDOS

De una parte, D/Dª ...., actuando en nombre y representación de la Administración Pública de ...., de acuerdo con las facultades conferidas por la legislación vigente en materia de suscripción del presente convenio de colaboración interadministrativa para la creación de un Consorcio.

De otra parte, D/Dª ...., actuando en nombre y representación de la Administración Pública de ...., de acuerdo con las facultades conferidas por la legislación vigente en materia de suscripción del presente convenio.

De una parte, D/Dª ...., actuando en nombre y representación de la Administración Pública de ...., de acuerdo con las facultades conferidas por la legislación vigente en materia de suscripción del presente convenio.

Respecto del procedimiento administrativo, en el presente convenio se han observado los preceptivos trámites legales establecidos para la suscripción de convenios previstos en el artículo 50 de la Ley 40/2015 de Régimen Jurídico del Sector Público. En especial, se han tenido en cuenta los requisitos exigidos en su artículo 123 del citado texto legal para la creación de consorcios.

Las partes intervinientes se reconocen mutuamente la capacidad necesaria para formalizar el presente convenio en nombre de sus respectivas Administraciones y, en consecuencia,

EXPONEN

De acuerdo con lo establecido en ...., la Administración de ....tiene competencias en materia de ...., sin perjuicio de las competencias de la Administración de ...., para el desarrollo de ...., y de la entidad de derecho público vinculada o dependiente a la Administración de ...., cuyo ejercicio de sus competencias convergen en mismo el ámbito territorial para la realización de actividades de interés común.

En el presente convenio cumple la previsión establecida en la Ley ...... que autoriza la creación de este Consorcio, como entidad de derecho público, con personalidad jurídica propia y diferenciada, creada por varias Administraciones públicas o entidades integrantes del sector público institucional, entre sí o con la participación de entidades privadas, para el desarrollo de actividades o servicios comunes a todas ellas dentro del ámbito de sus competencias.

A este propósito, con el fin de realizar actividades de interés común de fomento/prestacionales/de gestión común de servicios públicos (*táchese los que no proceda*) en materia de ...., y en el marco de sus respectivas competencias, para mejorar la eficiencia de la gestión pública, facilitar la utilización conjunta de medios y servicios públicos, contribuir a la realización de actividades de utilidad pública e interés social, así como cumplir con la legislación de estabilidad presupuestaria y sostenibilidad financiera, resulta necesario la creación una organización común consorciada, que como entidad de derecho público, con personalidad jurídica propia y diferenciada, sirva a los fines para la gestión de los objetivos propuestos en el presente convenio. Sin duda, la creación del presente "Consorcio de ...." que aunará esfuerzos colectivos, constituirá un logro de notable significación para la optimización de la prestación de los servicios públicos, mediante la instrumentalización de los medios necesarios con la participación conjunta de las entidades públicas consorciadas.

Asimismo, se fomentará la necesaria coordinación entre las Administraciones para asegurar la calidad y eficacia en la prestación de un servicio público, en beneficio común de la ciudadanía.

Por lo que antecede, las partes están interesadas en la firma del presente convenio, y por ello lo formalizan de acuerdo con las siguientes,

ESTIPULACIONES

PRIMERA. Objeto del presente convenio de colaboración

El presente convenio tiene por objeto promover la adecuada prestación de los servicios públicos para ...., entre distintas Administraciones y entidades de derecho público mediante la creación de una de organización común denominada "Consorcio de ......" que con personalidad jurídica propia y diferenciada de las administraciones públicas o entidades consorciadas, desarrollará las actividades propias para la prestación de los servicios públicos relativos a .... (*indicar las actividades, fines y objetivo del convenio*).

Este convenio comprende además de las presentes estipulaciones, los estatutos del consorcio, el plan de actuación y su proyección presupuestaria trienal que forman parte inseparable de aquél, según lo dispuesto en el artículo 123.2.c) de la Ley 40/2015, de 1 de octubre, de Régimen Jurídico del Sector Público.

SEGUNDA. Creación, fines, adscripción y sede del consorcio

Se crea un consorcio que se denominará Consorcio de ...., para la gestión del servicio público de .... (*especificar la materia objeto de convenio*).

Sus fines son los establecidos en la estipulación primera anterior y su régimen orgánico, funcional y financiero el previsto en los estatutos.

El ejercicio de las funciones atribuidas al consorcio, en ningún supuesto podrá conllevar la adopción de medidas que puedan alterar o modificar los signos de identificación de las Administraciones o entidades públicas consorciadas, ni mediatizar la capacidad de gestión que ostentan en relación con sus respectivas competencias.

Los estatutos del Consorcio determinarán la Administración Pública a la que estará adscrito, conforme a los criterios establecidos en el artículo 120 de la Ley 40/2015, de 1 de octubre, de Régimen Jurídico del Sector Público.

Hasta tanto quede habilitada la sede del Consorcio, se establece como domicilio provisional, situado en la .... núm. ...., de ....

TERCERA. Ámbito de aplicación

El ámbito de aplicación del consorcio creado será ...., garantizándose la prestación de sus servicios de acuerdo con la normativa vigente y el presente convenio. Forman parte del consorcio las Administraciones públicas firmantes del convenio, sin perjuicio de que puedan adherirse al mismo otras administraciones o entidades de derecho público en las mismas condiciones y análogos derechos, cumpliendo el trámite señalado en los estatutos.

CUARTA. Régimen presupuestario y obligaciones del convenio

Las Administraciones públicas firmantes participan en la financiación y gestión del consorcio en los términos previstos en sus Estatutos. Cada miembro, en el marco de sus respectivas competencias, realizará las gestiones necesarias para la incorporación a sus respectivos presupuestos de los créditos que han de aportarse anualmente al Consorcio, según el presupuesto válidamente aprobado por el órgano estatutario de aquel que sea competente y las respectivas disponibilidades presupuestarias existentes al efecto.

Las Administraciones firmantes se obligan a realizar las actuaciones y, en su caso, adoptar las disposiciones necesarias para el buen funcionamiento del consorcio. En todo caso, el consorcio estará sujeto al régimen de presupuestación, contabilidad y control de la Administración Pública a la que este adscrito (incluyendo, en su caso, la auditoría de las cuentas anuales de acuerdo con lo previsto en el artículo 122.3 de la Ley 40/2015), y sin perjuicio de su sujeción a lo previsto en la Ley Orgánica 2/2012, de 27 de abril, de estabilidad presupuestaria y sostenibilidad financiera.

En el supuesto que los compromisos económicos superen los 600.000 euros, se remitirá electrónicamente el presente convenio al Tribunal de Cuentas u órgano externo de fiscalización de la Comunidad Autónoma que corresponda, conforme con lo dispuesto en el artículo 53 de la Ley 40/2015, de 1 de octubre, de Régimen Jurídico del Sector Público.

Las aportaciones de anualidades futuras estarán condicionadas a la existencia de crédito en los correspondientes presupuestos de las Administraciones participantes en el consorcio.

Se habilitará en el consorcio creado los medios electrónicos, informáticos y telemáticos necesarios para el desarrollo de sus funciones, de conformidad con lo previsto en la Ley del Procedimiento Administrativo Común de las Administraciones Públicas, en la Ley de Régimen Jurídico del Sector Público y en el Reglamento de actuación y funcionamiento del sector público por medios electrónicos aprobado por RD 203/2021, de 30 de marzo.

QUINTA. Régimen de personal

El personal al servicio del consorcio creado podrá ser funcionario o laboral y tendrá que proceder exclusivamente de las Administraciones participantes. Su régimen jurídico será el de la Administración Pública de su adscripción y sus retribuciones en ningún caso podrán superar las establecidas para puestos de trabajo equivalentes en aquella. No obstante, excepcionalmente se podrá autorizar la contratación directa de personal por parte del consorcio en atención a la singularidad de las funciones a desempeñar, cumpliendo los requisitos establecidos en el artículo 121 de la Ley 40/2015, de 1 de octubre, del Régimen Jurídico del Sector Público.

SEXTA. Efectividad, entrada en vigor y duración del presente convenio

El presente convenio será efectivo desde la fecha de la firma, y se extenderá su vigencia por un plazo .... años, prorrogándose automáticamente por períodos anuales, salvo que concurra manifestación de las entidades integrantes del consorcio en los términos señalados en los estatutos, con una antelación mínima de un mes a la fecha de su vencimiento.

El presente convenio entrará en vigor el mismo día en que se constituirá la Asamblea General Constituyente, que estará integrada por los representantes que hayan designado al efecto cada una de las Administraciones intervinientes.

SÉPTIMA. Revisión del convenio y de los estatutos del consorcio

Las mejoras o modificaciones del presente convenio y de los estatutos que forman parte del mismo, se adoptarán por acuerdo mayoritario entre las partes, a iniciativa de cualquiera de ellas o a propuesta de la Asamblea General del Consorcio.

OCTAVA. Resolución del convenio

Las Administraciones Públicas consorciadas podrán resolver el presente convenio de conformidad con lo dispuesto en los estatutos del consorcio.

NOVENA. Desarrollo sostenible

Las Administraciones o entidades públicas integrantes del consorcio se comprometen, en el desarrollo y ejecución de sus actividades, a respetar los principios de economía circular y evitar impactos negativos significativos en el medio ambiente ("*do no significant harm*"), conforme con los criterios establecidos en el Reglamento (UE) 2021/241 del Parlamento Europeo y del Consejo, de 12 de febrero de 2021 y su normativa de desarrollo.

DÉCIMA. Publicación oficial

El presente convenio junto con los estatutos anexos al mismo será publicados por las Administraciones firmantes en los respectivos boletines o diarios oficiales, para conocimiento general. Asimismo, para su eficacia se inscribirá en el Registro Electrónico estatal de Órganos e Instrumentos de Cooperación y, en su caso, será comunicado electrónicamente al Tribunal de Cuentas y al Senado, de acuerdo con lo establecido en los artículos 48.8, 50.2.e), 53.1 de la Ley 40/2021, de 1 de octubre, de Régimen Jurídico del Sector Público.

Y en prueba de conformidad de cuanto antecede, las partes suscriben el convenio y a un solo efecto, en el lugar y fecha indicados.

Lugar, fecha, cargo y firma electrónica.

Las personas titulares de los órganos administrativos intervinientes

ANEXO I

ESTATUTOS DEL CONSORCIO

(Siguen los Estatutos de régimen y funcionamiento del consorcio).

ANEXO II

PLAN INICIAL DE ACTUACIÓN

(Incorporar el Plan inicial de actuación con los contenidos descritos en el artículo 92 por remisión del artículo 123.2.c), de la Ley 40/2015, de 1 de octubre, de Régimen Jurídico del Sector Público, junto con una proyección presupuestaria trienal).

F296. ESTATUTOS DE UN CONSORCIO DE ENTIDADES PÚBLICAS

EXPOSICIÓN DE MOTIVOS

Por convenio suscrito en fecha ...., las Administraciones públicas de .... formalizaron la creación del Consorcio ".................", para el desarrollo de actividades de interés común a todas ellas dentro del ámbito de sus competencias sobre ...., conforme a los criterios establecidos en los artículos 118 a 127 de la Ley 40/2015, de 1 de octubre, del Régimen Jurídico del Sector Público y demás normativa aplicable.

En el ejercicio de sus funciones el Consorcio procurará en todo momento la coordinación de sus actuaciones con la Administración General del Estado, con los órganos de la Administración de la Comunidad Autónoma y con las demás Corporaciones Locales y entidades públicas dependientes o vinculadas a tales Administraciones del sector público institucional, a fin de lograr la mayor coherencia de la actuación de las Administraciones territoriales y optimizar la eficiencia de los recursos y servicios públicos prestados.

Durante la tramitación de estos estatutos se ha recabado la opinión de las Administraciones integrantes del consorcio, así como con los agentes y organizaciones sociales más representativas del sector potencialmente afectado. Y los Estatutos se adecuan a los principios de necesidad, eficacia, proporcionalidad, seguridad jurídica, transparencia y eficiencia previstos en el artículo 129 de la Ley 39/2015, de 1 de octubre, del Procedimiento Administrativo Común de las Administraciones Públicas.

Los Estatutos de estructuran en cinco capítulos. El primero dedicado a las disposiciones generales sobre la naturaleza del Consorcio, constitución, denominación y domicilio. El segundo a su organización. El tercero a su régimen de funcionamiento. El cuarto a su régimen jurídico. Y el quinto a su régimen económico-financiero.

La competencia para la reforma de los vigentes estatutos corresponde al Consejo Rector conforme establece el artículo 11 de los mismos.

Capítulo I
Naturaleza, constitución, denominación y domicilio

Artículo 1. Constitución

De conformidad con lo establecido en el artículo 123 de la Ley 40/1992, de 1 de octubre, de Régimen Jurídico del Sector Público, las Administraciones públicas/organismos públicos/entidades participantes de .... (*táchese los que no proceda*), acuerdan constituir el Consorcio para ...., de manera voluntaria y de conformidad con los acuerdos adoptados por sus respectivos órganos de gobierno, con el fin de aunar esfuerzos y optimizar recursos para el cumplimiento de los fines establecidos en el convenio de fecha ......, suscrito al efecto.

Artículo 2. Objeto y ámbito

1. El consorcio se constituye con el objeto de articular la cooperación económica, técnica y administrativa entre las Administraciones consorciadas a fin de ejercer de forma conjunta y coordinada las competencias para la prestación de los servicios públicos que les corresponden en materia de ....(*indicar el objeto y el ámbito de actuación*). A estos efectos se aprobará un plan de actuación con objetivos anuales, así como un adecuado sistema de evaluación y seguimiento, por parte de los órganos de gobierno y de gestión del consorcio.

2. Las entidades que forman parte del consorcio, priorizarán la presentación de proyectos en el seno de éste que puedan atender igualmente las necesidades de su ámbito territorial, impulsando la estrategia común para la cual se constituye el mismo frente a la actuación aislada de las entidades consorciadas.

Artículo 3. Compromisos del consorcio

1. Para hacer real el cumplimiento de los fines del consorcio, sus miembros se comprometen, de conformidad con sus respectivas competencias que les son propias, a dictar las cuantas disposiciones sean necesarias, para que el logro de los fines del consorcio.

2. Cuando alguno de los miembros del consorcio no hubiera realizado la totalidad de sus aportaciones dinerarias correspondientes a ejercicios anteriores a las que estén obligados, las restantes Administraciones públicas o entidades miembros del consorcio no estarán obligadas a efectuar su aportación económica pactada al fondo patrimonial o la financiación a la que se hayan comprometido para el ejercicio corriente, en aplicación del principio de responsabilidad en la actividad financiera de todas las administraciones, previsto en el artículo 124.b) en relación con a la disposición adicional décima de la Ley 40/2015, de 1 de octubre, de Régimen Jurídico del Sector Público.

Artículo 4. Funciones

1. El consorcio para el mejor desarrollo de sus competencias y prestar los servicios más eficaces para la satisfacción del interés público encomendado, podrá desarrollar las siguientes actuaciones: ....(*numerar los objetivos y las actividades a realizar coherente con el plan de actuación inicial de carácter trienal previsto en el convenio de creación del consorcio*).

Artículo 5. Denominación y domicilio

1. El consorcio se denominará: "Consorcio de ......" y tendrá domicilio social en la Administración Pública que ostente la Presidencia.

Artículo 6. Participación y adscripción

1. El consorcio contará con la participación de la Administraciones públicas territoriales de .... Sin perjuicio de poder ampliar el número de miembros conforme a lo determinado en el artículo 8 de los Estatutos.

2. El consorcio queda adscrito, anualmente y por todo el ejercicio a la Administración Pública cuyo representante ostente la Presidencia al inicio de cada año, conforme con criterios sobre el régimen de adscripción previstos en el artículo 120 de la Ley 40/2015, de 1 de octubre, de Régimen Jurídico del Sector Público.

Artículo 7. Naturaleza

El consorcio es una entidad de derecho público con personalidad jurídica propia, y en consecuencia podrá tener patrimonio propio efecto a sus fines, capacidad para adquirir toda clase de bienes y derechos, para ejercitar acciones y recursos ordinarios ante autoridades, Juzgados y Tribunales y realizar cuantos actos, convenios o contratos que resulten necesarios o convenientes para el cumplimiento de sus fines o para la defensa de sus intereses.

Capítulo II
Organización

Artículo 8. Miembros del consorcio

1. Son miembros de pleno derecho del Consorcio:

a) La Administración de ...., por medio del .... o entidad de derecho público que, en su caso, le suceda.

b) La Administración de .... a través del organismo publico .....

c) La Administración de .... a través de empresa pública .....

2. El número de entidades consorciadas podrá ser ampliado con la admisión de nuevas Administraciones, cuyo ámbito de actuación afecte en el área de influencia a los objetivos del consorcio y que cumplan con los requisitos del artículo 1 de los Estatutos. Las Administraciones públicas, podrán incorporarse al consorcio como miembros de pleno derecho mediante su comunicación al Consejo Rector de éste, previo acuerdo del órgano administrativo competente de aquéllas, que deberá acreditarse en el acto de comunicación, el cual previa aceptación se publicará oficialmente para su conocimiento general y a los efectos oportunos.

3. En el supuesto que participen en el consorcio entidades privadas, el consorcio no tendrá en ningún caso ánimo de lucro y estará siempre adscrito una Administración Pública.

Artículo 9. Órganos de gobierno del Consorcio

El Consorcio se estructura con los siguientes órganos de gobierno:

a) EL Consejo Rector

b) La Presidencia

Sección 1ª. El Consejo Rector

Artículo 10. Composición

1. El Consejo Rector estará integrado por un representante de cada una de las Administraciones públicas, y un representante de cada una de las entidades consorciadas que se relacionan en el artículo 8 de los Estatutos.

2. En las reuniones que celebren, cada una de las entidades consorciadas estará representada por personas en quien expresamente haya sido encomendada tal función.

Artículo 11. Competencias del Consejo Rector

Son atribuciones del Consejo Rector:

a) El Gobierno del consorcio.

b) Modificar los estatutos del consorcio.

c) La aprobación de los objetivos y líneas de actuación del consorcio.

d) Acordar, coordinar y aprobar los planes y programas de actuación, así como el presupuesto anual y las cuentas generales.

e) Impulsar la acción del consorcio y el cumplimiento de sus objetivos y finalidades.

f) Realizar el seguimiento permanente de las tareas de diseño, ejecución y evaluación de proyectos y programas puestos en marcha por el consorcio, coordinando acciones y recursos para obtener la máxima eficacia en su gestión.

g) Elaborar propuesta de contratos y convenios a establecer con terceros para el desarrollo de las acciones concertadas.

h) La aprobación de reglamentos de funcionamiento y procedimientos operativos de gestión.

i) El ejercicio de acciones judiciales y administrativas para la defensa de los intereses y fines del consorcio.

j) La ampliación de miembros del consorcio.

k) La aprobación de la disolución del consorcio.

l) Contratar las obras y servicios necesarios para la ejecución de los fines del consorcio.

m) Adquirir, aceptar y administrar los bienes patrimoniales del consorcio, adquiridos tanto con carácter oneroso como a título lucrativo.

n) Delegar en la Presidencia y vicepresidencia cuantas atribuciones estime convenientes para el logro de la mayor eficacia en la gestión del consorcio.

Artículo 12. Presidencia del Consejo Rector

1. La presidencia recaerá sobre la Administración Pública de .... a la que se adscribe el consocio, en cada ejercicio presupuestario y por todo este periodo, conforme con régimen de adscripción previsto en el artículo 120 de la Ley 40/2015, de 1 de octubre, de Régimen Jurídico del Sector Público.

2. La vicepresidencia será elegida, en su caso, por la Administración Pública a la que este adscrito el consorcio, para cada ejercicio presupuestario y por todo este periodo.

3. El Consejo Rector, incluida la presidencia y la vicepresidencia, se renovará totalmente cada cuatro años, permaneciendo en las mismas funciones hasta la incorporación de los nuevos miembros.

4. En caso de vacantes por fallecimiento o pérdida del cargo representativo en cualquiera de las entidades consorciadas, éstas designarán el correspondiente sustituto en el consorcio en el plazo de treinta días.

5. El Consejo Rector y las Administraciones consorciadas podrá revocar en cualquier momento, los nombramientos a ellas atribuidos, previo cumplimiento de las disposiciones legales aplicables en cada caso.

Artículo 13. Competencias de la presidencia del Consejo Rector

A la presidencia del Consejo Rector, le corresponderán las siguientes atribuciones:

a) Representar legalmente al consorcio.

b) Convocar, presidir, suspender y levantar las sesiones del Consejo Rector dirigir sus deliberaciones, decidiendo con voto de calidad en caso de empate.

c) Vigilar el cumplimiento de los acuerdos del Consejo Rector.

d) Ordenar los gastos, pagos y transferencias pagos acordados válidamente.

e) Firmar los contratos y convenios que sean aprobados por el Consejo Rector.

f) Autorizar las actas y certificaciones.

g) Elevar al Consejo Rector propuestas cuyas resoluciones finales correspondan a éste.

g) Nombrar a la persona que se ocupe de la gerencia del consorcio.

Sección 2ª. Órganos Administrativos

Artículo 14. Órganos administrativos

Los órganos para la administración y gestión del consorcio serán:

a) La Gerencia.

b) La Secretaría e Intervención.

c) El personal del Consorcio

Artículo 15. La Gerencia

1. La gerencia del consorcio será desempeñada por personal empleado público con experiencia en materia de .... de las entidades consorciadas o bien por personal externo.

2. La gerencia será la responsable de los siguientes cometidos:

a) De la asistencia técnica al consorcio para el diseño, el seguimiento y la evaluación de los proyectos y acciones que en su seno se promueven con los objetivos funcionales.

b) De las relaciones del consorcio con las entidades responsables de los fondos y subvenciones en todo lo referente a los aspectos técnicos y de gestión tales como la presentación de solicitudes, de informes, de memorias de ejecución.

c) Proponer al Consejo Rector comisiones de trabajo específicas para el desarrollo y la ejecución de sus objetivos.

d) Otros cometidos que la Presidencia le pudiera encomendar.

Artículo 16. Secretaría e intervención del consorcio

1. Las funciones de secretaría e intervención del consorcio serán desempeñadas por quienes sean titulares de esos puestos en la Administración que ostente la presidencia.

2. La dirección jurídico-administrativa de los actos del consorcio corresponderá a quien desempeñe la secretaria del mismo.

3. La dirección económico-financiera de los actos del consorcio corresponderá a quien desempeñe la intervención del mismo.

Artículo 17. Régimen de personal

1. El personal del consorcio podrá ser funcionario o laboral y habrá de proceder exclusivamente de las Administraciones participantes. Su régimen jurídico será el de la Administración Pública de adscripción y sus retribuciones en ningún caso podrán superar las establecidas para puestos de trabajo equivalentes en aquélla.

2. Excepcionalmente, cuando no resulte posible contar con personal procedente de las Administraciones participantes en el consorcio en atención a la singularidad de las funciones a desempeñar, el órgano competente en función pública de la Administración a la que se adscriba el consorcio podrá autorizar la contratación directa de personal por parte del Consorcio para el ejercicio de dichas funciones.

3. El personal propio del consorcio podrá ingresar a su servicio por cualquiera de los procedimientos establecidos en la legislación en materia de ordenación y gestión de la función pública que le sea aplicable.

4. La administración y la gestión de los actos administrativos derivados de los acuerdos del consorcio corresponderá al personal adscrito del consorcio.

Artículo 18. Modos de Gestión

1. Para la gestión y prestación de los servicios de su competencia, el consorcio podrá utilizar cualquiera de las formas previstas en el Derecho Administrativo.

2. La ejecución de los proyectos y actuaciones de los que el consorcio sea entidad titular y beneficiaria podrá ser realizado:

a) Bien con personal y recursos propios del consorcio, contratados para la ejecución específica del proyecto.

b) Bien a través de la subcontratación de todo o parte del proyecto con las entidades de acreditada solvencia técnica, a través del procedimiento administrativo apropiado.

c) Bien mediante convenios con las entidades consorciadas, para que éstas ejecuten todo o parte del proyecto.

3. La asignación de acciones y las correspondientes implicaciones presupuestarias se realizarán a través de un contrato o convenio y se ajustarán a lo dispuesto en la legislación de estabilidad presupuestaria y de sostenibilidad financiera, así como en la legislación materia de contratos y de régimen jurídico del sector público.

Capítulo III

Régimen de funcionamiento

Artículo 19. Sesiones del Consejo Rector

1. El Consejo Rector celebrará sesión ordinaria bimensual en los días y horas que al efecto de fije en la convocatoria. Las sesiones que se celebren podrán ser tanto en forma presencial como a distancia a través de medios electrónicos válidos.

2. Las sesiones extraordinarias se celebrarán cuando lo decida la Presidencia, o lo solicite al menos las dos quintas partes de sus miembros. En este caso la celebración no podrá demorarse más de quince días hábiles desde que fuera solicitada y la convocatoria deberá efectuarse dentro de los cinco días siguientes a la petición.

3. Las sesiones se convocarán por la Presidencia con siete días naturales de antelación, al menos, a su celebración salvo las extraordinarias que lo hayan sido con carácter urgente. La comunicación de la convocatoria se realizará medios electrónicos, adjuntando el orden del día y copia de los documentos o propuesta de acuerdo. El Consejo celebrará sus sesiones en la sede del consorcio, salvo que se adoptará acuerdo para realizarlas en un lugar distinto.

Artículo 20. Quórum de las sesiones

1. Para la válida constitución y celebración de sesiones del Consejo Rector será necesaria la presencia de la mayoría de sus miembros en primera convocatoria y de un tercio de sus miembros en segunda, convocada automáticamente quince minutos después.

2. Ninguna sesión podrá celebrarse válidamente sin la asistencia de la Presidencia y de la secretaría del consorcio o de quienes les sustituyan. En ausencia de la presidencia asumirá sus funciones la vicepresidencia. En ausencia de la secretaría, asumirá sus funciones un miembro del consejo Rector, que se decidirá en la misma reunión.

Artículo 21. Adopción de acuerdos

1. Los acuerdos se adoptarán por consenso, salvo que ello no sea posible, en cuyo caso se adoptarán por mayoría simple de los miembros presentes.

2. No obstante, será necesaria la mayoría absoluta de los miembros que integran el consorcio presente en la sesión para la adopción de acuerdos en las siguientes materias:

a) La propuesta de modificación de los Estatutos del Consorcio.

b) La aprobación de ordenanzas y reglamentos.

c) La elección de presidencia y vicepresidencia del Consejo Rector.

d) La ampliación de miembros del consorcio.

e) La disolución del consorcio.

f) La separación de los miembros del consorcio.

3. Todo ello sin perjuicio de las mayorías exigidas para la adopción de determinados acuerdos por disposiciones legales o reglamentarias o por los presentes Estatutos.

4. En caso de empate en las votaciones, será determinante el voto de calidad de la Presidencia.

Artículo 22. Actas

1. De cada sesión extenderá la secretaría la correspondiente acta y sus certificaciones en la que se hará constar el lugar, fecha y hora en que la sesión comienza y acaba, los nombres y calidad de los asistentes, los asuntos tratados, los acuerdos adoptados y la expresión de los votos.

2. El acta aprobada en la sesión siguiente a aquella a que se refiere, será archivada con las debidas garantías de seguridad para formar el libro de actas.

Artículo 23. Despacho extraordinario

No podrá adoptarse acuerdo en las sesiones ordinarias sobre asuntos que no figuren en el orden del día de la convocatoria, a menos, que fueran declarados de urgencia con el voto favorable de la mayoría de los miembros que componen el Consejo Rector.

Artículo 24. Modificación de los estatutos

1. La propuesta de modificación de los estatutos a instancia de cualquier entidad consorciada será remitida a la presidencia del Consejo Rector la cual deberá ponerla en conocimiento del resto en el plazo de .... días.

2. El Consejo Rector deberá adoptar acuerdo expreso sobre la propuesta realizada en el plazo máximo de .... desde la comunicación de la misma.

3. Cualquier cambio de adscripción a una Administración Pública, cualquiera que fuere su causa, conllevará la modificación de los estatutos del consorcio en un plazo no superior a seis meses, contados desde el inicio del ejercicio presupuestario siguiente a aquel en el que se produjo el cambio de adscripción, conforme determina el artículo 120.4 de la Ley 40/2015.

Artículo 25. Separación del consorcio

1. Cualquier entidad consorciada podrá separarse voluntariamente del consorcio, notificándolo al mismo antes del día .... de cada año, y siempre que haya cumplido los compromisos asumidos en el ejercicio en el que solicita la separación.

2. La decisión no tendrá efecto jurídico hasta que el Consejo Rector adopte formal acuerdo de tenerla por separada.

3. Asimismo, con el voto favorable de la mayoría absoluta de los miembros del Consejo Rector podrán ser separadas aquellas entidades que incumplan de forma notoria sus obligaciones, o realicen actividades que perjudiquen la imagen o el desarrollo adecuado del consorcio.

4. En todo caso, el derecho de separación deberá ejercitarse en los términos previstos en los artículos 125 y 126 de la Ley 40/2015, de 1 de octubre, del Régimen Jurídico del Sector Público.

Artículo 26. Disolución del consorcio

1. Aunque la vigencia del consorcio será indefinida, su disolución se producirá cuando así lo acuerden la mayoría absoluta de sus miembros y, en todo caso, por el cumplimento de los fines para el que fue creado el consorcio.

2. La propuesta de disolución formulada por alguno de sus miembros será remitida al Consejo Rector, quien deberá examinarla e informarla en el plazo de un mes desde su remisión. El dictamen del Consejo Rector será entonces enviado a las entidades consorciadas, quienes deberán pronunciarse en el plazo de tres meses comunicando su decisión por escrito al Consejo Rector.

3. El acuerdo de disolución del consorció determinará su liquidación y, extinción, así como en su caso, el destino del remanente, de conformidad con el artículo 127 de la Ley 40/2015, de 1 de octubre, de Régimen Jurídico del Sector Público.

Capítulo IV
Régimen Jurídico

Artículo 27. Régimen jurídico

1. El consorcio se regirá por lo establecido en la Ley 40/20215, de 1 de octubre, de Régimen Jurídico del Sector Público, en la normativa autonómica de desarrollo y sus estatutos.

2. En lo no previsto en la Ley 40/2015, en la normativa autonómica aplicable, ni en sus Estatutos sobre el régimen de separación, disolución, liquidación y extinción, se estará a lo previsto en el Código Civil sobre sociedad civil, y en su defecto, el Real Decreto Legislativo 1/2010, de 2 de julio por el que se aprueba el texto refundido de la Ley de Sociedades de Capital.

3. Las normas establecidas en la Ley 7/1985, de 2 de abril, reguladora de las Bases del Régimen Local, y en la Ley 27/2013, de 21 de diciembre, de racionalización y sostenibilidad de la Administración Local sobre consorcios, tendrán carácter supletorio sobre lo dispuesto en la Ley de Régimen Jurídico del Sector Público.

Artículo 28. Recursos administrativos

Contra los actos y acuerdos del consorcio que pongan fin a la vía administrativa, las personas interesadas podrán, sin perjuicio del recurso ordinario que proceda, interponer el recurso contencioso-administrativo ante el Juzgado de lo Contencioso-Administrativo que corresponda al domicilio social del consorcio.

Capítulo V
Régimen económico-financiero

Sección 1ª. Patrimonio

Artículo 29. Patrimonio del consorcio

1. El patrimonio del consorcio estará constituido por el conjunto de bienes, derechos y acciones que le pertenezcan.

2. Este patrimonio podrá ser incrementado por bienes y derechos que puedan afectarse a los fines del consorcio por las entidades consorciadas. Estos incrementos serán calificados como patrimonio de afección o propio, según corresponda.

3. El consorcio se regirá por las normas patrimoniales de la Administración Pública a la que este adscrito.

Sección 2ª. Hacienda

Artículo 30. Composición.

1. La Hacienda del consorcio estará constituida por:

a) La aportación inicial de las Administraciones consorciadas en la proporción y cuantías acordadas.

b) Las aportaciones futuras con destino a inversiones y explotación de los proyectos y programas, así como a la atención de los gastos corrientes, hagan en su caso las Administraciones consorciadas.

c) El producto de tasas, precisos públicos o contribuciones especiales.

d) El rendimiento que pueda obtener la gestión directa o indirecta de los servicios.

e) Las aportaciones y subvenciones, auxilios y donaciones de otras entidades públicas o privadas y las transmisiones a título gratuito que a su favor hagan los particulares.

f) Cualesquiera otros rendimientos que le corresponda percibir.

2. La Hacienda del consorcio responderá de las obligaciones y deudas contraídas por el mismo. La liquidación o compensación de pérdidas se efectuará con cargo a las aportaciones de las entidades públicas consorciadas.

3. En el caso de que alguna de las Administraciones consorciadas incumpla sus obligaciones financieras para con el consorcio, el Consejo Rector procederá a requerir su cumplimiento. Si pasado un mes desde el requerimiento no se hubieran realizado las aportaciones previstas, el Consejo Rector, oída la Administración afectada, podrá detraerlas de las participaciones del Estado y subvenciones de la Comunidad Autónoma, con los efectos que en el acuerdo se determinan. Sin perjuicio de lo dispuesto en el artículo 3.2 en los presentes Estatutos, sobre la aplicación del principio de responsabilidad en el caso de incumplimiento de la parte de los compromisos asumidos en la actividad financiera de las Administraciones.

Artículo 31. Remanentes

Los remanentes positivos que produzca el consorcio, una vez cubiertos los gastos, se destinarán, a través del procedimiento pertinente, a la finalidad que determine el Consejo Rector, conforme a las disposiciones vigentes.

Artículo 32. Contabilidad

El consorcio llevará el mismo sistema de contabilidad que rige para la Administración local, estatal o autonómica a la que esté adscrito con independencia de que el Consejo Rector pudiera establecer otras formas complementarias de rendimiento y productividad.

Sección 3ª. Presupuesto, Fiscalización y Control

Artículo 33. Régimen Presupuestario

1. El consorcio estará sujeto al régimen presupuestario, contabilidad y control de la Administración Pública a la que esté adscrito, sin perjuicio de su sujeción a lo previsto en la legislación vigente en materia de estabilidad presupuestaria y sostenibilidad financiera.

2. A efectos de determinar la financiación por parte de las Administraciones consorciadas, se tendrán en cuenta tanto los compromisos estatutarios o convencionales existentes como la financiación real, mediante el análisis de los desembolsos efectivos de todas las aportaciones realizadas.

3. El consorcio formará parte de los presupuestos y se incluirá en la cuenta general de la Administración Pública de adscripción.

Artículo 34. Presupuesto anual

1. El consorcio dispondrá anualmente de un presupuesto propio, cuyo proyecto será elaborado por la secretaría-intervención técnica y que será aprobado por el Consejo Rector.

2. El régimen de tramitación del presupuesto, su contenido y modificaciones, así como obligaciones formales procedentes, seguirá la normativa en cada momento vigente sobre los presupuestos de la Administración Pública a la que se adscriba el consorcio.

3. Las aportaciones de anualidades futuras estarán condicionadas a la existencia de crédito en los correspondientes presupuestos de las Administraciones participantes.

Artículo 35. Fiscalización y control

1. A las entidades consorciadas les corresponde, en el ejercicio de sus competencias, la alta inspección de la gestión desarrollada por el consorcio.

2. La actividad económico-financiera del consorcio estará sujeta a las mismas actuaciones de control interno y externo que las establecidas para la Administración Pública a la que este adscrito el consorcio.

3. El control interno será ejercido por la Intervención del consorcio que asumirá las funciones de tesorería.

4. Se llevará a cabo una auditoria de las cuentas anuales que será responsabilidad de la Administración a la que se haya adscrito el consorcio, en los términos establecidos en el artículo 122.3 de la Ley 40/2015, de 1 de octubre, de Régimen jurídico del Sector Público.

Disposición adicional primera. Desarrollo sostenible

El consorcio y sus entidades consorciadas se comprometen, en el desarrollo y ejecución de las actividades llevadas a cabo, a respetar los principios de economía circular y evitar impactos negativos significativos en el medio ambiente (*"do no significant harm"*), conforme con los criterios establecidos por la Unión Europea.

En todo caso, el consorcio y sus entidades consorciadas preverán mecanismos de verificación del cumplimiento de los citados principios y adoptarán medidas correctoras para asegurar su implantación, lo que dejará constancia en la memoria justificativa de sus actuaciones.

Disposición adicional segunda. Lenguaje no sexista

De conformidad con lo establecido en la legislación vigente en materia de igualdad efectiva de mujeres y hombres, en todas las actuaciones del consorcio se tendrá especial atención en el uso inclusivo del leguaje para sus comunicaciones internas y externas.

Lugar, fecha, cargo y firma electrónica.

Las personas titulares de las Administraciones consorciadas

3. Relaciones con la Administración Local

F297. CONVENIO INTERADMINISTRATIVO PARA LA DELEGACIÓN DE COMPETENCIAS

REUNIDOS

De una parte, D/Dª. .... Presidente/a de la Agencia estatal de ...., adscrita al Ministerio de.................., actuando como Administración delegante y el ejercicio de las competencias que tiene atribuidas en virtud de ....

De otra parte, D/Dª. ...., Presidente/a de la Diputación Provincial de ...., actuando como Administración delegada facultado para la firma del presente convenio por acuerdo tomado en ......, de fecha ......

Ambos intervinientes afirman y reconocen recíprocamente la capacidad suficiente de sus respectivas facultades vigentes para celebrar el presente convenio interadministrativo y a tal efecto,

EXPONEN

PRIMERO. El artículo 37.2 y 3 de la Ley 7/1985, de 2 de abril, reguladora de las Bases de Régimen Local, establece que el Estado, previa consulta e informe de la Comunidad Autónoma interesada, podrá delegar en las Diputaciones Provinciales el ejercicio de determinadas competencias de mera ejecución cuando el ámbito provincial sea idóneo para la prestación de los correspondientes servicios. El ejercicio por las Diputaciones de las facultades delegadas se acomodará a lo dispuesto en el artículo 27 de dicha ley sobre los requisitos establecidos para delegar el ejercicio de sus competencias en los Municipios.

SEGUNDO. El artículo .... Real Decreto ...., por el que se aprueba la en Estatuto de la Agencia estatal de ...., sobre el régimen de colaboración con otras Administraciones públicas, habilita, entre otras cuestiones, para optimizar la gestión de los recursos públicos, que se puedan delegar la gestión de los procedimientos administrativos en materia de ...., a favor de las Entidades Locales, fijando el marco al que deben sujetarse los convenios que se suscriban al efecto, así como el régimen jurídico específico de los mismos.

TERCERO. La Diputación Provincial de ...., en fecha ...., aceptó la formalización del presente convenio, así como el ejercicio de las funciones que son objeto de delegación.

CUARTO. El Consejo de Gobierno de la Comunidad Autónoma de................., en sesión celebrada el día ...., ha informado favorablemente la suscripción del presente convenio de cooperación interadministrativa.

QUINTO. En el presente convenio se han observado los preceptivos trámites legales establecidos para la suscripción de convenios en el artículo 50 de la Ley 40/2015, de 1 de octubre, de Régimen Jurídico del Sector Público, y se ajusta a los requisitos de validez y eficacia exigidos en el artículo 48 de la citada Ley.

SEXTO. De conformidad con lo establecido en el artículo 47.2.a) de la mencionada Ley 40/2015, se pueden suscribir convenios interadministrativos entre dos o más Administraciones públicas, o bien entre dos o más organismos públicos o entidades de derecho público vinculados o dependientes de distintas Administraciones, en los que se podrán incluir la utilización de medios, servicios y recursos de otra Administración Pública, para el ejercicio de competencias propias o delegadas.

En su virtud, ambas partes formalizan el presente convenio interadministrativo para la delegación de competencias de acuerdo con las siguientes,

CLÁUSULAS

PRIMERA. Objeto del Convenio

Es objeto del presente convenio la delegación del ejercicio de las competencias, por parte de la Agencia estatal de .... adscrita al Ministerio de............, a la Diputación Provincial de.........., para mejorar de la eficiencia de la gestión pública en la tramitación y resolución de los expedientes relativos a los procedimientos administrativos sobre ...., que se produzcan en los municipios de su provincia. Sin perjuicio de la titularidad de las competencias que en esta materia corresponde a la Administración General del Estado.

SEGUNDA. Contenido de la delegación

La presente delegación de competencias comprende los actos administrativos relacionados con la gestión de los procedimientos en materia de ...., que a continuación se expresan:

a) La tramitación y resolución, en los términos previstos en ...., de los expedientes administrativos relativos a ....(*indicar las competencias que se delegan de las relacionadas, entre otras, en el artículo 27 de la Ley Reguladora de las Bases del Régimen Local*) delegadas en el ámbito territorial de la provincia de ....

b) La notificación a las personas interesadas de los acuerdos, resoluciones y liquidaciones adoptadas con ocasión de la tramitación de los expedientes administrativos a que se refiere el apartado anterior.

c) La formalización de los requerimientos y notificaciones a que hubiere lugar en el procedimiento.

d) La resolución de los recursos de reposición interpuestos contra los actos administrativos enumerados en los apartados anteriores.

e) Las actuaciones de información y asistencia a las personas interesadas o sus representantes, en relación con las anteriores materias, incluyendo la recepción de todo tipo de escritos, solicitudes, alegaciones, declaraciones, reclamaciones o recursos de los interesados.

Se acompaña a este convenio la Memoria económica justificativa en la que se analiza su necesidad y oportunidad, así como la viabilidad de la delegación de competencias acordada, su impacto económico de ahorro en el gasto y el carácter no contractual de la actividad delegada. Además del cumplimiento de la legislación presupuestaria y de sostenibilidad de financiera.

TERCERA. Alcance de la delegación

a) Será en todo caso de aplicación, la normativa contenida en ...., y demás disposiciones complementarias, especialmente .... Ello no obstante, la tramitación de las actuaciones objeto de delegación, se llevará a cabo conforme a las normas reguladoras de ...... (*indicar la normativa específica que le sea de aplicación*), y se ejercerán con arreglo a la legislación del Estado o, en su caso, de las Comunidades Autónomas.

b) Los actos y resoluciones administrativas que se adopten por delegación indicarán expresamente esta circunstancia y se consideraran dictados por la Agencia estatal de ...., como órgano delegante, sin que quepa la delegación de competencias delegadas.

b) Los actos dictados por la Diputación Provincial en el ejercicio de las competencias delegadas, si ponen fin a la vía administrativa, serán recurribles por las personas interesadas en vía contenciosa-administrativa y, en su caso, económico-administrativa, debiendo indicarse en las notificaciones que se practiquen.

c) Para la tramitación de los referidos procedimientos administrativos la Diputación Provincial habilitará en sus oficinas los medios electrónicos, informáticos o telemáticos, que sean necesarios para facilitar el desempeño de las funciones delegadas.

d) En ningún caso se entenderán comprendidos en la delegación objeto del presente convenio, los actos no contemplados en la cláusula primera, ni la facultad de calificación de infracciones administrativas sobre la materia delegada que pudieran detectarse, ni la imposición de las consiguientes sanciones, que instruirán en todo caso ante la Agencia estatal de ......

CUARTA. Coordinación de actuaciones

a) La Agencia estatal de ...., como administración delegante podrá, para dirigir y controlar el ejercicio de las competencias y servicios delegados, dictar instrucciones técnicas de carácter general y recabar, en cualquier momento, información sobre la gestión delegada, así como enviar comisionados y formular requerimientos pertinentes para la subsanación de las deficiencias observadas. En caso de incumplimiento de las directrices, denegación de las informaciones solicitadas, o inobservancia de los requerimientos formulados, la Administración delegante podrá revocar la delegación o ejecutar por sí misma la competencia delegada.

b) La Diputación Provincial remitirá con una periodicidad trimestral una relación completa de todos los expedientes administrativos resueltos por delegación, así como de sus incidencias a la Delegación del Gobierno de España en la Comunidad Autónoma de...... Esta documentación se realizará en soporte informático, para su incorporación a la base de datos estatal.

c) La Diputación Provincial utilizará sus propios impresos en todo tipo de resoluciones, requerimientos o notificaciones en el ejercicio de las competencias delegadas, si bien deberá hacerse referencia expresa al presente convenio, en virtud del cual se ejercen las competencias delegadas.

d) Tanto la Diputación Provincial como la Agencia estatal de ......, adoptarán cuantas medidas estimen oportunas, encaminadas a poner en conocimiento público el contenido del presente convenio, evitando en todo caso duplicidad de actuaciones o trámites innecesarios.

e) De manera permanente se habilitará en las respectivas sedes electrónicas a través del portal de internet, el acceso electrónico de la ciudadanía para el ejercicio de sus derechos e intereses legítimos en sus relaciones con las Administraciones públicas, conforme a lo dispuesto en legislación del Procedimiento Administrativo Común de las Administraciones Públicas y sobre el Régimen Jurídico del Sector Público.

QUINTA. Régimen jurídico

a) El presente convenio de cooperación se suscribe al amparo de lo establecido en el artículo 47.2.a) de la Ley 40/2015, de 1 de octubre, de Régimen Jurídico del Sector Público, en relación con el artículo 57 de la Ley 7/1985, de 2 de abril, Reguladora de las Bases del Régimen Local, y con el artículo......... del Real Decreto ...., por el que se aprueba el Estatuto de la Agencia estatal de ....

De acuerdo con lo establecido en el artículo 140.2 de la Ley 40/2015, de 1 de octubre, de Régimen Jurídico del Sector Público, en lo no previsto en el Título III de dicha ley, las relaciones interadministrativas entre la Administración General del Estado o de las Comunidades Autónomas con las Entidades que integran la Administración Local, se regirán por la legislación básica en materia de régimen local.

b) La cooperación económica, técnica y administrativa entre ambas Administraciones públicas se desarrollará con carácter voluntario, bajo las formas y en los términos ajustados a la legislación de estabilidad presupuestaria y sostenibilidad financiera.

c) La delegación objeto del presente convenio conllevará la transferencia de medios materiales y personales que sean necesarios para el desarrollo de las funciones delegadas, y, en su caso, comportará las obligaciones financieras en los términos señalados el anexo de la Memoria económica del presente convenio.

No obstante, la aportación del Estado de fondos de anualidades futuras estará condicionada en todo caso a la existencia de crédito en los correspondientes presupuestos.

d) Sin perjuicio de las facultades de organización de sus propios servicios, la Diputación Provincial deberá ejercer las competencias delegadas con estricto cumplimiento de los extremos señalados en este convenio. En ningún momento podrá delegar, a su vez, en otra entidad pública o privada las competencias que le han sido delegadas en virtud del presente convenio.

e) La Agencia estatal de......................, podrá revocar la delegación conferida en el presente convenio cuando la Diputación Provincial incumpla las directrices o instrucciones que se le impartan, cuando deniegue la información que se le pueda solicitar o cuando no atienda a los requerimientos que, en su caso, se le pudieran hacer para subsanar las deficiencias advertidas en el ejercicio de las facultades delegadas.

f) La Agencia estatal de.........., podrá repetir contra la Diputación Provincial en el caso de que esta Administración sea declarada responsable de algún perjuicio ocasionado con motivo de la función ejercida en virtud de la delegación concedida.

g) La Diputación Provincial de ...., conservará en su poder toda la documentación utilizada en el ejercicio de las competencias delegadas que será restituida al organismo delegante una vez se extinga la vigencia del convenio. La Comisión de seguimiento del presente convenio interadministrativo, por medio de sus miembros o de los empleados públicos que se designen, tendrá acceso en cualquier momento a la citada documentación administrativa para el correcto ejercicio de las facultades de control que tiene encomendadas.

SEXTA. Comisión de seguimiento, vigilancia y control del convenio

Se constituirá una Comisión de seguimiento, presidida por ...., y formada por tres miembros de cada parte que, con independencia de las funciones concretas que le asignen las demás cláusulas de este convenio, velará por el cumplimiento de las obligaciones de ambas partes y adoptará cuantas medidas y especificaciones técnicas sean precisas, en orden a garantizar que las competencias delegadas se ejerzan de forma eficaz, eficiente y transparente en el desarrollo de la gestión de los servicios públicos y en el marco de su responsabilidad gestora.

Esta Comisión ajustará su actuación a las disposiciones contenidas sobre órganos colegiados de las distintas Administraciones públicas en la sección 3ª del capítulo II del título Preliminar de la Ley 40/2015, de 1 de octubre, de Régimen Jurídico del Sector Público, que emitirá trimestralmente informes de evaluación de los resultados sobre la calidad en la gestión de los servicios públicos delegados.

SÉPTIMA. Causas de revocación o renuncia

1. Son causas de revocación el incumplimiento de las instrucciones, falta de información solicitada y requerimientos formulados. En estos casos, la Administración delegante podrá avocar y ejecutar por sí misma la competencia delegada en sustitución de la Administración delegada.

2. Son causas de renuncia el incumplimiento de las obligaciones financieras por parte de la Administración delegante o cuando, por circunstancias sobrevenidas, resulte suficientemente justificada la imposibilidad de su desempeño por la Administración en la que han sido delegadas sin menoscabo del ejercicio de sus competencias propias.

3. Todo ello sin perjuicio de las facultades de revocación de la delegación expuestas en la cláusula quinta, que implicará la extinción automática del convenio.

No obstante, este convenio quedará automáticamente revocado cuando se produzcan cambios normativos que afecten al ejercicio de las funciones delegadas.

OCTAVA. Entrada en vigor y plazo de vigencia

El presente convenio entrará en vigor el día de su firma, extendiéndose su vigencia hasta el.............................y prorrogándose tácitamente por sucesivos períodos anuales con un máximo de cinco años, si no concurre manifestación en contra de alguna de las partes con una antelación mínima de ...... meses a la fecha de su vencimiento.

Los procedimientos y sus respectivos expedientes administrativos que, a la entrada en vigor del presente convenio, se encuentren en tramitación, serán resueltos conforme al procedimiento anterior a la suscripción del presente convenio.

NOVENA. Desarrollo sostenible y lenguaje no sexista

La Diputación Provincial se compromete, en el desarrollo y ejecución de las actividades llevadas a cabo por delegación, a respetar los principios de economía circular y evitar impactos negativos significativos en el medio ambiente ("*do no significant harm*"), conforme con los criterios establecidos por la Unión Europea.

De conformidad con lo establecido en la legislación vigente en materia de igualdad efectiva de mujeres y hombres, en todas las actuaciones delegadas se tendrá especial atención en el uso inclusivo del leguaje para sus comunicaciones internas y externas.

DÉCIMA. Inscripción y publicación del convenio

El presente convenio a efectos de su eficacia se inscribirá en el Registro Electrónico estatal de Órganos e Instrumentos de Cooperación del Sector Público, conforme determina el artículo 48 y la disposición adicional 7ª de la Ley 40/2015, de 1 de octubre, de Régimen Jurídico del Sector Público.

Asimismo, se publicará en el Boletín Oficial del Estado y en el Boletín Oficial de la Diputación Provincial correspondiente, sin perjuicio de publicar su reseña en los portales de internet y sedes electrónicas respectivas.

CLÁUSULA ADICIONAL

Con carácter complementario a las obligaciones establecidas en el presente convenio, la Diputación Provincial de............ se compromete a entregar al órgano delegante, a efectos estadísticos, los datos resultantes de la gestión de los expedientes administrativos cuyas competencias ejerza por delegación, cuando se lo requiera la Administración delegante.

CLÁUSULA TRANSITORIA

Los expedientes iniciados con anterioridad a la entrada en vigor del presente convenio se concluirán conforme a su tramitación anterior.

CLÁUSULA FINAL

Mediante la firma del presente convenio interadministrativo, las partes se comprometen a resolver de mutuo acuerdo las incidencias que puedan surgir en su cumplimiento. Las cuestiones litigiosas que surjan entre las partes durante el desarrollo y ejecución del presente convenio se someterán a la jurisdicción contencioso-administrativa, conforme a lo dispuesto en la Ley 29/1998, de 13 de julio, reguladora de la Jurisdicción Contencioso-Administrativa.

Y en prueba de conformidad de cuanto antecede, las partes suscriben el convenio y a un solo efecto, en el lugar y fecha indicados.

Lugar, fecha, cargo y firma electrónica.

Las personas titulares de los órganos administrativos intervinientes

ANEXO

MEMORIA ECONÓMICA

(Justificar la necesidad y oportunidad de la suscripción del convenio para la mejora en la eficacia de la gestión pública delegada y la racionalización administrativa, así como su impacto económico y el cumplimiento de la legislación presupuestaria y de sostenibilidad financiera)

F298. ENCOMIENDA DE GESTIÓN ORDINARIA DE SERVICIOS

REUNIDOS

De una parte, D/Dª. ...., Consejero/a de .... de la Comunidad Autónoma de.............., actuando en calidad de Administración delegante y en el ejercicio de su cargo en virtud de nombramiento efectuado mediante ...., de acuerdo con las competencias atribuidas en ...., facultado para la firma del presente acto por acuerdo del Gobierno de .... de fecha de.......

De otra parte, D/Dª. ...., Presidente/a de la Diputación Provincial de................., actuando como Administración delegada en virtud de las competencias legales conferidas en ...., facultado para la firma del presente acto por acuerdo tomado en Junta de Gobierno de fecha de ....

Ambos intervinientes afirman y se reconocen recíprocamente su capacidad y vigencia de sus respectivas facultades para celebrar el presente convenio de encomienda de gestión ordinaria de servicios, y al efecto,

EXPONEN

De acuerdo con lo previsto en el artículo 37.1 de la Ley 7/1985, de 2 de abril, Reguladora de las Bases del Régimen Local, y en relación con lo establecido en el artículo 11 de la Ley 40/2015, de 1 de octubre, de Régimen Jurídico del Sector Público, la realización de actividades de carácter material, técnico o de servicios de la competencia de los órganos administrativos o entidades de derecho público podrá ser encomendada a otros órganos o entidades de la misma o distinta Administración, siempre que entre sus competencias estén esas actividades, por razones de eficacia o cuando no se posean los medios técnicos idóneos para su desempeño. A este respecto, con el fin de optimizar la eficiencia en la gestión de los recursos públicos, las Comunidades Autónomas pueden delegar competencias en las Diputaciones, así como encomendar a éstas la gestión ordinaria de servicios propios en los términos previstos en los Estatutos de Autonomía correspondientes. En este último supuesto las Diputaciones actuarán con sujeción plena a las instrucciones generales y particulares de la Administración autonómica. En todo caso, el ejercicio de las facultades delegadas se acomodará a lo dispuesto en el artículo 27 de la citada Ley de Régimen Local.

En virtud de dicha cobertura jurídica, las partes firmantes consideran que la fórmula idónea para asegurar la mayor eficacia en la gestión ordinaria de servicios de interés común en materia de ...., es encomendar su gestión a la Diputación Provincial de ......, por cuanto que .... (*describir las líneas generales el objeto de la encomienda de gestión de servicios*).

Asimismo, con la firma de este convenio se fomentará la colaboración y cooperación entre ambas Administraciones para mejorar la calidad en la gestión pública encomendada por la proximidad y cercanía con los servicios prestados, así como evitar duplicidades administrativas, lo que supondrá un ahorro neto de los recursos, y contribuir de este modo a optimizar los procesos de simplificación y racionalización administrativa.

Ambas partes están interesadas en la formalizar el presente convenio de encomienda de gestión de acuerdo con las siguientes,

CLÁUSULAS

PRIMERA. Objeto de la encomienda de gestión

La presente encomienda de gestión ordinaria de servicios entre la Consejería de .... y la Diputación Provincial de ......, tiene por objeto la realización por dicha Diputación de las actividades consistentes en ...., recogidas en la Memoria justificativa que como anexo se acompaña a este convenio, en la que se definen las actividades concretas que ésta debe desarrollar en cumplimiento de dicha encomienda, se justifican los principios de actuación acordes con la legislación de estabilidad presupuestaria y sostenibilidad financiera y se valora el impacto económico de las Administraciones públicas afectadas, sin que en que ello puedan suponer un mayor gasto de las mismas.

De acuerdo con lo establecido en el artículo 140.2 de la Ley 40/2015, de 1 de octubre, de Régimen Jurídico del Sector Público, en lo no previsto en el Título III de dicha ley, las relaciones interadministrativas entre la Administración General del Estado o de las Comunidades Autónomas con las Entidades que integran la Administración Local, se regirán por la legislación básica en materia de régimen local.

SEGUNDA. Alcance de la encomienda de gestión

La realización de las actividades de carácter material, técnico y de servicios de la competencia de los órganos administrativos de la Comunidad Autónoma de............., no supondrá cesión de titularidad de la competencia ni de los elementos sustantivos de su ejercicio. A tal efecto, es responsabilidad de la Consejería competente de la Comunidad Autónoma dictar cuantos actos y resoluciones de carácter jurídico den soporte o en los que se integren la concreta actividad material objeto de la encomienda, de conformidad con lo previsto en el artículo 11.2 de la Ley 40/2015, de 1 de octubre, de Régimen Jurídico del Sector Público. Las actuaciones encomendadas a la Diputación Provincial se realizarán con sujeción plena a las instrucciones generales y particulares que, en su caso, dicte la Consejería de ...., conforme determina en artículo 37 de la Ley 7/1985, de 2 de abril, Reguladora de las Bases del Régimen Local.

Además, la encomienda de gestión ordinaria de servicios no comportará en modo alguno la realización de funciones de autoridad, sino únicamente la gestión para llevar a cabo la materialización de la misma de la manera más eficiente para el interés público. Las competencias delegadas se ejercerán conforme a la legislación de la Administración delegante.

TERCERA. Financiación de la encomienda de gestión

Para el eficaz cumplimiento de las actividades encomendadas se habilitarán los medios necesarios y la asistencia activa de toda índole con el fin de llevar a cabo la gestión ordinaria encomendada. En especial, el uso de medios electrónicos, informáticos y telemáticos que permitan de forma clara e inequívoca el ejercicio por la ciudadanía de sus derechos e intereses legítimos por vía electrónica y a distancia.

La Administración delegante cuenta con la existencia de dotación adecuada y suficiente en sus presupuestos para el presente ejercicio económico.

A tal efecto, Administración autonómica de .... se compromete a facilitar a la Diputación ...., la cooperación económica, técnica y administrativa consistente en: .... (*detallar los medios, equipamientos y servicios necesarios objeto de la encomienda de gestión*).

CUARTA. Coordinación de la gestión administrativa

Se crea una comisión mixta copresidida por el Consejero de ......, del Gobierno de la Comunidad de ......, y el Presidente de la Diputación de ......, o personas en quien deleguen e integrada por tres miembros más de cada una de dichas Administraciones Públicas.

Dicha Comisión se reunirá al menos ...... al año, y además de velar por el cumplimiento de la presente encomienda de gestión ordinaria de servicios, fijará la cuantía de los recursos económicos-financieros para ejecutar en sus propios términos el presente convenio.

Las funciones de esta Comisión serán establecer los criterios generales para el desarrollo de las actuaciones materialmente encomendadas, así como realizar la evaluación de resultados de los programas y resolver los problemas de interpretación y cumplimiento que se deriven de la presente encomienda de gestión.

QUINTA. Deber de información recíproca y tratamiento de datos de carácter personal

Ambas Administraciones se comprometen a facilitarse cuanta información y documentación sea necesaria para el cumplimiento de las funciones encomendadas. Asimismo, se habilitará en sus respectivas sedes electrónicas a través del portal de internet el acceso electrónico a los servicios públicos, de conformidad con lo dispuesto en la legislación en materia del Procedimiento Administrativo Común de las Administraciones Públicas y de Régimen Jurídico del Sector Público.

En todo caso, la Diputación de .... tendrá la condición de encargada del procedimiento de tratamiento de datos de carácter personal a los que pudiera tener acceso en ejecución de la encomienda de gestión, siéndole de aplicación lo dispuesto en la normativa de protección de datos de carácter personal prevista en la Ley Orgánica 3/2018, de 5 de diciembre y su correspondiente normativa de desarrollo para la protección de datos y garantía de los derechos digitales.

SEXTA. Efectividad y duración de la encomienda de gestión

La presente encomienda de gestión ordinaria de servicios se perfeccionará desde la fecha de la firma de este convenio, y extenderá su vigencia por un plazo de .... años (*mínimo de cinco años*), prorrogándose automáticamente por períodos anuales si no concurre manifestación en contra por alguna de las partes con una antelación mínima de un mes a la fecha del vencimiento.

SÉPTIMA. Revisión del objeto de la encomienda

Tanto la Administración delegante de ...., como la delegada Diputación Provincial de .... podrán proponer la revisión de esta encomienda de gestión, en cualquier momento para introducir las mejoras o modificaciones que se estimen pertinentes.

OCTAVA. Resolución la encomienda ordinaria de servicios

La Administración autonómica de ...., podrá revocar la presente encomienda cuando la Diputación incumpliese gravemente o de forma reiterada sus obligaciones recogidas en el Anexo de la presente encomienda ordinaria de servicios.

La Diputación Provincial de ...., podrá renunciar la presente encomienda cuando hubiese incumplimiento de las obligaciones de la Administración autonómica de ...., establecidas en la cláusula tercera sobre las obligaciones financieras comprometidas.

NOVENA. Derecho aplicable y resolución de conflictos

La prestación de las actividades encomendadas que se recogen en la presente encomienda ordinaria de servicios, que no tienen carácter contractual, se realizarán de acuerdo con lo dispuesto en .... (*indicar la normativa específica aplicable*) y en las disposiciones dictadas en su desarrollo o aquellas que sean de aplicación.

Mediante la firma de la presente encomienda, las partes se comprometen a resolver de mutuo acuerdo las incidencias que puedan surgir en su cumplimiento.

Las cuestiones litigiosas que surjan entre las partes durante el desarrollo y ejecución de la presente encomienda se someterán a la jurisdicción contencioso-administrativa, de conformidad con lo previsto en la Ley 29/1998, de 13 de julio, reguladora de la Jurisdicción Contencioso-Administrativa.

DÉCIMA. Publicación Oficial

El presente acuerdo de encomienda de gestión ordinaria de servicios se publicará en el Boletín Oficial de la Provincia de.........y el Diario Oficial de la Comunidad Autónoma de............... respectivamente, conforme con lo establecido el artículo 11.3.b) de la Ley 40/2015, de 1 de octubre, de Régimen Jurídico del Sector Público, sin perjuicio de publicar su reseña en los portales de internet y sedes electrónicas respectivas.

CLÁUSULAS ADICIONALES

PRIMERA. Desarrollo sostenible

La Diputación Provincial se compromete, en el desarrollo y ejecución de las actividades objeto de encomienda de gestión, a respetar los principios de economía circular y evitar impactos negativos significativos en el medio ambiente (*"do no significant harm"*), conforme con los criterios establecidos por la Unión Europea.

SEGUNDA. Lenguaje no sexista

De conformidad con lo establecido en la legislación vigente en materia de igualdad efectiva de mujeres y hombres, en todas las gestiones encomendadas se tendrá especial atención en el uso inclusivo del leguaje para sus comunicaciones internas y externas.

Y en prueba de conformidad de cuanto antecede, las partes suscriben el convenio y a un solo efecto, en el lugar y fecha indicados.

Lugar, fecha, cargo y firma electrónica.

Las personas titulares de los órganos administrativos intervinientes

ANEXO

MEMORIA DE LA ENCOMIENDA DE GESTIÓN ORDINARIA DE SERVICIOS

(Describir la relación de las actividades concretas que se deben desarrollar en cumplimiento de la encomienda de gestión ordinaria de servicios, justificar conveniencia y oportunidad y valorar su impacto económico positivo para los procesos de racionalización administrativa).

F299. ACUERDO DE CREACIÓN DE UNA MANCOMUNIDAD DE MUNICIPIOS

REUNIDOS

D/Dª..............., D/Dª. ...., D/Dª.............., en calidad de alcaldesas/es de los municipios de ...., en nombre y representación de sus respectivas Corporaciones Locales.

Las partes intervinientes se reconocen capacidad jurídica suficiente para celebrar el presente Acuerdo, en uso de las facultades otorgadas por los acuerdos plenarios adoptados por cada ayuntamiento con el voto favorable de la mayoría absoluta de miembros de la Corporación, en fechas de ...., para iniciar el procedimiento de creación de una Mancomunidad.

Administraciones municipales participantes, están resueltas a asociarse entre ellas con la constitución de una Mancomunidad como entidad local, y a tal efecto en el ejercicio de sus atribuciones legales,

EXPONEN

El artículo 44 de la Ley 7/1985, de 2 de abril, Reguladora de las Bases de Régimen Local, reconoce a los municipios el derecho a asociarse con otros en macomunidades para la ejecución en común de obras y servicios determinados de su competencia, con el fin de mejorar la eficiencia en la gestión de los recursos y prestación de los servicios públicos.

La Mancomunidad de ...., tendrá personalidad y capacidad jurídica para el cumplimiento de sus fines específicos y se regirá por sus Estatutos propios, en los que se regulará el ámbito territorial de la entidad, su objeto y sus competencias, así como los órganos de gobierno, el plazo de duración y cuantos extremos sean necesarios para su funcionamiento. En todo caso los órganos de gobierno serán representativos de los ayuntamientos mancomunados.

En el marco que la normativa básica estatal y conforme a lo determinado por la legislación de esta Comunidad Autónoma, se considera conveniente y oportuno crear dicha Mancomunidad integrada, en principio, por los municipios que suscriben el presente Acuerdo, sin perjuicio de reconocer el derecho a adherirse como asociados a favor de otros municipios vecinos del área territorial afectada, en las mismas condiciones y análogos derechos que a los municipios fundadores, cuyas características determinen intereses comunes que precisen una gestión propia o demanden la prestación de servicios cuyo ámbito sobrepase el municipal o que requieran inversiones superiores a las que podrían realizar los Ayuntamientos por separado, principalmente, en el ámbito territorial de la Mancomunidad.

Por otra parte, se respeta absolutamente el principio de autonomía municipal, de manera que sea la voluntad de los Ayuntamientos la que dirija y gobierne la Mancomunidad y que la acción de las demás Administraciones públicas se limite a asistirla y a colaborar con ella en el ejercicio de las funciones que, en defensa del ordenamiento jurídico, le atribuye la Ley Reguladora de las Bases del Régimen Local.

Sin duda, la creación de esta Mancomunidad de municipios contribuirá a la mejora de la capacidad y racionalización para la prestación de los servicios en la esfera de sus competencias municipales, singularmente los de mayor incidencia en la población por el carácter esencial y básico que tienen para el bienestar de la ciudadanía. Especialmente, como ámbito territorial adecuado para la realización de obras y prestación de servicios por parte del resto de las Administraciones públicas, que por sus características lo hagan necesario en su debida cooperación, colaboración o, en su caso, coordinación.

En su virtud, las Corporaciones Locales firmantes están interesadas en la firma del presente acuerdo de agrupación de municipios mancomunados para un fin común, y es por ello por lo que se formaliza de conformidad con las siguientes,

CLÁUSULAS

PRIMERA. Constitución de la Mancomunidad

Los Ayuntamientos de...................., se asocian para la gestión y ejecución en común de obras y servicios públicos de sus respectivas competencias, mediante la constitución de la presente Mancomunidad denominada ...., que se regirá por lo que dispone la normativa autonómica dictada por..........., la Ley 7/1985, de 2 de abril, Reguladora de las Bases de Régimen Local, los Estatutos propios de la Mancomunidad y la legislación estatal supletoria que le sea aplicable.

En todo caso, los órganos de gobierno de la Mancomunidad serán representativos de los ayuntamientos mancomunados.

SEGUNDA. Objeto de la Mancomunidad

1. El objeto de la Mancomunidad es el cumplimiento en su ámbito territorial de los siguientes fines específicos: .... (*enunciar los fines para los que se crea la Mancomunidad de municipios*)
2. Para el cumplimiento de sus finalidades, la Mancomunidad estará dotada de las potestades siguientes:
   a) Reglamentaria y de autoorganización.
   b) Tributaria y financiera.
   c) De programación o planificación.
   d) De expropiación y de investigación, deslinde y recuperación de oficio de sus bienes.
   f) De presunción de legitimidad y la ejecutividad de sus actos.
   g) De ejecución forzosa y sancionadora.
   h) Revisión de oficio de sus actos y acuerdos.
   i) De inembargabilidad de los bienes y derechos, en los términos previstos en las Leyes, así como las prelaciones, preferencias y prerrogativas reconocidas a la Hacienda Pública para sus créditos, sin perjuicio de aquellas que correspondan a las Haciendas del Estado y de la Comunidad Autónoma.

TERCERA. Personalidad de la Mancomunidad

La Mancomunidad será una entidad local con personalidad y capacidad jurídica para el cumplimiento de sus finalidades, dotada de patrimonio y recursos propios para el desempeño de sus fines.

Se regirá por sus propios Estatutos que regulan el ámbito territorial de la Mancomunidad, su objeto y competencias, órganos de gobierno y recursos, así como el plazo de duración y cuantos otros extremos se consideren necesarios para su funcionamiento, conforme con lo establecido en el artículo 44 de la Ley Reguladora de las Bases Régimen Local.

De acuerdo con lo establecido en el artículo 140.2 de la Ley 40/2015, de 1 de octubre, de Régimen Jurídico del Sector Público, en lo no previsto en el Título III de dicha ley, las relaciones interadministrativas entre la Administración General del Estado o de las Comunidades Autónomas con las Entidades que integran la Administración Local, se regirán por la legislación básica en materia de régimen local.

CUARTA. Agrupación de Municipios en la Mancomunidad

Para los municipios mancomunados no será indispensable que haya entre ellos continuidad territorial, si ésta no se requiere por la naturaleza de las finalidades de la Mancomunidad dentro de su ámbito territorial. Podrán adherirse a la Mancomunidad con las mismas condiciones, derechos y deberes cuantos municipios voluntariamente suscriban en toda su integridad el presente Acuerdo y su régimen de funcionamiento previsto en los Estatutos.

QUINTA. Estatutos de la Mancomunidad

Los Estatutos de la Mancomunidad deben expresar, como mínimo, las circunstancias siguientes:

a) Municipios que voluntariamente se integren en la mancomunidad.

b) Ámbito territorial, objeto, sus finalidades y competencias.

c) Su denominación.

d) Lugar en el cual radica su órgano de gobierno y de administración.

e) Órgano de gobierno, su composición y la forma de designación y cese de sus miembros.

f) Normas de funcionamiento.

g) Sus recursos económicos y las aportaciones y los compromisos de los municipios que la forman.

h) Plazo de vigencia y las causas y el procedimiento de disolución.

i) La adhesión de nuevos miembros y la separación de municipios componentes de la mancomunidad.

j) Normas sobre liquidación de la mancomunidad.

k) El procedimiento para su modificación.

Los Estatutos podrán contener, además, todas las normas que sean necesarias para el funcionamiento de la Mancomunidad, en el marco de la legislación aplicable. En todo caso los órganos de gobierno de la Mancomunidad serán representativos de los Ayuntamientos mancomunados.

SEXTA. Procedimiento de aprobación de los Estatutos

1. El proyecto de Estatutos de la Mancomunidad será elaborado por una Comisión integrada por los miembros de las Corporaciones Locales interesadas que éstas hayan designado al efecto.
2. La Diputación Provincial emitirá un informe sobre el proyecto de Estatutos.
3. El proyecto de Estatutos informado será elevado a una Asamblea integrada por la totalidad de los miembros de las Corporaciones, para su aprobación o, en su caso modificación.
4. Corresponde a la alcaldesa o alcalde del Municipio de mayor población la función de convocar y presidir la citada Asamblea, y de los acuerdos adoptados dará fe la secretaría de aquella Corporación.

5. Para que la Asamblea quede válidamente constituida será necesaria la asistencia de las dos terceras partes de los miembros que la integran en primera convocatoria y de la mitad, en segunda convocatoria, que tendrá lugar en las 48 horas siguientes.
6. Para que se pueda considerar aprobado el proyecto de Estatutos será necesario el voto favorable de dos tercios de los asistentes a la Asamblea.
7. Elaborado el proyecto de Estatutos, se someterá el expediente a información pública por un plazo de un mes, mediante la inserción de anuncios en los tablones de edictos de los Ayuntamientos, en el Boletín Oficial de la Provincia y en Diario Oficial de la Comunidad Autónoma.

   Estos anuncios deben estar firmados por el Presidencia de la Asamblea y el expediente se podrá consultar en cada uno de los Ayuntamientos interesados.
8. Transcurrido el plazo de información pública, previo informe de la Comisión delegada a que se refiere el apartado 1 anterior, la Asamblea elevará la propuesta de aprobación a los Plenos de las Corporaciones Locales que deberán decidir sobre la constitución de la Mancomunidad y la aprobación de los Estatutos, mediante el voto favorable de la mayoría absoluta legal de los miembros que integran el Ayuntamiento.

SÉPTIMA. Publicación Oficial

Del acuerdo a que hace referencia el apartado anterior, deberá darse traslado a la Administración de la Comunidad Autónoma de…………, y a la Diputación Provincial, a los efectos de que, una vez recibidas las certificaciones de los acuerdos de todos los Ayuntamientos interesados en la Mancomunidad, se proceda a publicar el correspondiente edicto en el Boletín Oficial de la Provincia y en el Diario Oficial de la Comunidad Autónoma, sin perjuicio de publicar su reseña en los portales de internet y sedes electrónicas respectivas.

OCTAVA. Constitución del órgano de gobierno de la Mancomunidad

En el plazo de un mes, a contar desde la publicación del anuncio de la aprobación de los Estatutos, se procederá a celebrar sesión constitutiva del órgano de gobierno de la Mancomunidad.

Una vez constituido el órgano de gobierno, la Presidencia deberá inscribir la Mancomunidad en el Registro de Entidades Locales, de acuerdo con la normativa reguladora que le es de aplicación.

NOVENA. Adhesión y separación de municipios

Para la adhesión de otros municipios a la Mancomunidad ya constituida será necesario acuerdo adoptado por el voto favorable de la mayoría absoluta del número legal de miembros que integren la Corporación o las Corporaciones interesadas, previa información pública de un mes.

La adhesión requerirá acuerdo favorable del órgano de gobierno de la Mancomunidad y publicación en el Boletín Oficial de la Provincia y en el Diario Oficial de la Comunidad Autónoma, sin perjuicio del resto de trámites que se puedan establecer en los Estatutos de la Mancomunidad.

La separación de uno o diversos municipios de la Mancomunidad requerirá acuerdo de cada una de las Corporaciones interesadas, adoptado por voto favorable de la mayoría absoluta del número legal de miembros que la integran, previa información pública de un mes, sin perjuicio del resto de trámites que se puedan establecer en los Estatutos de la Mancomunidad.

El acuerdo de separación debe publicarse en el Boletín Oficial de la Provincia y en el Diario Oficial de la Comunidad Autónoma, para conocimiento general, y también debe darse traslado al Registro de Entidades Locales.

DÉCIMA. Modificación de los Estatutos

El cambio o sustitución de las determinaciones establecidas en los Estatutos de la Mancomunidad exige cumplir el mismo procedimiento legal previsto para su aprobación.

El procedimiento previsto en el apartado anterior podrá comenzar por iniciativa propia de la Mancomunidad o de cualquiera de los Ayuntamientos interesados.

UNDÉCIMA. Disolución de la Mancomunidad

La disolución de la Mancomunidad se ajustará a lo que disponen sus Estatutos. El acuerdo de disolución una vez adoptado estatutariamente se publicará en el Boletín Oficial de la Provincia y en el Diario Oficial de la Comunidad Autónoma para conocimiento general y se dará traslado a la Administración de la Comunidad Autónoma para su correspondiente inscripción en el correspondiente Registro de Entidades Locales.

CLÁUSULAS ADICIONALES

PRIMERA. Medidas de fomento de la Mancomunidad

El órgano de gobierno de la Mancomunidad prestará especial asesoramiento técnico y apoyo económico a los municipios para realizar las actividades y servicios que precise en el cumplimiento de sus fines encomendados.

La Mancomunidad impulsará las acciones necesarias para la mayor divulgación y conocimiento público de los planes o programas que se aprueben o gestione en ejecución de las finalidades y sus competencias.

SEGUNDA. Desarrollo sostenible

La Mancomunidad se compromete, en el desarrollo y ejecución de las actividades llevadas a cabo, a respetar los principios de economía circular y evitar impactos negativos significativos en el medio ambiente ("*do no significant harm*"), conforme con los criterios establecidos por la Unión Europea.

TERCERA. Lenguaje no sexista

La Mancomunidad de conformidad con lo establecido en la legislación vigente en materia de igualdad efectiva de mujeres y hombres, se compromete a prestar especial atención en el uso inclusivo del leguaje para sus comunicaciones internas y externas.

Y en prueba de conformidad por cuanto antecede, firman las partes intervinientes el presente Acuerdo de constitución de municipios mancomunados, en el lugar y fecha indicados.

Lugar, fecha, cargo y firma electrónica.

Los Alcaldes/Alcaldesas de las Corporaciones Locales intervinientes

F300. SOLICITUD DE INFORMACIÓN SOBRE LA ACTIVIDAD MUNICIPAL

Asunto:
Procedimiento:
Expediente núm.:
Departamento:

NOTIFICACIÓN

En esta Administración autonómica se ha tenido conocimiento de la aprobación por parte del Ayuntamiento de su digna Presidencia, del expediente administrativo relativo a ...... sobre .... *(indicar la materia de que se trate).*

En el ejercicio de las competencias propias legalmente atribuidas a esta Administración Pública, para comprobar el cumplimiento y la efectividad de la legislación autonómica dictada en esta materia.

Es por lo que, al amparo del artículo 56.2 de la Ley 7/1985, de 2 de abril, de Reguladora de las Bases del Régimen Local,

SOLICITO AL AYUNTAMIENTO de su digna Presidencia que, en el plazo de un mes, remita a esta Administración Pública por vía electrónica copia autenticada y completa del referido expediente administrativo municipal, junto a cuantos antecedentes o informes se estimen convenientes para ampliar la información sobre este asunto, en cumplimiento del deber legal establecido por la Ley.

Asimismo, se comunica que durante dicho periodo queda interrumpido el cómputo del plazo para poder interponer, en su caso, el correspondiente recurso contencioso-administrativo, sin perjuicio de que desatendido lo solicitado se puedan ejercitar, además, las acciones legales oportunas para proceder en consecuencia.

Lugar, fecha, cargo y firma electrónica.

La persona titular del órgano administrativo competente

F301. SUPERVISIÓN DE LA ACTIVIDAD DE UNA ENTIDAD LOCAL

Asunto:
Procedimiento:
Expediente núm.:
Departamento:

NOTIFICACIÓN

De los datos que obran en esta Administración Pública se desprende que no se están se llevando a cabo en ese municipio, las actuaciones que exige la Ley para ...., lo que conlleva una situación anómala que afecta al ejercicio de las competencias propias de esta Administración, y cuya cobertura económica está legalmente garantizada.

Con fecha .... se notificó escrito solicitando información municipal al respecto, sin que hasta la fecha haya sido atendida.

Es por ello, que al amparo del artículo 60 de la Ley 7/1985, de 2 de abril, Reguladora de las Bases del Régimen Local, he tenido a bien,

RECORDAR AL AYUNTAMIENTO de su digna Presidencia, el cumplimiento de la obligación establecida en el artículo...... de la Ley......, llevando a cabo las actuaciones precisas para la satisfacción del interés público encomendado e informando de todo lo actuado a esta Administración competente para la comprobación de la efectividad en su aplicación de la legislación aplicable en esta materia.

Advirtiéndole que si en el plazo máximo de UN MES, a contar desde el día siguiente a la notificación del presente escrito, el Ayuntamiento de su digna Presidencia, como Administración Pública responsable no ejerce sus competencias atribuidas en esta materia, respecto de las cuestiones planteadas, esta Administración ante la notoria negligencia en el ejercicio de dichas potestades, procederá a dictar las medidas necesarias para el fiel cumplimiento de la obligación legalmente establecida a costa y en sustitución de esa Entidad Local, en los términos previstos en la legislación de régimen local.

Lugar, fecha, cargo y firma electrónica.

La persona titular del órgano administrativo competente

F302. COMUNICACIÓN DE UN ACTO O ACUERDO A LA ADMINISTRACIÓN AUTONÓMICA

Asunto:

Procedimiento:

Expediente núm.:

Departamento:

NOTIFICACIÓN AL ÓRGANO COMPETENTE

Con fecha de .... esta Alcaldía, por delegación de competencias en la persona titular de la concejalía de ...., por acuerdo de la Junta de Gobierno de esta Corporación Local, ha dictado la siguiente resolución, que a continuación se transcribe literalmente:

"VISTA la solicitud de licencia de ..., (Expte. núm. ......), formulada por D/Dª. ...., en representación de ...., de fecha ...., para ...., el paraje ...., de este Municipio, según proyecto técnico redactado por D/Dª. ...., visado por el Colegio Profesional de ...., en fecha ....

Vistos los informes de los servicios técnicos municipales de......................, así como la propuesta de resolución formulada por......................, de conformidad con los mismos, y en el artículo ....de la Ley de................ y artículo 21.1.q) de la Ley 7/1985, de 2 de abril, Reguladora de las Bases del Régimen Local, así como el Plan General de este Municipio aprobado definitivamente el ....y la Ordenanza aprobada por el Ayuntamiento-Pleno en fecha...............,

DISPONGO

PRIMERO. Conceder licencia de ...., a ...., para ...., en el paraje ...., núm. ...., de este municipio, según proyecto técnico redactado por ...., visado por el Colegio Profesional .... en fecha ...., siendo la empresa promotora .... y bajo la dirección técnica de..................

SEGUNDO. Que por la unidad de tributos no periódicos se practiquen las liquidaciones que correspondan de impuesto sobre.............., así como la tasa por prestación del servicio de concesión de licencias.

TERCERO. La licencia caducará a los seis meses de su otorgamiento en el supuesto de no iniciarse lo autorizado. Iniciadas las mismas en el citado plazo deberán concluir en el de .... meses, a contar desde el día siguiente al de la notificación del otorgamiento de la licencia.

CUARTO. Notificar la presente resolución al departamento de .... y a la persona interesada, señalándole que podrá retirar un proyecto de los presentados al efecto de concesión de la presente licencia en el plazo de un mes a partir de su notificación en este Ayuntamiento, así como una placa de señalización de la licencia concedida que deberá estar expuesta al público en el lugar autorizado desde su inicio hasta su finalización.

Contra la presente resolución que pone fin a la vía administrativa, de conformidad con lo establecido en el artículo 114. c) de la Ley 39/2015, de 1 de octubre, del Procedimiento

Administrativo Común de las Administraciones Públicas, las personas interesadas podrán interponer los siguientes recursos:

a) Directamente recurso contencioso-administrativo ante el Juzgado de lo Contencioso-Administrativo correspondiente, en el plazo de DOS MESES contados a partir del día siguiente a la notificación o publicación oficial en el ...., de conformidad con lo dispuesto en los artículos 8 y 46 de la Ley 29/1998, de 13 de julio, reguladora de la Jurisdicción Contencioso-Administrativa.

b) Potestativamente, recurso de reposición ante el mismo órgano que ha dictado el acto, en el plazo de UN MES a contar desde el día siguiente al de su notificación o publicación oficial en correspondiente, de conformidad con lo establecido en los artículos 123 y 124, de la Ley 39/2015, de 1 de octubre, del Procedimiento Administrativo Común de las Administraciones Públicas. Teniendo en cuenta que no es posible simultanear los recursos contencioso-administrativo y el potestativo de reposición.

c) En el caso de que la persona interesada sea una Administración Pública no cabe interponer recurso en vía administrativa, sin perjuicio de los dispuesto en el artículo 44 de la Ley 29/1998, de 13 de julio, reguladora de la Jurisdicción Contencioso-Administrativa, debiendo requerir previamente para que se anule o revoque el presente acto, en el plazo de DOS MESES contados desde el día siguiente al de su notificación o publicación oficial correspondiente, teniendo en cuenta que ello no incide en la ejecutividad del acuerdo ni interrumpe los plazos a su firmeza, al no ser sustitutivo del régimen de recursos en vía administrativa.

Todo ello sin perjuicio de que se pueda interponer cualquier otro recurso que se estime pertinente".

LA PRESENTE NOTIFICACIÓN ES TRANSCRIPCIÓN EXACTA DE LA RESOLUCIÓN ORIGINAL QUE CONSTA EN EL EXPEDIENTE Y TIENE EL VALOR DE COPIA AUTÉNTICA.

Lugar, fecha, cargo y firma electrónica.

La persona titular de la secretaria general del Ayuntamiento

F303. REQUERIMIENTO PARA LA ANULACIÓN DE UN ACTO O ACUERDO MUNICIPAL

Asunto:
Procedimiento:
Expediente núm.:
Departamento de:

NOTIFICACIÓN

Esta Administración Pública ha tenido conocimiento con fecha .... del acuerdo dictado por el Ayuntamiento de su digna Presidencia del día ...., por el que se resolvió conceder licencia/autorización municipal a D/Dª. ...., en nombre y representación de .... para ...., de ese término municipal.

De los datos y de la documentación con que se cuenta, se desprende que la precitada licencia/autorización municipal infringe el ordenamiento jurídico-administrativo por cuanto que .... (*señalar la normativa administrativa presuntamente conculcada*).

Sin duda, ello constituye una infracción administrativa grave que conlleva que dicho acuerdo municipal sea nulo de pleno derecho, conforme determina el artículo ...., en relación con el artículo 47, apartado 1, letra ... de la Ley 39/2015, de 1 de octubre, del Procedimiento Administrativo Común de las Administraciones Públicas.

Dado que dicho acuerdo no se ajusta al ordenamiento jurídico, por cuanto que .... (*indicar los motivos de ilegalidad advertidos*), incumple los requisitos exigidos en la normativa sobre .... Por ello, es por lo que procede requerir al Ayuntamiento de su digna Presidencia para que revoque y deje sin efecto el precitado acuerdo, conforme a lo dispuesto en la legislación de Régimen Local.

En virtud de lo expuesto, y haciendo uso de las facultades otorgadas por la vigente normativa respecto de los actos y acuerdos que adopten los municipios en materia de ...., y al amparo del artículo 65 de la Ley Reguladora de las Bases de Régimen Local,

REQUIERO al Ayuntamiento de su digna Presidencia, para que en el plazo máximo de UN MES, a través del órgano competente, se proceda a la anulación de referido acuerdo municipal de fecha.........., por el que concede licencia/autorización en el procedimiento relativo al expediente núm. ..... sobre ...., de ese el término municipal, por las razones de ilegalidad manifiesta advertidas.

Se significa que, transcurrido el citado plazo a contar desde el día siguiente a la presente notificación, sin haber atendido lo requerido esta Administración procederá a impugnar dicha resolución municipal ante el orden jurisdiccional de lo contencioso-administrativo, de conformidad con lo dispuesto en el art. 19.1.d) y 44 de la Ley 29/1998, de 13 de julio, reguladora de la Jurisdicción Contencioso-Administrativa.

Lugar, fecha, cargo y firma electrónica.

La persona titular del órgano administrativo competente

F304. REQUERIMIENTO PARA EL CUMPLIMIENTO DE UNA OBLIGACIÓN LEGAL

Asunto:
Procedimiento:
Expediente. núm.:
Departamento:

NOTIFICACIÓN

En relación con la contestación municipal de fecha..............., sobre la denuncia por presuntas infracciones administrativas en materia de .... (*identificar el objeto del requerimiento*), presentada por D/Dª. ...., y a la vista de los datos y de la documentación con que se cuenta, es por lo que ruego nos comunique las actuaciones practicadas por la Corporación Local de su digna Presidencia, para el esclarecimiento de los hechos denunciados y la determinación de las responsabilidades susceptibles de sanción administrativa.

Asimismo, en base a las competencias propias e irrenunciables que la legislación sobre Régimen Local le atribuye al municipio en esta materia, al amparo del artículo 60 de la Ley 7/1985, de 2 de abril, Reguladora de las Bases del Régimen Local y de conformidad con lo establecido el artículo .... (*indicar la normativa estatal o autonómica aplicable*), es por lo que,

REQUIERO al Ayuntamiento de su digna Presidencia, para que, en el plazo de UN MES a contar desde la recepción del presente notificación, cumpla con las obligaciones impuestas por la Ley en materia de ...., indicándole que transcurrido dicho plazo si el incumplimiento persistiera, se procederá a adoptar las medidas necesarias para el cumplimiento de la obligación legalmente impuesta, a costa y en sustitución de esa Entidad Local.

Lugar, fecha, cargo y firma electrónica.

La persona titular del órgano administrativo competente

F305. RESOLUCIÓN DE CONFICTOS ENTRE DOS ENTIDADES LOCALES

Asunto:
Procedimiento:
Expediente. núm.:
Departamento:

VISTO el procedimiento administrativo relativo el expediente de referencia sobre conflicto planteado por la Corporación Local de ......, del que resultan los siguientes,

ANTECEDENTES DE HECHO

1. La Corporación Local de ...., en fecha ...., requirió expresamente al Ayuntamiento de ...., por no estar conforme con las actuaciones relativas a ...., que estaba llevando a cabo y que afectaban a su término municipal.
2. El Ayuntamiento de .... requerido, informó con fecha ...., lo siguiente: .... *(describir sucintamente el objeto de informe)*.
3. En fecha ...., se planteó ante esta Administración conflicto positivo de competencias.
4. El órgano administrativo competente de esta Administración, con fecha ...., concedió un trámite de audiencia por el plazo de un mes como período de consultas a ambas entidades locales, para que pudiesen alegar o sugerir lo que estimasen oportuno respecto de la propuesta de resolución elaborada por el órgano instructor del procedimiento.
5. Con fechas ...., se recibieron informes al respecto de las Corporaciones locales interesadas.
6. Con fecha.................. se aprobó la planificación y programación de actuaciones o servicios de las Corporaciones Locales en esta materia.
7. Los servicios jurídicos de esta Administración Autonómica (*o, en su caso, órgano consultivo superior de las Comunidades Autónomas*) ha informado el expediente y se ha formulado propuesta de resolución.

A los anteriores hechos son de aplicación los siguientes,

FUNDAMENTOS DE DERECHO

PRIMERO. Respecto al procedimiento, en el caso presente se han observado las prescripciones legalmente establecidas. En efecto, a tenor de lo dispuesto en el artículo 50.2 de la Ley 7/1985, de 2 de abril, Reguladora de las Bases del régimen Local, los conflictos de competencias planteados entre diferentes Entidades locales serán resueltos por la Comunidad Autónoma o por la Administración del Estado (en este caso previa audiencia de las Comunidades Autónomas afectadas), sin perjuicio de la ulterior posibilidad de impugnar la resolución dictada ante la Jurisdicción Contencioso-Administrativa. Ello en relación con la normativa autonómica dictada en esta materia, que está constituida por los artículos........... de .... Con arreglo a dicha regulación, corresponde al Pleno municipal plantear ante el órgano de gobierno de esta Comunidad Autónoma el conflicto suscitado.

Asimismo, se ha instruido el expediente con audiencia de las Corporaciones Locales afectadas para alcanzar un acuerdo interadministrativo sobre las características de una posible actuación concertada, y se han recabado los preceptivos informes y dictámenes.

En el presente caso se han cumplido requisitos y prescripciones procedimentales legales del procedimiento.

SEGUNDO. En cuanto al fondo del asunto, el Gobierno de esta Comunidad Autónoma considera que, en el actual sistema de relaciones de las Administraciones públicas territoriales, se subraya la existencia de un "círculo de intereses comunes" derivado de la existencia del principio de autonomía reconocido en la Constitución. Por ello, exige una actuación coherente de todas las Administraciones públicas e impone el deber de una actuación coordinada y eficaz en el ejercicio de sus competencias, conforme a los criterios expresados en el artículo 103.1 CE y su concordante artículo 6 de la Ley de Reguladora de las Bases del Régimen Local. Sin olvidar que tal unidad de acción y coordinación administrativa debe ejercitarse de modo compatible con la situación de autonomía que gozan las entidades locales para la gestión de sus propios intereses (ex art. 137 y 140 CE y art. 7.2 LBRL). Por otra parte, será de recordar que las potestades de coordinación que las comunidades autónomas ostentan sobre la actividad de las entidades locales se encuentran reconocidas en la citada Ley de Bases del Régimen Local, en concreto en sus artículos 10.2, 59.1 y 62, lo que ha sido objeto de desarrollado por la normativa autonómica dictada en esta materia.

En el caso concreto sometido a consideración, resulta que para resolver el conflicto planteado, dado que no se ha podido alcanzar un acuerdo entre los Ayuntamientos afectados, la ejecución de las actuaciones o servicios públicos relativos a ...., conforme a la planificación y programación aprobada, debe garantizar su plena efectividad y su adecuada coordinación administrativa, con arreglo a los criterios que para ello establezca esta Comunidad Autónoma.

TERCERO. Este órgano administrativo es competente para la adopción del presente acuerdo, de conformidad con lo establecido en la legislación autonómica aplicable.

En virtud de lo dispuesto en la Ley de Gobierno de esta Comunidad Autónoma, a propuesta de consejería de ...., conforme/oído con el órgano consultivo de esta Comunidad Autónoma, y previa deliberación, en su reunión del día ......,

ACUERDA

PRIMERO. Resolver definitivamente las discrepancias formuladas por los municipios de...................., sobre el conflicto planteado en el ejercicio de competencias y coordinar la ejecución de las actuaciones o servicios públicos relativos a .... entre ambos municipios, conforme a la planificación y programación aprobada en fecha................. en materia de........... Para ello se dictan las siguientes directrices de actuación administrativa —que no afectan a la potestad de autoorganización de los servicios que corresponden a las entidades locales— a las que deberán atenerse ambos municipios: .... (*describir sucintamente las actuaciones coordinadas*).

SEGUNDO. Requerir a ambas Corporaciones Locales, para que en cumplimiento con lo resuelto en el apartado anterior, se abstengan de realizar actos que impidan, dificulten o perturben la eficacia de la acción pública acordada.

TERCERO. Comunicar el presente acuerdo a los Ayuntamientos afectados y a la Consejería de ...., a quien se faculta expresamente para pueda adoptar las medidas necesarias y velar por el estricto cumplimiento del presente acuerdo, así como declarar la conformidad de lo actuado.

CUARTO. Disponer la publicación íntegra del presente acuerdo en el Diario Oficial de esta Comunidad Autónoma.

Contra el presente Acuerdo, que agota la vía administrativa, no cabe recurso en vía administrativa, las administraciones interesadas podrán el interponer recurso contencioso-administrativo, ante la Sala de lo Contencioso-Administrativo del Tribunal Superior de Justicia correspondiente, el plazo de dos meses contados desde el día siguiente al de su notificación o publicación, Asimismo, con carácter potestativo se podrá requerir previamente a esta Administración competente para que anule o revoque el presente Acuerdo, en el plazo de dos meses computado en los términos anteriormente citados, de conformidad con lo establecido en el artículo 44 de la Ley 29/1998, de 13 de julio, reguladora de la Jurisdicción Contencioso-Administrativa. Todo ello, sin perjuicio de que por las Corporaciones Locales interesadas puedan ejercitar, en su caso, cualquier otro recurso que estimen procedente.

Lugar, fecha, cargo y firma electrónica.

La persona titular del órgano administrativo competente

4. Relaciones electrónicas entre Administraciones Públicas

F306. CONVENIO MARCO PARA LA PRESTACIÓN MUTUA DE SISTEMAS, SOLUCIONES Y SERVICIOS DIGITALES

REUNIDOS

De una parte, D/Dª ...., en nombre y representación del Ministerio de ...., actuando en el ejercicio de su cargo con competencias para la suscripción de convenios, acuerdo con las facultades que le otorga la actual legislación como órgano administrativo con personalidad jurídica pública y plena capacidad de obrar.

De otra parte, D/Dª ...., Consejero/a de .... de la Comunidad Autónoma de......., actuando en el ejercicio de su cargo en virtud de nombramiento de ...., de acuerdo con las facultades otorgadas para la suscripción de convenios interadministrativos de esta índole.

Respecto del procedimiento administrativo, en el presente convenio se han observado los trámites legales establecidos para la suscripción de convenios en el artículo 50 de la Ley 40/2015 de Régimen Jurídico del Sector Público.

Ambas partes se reconocen capacidad jurídica necesaria para suscribir el presente convenio interadministrativo y, en su virtud,

EXPONEN

Las Leyes 39/2015, de 1 de octubre, del Procedimiento Administrativo Común de las Administraciones Públicas y 40/2015, de 1 de octubre, de Régimen Jurídico del Sector Público, representan un enérgico respaldo a las medidas de simplificación administrativa y a la generalización de la Administración Electrónica, hasta el punto de que constituyen los dos ejes sobre los que se articulas sus principales novedades. En este contexto de acuerdo con lo previsto en el artículo 155 de la Ley 40/2015, de 1 de octubre, de Régimen Jurídico del Sector Público, en relación con el artículo 56 del Reglamento de actuación y funcionamiento del sector público, por medios electrónicos, aprobado por RD 203/2021, de 30 de marzo, las Administraciones Públicas, en el ejercicio de sus competencias, están obligadas a relacionarse a través a relacionarse de medios electrónicos entre sí y con sus órganos, organismos públicos y entidades vinculados o dependientes.

Dichos medios electrónicos deben asegurar la interoperatibilidad y seguridad de los sistemas y soluciones adoptadas por cada una de las Administraciones Públicas, garantizando , en todo caso, la protección de los datos de carácter personal y facilitando a la prestación conjunta de los servicios entre ellas y las personas interesadas, cumpliendo lo indicado en el Esquema Nacional de Interoperabilidad en el ámbito de la Administración Electrónica y el Esquema Nacional de Seguridad, previstos en el artículo 156 de la Ley 40/2015, y regulados en Reales Decretos 4/2010, de 8 de enero, y 311/2022, de 3 de mayo, respectivamente.

Teniendo en cuenta, además, que cada una de las Administraciones que integran el sector público actúan con personalidad jurídica única para el cumplimiento de sus fines, es un deber de colaboración interadministrativa el prestar, en el ámbito propio de cada Administración, la asistencia que las otras Administraciones Públicas pudieran solicitar para el eficaz ejercicio de sus competencias, en cumplimiento de lo establecido en los 141 y 142 de la citada Ley de Régimen Jurídico del Sector Público.

Con el fin de mejorar las garantías y sistemas para optimizar la eficiencia en la gestión, ambas Administraciones están interesadas en la prestación mutua de sistemas, soluciones y servicios digitales que garanticen la interoperabilidad y faciliten la prestación de los servicios públicos en su actividad administrativa, lo que obliga a las Administraciones públicas a contar con un conjunto de soluciones tecnológicas para la implantación coordinada de la administración electrónica apostando por las tecnologías más innovadoras, como la robotización y la inteligencia artificial. Asimismo, la finalidad de que las demás Administraciones o entidades del sector público institucional ubicadas en el territorio de la Comunidad Autónoma de .... sean partícipes en las trasmisiones y plataformas de intermediación de datos e interconexión de registros, se estima conveniente establecer un mecanismo que posibilite, de forma sencilla, que puedan adherirse al convenio a través de un procedimiento simplificado pero que garantice, en todo caso, el cumplimiento de las obligaciones legalmente establecidas para el ejercicio de sus respectivas competencias.

Que en el marco de la Conferencia Sectorial de Administración Electrónica, las partes están de acuerdo en seguir implementando la transformación digital de las Administraciones públicas para facilitar la información que precisen sobre la actividad que desarrollen en el ejercicio de sus propias competencias o sea necesaria para que la ciudadanía pueda acceder de forma habitual a la información relativa a una materia de su interés.

Con la firma de este convenio las Administraciones interesadas se relacionarán entre sí y con sus órganos, organismos públicos y entidades vinculadas o dependientes a través de medios electrónicos, que aseguren la interoperabilidad y seguridad de los sistemas y soluciones tecnológicas adoptadas por cada una de ellas, garantizándose la protección de datos de carácter personal y facilitando preferentemente la prestación conjunta de servicios digitales a las personas interesadas.

El desarrollo y ejecución del presente convenio se ajustará a lo dispuesto en el Reglamento de actuación y funcionamiento del sector público por medios electrónicos, aprobado por Real Decreto 203/2021, de 30 de marzo, y en su caso, de acuerdo con lo establecido en la Orden PJC/385/2024, de 30 de abril, por la que se crea la Plataforma Digital de Colaboración entre las Administraciones Públicas y se regula su configuración y funcionamiento.

Por todo expuesto y en su atención, las partes que suscriben este convenio interadministrativo de colaboración con arreglo a las siguientes,

CLÁUSULAS

PRIMERA. Objeto

1. El presente convenio tiene por objeto establecer los términos y las condiciones generales para un aprovechamiento común de sistemas y soluciones tecnológicas básicas que prestan servicios digitales en cumplimiento de la legislación en materia de administración electrónica. Asimismo, se tendrán en cuenta el intercambio y la puesta en servicio de las tecnologías más innovadoras, como la robotización y la inteligencia artificial, con el objeto de simplificar los procedimientos y reducir las cargas administrativas.

Dicha prestación mutua de sistemas, aplicaciones y soluciones tecnológicas para la prestación de los servicios digitales se llevará a cabo en los términos que establece el presente convenio, realizándose sin contraprestación económica.

2. También es objeto de este convenio ofrecer un marco común para facilitar el acceso de las entidades locales o entidades de derecho público vinculadas o dependientes de ambas partes firmantes que estén interesadas en las soluciones tecnológicas relacionadas en la cláusula segunda del presente convenio o por las que las actualicen o modifiquen en el futuro, mediante la suscripción del correspondiente Acuerdo, que garantizará, en todo caso, el cumplimiento de las obligaciones establecidas en el presente convenio.

SEGUNDA. Ámbito de aplicación

1. Las partes que suscriben el presente convenio podrán acceder a las funcionalidades proporcionadas por soluciones tecnológicas básicas de administración electrónica que permiten la prestación mutua de sistemas de los servicios digitales para la actuación y funcionamiento de ambas Administraciones por medios electrónicos que, en el ejercicio de sus competencias, a continuación se especifican:

a) Para las comunicaciones entre Administraciones públicas.

b) Para la notificación por medios electrónicos o digitalizados.

c) Para el sistema de interconexión de asientos y registros.

d) Para el intercambio electrónico de datos.

e) Para tramitación electrónica de los procedimientos.

TERCERA. Compromisos de la Administración General de Estado, a través de su órgano competente

La Administración General del Estado a través de su órgano competente asume las siguientes obligaciones: .... *(numerar las actuaciones concretas a realizar)*.

CUARTA. Compromisos de la Comunidad Autónoma

La Administración de la Comunidad Autónoma a través de su Consejería de.... asume las siguientes obligaciones: .... *(numerar las actuaciones concretas a realizar)*.

QUINTA. Comisión de Seguimiento

1. Para la gestión, seguimiento y control del presente convenio y de las especificaciones técnicas recogidas en el Anexo del mismo, se constituirá una Comisión de Seguimiento que estará compuesta por seis personas designadas proporcionalmente ambas partes con cargo de director o directora general o equivalente.
2. Su organización y funcionamiento se regirá por las normas contenidas en la sección 3ª del Capítulo II del Título Preliminar de la Ley 40/2015, de 1 de octubre, de Régimen Jurídico del Sector Público.
3. La Comisión se reunirá, en sesión ordinaria dos veces al año y de forma extraordinaria, a petición de cualquiera de sus miembros.
4. Corresponden a la Comisión de Seguimiento las siguientes funciones:
   a) La resolución de las cuestiones relativas a la interpretación y cumplimiento de los compromisos derivados del presente convenio.
   b) La modificación de las condiciones técnicas relativas a la implantación y desarrollo de las correspondientes soluciones tecnológicas.
   c) La decisión sobre las puestas de producción o la suspensión de cada una de las soluciones de administración digital incorporadas al presente convenio.

d) El establecimiento de los niveles de servicio de aquellas soluciones que sustituyan o modifiquen sus funcionalidades como consecuencia de la evolución o desarrollo tecnológico.

e) La actualización permanente de los datos de referencia, personas de contacto, mecanismos de gestión de incidencias y seguimiento de niveles de servicio y la relación de responsables de cada sistema, aplicación o solución tecnológica.

f) La modificación o actualización de parte o de la totalidad de la tecnología correspondiente a las soluciones enumeradas en la cláusula segunda del presente convenio, así como su sustitución por otras más avanzadas cuando las existentes sean obsoletas o el desarrollo tecnológico permita nuevas o mejoras funcionalidades o se hayan producido en la normativa técnica o de seguridad informática.

SEXTA. Régimen económico

Este convenio no comporta obligaciones económicas entre las partes firmantes. En concreto, la aplicación y ejecución del presente convenio, incluyéndose al efecto todos los actos jurídicos que pudieran dictarse en su desarrollo y ejecución, deberá ser atendida con los medios personales y materiales propios de la Comunidad Autónoma.

SÉPTIMA. Plazo de vigencia y efectos

1. El presente convenio se perfeccionará el día de su firma y será eficaz una vez inscrito en el Registro Electrónico estatal de Órganos e Instrumentos de Cooperación, conforme con lo establecido en el artículo 48.8 en relación con la disposición adicional 7ª de la Ley 40/2015, de 1 de octubre, de Régimen Jurídico del Sector Público.

2. El Presente convenio tendrá una duración de cuatro años. En cualquier momento antes de la finalización de este plazo, las partes firmantes podrán acordar unánimemente su prórroga por un periodo de hasta cuatro años adicionales o su extinción.

3. También podrá extinguirse la vigencia si el convenio es denunciado, previa audiencia de la Comisión de Seguimiento y comunicación a las otras partes firmantes, por aquella que considere que se ha vulnerado el espíritu del mismo o se ha incumplido alguna de sus cláusulas. La denuncia se efectuará por escrito, con una antelación mínima de tres meses a la fecha. En todo caso, salvo pacto expreso, las partes se comprometen a realizar las actuaciones necesarias dirigidas a la finalización de las acciones ya iniciadas.

OCTAVA. Régimen jurídico

El presente convenio tiene naturaleza administrativa, conforme a la normativa establecida sobre "Convenios" en el Capítulo VI del Título Preliminar de la Ley 40/2015, de 1 de octubre, de Régimen Jurídico del Sector Público, por lo que está excluido de la legislación en materia de contratos del sector público. Sin perjuicio de estar sujeto a la regulación establecida por la Comunidad Autónoma en materia de convenios administrativos.

NOVENA. Plataforma Digital de Colaboración entre Administraciones Públicas

Para facilitar las relaciones y como soporte electrónico de espacio colaborativo de encuentro y de trabajo e intercambio de datos, se utilizará la Plataforma Digital de Colaboración entre Administraciones Públicas "Cooper@", creada y regulada por Orden PJC/385/2024, de 30 de abril.

DÉCIMA. Resolución de conflictos

Mediante la firma del presente convenio, las partes se comprometen a resolver de mutuo acuerdo las incidencias que puedan surgir en su cumplimiento.

Las cuestiones litigiosas que surjan entre las partes durante el desarrollo y ejecución del presente convenio y no puedan ser resueltas por la Comisión de Seguimiento prevista en la cláusula quinta, se someterán a la jurisdicción contencioso-administrativa, conforme a lo dispuesto en la Ley Reguladora de la Jurisdicción Contencioso-Administrativa.

Y en prueba de cuanto antecede, las partes suscriben el convenio y a un solo un solo efecto, en el lugar y fecha indicados.

Lugar, fecha, cargo y firma electrónica.

Las personas titulares de los órganos administrativos intervinientes

ANEXO

SERVICIOS DE LA PLATAFORMA DIGITAL INTEROPERABLE

(Describir en diferentes apartados las prescripciones técnicas de los sistemas, aplicaciones y soluciones tecnológicas compartidas objeto de convenio).

F307. CONVENIO MARCO PARA LA TRANSFERENCIA Y REUTILIZACIÓN DE TECNOLOGÍA ENTRE ADMINISTRACIONES

REUNIDOS

De una parte, ..., Consejero/a de ...., actuando en nombre y representación de la Administración de la Comunidad Autónoma de ...., de conformidad con lo dispuesto en el Decreto ...... que regula los convenios administrativos y su registro, y facultado para la suscripción del presente convenio por acuerdo del Gobierno de fecha ......

De otra parte, ..., Presidente/a de la Diputación Provincial de ...., en virtud de lo dispuesto en el artículo 34.1.b) de la Ley 7/19985, Reguladora de las Bases de Régimen Local, en cumplimiento de lo acordado por Acuerdo Plenario de fecha ...., asistido por la Secretaria General de la Diputación en calidad de fedatario público y facultado expresamente para la firma del presente convenio por acuerdo del Pleno de la Diputación de fecha ....

Ambas partes, en representación con que actúan, afirman y reconocen recíprocamente su capacidad, legitimación y vigencia de sus respectivas facultadas para celebrar el presente convenio de colaboración interadministrativa y a tal efecto,

EXPONEN

Las Leyes 39/2015, de 1 de octubre, del Procedimiento Administrativo Común de las Administraciones Públicas y 40/2015, de 1 de octubre, de Régimen Jurídico del Sector Público, representan un enérgico respaldo a las medidas de simplificación administrativa y a la generalización de la Administración Electrónica, hasta el punto de que constituyen los dos ejes sobre los que se articulas sus principales novedades. En este contexto de acuerdo con lo previsto en el artículo 155 de la Ley 40/2015, de 1 de octubre, de Régimen Jurídico del Sector Público, en relación con el artículo 61 del Reglamento de actuación y funcionamiento del sector público por medios electrónicos, aprobado por RD 203/2021, de 30 de marzo, sobre transmisiones de datos realizadas a través de las redes corporativas, cada Administración tiene el deber de facilitar el acceso de las restantes Administraciones Públicas a los datos relativos de las personas interesadas que obren en su poder, especificando las condiciones, protocolos y criterios funcionales o técnicos necesarios para acceder a dichos datos con las máximas garantías de seguridad, integridad y disponibilidad.

Igualmente, de conformidad con el artículo 157 de la Ley 40/2015, en relación con el artículo 64 del Reglamento de actuación y funcionamiento del sector público por medios electrónicos, aprobado por RD 203/2021, de 30 de marzo, las Administraciones Públicas pondrán a disposición de cualquiera que lo solicite las aplicaciones y soluciones disponibles para su reutilización total o parcial, bien en modo producto o bien en modo servicio, con el fin de favorecer las actuaciones de compartir, reutilizar y colaborar, en beneficio de una mejor eficiencia y para atender de forma efectiva las soluciones tecnológicas recibidas.

Asimismo, de acuerdo con lo previsto en el artículo 158 del citado texto legal, las Administraciones públicas mantendrán y publicará las aplicaciones reutilizables, en modo producto o en modo servicio, en los directorios actualizados de aplicaciones para su libre reutilización, de manera que se garantice su compatibilidad informática, interconexión y seguridad. en el marco de los esquemas nacionales de interoperabilidad y seguridad.

Las partes firmantes del presente convenio prestan su conformidad de colaboración recíproca en materia de Administración electrónica, con el fin garantizar los sistemas que aseguren la interoperabilidad y ciberseguridad, así como para mejorar la eficiencia en la gestión conjunta de los servicios públicos que presten a la ciudadanía.

Ambas Administraciones públicas , de acuerdo con el deber de colaboración entre Administraciones, sobre transmisiones de datos y reutilización de sistemas y aplicaciones informáticas, establecido en los artículos 155 y 157 de la Ley 40/2015, de 1 de octubre, de Régimen Jurídico del Sector Público, cuentan con amplias competencias y responsabilidades en el impulso, desarrollo e implementación de servicios digitales con las máximas garantías de seguridad, integridad y disponibilidad para la gestión administrativa de los asuntos públicos.

Es objetivo de las entidades participantes en este convenio marco de Administración Electrónica contribuir a reducir la brecha digital, y conseguir que todos los municipios, puedan ofrecer una cobertura digital plena, sin distinción del tamaño, territorialidad, o capacidad económica, y dispongan de las herramientas necesarias que faciliten la transmisión de datos y la reutilización de sistemas y aplicaciones entre Administraciones, para el desarrollo de su actividad en el ejercicio de sus propias competencias.

El presente convenio interadministrativo persigue establecer un marco amplio y flexible que acoge a todas las Administraciones para sumar y, en su caso, integrar la prestación de servicios de la administración electrónica del sector público por las Diputaciones a sus municipios, la Administración autonómica o por la Administración General del Estado, facilitando de igual modo la adhesión a las plataformas, registros o servicios electrónicos entre las Administraciones públicas.

El presente convenio de colaboración entre Administraciones se ajusta a lo previsto en los artículos 157 y 158 de la Ley 40/2015, de 1 de octubre, de régimen Jurídico del Sector Público, en relación con el artículo 64 del Reglamento de actuación y funcionamiento del sector público por medios electrónicos, aprobado por Real Decreto 203/2021, de 30 de marzo, sobre la transferencia y uso compartido de tecnologías entre Administraciones. Así como a lo establecido en la Orden PJC/308/2024, de 30 de abril, por la que se crea la Plataforma Digital de Colaboración entre las Administraciones públicas y se regula su configuración y funcionamiento.

Respecto del procedimiento administrativo, en el presente convenio se han observado los trámites legales establecidos para la suscripción de convenios en el artículo 50 de la Ley 40/2015, de 1 de octubre, de Régimen Jurídico del Sector Público.

Por todo expuesto y en su atención, se formaliza el presente convenio marco de colaboración interadministrativa, de acuerdo con las siguientes,

CLAÚSULAS

PRIMERA. Objeto del Convenio

El presente convenio establece el marco general de colaboración interinstitucional de las partes para mejor cumplimiento de las exigencias legales y normativas de prestación de servicios de la administración electrónica, optimizando la eficiencia en la gestión administrativa de los asuntos públicos mediante consulta a las plataformas o servicios de intermediación de datos y la reutilización de sistemas y aplicaciones entre las Administraciones públicas intervinientes, con el objetivo de simplificar los procedimientos y reducir las cargas administrativas en beneficio de la prestación del servicio público.

Para ello se pretende lograr un flujo de conocimiento e información entre Administraciones, la libre reutilización de sistemas y aplicaciones, servicios o procesos que evidencien mejores prácticas, la puesta en común y ofrecimiento de servicios de asistencia y asesoría de TIC, la liberación, reutilización y disposición de redes corporativas, plataformas, servicios por las partes estipuladas en el presente convenio, con la máxima observancia a los principios generales de actuación en sus relaciones electrónicas, previstos en el artículo 2 del Reglamento de actuación y funcionamiento del sector público por medio electrónicos, aprobado por RD 203/2021, de 30 de marzo.

SEGUNDA. Contenido del Convenio

De conformidad con lo establecido en los artículos 157 y 158 de la Ley 40/2015, de 1 de octubre, de Régimen Jurídico del Sector Público, sobre reutilización de sistemas y aplicaciones propiedad de la Administración, así como respecto a la transferencia de tecnología entre Administraciones para su libre reutilización, las partes que suscriben el presente convenio interadministrativo se comprometen:

a) Compartir información y conocimientos que puedan servir para diseñar estrategias de interés mutuo y generar red y comunidad de administraciones electrónicas para la mejor prestación de servicios a la ciudadanía.

b) Impulsar el uso compartido de la transferencia tecnológica de plataformas, sistemas, aplicaciones, utilidades o software de las partes con otras Administraciones, instituciones y entidades públicas, implementando para ello los directorios, redes y plataformas propios o compartidos de sistemas y aplicaciones, y su integración con los existentes en otros niveles superiores como el estatal o europeo, siempre siguiendo las exigencias de interoperabilidad y ciberseguridad establecidas.

c) Facilitar a las otras partes el proceso y conocimiento necesario para la reutilización de las aplicaciones propias o también de aquellas procedentes de plataformas o directorios que hayan adaptado para su uso.

d) Promover la compatibilidad informática e interconexión de la red corporativa, especialmente para la reutilización de aplicaciones declaradas como fuentes abiertas, cuando ello se derive una mayor transparencia en el funcionamiento de las Administraciones o se fomente con ello la incorporación de la ciudadanía a la sociedad de la información.

e) Garantizar el cumplimiento de las normas de seguridad de la información de acuerdo con lo previsto en la Ley Orgánica 3/2018, de 5 de diciembre, de Protección de Datos Personales y garantía de los derechos digitales.

d) Desplegar y consolidar redes interadministrativas de comunicaciones electrónicas entre las Administraciones, compartiendo recursos y fomentando el uso de los medios electrónicos entre las partes y especialmente por los entes locales.

e) Colaborar en el desarrollo del gobierno abierto, compartiendo recursos, aplicaciones, sistemas y conocimientos para procurar una mayor transparencia, participación ciudadana, rendición de cuentas, colaboración e innovación tecnológica, de conformidad con la Ley 19/2013, de 9 de diciembre, de transparencia, acceso a la información pública y buen gobierno.

f) Cumplir lo establecido en el Esquema Nacional de Interoperatibilidad y en el Esquema nacional de Seguridad, definidos en los Reales Decretos 4/2010, de 8 de enero y 331/2022, de 3 de mayo, respectivamente.

TERCERA. Comisión de seguimiento

1. Para el debido seguimiento del convenio, incluida su posible revisión, modificación, adecuación o actualización, se prevé la existencia de una comisión de seguimiento, vigilancia y control de la ejecución del convenio y de los compromisos adquiridos por los firmantes, al amparo de lo previsto en el artículo 49.f) de la Ley 40/2015, de 1 de octubre, de Régimen Jurídico del Sector Público, integrada por los siguientes miembros: .... *(indicar el número y las respectivas personas titulares de cada Administración integrante de la comisión de seguimiento, así como de la designación de Presidencia y de la Secretaría de la misma).*

2. La secretaría de la Comisión llevará un registro y puesta al día de las entidades que se adhieren al presente convenio y dará la pertinente difusión. Para ello, recibirá la información y documentación relativa a las adhesiones al mismo.

3. El desarrollo del régimen de organización y funcionamiento de la Comisión de seguimiento será el determinado por sus miembros componentes, sin perjuicio de la aplicación de la normativa sobre órganos colegiados prevista en la Ley 40/2015, de 1 de octubre, de Régimen Jurídico del Sector Público. Los acuerdos adoptados serán certificados en acta.

CUARTA. Financiación

La aplicación y ejecución del presente convenio, incluyéndose al efecto los actos jurídicos que pudiera dictarse en su desarrollo y ejecución, no supondrá obligaciones económicas para las Administraciones adheridas al mismo.

QUINTA. Efectividad, duración, modificación, publicidad y resolución del convenio

1. El presente convenio que se perfecciona por la prestación del consentimiento por las partes, será efectivo al día siguiente de su formalización, tendrá una duración de cuatro años. Las partes firmantes podrán acordar la prórroga hasta cuatro años adicionales de manera expresa con antelación mínima de un mes.

2. El convenio será inscrito y depositado correspondientemente Registro electrónico de convenios interadminsitrativos por la entidad que estuviese obligada a ello y publicado en el diario oficial correspondiente en el plazo de un mes a los efectos de publicidad.

3. Las partes intervinientes podrán acordar por unanimidad la modificación del convenio, de la cual se dará la publicidad oportuna.

4. Las partes podrán desistir el convenio en cualquier momento, siempre con el preaviso de un mes mínimo de antelación a la efectividad de dicho desistimiento.

5. El convenio se extinguirá por las demás causas legalmente previstas y, en especial, por la ineficacia sobrevenida, el incumplimiento del convenio o de cualquiera de las obligaciones que contiene, o por otras causas de invalidez.

SEXTA. Adhesiones al convenio

1. Las Entidades Locales, Municipios y Mancomunidades de la Comunidad Autónoma de .... podrán adherirse al presente convenio para el uso compartido de las plataformas, registros o servicios electrónicos disponibles entre las Administraciones públicas.

2. A efectos del presente convenio marco, será válido como consentimiento y acuerdo de adhesión al mismo, el acuerdo o manifestación de voluntad de la entidad local. En los formu-

larios o instrumentos que se empleen, se hará constar expresamente su voluntad de adherirse formalmente a todas y cada una de las cláusulas del presente convenio, asumiendo las obligaciones y compromisos derivados del mismo y con sujeción plena a todas ellas.

3. El acuerdo expreso de adhesión de una entidad local supondrá su consentimiento y inclusión automática de la misma en el ámbito de aplicación del presente convenio. Las nuevas adhesiones que se produzcan se comunicarán convenientemente a la Comisión de seguimiento a los efectos de conocimiento, publicidad y registro, y se remitirá copia del acuerdo o decisión a la entidad adherida.

4. Las nuevas adhesiones al convenio requerirá la simple solicitud de la entidad local correspondiente siguiendo el formato del Anexo "Protocolo de Adhesión" y copia del acuerdo validamente adoptado que exprese suficientemente su voluntad. Dicho procedimiento de adhesión se realizará a través de medios electrónicos. La adhesión será registrada y difundida a través de los medios oportunos que se actualizarán periódicamente.

5. Las adhesiones de las entidades locales se entenderán producidas el día de la comunicación de su voluntad y acuerdo.

SÉPTIMA. Ejección del convenio

El desarrollo y ejecución del presente convenio marco de colaboración en materia de Administración electrónica se ajustará a lo dispuesto en el Reglamento de actuación y funcionamiento del sector público por medios electrónicos, aprobado por Real Decreto 203/2021, de 30 de marzo. Así como lo establecido en Orden PCJ/308/2024, de 30 de abril, por la que se crea la Plataforma Digital de Colaboración entre las Administraciones Públicas y se regula su configuración y funcionamiento.

Y en prueba de cuanto antecede, las partes suscriben el convenio y a un solo un solo efecto, en el lugar y fecha indicados.

Lugar, fecha, cargo y firma electrónica.

Las personas titulares de los órganos administrativos intervinientes

ANEXO

(sigue el protocolo de adhesión)

F308. PROTOCOLO DE ADHESIÓN AL CONVENIO MARCO DE ADMINISTRACIÓN ELECTRÓNICA

PROTOCOLO DE ADHESIÓN

D/Dª. .... *(Nombre, apellidos y cargo)*, en representación de la entidad local .... *(nombre de la entidad local)*.

DECLARA

Que .... *(órgano competente)* de .... *(entidad local)* ha acordado, con fecha ...., solicitar la adhesión al convenio marco de colaboración en materia de Administración Electrónica en el ámbito de la Comunidad Autónoma de ...., suscrito con fecha ....*(firma del convenio)*, entre .... *(indicar las partes firmantes del convenio)* para acceder a las plataformas, registros o servicios electrónicos entre Administraciones, y en los términos establecidos para prestación de servicio y contribución al sostenimiento del mismo que conoce y acepta en su integridad las condiciones de uso y especificaciones recogidas como Anexo de este protocolo, comprometiéndose al cumplimiento de las obligaciones que de la adhesión se deriven.

Así como que la utilización de las plataformas, registros o servicios electrónicos por parte de la entidad local no podrá conllevar obligaciones económicas para la ciudadanía.

Y, en consecuencia,

MANIFIESTA

La voluntad de .... *(entidad local)* de adherirse formal y expresamente a todas y cada una de las cláusulas del convenio marco para el acceso a las plataformas, registros y servicios en materia de administración electrónica, asumiendo en las obligaciones y compromisos derivados del mismo, a fin de facilitar la prestación conjunta y coordinada de servicios a través de medios electrónicos.

Lugar, fecha y firma electrónica

La persona titular de órgano administrativo competente

ANEXO

(Indicar las especificaciones de la plataformas, registros o servicios electrónicos adheridos: ámbito de aplicación, descripción del servicio, condiciones de uso, prescripciones técnicas y medidas de seguridad, confidencialidad y de protección de datos personales y garantía de los derechos digitales)

F309. COMUNICACIÓN PREVIA PARA LA TRANSMISIÓN DE DATOS ENTRE ADMINISTRACIONES

AL ORGANO ADMINISTRATIVO CEDENTE

D/Dª..............., en calidad de ...., en nombre y representación de Administración Pública/Corporación Local/Organismo/Entidad pública de .... *(táchese lo que no proceda)*, en virtud del acuerdo adoptado el ...., ante esa Administración Pública comparezco, y como mejor proceda en derecho, mediante el presente escrito vengo a efectuar la siguiente,

COMUNICACIÓN PREVIA

Que esta Administración es competente para la tramitación de los procedimientos relativos a ...., conforme a la normativa aplicable en esta materia, y precisa acceder a determinados datos de carácter personal que obran en su poder relativos a ...., para su ulterior tratamiento en la base de datos de nuestra Administración Pública, en tramitación de los procedimientos administrativos de esta índole, para aquellos supuestos en los cuales las personas interesadas no aporten datos y/o documentos que ya obran en poder de las Administraciones Públicas.

Importa señalar que, en el presente caso, la transmisión de dichos datos cedidos para su tratamiento ulterior no está prohibida expresamente y, además, es compatible con su finalidad inicial para el cual se recogieron los datos personales solicitados. Compatibilidad ésta que puede ser comprobada por esa Administración, de conformidad con lo establecido en el artículo 155, de la Ley 40/2015, de 1 de octubre, de Régimen Jurídico del Sector Público y es conforme con lo previsto en el artículos 61 y 62 del Reglamento de actuación y funcionamiento del sector público por medios electrónicos, aprobado por Real Decreto 203/2021, de 30 de marzo, sobre transmisiones de datos realizadas a través de las redes corporativas de las Administraciones Públicas mediante consulta a las plataformas de intermediación de datos u otros sistemas electrónicos equivalentes habilitados al efecto.

Se significa que, en la utilización de los datos transmitidos se respetarán las condiciones, protocolos y criterios funcionales o técnicos necesarios para acceder a dichos datos con las máximas garantía de seguridad, integridad y disponibilidad, de acuerdo con el Esquema Nacional de Interoperabilidad y el Esquema Nacional de Seguridad (ex art. 156 de la Ley 40/2015) y teniendo en cuenta, en todo caso, lo establecido en la Ley Orgánica 3/2018, de 5 de diciembre, de Protección de los Datos Personales y garantías de los derechos digitales.

Por todo ello, en aras a los principios de eficacia y colaboración interadministrativa que deben presidir todos los actos de las Administraciones Públicas, es por lo que,

SOLICITO: Que, al amparo del artículo 155.3 de la Ley 40/2015, de 1 de octubre, de Régimen Jurídico del Sector Público, admita esta comunicación previa sobre transmisión de datos de carácter personal para su utilización por esta Administración en los procedimientos relativos a .... y, previos los trámites oportunos, se autorice la cesión de los datos solicitados para los fines de interés público señalados en este escrito.

Contra a la presente comunicación previa, esa Administración cedente podrá en el plazo de diez días oponerse motivadamente, salvo que una norma con rango de ley permita dicho tratamiento de datos para otro fin distinto de aquel para el que se recogieron los datos personales, de conformidad con lo previsto en el artículo 23.1 del Reglamento (UE) 2016/679, de 27 de abril, del Parlamento Europeo y del Consejo.

Lugar, fecha, cargo y firma electrónica.

La persona titular del órgano encargado de la tramitación del procedimiento

F310. CONSULTA DE DATOS QUE OBRAN EN PODER DE OTRAS ADMINISTRACIONES

AL ÓRGANO ADMINISTRATIVO CEDENTE

D/Dª..............., en calidad de ...., en nombre y representación de Administración Pública/Corporación Local/Organismo/Entidad pública de ...., en virtud del acuerdo adoptado el ...., ante esa Administración Pública comparezco, y como mejor proceda en derecho,

EXPONGO

El artículo 142 de la Ley 40/2015, de 1 de octubre, de Régimen Jurídico del Sector Público, establece sobre las obligaciones que se derivan del deber de colaboración entre Administraciones, lo siguiente: *"a) El suministro de información, datos, documentos o medios probatorios que se hallen a disposición del organismo público o entidad al que se dirige la solicitud y que la Administración solicitante precise disponer para el ejercicio de sus competencias"*. En el acceso a los datos relativos a las personas interesadas que sean facilitados se adoptarán las máximas garantías de seguridad, integridad y disponibilidad, exigidas en el artículo 155 de la citada Ley de Régimen Jurídico del Sector Público.

Asimismo, el artículo 61 del Reglamento de actuación y funcionamiento del sector público por medios electrónicos, aprobado por Real Decreto 203/2021, de 30 de marzo, enumera las reglas que se han de seguir para cuando las personas interesadas no aporten datos y/o documentos que ya obren en poder de las Administraciones públicas, mediante consulta a las plataformas de intermediación de datos u otros sistemas electrónicos habilitados al efecto para su incorporación al expediente correspondiente. Además, de señalar que toda transmisión de datos se efectuará a solicitud del órgano o entidad tramitadora en la que se identificarán los datos requeridos y sus titulares, así como la finalidad para la que se requieren y, en su caso, la identificación de personal empleado público que interviene en la petición. Teniendo en cuenta que el envío de los datos y la documentación consultada tendrán la consideración de certificados administrativos necesarios para el procedimiento o actuación administrativa de que se trate.

En el procedimiento relativo al expediente núm. ...... sobre .... (*identificar el objeto del expediente*), dado que las personas interesadas no han aportado los datos y/o documentos alegando que ya obran en poder de las Administraciones Públicas (ex art. 53 de la Ley 39/2015). Es por lo que, en cumplimiento del deber de colaboración e interoperabilidad que debe presidir las relaciones interadministrativas (ex art. 141 y 142 de la Ley 40/2015), través de la plataforma electrónica de intermediación se precisa acceder a los datos, documentos o certificaciones necesarias para su incorporación al expediente que a continuación se detallan:

1. ....
2. .... *(indicar los datos y documentos solicitados)*
3. ....

En atención a lo expuesto, es por lo que,

SOLICITO: Que, admita el presente escrito y, previos los trámites oportunos, se nos facilite el acceso para poder consultar a través de la plataforma de intermediación de datos de las redes corporativas de las Administraciones públicas plenamente interoperables, los datos, documentación o certificaciones anteriormente descritos, que obran en poder de esa Administración, por ser necesarios para su incorporación en el procedimiento relativo al expediente núm. ...., en fase de instrucción en esta Administración Pública, dado que la persona interesada a manifestado que no esta obligada aportar dichos datos o documentación por obrar ya en poder de esa Administración.

Se significa que, esta Administración Pública cesionaria de dichos datos será responsable del correcto acceso electrónico a los datos cuya titularidad corresponda a ese órgano administrativo, así como de su utilización, en particular, cuando los datos a los que se accede tengan un régimen de especial protección. Asimismo, en el caso de que se requiriese el consentimiento de la persona interesada, este órgano competente será el responsable del requerimiento de dicho consentimiento, conforme con lo establecido en el artículo, 61, apartado 4, por el que se aprueba el Reglamento de actuación y funcionamiento del sector público por medios electrónicos, aprobado por del Real Decreto 203/2021, de 30 de marzo.

Lugar, fecha, cargo y firma electrónica.

La persona titular del órgano encargado de la tramitación del procedimiento

(Nota: Téngase en cuenta para las relaciones entre los "órganos de cooperación" multilateral, la utilización de la Plataforma Digital de Colaboración entre Administraciones Públicas "Cooper@", prevista en el art. 142.c) y en la DA 30ª de la Ley 40/2015, creada y regulada en su configuración y funcionamiento por Orden PJC/385/2024, de 30 de abril).